《〔康熙三年〕扬州府志》 整理工作委员会

主　任　陈永平

成　员　姚　震　刘建臻　刘扣林

　　　　徐国磊　刘　栋

扬州旧志整理系列

康熙三年

扬州府志

〔清〕雷应元 纂修

扬州市档案馆
扬州市地方志办公室 编

广陵书社

图书在版编目（ＣＩＰ）数据

〔康熙三年〕扬州府志 ／（清）雷应元纂修；扬州市档案馆，扬州市地方志办公室编. -- 扬州：广陵书社，2022.12
（扬州旧志整理系列）
ISBN 978-7-5554-1987-7

Ⅰ．①康… Ⅱ．①雷… ②扬… ③扬… Ⅲ．①扬州－地方志－清代 Ⅳ．①K295.33

中国版本图书馆CIP数据核字(2022)第241723号

书　　名	〔康熙三年〕扬州府志	
作　　者	〔清〕雷应元　纂修	
	扬州市档案馆　扬州市地方志办公室　编	
点　　校	刘建臻	
责任编辑	顾寅森　王　丹　张艳红	
出版发行	广陵书社	
	扬州市四望亭路 2-4 号	邮编　225001
	（0514）85228081（总编办）	85228088（发行部）
	http://www.yzglpub.com	E-mail：yzglss@163.com
印　　刷	苏州市越洋印刷有限公司	
开　　本	720毫米×1020毫米　1/16	
印　　张	46.5	
字　　数	700千字	
版　　次	2022年12月第1版	
印　　次	2022年12月第1次印刷	
标准书号	ISBN 978-7-5554-1987-7	
定　　价	180.00元	

出版前言

　　康熙三年(1664)，扬州知府雷应元主纂的《扬州府志》编纂成书，成为清代扬州的第一部府志。此志是在《万历扬州府志》基础上编纂成书的，两者关系密切，约略而言，主要体现在以下三个方面：

　　其一，沿用体例而加以调整。两书同为二十七卷，主体均为《郡县志》《赋役志》《河渠志》《秩官志》《盐法志》《兵防志》《人物志》《风物志》《古迹志》《历代志》《方外志》《文苑志》十二部分。所做调整，主要在小类方面，如卷十四《兵防志下》，万历《志》原目中仅有《营伍》《卫所》《兵防秩官传》三目，且正文改《兵防秩官传》为《武职列传》，而是志原目则作《武秩官志》，包括《国朝武秩官考》《国朝武秩官纪》《国朝卫所官纪》《前朝卫所官纪》《武职列传》《武科目(附传)》等类目；又如卷十二《盐法志下》删《盐法秩官传》，等等。其中，也存在问题，如调整不一而出现目录与正文类目有异的情形，如《盐法志》原目中增《行盐地方数目》，正文有"行纲盐地方""行食盐地方""盐场地方"等内容，却无《行盐地方数目》小类名称等。

　　其二，袭其内容而加以增删。是志多袭万历《志》内容，如《郡县志》《赋役志上》《秩官志上》等，然多所增删。删除者，如卷三《赋役志上》钱嶫与马承恩的奏章、卷十三《兵防志》中的《营寨》、卷二十一《古迹志》中"贾易上疏"与"驿亭题诗"等；增加者，如《赋役志下》《盐法志下》有关清代的内容及卷二十七《文苑志》的《重建大观楼记》《扬郡丞翁公德政碑》等。就增加之文而言，或增人物，如卷十八《人物志下》增加明末清初之石玮、车从轼、卜明元、徐宗道等人传记；或增史事，如卷二十二卷《历代志》增加万历三十五年(1607)至康熙三年(1664)之要事等；或增著述，如卷二十四《文苑志上》江都宗元鼎著"芙蓉诗集"二十卷"及卷二十六《文苑志》中沈起鹤《登文游台感旧》等百余首诗篇等。当然,与雷应元相关之事,则必增之,如卷二《郡县志下·公署》之"奠江楼"之"置钟鼓于二楼之中,二楼日久圮坏,知府雷公应元重建"等。

其三,改其文字而加以修订。或改术语,如卷六《河渠志下》仪真"塘"中,改万历《志》"国朝嘉靖间"之"国朝"为"前明"。相应地,是志自然称清为"国朝",如卷八的《国朝秩官纪》等;或改贬词,对与金、蒙古有关的蔑称之词悉加改订,如卷九《秩官志中·韩世忠》,改"会朝廷遣魏良臣、王绘使虏"之"虏"为"金",改"虏军乱"为"术军乱",改"虏大半乞降"之"虏"为"敌"等;或改时间,如卷二十一《古迹志》,改万历《志》"本朝承平百七十年"改为"先朝迄今历三百余年"等;或订讹字,如订万历《志》卷九"积米至五十万解"之"解"为"斛",订卷二十七《重修梅花岭记》"领址去小金山不数百武"之"领"为"岭",等等。

但是,该志仅数月而成书,仓促间亦存改订未尽者,若"玄"字缺笔避讳而未尽改者如卷九的"玄令田洛御之","国"改"明"而未尽改者如卷八营世宝的"国初任",未尽改"今"为"明"者如卷二十一鱼骨桥之"今廖令复建儒学前"之"今",等等。甚至万历《志》误者也一仍其旧,如卷四《赋役志下》误"丁口一万九千一百三十八"之"千"为"十",卷七《秩官志上》误尹耀"建康年刺史"之"康"为"永",卷十五《人物志上》误李度"泰州人,恩贡,蓬莱县丞"之"丞"为"承"等。

如雷应元所述,此志甫经编成,便"新之剞劂",即后世所见的康熙三年(1664)刻本。然刊刻亦急促,时见挖补之处,如卷七首页第一行"志友明初志间"六字显属挖补,且"友"字讹误,查万历《志》,此句为"宝祐志及国初志,间及宋、元时",或因改"国"为"明"而误改"及"为"友",等等。

康熙三年(1664)刻本存世不多,上海图书馆、南京图书馆及中国科学院图书馆有藏本。此次整理,以上海图书馆藏本为底本,以南京图书馆及中国科学院图书馆藏本参校。

二〇二二年十一月

目　录

维扬志序

古者天子五年一巡狩,于岁之四仲,会诸侯于方岳。是时,爰令太史陈诗,市司纳价,齐其律度量衡,谘其耆老疾苦,于以周知九土之务而勤恤乎民。懋哉,何道之隆欤! 今遥遥如听远音矣,盖后世《时迈》不歌,省方之役,以简书畀诸直指使者。使者按部所至,一如东岱、西华、南衡、北恒之典之重,山川之图籍于是乎献焉,户口之登耗于是乎咨焉,田亩之芜治于是乎省焉,财赋之会稽于是乎覈焉,吏治之失得于是乎察焉,风气之贞淫于是乎辨焉。锦舆绣壤中,星岳灵异,郁郁蒸蒸,挺为人士,则前英后哲光史耀册者,于是乎访之庐、造之膝焉。崎崯要害之处,藩篱牧圉,周防设御,用备不虞,则营垒伍卒棋置星布者,于是乎御戎服、讨军实焉。至于馆阁文章之彦,鄹、枚、庾、鲍之徒,或以玉珮琼琚倬明河汉,或以吉光片羽辉媚泽山,一时发为文藻,千世照人颜色,凡有嘉言雅什,亦于是乎收之资入告、采之润金石焉。至于天性之所激荡,风教之所鼓动,会有奇节异烈,足以廉顽夫、立懦夫者,炳然日月争光,杰然天壤不敝,又于是乎旌厥闾、表厥墓焉。他若垂弓和矢摩挲古色、尧丘禹穴碑碣犹存,荒墟蔓草间,听其湮灭,亦缺事也。

镜古者,或一过而问焉。诸如此类,小之一邑,大之一郡,莫不群汇而笔之于志,以昭传信,以示来兹,至重典也。举郡国之重典而任其散落无考,湮没失传,致后祀征文考献之家蒐猎掌故,蓬飞烟断,临文悼嗟,呜呼,此不为官兹土者之责而谁责欤?

元不佞,自三韩起家,叨守维扬郡,自庚子以迄冲圣御极之三年,数易寒暑,日夕纠虔,惟惴惴以不克副二千石是惧。公余退食,忾然念兹延袤数百里地,襟江带海,包络吴楚,通道瓯粤,前古号称名区,近亦不改都会,又忾然念兹数百里地中,其所为城郭沟池,守得以问浚筑;其所为丁男租赋,守得以问盈缩;其所为官方土俗,守得以问善败;其所为跧伏幽人,绸缪阴雨,守得以问虚实;其所为宦于土而名成,产于乡而行立,守得以问俎豆;其所为名山有业,登高有赋,守得以问臧否;其所为志士陷胸,孝子刲股,烈妇靡他,守得以问阐扬;其所为遗址旧物,若灭若没,守得以问存失。不佞守也,奈何俾册府掌故残缺不登,仅仅留一线哉?

前人有言曰:郡之有志,犹国之有史也。国不史不国,郡不志不郡。兹翻维扬旧志而因搋揽之,盖篇残简断者什九,仅存者什一,改玉改步,不无烽燹;他书祖龙,尚鲜关系。因考府志一编,自前朝成化纂修而后,垂六十余年而一修之嘉靖;由嘉靖又越六十年癸卯,再修之万历,时主其政者太守杨公洵也。由万历历今上,甲子再周,干支适与往合,梨枣气运会当鼎新,所未可知。但为时久远,兼丁改物,则夫今昔异同之文,编载未及之事,或不能一二端举也。爰移檄十属长,并致札于十属之司铎,俾延集其地之衿士谙典故者,胪列其六十年沿革建置、美迹芳风种种未缀志书者,后先以邮筒报至。不佞给笔札,以属之郡儒生一二人,俾令仍其旧款,增以来绪,自赋役、盐策、兵防、官制,钦遵本朝功令,更订入志外,其别款虽有添注,无大益损。是以仅阅数月而书成,悉新之剖劂。异日直指巡方,观风问俗,据是帙以报天子玺书之命,其尚有完书哉! 然是役也,十属长惢惠而赞成之,诸学博督衿士搜罗而编辑之,不佞元不敢有其功。至兹编之条流粗举、采缀未周以评休文者,致刺讥焉,请以俟之博雅君子。

康熙甲辰岁八月之吉,中宪大夫、知江南扬州府事、三韩雷应元撰。

序维扬志

《周礼》：大司徒掌九州舆图，纪其广轮，与山林、川泽、丘陵、坟衍、原隰之名物；职方氏辨其五土、百族、九谷、六扰之要，周知其利害，即后世郡邑志乘所繇昉虖！用是画畺分社，经纬为一书，举礼俗沿革、前事善败，裨吏治而备采风，固监司守牧者事也。酂侯收秦府图籍，悉其厄塞、户口之数，为帝业始基。盖神州有截，车书一统，则王会图焉。凡所为有土、有人，阜财求利器，用稽登耗、理乱之所繇，征文考献，以定鼎盛。皈章虽在，弹丸尚不遐遗，矧广陵固畿辅咽喉、川陆门户，屹然南北之奥区虖？读《禹贡》“海岱维扬州”，固包吴、楚、越、闽之地五千里而遥，乃今以十城五百里许当之，何也？或亦以其据形胜，聚物力，生齿庶而政务繁，已可概夫肇十有二之扬乎？

予奉简书总邮鹾，会有裁并监司之议，而以通省职衔领维扬观察，遂自予始，予于是瞿然有虑矣。扬故襟江控淮，挹注于海，向席其利者，今则箐屿鲛岛，时虞窜伏，号称边圉也，则虑之；流寓半于土著，易为逋逃，主一或不戒，坐连比闾也，则虑之；五都之肆，鱼目燕石溷真焉，八逵之衢，六蝎五蠹错趾焉，繁华旧号，为四方的，蹭财役贫，俗尤难静也，则虑之；川泽沮洳，倍蓰污莱，市魁白望，什伯钱镈，兵燹之余，岁一不登，则沟瘠流移，非饘粥可赈也，则虑之；长吏数易置，手器未调，民鲜庇也，则又虑之。

即在邮言邮，廪屇潦濯以时无匮虖？圉人无中饱，马脊不山高虖？舰艎晨夕，关河不继帆影虖？更在鹾言鹾，其必鞭直而圜，转管商策裕军国虖？奸宄毋射利而铤险虖？富商大贾毋缩于功令虖？盱衡十城几百里间，所亟变通宜民，以仰赞鼎新皈章者，厥维艰哉！

若哆三长二难而已，则太冲《三都》十年始出，而标遍庑壁；渔仲《通志》湛思秃颖，淹弥岁月，犹仅作文字观也。是编删润旧本，遵阐宪章，天道人事，六十年一变，而适际同文观化，如虞廷之复旦，周室之重熙，猗欤盛矣！又曷胜听然而乐成？曰：后之揽斯志者，其在长吏，慨然元龙、次公、阅道、安国之所抚字也，惩茧丝、善更瑟也。其在监司，博观谢安、刘晏、杜佑、李吉甫、张万福、富、欧、韩、范诸君子后先永赖，则思端已澄清，巩一路屏翰也。其在辎轩节钺，仿古陈诗纳贾之遗，奢示俭，俭示礼，有所采以告于后，庶几得以惠兹土也。其在士大夫，观国之光，述职祝釐，驱车行过是郡者，知东南都会，贡道孔殷，河渠焉，漕挽焉，关榷焉，不独沸天扑地，明远所感，燕语莺啼，伯纪所叹也。然则舍故而新，是谋以继《禹贡》《周礼》之绩而勷一统同文之盛，将于是乎在矣。

龙飞康熙三年甲辰仲冬上浣之吉，通省邮醝维扬观察使古燕罗森题。

扬州府志原序

　　扬州，故广陵地也。九州之九，唐虞得十二焉。高皇帝定天下，特隶京师，为畿辅，重以薄海郡国，计得百二焉。乃其北据淮，东南距海，包有吴、楚、闽、粤，内控青、齐而西护陵寝，为江南北大都会，至雄巨矣。

　　郡故有志，缉自世庙时，而故事残缺，新闻散落，论世者病焉。岁戊戌，东鲁杨公来领郡事，索旧志，不可读，将从事重新之。值榷使四出，耽耽江淮间，杨公仰屋窃叹，夙夜未遑，以间而谋之司理徐公：郡之有志，犹国之有史也。国不史不国，郡不志不郡。今上方允辅臣之请，厘修正史，倏然而征百国《阳秋》，其何以应？亡者创始，废者修饰，绍明世，开来祀，本《诗》《书》《礼》《乐》之际，其在斯乎？乃徐公奋然任之，敛祍而起，位不当作家而忝有司，存才非良史而借之能者，何可阻阍竖而辍典章，当吾世身亲失也？于是，郡丞相、州邑诸大夫悉受成礼，聘郡邑之才且隽者分曹受事。草既具，徐公内迁，意不但已，乘轺入京，循涂编次，告成而奏杨公。杨公从诸君子讨论而润色之，彬彬悉矣。悬书国门，则杨公自为《叙》已，授简于不佞：维扬幸有成书，则司理之成，州邑长吏之烈，多士蒐搜掌故之庸不浅。洵冒然在事而首次之，自用且专，胥无以解，谏议氏故稽天府，考《职方》扶风、三辅之地，谏议叙矣。不佞受而卒业，唯唯久之。未几，而杨公以治平称首列郡，天子嘉悦，擢臬使，治兵海上，仍故部。复以书来，申前请：洵之志扬也碌碌，因人成事，准诸作者，有嗛嗛焉。兹治地益广于扬，有依恋私，岁月更单，叙宜已。

　　嗟乎！不佞命矣。即不任文墨而与有方舆之借，岂其旷岁而唯一叙之难？志邑则邑，志郡则郡，志省会则省会。叙难矣，而叙志为难；叙志难矣，而叙扬志为尤难。杨公之述引确矣，诸君子之条列详矣，他有作者，弗可及也。顾扬为天下雄，列郡莫与京焉。延袤千里，包江海而亘南北，有腹背咽吭之系在，天下之大利盐为政，天下之大害河为政，而扬均任之。绝塞要害之地，其赢诎互通者非他盐策比也；陵寝、漕挽之务，远近彼此不相能，其内虞而外忧非他河渠比也。是故府万货通，四境鸠，聚五方民裔，疏淮排泗[1]，固王气而遏横流，岁月为兢兢焉。故以民物之隆替候维扬之盛衰，以维扬之盛衰候天下之否泰，岂其文献之不足为作者虑不及此乎？顷者榷税、盐策、治水之使屡出，财贿委输，江淮骚动，抚绥填定之任，固宜有博大不二心之臣婾快而胜任焉。乃今志事成，百嘉遂，论记明而赞述整齐，官兹土者有所受而循良，生兹土者有所兴起而贤淑，隆利杜害不遗余力，扬其永有兴乎？广维扬于九州百国，虽谓扬之志为天下志可矣，郡国云乎哉？杨公方膺简命，重莅故地，地以人成，而人以地胜，开国譬之成家，由前则基，由后则堂则构。作述并于一时，礼时为大，杨公将焉避之？有能绍明世，开来祀，本《诗》《书》《礼》《乐》之际，其在斯乎？此扬志之所为急而叙志之所为难也。要以古得九一，今得百二，形势之便，亲枢为重，信然天下候之矣。是为叙。

万历癸卯春日，吏科给事中、豫章祝世禄撰。

---

1 "泗"，原稿作"洄"，据文意改。

扬州府志原序

　　扬故志，仅什一之存耳。即什一之存，于作者之义，亡当也。杨晖吉守扬，政通民和，虑文献亡征，后将何术？乃以载笔之役属司理公而省其成。既竣，以一帙授余征序。余方祝釐走阙下，未皇也。比返留都已逾年，是为甲辰，始卒业兹帙而为之序曰：

　　郡乘，史之流也。人言史笔难，兹岂独易？沈休文岂不以史才自负？书一出，评者曰条流粗举，采缀未周，而况在休文下者乎？果如其评，即举矣、周矣，遂称良史耶？今海内郡县亡小大皆有志，自康武功书出，人皆艳说之，凡有作，多窃其肤似，而亦自附于作者之义。然所谓条流、采缀也者，岂非建置、沿革耶？山川、城池耶？官署、桥梁耶？都图、亭鄣耶？宫观、梵刹耶？人物、产聚耶？与夫选举之棹楔、学士之咏撰耶？允若兹，则夫人而能为举，夫人而能为周也。然其事往往不称书，亦不称法，故夫人而能为志，则夫人而不能为志也。夫人而不能为志而为志，以故于作者之义益亡当。以余观于扬志，其庶乎？

　　扬，水国也。北吞淮、泗，西连滁、濠，南浮金、焦，东汇海堧，非江北一大都会哉？聚四方之民，新都最，关以西、山右次之，大都土较沮洳五之一，田畯较贾十之一，土著较游寓二十之一，粱粢较鱼盐陶器三十之一。隋唐间，蔚为上国，益州天府，亦且巽之。鲍明远《赋》与杜紫薇所游，风物逴绝，于世无两。今虽小弱于昔，而青油列毂，红粉吹箫，竞奢斗华，不可谓不盛也。

　　晖吉为守，一意绥靖，间闲间不啻德之。今观其志，征往于典，征今于令。典与令所不载，则征之人情。人与情所难凭，则衡之理律。于作者之义例靡所不合，其条流举而举者未尝紊也，其采缀周而周者未尝秽也。古称良史笔，司理公近之。而非晖吉，又孰与成之？

今上注意海内，厚为国计，权法之行，夫岂鹿人十金之宝是为？而法行之弊，不无过扰，扬尤厚蒙之。黄河横决，清口屡告涸，东南万艘，能效兔集乌飞漓然衔尾止都下乎？世宗朝，海寇飙至淮扬登陴，而国课倚办盐策不异储胥，今稍稍失算矣。晖吉超然远虑，恐榷困商、盐困灶，而漕运、海防骚骚靡旦莫，亡论作者之义例，而循良之绩概可睹已。黄次公、魏弱翁先后刺扬州，为良二千石，后皆为贤相。晖吉千载踵其芳政，异日文苑传、循吏当并纪之。

而是编也，盖刺扬之一斑哉？君家子云之《箴》，不云乎"尧崇屡省，舜盛钦谋"，而不虞江淮间税珰若斯扰也。余请以榷困商、盐困灶两语，作续扬州箴。

万历甲辰三月，东海于若瀛撰并书。

扬州府志原序

古有小史,以纪邦国,犹今之郡县志也。国家熙洽二百余年,所在郡国固不乏志,而况维扬东南一大都会,内阻江海之险,南引荆襄、吴越,北控青、徐而西护陵寝,至要剧、至繁重也。其山川形势,政教文物,鉴往辙而炳法戒,关系岂浅眇者?而志恶可已也?

万历戊戌,不佞洵叨守是邦,索所为郡志者不可得。久之,得士人藏本读之,则世庙时所辑者,六十年于此矣。刻既散落,事复残缺,辄思绍明世以俟来者。会上方大榷天下,江淮若沸郡,冗剧倍于往时,无遑及也。间以语司理徐君,则慨然自任。于是检故实,参邑乘,聘诸贤者分曹授简,稍稍更其篇目,凡为图一,为志十有二,为卷廿有七。简帙颇省于旧,而当世之故灿然备焉。

盖窃尝论之,广陵之胜始自隋唐。五季以还,残毁略尽。后虽稍葺之,不及什一。然兴创不同,沿革互异,而风气渐靡则大略相似,故郡县、城池等有志。沮洳之乡,贾赢[1]而农诎,即额赋苦莫能支,而况朘削日甚,攘夺公行,乃司计者犹复一切求多,欲安所归命乎?故赋役有志。淮南堤堰相属,前代廑为漕计,今内虞陵而外忧民,计不独为漕,顾议者不务导黄以安淮,而反欲流淮以纵黄,害将有不忍言者,故河渠有志。名胜之地,常若与豪杰相待,汉晋以来,历兹土者多一时名贤,而俶傥之士,近代亦复不乏,斯向往所宜殷者,故秩官有志。两淮盐课当天下漕粟之直,国家仰给甚厚,而奈何沸而扬之,浊而淆之,自为屑越乎?假令课损而饷诎,恐忧不独在九边也,故盐法有志。四会五达之衢,天下必争之地,濒海剽悍,将乘衅而内溃,是虞岛夷犹外

1　"赢",《万历扬州府志》卷首《序》亦作"赢",疑作"赢"。

惧耳，收揽驾驭，为缓急用，则存乎人，故兵防有志。江海之气，旁礴蓄积，郁为人文，故乡之耆硕于今为烈，左氏所谓"死而不亡"者，入其境，自可想见其人，故人物有志。扬州画江为界，非复《禹贡》所称，"齿毛羽革"[1]走自四方，江珍海错则地产焉，至岁时谣俗，风土淳浇，卒难以齐一，故风物有志。大业间，罄物力以侈游观，而唐复置重镇于此，故维扬胜迹，海内无不艳称之，然转盼之间，荡为墟莽，岂非千古炯戒？故古迹有志。自列国以降，史册所载淮南事，可历数也，而灾祲独剧，总之江海为崇居多，亦泽国之势然也，故历代有志及灾异有纪。法乘羽客，流寓何常？而扬为东南奥区，尤多托迹其间，彼其修证不同，固未尝数数然于世者，亦安可轻訾也？故方外有志。文章，经国大业，不朽盛事，由汉、唐迄今，董相、枚叔而后，作者不乏，岂必尽关风教？而撷英搴芳，固所不遗，故以文苑志终焉。

嗟夫！所为志者，以纪其地之所有为一郡实录已耳。乃扬之地，横亘跨连，据江海之胜以为厄塞，而又囊括绠引，总四方之利以为灌输。其于国家，则所谓门户咽吭也。夫门户所以为固，咽吭所以为命，其非廑廑一郡所有明甚，将务抚之犹恐其扰，务靖之犹恐其乱，而况于扰之、乱之乎？今上偶过为国计而听计[2]榷使，不虞乘是者之能为扰且乱也，于扬尤甚焉，岂门户咽吭之弗恤乎？此当事者所为凛凛惧已。

志既成帙，会徐君内迁以去，乃自途次编辑，以遗不佞。不佞虽稍为删润，大抵皆徐君所更定也。徐君博识雅词，有隽才，其所论次，足以观徐君第收于散逸之后，往往苦无考据，千古或不能什伍，而近亦廑什七。盖上下千余年间，广袤直数百里，网罗补苴，若斯之难也。虽然，及今不一掇拾，后之难且什伯此者，是以不辞挂漏，勿宁湮没，以俟夫闳览博物者得以增饰焉。

万历辛丑岁秋七月之吉，知直隶扬州府事、东鲁杨洵书。

---

1 《尚书·禹贡》作"齿革羽毛"。

2 "计"，《万历扬州府志》卷首《序》作"诸"。

扬州府志职名 [1]

　　江南扬州府知府雷应元,同知翁应兆、秦尚忠、刘藻,通判周道东、王廷宾、钱云龙,推官王士禛校。

　　高邮州知州曾懋蔚、李庆祖,泰州知州邵汝贤,通州知州杨永春,江都县知县梁舟,仪真县知县陈兴邦,泰兴县知县刘有逢、李馨,兴化县知县张洪亃,宝应县知县王同春、郎秉中,如皋县知县范承先,海门县知县杨起鹏同校。

　　府学训导吴克昌,高邮州学正詹尹吉,泰州训导吴骥,通州学正归斯受,江都教谕吴伯琮,仪真训导丁亮,泰兴教谕吴士彦,兴化教谕王迈,宝应训导胡来化,如皋教谕谢楸树,海门教谕金象铉,扬州府十属生员同辑。

1　“职名”,原本为“卷之一”,据文意改。

扬州府志原目

1　"传"，原本误作"傅"，据正文改。

舆地图说

  扬州府疆域,东抵如皋县掘港场三百六十里,至海门县吕四场一百二十里,西抵凤阳府天长县界七十里,南抵瓜洲扬子江四十五里,北抵淮安府山阳县界二百八十里。东西广五百八十里,南北袤三百二十五里。府治江都县,西南七十五里至仪真县,东南一百四十里至泰兴县,北一百二十里至高邮州,州东北一百二十里至兴化县。自高邮州北一百二十里至宝应县。府治东一百二十里至泰州,距州东南一百六十里至如皋县,又折而东南一百三十里为通州,州东四十里为海门县。自府治至南京,水、陆俱二百四十五里;至京师,水、陆俱三千一百二十五里。江都县治附郭,其地东抵泰州斗门九十里,西抵本县安州乡一百里,南抵本县瓜洲镇四十五里,北抵高邮州露觔庙九十里,广一百九十里,袤一百三十五里。

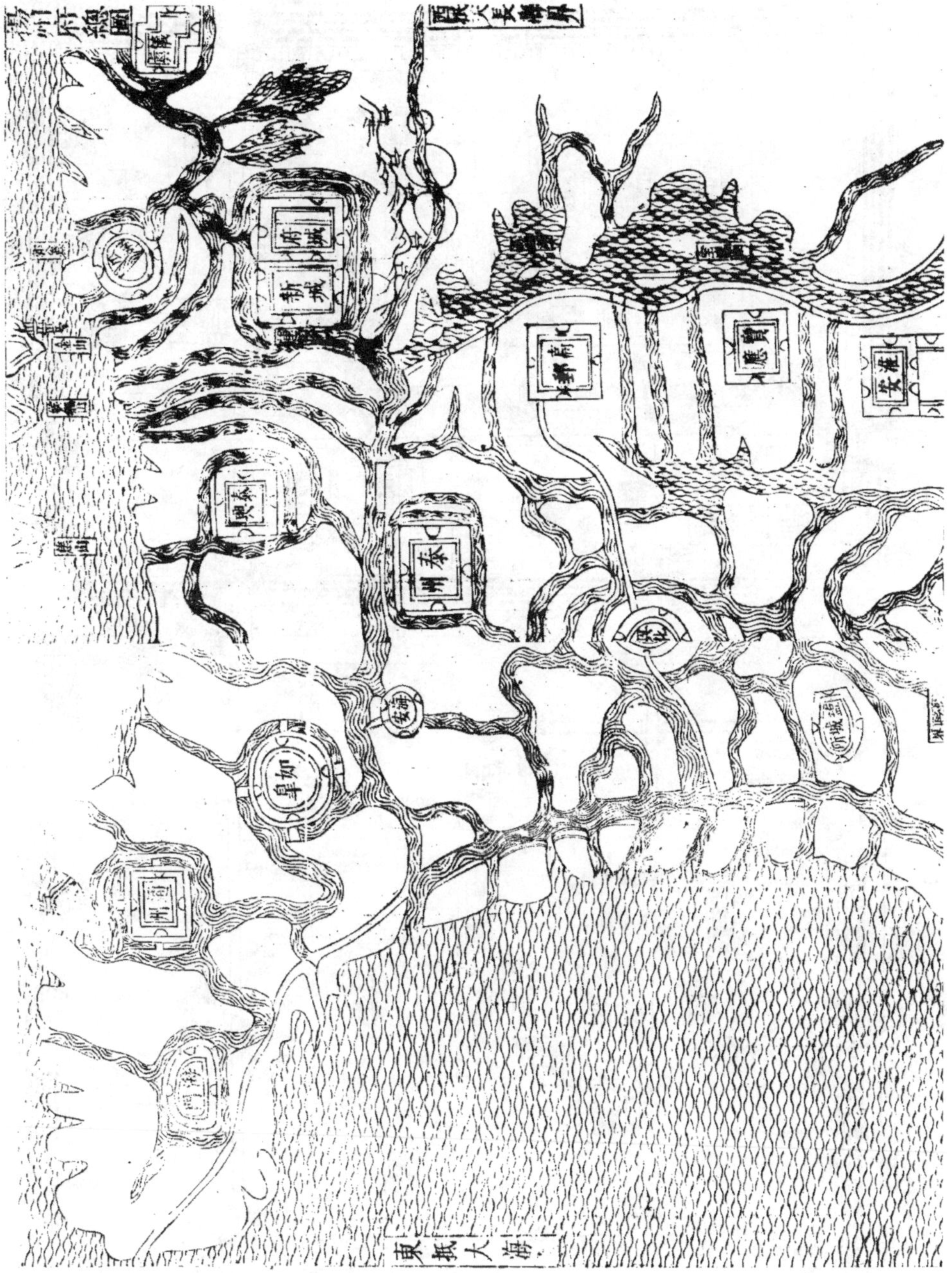
揚州府總圖
泰州
如皐
東抵大海

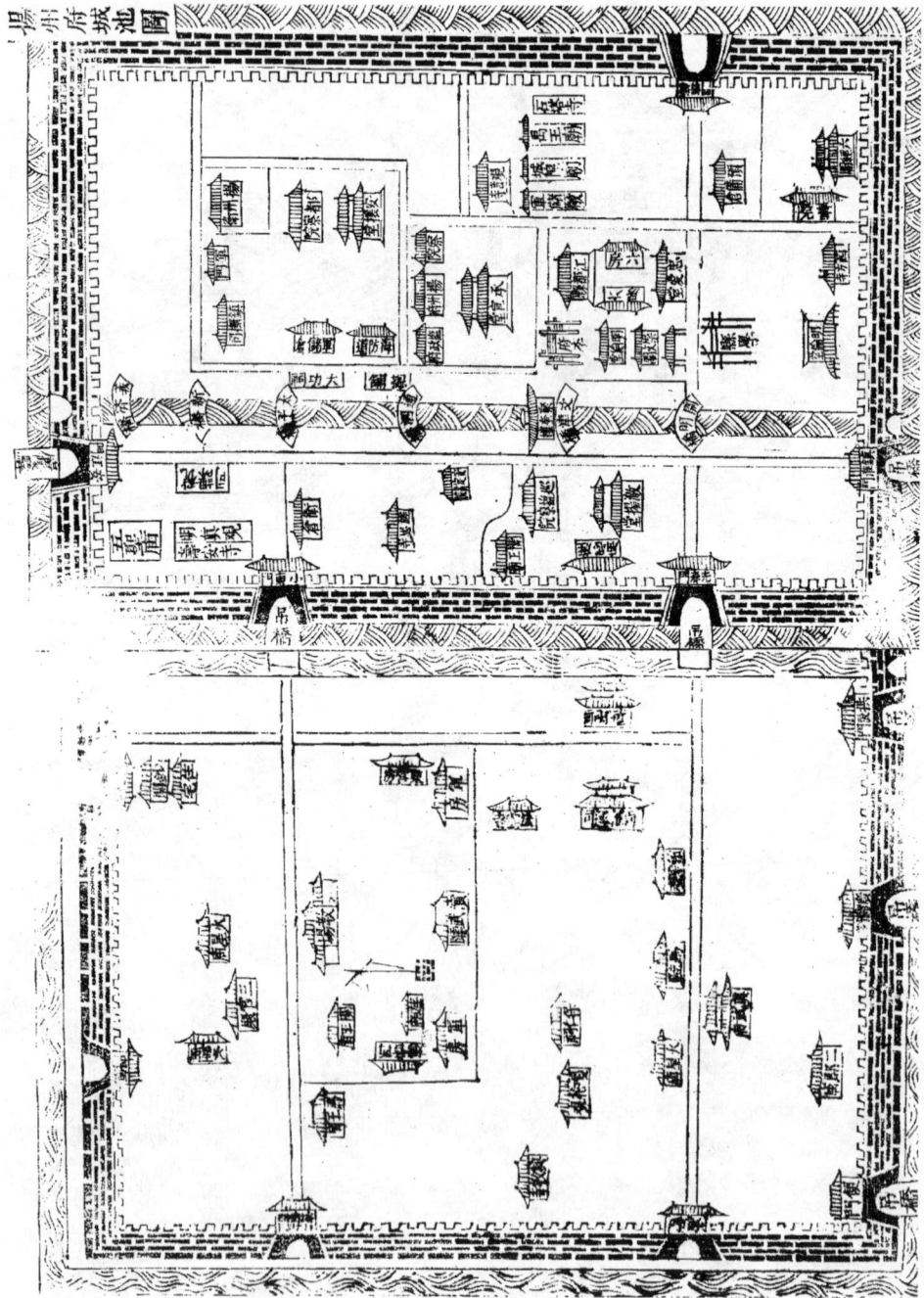

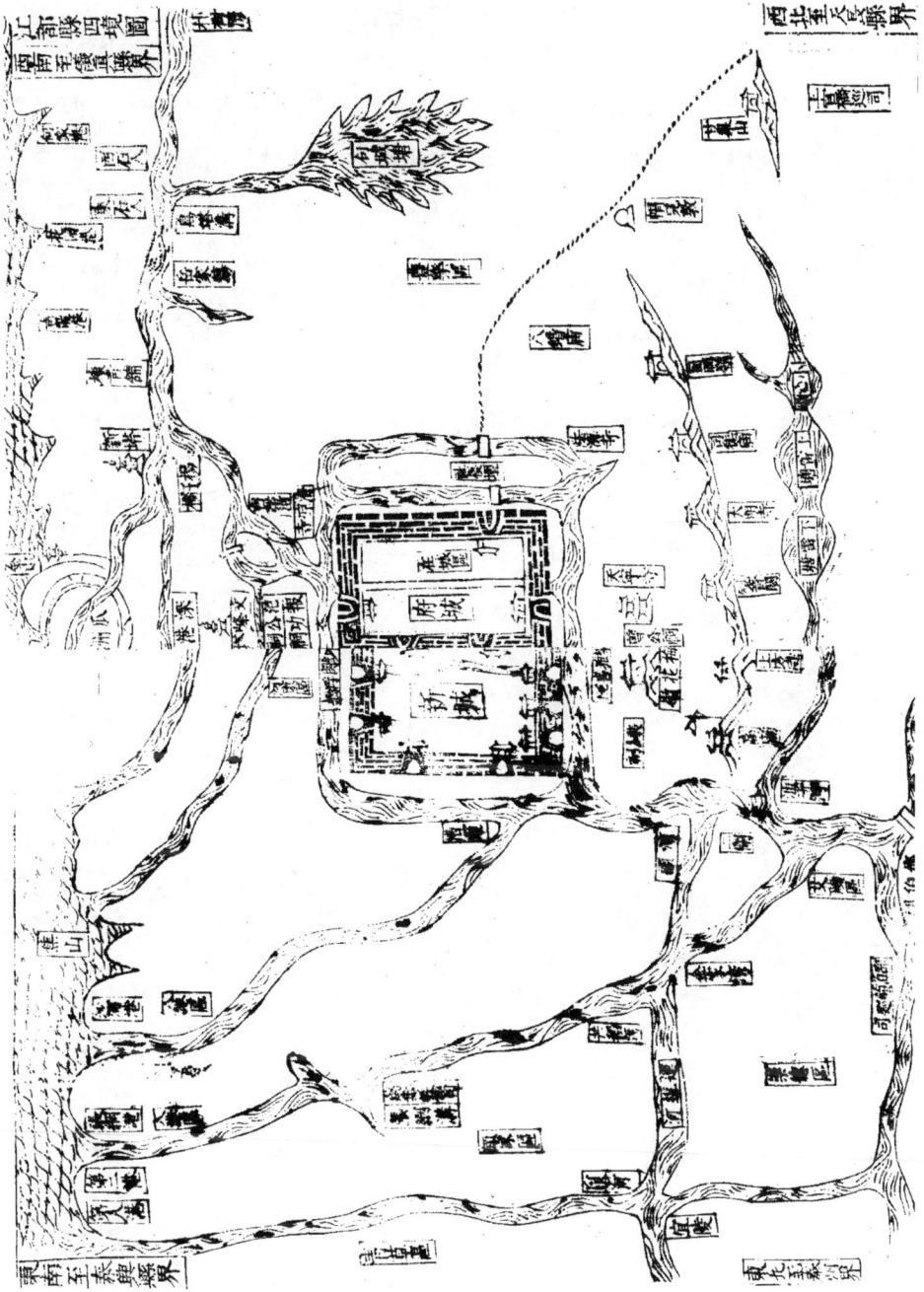

仪真县舆地图说

仪真县治在府城西南七十五里。其地东抵江都县乌塔沟四十里,西抵六合县褚家堡四十里,南抵杨子江滨五里,北抵天长县樊公店六十里。广八十里,袤七十里。

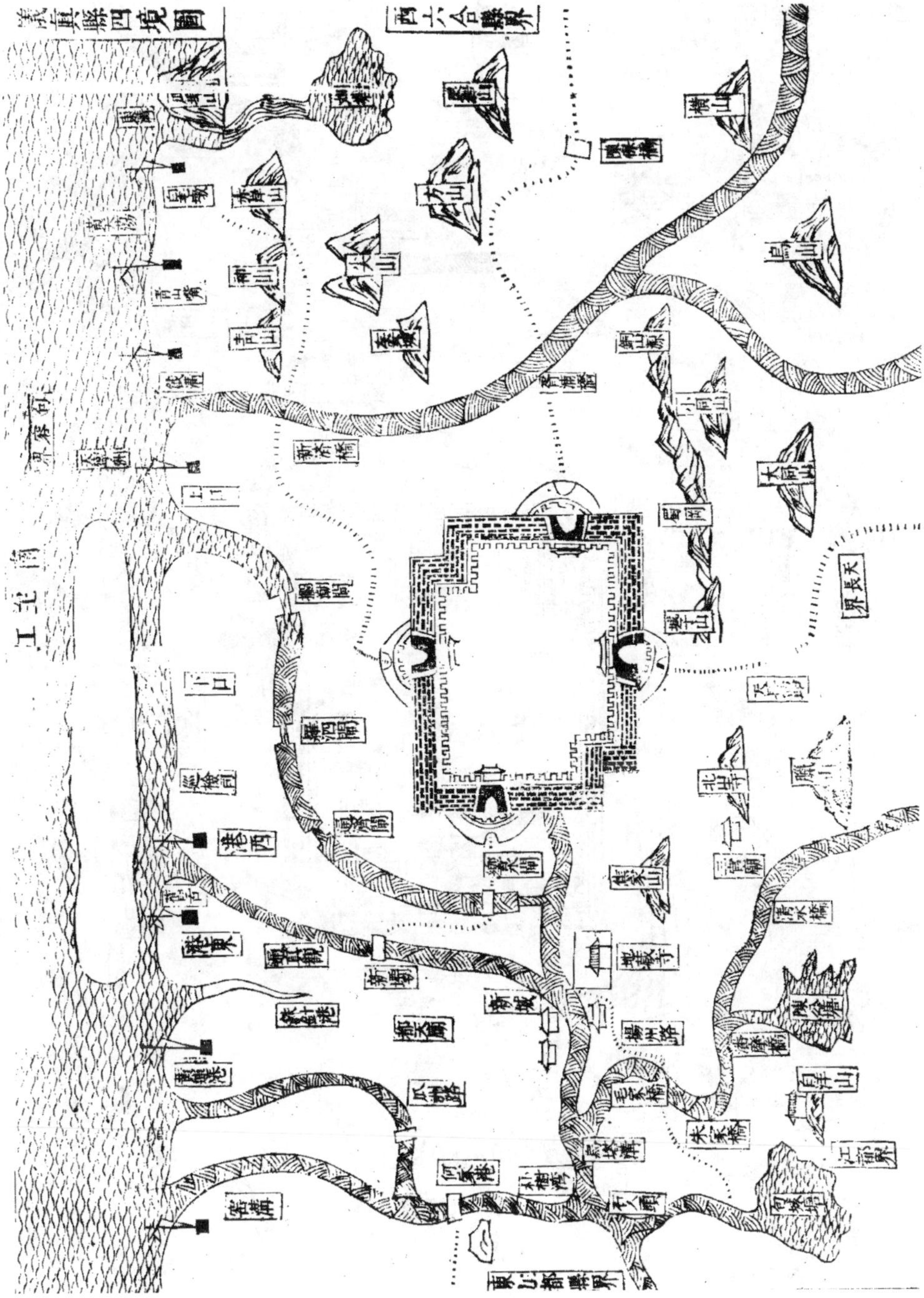

仪真县城池图

泰兴县舆地图说

　　泰兴县治在府城东南一百四十里。其地东抵如皋县界六十七里,西抵丹徒县圌山九十里,南抵靖江县马驮沙四十里,北抵泰州庙湾六十里。广一百五十七里,袤一百里。

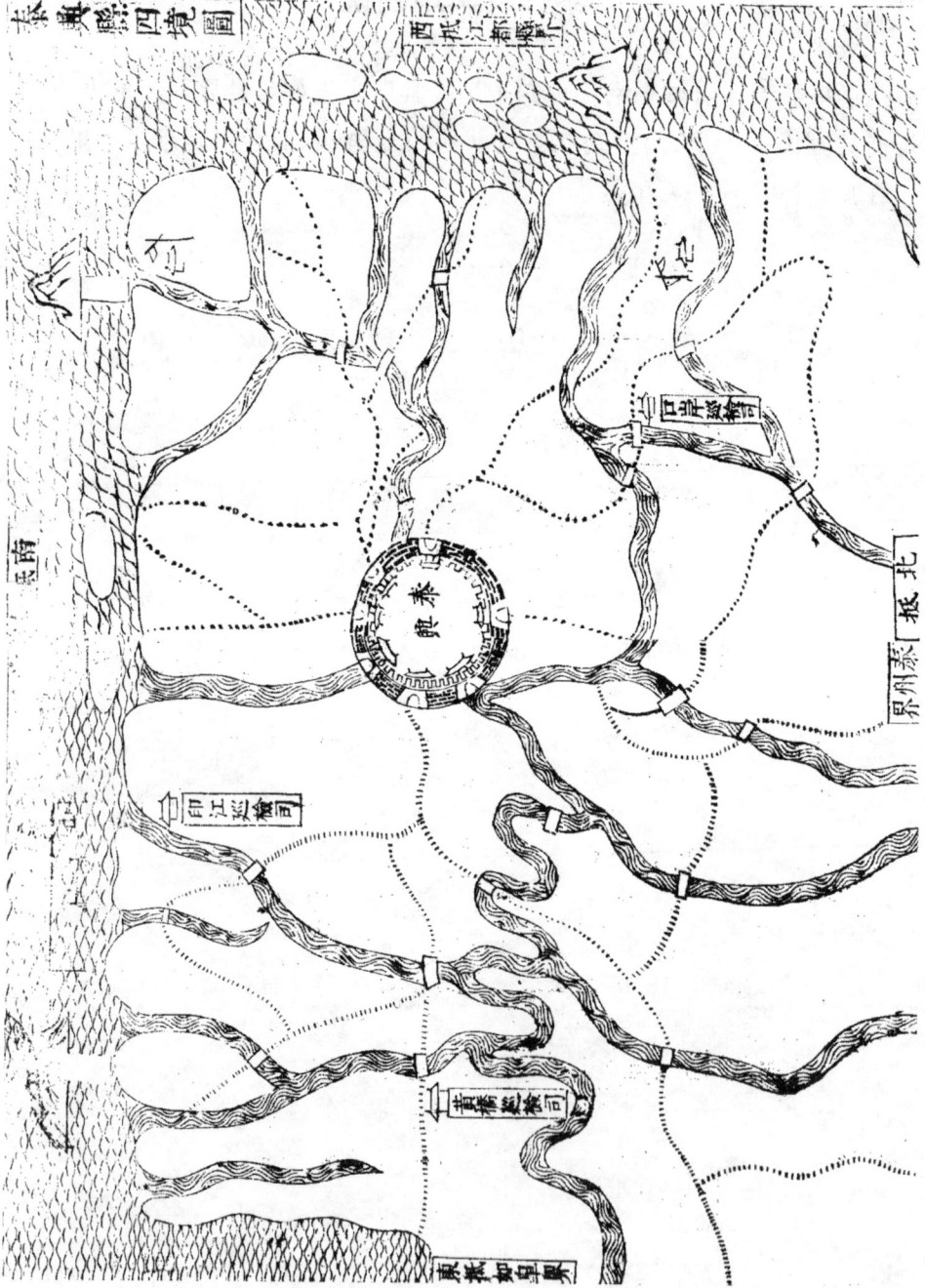

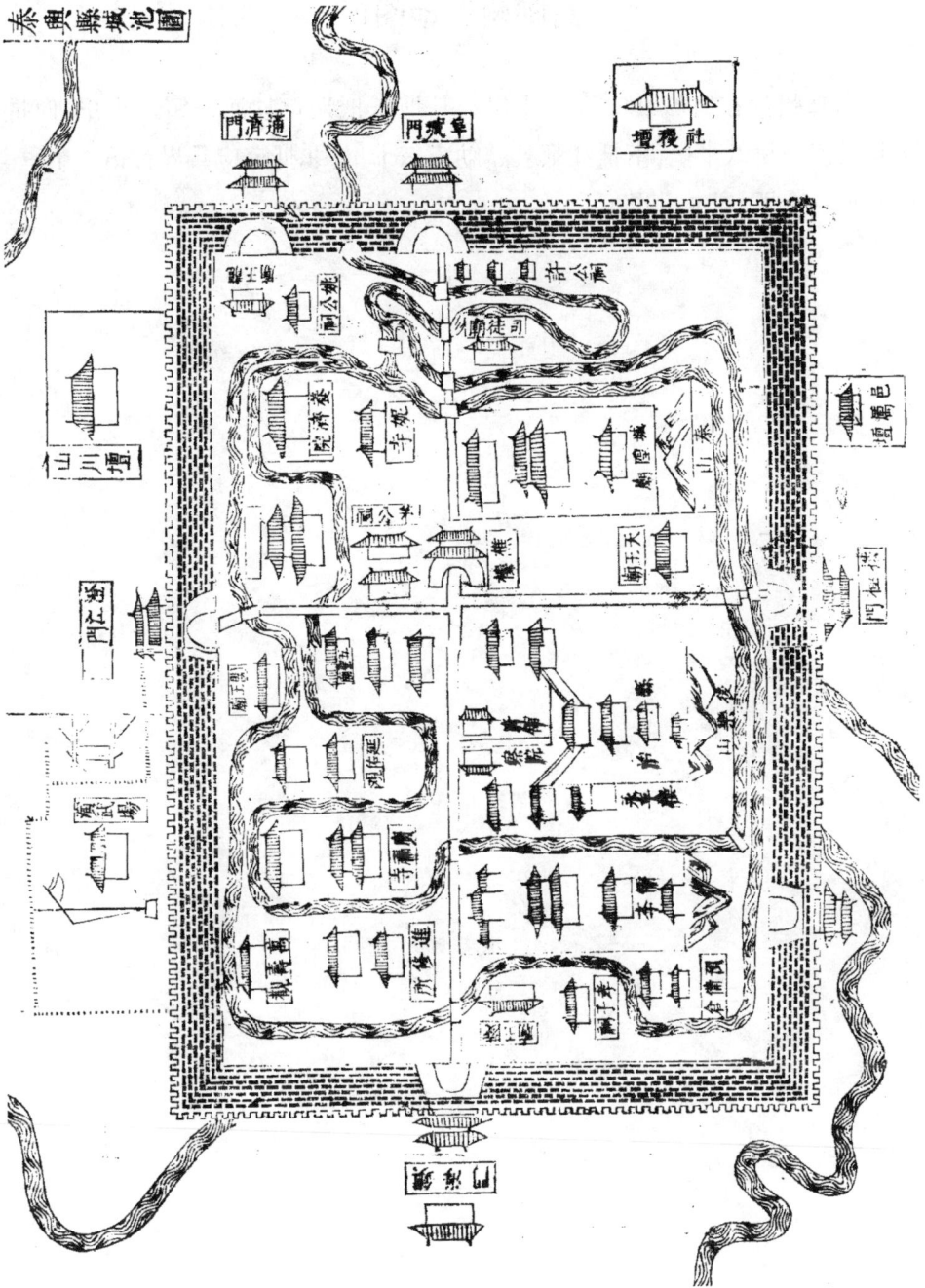

泰興縣城池圖

高邮州舆地图说

　　高邮州治在府城北一百二十里。其地东抵兴化县河口镇八十里,西抵天长县凌塘桥八十里,南抵江都县露觔庙三十里,北抵宝应县界首镇六十里。广一百六十里,袤九十里。

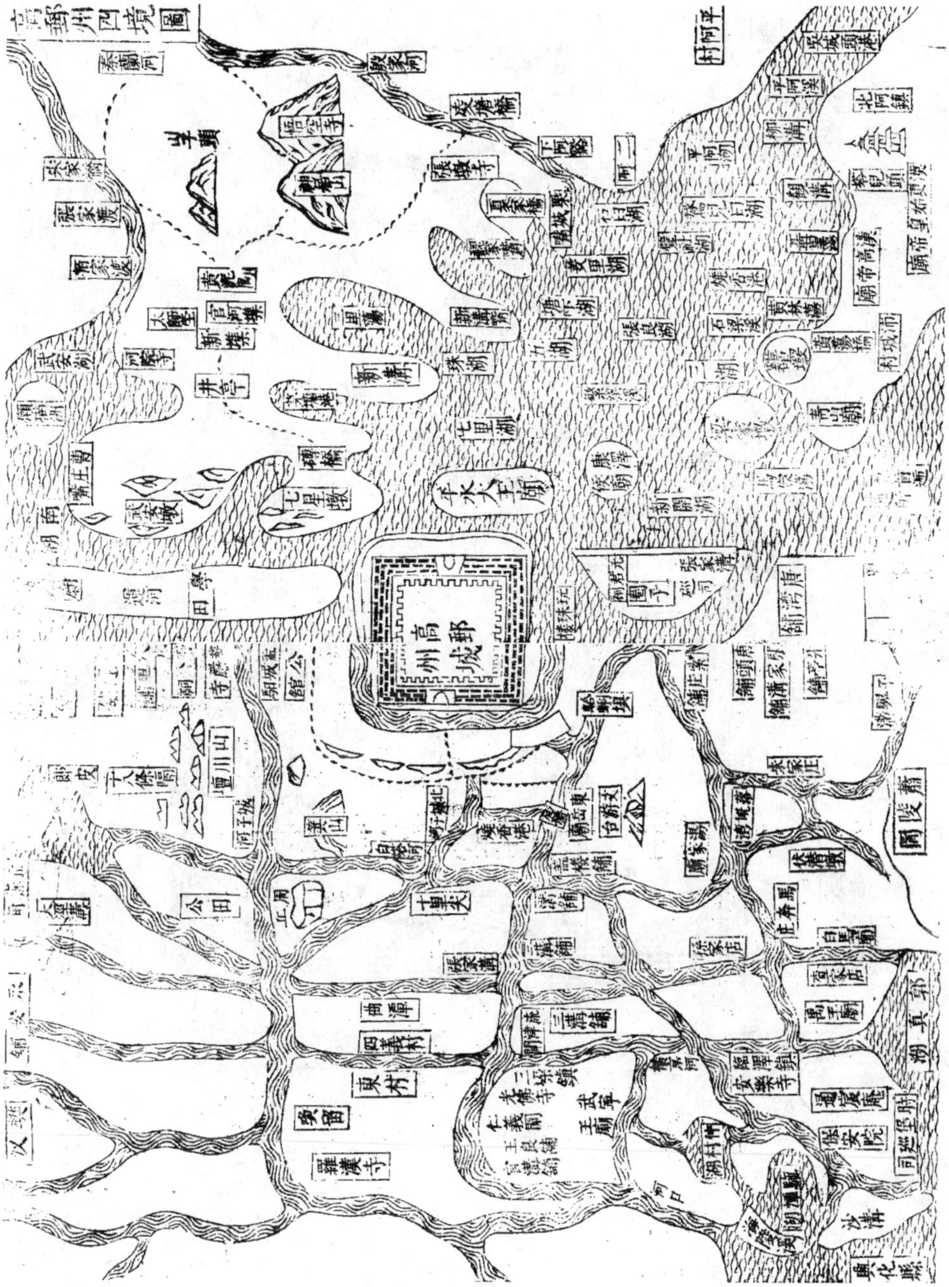
高郵州四境圖
高郵州城

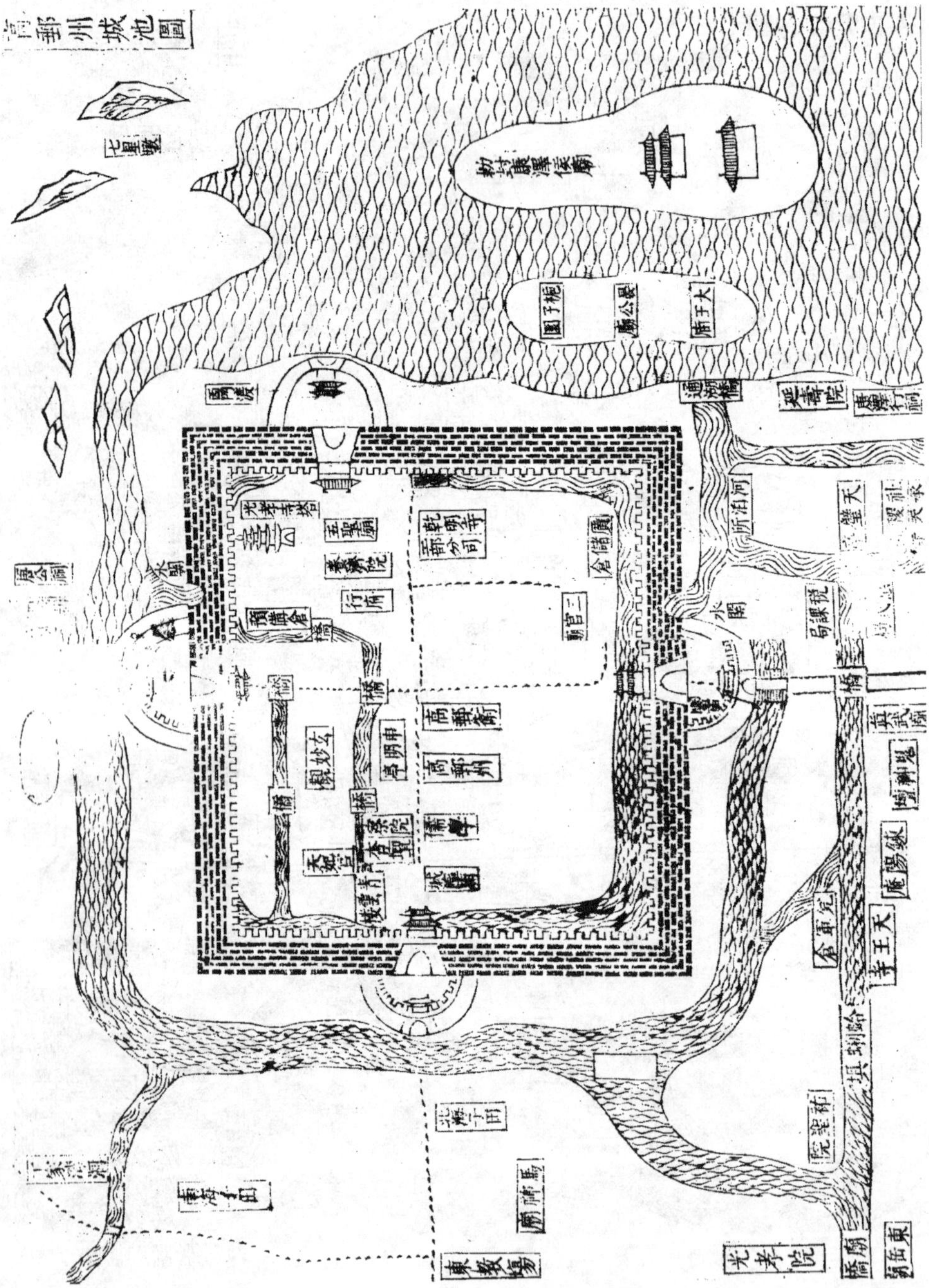
高郵州城池圖
七里墩
高郵衛
高郵州
光孝院
東教場

兴化县舆地图说

　　兴化县治在高邮州城东一百二十里。其地东抵泰州丁溪场四十五里,西抵高邮州河口镇五十里,南抵泰州蚌沿河三十五里,北抵淮安府盐城县六十里。广、袤各九十五里。

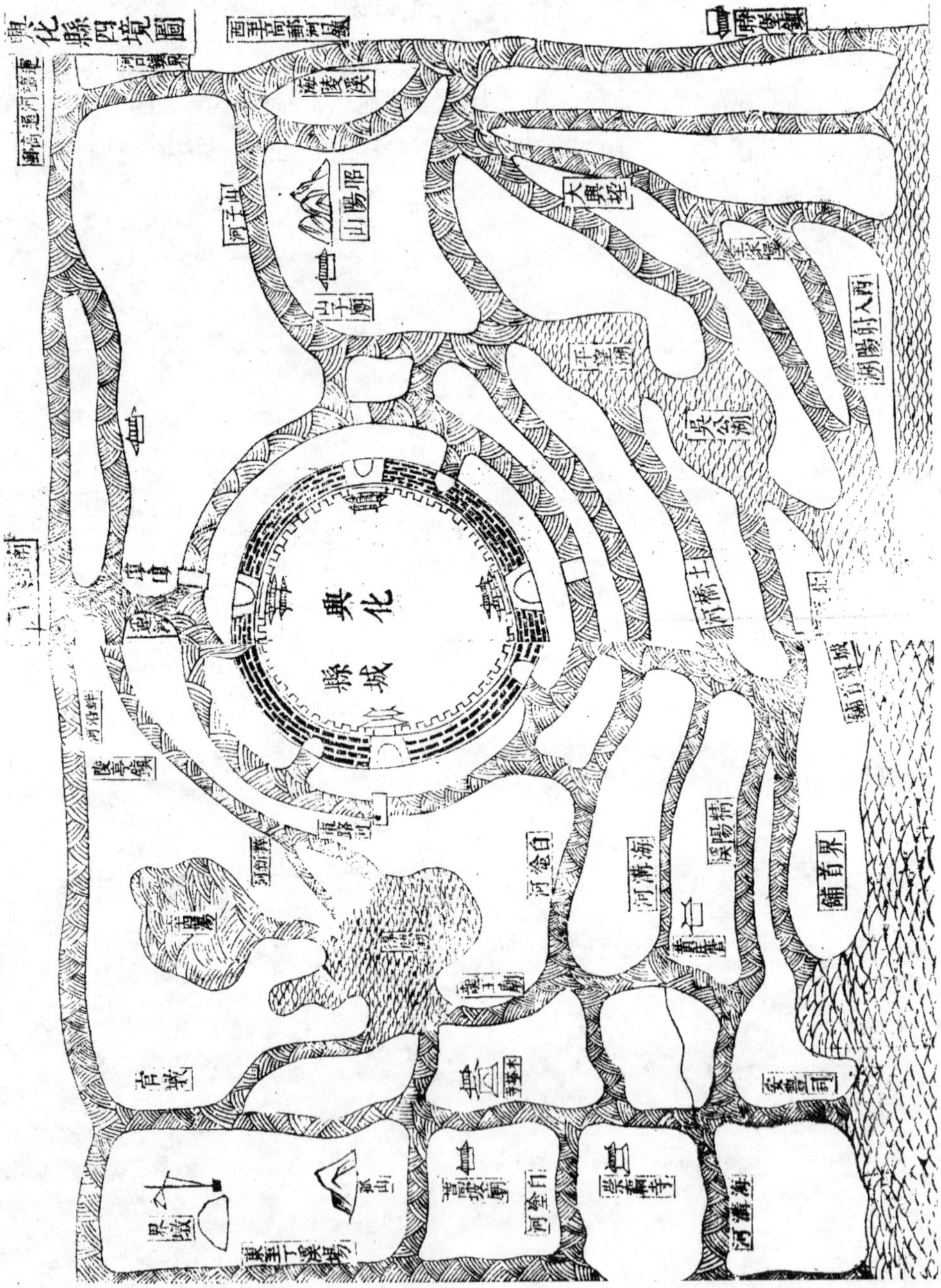
興化縣四境圖
興化縣城

興化縣城池圖

宝应县舆地图说

宝应县治在高邮州城北一百二十里。其地东抵盐城县射阳湖中流一百一十里,西抵盱眙县衡阳村一百三十里,南抵高邮州界首镇六十里,北抵山阳县黄浦镇二十里。广二百四十里,袤八十里。

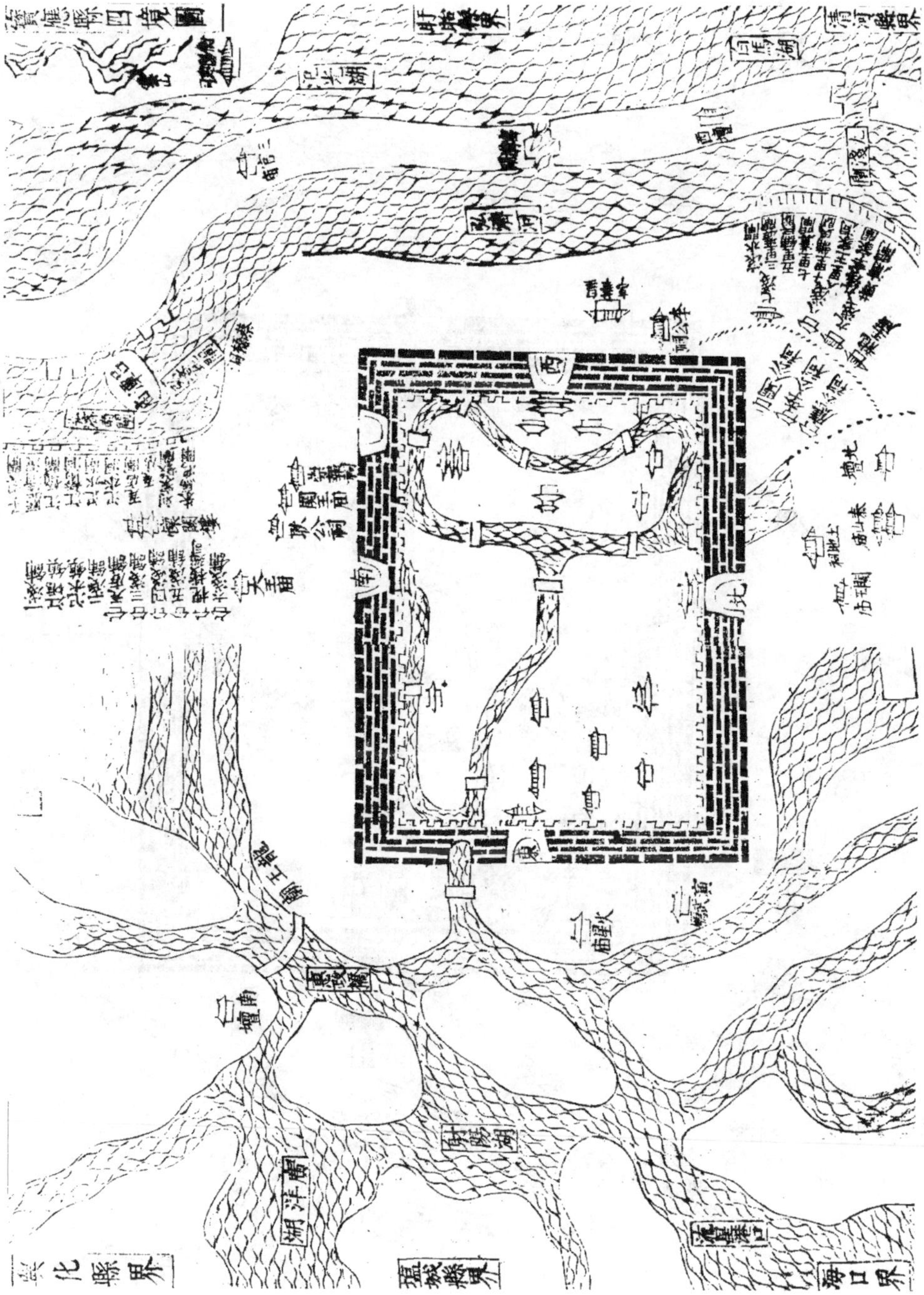

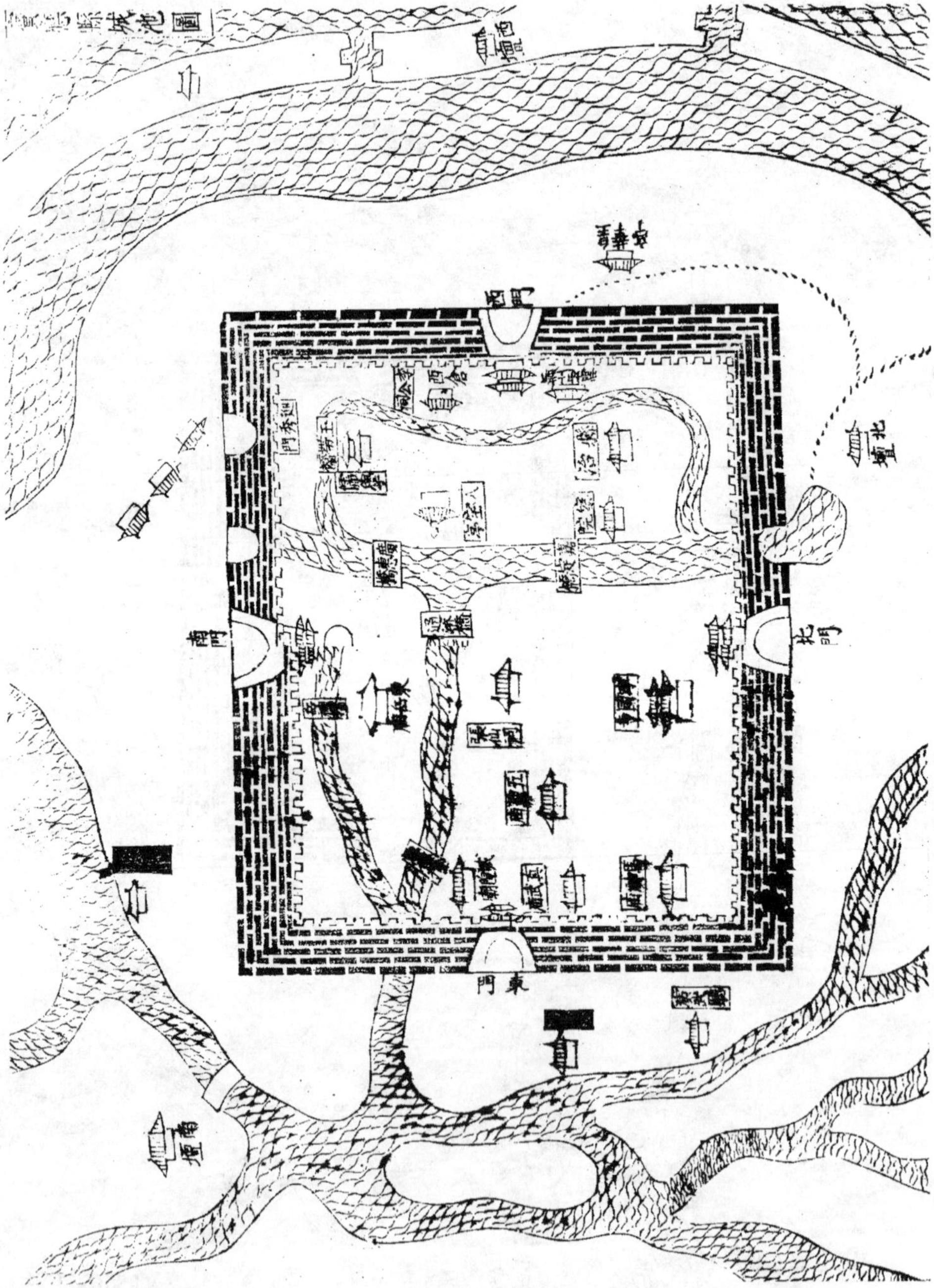

東門
南門
北門

泰州舆地图说

　　泰州治在府城东一百二十里。其地东抵本州拼茶场二百一十里,西抵江都县斗门三十里,南抵泰兴县庙湾四十里,北抵兴化县凌亭八十里。广二百四十里,袤一百二十里。

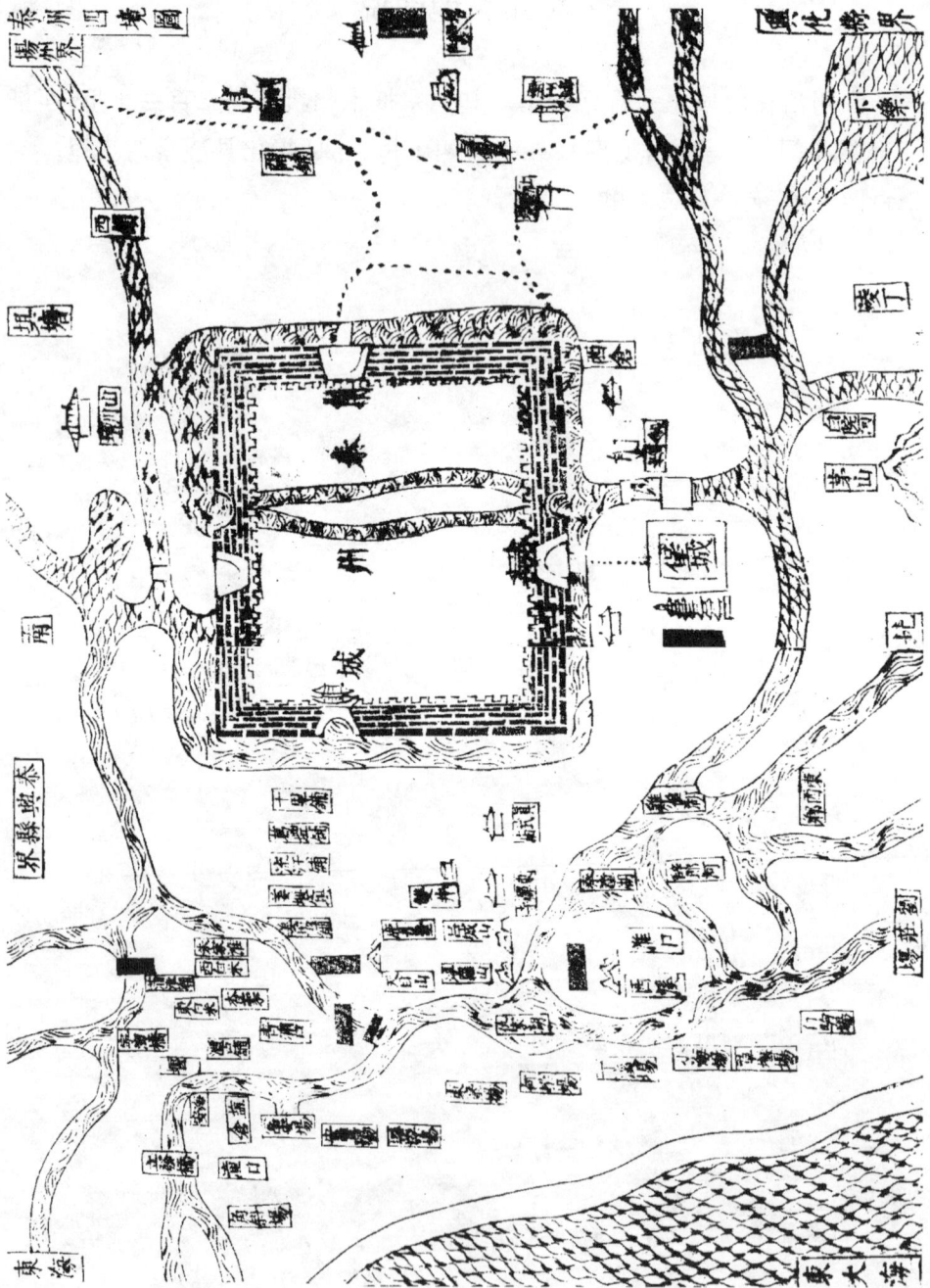

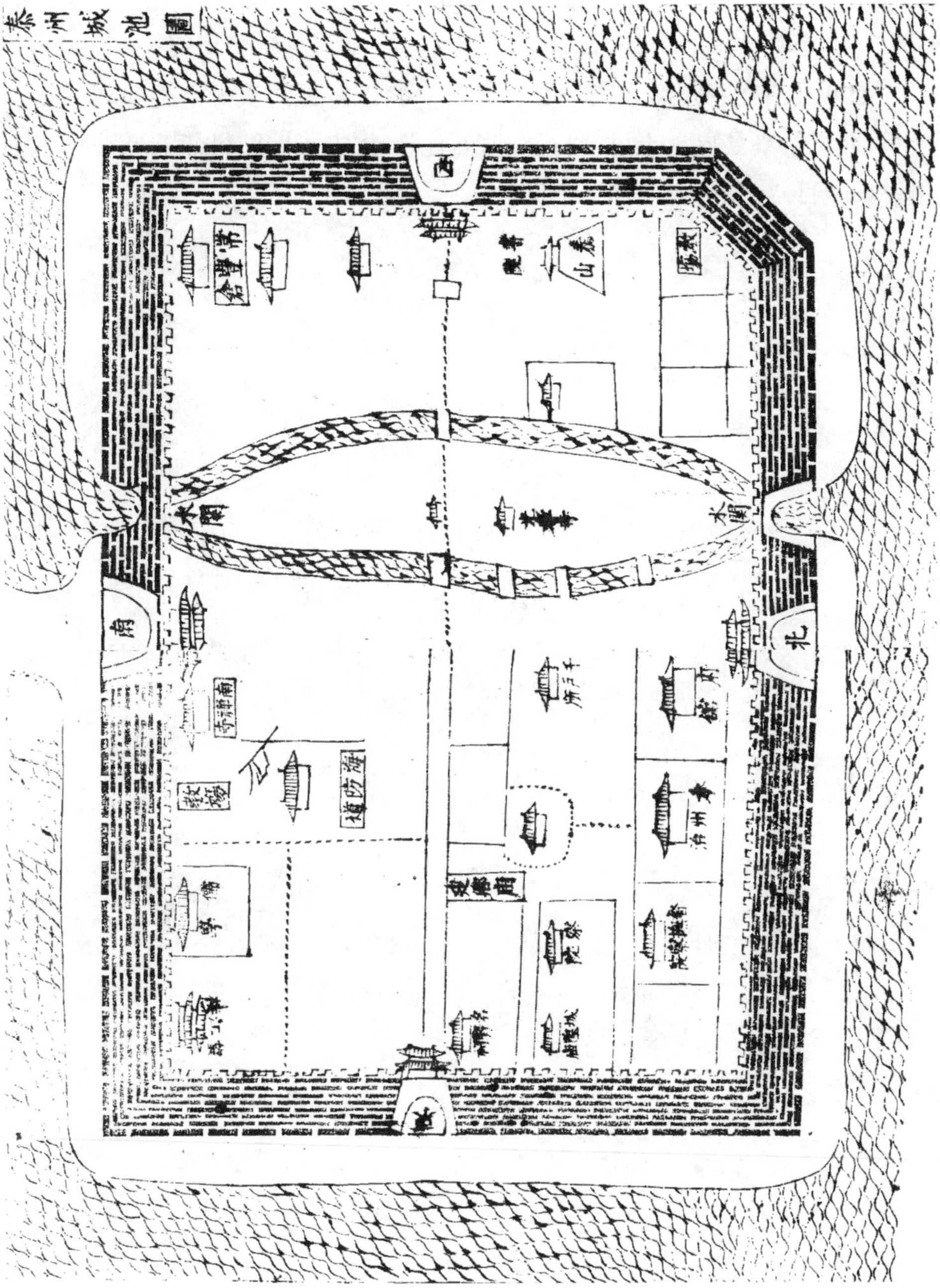
泰州城池圖

如皋县舆地图说

如皋县治在泰州城东南一百六十里。其地东抵海滨掘港巡检司一百二十里,西抵泰兴县界六十里,南抵江滨石庄巡检司六十里,北抵泰州庙湾三十里。广一百八十里,袤一百二十里。

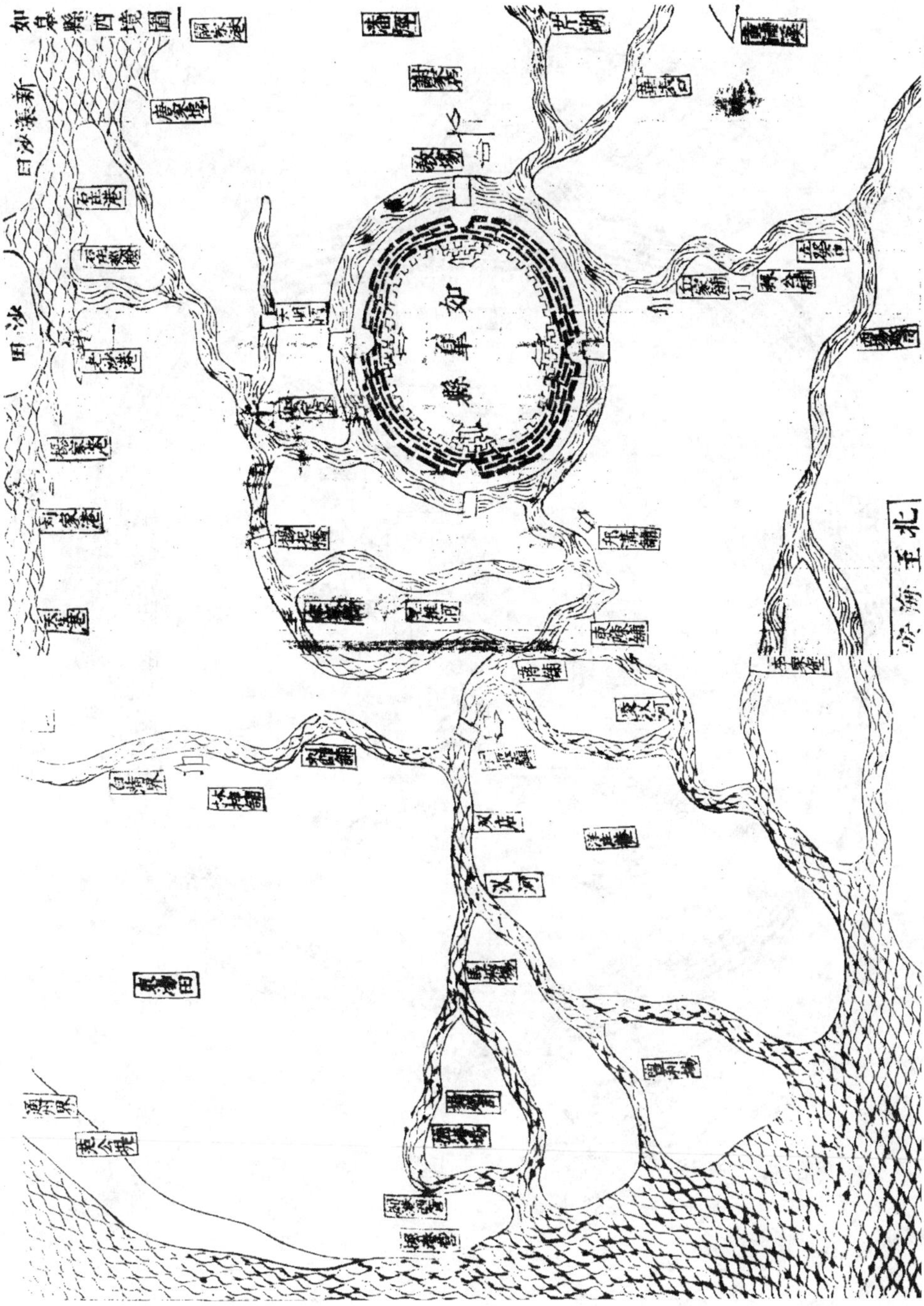
如皋縣四境圖

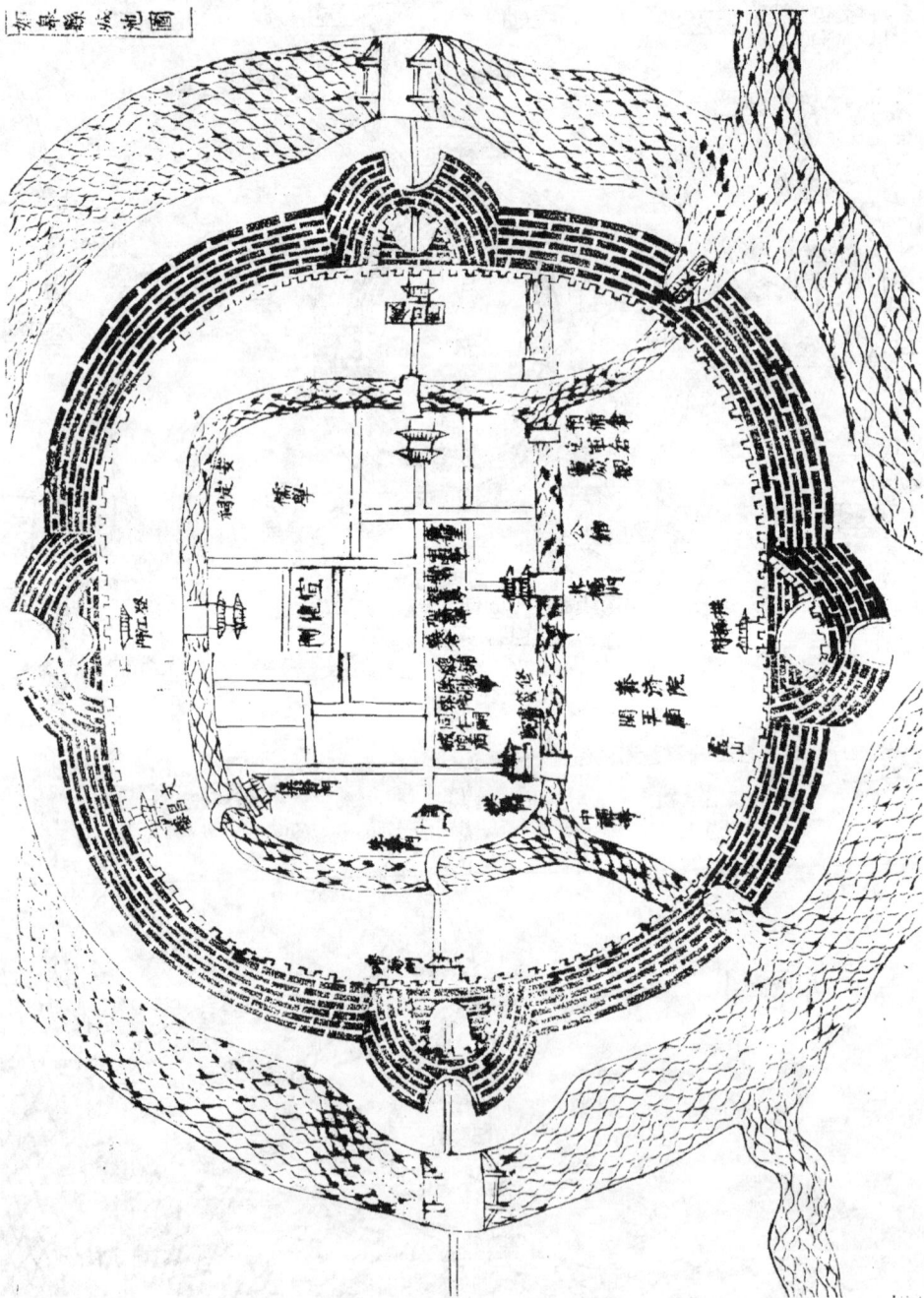

通州舆地图说

通州治在府城东四百二十里。其地东北抵海门县吕四场界一百一十里，西抵杨子江十里，南抵杨子江狼山十二里，北抵白蒲[1]如皋县界六十里。广一百二十里，袤七十二里。

1　"白蒲"，原本作"白铺"，疑作"白蒲"。

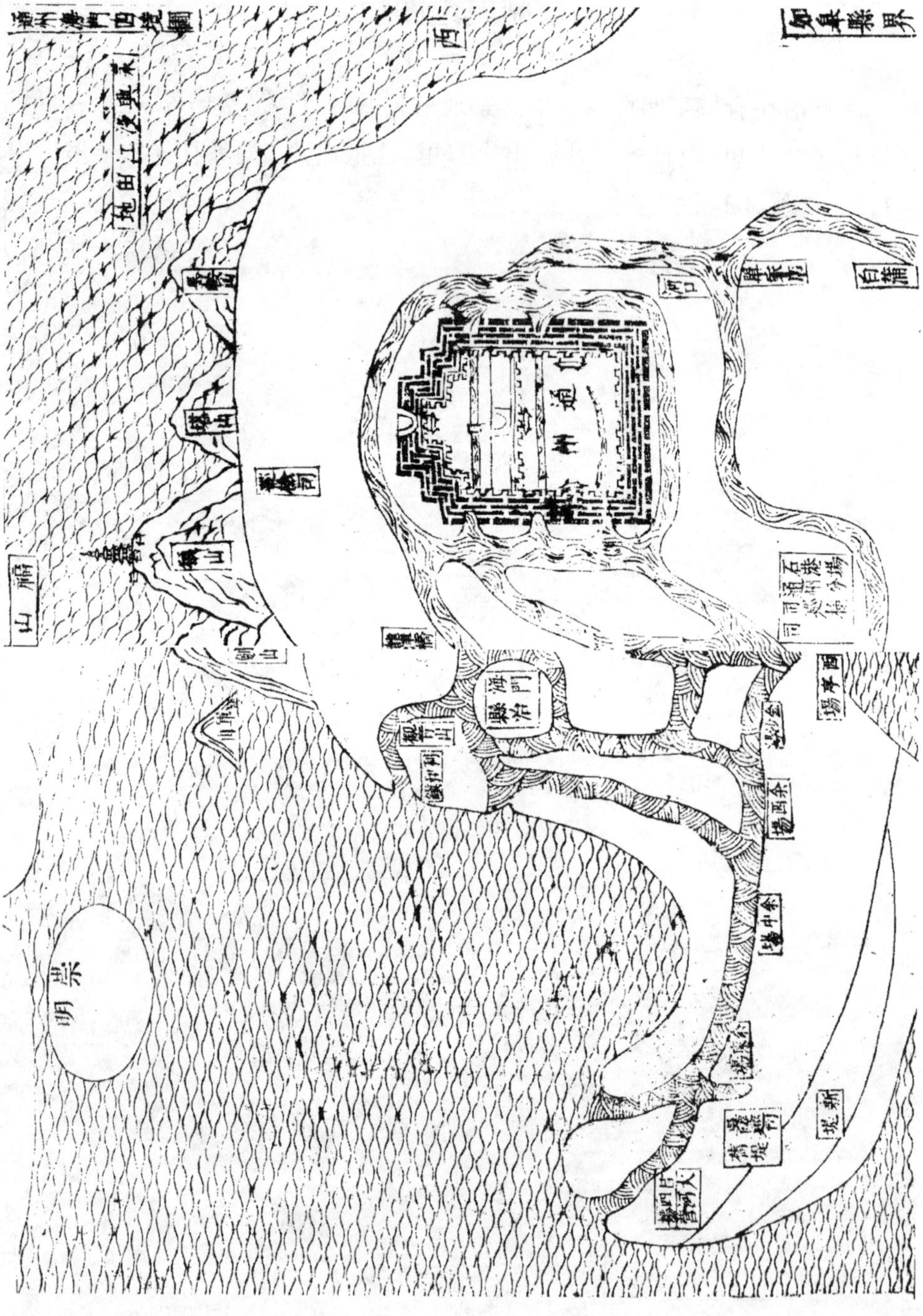
通州海門四境圖
如皋縣界
崇明

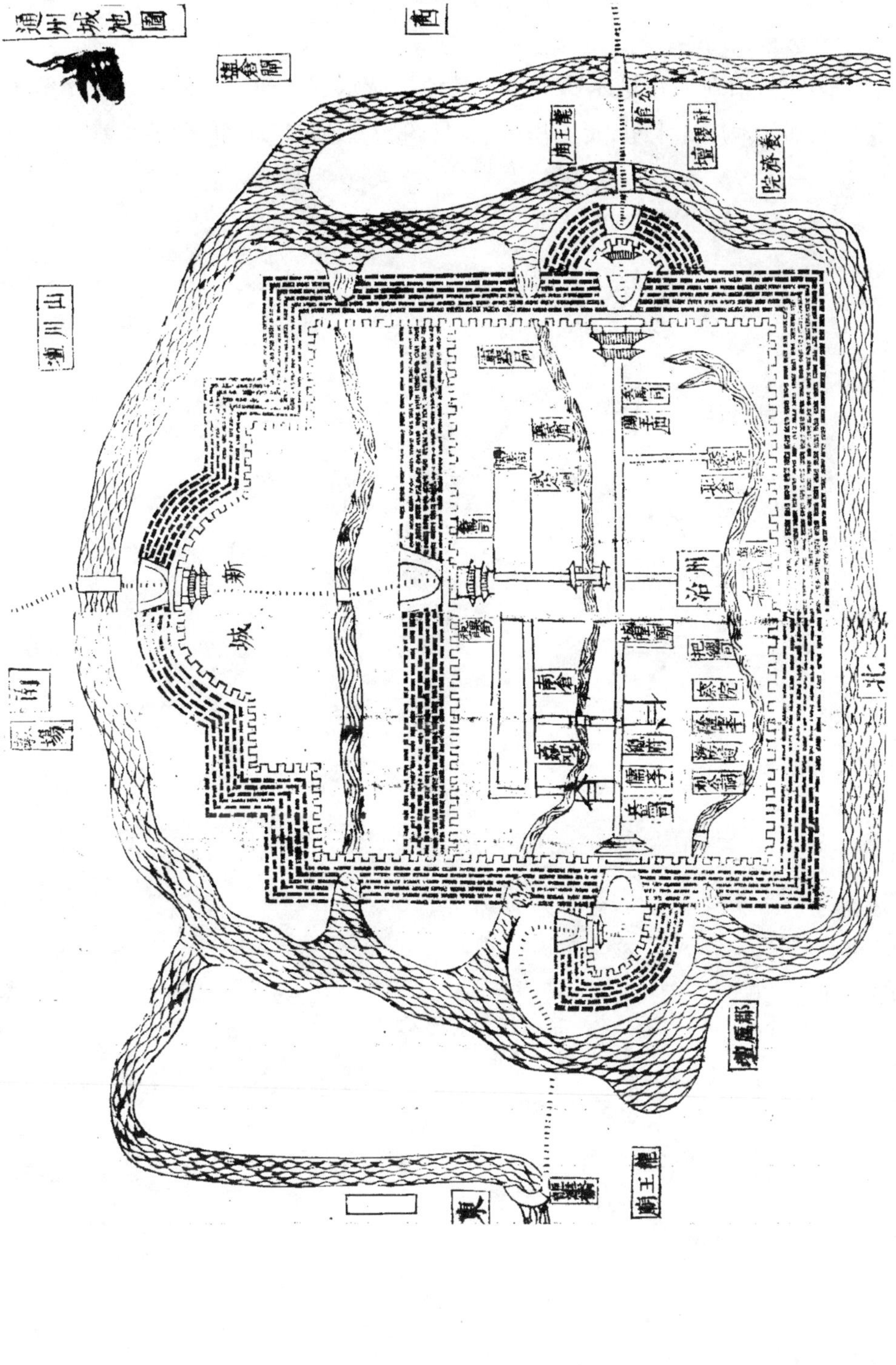
通州城地圖

海门县舆地图说

海门县治在通州城东四十里。其地负城东、西、南、北各五里,东南清干乡智正都剩地广二十里,袤三里,东北吕四场剩地广二十里,袤五里。

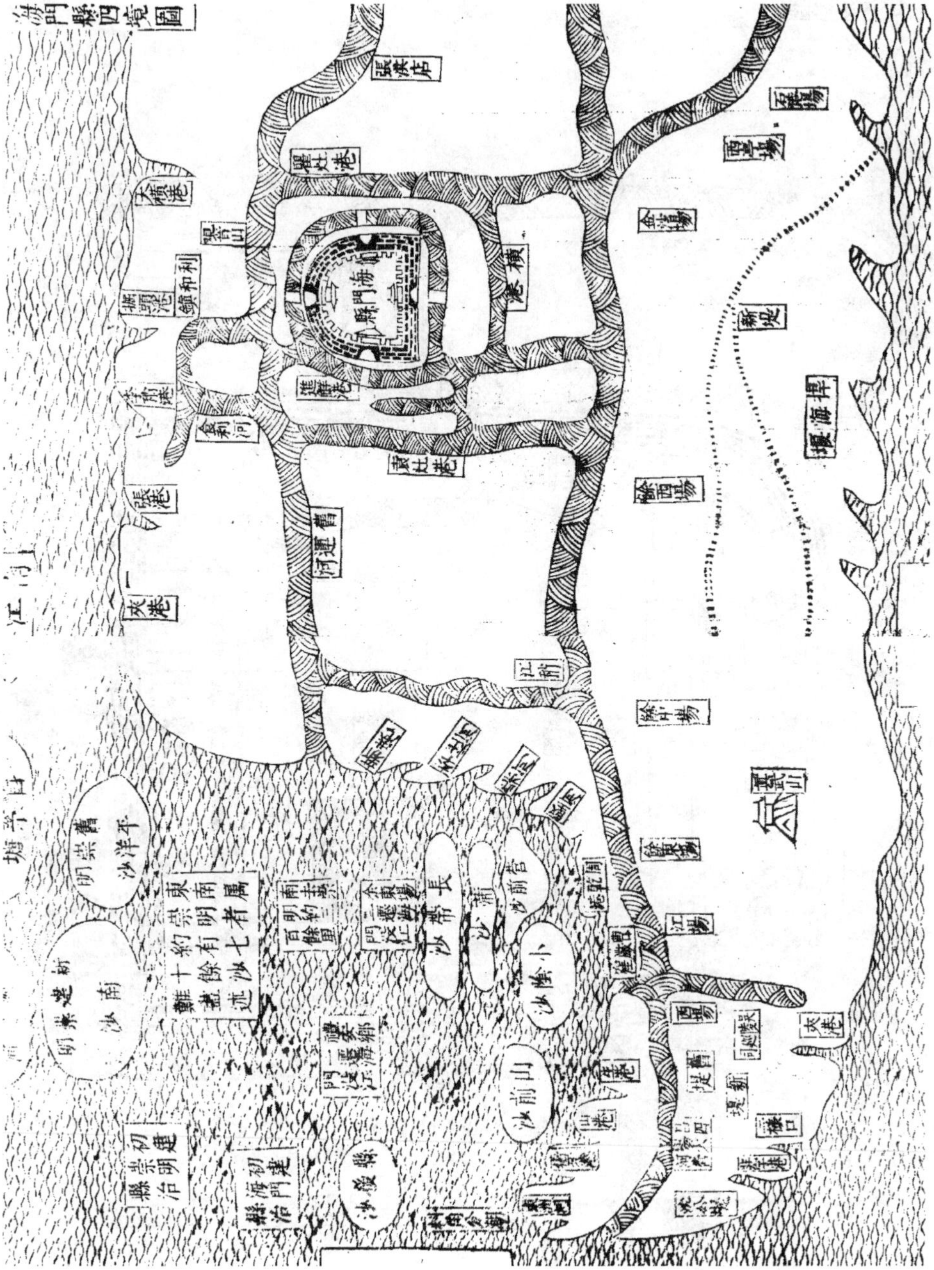
海門縣四境圖

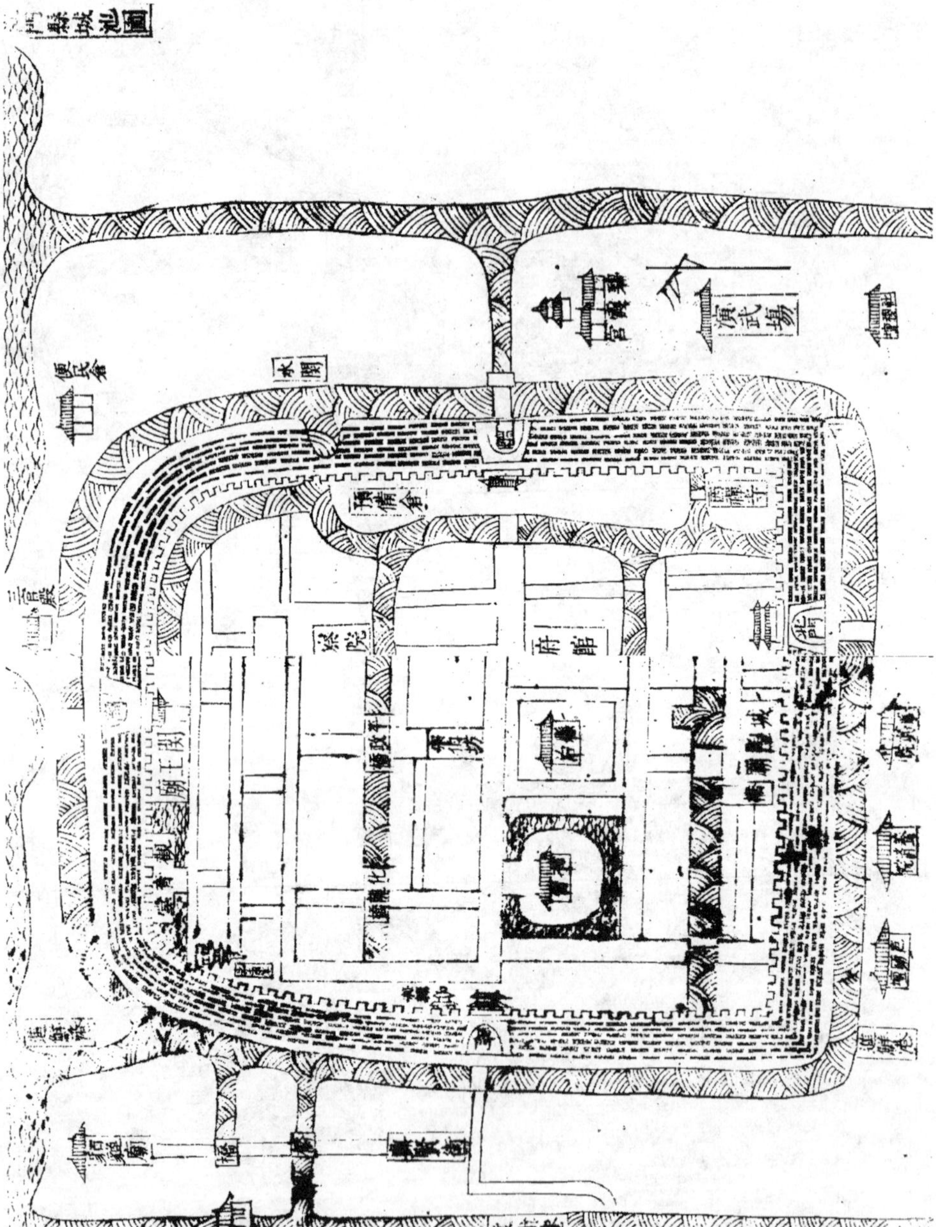
縣城池圖
水關
演武場
北門
府館

扬州府志卷之一

郡县志上

牛、女一墟,江淮攸汇。迤逦平原,东渐于海。啙窳惟民,商利什倍。返薄还淳,唯良牧宰。作《郡县志》。

总论　星野　沿革　形胜　气习

在《禹贡》"淮海惟扬州",盖古九州,唐虞十有二州之一。其地北据淮,东南距海,包有吴、楚、闽、粤,于幅员至广。江南之气躁劲,厥性轻扬,故曰扬州。亦曰州界多水,水波扬也。

今扬州仅汉广陵一郡,在天文星纪之次,扬州之分,《尔雅》以斗、牵牛为吴分野;《汉·天文志》:斗,江、湖。牵牛、婺女,扬州;《后汉书》:星纪起斗十一度,终婺女七度,为吴、越分;魏太史令陈卓言郡国所入宿度,广陵入牛八度;《隋志》:南斗十二度,至须女七度,吴、越得其分;《唐志》:南斗在云汉下流,当淮海间,为吴分;至明朝《清类分野书》自斗三度至女一度属扬州分。诸星次不同,然皆主牛、女。乃《史记》"吴、楚之疆,候在荧惑,占为鸟衡",《宋志》以天市垣二十二星,东西分十一星,其东南六星曰吴、越,于天文为别占云。

春秋时,地属吴。及吴灭,属越,已属楚。秦并天下,属九江郡。汉初为广陵国,属淮南。已属荆,又属吴。景帝时,更名江都国。元狩二年,复为广陵,统广陵、江都、高邮、安平四县。是时,属临淮郡者,射阳、盐渎、海陵、舆,今亦扬治也。王莽时,改为江平。东汉为广陵郡。三国初属魏,后属吴。晋亦为广陵郡,以淮阴、射阳、舆、海阳、广陵、盐渎、淮浦、江都八县属焉。义熙中,分广陵地置海陵、山阳二郡。宋置南兖州,齐、梁因之。北齐更为东广州,又为江扬。陈复为南兖州,北周更为吴州。隋初,为扬州。大业间,为江都郡,所属县海陵、宁海、高邮、安宜、山阳、盱眙、盐城、清流、全椒、六合、永福、句容、延陵、曲阿,而江阳为郡治。唐武德二年,于润州江宁县置扬州,析江都郡为南兖州。七年,改为邗州。寻复为扬州,以江都、江阳、海陵、高邮、六合、扬子、天长七县属焉,立大都督府及淮南节度使,皆治江都。天宝中,改广陵郡。乾元初,复为扬州,统七县如故。及杨演隆为吴王,改江都府。五代南唐为东郡。周世宗取扬州,仍置大都督节度。宋初因之。至道中,分扬州为五:曰扬州,曰泰州,曰通州,曰真州,曰高邮。军、州各有属,并统于淮南东路。建炎初,升帅府。元至元中,置大都督府及江淮行中书省。寻又更为浙江行省。已更扬州路,属河南行省。又置淮东道宣慰司。至正中,省宣慰司,置淮南行省。自明太祖以丁酉岁定扬州,置淮南翼元帅府。庚子,置淮海府。壬寅,改淮扬府。丙申[1],复为扬州府,今隶江南省,所属高邮、通、泰州三,江都、泰兴、仪真、如皋、海门、兴化、宝应、六合、崇明县九。后以六合隶应天,崇明属苏州,而扬州所统州县十,建府治于江都,为定制。

其疆界,北抵淮、泗,西接滁、濠,南界金、焦,东尽海壖,幅员不及千里,然固江淮间一都会也。郡西地多冈阜,绵亘相属,若起若伏。高、宝诸湖,受西山汊涧,汇为巨浸,以射阳庙湾为委,控引淮河,与海波通。遵海而南,诸盐场所棋布,捍以堤堰,以防潮汐,两淮盐策所自出。大江奔汩,迄与海会,咸淡所分,回澜触抟,奇恟变怪,恤然足骇。通之五山,狼、福对峙,实长江门户。而江左南徐诸山,若拱若揖,隐然为江北壮观。若夫舟樯柿比,车毂鳞接,东南数百万漕艘浮江而上,此为嗌吭。沈括所谓“百州贸易迁徙之人,往还其下,日夜灌输京师者,居天下之七”,惟扬形胜,亦略可睹矣。

大较扬自吴、越以来,江淮之险,介在荒服。自吴王濞招致宾客游士,淮南王继之。俗颇渐于文辞,民精而轻挟,铸山煮海为利,已竞于繁侈。汉策广陵王云:“大江之滨,五湖之间,其人轻心。”鲍照《芜城赋》云“车挂轊,人驾

---

1 “申”,误,当作“午”。《明史》卷四〇《地理一》:“丙午年正月,曰扬州府。”

肩,廛闬扑地,歌吹沸天。孽货盐田,铲利铜川",盖其侈也。隋氏徙都,离宫别馆,穷奢极丽之观,亘古未有。虽势殊事变,而流风不绝,故自唐、宋迄今,言繁丽者,率广陵矣。屡朝休养生息垂几百年,荐绅士夫矜名重节,恬于荣利,非公事不曳踵公门,土工文藻,制科之盛甲于江南。词人辈出,三尺童子,著述拟于枚、邹。细民务本力穑,滨江湖则采捕鱼蛤,安土而重迁,风何美也。其蹵财役贫,间以夸侈相高,四方贾人云屯雾集,新安贾最盛,秦、晋、江右次之,土著什一而已。然贾人亦矜门地,颇附于儒雅,耻自居驵侩,虽赀累巨万,而营射不休,所在饰屋庐、服玩,如前史所云"鸣钟鼎食,结驷连骑"者实繁有。然犹兢兢于当世之禁,云自榷税、盐法之使屡出江淮之间,渐以萧然。然地当四会五达,财贿委输,欲其无淫巧靡汰,虽户说以眇论,终弗悛。故治商贾在宽其额外之征而稍抑其兼并,治土著在弛其逋负之赋而稍禁其逐末,风以俭,节以礼,补偏救弊,以与时宜,亦庶几达于从政者矣。诸户口、险厄、兵食、盐法等类见他志中,不具载。

　　江都县附郭,本秦广陵县地。汉置江都县,属广陵国。元封中,别为舆县,属临淮郡。东汉属广陵郡,魏、吴、晋因之。隋初,改为邗沟[1]县,寻复故。大业,析置江阳县,已省江阳入江都。唐始以为扬州治,复析置江阳县。南唐省江阳入广陵县。宋熙宁中,省广陵县入江都,治城东南隅。元仍为江都县,徙治北关外。明朝改淮海,惟扬及今扬州府皆为附郭。洪武元年,徙治河西街儒林坊。郭璞赋"表神姿[2]于江都",以江水都聚于此也。其境内,如瓜洲拥大江,引吴会飞挽,万货纷集,居民悉为牙侩,贫者倚负担剥载,索雇直以糊其口,不事农。城西民风气淳朴,勤力耕作,颇易治。邵伯滨三湖,菱渔丰殖,而岁每苦水。白塔、宜陵之间多盐盗私贩。大桥、嘶马庄经岁争洲田[3],构讼无已。今因设防江海,诸洲废。中邗沟一水,南北仕宦往来,供帐宾客无虚日,其地亦骚然烦费矣。襄城张令有言:"治城以内宜崇俭,瓜洲宜严,邵伯宜宽。苦役者节其力,豪举者劝以义。"然风会日异,今昔事殊,瓜渚近就凋敝,邵埭多有市侠,

---

1　"沟",《隋书》卷三一《地理下》作"江":"开皇初郡废,十八年改县为邗江,大业初更名江阳。"

2　"姿",《文选》卷一二《江赋》作"委":"表神委于江都,混流宗而东会。"

3　"田",原本作"曰",据上下文意改。

治斯地者如前所云,或亦不尽然欤?

仪真县,亦秦广陵县地也。汉析置广陵、江都二县,俱属广陵国。炀帝既幸江都,遂临扬子津,置扬子宫于方山,因以名镇。唐永淳间,改镇为扬子县。吴扬浦[1]阅舟师于白沙,以白沙为迎銮镇,南唐为永贞县,宋初升迎銮为建安军,以永贞属焉。后复改永贞县为扬子县。大中祥符中,建道观,铸玉清像成,曰仪真,乃升建安军为真州军事。政和中,赐名仪真郡。建炎间,升军州。寻废为县,复为州。元初,改真州路,后又复为州。明洪武二年,省扬子,改[2]真州为仪真县,属扬州府。县治滨江,通上江南路,控连滁、濠,兼水陆要冲。蜀冈西来,逶迤绵邈,而大小铜、方、横诸山作镇。近城中多荒旷,而商贾贸迁之盛毕萃于南关外,其繁嚣颇类瓜洲。其地为盐商改掣入舟之次,诸游手逐末者或倍之。城西附塘地饶沃可田,而军民犬牙错处,动相猘狷,殊不尽地利。然其士秀而文,土民惮讼怀居,交易颇以信义,较瓜、扬为易治焉。末富虽奢,要以修农政、尽地利为本。

泰兴县,古无建置。汉以海陵属临淮郡,此则海陵县之济川镇也。南唐升海陵为泰州,析济川镇,置泰兴县,创治于柴墟。宋初,徙治延令村,是为今县治,属泰州。泰兴之名,或以分自泰州,故云。宣和中,割属扬州。历建炎、绍兴,再还属泰州,复改属扬州。元属扬州路。后为伪吴张士诚所据。明太祖以兵击败之,再克马驮沙,乃定泰兴属扬州郡焉。县僻处江介,自口岸、黄港斜连孟渎河,实郡东南之要害也。其地水土衍沃,民力耕,俭啬自给,家多盖藏,自滨江田岁多坍没,里役苦偏累矣。士大夫彬雅固多,而矜名尚气之习。时有讼者,曲直淆乱,或一倡而百和,平反者鲜能得其情。故泰兴自昔为难治也。宰斯邑者以均徭役、息嚣讼为急务,而渐摩之以仁让。若偏为锲急,强生事以滋纷拏,亦无取焉。

高邮州,古邗沟地。秦始筑台,置邮亭,因名秦邮。汉为平阿县,属广陵国。晋属临淮郡,东晋为三阿,属南兖州。宋析置竹塘、三归二县。寻以嘉禾生,改神农郡。隋为高邮县,县属江都郡。唐置县如隋。宋开宝中,升为高邮

1　"扬浦",《新五代史》卷六一《吴世家第一》作"杨溥"。

2　"改",原本作"政",据《万历扬州府志》卷一《郡县志上》改。

军。建炎升承州,割泰州之兴化属焉。绍兴初,废军为县,属扬州。后复为军,领高邮、兴化二县。元至元中,置高邮路。后改为府,仍立高邮县,并兴化、宝应二县俱属焉。明初,革府存县。洪武元年,改县为高邮州,统二县如故。高邮以地四隅低下,城基独高,又以秦邮亭所在,故名高邮也。又称盂城,以地作盦起如覆盂也。州拥重湖之险,倚堤为固,当南北孔道,冲剧略如江都。土沃水深广,有鱼稻之富,故其民敦本而鲜末作。其工若商皆浮寓,非土著,士夫径直简朴,居然可挹也。旧志谓其迤或习为健讼,喜诪张而寡情实,实湖以西邻泰州者,尤嚣凌不易制。风俗移易,非一日之积,亦信史矣。至于岁修河塘之役,小民苦勤,动无已时,主河政者使水归其壑而湖无衍溢,庶高、宝可长无事哉!

兴化县,楚将昭阳食邑也。唐为吴州海陵县地。五代,杨吴始析海陵,置兴化县,属扬州。南唐属海陵。建炎,割属承州。绍兴中,因兵燹,降为昭阳镇,附海陵。后复为兴化县,隶高邮军。元属高邮府。明改府为州,仍以兴化隶焉。兴化命名,旧志以杨行密觊兴其化,疑或然也。县四周皆积水,三湖六溪之流毕输委于此地。东南势高,水所从出甚缓,独庙湾为尾闾耳。俗以农渔为业,多朴茂。士敦行而优文学,先后名硕接踵。比间尚齿明礼,壶范肃然,有先民风。然与盐场接壤,细民间挟私贩为奸利。诸贫失业者往往惮征缮而易去其乡。然土为泽国,非用兵之所,故旁邑避兵者恒争赴焉。大较兴所苦壤地磽而租赋倍于他州县,其利害最巨者莫如水。

宝应县,本汉平安县,又名安平。王莽时,改为杜县[1]。东汉为安宜县。梁析置阳平、东莞二郡。隋开皇初罢郡,仍置安宜县,省石鳖县入焉,属江都郡。唐武德中,立仓州,领安宜县。寻废州,以县属楚州,即今淮安府也。上元三年,获定国宝,遂更名宝应。宋初因之。宝庆中,升为州,又升为军。元初,为宝应军路,后改为安宜府。寻罢府,为宝应县,属高邮府。明改府为高邮州,县隶如故。县与高邮俱水国,而宝应若氾光、白马、射阳诸湖承淮河下流,汪洋万顷,水冲激为最险。地饶粳稻及鱼蟹凫雁之利,人足自给。然低田半著水中,民输无田之赋,恚焉,往往有弃田而避徭赋者。其民风近厚寡讼,昏祭之礼时

1　"县",《汉书》卷二八下《地理志第八下》作"乡":"高邮,平安,莽曰杜乡。"

与古合。地虽冲而事简，长民者因其俗而导之礼让，固易为也。

泰州，本楚海阳，在广陵。东汉为海陵仓。元狩，始为海陵县，属临淮郡。王莽更曰亭间。东汉省入东阳县，属广陵郡。三国吴复置海陵。晋为海阳县，亦属广陵。义熙中，分广陵界，置海陵郡，隶徐州。宋、齐、梁、陈因之，隶南兖州。隋开皇初，郡废为县。唐武德中，改吴陵县，置吴州。州废，县更属邗州。景龙初，析置海安县。开元中，复为海陵。南唐始建泰州，以盐城、泰兴、如皋、兴化属焉。周显德间，升团练州。宋初，改为泰州军。后割盐城、兴化、泰兴他属，独海陵、如皋属如故。元时，属扬州路。明省海陵县入泰州，属扬州府，领县一。谓之泰州，地安泰也。州当淮海之中，地踞高爽垲，水泽萦绕，溱潼、海安，其险厄也。民居多萃于城西北。城中庄田分置，蒲苇相望，有鹑居鷇饮之风。民朴而鲜儇巧，士重信谊，贱浮薄，以经术起家为名仕宦者不乏焉。然小人亦有尚气好争，或细故辄终讼不休，必心折乃已。至于田滨下河者什七，岁苦水埒于兴化，而永折之令互异，又士民所喁喁而望之矣。

如皋县，晋以前，其建置无所考。义熙中，分广陵为五县，如皋其一也。隋初，省入宁海县。唐析海陵地，置如皋镇。杨吴为如皋场。相传，春秋贾大夫如皋射雉即其地，故名如皋，又称雉皋云。南唐升镇为县，属泰州。宋、元因之。明仍属泰州，隶扬州府。县介通、泰之间，南面江，东濒巨海，虽去郡稍远，实有控厄之势焉。土膏沃而俗勤于稼，征科易集，讼稀简，在昔最为淳厚。自后浸淫一变，富家巨族竞以华侈相高。豪不逞者，辄诱良家子纵樗蒲、六博，荡其赀业，甚则为逋逃渊薮，迩或稍惩艾焉。

通州，本汉海陵县之东境。唐为盐亭。南唐置静海都镇，置制院。或云乃杨吴，非南唐也。后周改为静海军。寻改为通州，析置静海、海门、崇明三县属焉。宋改为崇州，一名崇川，复为通州，属淮南东路。明仍为通州，属扬州府，领崇明、海门二县。洪武九年，割崇明属苏州，海门县隶如故。通州者，以州自泰州分置，取义通泰也。或以东北通辽海，西南通吴、越、楚、蜀，故名。州当江海之会，五山突起，潮汐往来其下，吴会之门户，扬、镇之咽喉在焉。嘉靖中，倭入犯，建总幕为重镇。其土田饶溢，民富而好义。人文淳发，有江左风。仕者多至贵官显秩。然阛阓绣错，衣食服玩日渐于纷华，士轻俊自喜竞进而寡恬退，抑风气致然也。陈司寇尝作《八书》，欲以礼义堤防之，虑深远矣。

　　海门县,本汉海陵县东境。其地为东布洲,杨吴时为东布镇,南唐始析通州置县。宋、元因之。至正中,以江逼北徙礼安乡。明朝仍为海门县,属通州。正德中,以潮患迁治余中场。嘉靖乙巳,又迁通州金沙场,即今县治也。海门以海自县境廖角嘴入杨子大江,此为门户,扬东南所属县抵海门而极矣。民与灶户杂处,资渔盐为利,所耕斥卤之地,重以坍粮加派,惫已云甚。而崇明所侵界内沙洲,竟未易复也。民风昔称淳直,近则尚气而好攻讦,然视通州为近质云。

　　附旧志历代形胜:

　　《南齐·郡志》:"地控三齐,青、兖同镇。西至淮畔,东届海隅,土甚平旷。"

　　宋鲍照《芜城赋》:"柂以漕渠,轴以昆冈。重江复关之奥,四会五达之庄。"

　　《玉海》:"长淮都会,南蹑巨海之浒,北压长淮之流,俯江湄,瞰京口。门户严,谢玄无后顾之忧;藩篱固,祖逖有前进之势。"

　　唐房翰《记》:"棠邑东岭,广陵西岩,背淮面江,倚山枕壑。"

　　叔孙矩《记》:"右挟鸡峰,左带乌阜。荫牛宿,藩麋山。压华沛之上源,龙缠绀苑;吞漕口以流恶,般引青徐。"[1]

　　《元和志》:"广陵号为天下繁侈,故称扬、益。天下富贵,杨一益二。"

　　宋《宝祐志》:"江淮咽颐,承平为繁华之会,多事为驰骛之冲。"

　　《广陵志》:"长淮之区,绵亘数千[2]里,为东南佳丽。"

　　旧志:"南临大江,北界淮、泗,东接扬、楚,西控滁、濠,实当水陆之要冲,江淮一都会。"

　　《山堂考索》:"自淮而东,以楚、泗、广陵为之表,则京口、秣陵得以遮蔽。自广陵而抵淮阴,此全淮之右臂也。"

　　《维扬志》:"扬州影带诸夷,气吞吴会,实京师之门户,燕赵、关陕之喉舌。"

　　仪真宋胡宿《水闸记》:"迎銮奥区,濒江剧郡。宝势横野,压楚地之三千;大浸稽天,吞云梦于八九。"

　　泰兴旧志:"前枕江湄,后负海陵,骥渚障其东南,柴墟扼其西北,为淮海要地。"

　　1　《全唐文》卷七四五载叔孙矩《大唐扬州六合县灵居寺碑》中,"鸡峰"作"鸡岑","绀宛"作"绀菀","般引"作"股引","青徐"作"清滁"。

　　2　"千",当作"百"。

高邮旧志："适当江海淮泗之中，水深而岸峻，形便而势利。"

崔伯易《赋》："有湖隶旁，将三十所，大或万顷，小亦千亩。迤逦联络，参错骈布。"

新志："西北水波萦回，东南平原极目，自古称为鱼稻之国。"

兴化旧志："东连沧海，西挹珠湖，大江枕其南，长淮肘其北。"

宝应旧志："鲁[1]涣曰：'淮东控扼有六，四曰宝应。'"

泰州新志："东濒沧海，北负重湖。雉城犄角，以海安为咽喉；醝司布列，以溱潼为要膂。"

如皋新志："以丁堰为喉舌，摩诃为屏蔽，黄桥其出入之冲，海安其控扼之所。"

通州旧志："东南泽国，宇宙大观。岷峨瀺灂吞声于此，中原蜿蜒藏形于此，淮泗逶迤交会于此。"

附历代风俗：

《太康地记》："扬州渐近太阳位，天气奋扬，履正含文，故取名焉。"

《史记》："汉彭城以东，东[2]海、吴、广陵也，其俗类徐。"

《汉·地里志》："汉兴，高祖兄子濞招致天下娱游子弟，枚乘、邹阳之徒文辞并发，故世传《楚辞》。本吴粤与楚接比，数相并兼，故民俗略同。"

《隋·地里志》："江都、淮南人性并躁劲，风气果决，视死如归，战而贵诈，此其旧风也。自陈平之后，其俗颇变，尚淳质，好俭约，丧纪、婚姻率渐于礼。"

唐杜佑《通典》："扬州人性轻扬，而尚鬼好祀。长淮、大江皆可拒守。永嘉之难，帝室东迁，衣冠萃止，艺文儒术，斯之为盛。今虽闾阎贱品，处力役之际，吟咏不辍。"

《唐·李袭誉传》："扬州，江吴大都，俗喜商贾，不事农。"

《绍熙广陵志》："扬州牧守如王内翰、韩魏公与欧、苏、刘、吕皆名德相望，风流蕴藉，故其俗朴厚而不争，好学而有文，实诸贤之遗化也。"

《嘉泰广陵志》："俗从约而易化，士循理而多文。"

明朝《洪武志》："江都当江淮之冲要，俗喜商贾，不事农业。四方客旅杂寓其间，人物富盛为诸邑最。"

王偁《学记》："地分淮海，风气清淑，俗务儒雅，士兴文艺，弦诵之声，衣冠之选，夐异他州。"

---

1 "鲁"，原本误作"曾"，据《万历宝应县志》卷一《疆域志》改。

2 "东"，原本误作"南"，据《史记》卷一二九《货殖列传第六十九》改。

彭时《学记》："地居要冲,俗尚侈靡,其士多明秀俊伟。"

邹守益《学田记》："扬俗尚侈,蠹之自商始。"

仪真吕师龙《学记》："隋则躁势果决,唐则喜商善贾,宋则从约循理。其民安土而乐业,其士好学而有文。"

孙俟《记》："东南之凑,土俗劲剽。"

泰兴旧志："僻在淮堧,民多朴质,俗尚俭啬。"又云:"以耕桑为业,渔稻为利。然水土异齐,东北多鄙野,西南喜讼讦。"

高邮旧志："居淮扬之间,土高而广于水,俗厚而勤于稼,人足于衣食,有渔稻之富。俗好谈儒学,桀黠之民好以讼相雄。"

兴化旧志："地多陂泽,民居水乡,以农渔为业,舟楫为途,淳厚而力勤稼穑。"

宝应旧志："其东皆沮洳卑下,宜种稻粳;其西颇高,宜豆麦。其民力稼穑而勤厚。"

泰州旧志："海陵幽邃,地肥美,民事耕桑樵渔,性多朴野,士有文雅之风。"

如皋旧志："濒海控江,民多村野。征科易集,讼狱简稀。冠、婚、丧、祭,习尚俗礼,多俭约之风。"

《通州宋[1]学记》："江山控于吴、越,风俗邻乎邹、鲁。渔盐之利,商贾多集。弦诵之学,章甫亦众。"

州志："阻江滨海,宦辙罕至。民利渔盐,盗稀讼简。士大夫称为淮南道院。"

詹仁深《学记》："其地广斥,有鱼盐之利。士登甲科、为美官者不乏。"

海门旧志："习朴实而负气,性醇直而不阿。耕凿为生,鱼盐为利。士读书而耻奔竞之风,商为市而无图射之巧。"

赞曰:维扬郡县,延袤虽不及千里,然一郡而五土之族萃居,列肆而殊方之货毕聚,信大国之风哉!自昔都人士之服御供馔华侈相耀,杂见于他书,浸淫至今,或至亡等,有识者忧之。及考风于内河诸邑,奢简犹错出于其间,视郡治为稍杀矣。前人有云,扬俗尚侈,蠹之自商始。嗟嗟富商大贾,近亦动咨仰屋,恐不待国奢示俭,国俭示礼,而扬之不克如昨,可逆睹也。

1　"宋",或为衍文。《古今图书集成·方舆汇编·职方典》卷七六〇《扬州府部汇考八·扬州府风俗考》作《通州学记》。

山

府治　江都

蜀冈。相传地脉通蜀，故名。上有蜀井，一名昆仑冈。鲍照《芜城赋》"轴以昆冈"，谓此。朱子曰："岷山夹江两岸而行，一支去为江北，许多去处。"又曰："自嶓冢汉水之北生下一支，至扬州而尽。"旧志：蜀冈上自六合县界来，至仪真小帆山入境，绵亘数十里，接江都县，迤逦正东北四十余里，至湾头官河水际而微。其脉尚过泰州及如皋赤岸而止，所谓至扬州而尽者也。王三阳诗："岷峨不断古城秋，直抱长江西北流。最是蜀冈冈上月，偏随萤火照扬州。"

甘泉山。在县西三十五里大仪乡。高二十五丈，周二里。上有井，曰甘泉。七峰连络如斗，平地错落，诸圆冈凡二十八，如星宿拱斗然。第一峰环视旁围诸山在江南者，臃臃如列坐前。

浮山。在县西五十步禹王庙殿前。石状如铁，不产草木，以其浮于地，故名。

金匮山。在县西七里善应乡。高十丈，周二里。中多墓田，俗谓黄金入匮，因名。

马鞍山。在县西北三十五里大仪乡。高一十三丈，周三里。状如马鞍，因名。

得胜山。在县西北三十里大仪乡。高七丈，周二十五里。宋绍兴初，韩世忠大败敌人于此，因名。

席帽山。在县西北一十二里大仪乡。高七丈，周二十五里。状如席帽，因名。俗称帽儿墩。士人谓此山曾经水冲，见石门如墓道云。

小金山。在北门外。宋熙宁间，丞相陈升之来判扬州，创阁于子城上，曰云山。吕申公为守，又新之。淳熙间，郑兴裔撤玉钩亭，增而大之，命名云山观。宝祐间，贾似道复建云山阁于小金山，即环碧亭址，乃治亭台精舍，桥梁俱备。登观东望海陵，西望天长，南揖金、焦，北眺淮、楚。其下为深沼，又为平野堂，即观稼堂旧址。春日，卉木竞发，扬人游观不绝云。

北洋山。在城西三十里。

盘古山。在西兴乡，去城三十里，上有盘古墓。

土山二。一在南门外西隅；一在新城广储门外。万历二十年，秀水吴公守扬州，浚河积土，筑而成也。旧名土山。树以梅，俗遂呼梅花岭，即前土山。万历三十三年，盐政府太监鲁保重修，扬州知府朱锦有碑记。当道者檄毁之，仅存其堂与楼，为诸生讲业之所，名曰崇雅书院。今因兵燹后，鞠为茂草，岿然止存一亭。

夹冈。在县东北七里大仪乡。东接湾头镇淮子河口,与蜀冈相属。

独冈。在县西北四十五里彭城乡,谓此乡独此冈云。

浮城冈。在县北二十八里丰乐乡新城湖。山周四十余丈,旧有新城墓。

桃花冈。在县南一十五里永真沙。《寰宇记》云上有吴王庙。

九龙山。在县西南一十五里丰乐乡,下接湖水。

蛮王阜。在县东南五里第二港。旧传云金完亮军于此,筑土墙,周回十五里。

骆驼岭。在县北开明桥西。其地形如骆驼,因名。今江都县儒学在焉。

蒙谷。在县东北五里,竹西亭之北。

仪真县

方山。在县西四十里。其巅四面平正,故名。旧志:隋六宫驻此,遂置方山府。梁建寺
其上,曰兴云,后更曰梵天山。有王子石、猫儿石、凤凰桥、黄龙池。其柴王城、康尼寺并皆颓绝。
古乐府:"闻欢远行去,相送方山亭。风吹黄蘗蕃,恶闻苦离声。"陈沈炯诗有云:"虽还旧乡里,
危心曾未平。淮源比桐柏,方山似削成。"

横山。在县西三十五里。与方、丫二山鼎峙一方,其间为上沛,而横山独亘其北。元魏
于此置横山县,高埒方山。山之阳有禅证寺,梁天监中所建,即昭明太子读书堂也。僧神坚以
堂为太子院。后黄巢兵过,以刃加神坚,不能动,膜拜而去。

冶山。在县西北四十里。林疏而秀,多产磁石,青绿诸色。上有汉炉鞴将军庙。唐开
元间,建寺曰祇洹。蜀冈自此山蜿蜒入境,绵亘数十里,东接江都。

大铜山。在县西北二十五里。旧志:相传为吴王濞铸钱之所。

小铜山。在大铜山东麓,相联接。

北山。在县治北一里。嘉靖间,郡守方信孺、袁申儒相继筑塘其间,汇水注濠,城守者
赖焉。

城子山。在县北三里。状如城,故名。魏文帝筑东巡台于此。

小山。在县北十五里。宋大中祥符六年,京师建玉清昭应宫,司天言:建安军西小山有
王气,可以镕铸圣像。诏丁谓即其地铸之,有青鸾、白鹤、景云盘绕炉冶之上。仪成,迎奉赴阙。
诏即其地建天庆仪真观,赐号"瑞应福地"。

腊山。在县北三十里。上有天井池,其水冬夏不竭。又有白龙庙,宋郡守王大昌祷雨
于此。

灵岩山。在县西七十里。旧志云：唐僧神建传法于四祖，有"逢岩即止"之语。后至此山，遂止，因建道场，曰灵岩寺。后更为法义禅院。山岭高峻，南为偃月。岩前有凤凰台，左有鹿跑泉、白龙池、万山亭，右有龙斗涧[1]、玛瑙涧。

丫山。在县西四十里。两峰并峙，俗呼奶山。旧志云：唐末，黄巢屯兵其间，寨基犹存。

乌山。在县西北四十里。

马鞍山。在县西北，与乌山对。

马头山。在县西北。旧志云：山雄秀，巅有石高丈余，崔嵬突出。中一穴，方圆径尺，水清不竭，人以丝悬石投之，其深莫测，世传又龙居焉。又东曰峨眉山，北曰西阳山。

鸡留山。在县西三十五里。旧志云：伍子胥欲报浣沙女而不知其家，乃留鸡于山祀之。

尖山。在县西十五里。山顶极锐。

甘草山。在县西十里。尝产甘草。

青山。在县西南二十五里。南临江，山色常青。

茅家山。与北山相对。宋郡守袁申儒尝筑塘其间，遗迹尚存。

焦家山。在县东北五里。上有三将军庙，林壑葱秀，亦可登眺。

窦家山。在县东北八里。

石家山。在甘露乡。

戴家山。在东二十里。旧志云：宋景祐中，尝凿断冈阜。

白洋山。在县东北四十里，江都界。

瓜步山。在县西南六十里瓜步镇南。状如瓜，临江峭绝。后魏主焘南侵，起行宫于此。诸军同日皆临江，即其地也。山上旧有焘祠，宋嘉定间，知真州李道传撤去其像，而以祀山之神。

小帆山。距瓜步东，矗起大江中。山无草木，石白若矾。上有落帆将军庙，江行过此甚险，舟人竞乞灵焉。

牛头山。状若牛头，与冶山接。十峰耸峭，高出云表。山人云：亦九十九峰云。

神山。在县西二十五里七都。高一十五丈，周三里。上有九江王庙。山多细石，五色各具。元郝经有《江石子记》。

赤岸山。在县西三十里七都。高十二丈，周四里。其山临江，岩与江岸土色皆赤，罗含诗"赤岸若朝霞"。郭璞《江赋》"鼓洪涛于赤岸"，杜甫《山水图歌》《赤岸水与银河通》是也。

---

1 "涧"，原本作"间"，据文意改。

枣林冈。在县西北二里。

出佛洞。在小帆山北。唐会昌中，因汰浮屠教，曾藏僧神建肉身于此山之东，即黄天荡。江流至此甚险，舟人过之，竞乞灵焉。

泰兴县

孤山。在县东南七十里太平乡。南枕大江，巍然一峰，约高百仞。上有伏虎禅师寺，多大竹，伐者必先祀禅师。祷雨辄应。本县之镇山，旧在北岸，今徙入江中数十里，已非兴有矣。

泰山。在县西城隍庙后。积土为之，高二丈八尺，周五十五丈。旧有东岳庙，故名。后去岳庙，改建城隍庙，建钟楼山上，今废。

后乐山。在县后。俯瞰长渠，平眺北原，为游息之所。

东山。在城东六十里太平乡。

高邮

神居山。在州西六十里新安村。石山戴土，俗名土山，以其形类"土"字也。高二十五丈，周十五里。南齐亘公尝结庵于山，炼丹、种药成仙。山有排牙石，人欲数之，其数必差，终无能知其数之的者。俗传谢安又尝炼丹于此，石井、石臼犹存。井在山顶之左，大可五尺，深不逾丈，其水清冽，极旱不竭。又名石塘云。自此山西南接连天长、滁、泗、横野等山，邮城之地自此起祖，盖一郡之镇山也。宋陈造诗："峰顶留云一鹭骞，山腰涵碧老蛟蟠。鹍鹏翻海十洲近，江汉分流三楚宽。"

箕山。在州东三里焦里村。今无山，惟有土阜。

龙冈。在州治新开湖西，与天长、泗州界，去城九十里。

黄泥冈。在新安东村，去城五十里。

萧陵冈。州治北九十里，临泽镇后。

兴化

阳山。楚令尹昭阳墓也。在县治之西四里三百步，为长乡六都地。昭阳府君食邑于此，后人立庙祀之，因以名山。高三丈，周二十丈。凌登瀛诗："七国多豪士，今人恒拊髀。首功岂不贵，焉识仁义施。荣名不终保，而况身得思。有美昭阳君，渥惠在黔黎。抔土荐寒泉，声与天壤期。戈戈弹铗子，市义亦徒为。"

孤山。在县东安仁乡。

宝应

云山。在县治西南一百二十里侯村乡，接盱眙县界。高一十八丈，长二里。上有白龙潭，水四时不竭。潭后有白龙庙，庙西有仙[1]寺，有仙人洞，长十二丈，广八丈，有门可容人行。山上云起，即雨泽雾霈，故名。

箕山。在县东六十里，与高邮同。

应宿峰。在县治后。高二十余丈，知县李漆筑。

状元峰。在尊经阁后。知县陈煐、教谕卢洪夏筑。

褚庙冈。在县治西一百里顺义乡。

双女冈。在县治东六十里三阿乡。

泰州

泰山。在州治西城内。垒土而成，高五丈，周一百二十余丈。以州名名之。登山四望，距城百里皆在目前，而京口诸峰亦皆俱见。上有安定胡先生祠。方岳诗："泰州无泰山，飞来奠兹土。凌云入青霄，秀色贯今古。乘风一登之，去天如尺五。忽闻弦诵声，仿佛过齐鲁。"

天目山。州治东四十里。高一丈三尺，周二百三十步。王仙翁昔尝隐是山，有二井。丘容诗："三山王鹿女，异迹落人间。瑶草今何在？晴光满旧山。"

罗浮山。州治西北五里。高一丈，周一里七十八步。在薮泽中，不为洪水所漫，如罗浮然，因名。

茅山。州治东北六十里。高二丈四尺，周二百五十一步。相传尝生香茅，长二丈五尺，因名。阮胜之记云："招远东南六十里，有茅山，俗名避灾地。"

吕城山。州治东三十里。高一丈，周三百八十步。形如城，相传有吕姓者居之。

中洲山。州治东北一百二十里西溪镇之北，盐仓之东。范文正公监本镇，日垒土为山，竹木森然。东观沧海，西望沃壤，为一镇之形胜也。

凤山。在海安镇。高三丈，周百步。山前溪路环绕轩翔，傍山为桥，昂首巽方，有凤形焉，故名。山麓为安定祠，上有泰山行宫。

---

1 "仙"后疑脱"人"字。

骆驼岭。州治西南登仙桥。平地龍嵸，隆起如骆驼形。建千户所于其上。

虎墩。在小海场。范文正筑捍海堤，起虎墩，即此地。

如皋

摩诃山。俗呼虾蟆山。传闻多异蛇，有僧过之，蛇分道而行，因立大圣殿于上。昔迤岸去石庄旧址二十里，今江坍山远，去岸逾五十里。

土山。在安定乡。去县西南三十里。

赤岸。在县东北。跨南延亘六十里，脉接蜀冈，上高，色赤，故名。

浦岸。去县北五十里。东西延亘五十里，乡人谓古海岸。土高阜。旧志：上产艾，相传孙真人遗种。

平阜。在江宁乡。东西延亘六十里。土高阜，相传为江岸。肥甚，宜五谷。

碧霞山。在县治北。垒土为之，上有碧霞元君祠。

通州

狼山。在城南十二里。山名以形似，或谓有白狼据焉。宋淳化中，邑令杨钧上书改“狼”为“琅”。山顶有塔五级，名支云塔，后为僧伽殿。塔前敕建江海神祠。正德七年，歼刘贼于此，大学士王鏊有《江淮平乱碑》。御史刘澄甫诗：“白狼山下血模糊，万里风烟息战图。寺主复来修草屋，居民原自畏兵符。三年浪迹江山在，四月风寒草木枯。酌酒壮怀歌激烈，凭高临远自踌躇。”祠前为萃景楼，同知许缨建，有赋。崔桐诗：“淡云百顷带江城，萧寺阑干倚昼晴。亭殿岚飞深树色，鱼龙风动送潮声。烟中吴舫冲波渡，天外虞山对岸横。江北江南瞻气象，一声长啸尽平生。”楼前为土地祠，祠前东折为振衣亭。由振衣而东为葵竹山房，今为四贤祠。祠内有三辰轩，光风、霁月二亭。由祠而东，为半山亭，楣间颜以“山腰官阁”。崔桐诗：“千古名邦应斗躔，澄江灏气五峰连。望迷烟际疑无路，行到山腰忽半天。瑶石砌回丹树隔，珠林雾锁碧崖悬。更须绝顶虚无处，一笑凭栏思洒然。”又东南稍下，为少憩亭，亭边有石浮屠七级。又东南迤逦而下，有栖云阁，阁前为广教禅寺。李宁诗：“宝刹珠宫缥缈间，雨余乘兴共跻攀。天连西北浮云合，地尽东南瘴海环。紫石有岩惟碧藓，白狼无迹自青山。劳劳尘鞅知何补，徙倚峰头一破颜。”山阴多巉岩峭壁、怪巚奇岫，有千人洞、夕阳洞，有鹁鸪、紫石、海丹三岩。岩下有观音大士院者，二石上有宋提刑薛珠、太守臧师颜题名，下有盘醒石、宝陀石，亦有题名。山阳有狮子石,山麓有伏龟田,形实肖似。山高三十五[1]丈,周四百三十六丈。胜概甲江北,为宇宙大观云。

刀刃山。在狼山东。高二十九丈,周四百七十二丈。相传秦始皇曾磨剑于此,有剑迹存,又呼剑迹山。故有磨剑石,今坠江。山南有獭鱼洞,西南有淡竹滩,东南有双人峰,峰下有燕子洞。最高处有老乌岩,鹰隼多穴于是。

军山。在刀刃山东南,隔江数里。高三十五丈,周九里十三步。俗亦谓始皇驻军于此,因名。下有燕真人炼丹台,亦有真人洞。昔桃花万树,为桃花峪,今尚余数十株。悬崖上有白云洞,云兴则雨,云散则霁。下有白云泉,甚甘冽。山北有山茶湾,山麓有椒嘴石,长数十丈,视潮长落为出没。

塔山。在狼山西,俗呼黄泥山。高十七丈,周二百九十丈。上有浮屠遗址,下有仙女[2]洞。相传有老女子从龙舒来,久乃仙去。西下有通济闸,石上字刻犹存,元时海运故道也。洞之东有望姑峰,高可六七仞,下有沉雁湾。姚珪诗:"胡麻流水几时还,洞口晴云尽日闲。瑶草碧桃春寂寂,夜深星佩隔尘寰。"卢纯学诗:"嶻嵲山色入江浮,独立苍茫向素秋。不识仙姑今在否,满门瑶草为谁留。"

马鞍山。在塔山[3]西。高同塔山,而周倍之,亦以形似。俗谓隋炀帝征辽时放马处。上有积翠峰,在元君祠前。

观音山。州东十五里。上有观音殿、文山祠。

钟秀山。城北三里。以上二山,俱筑土所成。

海门

东山。在吕四场南。相传宋淳熙中孙道人所筑,又能以术运大木,建庙于山。尹惟忠诗:"偶发谢公兴,轮蹄不惜遥。看山开竹牖,对酒属花朝。洞里窥丹灶,云端听玉箫。仙人双白鹤,冉冉下层霄。"

戴青山。在旧县西。僧戴青所筑,因名。以没于江,其徒净安复筑于王灶境。

韩童山。县东五里。宣德中,巫人韩童所筑,因名。钱铎诗:"小试登山屐,翛然静俗喧。鸟啼芳树谷,犬吠落花村。堕叶惊时变,疏钟带雨昏。远公能爱客,披衲候柴门。"

---

1 "三十五丈",《万历通州志》卷二《疆域志》、《明刻通州狼五山志》卷一作"五十三丈"。
2 "女",《明刻通州狼五山志》卷一《形胜》作"姑"。
3 "山",原本误作"出",据《明刻通州狼五山志》卷一《形胜》改。

文成山。在儒学后。

碧霞山。在西门外。

观音山。在城南马家区。

按：蜀冈，相传以为来自蜀岷，发源数千里，斯形家言，无足信。然而冈势逶迤，环抱郡城，为风气所聚，亦所以永安也。自是，唯通州白狼、军、剑诸峰颇为奇胜。长江西来，东会溟渤，凭高眺远，茫无涯际，即其高可以仞计，然目境胜矣。仪真西接六合，冈阜不乏，然悉为樵苏之所。前代营创，颓绝无余。高、宝以东皆平原，浅泽水潦所归，间有培塿，或地脉突起，或人力垒土所就，幽胜之迹，前此未有。今所纪诸山之颇有闻者，盖江淮水国不以山为镇，而淮南之所谓山者，止于此也。

川

东南曰杨子江。其源滥觞岷山，由成都下三峡，合于洞庭，东迳武昌与汉水合，又迳九江汇为彭泽，下芜湖，又东过江宁而愈大。在杨子者，西至黄天荡西牛步沙，与建康为界；由瓜步下小帆山，迳仪真境南东下，至铁钉港鹅翎蘸，与镇江分界。东北趋江都，迳通、泰入海，所谓杨子江也。郦道元《水经注》："淮阴县之中渎水，首受江于广陵郡之江都县。"郭璞《江赋》："咨五才之并用，实水德之灵长。惟岷山之导江，初发源乎滥觞。聿经始于洛沫，拢万川乎巴梁。冲巫峡以迅激，跻江津而起涨。极泓量而波运，状滔天以森茫。总括汉、泗，兼包淮、湘。并吞沅、澧，汲引沮[1]、漳。源三分于崌崃，流九派乎浔阳。鼓洪涛于赤岸，沦余波于柴桑。网络群流，商榷涓浍。表神委于江都，混流宗而东会。注五湖以漫漭，灌三江而漰沛。滈汗六州之域，经营炎景之外。所以作限于华裔，壮天地之崄介。呼吸万里，吐纳灵潮。自然往复，或夕或朝。激逸势以前驱，乃鼓怒而作涛。峨眉为泉阳之揭，玉垒作东列之标。衡霍磊落以连镇，巫庐嵬屈而比峤。协灵通气，渍薄相陶。流风蒸雷，腾虹扬霄。出信阳而长迈，淙大壑与沃焦。"

东北海。北自盐城界，南经兴化、泰州、如皋折而东，通州、海门诸盐场皆其滨也。至吕四场东南廖角嘴始与江合。其大则南历浙江、福建，通东粤、交趾；北历山东登、莱，通辽海、朝鲜。今通州狼山有黄泥山，有两石门相对，即元张瑄、朱清海运故道，由此以达于直沽者也。

---

1 "沮"，原本误作"且"，据《文选》卷一二改。

木华《海赋》："掎拔五岳，竭涸九州。沥滴渗淫，荟蔚云雾。涓流泱瀼，莫不来注。尔其为状也，则乃浟湙潋滟，浮天无岸。沖瀜沆瀁，渺弥淡漫。波如连山，乍合乍散。嘘噏百川，洗涤淮汉。襄陵广斥，瀄蔼浩汗。尔其枝岐潭瀹，渤荡成汜。乖蛮隔夷，回互万里。南澰朱崖，北洒天墟。东演析木，西薄青、徐。经途瀴溟，万万有余。吐云霓，含龙鱼。隐鲲鳞，潜灵居。岂徒积太颠之宝贝，与隋侯之明珠。将世之所收者常闻，所未名者若无。"

河有二：曰运河，《漕运志》作漕河，南自瓜洲镇西南，自仪真北抵淮安山阳县界中，越邵伯、高邮、宝应诸湖。详见《河渠志》。曰运盐河。自府城北湾头起，经泰州、如皋、通州至海门四百余里，其支派通各盐场，为盐船所经，故名运盐河。详见《河渠》。

按：江海环绕府境东、南、北，二河联络诸州县，故列诸山、川中。其溪、湖、塘及历代水利兴革之详，则别载于《河渠志》。

扬州府志卷之二

郡县志下

城池

扬州有城，自吴王夫差城邗沟始。其后，汉、吴、晋俱为广陵城。汉高祖六年，令城天下郡邑。于是，广陵有城。吴孙亮建兴三年，令卫尉冯朝城广陵。晋太和四年，大司马桓温发徐、兖州民，筑广陵城，徙镇之。自齐、梁迄陈，广陵为南兖州，其城守无异。隋复为广陵城。晋王广尝出镇此城。唐时，为扬州城，亦名邗州。宋筑广陵大城。周围二千一百八十丈。具《古迹》。明初，佥院张德林镇守扬州，以兵后人稀，即宋大城西南隅改筑，仅周九里千七百五十七丈五尺，厚丈五尺，高倍之。门五：南曰安江，北曰镇淮，西曰通泗，东曰宁海，又曰大东。东南曰小东。各门有瓮城、内有盘诘厅。楼橹、警铺、雉堞、敌台，隍与城称。门外跨隍各设吊桥，置辘轳于门额。南北水门二，引官河贯其中，曰市河。天顺七年，淫雨，城坍塌七百余丈，指挥李铠营修。嘉靖元年，巡盐御史秦越重修，杨果有记。十八年，巡盐御史吴悌以北水门久废塞，浚通之。万历二十年，知府吴秀增各城堞三尺。其新城经始于嘉靖丙辰之二月，时以倭变，用副使何城、举人杨守诚之议而城也，起旧城东南角楼，至东北角楼止，周十里，计千五百四十一丈九尺，高、厚与旧城等。城楼五。门七：南曰挹江，钞关在焉；又南为便门，东南曰通济，东曰利津，东北为便门，北曰镇淮，又北曰拱辰。关北亦为便门，南北即旧城濠口为二水门，东南即运河为濠，北濠引水注之。万历二十年，知府吴秀浚西北濠，甃以石堤，增城堞三尺。二十五年，知府郭光复申发军饷，甃石濠未竟者四百余丈，增敌台一十有六，而郡城屹然足恃。至崇祯十一年，盐法内臣杨显名驻扎扬州,因颍、亳、英、霍之间流寇震邻,又自柴河口至宝带河开浚濠沟十余里,累土为城,增筑保扬敌台二十座,糜费金钱至数十万。其于设防御寇之策,未尝有实用也。

江都县城附郭与府城同。《一统志》云:"城在府城西四十六里,后为江水所侵。"按《水经注》:"广陵郡之江都县,县城临江。"似与《志》合。盖县未附郡时,自为城守也。不知筑自何代,今不可考。县南四十五里为瓜洲镇,城东西跨坝,周一千五百四十三丈九尺有奇,高二丈一尺,广半之,城门四,便门一。瓜洲故无城。宋绍兴末,翰林学士史浩议城之。张浚谓弃淮而守江,是示敌以弱,议遂阻。至乾通四年,镇江都统军王友直始奉诏筑瓜洲南北城,后废。嘉靖丙辰,以倭变,复筑。万历九年,同知丘如嵩于城南女墙创楼五楹,曰大观。壬辰,知府吴秀亦增城堞各三尺焉。

仪真县城。自宋乾德中升迎銮镇为建安军,筑城一千一百六十丈,形类"凸"字。为门者六。东曰行春,西曰延丰,南曰宁江,北曰来远。又辟济川、通阛二门。嘉定中,郡守李道传以州当水陆要冲,转运司商民繁会,居城南者十倍城中,乃建议请筑东西翼城,会迁官,未果。其后,守丰有俊筑东城,袁申儒继筑西城。至十三年,运判兼守吴机始尽筑两城,睥睨、楼橹悉有法,为重濠千一百余丈。宝庆中,守上官涣酉复改筑浚河,而两翼之形始备。明朝洪武初,知州营世宝即建安军城合两翼城增筑之,凡九里十三步有奇,为堞三千六百二十有奇,高二丈四寸,楼橹、戍铺四十有三,是为今城。鼓楼中踞,则建安军宁江门也。来远门月城在重濠内,与北山对峙。东、西、南三门旧无规制,嘉靖三十五年,倭寇江淮间,知县师儒议创每门甓甃二十七丈有奇,高、广与旧城准,睥睨回合,下辟重门,于是捍御称便。四十五年,知县申嘉瑞每门表树以扁,东曰见海,西曰望都,南曰澄江,北曰拱辰云。

泰兴县。宋时,旧城残于寇。绍兴间,金兵逼扬州,知县尤袤增筑土城于外,俄北骑至,以有城不得入。今四门、大桥,其遗趾也。明朝弘治间,知县原秉衷立为四门,东寅宾,西迎恩,南南薰,北拱极。嘉靖十三年,知县朱篪增建延曛门于济川桥西,复因土城故址而经度之,计一千二十丈。三十四年,倭入寇,巡抚都御史郑晓议奏城扬州属邑,知县姚邦材奉诏筑城,周延七里,计一千三百五十三丈,高二丈五尺。辟四门,东曰镇海,西曰阜成,南曰澄江,北仍曰拱极。小西门居民自具工费,请于郑公,报可,名曰通济门。西水关在阜成门南。五城门外各建吊桥,内周马道,外环城濠。工甫讫,倭夷遂薄城下,邑人于城上射倭,杀二人,倭乃夜遁,崔桐、张膳俱有记。四十年,署县事、高邮州同知奚世亮添建北水关。四十五年,知县许希孟添设五门内重门,并建楼于北水关之上,扁曰"应魁楼"。万历二十五年,知县陈继畴增建敌台四十一座,浚城内外濠,使深广当。郑公晓之议筑城也,邑人张侍郎膳以书力请速鸠工具版筑,遂不日而成,邑赖以全。若下监司郡将议如筑舍,则泰邑其荆棘矣。

高邮州有新、旧二城。今之城,即宋旧城也,周围一十里三百一十六步,高二丈五尺,面阔一丈五尺,四围皆有濠堑,地形四面下,城基特高,状如覆盂,故名"盂城"。开宝四年,知军事高凝祐始筑。绍兴初,韩世忠命郡守董旼再加营缮。乾道间,郡守陈敏重修。淳熙乙巳,郡守范嗣蠡建楼于四门上,东门曰武宁,楼曰捍海;南门曰望云,楼曰藩江;西门曰建义,楼曰通泗;北门曰制胜,楼曰屏淮。又于南、北开二水门,通市河。至开禧丁卯,增以重濠。嘉定甲戌,作四面库城。明朝丙午年,复甃以砖,增设橹堞,岁久倾圮。嘉靖丙辰,倭警,知州赵河补其卑缺,后知州刘峻申请抚按,州修其七,卫修其三,城益固。其新城在北门外,宋咸淳初,扬州制置使毕侯筑。今东、北二门外土城基址尚存,而城外至今称"新城"云。

兴化县城。宋嘉定十八年,知县陈垓始筑,周六里一百五十七步,惟土城元末圮塌。洪武五年,千户郭德、蔡德、刘人杰以砖更建之。嘉靖十七年,知县傅佩因北城玄武旧址,作台于上,名曰"拱极"。嘉靖三十六年,城渐圮,台亦寻废,西北崇不逾丈,濠堑湮塞。是年夏,倭寇逼境,知县武陵胡顺华始至,率众捍御,贼闻风遁去。胡寻白当道,鼎新建设,始于八月,次年绩成。垒土崇巘,较旧址加一丈,共高二丈八尺,厚四丈,女墙一千八百六十,睥睨如之。辟四门,东曰启元,其楼曰观海;南曰文明,其楼曰迎薰;西曰威武,其楼曰见山;北曰肇魁,其楼曰拱辰。即拱极故地,仍建拱极台楼。浚濠堑,广二丈五尺,深一丈,而规制大备。万历二十六年,知县翁汝进因倭警培土增厚,并置四水关石闸以防水灾,邑人利之。

宝应县。旧城肇自宋嘉定间,知县贾涉请城宝应,役兴,以忧去。金人逼光州,起涉,竟前役。淳祐十三年,李庭芝复城宝应。元至正中,金院萧成增筑之,包以砖,周九里三十武,东、南、北三城门及三瓮城、三水门。明朝淮阴侯华中移之淮安,北水门尚存遗址,余皆夷为民居矣。嘉靖三十四年,倭内犯,知县廖言以建城请。三[1]十五年,工部尚书赵文华视师江南,道经宝应,士民以城请,赵可其议。于是,议循旧址,惟添西城门并小东门,巡抚都御史蔡克廉题准兴工创造。先筑土城,工未竟。三十六年五月,倭突至,横罹刀铤者千余人,庐舍一空。三十七年,巡抚都御史李遂行县,见瓦砾成峰,民居落落,怊悒者久之,乃发淮、扬二府徒夫应役,移文诸郡征取物料,始于戊午九月,明年告成。城周一千四十余丈,高二丈,城门五:东曰宾曦,西曰利成,南曰向明,北曰斗拱,一曰小东门。东水关一,敌台八座。城成之日,倭寇复犯,淮、扬民恃以无恐云。万历乙酉,知县韩介塞小东门,开小南门,名曰迎秀门。壬辰,知县陈煃于城垣内帮以刚土。丙申,知县吴显科复帮筑加厚,庶几守陴者可以骑而驰矣。

泰州城。自南唐昇元元年升海陵县为泰州,以褚仁规为刺史,筑罗城二十五里。周显德中,团练使荆罕儒营州治,增子城于东北隅,更筑罗城,合西南旧城,周十里,今城是也。宋建炎中,通判马尚增修,尽夷其外,为四门,浚城濠。绍兴辛巳,完颜亮兵瓜洲,城废。开禧丙寅,权守赵逢始修筑,守公潾、守何刬继之。六、七年间,仅夷二里余。宝庆丁亥,守陈垓创开东、西、北外濠,浚南濠。端平后,守许堪别创堡城于湖荡沮洳中,去城五里,谓之新城。淳祐元年,敌突至,以濠深,不敢向觊堡城。时以海陵难守,有改筑之议,而邦人安土重迁。三年,乃命都统王安来仍旧修浚。元末,张士诚乱,据堡城,仍葺旧城。乙巳,徐平章达兵自大江口挑河通口岸,直抵州之南门湾。常遇春领马步从扬州陆路同日亦至,士诚军退保新城,大军入旧城屯驻。常平章遂东筑海安镇城屯兵,拒绝通州应接粮道。十月,张氏军败,遂平新城,复于旧城修筑,留兵镇守。寻建州治及守御千户所。城周围二千三丈二尺,高二丈七尺,门楼四:东曰海宁,西曰阜通,南曰迎恩,北曰迎淮。月城楼四。后曲参政迁乔改扁,东镇海,西控淮,南襟江,北拱极。南、北水关二,濠广五十二丈,袤二千三十余丈,

---

1 "三",原本作"二",据《万历扬州府志》卷二《郡县志下》改。

为海防要害。嘉靖三十九年,倭入犯,都御史唐顺之行海上,复城海安镇,州治东一百二十里。筑土城六里许,为水关三,城门三,曰镇宁、泰宁、永安。然久之不复修茸,渐已圮毁,乃新城则芜没久矣。

如皋县。县故无城,明嘉靖十三年,知县刘永准新作六门。东先春,西丰乐,南宣化,东南集贤,北北极,东北拱辰。嘉靖三十三年,县苦倭患,巡抚都御史郑晓以致仕官李镇等告建城池,乃奏发帑金二万八千两,筑圆城,周围七里余,计一千二百九十六丈,高二丈五尺。城门楼四座:南曰澄江,北曰拱极,东曰靖海,西曰饯日。濠广一十五丈,袤三千三百六十丈,为水关二。知县陈雍督其事。其后,万历二十年,知县王以蒙筑四门、月城。二十七年,知县张星筑敌台一十三座。

通州城,周回六里七十步,隍称之。东曰天波门,南曰澄江门,西曰朝京门,门各有戍楼,而南城楼三层,名海山楼。城之上有警铺、雉堞,瓮城内有盘诘厅,外有钓桥。初,周显德四年,静海制置巡检副使王德麟始筑土城。至六年,复甓以陶甓,已以北门地僻多盗,置壮键营以镇之。宋建隆三年初,设戍楼。政和中,郡守郭凝塞北门,改壮键营为玄武庙,惟三门存焉,后燬于兵。宝祐中,贾似道镇两淮,增筑瓮城。明初,守御千户杨清、姜荣相继修筑,设三钓桥,又辟三水关以通市河。嘉靖乙卯,知县翟澄浚为深濠,匝以穿堤。隆庆戊辰,郑舜臣重加修治,颇坚厚可久。三门外复有望江楼四,一南门望仙桥南,一在盐仓坝南,一在端平桥西,一在战坝东。而在望仙桥南者濒江控海,尤为要害。万历丁酉,知州王之城议筑南城,以望江楼为门,跨濠作二水门,北抵旧城,采军山石为城址,长七百六十余丈,高、厚与旧城等。时以东倭戒严,故得请云。

海门县城池古无所考,自元至正中,徙礼安乡。明朝正德中,迁余中场之北,盖通州境也。民市聚野处,故无城堑。嘉靖甲寅,倭复犯海门,民奔命无所,巡抚都御史郑晓、知府吴桂芳始奏请筑城。周围五里三分,高二丈,堞高五尺,濠六丈,有门四:东曰泰和,南曰文明,西曰安庆,北曰阜厚,上各有戍楼。有水关、窝铺。崔侍郎桐为之记。

论曰:设险守国,自昔所重。扬尤濒江负海之国也,自嘉靖倭夷内寇,所在屠掠,有弗以依城保聚而免者乎?郑、吴诸公用发长策为百世利,然郡东南新城基础易摧,西北阜高于城,可俯而瞰,识者虑焉。通州,江海要害,迩虽增筑石城,然止于东南一隅,因赀于民,劳悴已甚,且虑左腋之拥肿,忘右胁之偏枯,非完策也。其若沿海醝场及海安诸城,旧所创建,今悉隳坏,时平则以为不急之役,有事而图则已晚,使前人所殚心毕力以几得成为幸者,而委之榛莽沙砾,不亦惜乎?大抵策无弗便,行之在人,必无务隳前人所已就之绪,又毋创己见以咈百姓之欲,相机而动,是在君子。昔士芍城蒲与屈,而莫之慎,君子以为寇保,使兴大役而不询之舆谋,佥同逞胸臆,聚怨咨,而曰我欲以建非常之原,难矣哉!

公署 府州县治 儒学 各司公署

扬州府治,原在开明桥西、骆驼岭前,明洪武三年,知府周原福移建通泗桥西北。天顺间知府王恕、成化中知府郑岑、弘治中知府王铎、正德间知府孙禄相继修拓。中为正堂,堂之后有川堂、后堂,堂之东为经历司、军器库,西为照磨所、大积库,两廊列吏廨,甬路中为戒石亭,前为仪门,门左为銮驾库,右为土地祠。仪门外为二门,左为理刑厅,厅南为清昼堂,堂前有来鹤亭,知府王云鹭建。二门右,南为司狱司,前为大门。后堂之北为知府宅。宅之左,自北而南列清军同知、理刑推官、江防同知三宅;宅之右,自北而南列管河、管粮通判二宅。又前列经历、知事、检校、照磨四宅。川堂东侧为资政书院,今废,西侧为库官宅。吏舍则东西并列。凡四十一所。阴阳学在大门左,医学在大门右。而阴阳学之左有县官厅,东南隅有卫官厅。医学右有圣谕亭。逾街而南,照墙前有去思碑亭五,为知府王勤、刘衢、王恩、王铎、蒋瑶立。墙西有清军厅、管河厅、督粮厅。街之东西各有圈门,构楼其上,东曰望海楼,西曰奠江楼。置钟鼓于二楼之中,二楼日久圮坏,知府雷公应元重建。有申明亭、旌善亭、在府治东、通泗桥西。广恤所、在府治西。军储仓、在府治东。义仓、在广储门。惠民药局、盘诘厅。即兵马司,俱在各城门内。而江防同知分署别建于瓜洲城。其杂职系府属者:僧纲司、在天宁寺。道纪司、在明真观。广陵驿、在南门外。税课司、在南门内。瓜洲税课司、在本镇通江桥西。仪真批验茶引所。在仪真县南门外。

府儒学,在府后儒林坊。明洪武中,知府周原福即宋元旧规重建。宣德间,知府陈贞修。正统间,知府韩宏建号房,复更衣、采芹二亭。天顺八年,御史张黼修。成化间,知府郑岑修。嘉靖四年,火毁,知府易瓒重建。八年,知府陶俨修。万历三十三年,知府朱锦重修。崇祯乙亥年,知府韩文镜重修,郡人刘存仁督工告成,并建学前坊。南京礼部尚书叶向高有碑记。有明伦堂,志道、据德、依仁、游艺四斋,崇文阁,在堂后。正统十二年,知府韩宏因元藏书楼遗址改建。敬一亭,在阁后。号房,在阁东西。射圃,观德亭,在阁后。教授、训导宅,五所。颐贞堂,玩易亭,祭器库,文昌楼。在街东文津桥上,祀梓橦神。

公署:督抚都察院,今为提督衙门。在府西南,即开平王府故址。成化以来,为巡抚都御史治所。嘉靖戊午,都御史李遂以提督军务兼巡抚驻札,改为督抚都察院。海防道,在府东南。嘉靖丁巳,兵备副使刘景韶即军储仓隙地创建。康熙三年,裁海防道。今改为驿盐道衙门。盐法察院,在开明桥东南。两淮都转运盐使司,在大东门外。参将府,在教场西隅,嘉靖年建。大清顺治间,改设东北隅。户部分司,即钞关。中察院,在府治左。西察院,在府门右。维扬公馆,在府治北,今为书院。甘泉书院,嘉靖七年,巡盐御史朱廷立为南京祭酒湛若水建。万历二十年,知府吴秀即其址为平山别墅,俗呼梅花岭。二十三年,巡按御史牛应元改曰崇雅书院。今废。安石书院,在邵伯镇。今复为五圣庙。文昌阁,在南门外,万历三十三年,知府朱锦建,下有带河,上有万历丙午题名碑记,亦朱公撰。军储仓。在广储门内西,知府吴秀建三十二间。万历二十年,知府朱锦重修。

江都县治,旧在州城庆年坊。建炎后,徙桂枝坊。元徙治北关外。明朝复徙治于儒林坊。洪武七年,知县盛惟中建。正统七年,知县陈骥修。成化十年,知县陆愈重修。正堂北为知县廨,东为县丞廨,西为主簿廨,又西为典史廨。所属巡检司五:曰邵伯镇,县北四十五里。瓜洲镇,县南四十里。万寿镇,县东四十里。归仁镇,在大桥镇。上官桥镇。县西六十里。邵伯驿,县北四十五里。邵伯河泊所,今废。预备仓六,一在西门内,一在邵伯镇,一在夷陵镇,一在县西丰乐乡,一在杨子桥镇,一在大桥镇,各署土民守之。便民仓,在新城北便益门外,一名北仓。申明、旌善亭,惠民药局,牧马监,久为民居所占。养济院。在北门外。

县儒学,在县北开明桥西骆驼岭上。明洪武七年,知县宋启建。成化六年间,知府郑岑创讲堂五楹。七年,巡按御史董韬创大成殿,知府周源等创明伦堂,正心、诚意二斋及学仓。十一年,知府吴桂芳改创讲堂为尊经阁。有教谕、训导三宅，号舍，射圃，天启间，辟近学民间地为之。观德亭，敬一亭，文奎楼。崇祯乙亥，兵道郑二阳重修，有记。

公署：漕运府，在瓜洲镇分府右，今改为漕储道。砖厂公馆，在瓜洲镇西坝。大仪公馆，在本州。甘泉新署。在甘泉镇。

仪真县治，在城内西北隅，即宋真州治也。明洪武二年，罢州改县，知县贾彦良因州治旧址肇创。永乐中知县王恺、正德中知县杨文俊、嘉靖初知县熊彰、隆庆初知县申嘉瑞，相继修拓。正堂后为知县宅，堂右为赞政厅。县丞衙在正堂东，主簿衙在赞政厅右，典史衙在主簿衙前。所属旧江口巡检司、在县东南十里。水驿、县东南二里。递运所、在水驿东。税课局、县南一里。清江闸官厅二、宅¹县东南二里，一茶引所后。坝官厅、僧道会司、阴阳学、医学、惠民药局、广实仓、在澄江桥东。预备仓、在县东一里。节贮仓、资福寺前。养济院、夫厂。向²水闸东。其所属运司者，批验盐引。所属府者，批验茶引所。

县儒学，在城东。明洪武二年，因州学旧址改建。知县刘文纲、康彦民相继修葺。万历十三年，知县樊养凤以资福寺基风气翕聚，易寺为学，仍其寺之旧庙为先师庙，即旧池为泮池，易进德、育材二斋为居仁、由义堂，后为尊经阁。教谕、训导三宅。左建青云楼一所。

公署：漕抚行台、在县东南。嘉靖十一年，漕运巡抚都御史刘节即东岳废祠建。察院二、一在县东儒学右，一在城隍庙东，改为盐马厅。万历五年，知县唐邦佐复增建察院二所于资福寺左。南京工部分司。县东南三里，景泰间创建。嘉靖十一年，毁于火，重建。万历八年，主事周汝登复辟前厂，环水设桥，为延宾所。十二年，分司差革，以南河郎中兼领闸务。万历中，为督税内使驻札。今并革。

泰兴县治，明洪武二年，知县吕秉直建。天顺八年，县丞张淮葺之。堂后为知县宅，丞廨在东，主簿廨在西，典史廨在东南。有阴阳，医学，申明、旌善亭。预备仓，在儒学东北。东仓，在永丰镇。西仓，在蔡家桥。南仓，在时家湾。北仓，

---

1 "宅"，原本为大字，误。《隆庆仪真县志》卷三《建置考》作小字"一在"。
2 "向"，《隆庆仪真县志》卷三《建置考》作"响"。

在岳桥。兑军仓，在周家桥。养济院。其属口岸巡检司，城西四十五里。黄桥巡检司，城东四十五里。印庄巡检司，旧在保全乡，今移建曹童桥镇。税课局，惠民药局，俱革。僧会司，在庆云寺。道会司。在延祐观。

县儒学，在县治东。明洪武二年，知县吕秉直建。嘉靖间知县朱簾、隆庆间知县许希孟、万历间知县高桂，相继修葺。庙门、堂庑各如制，二斋曰潜心、养正，泮池上有浴沂亭。

公署：察院，在县前街东。公馆，在县前街西。口岸察院。在跨鹤桥北。弘治间，知县罗贤建，名柴墟馆。

高邮州治，明洪武元年，知州黄克明开设。正统后，知州韩简、谢在、李袭芳先后修拓。堂左为吏目厅，后为知州宅，东为同知宅，前为管河判官宅，又前为吏目宅。堂西为管盐判官宅。阴阳、医学，申明、旌善亭，广储仓，高公桥北。预备仓，市河西外，有东、西、南、北四仓。兑军仓，在北门外。养济院。南市桥西。其属税课局、遐观桥南。河泊所、今革。僧道司、盂城驿、在南门外。界首驿、递运所、城北六十里。张家沟巡检司、在州北三十里。时堡巡检司。州东北一百二十里。

州儒学，在州东。明洪武元年，知州黄克明即旧址建。弘治后，知州程宪、赵来亨、范惟恭相继修改。进德、修业二斋，堂后敬一亭、尊经阁，阁后仰止亭，有号舍、学仓、射圃。

公署：察院，在州治前。西察院，在州治西。工部分司，旧在徐州萧县。正德间，始迁于邮。在州治中市桥西。府馆，在中市桥西北。秦邮公馆。在盂城驿傍。

兴化县治，在城内北隅。明洪武元年，知县徐士诚建。嘉靖间，知县陈洪范、胡顺华增修。正堂后为景范堂。知县衙在堂北，县丞、主簿、典史宅在堂东西。阴阳、医学，僧道会司，申明、旌善亭，税课局，今废。河泊所，今废。安丰巡检司，在县东北六十里安仁乡。养济院。

县儒学，明洪武三年，知县徐士诚迁建文林里。嘉靖三十七年，知县程鸣伊重修。堂前为进德斋、修业斋，有射圃，观德亭，敬一亭，教谕、训导三宅。

公署：察院、在县治。府馆。在察院东。

宝应县治,明洪武十一年,知县刘维则缮完。嘉靖后,知县闻人诠、马仲芳、蒋遵正、李瓒、陈可大相继修建。知县宅在堂北,县丞、主簿、典史宅在堂东西,管马主簿宅改为书院。有申明、旌善亭,阴阳学,医学,税课局,在县东南隅。河泊所,在东门外。养济院,在县东北。预备仓,在县治西。安平驿,在县北门外。槐楼巡检司,在县南二十里。衡阳巡检司,县西南一百二十里。僧道会司,夫厂。预备仓西。

县儒学,在县治南。明洪武三年,知县王骥建。嘉靖后,知县李瓒、陈可大、韩介、耿随龙相继修拓。堂前博文、约礼二斋,有射圃厅,敬一亭,教谕、训导宅三所,号房十间,后尊经阁。

公署:察院、在县东。工部分司、在槐楼镇。府馆、宁国寺西。南湖馆、在南门外。北城馆。在北门外。

泰州治,在城东北隅。明洪武三年,知州张遇林即古海陵县基建。景泰间知州刘纶、成化间知州陈志先后修创。知州宅在堂东北,同知宅在堂西北,判官宅在堂西,吏目宅在堂东西[1]。有阴阳、医学,僧道正司,申明、旌善亭,税课局,在州西南淤溪河。河泊所,在北门外。海安巡检司,州南一百里。西溪巡检司,州东一百二十里。宁乡巡检司。州北六十里。

州儒学,在城东隅。明洪武元年,知州张遇林即故址建。有崇文阁,敬一、四箴亭。堂前为进德、尚贤、日新三斋,左右学正、训导宅、四所。射圃。崇祯乙亥,兵道郑二阳重建尊经阁,有记。

公署:巡抚军门都察院、在州治东,旧为察院。明万历二十六年,都御史李公奉敕驻扎,知州张骥增修门外两坊,扁曰"抚绥七郡""经略两淮"。万历三十三年,军门李三才重建,易扁曰"文武师帅""南北枢机"。今为凤抚衙门。海防兵备道、在州治南,嘉靖三十三年建。东察院、在州治东南。府馆。在州治南。

如皋县治,明洪武元年,知县宗行简建。正统间知县曹立、弘治间知县刘文宠相继修葺。知县宅在堂北,主簿宅在堂东,典史宅在东南。申明、旌善亭,

---

1 "西",《崇祯泰州志》卷二《建置志》作"南"。

圣谕亭,养济院,阴阳、医学,僧道会司,石庄巡检司,县南六十里。掘港巡检司,县东一百三十里。西场巡检司。县北三十里。

县儒学,旧在县治东北。明洪武三年,知县谢得珉创建。嘉靖十九年,知县黎尧勋迁建。县治东南,居仁、由义二斋,教谕、训导宅三所。

公署:察院、在县治东。府馆。在县治西。

通州治,明洪武元年,知州熊春建。正统后,知州孙徽、俞泽、傅锦、蒋孔旸、夏邦谟、郑舜臣、屈希尹、林云程相继修葺。堂北为知州宅,东为同知宅,西为判官宅,稍南为吏目宅。有申明、旌善亭,阴阳、医学,税课局,在南门内。河泊所,在南门外。僧道司,狼山巡检司,移署白蒲镇。石港巡检司,在石港场。通济仓,在察院东。预备仓二,一在州治东南,一在天宁寺,名兑运仓。养济院。在西门外。

州儒学,明洪武三年,知州熊春因旧址增修。正统初,郡人佥事陈敏、千户陈宣重修。自后相继修葺。堂前为进德、修业、兴贤三斋,有号房,尊经阁,射圃厅,敬一亭,教谕、训导宅四所。

公署:察院、在州治东。海防道、在察院西。嘉靖年建。东察院、旧为通济仓。公馆、在西门外。石港场察院。

海门县治,明嘉靖乙巳,知县汪有执创始,知县张廷爵、教谕刘文荣相继董修。后丁未,知县刘烛继之,事始就绪。堂后知县宅,右主簿宅,今废。左前典史宅。有申明、旌善亭,阴阳、医学,僧道会司,预备仓,在西水关。便民仓,在城南驻节亭。养济院,城北。吴陵巡检司。在卢家堡。

县儒学,在县治东,与县署同建。堂前为居仁、由义斋,有祭器库,敬一亭,教谕、训导宅,号舍。前有文昌祠,后为赵公祠。

公署:察院、在县西南。府馆。在县治西。

祀典

坛壝

社稷坛、在西门外。风云雷雨山川坛、在南门外。郡厉坛、邑厉坛、在北门外。

以上各属同。乡厉坛。各州县、各乡有之。

庙祠

先师庙、嘉靖元年,提学御史萧鸣凤正释奠乐。三年,巡盐御史张珩、知府易瓒修建并作泮池。七年,增铸炉爵等器。庙有启圣祠,各州县制俱同。名宦祠、乡贤祠、城隍庙、以上各属同。八蜡庙、府城西门外。嘉靖二十年,通判周鼎建。夏禹王庙。宋嘉定间建,康熙二年重修。江海潮神祠、在瓜洲镇。景泰中,知府王恕建。董子祠、祀董仲舒。广陵三先生祠、祀胡瑗、李衡、王居正。原为三先生祠,后增祀李树敏、沈珠,为五先生祠云。文丞相祠、正德间建。大忠祠、祀宋丞相文天祥、明朝新建伯王守仁。旌忠庙、祀宋死节臣王方、魏俊。三忠祠、祀王方、魏俊、赵淮。曾襄愍祠、祀赠兵部尚书曾铣。今废,止存遗址。蒋公祠、祀知府蒋瑶。李公祠、祀督抚都御史李遂。虞公祠、祀知府虞德烨。绣女祠、在郡城西北隅古东岳庙右侧,旧有砖椁一座。相传,宋高宗南渡,有宫女留扬修真委蜕,多显灵异,郡人立祠祀之。兵燹后,止存废壤,不可复识矣。贞女祠、即露觔烈女庙。三烈祠、祀宋烈妇赵淮妾,明烈女周氏、殷氏。唐公祠、祀巡抚都御史唐顺之。今为福缘庵拓地。忠节祠、万历三十二年建,知府朱锦改祀文天祥、崇刚中七人。恭爱王庙、祀广陵太守陈登。三将军庙、祀宋刘琦将梁渊、元宗、张昭。邵节使祠、祀宋将邵宏渊。惠爱王庙、祀唐工部尚书张万福。旧志云:宣和六年,运判向子谭具感应事请于朝以今额。按《唐书》:万福莅官九州,皆有惠爱,而威名特立于江淮间,故白沙未升军时,庙食东山,庭下老松无虑三四百年,其久可知。嘉靖元年,郡人刊敕于石,今废。唐总辖庙。祀宋总辖唐璟。[1]

清忠英烈王庙、在胥浦桥。旧志云:即伍子胥祠也,加王封。浣纱女冯氏庙、吴知州祠、祀知州吴机。四贤祠、宋嘉定九年建,祀濂溪、明道、伊川、晦庵四先生。三贤祠。元至正中建,祀张翌[2]、郝经、吴澄。以上仪真。

顾孝子祠、祀宋孝子顾昕。茅公祠、祀靖难死节都御史茅诇[3]。姚公祠、祀知县邦材。岳王庙。祀宋岳飞,以上俱在口岸。泰兴。

禹王庙、叶太守祠、祀宋叶秀发,在樊良溪。陈提举祠、祀陈损之。林太守祠、祀林伯成。绍兴三巨公祠、祀宋忠献公张俊、忠武公韩世忠、武穆公岳飞。四贤祠、祀宋苏轼、

1　此处疑脱"以上江都"诸字。

2　"张翌",原本误作"翌张",据《隆庆仪真县志》卷一二《祠祀考》改。

3　"茅诇",原本作"茅谱",据本志卷一七改。

孙觉、王巩、秦观。遗爱祠、祀都御史唐龙。以上高邮。

三闾大夫祠、祀屈原。昭阳庙、祀楚昭阳。范张詹祠、祀仲淹、张纮、詹士龙。四义祠、祀宋张荣、贾虎、孟威、郑渥。三贞祠、祀刘烈女、仲烈女、李节妇。崇德祠、祀李文定公春芳。奋忠祠。祀指挥使成谐。以上俱兴化县。

闻人公祠、知[1]县闻人诠。李襄敏祠、祀督抚李遂。刘公祠、兵[2]备副使刘景韶。崇报祠。在弘济河,祀建议诸臣。以上俱宝应县。

安定胡先生祠、在泰山讲堂。三忠祠、祀宋李庭芝、孙虎臣、姜才。六太守祠、祀故太守荆罕儒、周述、田锡、张纮、孔道辅、曾致尧。王心斋祠、祀理学王艮。刘公祠、祀副使刘景韶。王公祠。祀同知王思旻。以上俱泰州。

文山祠、王龙图祠、贾大夫祠、在东陈镇铺左。遗爱祠、在察院左,合祀建城都御史郑晓,兵备副使刘景韶,参将丘升,知县唐邦佐,郑人逵、刘贞一。贞烈祠。祀节妇卢氏、葛氏、顾氏、许氏、章氏、许氏、胡氏、石氏、许氏,烈女李氏、李求妹。以上俱如皋县。

江海神祠、在狼山巅。四贤祠、祀宋孙觉、张次山、陈瓘、任伯雨。崇贤祠、祀宋范文正、岳武穆。张武定公祠、文文山祠二、一在观音山,一在石港镇。钱公祠、祀郡人参政钱璞。刘公祠。祀都御史刘景韶。以上俱通州。

熊公祠、祀兵备道副使熊尚文。文信公祠、西禅寺内。岳武穆祠、在马家区。郑端简公祠、在儒学门左。邵公遗爱祠、祀知县邵化之。赵公柏林祠。祀知县赵邦秩。以上俱海门县。

关王庙、府城三,一在旧城东隅者,元冯子振作记,赵孟頫书立石,称三绝。土地祠、各衙门在在有之。旗纛庙、各卫所俱有。马神庙、江、高、宝三处。忠贞祠。祀晋卞壶将军,在南门内,春秋二祀,子孙繁衍。

都里

江都都里

嘉靖间分十区,辖百有十九里,曰在城区、领东厢、南厢、邵伯。瓜洲区、领河

---

1 "知"前疑脱"祀"字。

2 "兵"前疑脱"祀"字。

西、善应、瓜洲镇。河东区、领杨子桥镇。丰乐区、领大仪乡、大仪镇、僧道桥镇。艾陵区、领仙女乡、湾头镇、邵伯镇。崇德区、领宜陵镇。第二港区、领张家沙、道士沙、基沙、新沙、吕沙、雍熙沙、八二图、中一图。第八港区、领八二图、外团沙、韩家沙、道士场、旧永真乡、外官场、官场岸、上中岸。顾家区、领上中岸、下岸、里官场、陈家沙、蔡沙、蔡家庄、大桥镇。青草区。领捍捧沙、官场沙、崇德。

仪真乡都

东广陵乡、辖四都。西广陵乡、辖七都。归仁乡、辖五都。怀义乡、辖三都。太平乡、西北辖七都。甘露乡。辖六都。

泰兴都图

东南隅、西北隅、西南隅、新隅、东新里、西新里、中隅、以上在城,共八里。太平乡、辖九都三十五里。顺德乡、辖六都四十三里。保全乡、辖三都一十四[1]里。依仁乡。辖三都一十四里。

高邮厢里

在城六厢,曰忠信、仁义、镇淮、孝义、太平、新太平。以上各一里。丰谷乡:辖五村。焕留村、四里。焦里村、三里。公田村、四里。南陵村、二里。四义村。五里。五宁乡:辖五村。三垛村、七里。柘垛村、四里。义兴村、四里。中临村、八里。茆垛村。七里。武安乡:辖四村。江静村、二里。王琴村、三里。新安村、二里。蒋里村。一里。昌平乡:辖三村。黄林村、三里。沛城村、二里。平阿村。三里。德胜乡:辖六村[2]。两管村、五里。北良村、一里。故县村、三里。丁志村、二里。眉陈村、三里。南程村。二里。共八十六里。

兴化乡都

东隅、六里。南隅、五里。西隅、六里。北隅、五里。东厢、四里。安仁乡、十九里。

1　"四",原本缺,据《万历扬州府志》卷二《郡县志下》补。

2　"村",原本作"里",据上下文改。

长安乡、十五里。河泊所、二里。各灶。十二里。

宝应乡图

在城四坊、东南隅、西南隅、东北隅、西北隅。三阿乡、四图。永宁乡、二图。军下乡、四图。曹村乡、二图。王野乡、四图。孝义乡、四图。顺义乡、四图。侯材乡、三图。白马乡。四图。

泰州乡都

东西乡：辖。一都、三都、四都，各八里。二都，七里。十五都，五里。三十三都、三十五都，各八里。东台场、刘庄场，各二里。何垛场、小海场、白驹场。各十里。共六十二里。

招贤乡：辖。五都、十里。九都、八里。上十都、九里。下十都、十二里。共十四里。

永吉乡：辖。十三都、十六都，各八里。十四都，二里。三十四都。六里。共二十九里。

蒲津乡：辖。二十都，五里。十七都、三十三都，各三里。十九都、二十二都。各二里。共三十三里。

宁海乡：辖。在城，九里。河泊所，六里。二十六都、二十七都，各三里。一都、二十二都、二十九都，各二里。二十五都，四里。二十八都，一里。拼茶场，四里。安丰场、梁垛场，各二里。富安场、角斜场。各一里。共二十五里。

五乡：二十六都、十二场，并在城河泊，共一百八十七里。

如皋乡都

附郭曰东、西、南、北四厢。江宁乡、辖十二、十四、十五、十六四都。安定乡、辖九都、十七都、十九都、二十都。赤岸乡、辖七都、八都、二十一都、二十三都。沿海乡。辖一都、三都、四都、六都。

通州乡图

狼山乡、十二图。永兴乡、十八里。西成乡、十二图。文安乡、十一图。清干乡、十图。在城、二十二图。余东场、余中场、余西场、金沙场、西亭场、石港场、河泊所。

海门乡都

在市、二里。智正都、五里。仁和乡、礼安乡、崇信乡、陈坝庄，各一里。嘉会都、二里。清干乡、六里。吕四场、金沙场。各一里。共二十一里。

桥梁

江都桥梁

开明桥、在府东北大街，跨市河。通泗桥、太平桥、新桥，义[1]济桥，在南水关内。明左所百户张俊男张弒造。廿四桥、相传，隋炀帝命二十四宫姬月夜歌舞于桥上，故唐人有"玉人何处教吹箫"之句。今其地不可考。惠民桥、南门越城。文津桥、府学东。建文峰阁于其上。登流[2]桥、在岳庙前。钞关浮桥、在新城。便益桥、在钞关。洗马桥、在马监前。永[3]宁桥、在东门水关，即浮桥。上方砖桥、城东北。通运桥、在北仓。月明桥、在禅智寺。安江桥、城东。上官桥、在本镇。火烧桥、在黄子湖。湖口桥、在黄子湖口。法海桥、法海寺前。五里桥、清平桥、大明寺前。二里桥、三里桥、杨子桥、城南十五里，杨子津桥，今废。小市桥、在北水关。迎恩桥、在北门外二里。小市、迎恩二桥，原系砖石所造，因流寇折毁，今以木代之。槐家桥、城北十五里，跨槐家河。唐末，杨行密、张神剑屯兵处。凤凰桥、离城二十五里。通江桥、在瓜洲镇。新桥、在瓜洲镇。白稍桥、在瓜洲门外。石桥、《宝祐志》作虹霓桥，在邵伯镇。惠政桥、在邵伯镇。宝公桥、在邵伯镇小坝。美棠桥、邵伯镇街西，今废为拖板桥。通湖桥、邵伯镇。大通桥、在南门外。澳河桥、税课司南。叶公桥。在北门外叶侍郎墓道前。造桥时于深土中掘得大石一方，长三尺，阔一尺五寸，上有旧镌"叶公桥"三字，若天造者。

仪真桥梁

迎喜桥、望江桥、红桥、八字桥、桥有二：一在白沙庙前，一在直南，即纸坊桥，宋转

1　"义"，《万历江都县志》卷八《建置志》作"广"。

2　"流"，《万历江都县志》卷八《建置志》作"瀛"。

3　"永"，原本缺，据《万历江都县志》卷八《建置志》补。

运司在此。广惠桥、单家桥、珍珠桥、澄江桥、清江闸桥、盐所闸桥、掣盐便商要地。通津桥、即东关浮桥。唐公桥二、一在南门里，一在西门里。永济桥、飞虹桥、广舆桥、都会桥、坡桥、高桥、新济桥、胥浦桥、陈宝桥、清水桥、銮江桥、广济桥、在城东，旧名灭渡，即宋澳河处。永济桥、何家港桥、双桥、升仙桥、太平桥、旋凤桥、凤凰桥、北山桥。

泰兴县

三思桥、辅治桥、封家桥、乐善桥、永济桥、镇安桥、大仪桥、朝阳桥、隆兴桥、迎恩桥、济川桥、广济一桥、广济二桥、文明桥、安泰桥、义宁桥、折[1]津桥、通济桥、后乐桥、学桥、迎春桥、香花桥、朱雀桥、八字桥、万寿桥、双桥、庆云桥、流水桥、板桥、通江桥、度生门[2]、接引桥、浮桥五、在各门。周桥、新板桥、桑木桥、石桥、溪桥、黄桥、永丰桥、曹童桥、黄古桥、算子桥、黄牌桥、小孙桥、蔡家桥、南蔡家桥、南马桥、北马桥、高桥、杨三郎桥、泥腥桥、蔡堂家桥、钱家桥、彭家桥、新泰桥、沈家桥、杨家桥、蒋家桥、岳桥、马店桥、包家桥、周家桥、城西三十里，今陷入江，把总司在焉。双桥、马棚桥、庆元桥、跨鹤桥、伏龙桥、栾家桥、张线桥、张家桥、余家桥、通泰桥、保孙桥、飞虹桥、大孙桥、熙春桥。

高邮州

南市桥、长安桥、中市桥、北市桥、安定桥、通济桥、澄清桥、跃龙桥、凤凰桥、南仓桥、长桥、石桥、税务桥、多宝楼桥、新桥、景家桥、太平桥、通湖桥、三里桥、徐家桥、升仙桥、搭沟桥、落仙桥、庙桥、都仓桥、凌塘桥、夹沟桥、黄荡桥、马桥、周省桥、三星汪桥、城南十五里，俗名三仙湾桥云。近岁，有仙人每年除夜作稻草箍缠桥桩上，箍之高下，其年水如之，历验不差。有人相约除夜候之者，竟无所见。比晓，草箍已在桩上矣。其箍相接处，无痕迹，人虽极力效之，终不能成，亦一异也。高桥、香沟桥、八字桥、湾子桥、流津桥、仁义桥。

1　"折"，《康熙泰兴县志》卷一《疆域第四》作"析"。
2　疑脱"桥"字。

兴化县

高桥、古名盐务。八字桥、太平桥、古名沧浪。文林桥、淌水桥、崇武桥、迎恩桥、罗汉桥、毓英桥、广福桥、矮桥、富安桥、玉带桥、宁武桥、通文桥、过百花洲，为宗子相读书处。土桥。

宝应县

便民桥、迎仙桥、嘉定桥、忠祐桥、通济桥、广惠桥、齐寿桥、龟儿桥、唐上元间，有金线绿毛龟出其下，故名。惠政桥、瑞芝桥、宋元丰三年，产灵芝五茎，因名。水门桥、板桥、爱莲桥、铁桥、遗爱桥、广济桥、三思桥、岳神桥、白马桥、五里桥、氾光桥、玉虹桥、减水桥。二十二座，古名石碰，在官河堤上。

泰州

迎恩桥、丰利桥、古名墓[1]春，俗呼高草。登仙桥、乐仙桥、太平桥、大宁桥、金兰桥、迎淮桥、三思桥、泰和桥、泰安桥、嘉定桥、经武桥、嘉庆桥、天宁桥、伏龙桥、州治西南。宋[2]太祖从周世宗至州，避难桥下，及受禅，遂名。凤凰桥、且乐桥、通仙桥、三塘桥、常乐桥、斜桥、中和桥、啻汤桥、相传宋太祖兵至泰州，民有献啻汤者，啜而甘之，遂名。拱辰桥、纪家桥、破桥、广运桥、便民桥、新桥、清化桥、演化桥、济川桥、通川桥、招贤桥、砖桥、凤升桥、义乡桥、朝宗桥、广济桥、溪光桥、博真桥、花家桥、凤山桥。

如皋县

平政桥、迎春桥、东惠政桥、西惠政桥、丰乐桥、谢恩桥、德义桥、集贤桥、卢家坝桥、太明河东西二桥、镇安桥、王庄桥、通济桥、通舆桥、仁和桥、惠民桥、立发桥。

---

1 "墓"，《崇祯泰州志》卷二《建置志》作"暮"。
2 "宋"，原本作"赵"，据上下文改。

通州

平济桥、州前。中正桥、文武桥、崔家桥、文津桥、虹桥、展龙桥、凤凰桥、玉带桥、乐家桥、玄武桥、拱辰桥、通济桥、江家桥、望仙桥、相传燕真人于此卜升,故名。众安桥、涧桥、白塘桥、龙津桥、石磊桥、端平桥、查家桥、便民桥、湾桥、永兴桥、天生港桥、通津桥、兴济桥、三元桥、铁钱桥、永庆桥。

海门县

平政桥、县前。化龙桥、学前。澄清桥、通仓桥、虎队桥、通泗桥、西清桥、通圣桥、迎寿桥、广福桥、广德桥、兴贤桥、通济桥。

按:郡县治、公署,政令之所自出也;祀,国之大事也;都里,疆界所分;舆梁,王政所重。故次其建置始末,以附于城池之后,为郡县下篇。若市镇街巷,随地异名,雅俗参半,难以悉纪;衙宇牌坊,作者以意为之,标目大率俚浅少致,迭创迭更,非记载所急。士者既登仕版,业载之荐辟科目中,其令德令闻表表在人者,仍著列传矣,坊表有无,奚足轩轾,故旧志所有并从删略,且委琐细目,州县志已载其详,亦郡志所不必备也。

扬州府志卷之三

赋役志上

扬田下下，厥土涂泥。陵迁谷易，污莱不时。力耕莫给，转饷其疲。用一缓二，畴恤我私。作《赋役志》。

贡赋之制，昉自《禹贡》，则壤其来旧矣："扬州：厥土[1]涂泥，厥田下下上错[2]。"《周礼》："东南曰扬州，民二男五女，谷宜稻。"于今为近。至所云"瑶琨篠簜，齿革羽毛""织贝橘柚，金锡竹箭"之利，固包举江以南荆、吴诸产，不尽出扬州。

唐元和间，置扬子留后，给大农、国计。所贡有藩宫锦袍、半臂锦、青铜镜、莞席、独窠绸绫及蛇床子、黄精、兔丝子、空青等物。

宋熙宁、宣和间，田数、征额颇存，而淮南路贡银钱与其土所宜物，制与今异，旧乘缺焉，莫能详，今考其略。如宋熙宁十年，淮南路田九十六万八千六百八十四顷二十亩，官田四千八百八十七顷一十三亩，夏秋税四百二十二万三千七百八十四贯；宣和元年，淮南路催额一百一十一万一千六百四十三贯，天节淮南路贡银九千二百五十两，折银钱一千七十九贯二百二十一文，江淮发运使贡银五百两，江淮等路提点铸钱司贡银一千两，南郊淮南路贡银三千五百两，折银钱六千一百三十九贯五百一十二文，绢一万五千匹，每岁常贡白苎布、莞席、铜镜，泰州贡隔织，通州贡獐皮、鳔胶，真州贡麻纸。

元制沿革无考。

至明，稽古定制，其赋税一以田亩为定。洪武初，海内甫平，扬州土著仅

---

1 "土"后脱"惟"字。

2 《禹贡》作"厥田下下，厥赋下上上错"。

十八户,已渐复四十余户,地多流寓,有军、民、匠、灶、力士、校尉、马船户之属,各以其业为籍。有司更十岁一清核,按其户口登耗与事产田粮收除之数,以审均其徭赋,著为令。甲赋分夏、秋二税,扬州岁征夏、秋税粮三十五万余石,贡课或非任土所有,则以折征。其役法,则有里甲均徭及杂泛诸役,悉倚办于民。

时国初法令严察,吏不相缘为奸,前志谓其税粮易供,即赋重而民不称怨,想或然也。宣德中,令天下沿河商旅凑集处所设立钞关,岁遣御史及户部官监收船料钞,后专遣户部主事一员。扬州钞关之税自此始。

其马政,一按地亩科养领马。在民者,虽岁免其租,然种马倒死及孳生不如数者,责之偿,以故民间苦养马实甚。

再考扬州数被水害,江、仪以南,东连泰州、如皋、通州、海门,田滨江者,每苦江潮侵啮。海门东北迫巨海,海上潮辄漂民庐舍。江海交侵,坏地坍没,县治屡迁。江都以北,高邮、宝应西逼氾光、白马诸湖,以一缕堤为扦蔽,而全湖水东注。自湾头运盐河水东行者时北注,而泰州之下乡与兴化受其委,秋水时至,或决防,或溢堤而上,诸郡县环望皆大泽,岁籽粒无复望,民几鱼鳖者屡矣。所赖良司牧为民告灾,庶保无他。时嘉靖海门令陈海疏言:"乘除消长,理数自然,若新垦者既合增科,则坍没者亦应除豁。"真要言矣。自是巡抚都御史唐龙奏准粮一石折征银三钱,已又折征轻价银一钱五分宽之,民困稍苏。延及万历,显庙深居大内,颇艳心琼林、大盈之事,而淮南市猾亡赖以事潜京师,购中贵人怂恿上意以为溪壑,于是关津榷税之使四出矣。

时都御史李三才巡抚江北,所上疏尤恳切,谨录其略,以为后世官人上者镜古取法,以资入告。疏云:"自矿税烦兴,万民失业,朝野嚣然,莫知为计。阁部、九卿、台省、百执事无不剖心极言,而皇上莫之省也。征榷之使急于星火,搜括之令密如牛毛。今日开某矿,明日增某税,怠玩者褫职,阻挠者逮罪,上下相争,惟利是闻,远迩震骇,怨讟载道。如臣境内千里之区,抽税理盐芦政之使棋置星列,如捕乱亡,加以无赖、亡命附翼于虎狼,不逞奸徒托名于城社,假旨诈财,动以万数,破产倾家,十人而九。至如楚中掘坟得财,生者含冤,死者被虐,毒施人鬼,莫敢谁何。然此辈固不足责也,独念陛下天托以司牧之任而乃甘为此掊克之举,祖宗传以赤子之众而使罹此流亡之惨,清宫静夜,试一思之,臣知其决不忍且安矣。且一人之心,千万人之心,上爱珠玉,人亦爱温饱;上忧万世,人亦爱妻孥,奈何陛下欲黄金高于北斗之储而不使百姓有糠秕升斗之储?陛下欲为子孙千万年之计而不使百姓有一朝一夕之计?试观往籍,朝廷有如此政令、天下有如此景象而有不乱者哉?"疏凡三上,俱中寝不报。然神庙天性宽大,廷臣无救过不暇之忧,如疏指二三秕政,亦旋兴旋止,金瓯海宇,号称小康,识者虑其养痈而元气居然未漓也。至天启、崇祯之代,豫、楚用兵,军需旁午,征、剿、练三饷一时并檄,民几竭髓,江淮之间,萧然烦费,抱恤纬者又鳃鳃忧之。

迨我皇清,靖李氏之乱,入都北平,其定鼎之初,赋役无大益损。扬州自顺治二年方属版图,时当经纶草昧,淮南郡县未奉厘定经制额款成书,凡赋税起积存留悉依先朝旧额。查于顺治十四年,部文颁给《赋役全书》,各府、各县均有成宪可遵,而淮南赋役迄有定数,班班可考镜矣。

赞曰:扬州财赋,不能当江南什伍,然或困于水患,田卒污莱;或扰于军兴,徭役烦剧。兼以五方杂处,贫富相耀,虽一望烟火万家,而枵然仰屋者众矣。史迁有言:"千乘之王,万家之侯,百室之君,尚犹患贫,而况匹夫编户之民乎?"司牧者抑浮竞、节茧丝,勤恤民隐而宽其力,我知其十郡县犹前古也。

扬州府志卷之四

赋役志下

扬州府所隶三州七县,其官民田地、塘荡、滩场自万历九年清丈后,总计实该在一十三万三千三百七十一顷二亩四厘五毫四丝六忽。今查《赋役全书》,开载国朝原额官民灶地、山荡一十三万五千八百七十九顷六十四亩五分二厘六毫一丝六忽,又续报香火并雷塘等升科共田地七十七顷一十二亩九分八厘八丝,二共田地一十三万五千九百五十六顷七十七亩五分六毫九丝六忽。内除原报坍江并续详割坍江共田地一千七百六十三顷四十三亩四分九厘七毫,止实在官民灶地、山荡共一十三万四千一百九十三顷三十四亩九毫九丝六忽。每亩各征不等,共实编征税粮条鞭并九厘地亩共银二十八万八千三百四十三两七钱七分九厘九毫五丝三忽三微六纤七沙一尘三渺五埃。每亩各征不等,共征本色漕米一十万五千一十六石四升七合五勺七渺一撮五圭。每亩各征不等,共征本色风米二万一百一十九石二斗四升一合。

内高邮州原额田二万五千八百一十五顷七十六亩六分五厘四毫,又逐年自报升科等则田七顷六十五亩五厘三毫,共实在田二万五千八百二十三顷四十一亩七分七毫。共科征税粮条鞭并九厘地亩银三万九千六两二钱四分七厘六丝九忽三微一纤一沙八尘五渺,共征本色漕米九千六百七十六石六斗八升七合五勺六抄四撮,共征本色风米一千六百一十三石九斗一升。

泰州原额民灶田共九千二百九十顷四十亩五分四厘五毫一丝,共科征税粮条鞭并九厘地亩银四万四千一百二十八两八钱二分一厘四丝五忽一微六纤三尘七渺五漠,共征本色漕米四万三千九十五石七斗五升七合六勺三抄,共征本色凤米九千九百四十八石四斗六升五合。

通州原额田地一万一千七百六十二顷九十八亩八厘八毫,内除原坍豁田一千二百七十顷三十九亩八分四毫,又详奉续除坍豁田二百三顷四十二亩三分七厘,实在田地一万二百八十九顷一十五亩九分一厘四毫,共科征税粮条鞭并九厘地亩银三万四千一百五十七两四钱一分三厘五毫一丝七忽一纤五沙,共征本色漕米四千九百七十九石八斗二升一合一勺。

江都县原额田地、山荡一万七千一百六十三顷八十五亩九分一厘二毫二丝,又续报升科香火并雷塘等田地六十九顷四十七亩九分二厘七毫八丝,二共田地、山荡一万七千二百三十三顷三十三亩八分四厘,内除详豁坍江田地一百六十七顷八亩六厘三毫,实在田一万七千六十六顷二十五亩七分七厘七毫,共科征税粮条鞭并九厘地亩银五万六千九百九十二两八钱九分一厘八毫八丝六忽五微六纤一沙六渺二漠五埃,共征本色漕米一万一千三百六十石七斗九升九抄,共征本色凤米五千二百九十四石五斗五升。

仪真县原额上、中、下民田共二千四百二顷二十二亩一分二厘八毫,内除详豁坍江田九十七亩四分二厘,实在田三千四百一顷二十四亩七分八毫,共科征税粮条鞭并九厘地亩银一万三千九百三十五两五钱四分四厘四毫五丝九忽八微二纤九沙,共征本色漕米一千四百一十八石二斗四升三合七勺三抄七撮五圭,共征本色凤米六百五十一石七斗五升。

泰兴县原额田地一万二千五百九十七顷六十二亩九分二厘三毫,共科征税粮条鞭并九厘地亩银三万二千六百六十二两七钱六分三厘六毫四丝四忽八微二沙七尘五渺,共征本色漕米四千四百九十四石四斗七升四合六勺六抄。

宝应县原额田地二千二百二十一顷七十四亩三分九厘,共征税粮条鞭并九厘地亩银一万八千六百二十五两二钱八分九厘二毫五丝三忽五微五纤七沙三尘七眇五漠,共征本色漕米二千六百一十五石五斗六升六合,共征本色凤米二千六百一十石五斗六升六合。

兴化县原额民、灶田地二万四千二百七十二顷六亩九分七厘八丝六忽,共科征税粮条鞭并九厘地亩银二万七千七百九十六两八钱一分一厘三毫九丝七纤八沙七尘五渺,共征本色漕米一万六千六百一十七石九斗八升四合二勺五抄。

　　如皋县原额民、灶田三万一百八十七顷八十七亩,内除坍江田一百四顷三十七亩八分四厘外,实在田三万八十三顷四十九亩一分六厘,共科征税粮条鞭并九厘地亩银一万九千五百四十两一钱五分四厘六毫七丝九忽九纤九沙□尘,共征本色漕米四千九百九十二石八斗二升六合五勺一抄。

　　海门县原额民、灶田共一百六十五顷九亩九分一厘五毫,内除坍江田一十七顷一十八亩外,实在田一百四十七顷九十一亩九分一厘五毫,共科征税粮条鞭并九厘地亩银一千□百九十七两八钱四分三厘七忽九微五纤一沙五尘六渺八漠,共征本色漕米七百六十五石九斗三升一合七勺。

　　原额人丁三十四万九千六百四十四丁,内开除逃亡并故绝人丁八千一百五十三丁,又节次并新审增人丁二万五千六百二十九丁,共实在人丁三十六万七千一百二十丁,内除优免人丁九千四十六丁外,实在当差人丁三十五万八千七十四丁。各则不等,共实编丁徭银四万九千九百六十两一钱一分七厘八毫九丝四忽四微四纤一沙。

　　高邮州原额人丁三万二千五百五十丁,内除逃亡、故绝及优免人丁外,实在当差人丁二万六千一百四十九丁。每丁征银二钱三分五厘,共征丁徭银六千一百四十五两一钱三分二厘五毫。

　　泰州原额人丁六万二千九十二丁,又原报并新审增人丁二千二百一十一丁,内除优免人丁外,实在当差人丁六万三千一百三丁。每丁一例派征银一钱二分,共征丁徭银七千五百七十三两三钱六分。又河泊所原额人丁三千二百六丁,又审增人丁四丁,共实在人丁三千二百一十丁,内除优免人丁外,实在当差人丁三千一百五十丁。每丁一例派征银二钱三分九厘三毫三丝六忽七纤二沙,共征丁徭银七百五十三两九钱八厘六毫二丝六忽八微。

　　通州原额人丁三万九千一百五十五丁,又原报并新审增人丁一万五千二十八丁,二共人丁四万九千六百八十三丁,内除优免人丁外,实在当差人丁四万九千四十五丁。每丁一例派征银五分,实编丁徭银二千四百五十二两二钱五分。

　　江都县原额人丁五万八千一百三十八丁,内除优免人丁外,实在当差人丁五万六千六百四十六丁,每丁一例派征银一钱五分九厘,共征丁徭银九千六两七钱一分四厘。

仪真县原额九则人丁一万一千八百九十二丁，又审增人丁一百五十一丁，内除故绝及优免人丁外，实在当差人丁一万一千四百八十丁。各科则不等，共征丁徭银一千七百三十九两一钱九分四厘二毫。

泰兴县原额人丁四万四千六十一丁，又审增人丁二千一百九十三丁，内除优免人丁外，实在当差人丁四万五千三百八十六丁[1]。每丁一例派征银四分三厘八毫九丝八忽，共征丁徭银一千九百九十二两三钱七分六厘五毫七丝七忽。

宝应县原额人丁二万五千七百五丁，又审增人丁一百九丁，二共人丁二万五千八百一十四丁，内除优免人丁外，实在当差人丁二万四千九百五十六十。每丁一例派征银二钱四分八厘，又每丁带征优免缺额银一厘四毫五丝六忽九微九纤六沙三尘一渺三漠五埃，共实征丁徭银六千四十五两七钱六分五厘六毫。

兴化县原额人丁三万一千四百六十八丁，内除优免人丁外，实在当差人丁三万四百六十一丁，实编丁徭银九千六百四十四两七分一厘六毫六忽七微四纤一沙。

如皋县原额人丁二万七千七百九十四丁，又审增人丁一万四百三十三丁，二共人丁三万八千二百二十七丁，内除优免人丁外，实在当差人丁三万七千七百七十丁。每丁一例派征银五分八毫九丝五忽四微四纤，共实征丁徭银一千九百二十二两三钱二分七毫八丝三忽九微。

海门县原额人丁一万三千五百八十三丁，内除逐审各里逃亡过人丁及优免人丁外，实在当差人丁九千九百二十七丁。各则不等，共征丁徭银二千六百八十六两八分四厘。

以上丁田共实征夏税、秋粮、地亩条鞭折色银三十三万八千三百三两九钱五分七厘八毫四丝七忽八微八沙一尘三渺五埃。

各州县夏税银四千三百一十三两六钱，通、泰、兴、如四州县秋粮银一万七千六百六十五两五分八厘二毫。户部本折银六万五千三百九十一两五钱八分四厘八毫七丝七忽二微四纤六沙八尘七渺五漠，礼部折色银二千三百八十九两三钱三分九厘五毫，兵部折色银三万五千五百一十二两一

---

1 底本"六丁"后原有"五分"二字，据上下文删。

钱二分三厘七毫九丝五忽三微,工部本折银二万八千二百一十两九分六毫八忽六微五纤,盐钞折色银一千五百一十四两一钱六厘三毫九丝七忽四微三纤六沙八尘,铺垫银四百八十九两七钱七厘二毫九丝七微五纤。

四部本折水脚并漕粮永折水脚银二千五十八两七钱三分三毫一丝四忽九微二沙五渺五漠五埃。

轻赍、河工、车盘、旱脚银八千二百四十四两五钱三分九厘八毫九丝二忽,本折芦席并水剥银六百八十六两六钱四分三厘四毫九丝七忽五微,改解南省折色银三千七百一十五两八钱八分二厘五毫一丝一微,夏、秋折色存留支应银一万四千四百一两六钱七厘一毫五忽,驿站银一万六千三百二十七两九钱六分三厘五毫六丝二忽三微一纤一沙,军饷银三万二千六百七十两一钱五分八厘三毫五丝,河道银八千八百四十六两五钱二分,经费、支给、俸薪、工食银二万三百三十六两三分五厘八毫,存留、解支等银六万三百二十九两六钱四分三厘三毫八丝一忽四微,裁省解部银一万五千二百三十两六钱二分二厘七毫六丝五忽二微一纤一沙四尘。

漕、凤米实征本色一十二万五千一百三十五石二斗八升八合五勺七抄一撮五圭。

内本色正兑米六万石,加三耗米一万八千石,补闰米四千九百一十七石六升七合三抄四撮。

本色改兑米一万七千石,加二五耗米四千二百五十石,补闰米八百四十八石九斗八升五勺三抄七撮五圭。

本色凤米二万一百一十九石二斗四升一合。

不在田亩、人丁正项款内杂项出办,共银五万六百二十五两八钱五分九厘三丝七微一纤三沙,遇闰加银一百两六钱三分八厘五毫三丝六忽五沙。

本色钞九千九百九十七贯四百七十文,系宝应县征解本府转解常、亳二仓麦折银数。

夏税折色起运淮安府常盈仓麦折银四千两,亳州仓小麦银一百二十三两六钱,带征清河县麦折银一百九十两。

以上自常盈仓起至清河,麦止三款,共银四千三百一十三两六钱。

本府转解凤阳仓米折色银数:凤阳仓米折银七千六百六十五两五分八

厘二毫。

以上凤阳仓米折一款，照数起解本府，转解布政司，解户部盐钞、折色银数：

盐钞折色起运京库，盐钞银一千四百六十五两二钱六分六厘一毫九丝六忽二微一纤，水脚银一十四两六钱五分二厘六毫六丝一忽九微六纤二沙一尘，带闰银四十八两八钱四分二毫一忽二微二纤六沙八尘，水脚银四钱八分八厘四毫二忽一纤二沙二尘六渺八漠，共银一千五百二十九两二钱四分七厘四毫六丝一忽四微一纤一沙一尘六渺八漠。

本府转解布政司、解四部折色银数：

京库农桑丝绢银五百八十五两九钱四分四厘一毫，水脚银五两八钱四分四厘二毫八丝六忽，二共银五百九十一两七钱八分八厘三毫八丝六忽。京库马草银六千一百八十两，水脚银六十一两八钱，二共银六千二百四十一两八钱。光禄寺细稻草改京库草银一百二十两，水脚银一两二钱，二共银一百二十一两二钱。富户银一百两，水脚银一两，二共银一百一两。京榜纸脚价银三十两，折色银朱银一千一百九十三两五钱八分四厘七毫八丝一忽二微五纤，水脚银二十三两八钱七分一厘六毫九丝五忽六微二纤五沙，二共银一千二百一十七两四钱五分六厘四毫七丝六忽八微七纤五沙。此项于顺治十年六月奉旨折色。折色腻朱银一十一两六钱九分四厘九毫二丝九忽五微一纤八沙七尘五渺，水脚银二钱三分三厘八毫九丝八忽五微九纤三尘七渺五漠，二共银一十一两九钱二分八厘八毫二丝八忽一微九沙一尘二渺五漠。十年六月，奉旨折色。折色黑铅银三十八两一钱三分四厘三毫五丝八忽一微六沙二尘五渺，水脚银七钱六分二厘六毫八丝七忽一微六纤二沙一尘二渺五漠，二共银三十八两八钱九分七厘四丝五忽二微六纤八沙三尘七渺五漠。十年六月，奉旨折色。折色乌梅银三十六两九钱八分八厘九毫七丝七忽八微二纤五沙，水脚银一钱三分九厘七毫七丝九忽五微五纤六沙五尘，二共银三十七两七钱二分八厘七毫五丝七忽三微八纤一沙五尘。十年六月，奉旨折色。折色藤黄银一十二两八钱九分二厘八毫六丝六忽三微七纤五沙，水脚银二钱五分七厘八毫五丝七忽三微二纤七沙五尘，二共银一十三两一钱五分七毫二丝三忽七微二沙五尘。十年六月，奉旨折色。折色靛花青银八十八两三钱八分二厘二毫八丝八忽六微二纤五沙,水脚银一两七钱六分七厘六毫四丝五忽七微七纤二沙五尘,二共银九十两一钱四分九厘九毫三丝四忽三微九纤七沙五尘。十年六月,奉旨折色。折色红熟铜银一百一十四两六钱四分四厘六毫八丝六忽七微三纤一沙二尘五渺,水脚银二两二钱九分二厘八毫九丝三忽七微三纤四沙六尘二渺五漠,二共银一百一十六两九钱三分七厘五毫八丝四微六纤五沙八尘七渺五埃。十年六月,奉旨折色。折色黄熟铜银一十四两七钱四分八厘四毫四丝四忽三微六沙二尘五渺,水脚银二钱九分四厘九毫六丝八忽八微八纤六沙一尘二渺五漠,二共银一十五两四分三厘四毫一丝三忽一微九纤二沙三尘七渺五漠。十年六月,奉旨折色。折色锡银八十九两三钱五分一厘四丝三忽七微五纤,水脚银一两七钱八分七厘二丝八微七纤五沙,二共银九十一两一钱三分八厘六丝四忽六微二纤五沙。十年六月,奉旨折色。折色黄牛皮银八两三钱六分,水脚银一钱六分七厘二毫,二共银八两五钱二分七厘二毫。十年六月,奉旨折色。折色牛筋银一十九两八钱,水脚银三钱九分六厘,二共银二十两一钱九分六厘。十年六月,奉旨折色。折色生铜银二十七两二钱,水脚银五钱四分四厘,二共银二十七两七钱四分四厘。十年六月,奉旨折色。折色黄蜡银九百七十两二钱五分一厘二毫七丝六忽二微五纤,水脚银一十九两四钱五分二丝五忽五微二纤五沙,二共银九百八十九两六钱五分六厘三毫一忽七微七纤五沙。十年六月,奉旨折色。折色芽茶银六十九两九钱七分四厘八毫二丝二忽四微,水脚银一两三钱九分九厘四毫九丝六忽四微四纤八沙,二共银七十一两三钱七分四厘三毫一丝八忽八微四纤八沙。十年六月,奉旨折色。折色叶茶银五十一两四钱,水脚银一两二分八厘,二共银五十二两四钱二分八厘。八、九两年二等月,奉旨折色。九厘地亩共银五万四千九百七十六两四钱九分七厘二毫一丝,水脚银五百四十九两七钱六分四厘九毫七丝二忽一微,二共银五万五千五百二十六两二钱六分二厘一毫八丝二忽一微。鱼课银七十四两六钱六分八厘。系高邮州独解。

　　以上户部项下折色,自农桑起至鱼课止二十二款,共银六万五千四百八十九两七分五厘二毫一丝二忽七微四纤二尘五渺。

　　上、下二半年牲口共银二千一十八两二钱八分,水脚银四十两三钱六分五厘六毫,二共银二千五十八两六钱四分五厘六毫。稻皮共银一十六两二钱,水脚银三钱二分四厘,二共银一十六两五钱二分四厘。北药味银三十三两四钱五分五厘,水脚银六钱六分九厘一毫,二共银三十四两一钱二分四厘一毫。八年十月,奉旨折色。朴硝一百三十五斤,系如皋县独解。葶苈一十七斤一两四钱,莳萝八斤九两八钱,蒲黄一十七斤六两六钱,萝卜子八十六斤一十二两五钱,蛇床子二十六斤二两六钱。光禄寺果品银三百三两四钱四厘五毫,水脚银六两六分八厘九丝,二共银三百九两四钱七分二厘五毫九丝。十年六月,奉部文改解礼部。活鹿银一十八两,水脚银一钱八分。

以上礼部项下折色,五款共银二千四百三十六两九钱四分六厘二毫九丝。

备用本折马价银三万一千三百一十五两一钱二分三厘七毫九丝五忽三微,水脚银三百一十三两一钱五分一厘二毫三丝七忽九微五纤三沙,二共银三万一千六百二十八两二钱七分五厘三丝三忽二微五纤三沙。顺治二年,奉太仆寺刘题请,俵马无论本折每匹折银三十两,除旧额外,条鞭内加银四千三百七十九两四钱九分四厘九毫四丝七忽三微,水脚银四十三两七钱九分四厘一毫四丝九忽四微七纤三沙。又外泰州免粮田加银四两一钱八分九厘五丝二忽七微,水脚银四分一厘八毫五丝五微二纤七沙,以足三十两一匹之数。草料银四千一百九十七两,水脚银四十一两九钱七分,二共银四千二百三十八两九钱七分。

以上兵部项下折色,马价、草料二款共银三万五千八百六十七两二钱四分五厘三丝三忽二微五纤三沙。

四司料价银九千五百四十五两八钱九分一厘一毫一丝一忽二微,水脚银九十五两四钱五分八厘九毫一丝一忽一微一纤二沙,二共银九千六百四十一两三钱五分二丝二忽三微一纤二沙。内分解营缮司料价银三千五十三两九钱九分九厘七毫二丝,水脚银三十两五钱三分九厘九毫九丝七忽二微,二共银三千八十四两五钱三分九厘七毫一丝七忽二微。

虞衡司料价银一千五百二十八两一钱四分九厘三毫,水脚银一十五两二钱八分一厘四毫九丝三忽,二共银一千五百四十三两四钱三分七毫九丝三忽。

都水司料价银二千六百七十二两六钱四分七厘一毫五丝六忽二微,水脚银二十六两七钱二分六厘四毫七丝一忽五微六纤二沙,二共银二千六百九十九两三钱七分三厘六毫二丝七忽七微六纤二沙。

屯田司料价银二千二百九十一两九分四厘九毫三丝五忽,水脚银二十二两九钱一分九毫四丝九忽三微五纤,二共银二千三百一十四两五厘八毫八丝四忽三微五纤。

营缮司砖料银一千四百一十三两一分二厘,水脚银一十四两一钱三分一毫二丝,二共银一千四百二十七两一钱四分二厘一毫二丝。

虞衡司盔甲、腰刀银四千九百一十二两四钱九分五厘六毫八丝五微,水脚银五十两四钱三分一厘四毫七丝二忽,二共银四千九百六十二两九钱二分七厘一毫五丝二忽五微。

虞衡司胖袄裤鞋银三千九百四十九两八钱八分九厘五毫,水脚银四十两三钱六分五厘,二共银三千九百九十两二钱五分四厘五毫。此项原解本色,于顺治三年六月奉旨,每副折银二两七钱,照数办解。

虞衡司民箭银一千九百一十二两七钱二分三厘四毫六丝四忽,水脚银一十九两一钱二分七厘二毫三丝四忽六微四纤,二共银一千九百三十一两八钱五分六毫九丝八忽六微四纤。

虞衡司卫箭银一千四百一十二两二钱六分二厘五毫,水脚银一十四两三钱一分,二共银一千四百二十六两五钱七分二厘五毫。

虞衡司弦条银四十七两七钱,水脚银四钱七分七厘,二共银四十八两一钱七分七厘。

虞衡司折色天鹅银三十一两,水脚银三钱一分,二共银三十一两三钱一分。此项原解本色六十二只,续奉文改折,每只折银五钱。

都水司折色蒲草银一百二十两,水脚银二两四钱,二共银一百二十二两四钱。此项原解本色八千斤,于顺治九年七月奉部文改折。

都水司折色蓝靛银四百九十二两五钱,水脚银四两九钱二分五厘,二共银四百九十七两四钱二分五厘。此项原解本色一万九千七百斤,奉部文改折,每斤银二分五厘。

虞衡司七分折色鹿皮银八十五两六钱八分,水脚银八钱五分六厘八毫,二共银八十六两五钱三分六厘八毫。此项原编银一百二十二两四钱,买办本色麂皮二百四张,于顺治九年三月奉旨买办三分本色,七分折色。

都水司岁造缎银九百一十一两四钱九分。此项原办本色二百三十匹,于顺治十一年准工部咨文织造,暂停缎价水脚解部。

都水司折色黄麻银四百一十八两七钱四分七厘一毫四丝六忽七纤五沙,水脚银六两八钱六分四厘三毫四丝二忽九微二纤一沙五尘,二共银四百二十五两六钱一分一厘四毫八丝八忽九微九纤六沙五尘。

都水司折色翎毛银七十八两三钱一分二厘四毫八丝,水脚银一两四钱五分三厘一毫八丝五忽六微,二共银七十九两七钱六分五厘六毫六丝五忽六微。此项原解本色一十六万三千一百五十一根,于顺治九年七月奉旨全改折色,每根价银四毫八丝。

都水司折色白麻银三百一两六分九丝一忽六纤二沙五尘,水脚银六两二分一厘二毫八忽八微二纤一沙二尘五渺,二共银三百七两八分一厘二毫九丝二忽八微八纤三沙七尘五渺。此项原解本色一万四千三百三十六斤三两二钱二分二厘,于顺治十年六月奉旨折十分之七,每斤原价三分。

都水司折色鱼线胶银三十一两四钱九分六厘七毫六丝七忽七微五纤,水脚银六钱二分九厘九毫三丝五忽三微五纤五沙,二共银三十二两一钱二分六厘七毫三忽一微五沙。此项原解本色五百六十二斤八两六分一厘五毫,于顺治十年六月奉旨折十分之七,每斤原价八分。

都水司熟铁银一十二两六钱六分二厘七毫五丝,水脚银二钱五分三厘二毫五丝五忽,二共银一十二两九钱一分六厘五忽。此项原解本色一千二百六十六斤四两四钱,于十年六月奉旨永折十分之五,每斤原价二分。

都水司匠役衣装银二百八十两八钱,水脚银五两六钱一分六厘,二共银二百八十六两四钱一分六厘。此项于顺治十一年四月奉部颁数目载入。

以上工部项下,自四司料价起,至匠役衣装止一十八款,共银二万六千二百二十一两三钱五分二厘九毫四丝九忽三纤七沙二尘五渺。

夏税本色起运户部项下甲、丁二库本色颜料银三百九十八两五分五厘九毫二忽三微七纤一沙八尘七渺五漠,水脚银七两九钱六分一厘一毫一丝八忽四纤七沙四尘三渺七漠五埃,铺垫银四百五十九两七钱七厘二毫九丝七微五纤,又续加脚价贴解银四百五十八两一钱三分九厘二毫五丝,又高邮州腻朱等项折色存剩银八钱五分九厘□□六丝四忽六纤二沙五尘,五项共银一千三百二十四两七钱二分三厘四毫二丝五忽二微三纤一沙八尘一渺二漠五埃。

甲字库银朱二百六十六斤十两二钱一分四厘五毫,腻朱四百六十二斤九两八钱三分四毫三丝，黑铅五百八十斤七两五钱七分五厘二毫九丝，乌梅二百五斤六两四钱八厘八毫七丝，藤黄一百七斤三两二钱三分七厘二毫九□，靛花青六百二十六斤一十五两三钱八分九厘七毫。

丁字库红熟铜二百四十二斤九两八钱八分四厘七毫一丝，黄熟铜五百五斤三两七钱二分四厘七毫，锡四百三十七斤三两六分六厘四毫。

秋粮本色起运户部项下供用库本色蜡茶银一百七十八两一钱五分一厘三毫二丝五忽六微七纤五沙，水脚银三两五钱六分三厘二丝六忽五微一纤三沙五尘，贴解银一百二十两，三共银三百一两七钱一分四厘三毫五丝二忽一微八纤八沙五尘。黄蜡五百九十三斤一十一两九分八厘九毫五丝。浮粮永改折色米银一万两，水脚银一百两，二共银一万一百两。此项原解本色米二万石，续奉文永改折色，每石折银五钱。系兴化县独解。

随粮本色芦席银二百两九钱九分一厘三毫四丝四忽五微。此系十州县支给运官。

本府转解淮安府漕河二库轻赍河工银数：漕运项下船料旱脚银一千七百八十九两，河道项下旧额河工银六百两二厘三毫，改派抵补河工轻赍车盘银五千八百五十五两五钱三分七厘五毫九丝二忽，里河水剥银四百八十五两六钱五分二厘一毫五丝三忽。

以上自浮粮永折起至水剥止，计六款，共银一万九千三十一两一钱八分三厘三毫八丝九忽五微。

本府转解布政司、解工部本色物料等项银数：工部项下都水司本色生绢七百四，吐丝七百两，共工价银一千一百六两四钱六分；都水司三分本色白麻银一百二十九两二分五厘七毫五丝三忽三微一纤二沙五尘，水脚银二两五钱八分五毫一丝五忽六纤六沙二尘五渺，二共银一百三十一两六钱六厘二毫六丝八忽三微七纤八沙七尘五渺；白麻四千三百斤一十三两七钱三分五厘一毫；都水司三分本色鱼线胶银一十三两四钱九分八厘六毫一丝四忽七微五纤，水脚银二钱六分九厘九毫七丝二忽二微九纤五沙，二共银一十三两七钱六分八厘五毫八丝七忽四微五沙；鱼线胶一百六十八斤一十一两七钱二分二厘九毫五丝；都水司五分本色熟铁银一十二两六钱六分二厘七毫五丝，水脚银二钱五分三厘二毫五丝五忽，二共银一十二两九钱一分六厘五忽，内采买本色熟铁六百三十三斤二两二钱;系兴化县独解。虞衡司本色麂皮六十一张二分,每张价银六钱,共银三十六两七钱二分,水脚银三钱六分七厘二毫,二共银三十七两八分七厘二毫;虞衡司折色弓牛角四百七十七副,每副价银二两,共价银九百五十四两,水脚银九两五钱四分,共银九百六十三两五钱四分。此项于顺治三年六月奉部文,每弓一张,折整大长牛角一副。原无折定价值,近因办解维艰,参酌适中定价每副银二两,水脚银二分。

以上工部自生绢起至牛角止五款,共银二千二百六十五两三钱七分八厘六丝四微二纤三沙七尘五渺。

本府转解凤阳仓本色米数:凤阳仓本色米二万一百一十九石二斗四升一合。

以上凤阳仓本色米一款,照数起解。本府转解南省布政司留充兵饷银数:

江宁定场草银二千一百七两四钱四分,水脚银二十一两七分四厘四毫,二共银二千一百二十八两五钱一分四厘四毫。鱼课钞银并带闰银二百二十七两六钱四分七厘七丝七忽六微,续加银八两八钱二分四厘,二共银二百三十六两四钱七分一厘七丝七忽六微。鲖鲟鲊鱼船网、鱼油翎鳔银九十八两四钱八分五厘四毫。麻料钞银二十八两六钱。南药味银三两六钱五分七毫五丝,水脚银三分六厘五毫七忽五微,二共银三两六钱八分七厘二毫五丝七忽五微。《赋役全书》内原刊载南兵部柴直并带闰银七百八十七两六钱,耗银十二两六钱;南太仆寺柴直银并带闰银一百四十八两四钱,南太仆寺牛犊银三十一两六钱;南坐派光禄寺犍牛银七钱五分;南太仆寺医兽银一十五两五钱。今裁。南茭苗笤帚银三十四两六钱八分七厘五毫,水脚银三钱四分六厘八毫七丝五忽,二共银三十五两三分四厘三毫七丝五忽。原解本色,续奉文改折。高邮州每把折银一分二厘五毫,泰、通等州县每把折银二分五厘。

凤仓日字四十六号座船水手工食银七十二两。南会同馆站马银四十三两四钱,系泰兴县独解。南协济江淮驿站马银七十四两,系兴化县独解。南都察院禁子工食银十两,系泰兴县独解。南刑部看监皂隶禁子工食并带闰银一十八两二钱四分。以上四款,今裁。

以上自南定场草起至禁子工食止十六款,共银三千七百一十五两八钱八分二厘五毫一丝一微。

各州县解本府并存留支给米麦折色银数:

夏税折色存留:本府军储仓麦银五千三十一两四钱五分九厘六毫九丝六忽,州县改解府仓麦银一千二百三十二两四钱五分,存留县仓麦银一百二十两;廪生廪粮银二十五两五分三厘三毫;系海门县独解,今奉裁充饷。土兵口粮银七百二十六两六钱五分七厘五毫;孤贫口粮银一百三十五两。今奉裁充饷。原协济高邮州改给本县听事马麦银一百七两二分七厘。原协济宝应县改给本县听事马麦银一百六十两。以上二款,系江都县编给。

秋粮折色存留:本府军储仓米银四十五两九钱八分二厘二毫,州县仓改解府仓米银一千七百一十二两一钱三分,军粮银二十六两三钱七分八厘四毫,刘庄、白驹二寨闰月军粮银四两八钱,兴化所尾帮粮银七两二钱。以上三项,原系存留仓米折款,今改给兴化所江南帮运船旗丁月粮。俱系兴化县独解。廪生廪粮银二千三百八十二两一钱五分五厘七毫,今奉裁充饷。香烛银一十八两五钱四分九厘三毫二丝九忽,孤贫口粮银一千六百七十两四分,今奉裁充饷。城操、备倭、把门军舍并土兵口粮九百九十六两七钱二分三厘九毫八丝。

以上自本府军储仓麦折起至土兵口粮止十六款,共银一万四千四百一两六钱七厘一毫五忽。

本府所属各州县解给驿站协济银数:

广陵驿馆支并水夫、伞轿共银二千八百五十五两四钱七分六厘六毫,外河南永城县协济银一百二十两,遇闰加银十两。邵伯驿馆支水夫、伞轿共银一千九百一十七两二钱八分三毫四丝五忽,外河南永城县协济银一百二十两,遇闰加银十两。仪真驿馆支并水夫、伞轿夫差马草料共银二千六百三十两五钱一分三厘三丝,孟城驿馆支并水夫、伞轿共银二千一百六两七钱一分四厘三丝五忽六微,外河南永城县协济银一百二十两,遇闰加银十两。界首驿馆支并水夫、伞轿共银一千八百六十八两五钱二分八厘五毫,外河南永城县协济银一百二十两,遇闰加银十两。安平驿馆支并水夫、伞轿共银二千七十四两九钱,外河南永城县协济银一百二十两,遇闰加银十两。江淮驿站马银八百六十九两,江浦驿雇夫银四百五十九两六钱七分,东葛驿马价、伞轿银一百六十两,棠邑驿马季头工食银二百八十六两,大柳驿站马银八十五两二钱六分一厘一毫,民壮军饷奉文改充宝应县夫厂并雇夫驿站共银二百六十四两二分四厘四毫五丝一忽七微一纤一沙,江宁驿传道座船水手工食银六十七两，系如皋县独解。江宁驿传道修船银四十两，系如皋县独解。各驿修船银六百四十五两九钱。

以上驿站十五款，共银一万六千三百三十两三钱六分三厘五毫六丝二忽三微一纤一沙。

本府转解漕、操二标共饷银数：

漕标项下夏税军饷银一千九十四两七钱一分，秋粮军饷银五千九百三十七两二钱八分，赋役军饷银七百九十九两九钱九分九厘三毫五丝，募兵军饷银一万二百一十八两，民壮军饷银二千四百七十九两二钱，丁钱军饷银一千五百两，此一款系江都县独解。操饷改充抚饷银一百六十两五钱。

操标项下瓜营军饷银五千六百五十四两，仪真三江二营军饷银二千一百三十二两四钱六分九厘，操江水手改充仪真三江二营军饷银二百一十六两，操江水手改充瓜营军饷银一百八两，系泰兴县独解。操江民壮军饷银三百三十两，操江水手工食银七百七十七两六钱，操院游巡营水手工食银一百七十二两八钱，操江鸟铳手工食银二百四十两，操江水手改充旗牌官口粮并选锋手工食银一百五十八两四钱，扬州卫巡船水手工食银二十一两六钱，系泰兴县独解。扬州卫巡船水手工食改充瓜营军饷银六十四两八钱，瓜洲战船水手改充兵饷银六十四两八钱，操江按江水手改充瓜营军饷银五百七两六钱，此一款系江都县独解。操江会手工食银三十二两四钱。

以上军饷二十一款，共银三万二千六百七十两一钱五分八厘三毫五丝。

本府属州县解河道项下支给银数：

椿草砖灰银七百三十一两五钱二分，浅夫工食银四千四百五十两四钱，瓜洲闸闸夫工食银一千一百五十二两，仪真清江闸闸夫工食银一千二百三十八两四钱，宝应县堤夫银三百四十四两四钱，协济夏镇分司椿草银六十七两二钱，协济南河工部徐州溜夫椿草银一百八十九两六钱，停役坝夫银一百八十七两二钱，议裁仪真闸夫工食银三百三十八两四钱，扣裁仪真坝夫银一百两八钱，扣解南河工部分司浅老工食银四十六两六钱。江都县独解。

以上河道项下十一款，共银八千八百四十六两五分二厘。

本府十州县解各衙门折色银数：

漕抚部院座船水手工食银三百六十两七钱，二省部院座船水手工食银一十三两四钱,总河部院座船水手工食银一十三两四钱,盐院座船水手工食银一百四十四两,漕院座船水手工食银一百五十一两二钱,学院供应银四十两七钱一分七厘五丝,学院各役工食伞轿银七两四钱一分三厘,学院座船水手工食银一百七十二两八钱,今改提学道。海防道座船水手工食银一百九十四两四钱,康熙二年,奉旨裁革衙门。扬州钞关座船水手工食银一百一十七两四钱,系江都县编征。扬州游击座船水手工食银四十六两九钱。系江都县编征。布政司应朝盘费银六十两,每年带征银二十两;按察司应朝盘费银二十两,纸札银九两,每年带征银九两六钱六分六厘七毫;协济江宁科场银一百一十一两五钱四分一厘五毫四丝,续加银一百七十四两二钱七分五厘四丝三忽二微,二共银二百八十五两八钱一分二厘八丝三忽二微;武场供应银二十七两二钱四分三厘三毫三丝四忽,海防兵备道标营旗帜火药银二百三十六两六钱,康熙二年,奉旨裁革衙门。本府座船水手工食银四百三十五两九钱,顺治九年四月,内奉旨扣裁银二百七两九钱,存给银二百二十八两。江防厅座船水手工食银、裁留银五十四两,系泰兴县编征。清军厅座船水手工食银、裁留银四十二两,系通州编征。管粮通判座船水手工食、裁留银六十两,系如皋县编征。刑厅座船水手工食、裁留银一百一十四两。系通州编征。

以上自漕抚座船水手起至刑厅止二十一款,共银二千六百五十二两六钱五分二厘一毫六丝七忽二微,奉旨扣裁银二百五十四两四钱,附后扣裁数内解部,实存支给银二千三百九十八两二钱五分二厘一毫六丝七忽二微。

本府属州县解各院道司府并支本州岛县各员俸薪衙役工食银数:

漕抚部院照经费派编银一百两,盐院银八十一两六钱,钞关户部分司银一百四十九两六钱,以上二项,俱江都县编征。南河工部银四百九十五两二钱,系高邮州编征。海防道银七百九十九两五钱三分六厘,内奉裁省解户部外,实存支解银七百九两五钱三分六厘。于康熙二年奉旨裁革衙门。

以上自漕抚起至海防道止,照经费新编共银一千六百二十五两九钱三分六厘,内除裁省海道项下银数解部,实存银一千五百三十五两九钱三分六厘。

本府知府照经费新编岁支俸薪衙役工食银一千二百一十九两六钱四分四厘,内扣裁银二百八十五两六钱。俱坐派泰州编征。清军同知岁支银四百一十八两五钱五分六厘,内扣裁银八十四两。俱坐派通州编征。江防同知岁支银四百一十八两五钱五分六厘,内扣裁银八十四两。俱坐派泰州编征。船政、康熙年奉旨裁。管河通判岁支银四百一十一两,内扣裁银八十四两。俱坐派江都县编征。管粮通判岁支银四百一十一两四钱六分,内扣银八十四两。俱坐派泰州编征。推官岁支银四百一十三两九分,内扣裁银九十三两六钱。系坐派通州编征。经历岁支银九十八两六钱二厘,内扣裁银八两四钱。俱坐派泰兴县编征。照磨岁支银八十一两九钱二分,内扣裁银八两四钱。俱坐派通州编征。大积库大使岁支银五十三两一钱二分,内扣裁银三两六钱。俱派泰州编征。府学教官三员,岁支银三百二十五两七钱六分。俱坐派江都县编征。司狱司岁支银五十三两一钱二分,内扣裁银三两六钱。广陵驿驿丞岁支银五十三两一钱二分,内扣裁银三两六钱。俱坐派江都县编征。瓜洲税课司大使岁支银五十三两一钱二分,内扣裁银三两六钱。俱坐派江都县编征。瓜洲闸闸官岁支银五十三两一钱二分,内扣裁银三两六钱。俱坐派江都县编征。军储仓大使岁支银五十三两一钱二分,内扣裁银三两六钱。俱坐派江都县编征。扬州税课司大使岁支银五十三两一钱二分,内扣裁银三两六钱。俱坐派江都县编征。知州三员,知县七员,岁支共银一万一千二百四十九两六钱四分一厘八毫,内扣裁银二千二百三两六钱。州同二员,岁支共银二百九十八两一钱六分八厘,内扣裁银二十四两。州判三员,岁支共银四百一两六钱八分八厘,内扣裁银三十六两。吏目三员,岁支共银二百四十五两七钱六分,内扣裁银二十五两二钱。县丞五员,岁支共银四百八十九两四钱一分,内扣裁银四十一两四钱。管河主簿二员,查主簿一官,经费未裁,奉总河都院杨□题留应照正九品经费俸薪编给。岁支共银一百六十七两二分八厘,内扣裁银一十六两八钱。典史七员,岁支共银五百六十九两八钱四分,内扣裁银五十八两二钱。学正三员,教谕七员,训导十员,岁支共银二千四百四十三两三钱六分。巡检十九员,岁支共银九百九十四两八钱八分,内扣裁银六十六两。各驿驿丞五员,岁支共银二百五十一两二钱,内扣裁银十五两六钱。各仓大使五员,岁支共银二百六十五两六钱,内扣裁银一十八两。仪真闸闸官岁支银五十三两一钱二分,内扣裁银三两六钱。税课司大使三员,岁支共银一百三十七两七钱六分,内扣裁银七两二钱。

以上本府合属经费新编俸薪、工食等项,通共银二万二千一百五十六两八钱九分九厘八毫,内奉旨扣裁银三千三百五十六两八钱,附后扣裁数内解部外,实存支给银一万八千八百两九分九厘八毫。

本府各属经费旧编不载外,本府十州县存留支给银数:

走递差马草料工食银三万六千九百九十三两二钱九分九厘八毫,接递月夫工食银七千四百六十一两三钱二分五厘二毫,走递公文铺司弓兵工食银三千八十九两八钱,巡司弓兵工食银九百七十二两,于顺治九年四月内奉旨扣裁银一百四十四两,存给银八百二十八两。春秋祭祀文庙各祠坛社银七百一十两,乡饮酒礼银九十八两,今奉裁一半充饷。春宴、春花、春牛、芒神、迎春灯节银四十两八钱,门神、桃符银十一两八钱,今全扣裁。进士、举人牌坊银二百六十六两,举人、长夫盘费银五百二两五钱二厘六毫,岁贡盘费银三百二十五两。上司观风、激赏生员府学银四十两,州学银九十两,县学银一百四十两,三共银二百七十两。今扣裁一半充饷。应试生员钱席花红银二百九十八两,今续扣裁银一百四十九两。岁季考生儒卷资、茶食银四百四十两,今续扣裁银二百二十两。武举旗匾银二十六两七钱六分六厘六毫五丝,文庙香烛银二两,儒学廪生廪粮银一百一十二两七钱九分一厘,系海门县编征,今奉裁充饷。府儒学廪生膳夫银八百七十四两,今奉裁三分之二充饷。学院考试蓬场银九两五钱,今扣裁一半充饷。膳录书工银十两,系江都县编征,今裁扣五两。本府表文箱扛银九两,今裁扣一半充饷。州县表笺什物箱扛银二百六十七两八钱五分八厘五毫,阅操蓬场银二两,系江都县编征。本府备办上司供应银一百四十九两六钱,系泰州编征。支应上司、过客、下程、小饭中火银一千一百七十两三钱二分,州县座船水手工食银二百一十四两,于顺治九年四月奉旨扣裁银三十四两。盐院、海道、钞关、府县年例、执事雉尾、皮帽二十五两,盐院、海道、府县新官门牌、印盒、卷箱银二十两,上司按临并过往使客备办白牌、箱架银十两,一款,俱系江都县编征,今全裁。鱼课勘合、写本书工银二两四钱,守城土兵口粮银二百三十三两二钱四分九厘。

江都县奉文改充支给防守城门官兵口粮银数:

本县防守十二城门、三水关,每门、关设官一员,每员日支口粮银五分,岁共支银二百七十两,守兵九十二名,每名日支工食银二分,岁共支银六百六十二两四钱,二共支给银九百三十二两四钱。此项奉文将仕绅优免银六百五十一两七钱九分四厘,归仁巡司弓兵工食银一百二十九两六钱,本县座船水手工食银三十六两,巡船舵工工食银一百十八两八钱,通共银九百三十六两一钱九分四厘,内除奉文改充支前项防守官兵口粮外,仍余巡船舵王工食银三两七钱九分四厘,附后裁剩数内解部充饷。系江都编征。看守察院、公馆门子工食银四十九两八钱,小修公馆银二十六两,今裁扣一半充饷。各关厢渡船夫工食银三十两。系江都县编征,今裁扣十五两。南关杨子桥、三汊河、东关、邵伯渡船六只,每年修理打造船银十八两。系江都县编征,今裁扣九两。东关桥夫工食银四两,系仪真县编征。石塔口闸夫银三两六钱,系宝应县编征。河下下程、小饭银三百两,河下答应官农工食银六十两,系江都县编征。接递门子工食银四十二两,河下应付吹手工食银一千一十七两六钱,河下听差灯夫工食银五十七两六钱,河下报事小甲工食银七两二钱,今内扣裁银一两二钱,系江都县编征。河下走递听用夫皂、拿盘差夫工食银五百五十六两九钱九分二厘,于顺治九年四月奉旨扣裁银四两八钱。孤贫布花柴薪银八百六十九两二钱六分七厘,修船银二百二十两,奉裁附入册后,裁剩款内解部,实存支解银一百九十两。拽船夫银四十两,系通州编征。本县看守、监仓夫工食银一百八两,拨船米银十二两,系兴化县编征。雇船水脚银二十四两三钱二分二厘四毫六丝四忽二微。系海门县编征。

以上自走递差马起至雇船水脚止五十一款,共银五万八千九百九十五两七钱九分一厘二毫一丝四忽二微,内奉旨扣裁各项外,实存银五万七千九百三十一两三钱九分一厘二毫一丝四忽二微。

本府属十州县解布政司、转解户部裁剩旧编各衙门俸薪、工食各项,通共银一万二千九百一十一两四钱九厘七丝三忽九微六纤一沙八尘三渺五埃解部,遇闰加征银三千九百三十三两一钱三分八厘八毫八丝六忽六纤一沙六尘。

外不在丁田派征杂办项下共银五万一百七十六两四钱五分九厘三丝七微一纤三沙,遇闰加银一百两六钱三分八厘五毫三丝六忽五沙。外扬税司额征带解江都民壮军饷银四百四十九两四钱,内芦岸课粒银一万八千三百五十一两二钱一分五厘七毫一丝八忽六微六纤;兵部牧马草场租银三千三百一十五两三钱七分七厘一毫九丝,水脚银四十二两九钱八分四厘六毫八丝六忽五微;工部句城塘租银二百五十七两三分七厘,水脚银二两五钱七分三毫七丝;系江都征解布政司,转解工部。陈公塘租银三百二两四分四厘三毫八忽一微一纤;系仪真征解。总河项下河道支用。刘塘田租银五十一两三钱八分九厘八毫六丝;系仪真征解。漕抚项下军饷支用。湖荡地租银八百九十五两三分六厘七毫;

俱征解。总河项下河工支用。学田租银三百七十二两三钱一分三厘；学院明文考试，生员支用。各关厢外隙地居民升租、盖房栖住租银六十五两八钱四分九忽六微五纤；仪真征解。总河项下河道支用。户部供用库黄蜡折色银一十九两七钱八分三厘一丝二忽五微，水脚银三钱九分五厘六毫六丝二微五纤；户部供用库折色芽茶银一两一钱八分六厘一丝四忽，水脚银二分三厘七毫二丝二微八纤；户部供用库折色叶茶银六钱，水脚银一分二厘；户部供用库本色蜡茶银三两四钱一分五厘四毫八丝六忽七微三钱五沙，内采买本色黄蜡一十二斤六钱七分九厘五毫，芽茶一十二斤九两三钱九分八厘六毫。以上三项，于顺治九年十月内户部具题奉旨，各项本色责成布政司于一两月前确查时值，行所属州县照估定时价征银解交藩司，委官采买装运解部。今新奉旨，令各属自行采办经解内部。户部牙饷银七百两，水脚银七两；户部吏农班银一百四十九两，水脚银一两四钱九分；户部鱼课钞银一百四十五两七钱六分一厘三毫二丝一忽，遇闰加银六两五钱五分五厘九毫八丝三忽三微三纤。征解户部。礼部上、下二半年牲口银三十三两二钱二分，水脚银六钱六分四厘四毫；礼部稻皮银一两八钱，水脚银三分六厘；礼部药味银一两四钱九厘，水脚银二分八厘一毫八丝。以上三款，俱仪真县征解布政司，转解礼部。兵部备用马价银三十四两八钱七分六厘二毫五忽七微，水脚银三钱四分八厘七毫六丝二忽四尘七沙；兵部草料银六两，水脚银六分。泰州免粮田出办征解布政司，转兵部。工部四司料价银一百八十一两七钱四分一厘九毫三丝三忽八微，水脚银一两八钱一分七厘四毫一丝九忽三微三纤八沙；工部营缮司砖料银二十六两九钱八分八厘，水脚银二钱六分九厘八毫八丝；工部都水司折色岁造缎银一十八两一分；此银遵照咨文暂停，俱应解部。工部都水司本色绢一十七匹，吐丝一十七两，工价铺垫银二十七两五钱四分；工部虞衡司折色七分麂皮银一十二两六钱，水脚银一钱二分六厘；此项于顺治九年三月奉旨买办三分本色外，改折七分。工部虞衡司本色三分，麂皮九张，共工价银五两四钱，水脚银五分四厘；工部都水司蓝靛银七两五钱，水脚银七分五厘；此项于顺治九年三月奉旨改征七分折色。工部虞衡司盔甲腰刀银一百六十两七钱五分二厘八毫，水脚银一两六钱七厘五毫二丝八忽；工部虞衡司民箭银八十七两二钱七分六厘五毫三丝六忽，水脚银八钱七分二厘七毫六丝五忽三微六纤。以上七款，俱仪真县征解布政司，转解工部。工部虞衡司胖袄裤鞋银一百两一钱一分五毫,水脚银一钱三分五厘;工部都水司折色黄麻银一百九十二两七钱五分八厘四毫五丝三忽九微二纤五沙,水脚银三两八钱五分五厘一毫六丝八忽七纤八沙五尘,遇闰加银一十四两九钱四分三毫六丝八忽七微五纤,水脚银二钱九分八厘八毫七忽三微七纤五沙。工部都水司白麻五千七百一斤一十四两一钱八分三厘,奉文永折十分之七,内三分本色,白麻银五十一两三钱一分六厘九毫七丝七忽六微三纤七沙五尘,水脚银一两二分六厘三毫三丝九忽五微五纤八沙七尘五渺,遇闰加银四两九分七厘八毫六丝八忽七微五纤,水脚银八分一厘九毫五丝七忽三微七纤五沙。内采买本色一千七百一十斤九两五分四厘九毫,遇闰加白麻一百三十六斤五钱五分三分,七分折色,白麻三千九百九十一斤五两一钱二分八厘一毫,每斤折银三分,共折银一百一十九两七钱三分九厘六毫一丝五忽一微八纤七沙五尘,水脚银二两三钱九分四厘七毫九丝二忽三微三沙七尘五渺,遇闰加白麻三百一十七斤一十一两六钱七分,该银九两五钱六分一厘六毫九丝三忽七微五纤,水脚银一钱九分一厘二毫三丝三忽八微七纤五沙。工部都水司鱼线胶二百七十二斤二两二钱二分三厘五毫,奉文永折十分之七,内三分本色,鱼线胶银六两五钱三分一厘三毫三丝五忽二微五纤,水脚银一钱三分六毫二丝六忽七微五沙,遇闰加银四钱五分七厘六毫五丝,水脚银九厘一毫五丝三忽,内采买本色八十一斤十两二钱六分七厘五丝,遇闰加鱼线胶五斤一十一两五钱三分;七分折色,鱼线胶一百九十斤七两九钱五分六厘四毫五丝,每斤折银八分,共折银一十五两二钱三分九厘七毫八丝二忽二微五纤,水脚银三钱四厘七毫九丝五忽六微四纤五沙,遇闰加鱼线胶一十三斤五两五钱五分七分,该银一两六分七厘八毫五丝,水脚银二分一厘三毫五丝七忽。工部都水司折色翎毛银四十四两八钱一分七厘六毫,水脚银八钱九分六厘三毫五丝一忽,遇闰加银二两七钱九分八厘六毫四丝,水脚银五分五厘九毫七丝二忽八微;此项原解本色,续奉文改折,俱征解布政司,转解工部。工部都水司桐油八十八斤四两,奉文永折十分之五,内五分本色桐油银一两七钱六分五厘,水脚银三分五厘三毫,内采买四十四斤二两,此项新奉旨本色各款,令各属自行采办解部。五分折色桐油银一两七钱六分五厘,水脚银三分五厘三毫;此项于顺治十年六月内奉旨折色解部。工部营缮司折色綦麻银三十七两二钱六分,水脚银四钱四分八厘二毫;南药味银八分二厘,水脚银八毫二丝;俱仪真县征解。南茭苗茗箐银六钱二分五厘,水脚银六厘二毫五丝;奉文改折,系仪真县征解。南太仆寺短班医兽银一两八钱五分;南鲟鱼船网银四十一两六钱五分,南麻料银一十七两五钱五分,南鱼课银七钱四分,南河泊所鲥鱼船网银二十三两一钱七分五厘二丝。以上七款俱解布政司,留充南省兵饷支用。二款系仪真、五款系江都征解。协济江宁科场银五两六钱六分五厘六毫七丝六忽三微,俱征解布政司,文场支用。协济武场供应银九两一钱二分三厘三毫三忽,俱征解布政司,武场支用。税契抚饷银五千二百二两六钱,此项原解漕标兵饷,于顺治十一年四月奉部文改充解部。税契操改抚饷银一千一十九两五钱,俱征解漕标兵饷。税契部饷银五千两,奉文每税价本一两,征银三分,尽收尽解布政司,转解户部。税契马户工食银一百四十两,系仪真县编征。民壮军饷银八百三十三两四钱,征解漕标兵饷。商税军饷银三百一十九两四钱八分,征解漕标兵饷。带兴化解操饷银八十四两四钱二分二厘,系仪真带解。碾饷银二千一百八十三两,包索饷银六十两,系仪真征解漕标兵饷。余米军饷银二百两,此项系田亩派征,出自各州县漕粮耗米余剩内扣解,漕标兵饷。淮安府清河县麦折银四十两,系仪真征解清江户部分司。学院供应银八十五两七钱三分六厘四毫,户部协济昌平银七十七两,系宝应独解布政司,转解户部。奖赏伏秋扣解浅官改夫工食银三十四两一钱二分,系宝应县征解,河工支用。河工义官工食银六两四钱,系宝应县征解。本府赍进表文银十两,系通州征解。本县赍表、盘缠银十两。系仪真县征解。本州修理儒学银十两,系通州征收。儒学廪生二十名,每名粮银十二两,共银二百四十两,遇闰加银二十两。系仪真征收。教谕俸银十九两五钱二分,系仪真征收。训导俸银十九两五钱二分,系仪真征收。江宁誊录书工银十两,系仪真征收。进士、举人牌坊贺礼银二十五两,系仪真征收。武举旗匾银二两,系仪真征收。支应过往上司及使客下程、小饭中火银五百四十二两一钱二分,春宴、春花银十两,系江都征收。卞公祠祭品银五两四钱。系江都征收。丁祭每年二次,共银四十一两。系仪真征收。乡饮酒席银五两,系仪真征收。孤贫布花薪米银五十一两,系仪真征收。本县走差马户工食银七百二十两,系江都征收。祭祀设孤银九两。系仪真征收。接递门子八名,每名工食银三两六钱,共银二十八两八钱。系仪真征收。接递吹手四十名,每名工食银五两,共银一百两。系仪真征收。马户工食草料银八百两,系仪真征收。本县抄牌小甲工食银六两。系江都征收。本府看监水兵四十三名,共工食银二百五十八两,遇闰加银二十一两五钱。系江都征解。本府看所水兵二十名,共工食银一百二十两,遇闰加银十两。系江都征解。本府看库快手一十二名,共工食银七十二两。系江都征解。本县看监水兵十八名,共工食银一百八两,遇闰加银九两。系江都征收。本县火把夫六名,共工食银三十两九钱六分。系江都征收。听差灯夫八名,每名工食银三两六钱,共银二十八两八钱。系仪真征收。夫厂单夫银二千四十八两,系仪真征收。秋冬折谷银九十两。系泰兴征收。本县掩埋故犯土工四名,每名工食银五两。系江都征收。

盐院项下照经费分派新编:门子二名,共工食银二十四两;皂隶十二名,共工食银八十六两四钱。二项系江都行夫出办。

本府检校员下照经费新编:俸薪工食银八十一两九钱二分内,奉旨扣裁解部外,实存支给银七十三两五钱二分。系如皋县牙行出办。本县伞扇轿夫七名,每岁工食银四十二两。县承门子工食银三两,典史门子工食银三两,税课局书办工食银六两,税课局皂隶工食银十二两,旧江口巡司皂隶工食银十二两。以上六项,俱仪真杂项出办。各巡司弓兵工食银二百四十两。看守本府东察院门子一名,工食银六两;看守李公祠门子一名,工食银三两六钱。以上二款,系宝应县商税出办。宝应县本色钞九千九百九十七贯七十文,勋戚升科田地实数,府属共田三百田[1]顷八十二亩七分三厘九毫,又官地房二间。

附马政

明朝马政一统于南太仆寺。先是,种马未有定额。弘治中,以扬州据江以北,论地亩养马,视北直隶七府例。其制以一儿四骒为群,立群头。五群为一大群,立群长。在江北率田二顷,领儿马一匹;三顷,领骒马一匹。岁免其租入,每二岁责纳一驹,解太仆,俵散以备骑操。凡种马例死及孳生不及数,苦责之偿,而民间苦养马为甚。

自皇清酌定马政一隶于官,止量地亩,令各里输备用本折马价并草料银两。自是差使减折马需索之扰,里民释赔偿荡产之困,洵不刊之令典也。其马价、草料银数具前兵部项下款内。

---

1 "田",底本如此,当为衍文。

附草场

旧志：府属原额草场地共一千三百六十七顷七十六亩二分七厘五毫五丝一忽五微，成熟田地一千一百八十四顷五十六亩五分六厘一毫五丝一忽五微，该纳租银二千七百五十九两五钱九分八厘七毫二丝六忽五微，逐年开垦加增不等荒草地二百八十三顷一十九亩七分一厘四毫。查自万历癸卯迄今六十余年，草场渐次开垦，成熟者多，而荒芜者或亦少矣。

高邮州。草场一十八处，原额地一百二十六顷三十六亩七分二厘，成熟地四十六顷六十六亩四分八厘三[1]毫，该纳租银一百三十三两五钱五分六厘九毫八丝五忽，逐年开垦加增不等荒草地。

通州。草场四处，原额地六顷三十六亩三分，成熟地五顷六十三亩，该纳租银一十一两一钱三分七厘五毫九丝，荒草地。

泰州。草场七处，原额地七十八顷八十一亩二分五厘，成熟地四十八顷二十一亩三分五厘，内除报纳民粮一十顷五十六亩八分五厘，该纳租银九十四两一钱一分二厘五毫，逐年开垦加增不等荒草地。

江都县。草场七十处，原额地四百三十八顷二十四亩二分八厘八毫一丝二忽五微，成熟田地三百五十七顷九十二亩六分四厘八毫一丝二忽五微，该纳租银一千一百一十六两九钱五分一厘五毫九丝三忽五微，逐年开垦加增不等荒草地。

仪真县。草场二十七处，原额地四十六顷七十一亩八分九厘四毫二丝一忽五微，成熟地三十四顷九十五亩三分二厘八毫六丝一忽五微，该纳租银一百二两四钱一分八厘六毫五丝八忽四微，逐年开垦加增不等荒草地。

如皋县。草场三十一处，原额地一百七十二顷八十七亩七分六厘四毫，成熟地一百一[2]十六顷一十八亩四分六厘，该纳租银一百二十四两六钱三分八厘四毫五丝，逐年开垦加增不等荒草地。

宝应县。草场一十一处，原额地五十五顷六十九亩六分四厘，成熟地五顷一十六亩七分，该纳租银一十二两九钱一分七厘五毫，逐年开垦加增不等荒草地。

泰兴县。草场八十二处，原额地四百五十九顷九十七亩二厘七毫，成熟地四百三十二

1　"三"，《万历扬州府志》卷四《赋役志下》作"二"。
2　"一"，《万历扬州府志》卷四《赋役志下》作"六"。

顷二十一亩,该纳租银一千一百二十一两六钱六分八厘五毫,逐年开垦加增不等荒草地若干。

兴化县。草场九处,原额地一十一顷九十六亩二分,成熟地五顷三十六亩二分,该纳租银一十五两八钱七分三厘五毫,逐年开垦加增不等荒草地。

扬州卫。草场六十分,坐落清军营,原额成熟地四十二[1]顷一亩九分八厘二毫,该纳租银一百七两五钱四分九厘五毫五丝。

附户口

旧志载:

扬州府,前汉为广陵国,领县四,户三万六千七百七十三,丁口十四万七百二十二;后汉为广陵郡,十一城,户八万三千九百七十,丁口四十一万一百九十。

晋仍广陵郡,领县八,户八千八百,丁口缺。刘宋仍广陵郡,领县四,户七千四百四十四,丁口四万五千六百一十三。

隋为江都郡,领县十六,户十一万五千六百一十三,丁口缺。

唐开元时,扬州户六万一千四百一十七,丁口缺;天宝时,广陵郡领县七,户七万七千一百五,丁口四十六万七千八百五十;贞元时,领县七,户七万三千三百八十一,丁口四十六万九千五百九十四;元和时,扬州户八万七千六百四十七,丁口缺。

宋太平兴国时,扬州领县三,为江都、广陵、六合,正[2]户一万四千九百一十四,客户一万四千七百四十一,丁口并缺;元丰时,淮南路十八州六十九县,扬州领县三,为天长、江都、高邮,主户二万九千七十七,客户二万四千八百五十五,丁口并缺;嘉定时,淮南东路户十二万七千三百六十九,丁口四十万四千二百六十一;大观时,扬州领县二,为江都、天长,户三万一千二百二,丁口六万二千九百七十一;绍熙时,扬州领县二,为江都、泰兴,户三万五千九百五十一,丁口一十四万四百四十,在城户四千四[3]百二十六,丁口一万九千一百三十八;嘉泰时,州县共管户三万六千一百六十,丁口二十万一千八百四

1　"二",《万历扬州府志》卷四《赋役志下》作"三"。

2　"正",当作"主",下文就作"主",《万历扬州府志》卷四《赋役志下》亦作"主"。

3　"四",《万历扬州府志》卷四《赋役志下》作"二"。

十九，在城户三千六百三十七，丁口二万一百一十七；宝祐四年，州县共管户四万三千八百九十二，丁口一十三万五千七十二，在城户七千九百七十五，丁口三万五千九百六十七。

元户口无考。

至明洪武九年，扬州府领州县十一，六合隶焉，户一十一万四千七百八十二，丁口五十七万四千四百二[1]十九；成化八年，扬州府户十一[2]万四千七十七，丁口六十三万五千六百一十一；成化十三年，户九万四千三百六十二，丁口二十六万五千五十九；正德七年，户十二万四千九百五十六，丁口七十四万一千二百七十四；嘉靖四年，户一十一万二千九百一十四，丁口七十四万九千四百六十一；嘉靖十一年，户一十二万二千六百九十八，丁口六十五万四千四百三十四；嘉靖二十一年，户一十二万四千二百五十，丁口六十七万一千一十九。自后旧志不载户口，无所稽考。

迨我皇清，版图四海，臣妾万国，于顺治年有司钦奉旨审编户口。今查载在《赋役全书》者，计丁三十四万九千六百四十四，其分隶各属丁数，具载十州县刊定《赋役全书》内。

赞曰：版图登献民数，天王受而拜焉。邦本所在，襮而玩，何以有吾民也？成周勤保息之政，俗用熙皞。汉文几刑措之治，史称饶乐。长民者期吾土之生齿日繁，奈何不讲于室家之保聚乎？入其境而郑侠无图，鸿羽无歌，真厚幸矣！

附芦洲

洲田者，沙土委积日久，涨江中，为沙洲。江、仪、泰、兴去海远，洲长荄芦，其高阜或可田。其在通州、海门、如皋者近海，水咸卤，多积沙，故自泰兴而上以洲名，自如皋而下以沙名。当其未成田也即纳水影，可树植也即输芦课，既成熟也则上租赋。然操狭而利奢，故强有力者辄争焉。大则与勋戚称干比戈，小则两造之讼连而莫解，亘数百年。易种兹土者至长子孙，耕耨其壤者累资

---

1 "二"，《万历扬州府志》卷四《赋役志下》作"一"。
2 "十一"，《万历扬州府志》卷四《赋役志下》作"一十"。

千万,以为膏腴之沃,百世之利也。然利在而害随之,委沙所聚,附土不坚,江流冲啮,易成坍没,一旦阡陌已归于逝波,而租赋犹挂于成籍,往往有田之家至鬻产废著,不能免追呼者怡堂厝火,远虑者鉴之。近恐扬帆睥睨之族望而因粮长鲸吹浪之群据为窟穴,又举数十洲而尽襄之,仅书其名,以备参考云。

通州之洲十有六:曰芦泾沙,曰烟墩港,曰任港沙,曰破围沙,曰芦潭港,曰桃花港,曰牛路,曰韩家港,曰暂港,曰姚港,曰澈港,曰周家港,曰灰港,曰葛家港,曰潘灶港,曰刘家沙,又名青草沙。

江都之洲十有五:曰花园港,曰新兴洲,曰卞家洲,曰裕民洲,曰保固洲,曰永丰洲,曰后宁洲,曰复业洲,曰永兴洲,曰小新洲,曰顺洪洲,曰家家洲,曰鞋底洲,曰自升洲,曰复业砥柱洲。

仪真之洲有十:曰青山嘴,曰一戗港,曰朱辉港,曰旧江口,曰铁锭港,曰马家港,曰黄连港,曰新港,曰何家港,曰仪真卫东沟洲场。

如皋之洲十有四:曰北沙,曰南草滩,曰钱家圩,曰短脚圩,曰北草滩,曰南扒头,曰东北扒头,曰[1]三角沙,曰张家圩,曰杨家圩,曰薛家圩,曰吴家圩,曰骆驼沙。

泰兴之洲十有一:曰蒋家洲,曰新河口洲,曰新王洲,曰华光洲,曰烟墩洲,曰姜溪西洲,曰姜溪东洲,曰永生老洲,曰永上南宫[2]洲,曰永生三洲,曰永生四洲。

附关税

关之设,其来旧矣。关而征,非古也。然通王政逐末之抑,以佐国家经费万分之一,君子犹不重讥焉。

维扬之有关税,创自明朝宣德之四年,令南京至北京沿河郡县临清、济宁、徐州、淮安、扬州、上新河客商麇至麟集、舟檝衔尾设立钞关,差御史及户部主事各一员,照钞法例监收船料钞。于是,维扬钞关肇建于郡城东南隅漕河北岸,以治榷税,仅割灵慈宫之西壖为治署。正统四年,取回御史。景泰六

---

1 据《万历扬州府志》卷四《赋役志下》,知“曰”前脱“曰北扒头”四字。否则,仅十三洲,不足“十有四”之数。

2 “上”“宫”,《万历扬州府志》卷四《赋役志下》分别作“生”“官”。

年,取回主事,令府佐一员轮收。成化十三年,谓私贩自白塔河出其下,乃徙署茱萸湾。弘治改元,河塞,复故处。三年,通判杨玘初作浮桥,设以遵陆而撤以建川,得关遗法。六年,谓郡佐不能摄豪右,诏定南京户部岁差官一员,著为令。主事范庆、程云鹏易民居,稍增拓其署。嘉靖六年,主事郑淮视梁就毁,为修之,兼以石甃斗门,任小舟来往。复谓署通衢市,谋于督鹾御史雷公,以灵慈公[1]祠天女不经,毁之,遂尽其地而为今分司,翰林侍讲陈沂有碑记之。其榷法,一照《大明会典》弘治六年事例:河西务、苏州、九江、临清、淮安、扬州钞关,照彼中则例,每钞一贯,折银三厘,每钱十[2]文,折银一分。凡船自四尺九寸以下者俱蠲免不科,止以成丈成尺科算。嗣是商船日益辐辏,国家经费日滋浩烦,其榷令亦浸增浸侈。

至皇清鼎革,百度维新,惟关税因仍其旧。其榷员亦岁差户部主政一人,于顺治七、八年间添设满汉官各一员、笔帖式一员以佐之。寻又收回,止遣一员以专司税务。自康熙登极之二年,复以三员领其事,而钞税之岁解大内者数以三万计焉。嗟乎!立法之初,其额制未尝不简,而后世率更其令,亦其势之积渐然也。

旧志于关税一款书其尾曰:嘉靖旧《惟扬志》仅于公署内载户部分司馆而不载司事者,以司有专官且自有志也。今志赋役而并及钞关,何居?盖关既在扬,则榷务固郡内事也。盐法亦有运司,兼以直指临之,岂无专官?盐法亦自有志,而旧乘胡以载之?志赋役而逮榷务,榷亦赋也。虽然,均一榷耳。孔仅制牢盆而民病,崔公倕修之而商通,民不绖网。江南财赋,其榷也,岂异于曩昔?乃韩滉领之而窘,刘晏领之而度支饶。利害失得之故,可见于前事矣。留心榷务者,其毋得以《周礼》为解哉!

1　"公",当作"宫"。《万历扬州府志》卷四《赋役志下》作"宫"。

2　"十",《万历扬州府志》卷四《赋役志下》作"七"。

扬州府志卷之五

河渠志上

邗沟既导,挽运是资。重湖浩浩,一缕堤之。蚁穴不戒,亿万其鱼。经营沟洫,如何勿思?作《河渠志》。

河渠考

昔者禹抑洪水,平九州,任土作贡。扬州沿于江海,浮于淮泗,于时江、淮各自为渎,贡道未通,沿江入海而入淮以达于河。前古国用简赋,取足于王畿,无所事漕,虽江海险阻,不为害。春秋之际,吴王夫差将北伐齐,霸中国,于邗江筑城穿沟,其东北通射阳,西北至末口,江淮之通自兹始。或云北神堰亦夫差所筑。北神堰在楚州城北五里,吴于此筑堰者,盖淮水底低、沟水高,防其泄也。是后,吴王濞开邗沟,自扬州茱萸湾湾距府治十里,旧有镌字额,今废。通海陵仓及如皋蟠溪。濞以诸侯专煮海为利,凿河通道,运海盐而已。三国以后,道湮塞。《水经注》所载淮阴县有中渎水,谓之邗江,亦曰韩溟沟,自江东北通射阳,固已略焉弗详。隋既平陈,炀帝恣幸江都,乃命尚书左丞皇甫大发淮南诸州丁夫十余万开邗沟,自山阳至杨子江径三百余里。自是,始自杨子达六合,由山阳渎入淮矣。唐都关中,漕江南粟,每以岁二月至扬州斗门,四月始渡淮入江[1],置巡院发运使于杨子。于是,刺史齐浣以润州北距瓜步沙尾淤塞者六十里,舟多败徙,由京口埭治伊娄渠达杨子,即今瓜洲河。以岁无败舟,减运钱数

---

[1] "江",当作"汴"。《万历扬州府志》卷五《河渠志上》正作"汴"。

十万。

先是，汉陈登守广陵，治山阳，筑塘为田，号"陈公塘"。谢安镇广陵之步丘，即邵伯镇。亦筑埭溉田，民以比于邵伯甘棠，曰"邵伯埭"，又曰"谢埭"。其后，杜佑决雷陂，李袭誉筑句城塘。及元和中，李吉甫为淮南节度使，复大修陂塘，筑堰于高邮，泄有余，防不足，以通利漕挽，旁灌田千余顷，今所谓平津堰者是。

宋都汴梁，岁漕东南粟六百万斛，于是江淮漕最重。太宗时，发运使乔惟岳于建安军创斗门二，筑三堰，设悬门积水，潮平乃泄之，以便漕。天禧中，发运使贾宗言诸路岁漕，自真、扬入淮、汴，历堰者五，粮载烦于盘剥，船舰速坏，请开扬州古河缭城，南接运渠，毁龙舟、新兴、茱萸三堰，凿近堰漕路以均水势，岁可省官费数十万，诏从之。明年，役成，水注新河出三堰平，漕大便利。其后，漕规寝弛，河浅涸日甚。宣和中，诏发运使以车亩水运舟，寻遣中使按视，欲后[1]运河与江淮概平，或议于盱眙凿渠出宣化镇口，下发运使陈亨伯议，亨伯遣其属向子諲视之。子諲曰："运河高江淮数丈，自江至淮数百里，人力难浚。昔李吉甫废闸置堰，曾孝蕴严三日一启之制，复作归水澳河，惜水如金。比年行直达之法，走茶盐之利，且应奉权幸，朝夕经由，或启或闭，不暇归水。又顷毁朝宗闸，自洪泽至邵伯数百里，不为之节，故山阳上下不通。欲救其弊，宜于真州太子港筑坝一，以复怀子河故道；于瓜洲河口作坝一，以复龙舟堰；于海陵河口作坝一，以复茱萸待贤堰。使诸塘水不为瓜洲、真、泰三河所分，于北神相近于坝，权闭满浦闸，复朝宗闸，则上下无壅矣。"亨伯用其言，于是运舟复通利。

绍兴初，以北兵入内地，诏毁真、扬闸堰及真州陈公塘，无令走运河以资敌用。于是，扬州湾头闸及通、泰、白蒲诸堰并决毁，顾势不能遏敌骑，徒废堰以漫浸民田，于御敌之策失矣。绍熙中，淮东提举陈损之始言："楚州、高邮之间，陂湖渺漫，茭葑弥满，宜创定堤堰，以为潴泄。"乃筑堰，自江都经高邮、楚州、宝应，北至淮阴达于淮，凿新河，自高邮入兴化，东至盐城极于海。又于扬州墟镇创斗门引水，由泰州海陵南至泰兴彻于江，所经画甚具，溉泽卤田以

1　"后"，《万历扬州府志》卷五《河渠志上》作"浚"。

百万顷,议入江入海水道,当以此为据。两淮之民赖焉。

自春秋邗沟之役迄宋千有余年,河或通或塞,诸堤堰或时废置不常,大较广陵地高皁,西自盱、泗、寿春诸汊涧泉潦之水,越十四塘注于高、宝之三十六湖,东北趋射阳、盐城入海,东南入江,水顺流径直易泄。宋胡宿所谓江習下而河踞高,若堤防一决,涸可立待,为运道梗,故以塘潴水,以坝止水,以澳归水,以堰平水,以涵泄水,以闸时其纵闭,使水深广可容舟,有余则用浸灌,以无阂运道而止矣。且于时黄河未徙,而南宋咸平、熙宁中一决郓州,入淮泗,再大决澶州,合南清河入于淮,俱遣使者捍筑而塞淮水,自楚州以北倚高家堰为屏,淮独趋云梯关下海,不阑入于诸湖,故淮南河虽时泛溢,不为灾。

元置海运使,东南漕俱仰海运,淮扬河道复湮废。明太祖定鼎金陵,引江带湖,运艘尾衔,鳞次进,江以北不事漕。洪武九年,用宝应老人柏丛贵言,发淮扬丁夫五万,令有司督甃高、宝湖堤六十余里,以捍风浪。丛贵又言:"宝应自槐楼抵界首,沿湖堤屡修屡圮,民苦役无已时,开宝应直渠便。"从之。由是就湖外直南北穿渠四十里,筑长堤一,长与渠等,引水于内行舟,休民力,免沉溺,大便也。成祖都北平,仰东南漕粟为最急,罢海运,复元会通河故道,南与淮会。于是,运河跨江、绝淮、经河、越济,兼四渎之水为漕用,而邗沟为其员宫,视唐、宋时益重矣。

会通河成,命平江伯陈瑄理漕河事。瑄既疏清江浦,遂浚瓜、仪二坝,祛潮港之湮,筑高、宝、范光、白马诸湖长堤,于高邮湖内凿渠四十里,构梁以便纤道,开扬州白塔河以通大江,置江口四闸,江南漕舟由常州西北孟渎河渡江,自运盐河至湾头入漕,以省瓜州盘坝之费。又仿宋平水法,于运河东岸为减水闸洞以限,则水势七尺以下,畜以济漕水,长则减入诸湖,会于射阳湖以入海,东、西之田皆利焉。初治邗沟,时有欲由滁州六合凿河通运,瑄以六合多石阻,涸辄损舟,涨则尤险,乃决复唐、宋故河,自淮南抵北通州数千里漕渠,皆瑄所经,综至详悉。

自是以后,黄入淮沙泥垫淤,势渐高于里,河、淮入海滋不利。时破高家堰而南,又挟黄入新庄闸,黄水内灌,而扬州陈公、句城诸塘久寝废,附塘民盗决防莳田,诸水悉奔注高、宝、邵伯三湖,浟瀁三百余里,粘天无畔,伏秋水发,西风驾浪,砰訇若雷鼓,舟触堤辄碎。或决堤而迤东之田没焉,冲城漂舍,为害已剧。弘治中,黄大决原武,弥漫四出,命户部侍郎白昂往治之,塞诸决口,分黄河使南入淮,患稍宁。乃奏以会通河余赀开复河于高邮堤之东,自州北之杭家嘴至张家沟、长竟湖两岸,拥土为堤,引舟内行,以避氅社诸湖之险。功成,赐名曰"康济河"。即平江伯所凿故河也。

是时,洪武中柏丛贵所议开宝应越河亦湮废日久。正德间,提河郎中杨昶言:"宝应湖极险,当仿高邮弘济河例,筑越河。"嘉靖中,御史闻人诠、员外范韶、按察使仲本屡以为言事,因循不果行。而五塘或修或废,卒无长策,为文具已耳。

嘉靖末,塘益废,民请输租为田。然湖积水愈多,引而入江不虞涸,故运道亦通。隆庆四年,黄河决崔镇,淮大溃高家堰,水泽洞东注,溢山阳、高、宝、兴、盐诸州县,漂室庐、人民无数,淮扬垫焉。淮既东,黄亦蹑其后,决黄浦八浅,沙随水入射阳湖中,胶泥填阏,入海路大阻,久乃漫盐城之石磋口及姜家堰,破范公堤而出,入于海。自邵伯湖南奔瓜、仪入江,又旁夺芒稻、白塔河以去。夏秋之交,诸郡县实土楗城门,城不没者数尺,盖灾甚矣。

万历六年,遣督河都御史潘季驯行相视,乃申平江伯故画筑堤,起武家墩,经大、小涧,至阜宁湖,以捍淮东侵。筑堤清江浦,沿柳浦湾迤东,以制河南溢。自淮至徐筑遥缕堤,亘六百里,以束水归漕,河暂安。唯宝应越河议尚寝。十年,湖益汹涌,溺舟,给事陈大科上疏,极言利害,议始决。十二年,筑新堤一道,西仍旧堤,南北建二石闸。工成,赐名"弘济堤"。于是,运艘入高、宝,经两越河,不复苦漂损。盖建言者之为利也。

后黄势强夺淮入海,清口阻淮水,漫泗州城,浸祖陵树木,为遣罢督河大臣。议者汹汹,欲撤高堰,淮扬民大震恐,曰:"往溃堰事可鉴,今以二十年积潴之水,令建瓴而下,朝廷即以泗为重,顾可使运道决裂,且忍二郡亿万生灵尽为鱼鳖耶?"于是,再遣科臣勘议,始奏言分黄导淮事矣。分黄者,自黄家嘴导河分为一支,趋五港灌口径入海,以杀黄势,毋尽入淮;导淮则自清口辟积沙数十里,又于堰旁若周家桥、武家墩稍引淮支流入于湖,为预后入江、入海路,以分泄之。而若山阳之泾河、宝应之子婴沟皆可达庙湾;在盐城则开石磋口,兴化以东开丁溪河为入海路,凿江都淳家湾,横绝运盐河,入芒稻河,径达江。其射阳湖淤已久，后[1]罔功，则就欧阳东凤所开神台河为深广之画，逾年始定。二十三年，括帑金五十万，役山东、河南、江北丁夫二十万计，诸役大举。明秋，工成。淮果大出清河口，泗患宁焉。

时河、漕臣各分主一议，_{总河主分黄，总漕主导淮。}然淮实以黄力分，及辟淤沙而出，不以周家桥通塞为增减。异时，潘中丞季驯所力持，毋轻议高堰，意深远矣。邵伯湖旧无越河，其险如高、宝湖，堤数败。至二十八年，总河尚书刘东星申前画。明年，越河始成。

自唐、宋通运以来，治河策屡更，治水议亦不可殚记，其大者如固高堰、复诸塘、疏海口、捞浅积、修石堤。

少师李春芳尝主固堤、复塘之议，其序高堰定议曰：“甚哉！前人之制不可轻变。高堰创自汉陈元龙，唐、宋以来莫之有改。所恃以障淮、泗而捍漕渠者，关系尤重。近则黄河南徙，协淮内灌，无论冲决湖堤，淹没下邑，其势必至慓悍难制，漕挽艰阻，所忧不独在民，则变法之过也。高堰筑矣，十四塘不复，犹之无堰。盖西来诸水，由天长、六合而下，有诸塘以蓄之，旱则泻入漕渠以济运，潦则南注之江，一经隳坏，西水径迫三湖，涨湖溃堤，为运道忧，乌可不复？是堤、堰、塘、闸皆相成，以为运河之利。旧法具在，行之在人，维扬之忧，其少释矣乎？”

海口议，则兴化令欧阳东凤建言：“射阳湖葑泥淤塞，捞浚为难，于射阳之傍二十余里开神台河迤北，由葫芦港迤西出朦胧喻口，直走庙湾，为入海要道。”给事祝世禄又疏言：“兴化起大宗湖，由旧官河，历冈门镇，至石砣五十余里，宜展数十丈，浚深丈余，则釜底尽倾而附砣者不苦浅渴，可以常俾通流，滔滔赴海，诸郡县之昏垫庶有起乎？”事勘议，未报。

捞浅积，则高邮人王儆之议，以为国初平江伯理漕运时，置平水闸，以三尺五寸为制，仍置浅船、浅夫，以时捞浅，俾无壅塞。夫何法久寖敝，闸制亦不如前，而浅夫有名无实矣。夫以客土培岸，岸日益高，河日益壅，将以为漕之利，而不知为漕之害也。盖河底高则塘岸转或不固，蓄水盛则输泄时或不及，一值久阴，水势腾涌，上河先没，下河继之，遂使膏腴沃壤尽为鱼蟹之区，漕舟

---

1 “后”，《万历扬州府志》卷五《河渠志上》作“浚”。

阻险亦增损坏。宜仿先年规格，添修平水闸座，酌为定制，恒存六尺之水，水但过格，自然下流，渐长渐泄，永无淹没。责令浅夫专务捞浚，舣棹揽泥，令帮岸益厚，不许加高，河底日益浚深，纵遇亢旱，亦不虞塞。俟运舟行尽，乃放闸洞之水，灌下河之田，利之大者也。

郭参政光复守杨时，为砌石堤议曰："扬属河道延袤二百余里，诸湖所汇，巨浪排空，所恃者一缕之土堤耳。往年溃决之患，可为寒心。已议包砌砖石，以河工多事，灾诊相仍，所包砌无几。其余止用桩板芦笆，易于朽烂，日遭冲刷，鲜不崩裂。是岁修之，功无宁日，而溃决之患无已时也。与其岁岁修守，工力不赀，孰若一劳永逸以保万全。除已完石工，其余应议险要约万七百余丈，宜行治河官核实，尽行甃砌。计岁过运舟七千余艘，议令减装土，宜量带砖石，其砖议于近河适中处所烧造，应用价值即于轻赍处给。计岁可带砖百十万，不数年而工可通完，长河屹然，成金汤之固，此百世利也。"

如数君子言，皆良画。或格不行，或行而未尽，然其议皆于河渠有裨，虽隔代久远，不得置为故纸，谨备存之，以待后之主河政者。

至我皇清二十年来，允由翕河，冯夷受职，即偶以伏秋水溢，旋抵安澜，运道三百余里，高、宝至淮未闻壅阏，亦怀柔百神及河乔岳之左券也。

赞曰：九河既疏，南条、北条引注江海。刘子过河、洛而叹禹功，未尝不祝其万世无狂澜也。乃河身善徙，辄为人国重忧，岂但宣房瓠子绝远牛女之墟者哉？前贤有言：天下所隐忧而不可测，莫大于河尽徙而南。倘蚀归仁堤，乱淮、泗而下，汤汤怀山襄陵，将见于他日。嗟呼，余又曷敢深言之！

附五塘议

按：五塘蓄水之说，历观前代兴革，复之为利，必矣。然亦有言，其不当复者，附载之：

潘中丞治水，请者曰："五塘蓄水济运，先年设有堤闸，今皆圮矣，可不复举乎？"应曰："某初至时，亦尝锐意求复，反复行勘，查得小新塘与上、下雷塘相接，西去扬州郡城十余里，水由淮子河入漕；句城塘西去扬郡城三十里，水径奔仪真，由响水闸出江，四塘皆隶江都县，唐长史李袭誉所筑也；陈公塘隶仪真，其水亦奔向水闸出江，汉广陵太守陈登所筑。句城、陈公二塘地形高阜，水俱无源,惟借雨积。小新、上、下雷三塘,受观音阁后及上方寺后,并本地高田所下之水,而局面窄小,蓄水无多,故汉、唐二臣筑塘积水以为溉田之计,非[1]以资运也。若虑漕渠水涸,借此水济之,则不宜筑塘以障其流。纵有闸座,宣泄无几。且冬春运河水浅,彼先涸矣。若虑湖水涨漫,借此塘障之,则诸水皆从仪、扬径奔出江,与诸湖了不干涉也。”

又《江都志》所载张令宁《五塘议》曰:“五塘之议,荐绅士民每重之。然议复矣,旋且议罢;议罢矣,旋且议复,迄今无成说焉。有议复者,谓塘之复有五利焉:一曰溉田,盖扬之田西北土高而脉瘠,稍亢阳则禾易焦,筑塘蓄水,则旱魃不灾,利一;一曰济运,扬当南北咽喉,江南数千粮艘北涉扬子津,其地水浅而舟涩,复塘蓄水,或遇浅涩,则决以灌漕河,飞挽而北,利二;一曰形势,盖五塘蜿蜒冈阜,其高可以眺远,其瓯窭又可以伏奇,昔赵葵之破李全、高骈之御黄巢,皆此地也,塘复设,有不虞,必不敢西向而窥我右臂,利三;一曰疏漕,盖淮水由漕南下至淮子河口,与五塘之水遇,若水南来,塘水东合,塘之水大,横遏为敌,则淮不得遂其就下之性,其势不得不壅激而逆走邵、宝诸湖,湖堤涨决,在所不免,惟塘复水蓄,则淮顺流而下,湖腹常枵而堤不复决矣,利四;一曰风气,盖五塘依回于蜀冈之麓,营卫相附,脉络相连,塘复则风气有所钟而不外泄,葆灵毓秀,必有豪隽挺生其间,利五。有此五利,故曰复之便。其议不复者谓:五利之言,似皆耳食尔。且以句城一塘,膏腴九千六百亩,四围皆山,起高可二里许,止东南一蹊可通乌塔沟入官河,且中又无宿水可蓄,不过候时雨暴集耳。夫雨多则田已先润,何借于塘?雨缺,则塘亦焦釜,民田何赖焉?即如说者有可蓄,不过灌乌塔沟两岸耳,其余固不能以长绠汲而上也。以沟岸之田灌溉无几,而先没九千六百之膏沃,孰为胜算乎?上雷、下雷,大抵若此。惟小新一塘,差可蓄水。盖此塘仅二百亩,身处其高,有婆逻墩之水汩汩不绝,穿中而过,倘设一减水闸,少蓄多泄,可以灌数千亩,余故不敢概论也。其曰济运,则又为不睹时务。盖昔之时患在水少,今之时患在水多,即二十四年一岁中开泾河,开子婴,开金湾,唯虑泄水之不速,而又何假于塘耶?即昔者诸大夫建议甚悉,然后先不同时,故不得以胶柱也。况济运之说,

---

1　“非”,原本作“水”,据《万历扬州府志》卷五《河渠志上》改。

以臆度之，竟不可晓。盖漕艘之渡始于正月，终于三月，五塘即有宿水，一决即溃，溃则竭，安能潺潺三月耶？其曰形势，尤不可知。夫山川设险，有国之利，孰不赖之？但扬南襟长江，北枕三湖。兹二险，讵直扬为称首？即海内号要害焉？彼崛强之敌，且哆口投鞭，矧兹弹丸泥淖乎？如必借口黄巢、李全之事，奚啻守株矣。至疏漕之说，益为无稽。夫淮子河去邵伯四十里而遥，安能遽壅之而北使其溃堤败岸耶？且淮为四渎之一，使塘水果能与敌，是为巨浸，又安能筑堤断流使横遏而不得出耶？为此说者，抑且自相矛盾。况淳湾之决，非塘复之年乎？风气之论，斯形家言，余所未习，不敢缓颊。但此塘国租二百金，昔之日曾榷民佃价二千，租不可已，则必撒派于不塘之民。佃不能偿，则又负弃业之家。一意图复，计必经岁。且非千金不能供闸费，俱所谓不便也。夫夺民之田而弃之，又竭民之力而为之。捐已成之业，为必不可常之功，故云不复便。两说俱在，姑并存之，以俟有识者。”

按：二议非不甚辨，但复塘五利之说，亦必不可易。至区区先年佃价及岁租二百金，抑末矣。今天下不经诸费，何限五塘？岁入如大海涓滴，所济宁几？但非常之事，得人而任，岂止五塘？自叶城以下迤西诸塘，皆当修治，必毋吝小费，毋虞掣肘，毋限岁月，严立规制，决臻成效。如苟且塞责，旋作旋废而已，不如因循旧贯，无轻劳乎人。

扬州府志卷之六

河渠志下

府治　江都

河

城内市河。城南北各设水门，引河贯其中，通舟，久之淤塞。万历十九年，知府吴秀疏导。本朝定鼎后，淤甚，断流者或二十年。现任太守雷公应元力主开浚，舟楫始通，米薪往来甚便，百姓赖之。

运河。在城东南，邗沟也。《漕运志》作"漕河"，《壹统志》作"官河"，又名"运河"。西南自仪真江际东行四十里，至石人头入江都界，又十五里至杨子桥，南自江都县瓜洲镇北行三十里，亦至杨子桥，二河始合，东折北行六十里，入邵伯湖，又北行六十里入高邮界，又北行四十里至界首，入宝应湖，又北行至黄浦，接淮之山阳界，由清江浦入于淮。

沙河。城东十里。宋雍熙初，淮南转运使乔惟岳开沙河四十里，以蓄泄水利，自运河通杨子江。今废，旧基犹存。

七里港河。城东北十里。唐长庆间，节度使王播开，长十九里，以便漕运。

淮子河。东北十二里。《方舆胜览》亦云仪真有怀子河，但不考其处。按：疆域图盖界乎句城、陈公二塘间，会东漖之水以入运河者也。

槐家河。东北十五里。自陈公塘接雷塘引水，至湾头入运河。

运盐河。东北二十里。汉吴王濞开邗沟，自扬州茱萸湾通海陵仓及如皋蟠溪，此即运盐河之始。诸堤坝具通泰志河，自湾头起东行七十里，至斗门，入泰州界。又东行一百六十里，至海安，入如皋界。又东南行一百一十里，至白蒲，入通州界。又东行七十里，至新塞，入海门界。又东行八十里，达吕四场。其支派通各盐场，皆为运盐河。

白塔河。东北六十里。宣德间,平江伯陈瑄所穿。南入杨子江,北际官河,建新开、大桥、潘家、江口四闸,以蓄泄水,漕后废。嘉靖三十年,郡守吴公桂芳开浚故道,置巡检司,属两淮运使,以防兴贩。

新河。在城南二里。万历二十五年,巡盐御史杨光训题请发赀七千缗,檄扬州知府郭光复开浚。自南门二里桥入,西向折而南,又折而东,周回共六七里,从姚家沟入旧官河。

宝带河。在南门外文峰寺北。万历二十年,知府郭光复浚。三十三年,知府朱锦续成,以挽河之直流也。

伊娄河。南十五里。唐开元间,润州刺史齐澣疏请穿伊娄河通运。

山洋河。南六十里。河濒宜陵镇,南通大江。万历二十四年,知县张宁始坝塞之,下为窦,岁旱,资之灌溉。

炮山河。城西一里。

龙河。城西二里。

柴河。城北三里。东通运河,西接市河。

邵伯新河。北三十五里。邵伯南五里许,曰金家湾,下通江。先河臣奏准,发淮扬帑金三万有奇,募工挑浚。自金湾至运盐河十四里,入芒稻河。又十八里,入江。由山阳南淮水入江之道,莫捷于此。

邵伯越河。万历二十八年,总河刘东星檄中河郎中顾云凤,于运河东筑越堤,引河行舟,以避湖险。是年,工成。

堤

运河堤。又名漕河堤,北径高邮、宝应,西径仪真,南径瓜洲,纡回二百余里。

闸硪坝

减水闸。凡十一处,俱在城北。

朝宗闸。二在湾头镇。今废。

新开闸。在宜陵镇白塔河口。

大同闸。城东。

留潮闸。在瓜洲镇,后改瓜口闸。

通江闸。亦在瓜洲镇。自唐以来,引漕入汴。闸废,一巨石存。

邵伯上下闸。在本镇。今废。

杨子桥新闸。旧为坝,万历二十五年,易以闸,伏秋启闸泄水,春、冬闭以济运。其水十里,南入大江。

减水砝。在瓜洲镇。今废。

杨子桥古坝。

黄金坝。在城东北。今废。

邵伯小坝。在城北四十里。

又邵伯坝。在本镇下闸西岸。

瓜洲十坝。俱在本镇。漕河高江水数尺,各坝为河限,使不泄于江。漕河至此,分为三支,如"瓜"字形,中一支阻堤隔江;东一支通江,名曰东港;西一支通江,名曰西港。内中一支入东西二港筑坝,随南北为坝。东西二港以通江潮之来往,各坝以限漕河之水。洪武三年,设东港八坝、西坝、七坝。永乐九年,平治东港八坝,为楠木厂。正统二年,修复八坝、九坝。十四年,巡抚都御史周忱为重筑,修复十坝。成化六年,工部主事吴英移置十坝于坝东一里许。

涵洞浅

新庙浅,浪荡浅。以上各置涵洞一座。

头潭浅,宋家浅,柳青湖浅,东西湾浅。以上各置涵洞二座。

花家园浅,李家庄浅,姚家潭浅,吉祥庄浅,江家庄浅。南北共十一浅,每浅各置老人浅长各一名,夫役四十名。岁椿木四百株,草四万余束。凡有挑浚,专责前项浅老人役为之。万历二十三年,奉工部裁革,共用浅夫二百一十四名。浅夫之设,昔以挑浚,今以修堤,盖时势变迁,水有浩缩也。

湖

邵伯湖。北四十五里。每春夏,湖水涨没民田,晋太傅谢安出镇广陵,筑堤,民以比召伯甘棠,因名湖与埭焉。

黄子湖。北六十里。东通官河,西至末口。

赤岸湖。在湖际。

新城湖。西北四十五里。东通官河,西抵民田。

艾陵湖。东北四十五里，在邵伯镇东。西接官河，齐[1]高帝建武五年立裘塘屯，即此。民以灌田。

大石湖。东四十五里。

白茆湖。东北四十五里，在邵伯西。旧建斗门桥，官河水涸，则引湖水济漕。

菿塞湖。东北五十里。

朱家湖。东北五十里。

渌洋湖。东北六十五里。

瓮子湖。东北六十五里。

塘

雷塘。城西北十五里。上塘注水，长、广共六里余；下塘注水，长、广共七里。今皆佃为田。

小新塘。在上雷塘东北，长、广共二里余。今佃为田。

句城塘。城西三十五里。水由乌塔沟东流入漕，长、广共十八里。今佃为田。

鸳鸯塘。北四十里。

横塘。东四十里。

柳塘。

鸭塘。

港

第二港。城东南二十里，在永贞沙。

第四港。东南三十里。

第八港。东三十五里。

华家洋港。东南十五里。

倒流港。东南四十五里。

双港。西南一十五里。

蚬子港。东四十五里。

深港。南一十五里。

1　"齐"，原本误作"济"，据《万历扬州府志》卷六《河渠志下》改。

马泊港。南接深港,北接三里沟。洪武二十六年,工部遣官刘子玉浚。

十里港。王播镇扬州日浚,以便漕引。

进水深港。东北四十七里。与上十港俱通杨子江。

菱港。

沟

古邗沟。详见前。

官沟。城南三十里。

张网[1]沟。东三十里。

蔷薇沟。东六十里。

山阳沟。东北三十里。

张家沟。东北四十五里。

七里沟。南三里。

炀帝沟。西北十五里。

仙人沟。

津湾

杨子津。城南一十五里。即杨子桥,一名杨子渡,旧杨子县治也。

文津。府治东状元坊。

东津。在大东门外。

茱萸湾。今名湾头。汉吴王濞开通海陵仓。又隋仁寿四年,开以通漕。

金家湾。即邵伯东西湾。湾北,顺治十五年管河通判王抚民展筑石堤数十丈,邵伯士民为立碑纪之。

杨子湾。

池井

九曲池。见《古迹》。

---

1 "网",疑作"纲"。

磨剑池,莲花池。俱在南门外。

董井,蜀井,玉勾井。俱见《古迹》。

博施井。城东北大街中。

胭脂井。在城东。张指挥宅上有四阑,泓深不可测。

双井。西门外。

惠民井。邵伯镇。

甘泉。在甘泉山上。

按:江都地多陵阜,故名广陵。苦水害者,惟邵伯滨湖为甚。自迩凿金家湾,开越河,输泄既易,堤坊亦固,而伏秋可无虑矣。明太守郭公光复力复小新、上下雷三塘,建闸,费千余金。未几,奸民复盗决防,种莳其中。细民难与虑始,然亦伺上意所向,倘成画已定,申令惟严,设塘夫、塘长如旧制,或令附塘田高亢者佃灌溉,即令防守,安在其不可复乎哉?

仪真

河

运河。即官河,自县治西南迤东行四十里,过乌塔沟,入江都界。有南北两汊,一通灵潮堰,一通杨子江。

大横河。在鉴远亭沙洲上。绍兴初,郡守昌时始开浚,以便江船舣泊者。按图又有小横河者,距大横稍东,盖与之对。今湮,水皆入江。

狮子河。在灵潮堰东南,故运河也,后湮。堰南为龙舌滩,其西北为西洲。

十字河。状如“十”字,其水四达。今为上、下口出江。

汊河。旧志:在县东一十里。其水出山涧,通官河。

里河。即今东关内,西抵莲花堰者。

外河。水自里河口闸下通济诸闸,会大横河,入于江。

月河。在县东,水通官河。今塞。

堰河。旧传在宋翼城外,与莲花池通。今文山祠前,河水阔处,北有归水河,一名澳河。

靖安河。旧在七都,即沙河。江涛之险,惟乐官山李家港与黄天荡为最。宋宣和六年,发运使卢宗原请开此河,舟人遂免覆溺之患。

新河。相接有二：一下新河，由黄沙潭入，卢宗原开；一上新河，自董家渡入，郡守吴洪开。

葫芦套河。在潮闸西。其水潮至则盈，潮落则减。

钥匙河。分二派：一派西北行六七里，至胥浦，直接铜山源；一派折而南行里余，为上口，入于江。

怀子河。《方舆胜览》云：真州有怀子河，即今戴子港以北阔处。宋向子䛒[1]欲于戴子港作一坝，以复怀子河故道者，此也。河西为卢家堰，前为安抚司坝。

伊娄河。见《江都》。

城内市河。城内江水由南水关入，河水由东水关入，二水会合，流灌沟港，舟航络绎。嗣是清江诸闸废，内河淤淀日高。万历元年，知县唐邦佐循河故址，大加开浚，环绕县学。但客土不坚，后渐坍卸，仅容小舠入。今为民居所侵，渐迫狭矣。

新坝河。在县东十里新城，景泰五年工。

塘

北山塘，茆家山塘。二塘俱北城濠外一里许。左为宋方运判所筑，右为袁知郡所筑，长亘北山下，东西分引水港入濠，潜为水柜，以遏截敌人，州城亦保而免焚掠。两塘旧有石坝潴水，可溉田五百顷。今俱堙废。

陈公塘。塘在县北东三十里。汉广陵太守陈登凿以资溉，周纡九十余里，散为三十六汊。考其塘，西北依山，东南面水，汉魏间已设堤障，唐宋转运时尝修筑八百九十余丈，置斗门、石砝各一。塘溢，则引之济运。宋开禧丙寅，北敌将犯仪真，总辖唐璟决塘，水被真之东北境，莽为巨浸。敌寇登焦家山望之，知不可越，遂退，真民赖免焚荡。嘉定间，运判方信孺为璟建祠塘侧。前明嘉靖间，漕臣建白请修复陂障，广潴蓄，备漕河。然塘久为军民占佃万余亩，前代石砝悉为民家砧础砌甃之具。凡诸建白，悉罢议矣。按：《唐书》号"敬爱陂"，县志谓百姓受此塘之利，爱而敬之，因名。

句城塘。县东北四十里，半属江都。阔三百四十丈，南北长一千一百六十丈。其水南流至乌塔沟，南入于漕河。凡五都河北亩浍之水，皆会焉。

刘塘。在县西北五十里，方山之西，灵岩山之东。旧志谓本刘氏胭脂庄，初塞横塘堰，新安以东诸水遂陷为塘。今俱军民佃垦，界六合、仪真二县。

---

1 "䛒"，原本误作"湮"。

沟

乌塔沟。见句城塘下。

带子沟。在县北东二十五里。有石砝一。

蒋家沟。即五里铺减水小闸。

利善沟。县东南十里。旧通运河,有桥。今废。

张家沟。县东二十里。有水砝,官河侧,置浅铺于上。

东沟。县西南四十里。其源自刘塘而入江。

港

戴子港。县东二十里。旧传陈登尝役五龙开港,为陈公塘,之下流有二湾,一曰望儿,一曰相见。凡五都、六都河北[1]亩洺之水皆会焉,南入于河。

麻线港。在县东三十五里,运河南境。

何家港。县东南二十里,接运河南境。其下口一名瑶港。

黄连港。县东南二十五里。有桥,道通新城。

铁钉港。县东南二十里。即宋珠金沙边地。

一戗港。县西南二十五里。与青山港并为神山。青山诸水所经,南入于江。

朱辉港。先是,漕舟鳞次江外,风涛漂损。万历八年间,当事疏[2]请开浚。

闸

罗泗闸,通济闸,东关闸,拦潮闸。以上四闸先是洪武十六年兵部尚书单安仁请因宋张颁石闸故址重建清江闸一,□惠腰闸一,南门潮闸一,以分济漕挽,后废。成化十年,提河郎中郭昇建议置仪真外河罗泗、通济、响水、东关四闸,一时称便,后复废。弘治中,撤去响水闸,仍复三闸,舟颇通利。成化十四年,漕运都御史张敷华建创拦潮闸。十八年,漕运都御史张缙、工部员外郎何垕重建通济、东关二闸。正德年,主事杨廷用重修,凡四闸。万历二十八年,知县苏守一甃砌拦潮闸迤东至罗泗闸石堤六十余丈,以便挽运。

1　"北",原本误作"凡",据《万历扬州府志》卷六《河渠志下》改。

2　"事疏",原本误作"事事",据《万历扬州府志》卷六《河渠志下》改。

堰坝

莲花堰。今城南塘子水通运河。宋绍兴年,郡守赵尚之以池水至堰而止,故以名堰。旧有腰闸、潮闸,俱南渡后撤废。今但有东关闸。

灵潮堰。在南城外官河西,与新河接。大中祥符间,铸金像成,将迎之京,舟至此,潮涸忽溢,遂名灵潮。即今清江闸前古漕河也。

五坝。县南门一里曰一坝,稍南曰二坝,又南曰三坝,迤东一里曰四坝、五坝,各疏支渠数十步,与外闸河相表里。

津渡

扬子津。在县东。李白诗"挥策扬子津",又曰"汉水东连扬子津"是也。

东津。在县东南旧江口。

滁河口渡,新港口渡,潮闸渡,姜家嘴渡,关庙前渡,三坛庙渡。俱在县南。

薛公渡。在县北。

新城渡,瓦庙渡,朴树湾渡,石人头渡。俱在县东。

花园渡。在县西。

瓜步渡。在县西六十里。

五马渡。在县西二十里。旧志:晋五马南渡于此。

黄泥滩渡。在县西南。

建安渡。在县西南。旧志:宋太祖斩南塘叛臣杜 [1] 著于此。

沙洲

猪钓沙。在三都,与铁钉港相联。

珠金沙。在珠金里。元将张弘范以兵船掠珠金沙,及宋将冯都统与阿木战处。文天祥诗"我作珠金沙上游"即此。

长风沙,在县 [2] 都。按《欧阳文忠集·钱镠传》载,周世宗征淮南,诏钱俶攻取李璟。俶治国中兵以待璟,闻周师将大举,乃遣使安抚境上,皆戒严。周师渡江,俶乃益兵,使郜可迁以舟兵出瓜步迎銮镇长风沙,与周师会。"

---

1 "杜",原本误作"杖",据《宋史》卷四七八《世家一》改。
2 "县",《万历扬州府志》卷六《河渠志下》作"二"。

白沙洲。城外，滨江，地多白沙，故名。按《南史》，南齐于白沙置一军，即此。

新洲。在县东南五里江中。旧志云，按《南史》及《建康实录》所载，宋武帝微时，伐荻于此。

天宁洲。在县南十里江中。

井泉

瓜步井。在瓜步山。

慧日泉。在天宁禅寺。

儒林寺。在儒学内，一曰文井。

炼丹井。在县西，古仪真观。

宰相井。在北山永庆寺。

宣慰井。在甘露乡。

开明井。在澄清桥。

琉璃井。在宁江门。

骑鲸井。一曰四眼井，在法云寺。

按：仪真水利无大于诸塘，运道莫要于诸闸。四闸之制，前人创建备矣。江潮侵刷，日渐倾徙，及时而缮缉之，存乎其人。陈公塘久废为田，膏壤万亩，议者或云殆不可复。果尔，则恭爱之名不著于建安，水柜之制无闻于宋代。前哲已试，非无良规。且西来诸水，可引用溉灌者甚多。今之大夫岂无史起、孙叔敖其人，愿坐令地利弗尽？岂沧桑更变，今昔迥异，抑事掣肘，固不易为耶？惜哉！

泰兴

河

市河。在城中北环县后，南由安泰桥通江。

旧城河。在城中，四围重绕，可通舟楫。

城河。

龙开河。在城东，达永丰镇中。世传为龙所开，极委曲。

溪桥河。城东四十里。

印庄河。城东南三十里。

赵列河。城东南二十里。

马桥河。西南二十五里。

长挺河。城东南四十五里。

丁桥河。城东南六十里。

沙浦新开河。城东南七十里,太平乡。

姜溪河。在城东南。

新河。城西南三十里。

小新河。城西南十五里。一名磨垛河。

得胜河。城西四十五里,通江,即盛大港。

新开河。在得胜河东。

通泰河。在城北二里,一名粯子河。

界河。城南三十里,直抵大江南靖江县。明天启六年,海变桑田,大江沙涨,泰、靖壤接,悉为平地。每值夏、秋成熟,两县民抢割,争杀历年,至伤数十人。南北各宪具题剖河为界,名曰"界河",阔五丈,深三丈,东西长五十余里,西通大江,东通老沙港,舟楫往来。自此两县民各守疆界,永无争竞。

湖

陶湖。城东南二十五里。

东湖。城东六十里。

鹅湖。城东南六十里。

鸭子湖。城北五十里。

汪

莲花汪。在城中西南隅,白莲庵之前。

港

过船港。城西三十里,通江。

断港。城西,过船港南五里。

野汉港。城西,过船港南,通江。

李家港。城西,过船港北,通江。

三汉港。在城西,野汉港内。

小心港。在双沟南,自新河分流而东。

新港。在小心港南。

叶家港。城西,李家港东。

盛大港。城西三十里。

庙港。城西四十五里。

添港。在新港南。

王家港。城西南三十里。

洋溟港。城西南三十五里。

蒋家港。在城西天宁庄。

马家港。城西南依仁乡。

秦家港。城东南四十里。

印庄港。城东南三十里。

观音港。城东南,印庄港西。

小麦港。城西南,新河东,通江。

沙港。城东南五十里。

界港。城西三十里。

余泗港。城西南依江乡。

横港。城西南十五里。

蒲港。城东南保全乡九都。

灌济港。城西二十五里。

镰刀港。城东南,沙港西。

陶伯港。

时家港。城西南三十里。

秀才港。城东六十里。

新港。城东南三十五里。

唐家港。城南十五里。

严家港。城南二十里。

匾港。城南十八里。

沟

流沟,古沟,八尺沟,界沟。俱在太平乡。

横沟,长沟,曹沟,双沟。俱在保全乡。

官沟。城东二十里。

湾

凌家湾。

尤家湾。城西十五里。

相见湾。城东北,龙开河内,舟行虽有先后,至湾则帆樯相望,可呼而应。

戴家湾。城西南二十里。

溪

孟家溪。城东四十里。

古溪。城东北八十里。

荡

洋儿荡。城南十五里。

莲子荡。城东南六十里。

江家荡。城西二十里。

卢家荡。城北二十里。

堰

江堰。成化十八年,扬州府同知李绂至县,闻知县蔡暹言江水为害,议于西南沿江一带筑堰以捍之,起保全乡九都,止顺得乡庙港,长一万六千九百余丈,广三丈五尺,高一丈。御史方岳记之。嘉靖十二年,朱篪增筑,自庙港至过船港,计[1]七千六百三十丈。田赖以卫,民甚利之。今圮废,旧址犹存。

井泉

义井。儒学前。

双井。城隍庙东南。

后乐井。在后乐山西。

万寿井。在小观前。

府君井。府君庙前。

按:泰兴江堰以捍御江潮为利,与捍堰海等。且堰成而田故存者,不得混为已滩新涨者,不得据为故有,非平赋一策乎?旧志议开新河为漕河,由泰达扬,以避圌山涨之险,顷遂题改水次。盖河通不直通运而商舶经行,为县民利。然上河之水,滔滔不禁,而通泰运盐河病矣。举事者务在万全,或预建闸于口岸,以时启闭,庶几两利。如惮繁费而图快目前,则毋如仍旧之为便也。

高邮州

河

运河。详见《江都》。

康济河。在城北,亘四十余里,户部侍即白昂筑,孝宗赐名。

闸河。旧名运盐河,在州治北遐观桥下,东抵兴化县,西通新开湖,即今东河也。

市河。在州治西,新、旧二城内,因通市井,故名。

南濯衣河。在州治南,安定桥下,西通市河。

广储仓河。在旧城南门内,东通市河。

淤溪河。在州治东南,东通渌洋湖,西抵运河堤。

白塔河。在岳庙东南,北通运盐河。

1　"计",原本误作"记",据《万历扬州府志》卷六《河渠志下》改。

城子河。自南门馆驿起，东抵各盐场。宋文丞相《序》云"行城子河"即此。

北城子河。在州治东，起自南河头，至十里尖与城子河合。

山阳河。在州治东四十五里，南通樊汊镇。接江都山阳河界，北自三垜桥子口入射阳湖，达淮安山阳县界，山阳溇即此也。

横京河。在州治东北七十里，注射阳湖。

秦兰河。在州治西六十里，西自天长野山发源，东入武安、新开等湖。

湖

新开湖。在州治西北三里，详见《山川》。

甓社湖。在州西三十里，通鹅儿白湖。王观《扬州赋》云："驰甓社之湖兮，夜骇乎明珠之光怪。"崔伯易有《珠湖赋》，见《文苑》。

平阿湖。在州治西八十里，通天长县铜城河。

三湖。在州治西五里。按高邮旧志有三湖，新志不载，考《一统志》，三湖大率即新开、甓社，而樊良据其中耳。

五湖。在州西六十里平阿东村，通天长县铜城河。

珠湖。在州西七十里，通五湖。宋秦少游诗："高邮西北多巨湖，累累相连如贯珠。"

张良湖。在州北二十里，通七里湖。

石丘湖。在州治西北五十里，通甓社湖。

姜里湖。在州西五十里，通塘下湖。

七里湖。在州治北十七里，东抵运河。

鹅儿白湖。在州治西二十里。

武安湖。在州治西南三十里，通露筋河。

塘下湖。在州治西四十里，通甓社湖。

渌洋湖。在州治南三十里。

仲村湖。在州治东北六十里。

鼍潭湖。在州治东北九十里，通海陵溪。

郭真湖。在州治东北一百四十里中临村，通盐城县河。按东汉《郡国志》，射阳故属临淮，有博支湖，恐"博支"误为"郭真"也。

溪

石梁溪。在州治西北,自天长县发源,入新开湖。

平阿溪。在州治西,自天长县发源,入五湖。

樊良溪。在州治北,自天长流入州界,即古樊良湖也。

潭

花师潭。在州北十里。

曲潭。在州东三十里。

清水潭。在州北二十里,新开湖堤傍,上有龙王庙。

湾

父子湾。在州治西五十里,通珠湖。

丁家湾。在州治东门外一里。

落帆湾。在州治北二十五里。

白水湾。在州东北八十里。

沟

张家沟,在州治北三十里,上有巡检司,一在州东二十八里,通渌洋湖。

陆漫沟。在州治北三十里。

子婴沟。在州治北九十里,东南注射阳湖。二十四年,题请开浚,入兴化大宗湖。

于泾沟。在州治东北一百里,东注射阳湖。

小京沟。在州治东南六十里,南通渌洋湖。

观沟。在州治西北四十里。

官沟。在州治东五十里,通运盐河。

第一沟,在州治东二十里。

第二沟,在州治东三十里。

第三沟。在州治东四十里。俱通运盐河。

拗沟。在州治西北二[1]十三里。

展沟。在州西北九十里。

戴家沟。在州西南四里。

新沟。在州西十里。

夹沟。在州治西二十里。昔人开筑，以避武安湖、曹庄嘴风浪之险。

香沟。在州东南六里。

菱丝沟。在州东二十五里。

葑荡沟。在州东三十里。

大泾沟。在州东四十里。

小泾沟。在州东四十五里。

斗门沟。在州东北十五里。

郁家沟。在州东北十里。

港

烧香港。一在州治西北十里，通鹅儿白湖；一在州东二里，南接城子河，北抵运盐河，西入庙桥，以便东岳行宫烧香，故名。

卖菜港。在州治北九里。

吴城头港。在州治西北四十里。

马踏港。在州东北七十里。

茅塘港。在州西十五里。

罗家港。城西二里。

五汊港。在城西十里。

杨丝港。在州西七十里。

洋洋港。在州西。

黄白港。在州西北四十里。

大师港。在州治西南三十里。

小堰港。在城西北三十里。

曹车港。在州北七十五里。

1　"二"，《万历扬州府志》卷六《河渠志下》作"一"。

荡

马家荡。在州西北三十里。

黄林荡。在州西北三十五里。

羊马儿荡。在州东北一十五里故县村。

聂里荡。在州西三十里沛县村。

扠儿荡。在城西三里新沟口。

沙母荡。在城东北四十五里。

井子荡。在城东北三十五里。

南阳荡。在城东北。

池 井

莲花池。竹林寺后。

放生池。在州治南。

玉女井。见《方外》。

醴泉井。光孝寺内。

丹井。在神居山。

三箍井。在临泽镇,其井清甘,冬夏不涸。

按：高邮有三十六湖,受西山众流,为诸水之汇,浩荡二三百里。其河堤曰平津堰,凡田地在堰之西者曰西上河,堰之东者曰南下河、北下河,以南稍高于北,又曰南上河。水则西河借南北河以为之泄,旱则南北河借西河以为之溉。比来水患频仍,皆由下流纡缓。秋水骤至,输泻不及,田地淹没,职此其故。然诸水皆无源易涸,三时不雨,又不免旱忧。议者请治西上河,宜捞浅固堤,俾无衡决;治北下河,宜开子婴沟。今子婴已浚而邮水不减,则海口壅塞故耳。大抵高邮诸水,尽入于兴化诸湖,治兴即所以治邮。或议于东河塘三垛镇置闸,以防旱涸;修圈子田堤岸,以保固康济河。斯亦治标之一术,以余力兼而举之可也。圈子田,乃开康济河时,于民田中凿渠,其田越在河外,遂为越河圈子田。中皆膏壤,额粮四百余石。若堤岸弗治,久之将河复为湖,而新开湖之险恶如故。有南可志,州人陶启英辑载明白。

兴化县

河

运河。即运盐河。

市河。城中。

车路河。县东三十里。

和尚河。县北五里。

海沟河。县东北二十五里。

仲家河。县西北十五里。

山子河。县西四里。

蒯墩河。县南十里。

白涂河。县东北，亘一百二十里。

孟家河。县西南二十七里。

义亭河。县东三十五里。

院庄河。县南十七里。

横泾河。县东北九十里。

刘家河。县北七里。

凤凰河。县北三十五里。

梓新河。县东南十五里，自塘港西入得胜湖。

蒋家河。县北十二里。

芦洲河。县东十三里。

滑庄河。县北二十五里。

新沟河。县西北一里。

孙家河。县北十二里。

拽盐河。县东一百二十里。

赵家河。县北十七里。

莫家河。县西惠政桥下，通沧浪溪。

韩家河。县北二[1]十里。

王琼河。县北三十五里。

既济河。县北四十里。

卢家河。县北四十五里。

陈图河。县北四十五里。

博真河。县东一百里。

玉带河。县北门里，有记。

蚌沿河。县南三十五里。

湖

得胜湖。县东十里，古名率头。

平望湖。县北二十里，四望平。

大纵湖。县北四十五里，中心与盐城县分界。

吴翁湖。县北二十三里。

白沙湖。县东三十里，多白沙。

千人湖。县东一百二十里，昔千人避乱于此。

鲫鱼湖。县东北二十三里，湖多产鲫鱼。

溪

海陵溪。县西十五里。邑旧属海陵，故名。

东溪。县东一里。

褚文汉溪。县西十里。

武陵溪。县西北四十里。

南溪。县南半里。

精阳溪。县东北十五里。

1　"二"，《万历扬州府志》卷六《河渠志下》作"三"。

港

龙澍港。涝水泓西。

新庄港。县南十里。

王家港。县南一里。

北昌家港。县南五里。

沙家港。县南十二里。

土桥港。县北十八里。

南昌家港。县南四里。

何垛港。县南三里。

贾庄港。县南二十里。

竹泓港。县东二十里。

塘港。县东六十里。

浦荡

莲塘浦。县南半里许,接得胜湖,西接海陵溪,共十里,其间植莲。

乌巾荡。县西半里。

莲花六十四荡。自芦州入得胜湖。红莲十里,邑之奇观。

旗干荡。县东十三里。

沟

瓦子沟。县北一里。

杜家沟。县南二十五里。

吴家沟。县北十三里。

千步沟。县北三里。

丁沟。县北二十一里。

池津

海子池。县北城内。

龙舌津。县东门外。

南津。县南关外。

湾泓

鹤儿湾。县西北一里。

仇家湾。县北四十里。

涝水泓。南通海陵溪，北抵平望湖，在新沟。

砥

石砥。贾庄铺、平望铺、火烧铺、兰溪坝、芙蓉镇、卢家坝、界首镇，共七处。

堤

刘堤。宋建炎间，邑宰黄万顷创。即《宋史》名绍兴堰，曰盘塘，曰运盐河，曰新堰，俗称河塘者是也。南接高邮界，北抵盐城县界，南北亘一百五里，县治当其中。成化间，知县刘廷瓒甫下车即修治，三载俱稔，因名"刘堤"，学士钱溥记。

堰

捍海堰。县东一百二十里。详见《范文正公传》。

西堰。县治西。旧系舟楫往来要处，上接市河，下通海陵溪。今废。

汉溪堰。县治西北四里。宋开宝中建。今废。

闸坝

减水闸。一在城南沧浪亭之南，一在城北玄武庙之北。

兰溪坝。县北三十里。

卢家坝。县北五十里。

井

神井。五显庙傍，大旱不竭。

义井。一在南津傍，二在岳庙左右。

武安井。所前。

海口

丁溪沙河口。

小海闸。

草堰闸。

白驹南北二闸。下通牛湾河。

近议兴化泄水要道第一庙湾场,次石磴口,次白驹场。庙湾今虽通行,但地势回远,水行甚缓,自射阳九里淤浅。万历八年,曾发帑金八千两浚之,顾任者匪人,用罔成效。迄今遂以射阳为必不可复,非一隅之论乎?石磴口隶盐城县,初议开浚,土民哗然。盖以水涸而灌溉无所资,海溢而风潮无所避。揆诸人情,良所甚难。然诚如近议,浚旧官河,通冈门镇,俾水通流,滔滔不绝,何虞内涸?海溢有时,多建闸座以堤防之,何虞潮患?探本之画宜莫逾此,在举事者善成之耳。白驹闸近虽增置,但兴邑东高西下,形如侧釜,诸场海口仅可以泄浮漫之水,欲令釜底尽倾,势必不能。有饥溺由己之思者,盍加意焉。

宝应县

河

运河。详见前。

弘济河。氾光湖东,西系旧堤,东为新堤,延袤三十六里。万历十三年开筑,次年工成,赐名"弘济",俗呼为越河。

济河。县西南八十五里,北入衡阳河。

成子河。县东南十八里。

衡阳河。县西南六十里,西连衡阳镇,东入洒火湖。

泾河。县治东四十里,入射阳湖。

蚬蠡河,县东北六十里,东西皆入射阳湖。

漳河。县东南六十里,西南六十里,西南接子婴沟,东北入广洋湖。

盐河。在湖东。今南盐巷具在。

支河。在湖东。

阴隬河。在湖西。万历十九年,知县耿随龙新开。

湖

清水湖。县治城南。东西长十二里,南北阔十八里,西南连氾光湖,东会运河。

氾光湖。县治西南十五里。东西长三十里,南北阔十里。

洒火湖。县治西南四十里,入氾光湖。

津湖。县治南六十里,东通运河,西北会氾光湖。《魏书》作"精湖",文帝伐吴滞舟处。

白马湖。县治北十五里。东西长十五里,南北阔三里,会运河。

广洋湖。县治东南五十里。东西长十五里,南北阔三里。

射阳湖。县治东六十里。《寰宇记》云阔三十丈,长三百里。《汉书》:广陵王有过,其相胜之奏夺其射陂。即此湖也。今俗呼为射阳湖。萦回可三百里,南北浅狭,自固晋至喻口、白沙入海。湖之东属盐城。西至固晋,属山阳。东至上射阳,属宝应。唐大历三年,与洪泽并置官屯,后以所收岁减并废。"

博支湖。县东南九十里,西北通广洋湖。

梁湖。在射阳湖北。

塘

白水塘。在县治西八十五里。旧名水陂,一曰射浦。宋武帝元嘉[1]末,决水灌魏军,即此陂也。陂阔三十里,魏将军邓艾所筑,屯田积谷,以制吴人。与盱眙芦蒲山破釜塘相通,溉田一万三[2]千顷。后废。

羡塘。唐《地理志》:在县西南,与白水塘合。

潭

白龙潭。县治西一百二十里云山之上,周回五十一丈,深二丈余。

高家潭。县治南十五里,运河西,合清水湖。

六浅潭。县治南二里,运河堤东。

丁家潭。县治南十五里,运河堤东。

---

1 "嘉",原本误作"靖",据《万历扬州府志》卷六《河渠志下》改。

2 "三",《万历扬州府志》卷六《河渠志下》作"二"。

溪

海陵溪。俗呼琵琶头。在县东九十里,西北通射阳湖。

瓦沟溪。县东南十五里,东北入望直港,通涧沟。

黄浦溪。县北二十里黄浦镇,西南通运河,东入海陵溪。

安宜溪。县西南六十里。东北入洒火湖,西南接高邮界。

凌溪。县东八十里,入射阳湖。

间丘溪。县治城南,东通清水湖。

港沟

望直港。县东十五里,东南通成子河。宋嘉定八年,港湮塞,知县贾涉曰望直港与射阳湖通,商旅辐辏入市,百物尽通,居民繁夥。今既塞,舟航阻绝,大为民病,因浚之。

刘家港。县东北四十里,入射阳湖。

七里沟。县北七里。

界淘沟。县东四十里,俗呼蛤拖沟。

长沙沟。县东二十五里,东入广洋湖,西通运河。

涧沟。县东南二十里,通子婴沟。

蒲塘沟。县西五里,接白马湖。

杨家沟。县东八十里,接射阳湖。

三王沟。县东六十里,入射阳湖。

新沟。县东五十里,通广洋湖。

子婴沟。县南六十里,子婴铺北,西通运河,北接潼河。

张大夫沟。在县治西北十里。

三里沟。在县西三里,通运河。

涧汀

金钗涧。县南七十里,入衡阳河。

赤水涧。县治西南七十里,入洒火[1]湖。

---

1 "火",原本误作"水",据《万历宝应县志》卷一《疆域志》改。

鱼池涧。县西南八十里,入衡阳河。

忠心涧。县南八十里,入衡阳河。

马长汀。县东九十里,东北通盐城界,南接博支湖,北会射阳湖。

堰堤

黄浦堰。相传吴王濞置白浦至黄浦五百余里,捍盐通商。今废。

姜家堰。县东八十里。宋祥符间置,听民视水旱从便启闭,有姜姓者主之,故名。

南门堰。在南门外。洪武间,知县李恢修筑。今废。

运河堤。自黄浦至界首长八十里,即唐李吉甫新筑平津堰也。详见《总说》。

泾渡

太府泾。太府,即扬州也。唐长庆间,置白水屯田,发青、徐、扬三州之民凿之,故有青州泾、徐州泾,皆在县西南四十里。又有竹泾,在徐州泾之东北。今俱塞。

宋泾。在城中,受二闸所入之水,贯于城而东注望直港,俗呼为市河。

白田渡。在南门渡口巷西。

三里渡。在县北三里。

白马渡。在白马湖边。

黄浦渡。在黄浦镇。

槐楼渡。在槐楼镇。

黎城渡。在黎城镇。

蒋家渡。在县西十五里。

晏村渡。在县西南七十里。

五里泾渡。在黎城西南。

浅

九浅。子婴、氾水、瓦淀、槐楼、白田、潭湾、七里、白马、黄浦,各浅俱有涵洞。

闸

滚水闸四。子婴沟、三里沟、黄浦、五里铺。

减水闸七。江桥、氾水、瓦淀[1]、朱马湾、刘家堡、七里沟、十里铺。

新置瓦窑通湖闸。

九浅通湖闸。二闸。知县陈煜议建。盖因弘济河上接黄流闸口，水溜难以挽拽，故建二闸，泄水入湖，水势赖以平缓，湖水大则闭。

井

县前井。

通济井。通济桥北。

普济井。嘉定桥北。

五龙王井。龙王庙前。

寿源井。齐寿街北。

灵源井。城隍庙南。

周家井。县西北，云其水愈疾。

按：宝应越河之议，迁延筑舍，历数十年而后定。第年以来，黄水从淮北入者，挟沙而来，河身日高，运道日窄。有如当事者，思此河经始之难，以时为浚治，且令清江通济闸非漕贡不启，俾流漕不积，漕渠不壅。庶曩时十二万帑金之费，不至付之波臣无益矣。界首故未有越河，当湖心极险，摧舟甚易，盖当时草创，未图全利。明总理河漕刘公议兴兹役，新旧接筑，俾舟行者安于遵陆，八宝士民，其亦尚有永利哉！

泰州

河

市河。一名玉带河，城内沿城一带东南市河是也。其东市河自中市河分析至东水门，出以通外河。后东水门塞，明部院李三才创自东门，新开一河，接通南北。其西市河自南水门入通新河，俱自北水门出。

跃鳞河。水入迎恩桥，通泮池。正统间，御史蒋诚开置。

---

1 "瓦淀"，原本误作"瓦氾水淀"，据《万历宝应县志》卷四《水利志》改。

新河。州治西,光孝寺东。其水南接西市河,北出北水门。宋嘉定年,守李骏开置。

南运河。州治南,东抵通州及各盐场入海,西通西运河。

西运河。州治西南。旧称吴王濞开以通运,至海陵仓。按阮胜之记云即湾头至城下运河是也。

北运河。州治北,自北关厢东、西二坝迤东至西溪镇一百二十里,分为二河,一去东二十里,至梁垛场止;一去东北至东台何垛、丁溪等场。又过盐城县至新兴场。

东河。州治东三里,通北运河。旧志云:其水旱亦不涸,岁久湮塞。成化年,知州彭福开浚。

济川河。州治南,通杨子江,贾舶商帆多由此入。

浦汀河。州治北。自鱼行坝直抵兴化、高邮、宝应,即海陵溪也。

忠义河。州治百二十里西溪镇,去东稍北三里,隋将贺若弼捕海寇有功,立庙河侧,故名。

角斜河。州治东百三十里,南通拼茶场,西至海安镇。

辞郎河。州治东北百二十里。直通兴化县界凌亭河。

湖

小西湖。州治西泰山下。宋绍定年,守陈垓重浚。

鸭子湖。州治南二十里,周二十五里,西通济川河,东接运河。

淤祈湖。一名淤溪河。州治东北二十里,水下流入鸡省湖。

鸡省湖。州治东北五十里,周三十里,水自于淤祈湖入。

包老湖。州治东北四十里,水清无滓。

仇湖。州治东北百里,周三十里,东入梁垛场。

溪

海陵溪。州治八十里,入兴化境,合高邮河,西北通射阳湘,东接马长河。

西溪。即晏溪。州治东北百二十里,东通角斜场,西入运河,有西溪镇。晏殊丞相官于此,故又名晏溪。

泉

卓锡泉。州治北二里,开化院中。唐宝历间,王屋禅师自蜀来驻锡于此,云此中泉与扬蜀冈通。见《一统志》。

港沟

罗塘港。州治东四十五里。今姜堰河。

城子沟。州治南三里。

九里沟,州治西九里。

佛儿沟。州治东北西溪镇大海中。本唐时端辉寺,今废为沟。昔有泛海者乘船过此沟,累获铜佛,因以为名。

黄少沟。州治南二十五里,南徐庄永安厂侧。

湾

施家湾。州治北三里。鱼、盐、蟹、稻往来舟舶骈集之所。

唐湾。州治东南二十里。宋文天祥早发泰州,惊传赶马在唐湾,即此地也。

苇湾。州治东北西溪镇东堰,内圣果院基在焉。

潭

郭太保潭。州治西北。濠广袤数顷,深不可测。

堰

北堰。州治城北四里,瀦运河水。建炎中,移在北门外。绍兴年,守王杨英于清化桥南创开运河支流,直近城北。嘉祐年,守王纯臣欲固里濠,别为堰于下泺巡检司前。

姜堰。州治东四十五里,天目山前,瀦运河水。北至西溪,通运盐以达上河。宋嘉祐年,守王纯臣移堰近南宋庄侧。宣和年,大水,移罗塘港近运河,即今姜堰。

闸

丁溪闸。州治东北一百四十里。

白驹闸。州治东北一百七十八里。以上二口,万历壬午,巡按御史姚上观、海防兵备舒大猷、郡守李裕建。

井

七星井。一在东禅寺,曰廉贞井;一在万寿宫,曰丹井;一在天妃庙,曰魁罡井;一在州治西门内;一在歌舞巷;一在北山寺;一在祐圣观。七井布列,如"斗"形。

十轩井。今多废。

镜芗井。宋井也,在儒学正厅之东。井栏上有"文曲井"字。

天女缲丝井。见《古迹》。

王仙翁井。见《古迹》。

凤升井。在西溪镇。

按:泰州运盐河以南为上乡,田地无几,其十七皆在东北下乡。每霖潦暴集,下乡辄受淹漫,乃渐由诸盐场出海口。水之所趋,谁能强之?而兴化民以为曲防病邻,悖矣。询之土人,水自运盐河东来,每遇霾雨,宜决白塔、芒稻二坝以分泄之,固闭下河涵洞,无令横溢,则犹可救济下乡。或当旱年,则宜筑塞二河。塞上河诸涵洞,庶无为盐运之梗在,相时均节之而已。乃若市河久淤,风气湮郁,说者云浚之甚利,是宜亟举而未可缓者。

如皋

河

市河。引运河水自北水门入,环绕学前县后,如玉带然,名玉带河。

城河。在县四围,重绕县治。嘉靖间,巡抚都御史郑晓筑城开濠,通运河。

运河。成化间,知县胡昂浚西北。从扬泰来,绕县治。向东至丁堰镇,分流入海。南折至白蒲镇,入通州。

九十九湾河。去县东南六十里。相传龙过成河,一名龙游河。北接运河,南通杨子江,又名通江河。近坍。

毛雉河。去县东南五十里。北接运河,南通龙游河。

大明河。县南十三里。

窑子河。县西城外。

凤翔河。县治西。宜浚。

立发河。县北三十里。西接运河,东抵海。

汉河。在丰利场。南通运河,北抵海。

凌河。在丁堰,后通拼茶场。

小溪河。县西北隅。东接运河,西通泰兴。

阚家河。在县南七十里。

葛堰河。县东南二十里。东通十灶,西接运河。

南北垛河。在赤岸乡。南通溪河,北通运河。

黄家河。在丰利场西。西通石港。

湖

六祥符湖。今名高阳荡。去县东南八十里,东通海,西接运河。

牟尼湖。在安定乡。西通芹湖。

芹湖。在安定乡。北通溪河,西通泰兴。

车马湖。在范湖洲之东南。旧传范蠡为五湖游,弃车马于此。

港

天生港。旧去县南九十里,今江漱啮,止六十里,通江。

掘港。县东一百三十里。

甜水。丰利场西。

大贴港。在掘港场。

张皂丫港。在马塘场。

新开港。在丰利场。

许横港。在安定乡。

十三里港。在县北。

秀才港。在城内丰乐桥南。

石庄港。在石庄。江海寇盗要害。

观音港。在县东五十里。

土墩港。在县南二十里。

高港。在县北二十里。

丫凌港。在县南五十里。

滩

郑公滩。在丰利场。宋治平年，富郑公以使相判扬州，备海寇，战船每坏于海涛，因凿滩以避之，习水战其中。

沄滩。在西沙埠。南通大江，北接运河，随潮盈涸。

彭家滩。

溪

瀛溪。县西北安定乡。西通泰兴县，东接黄蒲溪。

黄蒲溪。在县西北。其地多产黄蒲。

蟠溪。古邗港，在赤岸乡。溪滩宽广，中多洲渚，湾曲如龙蟠，故名。

葛家溪。在县西北赤岸乡。

澪泾

清水澪。在丰利场。清水洌，故名。

宋家澪。在掘港东。

潘泾。在县西安定乡。

潭沟

窑坞潭。县东南二十里。

八尺沟。在县西北八里。

张草沟。

洋荡

黄沙洋。在丰利场东北。

东荡。在县东一百二十里。

季湖荡。县北二十五里。

黄连荡。在丰利场东北。

范家荡。

湾浅

柴湾。县北十三里。

汤家湾。县东十五里。

施家湾。县东三十五里。

毛家湾。在掘港西。

梅家湾。县北三十里。

严家湾。城内西南。

史家湾。在北门外。

腰池湾。县东六十五里。

陆家浅。在县北三十里。

康家浅。

池井

连珠池。见《古迹》。

金孩儿池。县东北二十里。昔有见两童戏池边,竭池水视之,得金香童一对。

玉莲池。在定惠院。

施食池。在中禅寺。

丁公井。丁天锡读书处。

庆军井。见《古迹》。

玉涓井。在中禅寺,泉甚清冽。

十井。在城中。

按:县志谓通江河当浚,以引江潮入水关,风气增胜,且苏、松商贩所往来,均民利也。或虞盐盗出没为害,要以利多而害少,亦何惮焉? 又小溪河旁田卑下易涝,然亦易涸,故难以秧种。惟浚之使通运河,则旱涝两便,禾稼可登,而菱荷鱼虾蒲苇之利,亦易致云。

通州

河

运河。即运盐河。自郡城茱萸湾东南走四百里，至州治。

市河。在州前。惟东、西小关以达于城河。

西亭河。在州东北二十里，通运盐河，入西亭场。

金沙河。在州东二十里，入金沙场。宋两淮制置使李庭芝凿，成化间重浚。

石港河。在石港场。

新河。在石港场南十里。

仇家河。在新河东[1]七里。

串场河。隆庆间开，谓串通吕四、余东、西、中及金沙石港诸场池。

岸河。在石港。知州林云开，二十里，溉田数千亩。

港

天生港，任家港，施家港，灰港。俱在永兴乡。

狼山港。在州狼山下。

韩家港，新家港。俱在文安乡。

烂泥港，赵港。俱在清干乡。已上港俱通大江。

瞿灶港，唐灶港。俱在金沙场。

姜灶港。在西亭场。

季家港，王灶港，潘灶港。俱在余东场。已上俱通，入海。

堰

平福堰。在州西门外。

白蒲堰。在州西北六十里。与如皋合界。

1　“东”，原本误作“京”，据《万历扬州府志》卷六《河渠志下》改。

堤

范公堤。即捍海堰。事见前。

任公堤。在州城西五里。宋宝元间,通判任建中筑,长二十里。

闸

便民闸。在州西唐家坝上。成化间重建。

通济闸。在州南狼山西,下通杨子江。今废。

白蒲闸。在州白蒲镇。今废,其石犹存。

板闸。在州。撇港一,界港一。今废。

盐仓闸,在州西门外盐仓坝上。业家闸,在州南七里任家港口业家坝上。陆洪闸。州南十里陆洪坝上。以上三闸,皆嘉靖十六年巡盐御史陈蕙建。

唐家闸。旧是唐家港坝,后改为闸。去城十五里。隆庆元年,知州郑舜臣筑。

坝

司家坝。去城北、永兴两乡二十五里,宜置闸。

盐仓坝,灰港坝,龙潭坝,宣家坝。俱在城西。

灰堆坝,汤家坝,陆洪坝。俱在城南。

潘灶港坝,水塔口坝,仓坝,韩家坝,季灶港坝,大历港坝,蔡灶坝,瞿灶港坝,烂泥港坝,李灶港坝,中浣坝,沙港口坝。以上十二坝,俱在城东,各坝俱有涵洞,通水出入。

泉

净智泉。在狼山观音岩北。

塞玉泉。在狼山前,慈悲殿后。

明月泉。在狼山山门前,月出先照,故名。

白云泉。在军山山腰之下。

池

通江池。在狼山西麓。水自石出,虽涝不盈,与江相通。草树阴翳,境甚幽绝。

不干池。一名恒清池。在狼山佛殿东，石刻一诗："泠泠石下泉，日落见云影。对之不敢尝，恐使肺肝冷。"款为"翠峰山人"。上有飞来石。

养鱼池。在狼山西岩。

井

甘泉井。州治西五十步。宋任伯而浚。

文源井二。在学官左右。

孙博士井。在城东。

西城门吊桥下穴。水甚甘冽，随汲随满，无名。

按：通州有新、旧二河。旧河自扬、泰西来，绕城为隍，东南入江，东北过海门，经诸盐场入海，并海田数百万顷，资灌浸，百姓利之；新河凿于隆庆二年，串吕四至石港诸场，直通丁堰，便盐运，不复经通州。顾州士民以凿河泄风气，且卤潮内灌，伤禾稼，望举浚故河，然弗能夺也。郡故有六闸以兴水利，然通地势高，异于他州县，恒忧旱不忧涝。往以坝之为利，惟西城北、永兴二乡地洼下，全泄则数百里之水尽注于江，全闭则水潦骤发二乡垫焉，故陈司寇谓唐家闸治则利十，不治则害十。若白蒲、盐仓诸闸，固可废矣。捍海堰创于张、范而任、沈继之，乃岁久倾圮，卒飓潮大作，即漂没民灶殆尽。包梈芳运判。尝力任增筑新堤，至今人犹称"包公堤"。司牧者曷不深惟民瘼而以泄泄从事，何哉？

海门县

河

运河。县治西南至通州四十里，东止吕四场。嘉靖辛卯，县东河没于江，知县赵九思浚，自儒学东北入十里，东入余东便仓四十里。海门县凡三建，江河亦屡变矣。

旧运河。在县城东南。龙王庙坝起，至利和镇西坝止，南通大江。或谓宜于龙王庙坝基建石闸一座。

东洲河。在县东吕四场。河已淤浅，官道尚存。

港

进鲜港。在城东。

瞿灶港。在城西。二港俱南起运河,北至运盐河,长十五里。系县地,余俱州地。

横港。在城北五里,系州县分界。

西河港,徐稍港,西七里港。俱在县东安乡入江。

东七里港,姚潭港,新沟港,黄沙港,东明港,生港,大河港。俱在县东。

顾团港,西周港,船横港,麋鹿港,料角港,芦苇港。俱在县北人和乡,通东海。

陆港,孙潭港,陈铁港,道堂港。俱在县东崇信乡,通江。

杨树港,薛家港,西黄泾港,东黄泾港,严大港。俱在县东嘉会都,通江。

张港,湖港,曹港,天港,套口港,腰夹港,江泮港,头条港,潭泮港,新港。俱在县西智正都,通江。据本朝《海门新志》云:西河徐稍等港共三十余处坍没已久,不可复识沧桑之变,自古所有,然居人亦危矣。

堰堤

捍海堰。在县治西北,即范公堤。详见范公本传。

沈公堤。在县治东北,西接范堤。宋沈兴宗筑。

新堰。在旧县北。宋元丰间筑,积水以通盐舟。

新堤。万历十六年,运司判官李澜、知县姜天麒督造。堤外有非字港、二样口、大横口、夹港,俱通海。

沟

尸沟,新沟。俱在县东。

湾

查家湾。在旧县西。

闸

西清闸。在旧县西清桥南。成化二十年,巡盐御史李旺造。

减水闸。在旧县西北。弘治三年,知县徐英造。

贤闸。在城南,石为之。顺治七年,石崩。十年,知县庄泰弘重建木闸。

坝

见龙坝。在城东一里。万历三十八年,知县黄奎璧造。

塔

文峰塔。在城东南隅。万历四十二年建。

巽峰。在东门城楼南。崇祯十一年建。

张先登曰：海门近以州土割隶,地多与州壤相错,水利大率相类。盖县南滨江,北为盐河,东西运河,襟带瞿灶等港,经纬交错。旱则南引江潮,北引河水,以灌沿江河之田；潦则仍各泄于江河,水不患无归。乃州县民自相秦越,而长民者彼此观望。是以浚治未遑,蓄泄不时,乌能尽地利乎？今诚于县城南及州城西东二十里各建一闸,而运河北通盐河旧有港址,责令开浚,勿使湮塞,则方百余里尽为膏腴。水利之大,无逾于此者矣。

扬州府志卷之七

秩官志上

　　淮南守相，邈古靡稽。爰有贤良，若董胶西。彼美凤翮，匪梧不栖。炳炳令闻，庶克思齐。作《秩官志》。

历代官制

　　扬州古官制，往牒无考。按宝祐志及明初志，间及宋、元时。自唐以前邈矣，文献不足，吾无征焉。史传所载，统举天下而不独详一郡，乃其轶亦时时见之。姑纪梗概，以俟来者。

　　汉诸侯王国有相，有郎中，扬州有刺史，有州牧，统辖诸郡者也。郡有太守，有丞，有相；县有令，有丞、尉、主簿。武帝时，增置学官。

　　晋以同姓诸王都督扬州诸军事，或以重臣出镇，而郡县守令大率如汉制。都督所辟，有从事别驾。宋置南兖州，州有刺史；而广陵郡有守，有治中、别驾从事史。

　　隋置扬州总管，改广陵为江都郡。总管府有长史、参军、司马、记室；郡有守，有丞，有赞治，其员数俱无可考矣。

　　唐制[1]扬州大都督府及淮南道节度使，又有采访、黜陟等使。节度有副大使，其属有行军司马、判官、支使，有掌书记、推官、巡官衙推官。武德初，改广陵郡为扬州，以太守为刺史。天宝初，复为广陵郡，以刺史为太守。刺史之为

　　1　"制"，《万历扬州府志》卷七《秩官志上》作"置"。前后文例亦作"置"。

太守，自唐始也。州有别驾，属有长史、司马，有录事参军，分功仓、户、田、兵、法、士诸曹。县有令一人，丞一人，主簿一人，尉二人，录事二人。有司户佐、司法佐、典狱、问事、白直、市令，各有史。经学则博士一人，助教一人。五代官置莫详，大率如唐制。

宋置沿江三大使司，而淮南东路有安抚使、制置转运使。若节度、宣抚、团练、防御、镇抚诸使，或遥领，或因事设，无常员。安抚制置使，其属有参谋、参议，主管机宜、书写文字及干办公事官。南渡后，分真、扬、通、泰为四州，高邮为军。军有知军，州有知州，有通判，有幕职判官、金书判官、军事推官。其诸曹有录事、司户、司法、司理参军及学官教授。县有知县，有丞、主簿、尉，其属或有巡检及监酒税务。盖宋惩藩镇专恣，往往辍京朝臣知州县事，示天下无外，王者一统，即远州县邑，皆出朝臣守治之也。

元于扬州建镇南王府。府有王傅、府尉、司马、长史各二人，而淮东道有宣慰使、廉访使、两淮都转运盐使。于扬州路置总管府达鲁花赤一人，总管一人。有同知治中府判、推官及经历、知事、照磨。时以高邮为府，有达鲁花赤、知府、同知、府判、推官、知事。通、泰、真为州，各置达鲁花赤，有知州、同知、州判、知事及提控按牍各一人。所属县江都、泰兴、海陵、如皋、扬子、宝应、高邮、靖海、海门、兴化、六合县，各有达鲁花赤，有县尹、县丞、主簿、典史、县尉，而兴化、六合缺丞。本路儒学，则有教授、学正、学录及大学、小学训导，复有蒙古字学官教授、学正各一人，而各州及高邮府各有教授及大、小学训导，各县则有教谕，大、小学训导如之。其杂职，若医学、阴阳、仓库、税务及织染、杂造局等官，宝祐志所录，盖视昔略备焉。

今志所录，自汉、唐迄元，稍以年代为序，不复别其官级，与旧志异。盖前代官制掌故，阙者既不可复详，而官或特设遥领，兼秩不一；州县或分属，彼此不常，难以昭代画一之法例之。故据旧乘兼遗轶，得若而人，为"历代官纪"。其行实可表者，别见于秩官、列传云。

汉秩官纪

董仲舒，江都王相。有传。程嘉，江都王相。枚乘，吴王郎中。有传。邹阳，吴王郎中。有传。郑当时，武帝时广陵相。黄霸，扬州刺史。魏相，刺史。俱有传。士孙张，扬州牧。有传。观恂，显宗永平元年刺史。张禹，刺史。有传。尹闳孺，宣帝时任广陵相，有治名。张无故，字子儒，山阳人，汉宣帝时广陵太傅。张纲，广陵太守。有传。张微，纲孙，广陵太守。滕抚，广陵太守。时维扬盗起，大臣举抚有文武才，诏抚讨之，东南悉平。寻拜中郎将，都督维扬二州事。赵苞，字威豪，甘陵[1]东武人。吴穰，五凤年任。陈咸。成帝时任，以明法律称。以上俱广陵太守。陈翔，字子麟，汝南邵陵人。任扬州刺史。李圣，王莽时为扬州牧，以兵从岑彭，击杀莽。马余，字圣卿，王莽时为扬州牧，有才能。援之兄。鲍永，扬州牧。有传。樊晔，建武初，扬州牧。傅俊，建武三年，都督扬州。严遵，刺史。有传。巴祇，刺史。有传。马棱，广陵太守。有传。刘祐，字伯祖，中山国人。初补尚书侍郎，迁刺史。臧旻，刺史。有传。尹耀，建康元年[2]刺史。欧阳参，欧阳歙，有传。范迁，江都县有舆浦，常浊，忽清，迁表闻，以为瑞。荀昙。有传。上俱广陵太守。陆续，扬州别驾。吴范，汉末扬州从事。袁遗。刺史。郑泰，字公业，河南开封人。敬绍。俱刺史。陆稠，续之子。有传。桥基，睢阳人。玄之子。陈登。有传。上俱广陵太守。张超，太守。有传。谢弼，广陵郡丞，为中常侍曹节所害，时人悼焉。陈温，字元凯，汝南人。任扬州刺史。曹操兵少，与夏侯惇诣扬州募兵，温同丹阳守周忻与兵四千人。陈瑀，字公玮，下邳人。刺史。刘繇，刺史。有传。温恢，刺史。孙礼，刺史。稽喜，字公穆，谯郡人。刺史。刘馥，刺史。有传。严象，字文则，京兆人。周乾，牵弘，招之子，以果烈死事。陈儒，初平间任。惠衢，琅琊人。乐绲，文钦。以上俱扬州刺史。赵昱，太守。有传。王喜，本初间，任太守。蒋济，高邮人，任别驾。曹休，操之族子。以破孙权功领扬州刺史，又以摧吕范功拜扬州牧。明帝即位，迁大司马，都督扬州。诸葛恪，建兴元年，加扬州牧，督中外诸军事。王基，字伯舆，东莱人。御吴功，都督扬州诸军事。母丘俭，字仲恭。都督扬州，与文钦御诸葛恪。王凌，字彦云，太原人。正始初，都督扬州诸军事。诸葛诞。建兴二十年，都督扬州，讨司马昭。

按：维扬旧志有广陵太守徐璆，乃广陵海西人，本传未尝为广陵太守，志者之误也。又有江阳长姜诗、张翼，稽两汉《地理志》，俱无江阳，惟三国时蜀有江阳。况张翼事昭烈，昭烈定益州，除翼江阳长，迁涪令，则广陵无江阳可知矣。至北齐，始改广陵为江阳。今未敢遽删，存之以俟博雅君子。

---

1 "陵"，原本误作"陆"，据《后汉书》卷八一《独行列传·赵苞传》改。

2 "建康元年"，原本误作"建永年"，据《后汉书》卷三八《滕抚传》改补。

晋秩官纪 南北朝附

陈徽，永康二年，扬州刺史。曹武，永兴二年，刺史。琅琊王睿，累迁都督扬州诸军事。石苞，字仲容，渤海南皮人。都督扬州。褚契，太康六年，都督扬州诸军事。陈骞，武帝受禅，封高平郡公，出为都督扬州诸军事。王浑，字玄冲，晋阳人。都督扬州诸军事。周浚[1]，字开林，汝南安成人。为扬州刺史。吴丞相张悌、大将军孙震等攻城，浚[1]击破之。持节[2]都督扬州。周馥，浚[3]从弟，都督扬州。王敦，自领扬州牧。刘寔，字子真。愍怀太子封广陵王，以寔为师。扶风武王骏，字子臧。宗室中，最为隽望，善抚驭，有恩威。劝督农桑，与士卒分役。及薨，百姓为之树碑。长老见碑，无不下拜。王述，字怀祖。何充。字次道，庐江灊人。俱都督。殷浩，字深源，永和二年任。元显，安帝四年任。王谧，字稚远。刘裕为布衣时，谧独奇之。应绰，刘陶，郗[4]隆，字弘始。刘机，王浃，王显，庾冰。字季亮。俱扬州刺史。桓温，宣城人。蔡谟，陈留人。桓玄，温之子[5]。刘裕。俱扬州牧。桓冲，宁康元年任。王舒，刘义真，陶瞻。俱扬州刺史。陆慧，广陵太守。萧豹，郡丞。高雅之，卞壸，有传。刘牢之，字道坚。陈敏。庐江人。以上俱广陵相。刘道规，为桓弘参军。周玘，有传。扬州从事。华谭，从事。顾和，王导辟为从事。孔坦，字君平，会稽人。少方直，有雅望，王导[6]请为别驾。孔严，殷浩别驾。盛彦。大中正。谢安，有传。谢玄，有传。袁弘，褚衷。俱镇广陵。刘穆之，苻[7]坚以穆之监江北军事，镇广陵。王坦之，都督。毛武生，咸安间任。桓豁，废帝隆和三年任。袁瑰，江夏人。袁猷，瑰之弟。兄弟相继为江都令，有惠政。蔡济，舆县令。徐宁。字安期。为舆县令。樊彝荐于庾亮曰："徐宁，海岱清士。"迁吏部郎。

宋

徐羡之，字宗文。永初二年，任扬州刺史。衡阳王义季，武帝时，南兖州刺史。殷景

1　"浚"，原本误作"后"，据《晋书》卷四二《王浑传》改。
2　"节"，原本误作"等"，据《万历扬州府志》卷七《秩官志上》改。
3　"浚"，原本误作"后"。
4　"郗"，原本误作"却"，据《晋书》卷六七《郗鉴传》附《郗隆传》改。
5　"子"，原本脱，据《万历扬州府志》卷七《秩官志上》补。
6　"导"，原本误作"道"，据《晋书》卷七八《孔坦传》改。
7　"苻"，原本误作"符"，据《晋书》卷六一本传改。

文,陈郡长平人。为武帝所重,朝政必以谘问。豫章王子尚,建安王休仁,庐陵王义真,南谯王义宣。俱扬州刺史。安陆王子绥,刺史。刘季之,广陵郡丞。沈演之,元嘉中,为扬州治中。沈昙庆,吴兴武康人。张兴,吴郡吴人。刘遵考,刘义宾,江夏王义恭,彭城王义康。俱镇广陵。王弘,琅琊临沂人。刺史。徐湛之,南兖州刺史。有传[1]。檀祗,高平人。广陵相。沈庆之。都督扬州。有传。檀道济,高平金乡人,镇广陵。屡立战功,威名甚重。张畅,吴郡吴人。孔琳之,山阴人。孔邈。琳之子。俱扬州治中从事史。顾恺之,为扬州治中别驾从事史。安成王,扬州刺史。王景文,刺史。永嘉王子仁,大明中,南兖州刺史。始平王子鸾,大明四年,任南兖州刺史。沈怀明,刘建孙,彭城莒人。檀和之,柳元景。河东解人。以上俱南兖州刺史。申恒,魏郡人。张永,字景云。有治声。袁颛,陈郡夏阳人。以上俱广陵太守。朱涛,会稽山阴人。何昌寓,庐江灊人。顾测。俱扬州主簿。桂阳王休范,都督南徐、南兖军事。竟陵王诞,镇广陵。晋安王子勋,大明五年,都督南兖诸军事。贺弼,有传。沈怀文,扬州从事。戴敬,从事。袁灿,海陵太守。有传。刘德顾,真州太守。郭彦文,荀伯玉,参军,带广陵令。范义,竟陵王诞左司马。申令孙。司马。阮佃夫,敬长瑜,刘怀之。俱扬州刺史。李安民,萧暎,陆骏。俱南兖州刺史。黄回,竟陵郡人。都督。萧道成,晋熙王燮,顺帝时任。始兴王骏。俱都督南兖州。刘恭之。为休茂中军参军。

南齐

褚渊,河南阳翟人。王玄载,下邳人。皇子宝义,明帝建武元年任。阮韬,字长明,陈留人。张岱。有传。俱扬州刺史。王广之,沛郡相人。江谧,济阳考城人。王琨,琅琊临沂人。刘悛,彭城人。沈文季,吴兴武康人。萧颖胄,字云长。颖胄好文义,弟颖基好武。萧世祖诏胄赋诗,合旨,曰:"卿文弟武,宗室不乏才矣。"裴昭明,有传。沈宪。上俱广陵太守。虞悰。为大中正。豫章王嶷,有传。竟陵王良,永明元年任。安陆王子敬,永平元年任。西阳王子明,南海王子罕,巴陵隐王宝义,始安王遥光,庐陵王宝源,临川献王英,新安王昭文,王敬则,晋陵人。吕安国,陆慧晓,有传。张环,吴郡吴人。建武年任。王玄邈。以上俱都督南兖州。陆叡,扬州治中。陆闲。扬州治中。遥光督扬州作乱,或劝闲去,闲曰:"吾为人吏,何所逃死?"见执,子绛以身蔽刀,俱遇害。辛

---

1 "有传",原本脱"有"字,据文例补。

普明，河南人。沈瑀。吴兴武康人。俱扬州从事。张稷，西昌侯，延兴元年任。刘世明，沛人。昌义之。历阳人。俱扬州刺史。崔恭祖，广陵司马。刘颂，大中正。张僧那，长史。邵陵王宝攸，张冲，吴郡吴人。裴叔业。河东闻喜人。俱南兖州刺史。刘善明，有传。陆子贞，有传。徐冯道，祖法敏。俱海陵太守。萧翼宗，永元初，海陵令。刘怀慰，有传。刘灵哲。齐郡太守。时改真州为齐郡。

梁

邵陵携王伦，普通五年，任扬州刺史。南平元襄王伟，天监六年任。宣城王大器，晋安王讳，高丽王高云。俱扬州刺史。孔休源，山阴人。临川王宏薨，高祖与群臣议，难其代，曰："朕已得之。孔休源才识通敏，实应此选。"侯子鉴，侯景以为南兖州刺史。萧勔，祖皓起兵广陵，推萧勔为刺史。董绍先，刺史。祖皓所杀。杜僧明，以平侯景功，除南兖州刺史。祖皓，有传。王谌，字仲和，东海剡人。正直和谨，为朝廷所重，任广陵太守。何敬容，扬州治中。何智通，邵陵王伦侵渔细民，智通为郡丞，以事启问，伦使刺客杀之。智通子诉于阙，免伦为庶人。张率，吴郡吴人。参军。褚修，参军。陆襄，扬州从事。江蒨，南兖州大中正。陆杲，吴郡吴人。领大中正。陆倕，字佐公，吴郡吴人。由别驾迁大中正。萧介，武陵王长史。霍隽。有传。江都令。刘询。江都令。时侯正裘叛，南康王会理使询夜袭，击破之。临川静惠王宏，字宣远。天监中，迁骠骑将军、扬州刺史。始兴王憺，长沙嗣王业，南康简王绩，南康王理会，有传。武陵王，晋安王纲，王僧辨。俱都督南兖州。侯瑱，西充国人。诛侯景党，授南兖州刺史。裴邃，闻喜人。以破魏功，迁广陵太守。江革，字休暎，济阳考城人。为御州中丞。为人正直，每弹奏，不避豪权，出为广陵太守。章法尚。武康人。为扬州议曹从事。南海王大临，大宝二年都督。萧藻，萧景。有传。俱都督。张彪，扬州刺史。谢哲，广陵太守。高越，江都县令。陈霸先。绍泰元年，都督南兖州。

陈

始兴王伯茂，天嘉二年，任扬州刺史。衡阳王伯信，长沙王叔坚，南平王嶷，刺史。周弘正，王僧辨长史，行扬州事。江德操，考城人。治中。虞寄，治中。何之元，初除扬州议曹从事，迁别驾。孔奂，字休文。扬州主簿。世祖践祚，领大中正。陆缮，吴郡吴人。领扬州大中正。陆琼，大中正。沈洙，领大中正。萧济，长史。有传。王质，骠骑府长史。顾越，为扬州议曹史。杜之伟，议曹从事。陆亲贤，缮之兄。为治中从事史。安成王顼[1]，天嘉三年，持节都督扬州诸军事，入纂大统。王昙选，刺史。张种，大中正。晋熙王叔文，大建中，任扬州刺史。始安王深，晋安王伯恭。俱扬州刺史。周确，为南平王府长史，行扬州事。蔡点，扬州别驾。王延之，别驾。崔叔业，别驾。谢贞，参军。孟昶，主簿。始兴王叔陵，新安王伯固。俱都督扬州。会稽王庄，都督。吴明彻，都督。有传。淳于量，大建十年，持节都督扬州。杨坚。大象中，为扬州总管。将发，有足疾，不果行。帝崩，静帝幼冲，内史郑绎矫诏入总朝政，都督扬州。

北朝

任城王澄，齐明帝景明二年，任扬州刺史。王琳，山阴人。卢潜。有传。俱刺史。蔡儁。广陵石门人。有胆气，以破侯深功，转扬州刺史。是宝，北齐人。慕容绍宗，卢勇，有传。祖慧晓，郭元贞，太原人。元义，牛道恒，薛喜，桓义，李希尧，渤海蓨人。薛贞度，河东汾阴人。王衍，临沂人。李崇，顿丘人。斛斯[2]足，富昌[3]人。平鉴，蓟人。赫连子悦，天保中，为扬州刺史，政平为天下最。长孙冀归。代人。宣武时任。以上俱扬州刺史。王敬宝，鲜于世荣，郭元建，韦叔裕，杜陵人。东方老。安德离人。俱南兖州刺史。游明根，延兴三年，以善政征至京师。崔劼，清河人。傅永，清河人。贾显度。俱南兖州刺史。柳僧习，魏景明中，任大中正。解人。裴植，字文远。裴炯，字休光。裴絮，植之弟，字文亮。夏侯空。谯国人，字元廷。俱大中正。杨侃，弘农华阴人。录事。张惠绍，柳蚪，河东解人。裴绚。俱江阳长史。李宪，除扬州刺史、大都督。王肃，大中正，加都督。辛威，陇西人。授扬州刺史，加大都督。杨猛，授扬州刺史、大都督。辛术，都督扬州，招携安抚，城镇相继款附者二十一州。杨俭。华阴人。都督颖州诸军事，颖州刺史。时周孝闵帝改州四十六，以扬州为颖州。

隋

豫章王暕，高祖仁寿元年，任扬州总管。秦孝王俊，开皇间，授扬州总管。晋王广，开皇十年任。于颛，代人。隋文帝时，为吴州总管。辛公义，黜陟大使。贺若弼，字辅伯，

1　"顼"，原本作"讳"，据《陈书》卷五《宣帝本纪》改。

2　"斛"后，原本脱"斯"字。"斛斯"，复姓，鲜卑族姓氏。斛斯足，一名斛斯敦，斛斯椿之父。见《北史》卷四九《斛斯椿传》。

3　"富昌"，原本误作"富胄"，据《北史》卷四九《斛斯椿传》改。

河南洛阳人。战功为当时第一，拜扬州总管。**郭衍**。太原介休人。晋王广令为总管，领精锐，屯京口。**上官弘，李叔仁**。俱刺史。**钱让**，广陵太守。**游允**，广平任城人。为总管府法曹参军。**薛谟**，晋王府参军。**薛孺**。总管府司空参军。**张煚**，河间郑人。**段文振，张衡，赵元恪，李彻**。俱总管司马。**魏彦玄**，曲阳人。扬州总管府记室。**杜正玄**，豫章王记室。**虞绰**，余姚人。善词赋。**庾自直**，颖川[1]。**潘徽**。吴郡人。俱博士。**高颎**，渤海蓨人。晋王广伐陈，以颎元帅长史参军。**燕荣**，弘农人。检校扬州总管事。**高劢**，蓨人。检校扬州事。**李圆通**，总管长史。**冯慈明**，有传。**陈棱**，江都守。**赵元楷**，江都郡丞。**张虔威**。武城人。从帝幸江都，授江都赞治。

唐秩官纪 五代附

襄邑恭王神符，高祖初，扬州大都督，治隋江都故都。**李勣**，扬州大都督。**长孙无忌**，授扬州都督，一品俸。寻置黔州。**辅公祐**，都督。**李靖**，大都督府检校。**杨恭仁**，武德末长史。**苏瓌**，雍州武功人。任长史。单身襆被自将。**卢承业**，范阳涿人。长史。**崔义玄**，贝州武城人。大都督。**河间元王孝恭**，大都督。**梁郡公孝逸**，任大都督，挚敬业拔扬州。**李敬业**，勣子。起义兵扬州，自领。**韦温**，景龙中，任大都督。**李袭誉**，长史。有传。**张潜**，都督长史。**李朝隐**，督府长史。**韦虚心**，万年人。**韦安石**，万年人。**武攸绪**。俱长史。**萧颖士**，参军。**许景先**，兵曹参军。**韦凑**，万年人。扬州法曹。州有孟神爽，豪纵犯法，凑按治，杖杀之。**崔戎**，参军。**崔从**。淮南节度使。前此节度使凡交易资产、奴婢有贯率钱，畜羊有口算[2]，贸麦牟其赢，以佐用度，从悉蠲除之。今祝名宦祠。**李吉甫**，有传。**郑景山**，曹州人。**高适**，渤海人。**陈少游**，设法重税，扬民苦之。又附李希烈。**崔圆**，贝州武城人。**张延赏**，有传。**李夷简**，宗室。**崔鄂**，武城人。**韦陟**，万年人。**第五琦**，有传。**程异**。以上俱节度使。**刘晏**，有传。**韩洄**，淮南黜陟使。**班景倩**。扬州采访使。**韦知止，韦希缄，李思训，吴湘**。为李德裕所恶，坐罪治死，时人冤之。俱江都令。**康令**，有传。**韩琬，刘令**。失其名。俱高邮令。**张买臣**，武德三年，以海陵县为吴州，买臣为吴州太守。**窦崇道**，扬州太守。**韩绍**，广陵别驾。**杨再思**，长史。**狄光嗣**，仁杰子。**窦廷蕙**，洛阳人。**李琪**，

1　"川"后疑脱"人"字。

2　"畜"，原本误作"高"。"口"，原本误作"日"。据《新唐书》卷一一四《崔融传》附《崔从传》改。

谯郡人。卢翘，范阳人。王志愔，聊城人。姚崇，李尚隐，万年人。李憕。俱长史。张镐，博州人。大都督。陆象先，都督长史。皇甫知常，长史。卢万石，长史。李思海，参军。郑岌，督府参军。王锷，太原人。杜亚，裴度，闻喜人。李郦，李景让，憕之孙。韦元甫，李珏，有传。李绅，政尚刚严，蝗不入境。李蔚，字茂休。有惠政。当代，民诣阙，请留。王播，恕之子，扬州人。崔铉，马士举，戴可师，孙儒。俱节度使。马举，节度副使。李德裕，节度副使。杨严，收之弟。以杜悰荐，为观察使判官。关播，卫州汲人。董晋，河中虞乡人。崔颃，刘伯刍，杜颐。襄阳人。俱判官。杨收，杜悰表为推官。路岩，崔府支计。王起，李吉甫书记。刘禹锡，杜佑书记。段平仲。武威人。书记。窦常，崔致远，张又新。以上俱从事。王佋。节度使。有传。包佶，韩滉，元琇，有传。张滂，贞元元年任。杜佑，有传。李巽，潘孟阳，裴休。以上俱转运使。吐突承璀。淮南监军。张仲蕃，曲江人。于游艺。俱江都令。刘长询，张舍，崔道祯。俱江都丞。崔道祯，初为监察御史，李义府、诸武谮之，谪簿江都。吴尧卿，扬子院官。独狐勉，扬子令。韩自知，德宗时，扬子院留后。韩勾。扬子留后。郑令。失其名。皇甫冉有《酬高邮郑令》诗。李尚义，王众仲，柳学诚，襄阳人。王从易。汲郡人。以上俱扬州刺史。李峄，谯人。别驾。窦觎，洛阳人。长史。盛宣王琦，既封，领扬州大都督。令狐建，富平人。张宥。都督长史。唐践贞，卢仲宗，李宗臣，李佩，谯人。韦绰，李守泰，裴洵，张宇，魏州昌乐人。王达，太原人。李可道，窦邈，洛阳人。陆兼。以上户曹参军。卢托，范阳涿人。陆骊，吴人。元伯和，王嗣林，韩覃，兵曹参军。王恕，姚伦。俱仓曹参军。李光绍，于溶，长安人。白潾，太原人。王仲年，临沂人。郑世翼。俱录事参军。李朝宗，徐景，下邳人。杜式芳。俱法曹参军。李并，王孝京，王知节，河东人。崔架，博陵人。崔抚，安平人。浑宰，河南人。徐弘，下邳人。李素立。俱司马。杨行密，字化源，合肥人。任淮南节度使。朱全忠，节度使。李延寿，舒城人。齐抚，义丰人。李逢吉，卫次公，李锷。俱节度使。杨渥，行密子。令狐绹，牛僧孺，冯弘铎，袁蔚，陈郡阳夏人。张万福。以上俱节度副使。韩绰，魏铏，岑定，权皋。俱判官。裴胄，徐澄。俱推官。王徽，书记。刘大真，苏昆，刘三复，杜牧。俱书记。温述，顾云，徐澄。俱从事。高骈，章洞，黜陟大使。李承式，采访使判官。柳冲，安抚使。马存亮，监军。马珽，刘肃。俱江都簿。沈卓，江都尉。冯元常，孙俪，郑杞，孙贽，郑溶，李遇，凌璠。俱江都尉。郑准，荥[1]

---

1 "荥"，原本误作"荣"。

阳人。李像。俱丞。刘首孙，李瓆，李隐，李晤。俱令。韩枢，窦液。俱尉。于蕴，卢相。俱高邮令。姚怦，宝应令。李纯，宝应尉。徐俱罗，向道力。俱海陵太守。郑小宝，赵匡凝，海陵令。韩懒。海陵尉。

五代

韩令坤，知扬州。骆支祥，支计。刘从惠，扬州观按察司。李重进，淮南招讨使。有传。徐知诰，吴为淮南帅。齐丘，参谋。有传。舒元，颍州人。世宗征淮南，以元为淮南招讨使。李榖，显德年，行营都部署。李璠，行军司马。向拱，有传。江都令。江梦孙，张令。失名。俱江都令。徐延休，艾笴。俱少尹。吴廷绍，褚仁规，有传。郭载，南唐保大中，凿城池西北隅。方讷，保大十三年任。北兵至，不能御，因失泰州。皇甫晖。以上俱泰州刺史。率汀，团练使。高防，判海陵监事。荆罕儒，有传。边翙，显德二年，知通州。孙承祐，知静海军。王得麟，为静海制置巡检副使。侯仁矩，通州盐铁使。高坝，海陵镇使。李清，冯伦。俱海陵令。李智积，夏侯颇，焦儒。俱海陵令。朱昂，有传。蒋文恽。俱杨子令。

宋秩官纪[1]

太祖

慕容德丰，开宝中，从征太原，迁扬州都监。慕容延钊，太原人。淮南节度使。钱俶，建隆间，淮南节度使。李昉，饶阳人。掌书记。张勋，扬州都监。宋偓，扬州行营使。白重赞，楼烦人。行营使。袁彦，李榖。俱行营使。潘美，泰州团练使。陈文显，通州团练使。刘式，袁州人。监丰利监。江淮间旧有横赋，式奏免之，人以为便。刘蟠，开宝间，江淮制置发运使。岁漕江东米四百万斛，以给京师。李昭述，曾孝蕴，陈亨伯。俱发运使。张纶，有传。范旻，淮安转运使。王珦，提举官。李处耘，有传。王赞，观城人。张延嗣，楚昭辅，宋州人。薛惟吉，段思恭，侯陟，周渭。以上俱知府。高凝祐，知高邮军。时丹立，知高邮县。谢图，江都尉。高防，知泰州军。王仁瞻，赵玭，王文祐，开宝中，修捍海堰。郑元，李雄，潘士元。俱知泰州军。卢凤，遹复，李若拙，马适，张澹。俱泰州通判。王茂，通州知州。臧师颜，同上。马希崇，分司扬州。吴天常，通州通判。石守信。太

祖欲讨李重,守信以行营都部署兼知扬州。

太宗

李溥,发运使。有传。杨允恭,发运使。乔维岳,淮南转运使。有传。越文惠王元杰,淮南节度使。吴王灏,钱惟濬,假子。梁师成,俱淮南节度使。徐充,参军。章一夔,参军。高禹,转运判官。杨延昭,江淮都巡检使。贾昌衡,提点刑狱。高士林,监税使。张雍,发运使。李延孙,王子舆,秦羲,刘德言,孙长卿,黄震,浦城人。为人廉直,发李溥奸赃数十事。邵晔,卞衮。俱江淮制置发运使。沈继宗,淮南转运使。向敏中,副使。李椿年,副使。董俨,洛阳人。初,左迁泰州,逾年,拜谏议。寻出知扬州。侯斌,太原人。张观,赵延进,澶州顿丘人。薛居帷,王宾,王禹偁,济州人。魏羽,婺源人。柴成务,济阴人。王化基。镇定人。以上俱扬州知府。梁周翰,知高邮军。陆佖,知高邮县。冯正,知泰州军。周敬述,陆昭度,安德裕,李锐,赵希赞,朱允文,罗日新,李勤,李延。俱知泰州军。曾环,通州知州,始建儒学。宋湜,赵积。俱知通州。吕蒙亨,江都知县。徐元吉。高邮参军。

真宗

方偕,莆田人。发运使。杨文敏,司士参军。李公蕴,符祥三年,任淮南节度使。张师德,开封人。安抚使。王臻,转运副使。有传。赵贺,贾宗,有传。张环,有传。陈遘,有传。俱发运使。牛冕,节度使。丁宝臣,掌书记。郑颖,陆绳,赵时乃,吴镗,钱镕。俱参军。梁辉彦,司法参军。杨庚,参军。杨大雅,田京。俱提点刑狱。曾孝序,监税使。苏世安,以救欧阳修,出监泰州税监税使。魏瓘,张传,杨覃,杜绂,马仲甫,庐江人。路昌衡。俱发运使。胡则,永康人。张仕逊,襄州人。李沆,肥乡人。置盐仓。王嗣宗,汾州人。鲁宗道,谯人。向博式,张若谷,沙县人。张锡,汉阳人。吴中甫,天禧中任。开洪泽河,以避淮险。方仲旬,袁抗,南昌人。李及,郑州人。周湛,任布,河南人。段少连,开封人。张洞。俱转运使。李谘,转运副使。李虚己,先提举淮南茶场。雷有终,邵阳人。刘师道,朱台符。俱转运副使。刘琼,知建安军。曾致尧,南丰人。知泰州,寻知扬州。凌策,许逊,薛映,薛颜,冯元,戚纶,周寔,王随,王允明,周起,淄川邹平人。盛京,杜衍,有传。盛度,徐姚人。朱巽。俱扬州知州。刘立之,知高邮军。刘舜士,知高邮县。田锡,知泰州军。崔惟瀚,赵元嗣,徐继宗,陈英,蔡陟,张令铎,宋为善，谢涛，钱绛，钱昆，陈延赏，马庄，张仿，柳宏，边肃。俱知泰州军。曾乾度，真州知州。勤心任劳，襄成闸事。真置闸，自此始。沈玉，陈杲，王汝能。俱真州通判。王嘉言。江都尉。

仁宗

范仲淹，安抚使。有传。韩琦。淮南节度使。有传。胡令仪，有传。张纶。有传。俱江淮制置发运使。王鼎，发运副使。有传。马遵，发运副使。任宗谊，运属。李迪，转运判官。王鬷，赵州临城人。安抚使。张旻，段文昌。俱淮南节度使。张亿，签书判官厅事。张公衡，向雍，钱荩，赵希奥，沈礼，吴卿月，季著。俱参军。糜洙，艾丑，著《芍药谱》。金万里，葛琚。俱推官。邢[1]昺，济阴人。先知泰州，累迁淮南诸路巡抚使。崇玉雅，都巡检使。杨日严，河南人。江淮制置发运使[2]。杨告，绵竹人。晓法令，不务苛刻，时号"能吏"。杨佐，沈立，历阳人。居职办治，赐加金紫。杨祐。俱江淮制置发运使。张汝贤，发运副使。苏晓，武功人。淮南转运使。王曙，刘爚，蒋堂，宜兴人。耻愧权胄，所著《吴门集》二十卷。田瑜，寿安人。嘉祐间任。谨厚少文，习心吏事。张刍，吕绍宁。以上俱淮南转运使。王立，范雍，李允元，陈执中，张若谷，陆冲，郎简，临安人。苏绅，晋江人。陈商，王达，张奎，欧阳修，有传。苏舜元，杨察，柳植，真州人。张显之，孔宗翰，泰州知州。孔道辅子，以治行闻。包拯，有传。唐介，许元，韩宗武，沈遇，钱明逸，皇祐三年任。居守绳墨，政尚简静。王琪，有传。刁约，韩缜，裴煜，李兑，冯京，有传。钱公辅，武进人。王居卿，登州人。章岵，陈升之，建阳人。狄棐，长沙人。鲜于侁，有传。许将。福州人。以上俱扬州府知府。李莒，刁铎，王纯臣。俱扬州府通判。邵必，丹阳人。在任建学宫一百八十楹。晁仲约，吴充，浦城人。章隐之。以上知高邮军。元益，晁祖庆。以上知高邮县。钱滉，祁革，王皋，朱颎，胡淳，孔道辅，先圣四十五代孙。明道中，以议郭后绌废，与吕夷简不合，出。倪道宁，齐郭，楚经，孙昌，王质，赵良规，刘式，谭嘉言，刘玘，王冲，皇祐间，以都官治泰州，尝立《牧守题名碑》。张可道，皇甫泌，陈徽卿，朱越。俱知泰州军。梁适，天圣间任，有惠政。滕宗谅，天圣间任，有能声。王洙，明道间任，有惠政。傅求，韦觉，欧阳观，修之父。赵宁，杨仲元，薛孺卿，

1　"邢"，原本误作"刑"，据《宋史》卷四三一《邢昺传》改。
2　"置发运使"四字原脱，据《万历扬州府志》卷七《秩官志上》补。

乐国富,姚积,范端,马刚,黄贾,蒙守中,刘宗永,周约,张茂直。兖州人。以上泰州通判。仲简,鱼周询,雍州人。景祐间任,多闻见,明吏事,上言极论时政,仁宗嘉纳之。沈邈,方资。浦江人。嘉祐中,未任而卒。以上俱真州知州。刘师古,莆田人。杜杞,胡楚材。寿昌人。庆历中任。性敏好学,以刚直忤权贵,退居不任。俱真州通判。赵忭,海陵令。有传。黄君俞,莆田人。真州推官。杜涣,京兆人。任司法参军,以节自强。林彭年,连江人。许璋。宣城人。俱真州州属。吴遵路,有传。王素,有传。赵概,狄遵礼,筑捍海堤。聂世卿。新安人。俱通州知州。任建中,通州通判。蔡建中,梁惟宁。俱知静海县。崔伟卿,静海县尉。沈起,海门知县。有传。许宗旦。杨子簿。

英宗

陈旭,扬州通判。孔宗闵,林杞。俱知泰州军。赵大昌,泰州通判。方希皋。莆田人,司法真州。

神宗

罗拯,江淮制置发运使。卢秉,发运副使。韩亿,雍丘人。安抚使。朱服,湖州乌程人。推官。范椿,签书判官厅事。王安石,临川人。王宇孙,章得遇,林旦。俱签书判官。赵与滂,赵师雱,孟继勋,赵希镬,乔松,韩希辅。俱参军。洪应龙,姜渐,金鳌,赵希炤,陈必达。俱推官。吕大忠[1],蓝田人。元丰中任,时河决,飞蝗为灾,大忠极论之。提点刑狱。李常,建昌人。提点刑狱,奸无所匿。祖无择,上蔡人。提点刑狱。萧注,新喻人。泰州团练副使。姚兕,通州团练使。李肃之,江淮制置发运使。蒋之奇,宜兴人[2]。熙宁中任。岁恶,民流,之奇募使修水利以食流者,所活甚众。又凿新河,免覆溺之患,以治办称。张颉,金陵人。黄实。孝友敦睦,内行卓然。俱江淮发运使。李昌龄,楚丘人。温景,李复圭,丰人。蹇周辅,成都人。善于讯鞫,用智得情,神宗以为知体。皮公弼,河南人。苏颂,薛向,夏安期,德安人。蒋猷。以上俱淮南转运使。俞克,鄞人。希绩。俱转运副使。朱表臣,转运判官。杨迥,朱端禀,王子洤,李鼎,赵公谧,滕琪。俱常平司干办。朱寿隆,徐绶,马仲甫,刘敞,有传。彭思永,田谅,黄好谦,王益柔,吕公著,有传。

---

1 “忠”字原脱,据《万历扬州府志》卷七《秩官志上》补。注文正作“大忠”。

2 “人”字原脱,据《万历扬州府志》卷七《秩官志上》补。

蒲宗孟，杨景略。俱扬州知府。富弼，河南人。王珪，元丰四年任，吏民皆少法度。时有大狡嫚不谨，捽置之法。贼王伦等犯淮南，珪出郊击之，贼遁去。傅宷，王巩，晁补之，巨野人。有逃卒用货得户部判至淮南理逋欠，补之辨其奸事。苏轼知扬州，称为"贤别驾"。杨秉，吕夷简，时夷简奏免天下农器之算。范正辞，齐州人。俱扬州通判。曹元举，蔡说，胡从言，李良辅，范子明，苏税，张次山，有传。楚潜，李之纪，元丰二年任。撤子城内旧学，一新之。王子京。以上俱知泰州军。刘攽，熙宁三年任。敞之弟。为政宽平，视官属如子弟，甚德之。何琬。俱泰州通判。孙构，博平人。熙宁中任，岁凶，捕盗有法，境内为清。李釜，谢景温，沈景休，仙游人。唐淑问，江陵人。刘某，失其名。董扬休，刘述，苏澄，河南人。元丰初任，敦学校；会岁饥，发廪赈贷，多所存活。程筠，浮梁人。尝条新法不便，神宗改容。又平徭役，太后以"廉吏"称之。袁某，失其名。钱遹。浦江人。元丰中任，人以回邪论之。俱真州知州。胡宗愈，熙宁中，以刚直忤帝意，出判真州。陈求道，仙游人。真州通判。钟离景伯，通州知州。徐勋，通州判。罗适，江都知县。有传。李摅，江都尉。王无咎，江都主簿。陈之纲，周振。俱海陵知县。戴桶，潘景伯，陆子布。俱宝应知县。吴华。全椒人。熙宁中任，治经术，有文名，精于吏事，令行禁止。杨子簿。

哲宗

龚鼎臣，须城人。淮南灾，以鼎臣体谅安抚，蠲逋赈贷，所全活者甚众。安抚使。丘梀，吴瑛。俱签书判官。徐积，山阳人。元祐初，任司户参军。傅楫，高公粹，郭德安。俱参军。吴择仁，永兴人。章粢，建州浦城人。王宗望，固始人。沿淮一路风涛素险，舟多溺。议者谓开支氏渠，引水入运河。岁久不决，宗望始成之。刘宁止。俱江淮制置发运使。王古，莘县人。吴居厚，疏支家河通漕。李中师，开封人。两浙饥，移粟赈赡，僚属议勿与。中师曰："朝廷视民，淮浙等耳。"卒与之。范冲。俱淮南转运使。刘瑾，吉州人。陈靖，莆田人。庄公岳，绍圣间任。尝奏追还侵借钱谷，令当职官依限给散，以济缺乏时，无损民失财之弊。张景宪。俱转运副使。翟畋，何溥，邵缉，赵源，苏磻，章灈。俱常平司。吕惠卿，邓绾，成都双流人。王安礼，章惇，谢温仁，蔡京，滕元发，东阳人。王存，李承之，张璪，苏轼，有传。苏颂，南安人。章衡，浦城人。邹浩，晋陵人。程嗣恭，蹇序辰，林希，福州人。俱扬州知府。沈皇，常昭伯。俱海陵知县。王昱，徐敏予，王通，张竿。俱宝应知县。方烈，曾旦，王映，吴嘉成，董宾卿。俱泰兴知县。毛渐，元祐元年任，郡有斗门石硪及运盐河泄水涵管，皆渐所置者。杨蟠，钱塘人。安鼎。

俱知高邮军。孙似祖，吕令问。俱高邮知县。王鹗，陈瀚，熊皋，周邲，张升卿，陆佃，曾肇，蔡渊，钟正甫。俱知泰州军。陈瑾，南剑州人。常监扬州粮料院，寻迁泰州守。顿起，余[1]纲。俱泰州通判。王汉之，直州知州。龚觊，邵武人。唐稑。无锡人。俱真州判。郑彦，寿昌人。元祐间任司户，劝农勉学，狱无淹禁；有不克婚葬者，辄助给之。真州属。黄伯思。邵武人，通州司户。

徽宗

吕好问，仪曹参军。向子谭。发运副使。有传。卢宗原，宣和间任。开靖安河，直抵城下，免大江风涛之险，漕舟及江行者荷其利。张根。俱淮南转运使。有传。薛师鲁，赵希炤，藩菁。俱签书判官。赵彦俅，宗室，为扬州司户摄椽[2]，有告主藏吏盗钱千万，治之，吏泣请死。彦俅察其情，屏人问，则诸吏共贷也，乃许自首免罪，一日而毕。龙淮，史胄之，潘泉，缪元德，过正巳，孙士昌，陈炬。俱参军。王国寿，陈璧，廖铨，丁镛。俱推官。赵士隆，杨景崇。俱扬州兵马钤辖。张蕴，防御通州。夏守恩，夏随。俱防御使。柳廷俊，宣和元年，修真、扬、楚、泗、高邮运河斗门、水闸七十九座。吕源，宣和三年任。诏开运河。虞俦，宣和六年任。请开真州靖安河，以备大江李家港、黄天荡之险。任谅，眉山人。钟离瑾，始置闸召伯埭[3]以通水利。俱发运使。赵亿，发运副使。郭茂恂，蔡京，仙游人。陆缙，滕祐，吴人。马寻。须城人。以明习法律称。俱淮南转运使。董正封，胡直儒，泰新人。贾伟节，开封人。胡师文，上官均。邵武人。俱转运副使。石豫，宁海人。转运判官。陈宜孙，李本，徐宗偓，环略，曹绂，胡履泰，胡兆，张好问，王兴义，朱坚。俱干办。孙长儒，陈友信，成钦亮，朱杰，吴国华，叶筠。俱常平司。张来，陈轩，龚原，遂昌人。曾肇，吴伯厚，蒋之奇，王资深，章绛，有传。管师仁，龙泉人。张询，刘拯，范镗，彭汝霖，范坦，太原人。周种，吴执中，松溪人。王涣之，常山人。石公弼，吕益柔，林摅，福州人。政和七年任，为政以察察闻。张子宪，唐恪，钱塘人。许光疑，周焘，徐处仁，应天府谷[4]熟县人。以置裕民局，忤蔡京，出知扬州。洪中孚，薛嗣昌，徐铸，宣和三年任，尝请割泰兴遵化乡、柴墟镇、阴沙三处地随县，以隶扬州。毛友，王本。

---

1 "余"，《万历扬州府志》卷七《秩官志上》作"蔡"。
2 "摄椽"，疑当为"摄掾"，意为代理掾职。
3 "埭"，原本误作"球"。
4 "谷"，原本误作"穀"，据《宋史》卷三七一《徐处仁传》改。

俱扬州知府。刘蒙，有传。孙延直，秦焴，张祺，叶山，施堪，章冲，毛逢。俱扬州通判。王仲康，监扬州粮料。邵光，米芾。扬州从事。刘彦惇，大观间任，豫修《扬州图经》。江都尉。王正巳，陈谦善，陈谦之。俱海陵令。马光祖，史宜之，俞晦。俱宝应令。鲍耀卿，王桴，曾晏，吴径，徐宗师，童资，毛复，强公亘，康棣，蒋结。以上俱泰兴知县。赵晦之，解元。俱淮南统制、知高邮军。茹骧，夏归厚，黄绘。俱知高邮县。彭汝霖，张巨，章甫，曾孝广，虞谟，王璘，石戚，何康直，何处厚，管因可，洪中，叶邵，蔡佃，韦寿隆，方梦卿，赵子漪，张淑夜，蔡居厚，李询，王能甫，胡师文，刘南夫，沈锡，杨子人。弘宏，张卿材。以上俱知泰州军。范端，马尚，有传。杜革。俱泰州通判。胡交修，晋江人。唐肃，钱塘人。泰州司理参军。有商寓逆旅，同宿者杀人去。商夜闻声，往视之，血沾其衣，为捕吏所絷，州趣狱具。肃探知其冤，持之后数日，得杀人者。一时称神明。以上俱推官。穆修，郓州人。调泰州司理参军。王彦成，全椒人。调法曹参军。吕祖谦，狱掾。吴处厚，邵武人。蔡渭，詹度，政和初任，深知民俗利疾，以课最，玺书褒之。刘札，陈珦，刘公彦。金坛人。俱真州知州。陈杰，陆棠，常熟人。赵汝域，处州人。有政声。林通本，处州龙泉人。蔡伸，有传。齐某。失其名。俱真州判。赵子溥，宗室，真州属。朱彦，马永修，范致虚，建阳人。郭凝，塞通州北城门，作玄武庙于其上。齐廓，会稽人。周沆。益都人。俱通州知州。吴表臣。通州司理。

钦宗

魏惠宪王恺，徽宗子。淮南节度使。沈括，钱塘人。淮南饥，遣括察访。至，发常平钱粟赈之。复疏沟渎，治废田，以救水患，公私利焉。察访使。陈大素，河南缑氏人。淮南转运使。郭康伯，胡旦。渤海人。上书言时政利病。俱转运副使。蒋志租，张大成，郑森，孙洪宗，赵不烈，娄机，方洙，楼铉，沈仔，李模。俱茶盐司干办。郑愿中，孟嗣宗，姚瑾。俱常平司。李回，吴敏，邵武人。李康，梁扬祖。俱扬州知府。蒋延年，单进。俱扬州通判。傅墨卿，江都尉。卢卓，海陵知县。洪寿，宝应知县。蹇序辰，知高邮军。黄唐俊，知泰州军。胡安国，通州知州。钱治。如皋知县。

高宗

叶适，刘琦，有传。陈邦光。俱制置使。岳飞，有传。张荣，薛庆。俱镇抚使。杜充，宣抚使。张俊，凤翔人。安抚使。有传。向子忞，御史中丞。有传。朱胜非，江淮都督。李宝，静海军节度使。倪垕，签书判官。汪憲，王大吕，赵若棋，王朝佐。俱并录[1]事参军。朱景炎，参军。徐谊，温州人。李宪忠，青涧人。江淮制置使。章至，钱如川，许铎，葛斗参。俱推官。王晫，先知泰州，寻兼通、泰二州制置使。薛徽，傅崧卿，钱端礼。俱宣谕使。卢知原，德清人。江淮制置发运使。沈该，判官。汤东野，丹阳人。张问，襄阳人。权邦彦，河间人。汤鹏举，金坛人。孙航。潍州北海人。俱淮南转运使。蒋灿，董将，魏安行，乐平人。杨抗。俱转运副使。刘敏士，要安人。乔行简，唐遵，沈调，张力牧，楼涛，孟处义，龚鉴，王趯，王彦融，金坛人。强友谅，钟世明。俱转运判官。饶伯达，郭楫，王寔，张澄，蒋灿，曾绛，赵不凡，王安道，徐注，王傅，韩沃，吴巘，王珏，任尽言，王撵，刘景真，纪交，丘砺，张爰，钱唐休，许佐，蒋延寿。以上俱提举官。翟耕，郑焕，何伯骥，洪椿，王僎，蒋孝申，吕昭玘，王谊，庄尧咨，蔡唐，沈昌宗，王廉之，盛文昭，汪深之。以上俱常平司。吕颐浩，有传。吕源，黄愿，韩世忠，淮南宣抚兼知州事。有传。李安，宋孝先，宋伯友，刘洪道，俞向，张缜，郭仲威，史康民，李易，扬州人。叶焕，蒋璨，俞俟，陈古老，刘光远，陈兖，刘纲，闻周贼至而逃。许中，重建州学于英缠坊，以江都县学附焉。荣薿，楼涛，向子固，沈调，宋斐，刘岑，邓根，魏安行，许世安，王趯，刘泽，贾仲和。以上俱扬州知府。刘时，蒋该，鲜于广，蔡材，吕金中，莫模，俞执度，孙以祖，叶之仪，翟畋，韦能定，陆杞，刘俨，刁绎，蔡珵。俱扬州通判。钱节，扬州从事。黄裱，建炎中任，在县有劳绩。耿械，章骍，叶芬，李佑之，徐时诲，李齐，章骦。俱扬州通判。丘寿昌，杨佐，徐迈，洪隐，周寓，张宜之，王一正，陈博古，吕祖永，刘三杰，赵汝能。俱海陵知县。王洪祖，俞大中，吕师龙，蔡誉，晏陶，赵日起，张世杰，吕师孟，丰谟，梁子骏。俱宝应知县。段传，李恺，王勣，陆演，胡浚民，赵伯林，朱愿，郑穆，侯充国，曾觉，洪尊祖，尤袤，有传。叶畴。俱泰兴知县。叶宗古，毛溍，翁彦约，薛庆，建炎中任。力战金人，死于敌。董汶，吕令问，赵士瑗，宋肇，陈敏，钱卓，郑彦，徐子寅，刘彦，吴超，李机，王定国。以上俱知高邮军。周俊，霍大中。俱知高邮县。罗荐可，建炎初，任高邮司理参军。会京城陷，张邦昌窃位，肆赦至，邮守欲拜之，荐可毅然不许。留数日，建炎赦下。事闻，褒以京秩。钱端己，曾班，王浚明，赵直康，李仲孺，刘景真，王涣，开城内东、西市河，建藕花洲嘉定桥。纪交，丘砺，钱康休，许任，张爰，蒋延寿，张

---

1 "录"，原本脱，据《万历扬州府志》卷七《秩官志上》补。

枬，黄积厚，赵善继，王扬英，建宣圣庙，开泮池，浚运河支流以入泮。孙苌，刘岑，郑绸，孙镇，刘祖礼。俱知泰州军。吕本中，孙升，高邮人。戚纶，楚丘人。尹洙，河南人。张寔，李德邻，臧珪。俱泰州通判。丘夬，仙游人。建炎中任，初，进书数十万言，皆恢复大计。后以事忤权贵，出知真州。董克仁，光泽人。绍兴初任，陈书万言，忤时相，闻者缩首。权安节，周方平，赵士演，赵尚之，王伯淮，张好古，初，靖康兵火，学毁，衿佩失业，好古请以城南榷[1]货废屋建学。刘光远，张昌，王昭义，洪兴祖，有传。苏行冲，孙苌臣，丹徒人，进士。宋晓，傅宁，陈正同，吴橾，郑绸，董将，嘉禾人。绍兴中任。初，学毁于兵，权寓城南。将至，始迁复旧址，文庙、斋舍一时克备。王珏，临川人。徐康，睢阳人。俱真州知州。王俦，汤东辅，丹阳人。从张俊拔平江，以功除。潘殖。俱真州推官。梁师礼，段彦质。俱真州通判。吕伸，康渊，增置儒学斋舍。蒋延寿，崔邦弼，钱濬明。俱通州知州。方云翼，重建儒学。通州通判。元绛，海门知县。程坦，吴莘，黄万顷。绍兴中任，有惠政。俱兴化知县。

孝宗

王之奇，安抚使。陈俊卿，屯田使。有传。赵善湘。江淮制置使。刘光世，保安军人。先守通泰。隆元年[2]，金人渡淮，真、扬州皆缺守，命光世兼淮南诸路宣抚使署，司扬州，措置屯田。杨存中，代州崞县人。金兵攻淮扬，诏存中同都督江淮事。金兵在扬州，或劝击之，存中恐玉石俱焚，不敢渡，临江固垒老之，金人寻请盟焉。汤思退，处州人。叶义问。俱江淮都督。虞允文，王之望，谷[3]城人。唐文若，眉山人。许德之，牛泰来。俱参军。谯令雍，承宣使。王燹，权邦彦。俱招抚使。史涛，王梗，赵崇矞。俱推官。周汝霖，判官。张茂之，孙敏。俱淮南转运使。滕庠，徐子寅，朱佺。俱转运副使。刘颖，西安人。大著政绩。宋晓，韩元龙，晁子健，吴正巳，胡昉，俞召虎，赵思，向渲，燕世良，钱冲之，有传。吴飞英，赵彦逾，赵不流。俱转运判官。李孟坚，吕企中，向洵。俱提举官。赵汝采，徐天麟，令狐晋，王宗道，沈玑，卢宪，戴桷[4]。俱干办。周淙，隆兴元年任，

1　“榷”，原本误作“摧”，据《万历扬州府志》卷七《秩官志上》改。

2　“隆元年”，疑误。按《宋史》卷三六九《刘光世传》：“绍兴元年，金人渡淮，真、扬州皆阙守。”

3　“谷”，原本误作“穀”，据《宋史》卷三七二《王之望传》改。

4　“桷”，原本误作“桶”，据《万历扬州府志》卷七《秩官志上》改。

尝请宽恤二税。向沟,陈敏,有传。王佐,莫蒙,有传。晁公武,吕正己,乾道七年任,以瓜洲江滨丛冢为水冲啮,徙于洲之旌忠寺侧,揭曰"义冢"。胡坚常,陈栋,吕企,郭棣,薛居实,郑良嗣,张构,高夔,赵子濛,熊飞,郑兴裔,有传。钱之望。俱扬州知府。王栋,汪大定。俱扬州通判。赵彦盛,吴梓,蔡大成,梅忠彦,谢先经,陈滚,孙遵义,李安仁,李处端,孔琭,淳熙中任,先圣四十九代孙。在县,以能称。后家于泰州。丁可久,倪端臣。以上俱江都知县。施贯之,林问礼,黄应龙,宗如圭,谢范。以上俱海陵知县。蔡居厚。海陵主簿。邵纬,沈庠,朱竞,俞友,萧德荣,乾道元年任,尝建县宇。姚端修,王揭,成玙,石豫,汤义,吴昂。俱宝应知县。赵善瓘,耿汉。尝修筑捍海堤。俱如皋知县。王爀,钱寿之,陆况,张礼本,章樾,朱知刚,张姚,徐俭,赵师谊,鲍义叔,杜士英。以上俱泰兴知县。王渥,明椿,王诇,淳熙间任,尝筑文游台。赵不惭,淳熙间任,兴导水利,建三贤祠。鲁崇,程闻一,毗陵人。守高邮时,岁大旱,民告饥,悉心赈济,赖以存活者甚众。范嗣蠡,李愿,赵公豫,邵辑,张颀。俱高邮军。有传。刘度,项寿,上饶人。施广誉,李安上,柳大来,吴光祖。以上俱知高邮县。范瑜,王佐,辅逵,朱彦宗,张子颜,李东,赵善佐,张子正,魏钦绪,淳熙间任,建先贤堂,以祠富文忠、范文正、胡侍讲、王内翰四公使,学者有所矜式。李昇,秦埙,郑嗣宗,陈文中,万锺,有传。朱宋卿,陈文弼,苏玭,史卓。以上俱知泰州军。王涛,赵公说,陈升卿,聂谘,冯叔和,赵善愧,张枢,蔡栌,邢铢,管钧,赵公遇,沈端亮,张潜,王光国,孙良孺。以上俱泰州通判。曾怀,晋江人。隆兴元年任,训习民兵,有纪律,张浚奇之。员琦,张郯,有传。王察,张大经,南城人。隆兴间任,时两淮盐司帅守多兴事邀功,大经独以平易近民,民咸德之。谢扩然,延玺,解元振,张昌诗,陈倚,韩元老,姚恪,淳熙中任,政平讼平,奸盗遁伏。赵师龙,仪封人。淳熙中任,尝建社坛,举废葺颓,有及民之政。左昌诗。俱真州知州。张光,张康成,叶默,徐瑀,章骍,李桷,钱卫之,胡绾,徐栋,汪琛,皇甫焕,张广,翟畴,魏兴邦,刘三杰。若溪人。俱真州通判。闻人尧民,监税事。陈琪,真州属。杨布,建州公署,修儒学,增置学粮。蒋雝。莆田人。建儒学贡院。以上俱通州知州。

光宗

赵宗颓,参军。陈次升,仙游人。范百禄。以上提点刑狱。陈损之,水利使。有传。石宗昭,转运副使。王正己,许及之。永嘉人。俱转运判官。黄枢,周椿,高得全,徐榕。以上俱提举。赵师罕,赵不迹。俱知府。章复,江都知县。姚一谦,江都尉。司马俨,海陵知县。顾成，兴化知县。崔颂，胡思问。俱宝应知县。沈嗣宗，宋师文。以上俱泰兴知县。程回，泰兴主簿。朱羣[1]，赵善义。俱知高邮军。韩同卿，知泰州军。韩彤，泰州通判。赵公豫，有传。韩梴，绍兴四年任，尝葺州志七卷。林祖洽。俱真州知州。刘龟从，胡大成。毗陵人。以上真州通判。李櫕，严庶，郑随，胡垍，顾叔康。以上俱杨子令。章冲，张时修。尝使金，不屈。俱通州知州。钱孜。通州判。

宁宗

丘崇，江阴军人。江淮制置使。翟季懋，参军。卢俦，发运运使。杨辅，遂宁人。黄度，王彦。俱江淮制置使。张威，成州人。嘉定中任观察使，以勇见称。王璪，叶籈，黄莘。俱转运副使。沈作宾，韩梴，梁季秘，林桶，朱钦则，赵不憞，孟猷，富嘉谋，张缙，刘弥正，林振辰，费培，施宿，綦奎，赵师端，方信孺，兴化军人。在真州，即北山匦水，筑石堤二十里，人莫能测。金人薄城，守将决匦退敌，城乃获全。上官涣酉，有传。汪绎。俱真州知州。江湛，兼知真州，权安抚提刑。商硕，洪汲，吴机，兼守真州。丘寿迈。兼知真州。俱转运判官。洪秉哲，监盐仓。赵居父，干办。曾易占，李绅，润州人。监造船场。张文之，陈雷奋。俱干办。李曩，提辖纲运。吴永锡，陈铧，运司干办。赵若琚，南康人。提辖纲运。王宁，韩延，高子溶，杨恕，孔硕，赵充夫，给学田，置义廪。施宿，陈绩，刘庶。以上俱提举官。毕再遇，兖州人。以破金功，知扬州。郭倪，赵师石，崔与之，有传。应纯之，丘寿隽，郑损，岳珂，王应洪。以上俱扬州知府。梁大成，福州人。曾贰中，王通，盛庶，赵汝櫄，金侃，黄演，谭幼学，潘昌兰，何洙。俱扬州通判。张齐见，巩现，方及祖，吴材，宋宗说，赵伸天，魏杭，钱廷瑞，周溥，毛元善，赖嘉言，王辉。俱江都知县。张绰，朱仰。俱海陵知县。陈植，兴化知县。郑璪，静海知县。詹仁泽，桐庐人。静海尉。王之纯，邵诜，赵霩，赵辅，晁将之，高特，陈忞，汪林，徐大伦，吕祖志，刘篆，莫稳，施季熊，申昌衡，张谔，周绣，沈大舆，莫秘，叶举，史宗之，贾涉。以上宝应知县。魏甫，尝修筑捍海堤。如皋知县。洪咨夔，主簿。有传。方迅，赵善珆，刘宰，钱重，刘伯麟，胡阳祖，施季彪，高之大，张从之，张荣，王敏，章谦亨。以上俱泰兴知县。陈巩，庆元间任，尝建贡院八十余，及绘朱寿昌像于三贤堂。吴铸，延陵人。抚安良弱，爬梳强梗，振蛊兴坏，亹亹自力，百废绪举。刘元鼎，林仲虎，滕交，黄

1　"羣"，原本误作"晕"，据《万历扬州府志》卷七《秩官志上》改。

石孙,张革,应懋之,蔡辟,汪纲,商硕,汪统。俱知高邮军。孙杰,有传。杨某,失其名。孙遵义,章嗣贤。以上俱高邮知县。莫漳,沈垣,孙良臣,张晙,韩杲卿,陈茂英,嘉泰元年任,建平籴仓,凿通太子港,以益水利。张孙厚,富嘉谟,赵逢,金兵毁城,逢始增筑之。赵公璘,洪伋,翁璘,何剡,李琪,陈伯震,徐正卿,李骏,修城郭,请增戍兵,开新运河,自南城以至北城。宋济,史弥宁,陆伯震。以上俱扬州知府。齐璧,虞拼,李楠,邹如愚,沈皞,彭大辨,龚晏,史复祖,汪之翰,林介,张再兴,陈阜,罗端立,尤焆,李仁方。以上俱泰州通判。杨樗年,丹徒人。吴洪,薛绍,永嘉人。嘉定间任,政声赫赫。时有民家女流落至真,泣诉于绍。绍与金帛,内子捐金珥,择士人嫁之。周煓,张涣,姜楷,常楮,胡褒,萧存德,郑擢,林伯成,长乐人。开禧中任,创建陶冶,筑城五百余丈,凿濠深广,翼城之筑自兹始。郭超,阎一德,嘉定元年任,时兵燹后,民居略尽,乃创建厅事所。著有《古今政事录》。潘友文,有传。徐景,有传。李道傅,有传。王大昌,兼提刑。龚维蕃,丰有俊,有传。洪偲,奏建翼城,言甚剀切。袁申儒,有传。别之杰。郢人。俱真州知州。郗师成,曾松,郑炤,周确,傅公弼,刘深之,赵善堂,赵彦绾,林应辰,奚士达,宣城人。逯希颜,朱朋孙。俱军事判官。刘泳之,汪敏中,沈大椿,赵冲飞,尤烨,黄民望,永嘉人。权州事。陈椅。以上俱真州通判。程桂,司理。邵某,监酒务。失名。范如山,邢[1]台人。监酒务。刘克庄。莆田人。嘉定三年,任录事参军,卓有政誉。以上俱真州属。乔行简,有传。吴渊,蔡辟。莆田人。以上俱通州知州。李大有,通州判。有传。李觐,盱眙人。海门主簿。王枏,海门尉。葛师心,徐大伦,赵续,王垓,赵希叔,赵积厚,徐师愿,夏宏,荣傅辰,曾黯,王怿,丁宗魏,有传。刘百福。以上俱杨子县令。胡宿,有传。王福,权监瓜埠镇。刘槐,周思兼。以上俱杨子尉。

理宗

史嵩之,鄞县人。嘉熙间,尝以督府米赈淮扬饥。节制两淮军马使。陆秀夫,参军。有传。吴从龙,有传。王鉴,有传。贾似道。俱江淮制置使。丘岳,转运判官。田耒,提点刑狱。靳赛,金兵犯扬州,赛逆战于港河,破之。扬州统制。丁烨,淮东提刑兼提举。赵希袞,赵汝桿,朱扬祖,章琰,黎安朝,张竿,赵括夫,萧逢辰,章立义,黄涛,王夬亨,舒滋,曾镐,李义山,洪勋,李迪,安刘,赵日起,刘希仁,郭德安。俱

---

1 "邢",原本误作"那",据《漫塘文集》卷三四《故公安范大夫及夫人张氏行述》改。

转运判官。赵善晋，潘振，槜李人。吴渊，赵永昌，洪若拙，冯去非。都昌人。以上俱运属。赵万，周林，王百揆，方叔宽，洪价，施楄，汤忠彦，陈贵谦，孟善。以上俱提举官。颜耆仲，吴子良，孔时。俱茶盐司干办。赵范，有传。林拱，杨绍云，翟朝，史岩之，先知真州。赵葵，有传。李曾伯，赵与慧，两淮安抚制置使，兼知扬州。杜庶，有传。李庭芝。以上俱扬州知府。有传。丁晔，绍定三年任，以剿杀李全功，转朝请大夫。徐寿卿，齐砺，沈谧，李注，王尚达，郭圭，赵汝榟，高惟月，王恕，元伯泾，赵汝䜟，刘泽，刘锜军自扬州北门入，泽以城不可守，劝锜退屯瓜洲。王克谦，徐华老，史渭，蔡廷珪，孙一飞，汤广平，赵师镪，厉鹗翁，田文虎，郑竦，赵企莘，赵璬夫，陈光，赵必健，巢寅，杨文仲，有传。王旦。以上俱扬州通判。徐溥，胡梦炎，段震午，赵时朴，縻弇，孙午之，刘次春，李涉，舒有开，何田米，寅孙，柴元亨，张即之。自徐溥以下，俱添差通判。赵善璓，王札，燕熙，王诏，高奎，王铎，兼淮东安抚使司，主管机宜文字。葛嗣孙，杨白，余晦，有传。史肯之，杨友直，兼淮东制置使司干办公事。任栞，邹济，钱模，兼淮东制置大使司干办公事。曾仲举，程其扈，韩应祥，王巳，赵时向，彭奎。俱江都知县。王师导，赵崇卦，黄庸，鲍荣，路楹，李元规。俱海陵知县。吴嚞，宝庆五年任，抗敌而死。特赠朝奉郎、海陵主簿。杨文渊，杨谏，眉州青城人。胡拱辰，有传。徐景，黄师雍。福州人。俱宝应知县。孙祖仪，朱思道。以廉介荐。俱兴化主簿。张次元，潘次凤。俱静海知县。刘昌宗，郭大中，何宗，张叔敖，张陈，朱瑶。俱宝应知县。李天应，李立，龙雩，陈孝述，王炶，绍定间，李全寇扬州，炶募孙益、顾绪、顾绚守御，贼来薄城，益等战死，城获全。刘集议，周阜，黄居敬，董景愈，赵杜夫，高指，楼悦，师遇，谢安世，萧绍孙，史能之，丘复亨，徐密，李以忠，薛亨高。以上泰兴知县。戴桶，潘景伯，陆子布，叶秀发，有传。王通，张芋，吴焯，马光祖，朱复之，王贵，王昱，王霆，有传。王珪，徐敏予，史宜之，萧逢辰，向士璧，常州人。余晦，赵万，蔡誉，蔡廷珪，洪寿，晏陶，赵必晋，王洪祖，赵日起，黄梦桂，俞鳌，姜虎臣，俞大忠。以上俱知高邮军。王渭老，高邮通判。赵仁夫，蔡大圭，吴公勔，杨汉，马括，赵寿明，钟达，孙仁寿，丘牧。俱高邮知县。叶某，失其名。高邮尉。赵善瀚，绍定间任，建平籴备边仓。许堪，有传。史全之，楼扶，张定，赵瑰夫，何舜臣，宝祐间任，浚濠池，使周围相通；又增月[1]城，以御敌。王博文。俱知泰

州军。丘寿昌，赵汝笈，汪绛，姚元特，郑羽，王龙荣，陈力修。俱泰州通判。李士达，郑次申，俞垓，李虎，李安国，由知江都任。章琰，李安民，刘全，章立义，黄汉章，淳祐九年任，兼运判至十一年，除提刑。赵东，王雄，吴日起，休宁人。陈奕。以上俱真州知州。牛大年，宝庆元年任，筑城有功。未几，摄海陵令。王通，九江人。二年任，明敏练达，殚力以相筑城之役。三年，通判扬州。胡焞，赵宋昌，赵希贤，刘集义，蔡元龙，虞珏，应文蒪，凌云，张恢，朱应元，曹蕭，赵陞夫，史椿卿，添差。楼祥，添差。袁偯，游泽，添差。黄国，丘烈，陈枏，吕黯。以上俱真州通判。刘汝梼，司理参军。张端义，录事参军。赵必法，宗室人，司法。朱窴炎。苏人，以廉敏称。俱真州属。赵善珇，赵永昌，林㓙，叶德新，孙宗礼，俞垍，由淮安团练推[1]官。赵时褰，冯端亮，茅弆，赵若楷，孟继勤，卫煌，马扬祖，赵汝藁，史肖之，赵必梃，萧汉杰，乔如晦，钱垓。俱杨子令。刘用行，能文。程淮。河洛人。俱杨子尉。杜霆，杨瑜。俱通州知州。

度宗
安刘，史一之，赵畋。俱府判。杨承议，叶蕢。有惠政。俱兴化知县。张世杰，范阳人。史能之，吕师龙。俱知高邮军。熊伯明，孙虎臣，咸淳间，屡败元兵，功甚著。后以无援，孤立，竟死于军中。以上知泰州军。郭濬，郭赟，王起家，苗再成。俱真州知州。有传。刘元颖，王猷，董炜，李初雷。以上俱真州判。刘蕡，东平人。咸淳间，任杨子县令。工诗能文，所著有《南荣集》。冯弼。建儒贡院。通州知州。

恭帝
赵淮，有传。雷大震。德祐间任，元兵至杨子桥，大震出战，破之。以上扬州统制。李伯度，周大本，刘昌宗，李复，王呈瑞，赵唯夫。俱提举官。夏贵，知府。吕思孟，汤孝信，高贵。俱知高邮军。有传。赵孟颍，宗室，司户○军[2]，后仕元。真州属。杨思复，通州知州。张商英。新津人。通州主簿。

端宗
姜才，扬州统制。有传。汪立信，宣谕使。有传。褚一正，宋末，与元兵战于高沙，被枪，竟投水死。巡检使。黄筌，赵穟，洪俶，曾仲良，曾文若，赵彦鼎。俱提举官。朱焕。

---

1 "推"前疑脱"任"字。
2 "司户○军"，《万历扬州府志》卷七《秩官志上》作"司户参军"。

知府。后降贼。

元秩官纪

杨惟中，宣抚使。崔斌，江淮行省左丞。董文用，江淮中书省参政。赵琏，行省参政。盛昭，行省照磨。珊竹拔辰，淮东金宪。史弼，宣慰使。高睿，廉访使。张弘纲，有传。招讨使。孙扬，招谕副使。张焰，张彦安。俱扬州路总管。董搏霄，枢密判官。李天禄，元帅。陈忠，副元帅。张鼎，安远将军。郝彬，扬州路治中。有传。花世辅，扬州知府。忽秃，哈只，明安答儿，真州达鲁花赤。吴世英，王德甫，张震。俱真州知州。李遯，真州同知。庐山，杨子达鲁花赤。匡国政，杨子县丞。八剌脱国，泰兴达鲁花赤。刘节，蔡济，冯贲。俱泰兴知县。鲁世荣，泰兴县丞。粘哥天禄，刘守心。俱泰兴主簿。赵德彰，李齐。俱高邮知府。有传。偰哲笃，有传。张祯，杨金。俱高邮知县。詹士龙，有传。丁济。俱兴化知县。李东平，泰州知州。寿童，如皋达鲁花赤。陆仲高，如皋知县。忽都，火者，也先帖木儿，通州达鲁花赤。马公毅，郭某，失其名。田泽。俱通州知州。顾显，周衡，张处恭，李良，通州判官。卜颜不花，通州监郡。孙天麟，通州从事。范应纯，通州万户。李秉，陈岩，静海典史。张士良，季世衡，海门知县。徐文显，陈新。海门典史。

扬州府志卷之八

秩官志上

明初，置江淮翼元帅府，以重臣分镇扬州。是后，统辖兹郡者，有巡抚兼总督漕运都御史、操江都御史，若总督、河道及盐法、赈济都御史，系特遣，或罢置不常。御史有巡按、提学、巡盐、巡漕、巡江、巡仓、印马、清军，唯巡盐御史驻扬州。嘉靖三十三年，以倭寇故，巡抚都御史郑晓奏设按察副使为海防道，驻泰州。万历丁酉，以总漕都御史兼总督河道，而巡抚都御史兼海防军务移驻泰州。其以部属分司境内者，管河工部郎中分署高邮，监收船料；南京户部设署扬州，监收砖料；南京工部设署仪真，或郎中、员外郎、主事，以时遣。其后，复以管河工部兼砖厂务，而南京工部分司裁革焉。

扬州府：知府一人，清军同知一人，江防同知一人，旧设船政同知一员，驻淮安，康熙二年裁。管河通判一人，管粮通判一人，推官一人，经历一人，知事一人，照磨一人，检校一人；府儒学教授一人，训导四[1]人；税课司大使一人，库大使一人，军储仓大使一人。仪真批验茶引大使一人，广陵驿丞一人。

江都县：知县一人，县丞一人，主簿一人，典史一人；县儒学教谕一人，训导二人；瓜洲、邵伯、万寿、归仁、上官桥巡检司巡检各一人，邵伯驿丞一人，瓜洲闸官一人。

仪真：国初为真州，置知州一人，同知一人，判官、吏目、学正俱如各州制。后为县，置知县一人，县丞一人，主簿一人，典史一人；县儒学教谕一人，训导二人；迎銮驿丞一人，今改水驿。旧江口巡检一人，税课局大使一人，广实仓

---

1 "四"，原本误作"西"，据《万历扬州府志》卷八《秩官志上》改。

大使一人,清江闸闸官一人。

泰兴县:知县一人,县丞一人,主簿一人,典史一人;县儒学教谕一人,训导二人;印庄、黄桥口岸巡检司巡检各一人,税课局大使一人。

高邮州:知州一人,同知一人,治农判官一人,管河判官一人,吏目一人;州儒学学正一人,训导三人;盂城、界首驿丞各一人,广储仓官一人,税课局大使一人,时堡、张家沟巡检司巡检各一人。

兴化县:知县一人,县丞一人,主簿一人,典史一人;县儒学教谕一人,训导一人;安丰司巡检一人,永兴仓大使一人。

宝应县:知县一人,县丞一人,主簿一人,典史一人;县儒学教谕一人,训导二人;安平驿丞一人,槐楼、衡阳巡检司巡检各一人。

泰州:知州一人,同知一人,判官一人,吏目一人;州学正一人,训导三人;税课局大使一人,常丰仓大使一人,海安、西溪、宁乡、巡检司巡检各一人,河泊所官一人。

如皋县:知县一人,主簿一人,典史一人;县儒学教谕一人,训导二人;掘港、西场、石庄巡检司巡检各一人。

通州:知州一人,同知一人,判官一人,吏目一人;州学正一人,训导三人;税课局大使一人,狼山、石港巡检司巡检各一人,通济仓大使一人。

海门县:知县一人,典史一人;县儒学教谕一人,训导一人;吴陵巡检司巡检一人。

明[1] 秩官纪[2]

张德林,有传。缪大亨,有传。陈瑄,有传。缪思恭。泰州人。以上镇守扬州总管,俱洪武初年任。李遂,江西人。有传。唐顺之,武进人。有传。李志,浙江人,进士。李三才。字道甫,临潼人。矿税,上疏力争,风力特著。俱巡抚都御史,驻泰州。以上俱万历年任。冯杰,金华人,举人。尹镗,直隶广平人。蒋诚,江西大庚人,进士。以上俱正统年任。练纲,直

1　原本"明"字有单独列行之标示,为与本卷之"国朝秩官志"文例一致,整理时未单列成行。

2　本卷以上部分疑为补版。底本首行题"扬州府志卷之八",次行题"秩官志上",第三行题"明秩官纪"。版心叶码分别题"前一""前二""前三"。

隶常州人。**彭烈**,庐陵人,进士。**赵铭**,安化人,进士。**李宏**,蠡县人,进士。**刘渊**。以上俱景泰年任。**张岐**,兴济人,进士。**李瑾**,丐池人,进士。**程鉴**,开州人,进士。**李益**,长安人,进士。**荆纶**,田济。陕西麟游人,进士。以上俱天顺年任。**董俊**,南乐人,举人。**姚绶**,嘉兴人,进士。**左钰**,阜城人,举人。**温琮**,华阳人,进士。**王继**,祥符人,进士。**董韬**,临海人,进士。**吕锺**,郓城人,进士。**黄锺**,宁远人,进士。**吴祚**,淳安人,进士。**刘瓒**,益都人,进士。**雍泰**,咸宁人,进士。**刘魁**,高唐人,进士。**杨澄**,射洪人,进士。**吴哲**,临川人,进士。**陈孜**。浮山人,进士。**李孟晊**,睢州人,进士。**王相**,商水人,进士。**畅亨**,河津人,进士。**刘洪**,湖广安陆人,进士。以上俱成化年任。**史简**,洛阳人,进士。**张祯**,平度人,进士。**孙衍**,余姚人,进士。**张智**,巨鹿人,进士。**刘伟**,海盐人,进士。**汪铉**,余姚人,进士。**荣华**,蓝田人,进士。**邓漳**,涿州人,进士。**赵鉴**,寿光人,进士。**刘峣**,安定人,进士。**金洪**,鄞县人,进士。**史载德**,新郑人,进士。**冯允中**,郴[1]州人,进士。**马昆**,平湖人,进士。**王俸**,吴县人,进士。**曹来旬**,郑州人,进士。**赵继爵**,同州人,进士。以上俱弘治年任。**朱廷声**,进贤[2]人,进士。**徐行庆**,金溪人,进士。**李云**,贵溪人,进士。**朱俨**,莆田人,进士。**刘绎**,代州人,进士。**朱冠**,固始人,进士。**张淮**,南皮人,进士。**张鹏**,洪雅人,进士。**刘澄甫**,寿光人,进士。**王金**,直隶涿鹿中卫人,进士。**卢楫**,密云人,进士。**许翔凤**,洪洞人,进士。**王琳**,安丘人,进士。**郑气**。直隶静海人,进士。以上俱正德年任。**秦钺**,慈溪人,进士。**吴铠**,阳谷人,进士。**张珩**,石州人,进士。**戴金**,汉阳人,进士。**雷应龙**,石州人,进士。**李佶**,金堂人,进士。**朱廷立**,通山人,进士。**李士翱**,长山人,进士。**周相**,吴江人,进士。**王桥**,京山人,进士。**陈镐**,郴州人,进士。**徐九皋**,余姚人,进士。**陈蕙**,晋江人,进士。**洪垣**,婺源人,进士。**吴悌**,金溪人,进士。**焦琏**,涿州人,进士。**胡植**,南昌人,进士。**徐鹤龄**,海宁人,进士。**齐宗道**,辽东人,进士。**刘存德**,同安人,进士。**谢应徵**,华亭人,进士。**陈其学**,蓬莱人,进士。**杨选**,章丘人,进士。**高镛**,内江人,进士。**黄国用**,丰城人,举人。**莫如士**,新会人,进士。**崔栋**,蓟州人,进士。**张九功**,沁州人,进士。**李廷龙**,湘阴人,进士。**王纳讲**,融县人,进士。**金应奎**,仁和人,进士。**徐矿**,太仓人,进士。**朱炳如**,桂阳人,进士。**苏朝宗**。河南汲县人,进士。俱嘉靖年任。**孙以仁**,昆山人,进士。**马文炜**,安丘人,进士。**李学诗**,安阳人,进士。**张守约**,永福人,进士。**周于德**。河南祥符人,

---

1　“郴”,原本误作“柳”,据《万历郴州志》卷一六《人物传》改。

2　“贤”,原本误作“侵”,据《明史》卷一八八本传改。

进士。俱隆庆年任。王琢玉，莘县人，进士。许三省，钱塘人，举人。王晓，淄川人，进士。董光裕，洪洞人，进士。姜璧，文安人，进士。曹一鹏，任丘人，进士。任养心，芮成人，进士。孙继先，盂县人，进士。蔡时鼎，漳浦人，进士。陈遇文，安邑人，进士。沈权，祥符人，进士。陈禹谟，仁和人，进士。李光祖，保安人，进士。徐图，掖县人，进士。王明，解州人，进士。綦才，掖县人，进士。吴崇礼，宁阳人，进士。杨光训，渭南人，进士。马从聘，灵寿人，进士。应朝卿，临海人，进士。蒋以化。常熟人，丁卯科。康丕扬，徐缙芳，福建人，进士。谢正蒙，广东人，进士。龙遇奇，江西人，进士。孙之益。四川人，进士。以上俱万历年任。房可壮，山东人，进士。冯三元，北直人，进士。周邦基，湖广人，进士。樊尚燝，江西人，进士。陆世科。浙江人，进士。以上俱天启年任。许其孝，北直人，进士。张养，山西人，进士。邓启隆，江西人，进士。张锡命，四川人，进士。高钦舜，浙江人，进士。黄希宪，江西人，进士。邓启隆，复任。李完，四川人，进士。贾多男，北直人，进士。黄谏卿，福建人，举人。张绪纶，山东人，进士。杨仁愿，江西人，进士。倪嘉庆。□□人，进士。以上盐法御史，俱崇祯年任。张景贤，眉州人，进士。马慎，大城人。进士。刘景韶，崇阳人，进士。张师载，潜江人，进士。姜廷颐，巴陵人，进士。刘祐，掖县人，进士。傅希挚，衡水人，进士。陈文耀，确山人，进士。程学博。孝感人，进士。以上俱嘉靖年任。陈文焕，临川人，进士。龚大器，公安人，进士。舒大猷，城县人，进士。胥遇，眉州人，进士。周梦旸，漳县人，进士。薛梦雷，福清人，进士。张允济，固安人，进士。曲迁乔，进士。王之猷，新城人，进士。陈璧，福清人，进士。杨洵。济宁州人，进士。张鸣鹗，钱塘人，进士。杨槚，德州人，进士。熊尚文，丰城人，进士。郑国俊，解州人，进士。马从龙。新蔡人，进士。以上俱万历年任。郭士望，蕲水人，进士。周汝玑，商城人，进士。王化行，闽县人，进士。来复。三原人，进士。以上俱天启年任。王象晋，新城人，进士。有传。柴绍勋，仁和人，进士。郑二阳，鄢凌人，进士。特召升巡抚。有传。袁继咸，江西人，进士。有传。王心纯，嵊县人，进士。黄家瑞。浙江人，进士。以上俱海防兵备副使，俱崇祯年任。郑灵，福建人，主事。宋讷，华亭人。吴瑛，安仁人。崔升，安阳人。郭昇，颍川卫人。潘洪，南海人。顾余庆，吴县人。杨时秀，余姚人。曹元。宛平人。以上俱成化年任。王琼，太原人。张玮，常州人。刘浩，安福人。曹忠。江阴人。以上俱弘治年任。周郁，阜城人。谢表，上虞人。胡礼，南海人。毛思义，阳信人。廖忠，江西人。姚鹏，崇德人。郑濬，闽县人。郑杰，闽县人。戴恩，华亭人。廖纪，黄梅人。杨最。射洪人。以上俱正德年任。蒋益，武进人。王承恩，高阳人。陈毓贤，福建人。刘玑，盩厔人。丁洪，铅山人。

丘茂中，莆田人。黄行可，莆田人。金述，江宁人。金克厚，仙居人，进士。郑钢，怀安人，进士。涂楗，丰城人，进士。毕鸾，凤翔人，举人。郭应奎，泰和人，进士。邵南，乌程人，进士。毛恺，江西人，进士。谢体升，吉水人，进士。陈墀，余姚人，进士。邓玺，龙[1]阳人，贡士。张承叙，固始人，进士。彭澄，万载人，举人。包应麟，陵海人，进士。李方至，富顺人，进士。叶继美，闽县人，举人。臧继芳，长兴人。杜思，浙江人。应存性，仙居人。程道东，歙县人。沈子木，浙江人。朱应时，顺天人。以上俱嘉靖年任。王楣，遵化人。张纯，福建漳州人。吴自新。江宁人，进士。以上俱隆庆年任。邓玨，江夏人。龚以静，郎中。刘时，永新[2]人。王某。员外[3]郎。以上俱天顺年任。徐志文，新昌人。进士。高安，吉水人。进士。潘某，郎中。薛贞，大同人，进士。瞿明，常熟人，进士。张本，钱塘人，进士。颜泾，吴县人，进士。施恕，开化人，进士。卢勘[4]，东莞人，进士。彭钣。莆田人。以上俱成化年任。夏英，德化人，进士。刘珏，内江人，进士。段续，山东人。崔玺，武涉人。黄琪，余姚人，进士。郭祥鹏，泰和人。吴综，长兴人。蔡钦，余姚人，进士。邹韶，常熟人，进士。徐瑶，江宁人，进士。王宣，嘉定州人，进士。吕爕，有传。何垕，新城人，进士。欧阳诰，泰和人，进士。陈良山[5]，华亭人，进士。以上俱弘治年任。冯志，慈溪人，进士。刘时旺[6]，安福人，进士。邝郊，广东人，贡士。孙伟，清江人，进士。李涊，祁门人，进士。欧阳席，泰和人，进士。曹山，四川人。王淮，安福人，进士。卞思敏，江阴人，进士。曹恩，德州卫人，进士。李沧，永康人，进士。刘秉常，安福人。廖佩，泰和人，贡士。张糸究，上海人，进士。范天锡，真定人。杨延[7]用，临川人。周士英，慈溪人，进士。颜如环，安福人，贡士。汪本。浮梁人，进士。以上俱正德年任。敖英，清江人，进士。朱应昌，钱塘人，进士。叶鹄，上饶人，进士。王莘，江阴人，进士。倪霏，钱塘人。官生。徐昇，常州人，贡士。刘安，慈溪人，进士。戴鲸，鄞县人，进士。陈谟，巴县人，进士。项乔，永嘉人，进士。操松，浮梁人，贡士。赵迎，巩县人，进士。方云鹤，余杭人，进士。何其高，阆中人，进士。锺恕，南阳人，贡士。周显，濮州人，进士。任重，余姚人，贡士。张锺，云南人，进士。王公福，

1　"龙"，原本误作"尤"。《康熙龙阳县志》卷三有传。

2　"新"，原本误作"兴"，据《隆庆仪真县志》卷五《官师考下》改。

3　"外"，原脱，据《万历扬州府志》卷八《秩官志上》补。

4　"勘"，原本误作"最"，据《隆庆仪真县志》卷五《官师考下》改。

5　"山"，《嘉庆重修扬州府志》卷三七《秩官志三》作"珊"。

6　"旺"，《嘉庆重修扬州府志》卷三七《秩官志三》作"望"。

7　"延"，《嘉庆重修扬州府志》卷三七《秩官志三》作"廷"。

监利人,贡士。莫如忠,华亭人,进士。李性,东鹿人,贡士。郑汝舟,莆田人,进士。沈鎏,秀水人,进士。毛恺,江山人,进士。陈天贵,常州人,贡士。杨煦,晋吴[1]人,贡士。章美中,会稽人,进士。许用中,东阿人,进士。何廷仁,云都人,贡士。王春复,晋江人,进士。郭恺,泰和人,贡士。江镇,清[2]江人,贡士。尚薰,武功人,进士。凌云翼,太仓人,进士。曾才汉,泰和人,进士。韩子允,慈溪人,进士。朱天球,漳浦人,进士。徐鹪,海盐人,进士。程金,歙县人,进士。刘炌,海盐人,进士。洪其志,海阳人,进士。曾子钦,泰和人,贡士。曾乐,新淦人,贡士。胡文孚,休宁人,贡士。章楷,富阳人,贡士。戴绶,金溪人,贡士。沈启原,秀水人,进士。曾可耕,庐陵人,进士。邓之屏,巴县人,进士。徐鼎,永丰人,贡士。许孚远,德清人,进士。杨沛,华亭人,贡士。李寅宾,婺源人,进士。边维垣。四川成[3]都人,进士。以上俱嘉靖年任。唐维城,莆田人,进士。严镒,顺天人,进士。彭汝成,庐陵人,进士。王洙,永康人,举人。黎桂,万安人,进士。林世章,长乐人,进士。詹世用。弋阳人,进士。以上俱年间任。徐大任。有传。梁承学,聊城人,进士。张试,萧山人,进士。王来贤,合肥人,进士。龙养性,吉水人,举人。黄金色,钱塘人,进士。张东旸,高安人,进士。郭子章,泰和人,进士。周汝登,嵊县人,进士。陈春,仁和人,举人。宋存德。南京锦衣卫人,进士。俱万历年任。主事,以后革分司之差,总属南河郎中。以上工部分司。

　　梁谨,山东武城人,进士。成化年任。范庆,隆庆人,进士。郭廷珪,仪封人,进士。熊㮤,商城人,进士。曾镒[4],保昌人,进士。王应奎,泰和人,进士。唐臣,营山人,进士。黄衷,南海人,进士。贾璇,汾州人,进士。邓琛,东莞人,进士。甘振,桂平人,进士。喻时,内江人,进士。荀凤,宛平人,进士。程云鹏。南充人,进士。以上俱弘治年任。郑信,东平人,进士。李承勋,嘉鱼人,进士。有传。杨捷[5],朔州人,举人。陈埠,闽县人,进士。郑文炳,济宁人,进士。黄国泰,临清人,进士。郭清,莆田人,进士。吴吉,滦州人,进士。汪淳,武昌人,举人。张宪,大理人,举人。辛东山,洛阳人,进士。尹辅,巴县人,举人。赵锦,良乡人,进士。有传。陈铁。贵池人,进士。以上俱正德年任。林益,莆田人,进士。洪锵,莆田人,进士。田邦杰,侯官人,进士。张淮,顺德人,进士。郑淮,上元人,进士。黄应宾,

---

1　"晋吴",《嘉庆重修扬州府志》卷三七《秩官志三》作"进贤"。

2　"清",《嘉庆重修扬州府志》卷三七《秩官志三》作"靖"。

3　"成",原本误作"城",据《万历扬州府志》卷八《秩官志上》改。

4　"镒",《嘉庆重修扬州府志》卷三七《秩官志三》作"益"。

5　"捷",《嘉庆重修扬州府志》卷三七《秩官志三》作"楗"。

博罗人，举人。倪缉，闽县人，进士。李性，长乐人，进士。胡道芳，歙县人，进士。陈辋，历城人，进士。张铎，壶关人，进士。余承业，青神人，进士。林华，莆田人，进士。柯实卿，晋江人，进士。魏廷萱，许州人，进士。马练，蒲圻人，进士。郑恭，绩溪人，进士。王钺，福州人，进士。林东海，莆田人，进士。郑普，南安人，进士。谢炯，莆田人，举人。李宠，泾阳人，进士。徐荣，晋江人，进士。集希程，泌阳人，进士。柯焘，建德人，进士。张应聘，繁峙人，举人。谢彬，龙溪人，进士。牛恒，武功人，进士。陈邦治，应城人，举人。宋天民，莆田人，进士。王曰然，卫辉人，进士。宋曰然，莆田人，进士。黄懋恩，莆田人，进士。傅卿，莆田人，进士。胡廷献，增城人，进士。蒙大赍，宾州人，进士。周希哲，威远人，进士。刘鹏，濮州人，举人。刘阳，任丘人，举人。冯元，番禺人，进士。秦禾，无锡人，进士。徐观澜，莆田人，举人。李华鲁，祥符人，进士。魏堂，襄阳人，进士。李纪，泗州人，进士。萧奇勋，莆田人，进士。何维，太康人，举人。吕铎，上元人，举人。吴福基，休宁人，举人。黄元吉。郧西人，进士。以上俱嘉靖年任。刘光，南阳人，进士。马绍英，安邑人，举人。李一迪，茂名人，进士。曹梅，盐山人，进士。丘承祖，成都人，进士。廖文光，蓝山人，举人。马呈书。广平人，举人。以上俱隆庆年任。窦如兰，大名人，进士。高甲，都司人，进士。丁一中[1]，丹阳人，选贡。景嵩，宣府卫官籍，进士。李宜春，莘县人，进士。郭大纶，博兴人，进士。方亮工，番禺人，进士。蒋希孟，全州人，举人。冷文煜，铜梁人，举人。邓宗臣，南充人，举人。徐学礼，灵璧人，进士。李承志，曲沃人，进士。杨际会，容县人，进士。尤光被，罗源人，进士。陈臻，句容人，进士。蒋遵烈，全州人，举人。马彦卿，内江人，举人。易以巽，安县人，进士。崔汝孝，平陆人，举人。刘三乐，大明人，举人。吕子桂，沧[2]州人，进士。江来岷，歙县人，举人。张维翰，茌平人，进士。伍可受，清流人，进士。张鸣鹤，东莞人，进士。王珽，宜山人，举人。吴华，漳浦人，进士。杨逢时，江陵人，进士。林继衡，长乐人，进士。杨应需，宜兴人，举人。周之翰，荆门人，进士。武扬，大名人，举人。李之皞，潜江人，进士。蒋行义，长乐人，进士。张经世，渭南人，进士。林光，闽县人，官生。杨岑。海丰人，举人。游于广，南平人，官生。金砺，西华人，进士。汤有光，上元人，举人。刘一全，鳌屋人，举人。陈勋，闽县人，进士。裴汝宁，清流人，官生。王照，商城人，进士。介梦龙，山西人，举人。连继芳，福建人，进士。柯

1　“中”，《嘉庆重修扬州府志》卷三七《秩官志三》作“阳”。

2　“沧”，原本误作“仓”，据《万历扬州府志》卷八《秩官志上》改。

昶,莆田人,进士。孙崇光,扶风人,举人。卢龙云,南海人,进士。黄鸣乔,莆田人,进士。谢宸,城固人,进士。白竹,华容人,进士。郑毓麟,晋江人,进士。王命新,汶上人,进士。李垂街。镇安县人,进士。以上俱万历年任。周宇,成都人,进士,泰昌年任。王建侯,山丹人,进士。王受人,广平人,官生。姜兆齐,掖县人,进士。陈锺衡,莆田人,官生。强思,郿县人,举人。毛可教,麻城人,举人。刘之范。富顺人,举人。俱天启年任。张有誉,江阴人,进士。唐显悦,仙游人,进士。张书绅,三原人,举人。庞景忠,南海人,举人。邓士亮,蒲圻人,举人。何其偀,太兴人,举人。吴世翔,武进人,举人。刘鳞长,晋江人,进士。林梦官,龙溪人,进士。段复兴,阳谷人,进士。陈从教,福清人,进士。汪国策,婺源人,进士。胡允敬,内江人,进士。成克延,大名人,官生。李呈芬,江夏人,举人。戴立大,芜湖人,举人。俱崇祯年任。以上户部分司,设署扬州。魏观,湖广蒲圻人,以微聘起,与刘基、宋景濂同谒明太祖,与语,大奇之。元年,任两淮盐运使,入为起居注。梁春,明初时,以通经荐,政声茂著。蒋廷瓒,永乐间任,历官工部侍郎。徐茂泰,永乐间任,历官兵部侍郎。何士英,东阳人,旧志称其清厚恭谨,临政明达,务持大体。任九年,考绩,商民保留,复任至宣德七年,致仕归。白深,宣德八年任。严真,奉化人,正统间升任,尝建崇文阁于儒学。耿九畴,卢氏人。崔玙,宛平人,进士。景泰中,以御史任。操履端谨,升参政。夏时,山东人。景泰中,由监生任。崔能,山西大原人。天顺中,由贡士任。谢燫,临海人,进士,以御史任。旧志称其才足治烦严,能御史,升参政。延祥,宛平人,举人。条陈盐政六事,咸允行之。欧贤,苍梧人,进士。白行中,清润人,举人任。袁江。祥符人,进士。旧志称其奉公守法,升参政。俱成化年任。王弘,文登人,进士。毕亨,新城人,进士。有传。唐锦舟。达县人,进士。俱弘治年任。杨奇,壶关人,进士。临事明敏,庭无滞务,升参政。吕贤,真定人,进士。操心任恕,才器老成,升参政。毕玺,高平人,举人。张伟,内江人,进士。胡轩,余姚人,进士。薛鎏,魏县人,进士。李锐。安福人,进士。有传。俱正德年任。李津,西会人,进士。吴充祯,南海人,进士。史绅,辰州人,进士。俞文曦,鄞县人,进士。范锪,沈阳人,进士。有传。郑漳,闽县人,进士。李邦表,定远人,进士。守官廉静峻洁。高鸾,永平人,进士。长厚明哲,吏事精敏,迁参政。洪富,晋江人。应鸣凤,西安人,进士。陈暹,闽县人,进士。柳英,巫山人,进士。升参政。唐时,雄县人,进士。王遵,南充人,进士。恤商惠灶,升参政,商民为建祠于司东南隅,树碑于堂。王世初,安福人,官生。清节自持,条陈盐法利弊,至今为商灶之利,立去思碑于王公祠前。杨君玺。顺天府人,进士。已上俱嘉靖年任。李寅实,莆田人,进士。徐衍祚,钧州人,进士。居官廉洁不阿,升参政。陆一鹏。余姚人,进士。

以上俱隆庆年任。裁冗书，洗积弊，发奸商假引冒掣及引匠老、引搀插之弊。崔孔昕，滨州人，进士。王凭，临邑人，举人。陈楠，奉化人，进士。杨归儒，洛阳人，进士。萧腾凤，晋江人，进士。沈桥，祥符人，举人。郑札，澄城人，举人。居官清慎不染，殁于官。李苏，咸宁人，举人。卢奇，祁阳人，进士。徐一唯，蕲水人，进士。冯诠，孙敏政，湖广人，进士。孙毓英。以上万历年任。张璇，泰昌年任。游云鸿，沈世卿。俱进士，天启年任。徐大仪，江西人，进士。聂文林。江西人，进士。俱崇祯年任。以上两淮转运使。张翀，榆社人，进士。任御史，升四川按察，谪本司同知，寻升运使。王干，永乐八年任。刘永贤，张翔，卢亮，政和人。于廷颐。临海人，进士。俱宣德年任。谢衡，仁和人，进士。叶思铭。义乌人，举人。有传。俱正统年任。田昺，霸州人。□宽，浮梁人，举人。郑恺。广安人。俱成化年任。蔡元美，莆田人，进士。侯明，洛阳人，进士。黄琳，钱塘人，举人。奉识循谨，人多推服。黄琪，大兴人，进士。陈震。庆阳人，进士。历官户部侍郎。俱弘治年任。李宗商，乐县人，进士。历行太仆寺少卿。刘汝为，唐县人，进士。李德仁，东安人，进士。冯永固，阳曲人，进士。解经，正德七年任。高选，高陵人，进士。祝浚，王山人，进士。杨珽，忻州人，举人。邵有道。都昌人，进士。俱正德年任。林有禄，莆田人，进士。居官清介，关节不通。朱冕，大兴人，进士。曹兰，咸宁人，进士。刘玑，鳌屋人，进士。历官布政使。王袍，山阴人。魏文相，建昌人，举人。胡沦，洛阳人，进士。孙廷相，平凉人，进士。操修清白，户役、草荡赖以均平。祝咏，桂阳人，进士。白潘，临桂人，进士。政多平恕，商灶德之。陈文浩，闽县人。有传。徐九皋，沔阳人，举人。朱同芳，余姚人，举人。方启参，巴陵人，举人。刘廷仪，慈溪人，进士。韩志仁，莆州人，举人。刘廷锡，莱川府人，举人。张大显，蕲州人，举人。王佐，同安人，举人。党淳，德州人，举人。张大化，开州人，进士。章接。兰溪人。俱嘉靖年任。杜栋，即墨人，进士。陈观衡，东平州人，进士。张子中。鄞县人。俱隆庆四年任。潘子雨，历城人，举人。恩恤商灶，未几，升知府，商灶怀之，立去思碑于王公祠侧。乐舜宾，定海人，进士。万鹏程，顺义人，举人。蔡民望，晋江人，举人。徐蕾，贵溪人。黄清，弋阳人。卢洪先，咸宁人。曹锒，华亭县人，添注。张邦伊，鄞县人。郑良材，莆田人，举人。裴述祖，泽州人。屠本畯，鄞县人。蒋洽，钱塘人，举人。陈懋昭，太和人，举人。陈瑶，南昌人，进士。施可大，归安人，举人。黄宇，浏阳人，举人。王道政，韩子连，陕西人。张一栋，泽州人，进士。陈国纪。乌程人。俱万历年任。李茂荣，陕西人，天启二年任。赵虞佐。举人，崇祯八年任。以上俱盐运同知。党忠，宣德六年任。柴秀，洛阳人，举人。金鼎，钱塘人，举人。孙进，东鹿人，举人。陈宣。南昌人，举人。俱成化年任。况滋，高安人。万福，进贤人，进士。旧谓进士除副使自福始。以课最，升南京刑部郎中。魏禄，滨州人。曹豫，临安卫人，举人。王瑄，固安人，举人。张璿。南皮人，举人。俱弘治年任。夏麟，新喻人，举人。刘让，新昌人，举人。赵瓒，太和人，举人。王用予，汾州人，举人。阎邦重。山西涛阳人，举人。俱正德年任。刘大清，蒲田人，举人。吴望，余于人，举人。徐元祉，泰州人，进士。黄锜，东流人。吕箎，进贤人，举人。陈价，汝阳人，进士。张禄，安福人。郭俊，阳曲人，举人。刘元娄，堰城人。汪集，进贤人，进士。王允武，广平府人。林应鹏，莆田人，举人。丘瓒，顺天人。楚孔生。山东曹州人。俱嘉靖年任。刘东鲁，濮州人，举人。隆庆四年任。成钟音，益都人，进士。周如汉，余姚人。刘秉中，临淄人，举人。曹铱，直隶华亭人。沈应坤，猗氏人，举人。庞一正，华平人。胡颂，金华人。聂有功，永丰人。周迪，蕲水人，举人。陈禹谟，夷陵人，举人。陈胤，丰润人，举人。严世昌，余姚人，举人。赵凤威，金华人。丁偕，上饶人。韦崇节，上林人。胡季贞，天启年任。黄元功，邢台人，进士。刘化。俱崇祯年任。以上盐运副使。杨陵，王通。俱宣德年任。崔友智，薛华。俱正统年任。苏殷，龙溪人。徐海。任丘人。俱天顺年任。张纪，昨城人。李森，梁洁，澄迈人。毕纶，弋阳人。杨瓒，开州人。王秉彝，内江人，进士。张璇，湘潭人。蹇贵。四川大宁人。俱成化年任。徐鹏举，卢州人。有传。王宸，安居人，举人。□阳良，太和人，举人。袁云，枣强人。严兰，扶沟人，举人。宋昂，定兴人，举人。黎岳，德县人。朱纪，泾阳人。毛翔，内江人，举人。刘仁。益都人，举人。俱弘治年任。聂升，谢贵，新淦人。黎磐，电县人，举人。刘文瀚，沅陵人。闻人韶，仁和人，举人。夏邦谟，涪州人，进士。陈珏，闽县人。丁瑀，莆州人，举人。张秉彝，邓州人，举人。吕宪。蠡县人，举人。俱正德年任。屠应埙，平湖人，进士。张钺，陕西咸宁人。丁镐，平州人，举人。谭统，义乌人，举人。林槒，莆田人，进士。罗国宾，四会人，举人。刘芳，新昌人，举人。马负图，昆阳人。刘梦鱼，汶上人。李勋，东平人。程绶，兰溪人，进士。于彪，江西新淦人。王册，阳曲人。黎琳，藤县人。张禹弼，定州人，举人。韩守彝，眉州人。陈念，麻城人，进士。郭文仰，万安人。杜钦德，清江人，举人。袁才，江西宜春人。闻人惠行，余姚人，进士。王守经，山东莱芜人。冉崇儒，中牟人，举人。李同，东阿人。吴超，秀水人，举人。谷中秀，余姚人，进士。马伦，四川人。郑存孝，顺天府人。徐健，淳安县人。洪先志，海阳人，举人。施耀，处州府人。谢一鹏，余姚人。刘桂，临清州人。叶应乾，余姚人，进士。贾中锡，海宁人。张梓，济宁州人。陈萱，浙江慈溪人。黄甲，应天府人，进士。马淑吉，慈溪人，进士。闵宜邵，归安人，举人。叶龙，南昌人，进士。黄朝聘，海洋人，进士。

江万仞，泉州人，进士。张镛，淮庆卫人，举人。林应箕。福建莆田人，进士。俱嘉靖年任。杨廷选，鄞县人，进士。叶期远，澎莆人，进士。马会，南部人，进士。包胜芳，嘉兴人，进士。刘珩，庆都人，举人。吴驯，宜兴人。胡定，崇阳人，进士。张鏄，武功人，进士。李有本，新乐人。张天衢。深州人。俱隆庆年任。许孚远，德清人，进士。欧阳献，吉安人。沈光华，嘉兴人。林应腾，莆田人。申用中，磁州人。赵郡，江西南昌人。杨时宁，鄱阳人，进士。张天衢，深州人。萧琛，江西南昌人。唐邦佐，兰溪人，进士。孙中科，深泽人。范国忠，高安人。李梧。四川纳溪人，进士。俱万历年任。以上盐运判官[1]。秦懋德，盐海人，举人。黄道瞻，晋江人，进士。刘一贯，定襄人，举人。金鎣，浙江金华人。黄应举，宁乡人。张问明，沿山人，举人。孙应科。顺天大兴人。俱万历年任。以上添设判官。徐尚敫，南海人。杨金，山东益都人。李澜，山西永河人。赵智淑，兰溪人。张甲徵，蒲州人，进士。俞尧中，山阴人。李同春，贵溪人。陈思任，义乌人。白羽。俱万历年任。以上通州分司。蔡文范，南昌人，进士。熊大楠，漳浦人，举人。李宜春，莘县人，进士。蒋绍鲁，保定人，举人。周汝登，嵊县人，进士。高仪，罗田人，举人。王绍先，三元人，进士。郝大猷，邯郸县人，进士。常观正，翼城人。刘懋和。魏县人。俱万历年任。以上泰州分司。

　　杨瑞云，南海人，进士。周礼，江陵人。孔祖尧，临桂人，举人。贾一鹗，霸州人，进士。徐化，永丰人。李烨，朝邑人，举人。郭礼，汾阳人。罗元。淳化人。俱万历年任。牛冲斗。潞州人。天启六年任。以上淮安分司。

　　周福原，洪武元年任。开设府治，兴革艰劳，吏民顺戴，为扬守宗。卢幼学，谭有得，详慎刑狱，廉介有闻。战慎，何子华，祁[2]县人，孝廉。陈宝，绛县人。岁贡，庞清，武乡人，进士。锺旭，建昌人，进士。关敬禄，张本。山东东阿人，进士。俱洪武年任。王思，有政声。高敏，砀山人。田庆，开州人。陈真。将乐人。宜民善政。俱永乐年任。李真，海宁人。宣德年任。韩弘，福建福清人，进士。正统年任。陆畴，浙江上虞人。汪庭训，瑞安人。王恕。陕西三原人，进士。俱景泰年任。有传。王勤，武邑人，进士。有传。何谨。山西岢岚州人，举人。俱天顺年任。郑岑，慈溪人，进士。周源，武昌人，举人。有传。高岗，义州卫人，进士。有传。杨成，闽县人，进士。吴嵩。江西临川人，进士。俱成化年任。冯忠，慈溪人，进士。房明，长清人，进士。唐恺，山东人，进士。王坦，平原人，进士。许节，江夏人，进士。王

1　"官"，原本误作"宜"，据文意改。

2　"祁"，原本误作"鄞"，据《万历扬州府志》卷八《秩官志上》改。

恩。浙江余姚人,进士。俱弘治年任。有传。王铎,辽东人,举人。邓文质,鄱阳人,进士。何显,福建人,进士。孙禄,栖霞人,进士。李师儒,高阳人,进士。蒋瑶[1],归安人,进士。有传。彭大治,莆田人,进士。易瓒。肃宁人,进士。俱正德年任。陶俨,嘉兴人,进士。侯秩,常垣人,进士。有传。王松,顺天固安人。韩楷,江夏人,进士。刘宗仁,大名人,进士。朱怀干,归安人,进士。冯良知,临安人,进士。魏尚纶,钧州人,进士。韩一右,青城人,进士。吴桂芳,新建人,进士。石茂华,益都人,进士。任希祖,苍溪人,进士。毛术,任县人,进士。张正位,南昌人,进士。卫东楚,叶县人,举人。以上俱嘉靖年任。陈学伊,南安人,进士。徐尚,涪州人,进士。贾应元。遵化人,进士。俱隆庆年任。岳维华,曲周人,进士。潘颐龙,钱塘人,进士。赵慎修,胶州人,进士。虞德烨,义乌人,进士。周标,晋江人,进士。蒋希孔,山东滋阳人,进士。有传。傅来鹏,邢台人,举人。王云鹭,夏邑人,进士。徐应聘,黄岗人,进士。吴秀,乌程人,进士。郭光复,固安人,进士。杨润,山东济宁州人,进士。修《扬州府志》。张廷相,金溪人,进士。朱锦。余姚县人,进士。赵良相,湖广人,进士。有传。朱一鹗,漳州人,进士。郭之琮,山西人,进士。吴嘉谟,湖广人,进士。林铭鼎。福建人,进士。以上俱万历年任。刘铎,江西人,进士。杨嘉祚,江西人,进士。李栻,进士。颜庸暄,进士。周颂,进士。以上俱天启年任。谢宸,进士。徐伯徽,浙江人,进士。张鯥化,山西人,进士。韩文镜,陕西人,进士。冯文伟,浙江人,进士。吴震交,福建人,进士。马鸣骙,山西人,进士。任民育,山东人,举人。尽节,卒于堂。俱崇祯年任。以上扬州知府。王思,永乐间任。张徽,山西大同人。举人,宣德年任。赵绅,山东历城人。正统元年任。靳祺,山西黎城人。举人,天顺年任。邹济,江西人。监生。王俦,山西代州人。蔡坚,浙江黄岩人。刘兰,浙江嵊县人。监生,景泰年任。有传。应颢,淳安人,进士。谢英,四川富顺人。赵琰,福建连江人。张锡,邯郸人。有传。刘衢,江西宜春人。鲍克宽,山东人,进士。李绂,有传。郑廉,福建莆田人。方璿,浙江淳安人,举人。俱成化年任。赵有初,沙河人,举人。潘贤,直隶顺天人,举人。俱弘治年任。叶元,有传。王铎,见《知府》。于利,新城人,举人。毕玺,高平人,举人。李镗,新城人,举人。孙玺,平湖人,进士。常惠。河南安阳人,举人。俱正德年任。陈万言,汜水人,进士。郝守正,蕲州人,进士。张云,凤翔人。举人。周延,吉水人。进士。孟雷,泽州人。进士。刘希简,汉州人。进士。朱冕,丰城人。进士。王杏,奉化人,进士。冯良弼,平湖人,进士。冯惟讷,

---

1 "瑶",原本误作"宝",据《明史》卷一九四《蒋瑶传》改。

临朐人，进士。章檗，鄞县人，进士。张文弼，深州人，举人。沈友儒，海宁人，进士。朱褒，有传。唐维，儋州人，举人。唐钺，浙江人，举人。陈雍，泰和人，举人。周良相，道州人，举人。李瀚，汾州人，举人。沈栋，钱塘人，举人。叶应乾，慈溪人，进士。卫东楚，见《知府》。任贤。山西蒲州人，举人。俱嘉靖年任。陈观衡，东平人，进士。陈可大。历城人，进士。俱隆庆年任。张民范，泰州人，举人。严从简，嘉兴人，进士。韩相，平湖人，举人。毛储元，常德人，举人。丘如嵩，清河人，举人。李光前，开州人，举人。李蕚，临潼人，举人。黄策，咸宁人，进士。张文运，阆中人，举人。胡尚礼，山阴人，举人。李有成，云梦人，举人。鲁近智，孝感人，举人。洪有声，同安人，进士。陈良知，莒州人，举人。刘不息，祥符人，举人。费思箴，荆门县人，举人。王以孚，达州人，举人。孙温如，滨州人，进士。李仙品，高陵人，进士。杜縻，永年人，进士。姚善，浮梁人，进士。赵性粹，固原卫人。举人。王一之，山西人，进士。蒋汝屏，山东人，举人。张继芳，山西人，举人。翁延寿，广东人，举人。曹竹宾，山东人，贡士。赵虞佐，陕西泾阳人，举人。有传。刘为衡，开州人，举人。许明佐，赣州人，贡士。李之晟，贵州人，举人。王辰，太和人，举人。左瑛，湖广人，贡士。曲从直。辽东人，贡士。以上俱清军同知。

方尧庚，新建人，进士。毛炯，山东人，举人。黄守经，南城人，举人。侯应琛，杞县人，进士。江朝宾，福青人，进士。王家楹，洪桐县人，进士。向君化，松慈人，举人。汪之浃，罗田人，举人。邹嗣藩，高安县人，举人。郭浣，新乡人，进士。陈良言，进贤人，举人。徐人玉，蒲[1]田人，举人。方遴阶，慈溪人，举人。岑鐇，余姚人，举人。庄祖谊，四川人，恩贡。苟天麒。四川巴县人，贡士。以上俱江防同知，皆万历、天启、崇祯年任。

王仪，直隶静海人。正统六年任。詹好信，浙江建德人。景泰三年任。丘昂，福建龙溪人。天顺八年任。魏铭，蒲圻人，进士。江鸿，陕西临潼人。王懋，陕西蒲城人。黄时，山东临清人。祝锺，江西玉山人。鲍克宽，见《同知》[2]。金滕，浙江鄞县人。何骞，广东番禺人。欧祥。湖广茶陵人。俱成化年任。杨棨，济宁人，进士。刘述宗，山西绛州人。王珍，滑县人，举人。张溥，新乡人，举人。王昴，祁县人，举人。司渊，东阿人，举人。唐侃，湖广人，举人。葛森，京卫人，监生。韩琚。河南新乡人，举人。俱弘治年任。常惠，见《同知》。吴节，麻城人，举人。孙巘，蒙阴人，举人。陈鹏，潍县人，监生。文渊，都司人，监生。刘良臣，

1　"蒲"，《嘉庆重修扬州府志》卷三七《秩官志三》作"莆"。
2　"同知"，原本误作"知府"，据前文改。

芮城人,举人。刘时,内江人,举人。刘直,浃县人,举人。董昌,张鹗翼,内江人,解元。
林桂,平湖人,进士。章九思,乐清人,举人。杜时。湖广黄陂人,监生。俱正德年任。王聘,
咸宁人,解元。郭基,东阳人,举人。白镒,平定人,进士。谭文伯,郴州人,举人。李时用,
河南汲县人。闵廷圭,武陵人,举人。赵沆,安福人,举人。涂相,南昌人,进士。刘一贞,
肥城人,举人。张默,南昌人,官生。周萧,麻城人,举人。虞价,山阴人,举人。汪必,富顺人,
举人。侯玺,诸城人,监生。陈坦,连江人,举人。吴元璧,安福人,进士。吴景晨,阳武人,
举人。陈元珂,福建怀安人。徐文和,嘉兴府人,举人。史衢,两当人,举人。唐维,儋州人,
举人。任鼎,巴县人,举人。王任,宁羌人,举人。尹实,上虞人,举人。史朝宾,晋江人,
进士。余梦说,四川广安州人。陈宗鲁,揭阳人,举人。姜寿,广济人,举人。黄自然,黄
岗人,举人。王桥,景州人,监生。张奎山,甘腾霄,范潜,程琯,马如杜,张镛。以上
俱嘉靖年任。霍与球,南海人,官生。熊鳌,漳浦人,举人。秦可久,咸宁人,举人。卢凤来,
崇阳人,举人。皇甫锺岳,河南睢州人,举人。周自任,河南洛阳人。刘恩荣。山西辽州人,
举人。俱隆庆年任。宋儒,浃江人,举人。郭绍,交[1]河人,举人。蔡玠,信阳人,举人。王
开,清苑人,进士。易宗,南漳人,吏员。辛程,南阳人,恩贡。李廷楚,南昌人,举人。王
守胜,德兴人,举人。廖东升,阳朔人,选贡。阎汝坤,朔州人,举人。刘汝大,高安人,举
人。张文璧,栖霞县人,举人。从行知,钟祥县人,举人。李自治,荣河县人,举人。王文英,
丘县人,选贡。赵性粹,固原州人,举人。张志道,霸[2]州人,选贡。李尚浩。辽东人,选贡。
赵一鹏,陕西人,贡士。姜效乾,浙江人,贡士。刘汝贤,天津卫人,贡士。彭应选,湖广
人,贡士。罗文达,江西人,举人。朱寿铜,山东人,贡士。王家祚,浙江人,选贡。苏鸣
瑜。四川长寿人,举人。以上万历年任。郭景运,商南人,选贡。王经世,灵山卫人,选贡。
杨之屏,安居人,举人。孟养性,武安人,选贡。刘煜,恩县人,举人。许鸣远,天台人,选
贡。曲从直,前屯卫人,举人。许鸿仪。陕西人,拔贡。俱崇祯年任。以上通判。

仇益,山西汾州人,进士。洪武年任。孙景名,浙江富春人。王福,河南辉县人。永
乐年任。张海,云南临安人。正统七年任。王允,江西南昌人。天顺年任。刘昇,江西吉水人。
李淳,陈善,四川富顺人。刘福,通许人,监生。亢得雨。陕西人,举人。俱成化年任。房瀛,
有传。林季琼,福建人,进士。祝濬。江西玉山人,进士。俱弘治年任。柴郁,通许人,举

1　"交",原本误作"郊"。交河县,明代属北直隶河间府。
2　"霸",原本误作"坝"。霸州,明代属北直隶顺天府。

人。郑杰，有传。刘一正，蒲州人，进士。周道。山西翼城人，举人。俱正德年任。胡九功，尉氏人，进士。黄国用，庐陵人，进士。李宁，建宁人，进士。徐守义，杞县人，进士。曹汴，蜀县人，进士。吴道南，丰城人，进士。朱篪，山阴人，进士。韩继志，南宫人，举人。杨守鲁，长沙人，进士。苻允中，永清人，进士。刘起蒙，蜀县人，进士。王楷，永康人，进士。王淑，丰城人，进士。路楷，汶上人，进士。张庸，光山人，进士。姚弘谟。秀水人，进士。俱嘉靖年任。胡惟新，余姚人，进士。于有年，临清人，进士。计廉亨。广西马平人，进士。俱隆庆年任。范世美，高安人。蒋春芳，益都人，进士。李春开，长山人，进士。赵拱极，章丘人，进士。徐銮，龙溪人，进士。黎民范，南城县人，进士。饶景晖，进贤人，进士。吴一栻。淳安县人，进士。赵拱极，林一柱，福建人，进士。胡亮工。浙江人，进士。俱万历年任。许其进，山东人，进士。宋企郊，陕西人，进士。王徵，陕西人，进士。陈士梅，福建人，进士。廖国遴，湖广人，进士。汤来贺，江西人，进士。郑玉侨。山东人，举人。俱崇祯年任。以上推官。蔺从善，府学教授，磁州人。有传。田琼，府学教授，湖广人。有传。盛惟忠，咸宁人。王希伊，咸宁人。宋启。俱弘武年任。张本，有传。孙安，临海人。王震。湖广麻城人。俱永乐年任。谢必贤，枣阳人。宣德年任。谢骥，新津人。正统年任。国璧，武邑人。景秦年任。舒道，雄楚人。成化年任。陈云凤，余姚人。陈福，湖广汉阳人。陆愈，有传。董豫，会稽人，进士。殷学。宁夏人。俱成化年任。韩旭，长安人，举人。杨聪，开州人，进士。王序，直隶人，进士。萧士安，泰和人，进士。孔公才。阙里人，举人，衍圣公裔。俱弘治年任。河清，江西人。傅民极，郑州人，举人。陈宪，有传。孔镐，南宫人，举人。冯安，慈溪人，举人。郑俊。河南人。俱正德年任。周棠，新郑人。刘良卿，有传。陈公升，闽县人，进士。王惟贤，中江人，进士。张缨，安阳人，进士。谷峤，丰润人，进士。薛尚义，河间人，进士。张达，余姚人，进士。刘宗尧，蒙化人，举人。周思久，麻城人，进士。李一科，东平州人，进士。王嘉言，临淄人，进士。赵讷，有传。方九功。有传。俱嘉靖年任。李冲奎，栾城人，进士。赵三聘。河津人，进士。俱隆庆年任。涂梦桂，丰城人，进士。秦应聪，慈溪人，进士。陈邦科，有传。刘道隆，潜江人，进士。武之望，有传。张宁，有传。王家瑞，成安人。进士。刘之沂。博兴人，进士。刘星，江西人，进士。姚祚瑞，乌程人，进士。李同芳，广西人，进士。吴宇文，江西人，进士。田所赋，山东人，进士。余文熠，四川人，进士。胡敬辰。浙江人，进士。以上俱万历年任。迟大成，山东人，进士。吴弘功，湖广人，进士。颜胤绍，山东人，进士。吴之琦，福建人，进士。欧阳丞，湖广人，进士。李日晟，山东人，进士。周志畏。浙江人，进士。俱崇祯年任。以上江都知县。

杨璟，邓州人，江都教谕。有传。欧大任。顺德人，训导。有传。周之贵，洪武元年初莅州事。营世宝。国初任。元季，城至湮废，世宝筑城，楼橹濠堤俱备。以上真州知州。戈文德。同知州事。贾彦良，有传。谢文隆。有传。郭辅辰，王士亨，王琳，刘文刚。俱洪武年任。康彦民，有传。徐善，王恺，刘天铎，章惟澄。永嘉人，贡士。俱永乐年任。丘陵，新泰人，监生。李昇，湘乡人。宣德七年任。连献，建安人。孙礼。俱正统年任。董某，无考。王汉，有传。王士谦，章贡人。梅英。华阳人。俱天顺年任。张著，牛璁，修武人。赵宪，有传。刘瓒，通州人，贡士。高梁。浙江人。俱成化年任。陈吉，武城人，监生。吴肇魁，南海人。徐淮，有传。欧阳涵，益阳人。丁琏，聊城人，贡士。马论。辽东人，监生。俱弘治年任。锺玉，颖州人。崔冕，安阳人。傅昇，临清人，贡士。杨文进，宝坻人，贡士。李文翰。有传。俱正德年任。熊彰，竹溪人，贡士。周宠，有传。王皞，有传。艾夔，荆门人。吴希仁，掖县人，贡士。杨孙仲，慈溪人，贡士。黄霁，广西人，监生。吴镆，长乐人，进士。余宜，永丰人，举人。雷亨，闻喜人，举人。何冕，顺天人，举人。庄应元，福清人，举人。师儒，有传。张鸣瑞，有传。章朴，永福人，举人。沈乔南，饶平人，举人。俱嘉靖年任。申嘉瑞，有传。刘玠，有传。张溥，仁和人，举人。郑人逵，闽县人，进士。唐邦佐。浙江兰溪人，进士。俱隆庆年任。况于梧，高安人，进士。侯应徵，杞县人，进士。樊养凤，有传。赵梦麟，有传。赵廷杞，江陵人。许一诚，有传。王应元，深州人，进士。郑学中，顺德人，举人。苏守一。晋江人，进士。李伯元，晋江人，举人。李一阳，归安人，举人。张黼，盐亭人，举人。田龙光，辰县人，举人。欧阳照，竹溪人，进士。王优，潼川州人，进士。有传。施时垚，平湖人，举人。牛翀玄，高平人，进士。黄建中，昆明人，举人。俱万历年任。宋继祁，迁江人，举人。天启年间任。姜埰，华阳人，进士。郑瑜，诸城人，进士。王道行。辽东人，贡士。俱崇祯年任。以上仪真县知县。

吕秉直，有传。许允中，华祖荣，王林，王政。陕西岐山人，举人。俱洪武年任。宋仲祥，洪熙元年任。邓敬，有传。汪庆，王泰。俱正统年任。刘樊，保定人，监生。天顺年任。林翘，隆琦，利津人，举人。严璋，济南卫人，监生。龚卓，顺德人，举人。蔡遑，零陵人，进士。彭清，博罗人，举人。吴锺。大兴人，进士。俱成化年任。原秉衷，蒲城人，进士。罗贤。蓬溪人，举人。有传。俱弘治年任。洗光，顺德人，进士。黄著，顺德人，进士。王遵古，长垣人，举人。郑浙，永丰人，进士。魏文政，狄道人，进士。彭祥。河南光山人，举人。俱正德年任。王瑶，高塘州人，进士。朱簆，有传。周尚忠，高策，献县人，举人。曾茂卿，长乐人，进士。谢谠，上虞人，进士。朱重光，钧州人，进士。姚邦材，浙江归安人,进士。有传。梁栋,西安人,进士。刘时彦,乐安人,举人。随承业,山东聊城人,进士。俱嘉靖年任。许希孟,河南固始人,进士。有传。朱南雍,山阴人,进士。刘伯渊。浙江慈溪人,进士。俱隆庆年任。吕炯,有传。高桂,有传。冯渠,有传。段尚绣,黄梅人,举人。舒曰敬,江西南昌人,进士。有传。谭道,宜黄人,举人。陈继畴,上虞人,进士。李开春。高安人,进士。牛渭曜,陕西人,进士。杨国柱,陕西人,进士。熊旧渭,河南人,进士。张镜心,河南人,进士。陈垣奎。福溪人,进士。俱万历年任。孟名世,湖广人,进士。天启年任。陈瑞,福建人,进士。傅箕孺,湖广人,进士。田见龙,湖广人,进士。连璧。山东人,进士。俱崇祯年任。以上泰兴知县。黄琏。山西万全人,主簿。有传。黄克明,凤阳人。洪武元年任,开设衙门。赵原,洪武三年任,庶事草创,皆自原始。陈节,洪武年任。张某,失其名,洪武年任。李某,失其名,洪武年任。仪智,高密人。洪武三十年任。有传。王俊,永乐元年任。杨守恭,江西吉水人。永乐三年任。陈资深,江西吉水人。宣德三年任。韩简,石首人。刘康,河源人,监生。俱正统年任。李文友[1],江津人,监生。王浩,江西安福人。俱景泰年任。赵观,南海人,监生。王瑄,福建闽县人。李庭训。沂州人,举人。俱天顺年任。虞润,余姚人,举人。陈沧,光山人。苏铎,平乡人,监生。王宣,阳曲人,监生。郝文杰,阳曲人,监生。顾英[2],直隶任丘人,举人。俱成化年任。毛实,浙江余姚人。邹祥,德州人,进士。程宪,浮梁人,举人。郭绥。新政[3]人,举人。俱弘治年任。任良才,汾州人,进士。薛清,献县人,进士。武雷,馆陶人,举人。朱良,慈溪人,进士。谢在。河南南阳人,举人。俱正德年任。有传。孙源,咸宁人,举人。边侨,任丘人,举人。王士和,侯官人,举人。曹曙,济宁人,进士。张来[4],任丘人,举人。邓诰,新城人,举人。李袭芳,蕲水人,举人。陈光哲,临海人,进士。胡民表,龙泉人,举人。郑聚东,广安州人。查秉直,宁海人,举人。姜博,南昌人,进士。赵河,长安人,进士。张济时,吉水人,举人。刘峻,万安人,举人。魏体谦,蒲州人,举人。严杰,四川人,举人。袁思忠。齐东人,举人。俱嘉靖年任。赵来亨,南昌人,进士。范惟恭。丰城人,举人。俱隆庆年任。刘旦,石首人,举人。吴显,漳浦人,进士。邵梦弼,余姚人,进士。杨汝灿,常[5]沙人,举人。韩鸣凤,博罗

---

1 "文友",《万历扬州府志》卷八《秩官志上》作"友文"。

2 "英",《万历扬州府志》卷八《秩官志上》作"瑛"。

3 "政",《嘉庆重修扬州府志》卷三七《秩官志三》作"郑"。

4 "来",《嘉庆重修扬州府志》卷三七《秩官志三》作"涞"。

5 "常",《嘉庆重修扬州府志》卷三七《秩官志三》作"长"。

人，举人。许一诚，蓟州人，举人。吴一龙。崇仁人，选贡。闻金和，余姚人，进士。孔祖颖，广东人，举人。韦孚猷，福建人，举人。衷时章，江西人，举人。林铭鼎，福建人，进士。王廷俊，浙江人，举人。陈嗣虞，陕西人，举人。胡天赐，山西人，举人。毛国宣。湖广人，举人。秦士祯，山西人，进士。卢爆，北直人，举人。王体蒙，河南人，举人。阎炤，河南人，举人。伍成武，广西人，举人。李含乙，四川人，进士。张垣，云南人，进士。高镠。山东人，拔贡。以上俱万历、天启、崇祯年任。俱高邮知州。余奎，州同，浙江永嘉人。有传。胡尧元，州同，湖广人。有传。梅本，判官。有传。罗文汉。判官，湖广人。有传。徐士诚，有传。谢修己，吉水人，举人。李叔正，清[1]安人，儒士。敖得[2]真，德化人。有传。张斌。河南温县人。俱洪武年任。张本，詹应，江西金溪人。吕童，有传。李原善，江夏人。孔英伯，平湖人。李澘。直隶深州人。俱永乐年任。杨隆，浙江定海人。洪熙元年任，尝修儒学。商辂，山东益都人。郭悬，河南上蔡人。李光学，有传。倪观，江西南城人。郝约。山西临汾人。俱宣德年任。崔时雍，有传。郑广，山东临清人。景泰三年任。刘钺[3]，直隶故城人。天顺四年任。黄铎，江西弋[4]阳人。吴廷鉴，有传。刘廷瓒，有传。王谦。直隶太平人，进士。俱成化年任。刘敬，献县人，举人。熊翰，永丰人，举人。雷熙，巴陵人，举人。周道，巩县人，进士。戴鳌。浙江鄞县人，进士。俱弘治年任。符遂，丰城人，举人。孙玺，有传。彭应轸，有传。底蕴，有传。王胤，江西安福人。曹辐。浙江上虞人，进士。俱正德年任。陈洪范，余姚人，进士。杨恺，有传。李世熙，有传。傅佩，有传。马路，裕州人，举人。陈诰，内乡人，举人。冀炼，益都人，进士。王一贯，有传。韩子允，慈溪人，进士。赵理，山阴人，进士。曾梅，泰和人，进士。张思献，番禺人，举人。胡顺华，有传。程鸣伊，有传。王汝言。有传。俱嘉靖年任。鲁应华，江山人，举人。李戴，有传。李安仁。迁安人，进士。俱隆庆年任。王三余，有传。谢时泰，有传。凌登瀛，有传。饶舜臣，临川人，举人。胡子霖，万安人，举人。欧阳东凤，潜江人，进士。翁汝进。会稽人，进士。梁铿，北直人，进士。杨涧，北直人，进士。陈宇，山东人，进士。李懋芳。浙江人，进士。俱万历年任。高名衡，山东人，进士。天启元年任。王积灿，江西人，进士。周祚新，浙江人，进士。赵龙，广东人，进士。郭启宸，福建人，进士。方元昌。福建人，进士。武儵，河南人，

1　"清"，《嘉庆重修扬州府志》卷三七《秩官志三》作"靖"。

2　"得"，《嘉庆重修扬州府志》卷三七《秩官志三》作"德"。

3　"钺"，《嘉庆重修扬州府志》卷三七《秩官志三》作"铖"。

4　"弋"，原本误作"戈"。

进士。**俞文渊**。浙江人,进士。俱崇祯年任。以上兴化知县。司治。县丞,内黄人。有传。
嘉靖年任。**王骥**,**李恢**,**戚顺**,**刘维则**,**戴彦华**,**李通**,**康绍定**,**夏廷章**,**方仲阳**,金
华人。**赵维辉**,**马仕整**,**张翔**,扶沟人。**张行**,偃师人。**杜荣**,肥城人。**施镇**,安吉人。
戴泾,南昌人。**王友壬**,黔阳人。**杜清**,宁清人。**刘四勿**,武城人。**周裡**,江津人。**刁骏**。
郓城人。俱正统年任。**朱瑷**,鄞县人。**曾瓒**,宁波人。**刘清**,山东山邑人。**陈玺**,山东磁
阳人。**张垒**,归安人,进士。**杨茂**,安吉人,监生。**张性**。嵊县人,举人。俱成化年任。**韩立**,
浙江萧山人。**萧启**,泰和人,举人。**陈檠**,鄞县人,官生。**余介**[1],遂安人,举人。**徐冕**[2]。浙
江山阴人,举人。俱弘治年任。**胡克中**[3],山阴人,进士。**王绪**,华阴人,举人。**林馥**,同安
人,进士。**陈仲珠**。浙江诸暨人,举人。俱正德年任。**刘恩**,高阳人,进士。**项忠**,晋江人,
举人。**闻人诠**,余姚人,举人。**黄敖**,江西临川人。**邓继曾**,资县人,进士。**于慧**,莱阳人,
进士。**徐祺**,平阳人,举人。**宋佐**,临桂人,举人。**张准**,江西德化人。**张守蒙**,滕县人,进士。
岳东升,信阳人,举人。**廖言**,泰和人,举人。**马仲芳**,金州人,举人。**蒋遵正**,金州人,举
人。**李瓒**,丰成人,举人。**陈可大**[4]。历城人,进士。俱嘉靖年任。**汤一贤**,蕲州人,举人。
徐成位,景陵人,进士。**李涞**。江西零都人,进士。俱隆庆年任。**李贽**,新安人,进士。**韩介**,
临淄人,进士。**耿随龙**,滑县人,进士。**陈煌**,山阴人,进士。**吴显科**,有传。**母择邻**,剑
州人,举人。**宋浚**。武城人,举人。**冷凤阳**,远安人,选贡。**董献策**,深泽县人,举人。**蒋
鉴孔**,金川人,举人。**崔向学**,安平人,举人。**王同晋**,黄冈县人。**马绍愉**,遂宁县人,
举人。**赵炯**。隆云县人,举人。以上俱万历年任。**向孔门**,宜都人,举人。**李如玉**。远安人,
举人。以上俱天启年任。**李士襄**,东莞县人,举人。**杨楚龙**,蕲县人,进士。**刘逵**,临川人,
进士。**李日成**,招远人,进士。**余增远**,山阴人,进士。**孙钟皋**。富平人,进士。俱崇祯年任。
以上俱宝应知县。**史遇**,洪武四年任,创钟楼。六年建状元坊,修置社稷、风云雷雨山川坛墠
。**赵鼎**,任修儒学。**石巨鼎**,改南浮桥为石桥。**陈宗**,**佟耀**,**董仪**,济南平县人。**田庆**,
大名开州人。**史靖可**。山西泽水人。以上俱洪武年任。**陈仲名**,广信人。**萧伯辰**,**李智
明**,巴县人。**张逊**,唐县人。重修州治。**刘景文**。江西鄱阳人。以上俱永乐年任。**张信**,
福建漳州人。**萧旭**,真定井陉人。**刘馨**,保定庆都人。**骆士隆**,浙江武康人。**黄性**,延平人。

---

1 "介",《嘉庆重修扬州府志》卷三七《秩官志三》作"玠"。
2 "冕",《嘉庆重修扬州府志》卷三七《秩官志三》作"晃"。
3 "中",《嘉庆重修扬州府志》卷三七《秩官志三》作"忠"。
4 "大",《嘉庆重修扬州府志》卷三七《秩官志三》作"久"。

有传。刘纶，山东武定州人。冯敬，有传。郑恺，四川广安州人。左辅，有传。陈志，有传。王琚，浙江鄞县人。彭福，有传。谢杰，有传。郭桂。陕西人。俱弘治年任。钱俊民，慈溪人，进士。杨浩，云南邓川人。韩廉，有传。成乐。湖广石首人，进士。俱正德年任。陈则清，有传。金廷瑞，常泰，王臣，有传。孙哻[1]，任洧，山东蒙阴人。胡尧时，许应元，朱篜[2]，绍兴人。黎尧勋，有传。李懿，刘奈，江西庐陵人。鲍龙，长至人。冯良亨，黄谨容，莆田人。赵祖朝，金华人。朱公节，有传。陈言，莆田人。陈邦治，崇阳人。姚箍，平湖人。建儒学、义仓。潘颐龙。杭州钱塘人。以上俱嘉靖年任。沈藻，武义人。隆庆年任。郑梦赉，番禺人。定经费。萧景训，泰和人。孙樾，江西丰城人。缮修儒学碑亭。吴道立，莆田人。李裕，黄冈人。谭默，仁化人。游春霖，漳浦人。刘应文，东化人。张骥，浮梁人。李存信，陈仁，江陵人，举人。沈应明，嘉兴人，举人。崔国裕，长安人，举人。韦宗孔。湖广黄冈人，举人。俱万历年任。周梦龙，广东东莞人，举人。天启二年任。李学旻，临川人，举人。向孔门。宜都人，举人。俱天启年任。李自滋，博野人，进士。徐日升，长山人。董飏先，惠安人，进士。陈素，桐乡人，进士。周鼎祚。福建福清人，举人。俱崇祯年任。以上俱泰州知州。何宏。学正，广东人。有传。宗行简，洪武元年任，开设官衙。王稷，谢得珉，洪武四年任，建明伦堂、两斋。李衡，刘国衡，王思直，徐成洪，以上籍贯无考。周公鼎，吉水人。安定，山东人。辛革，杨凯，马融，金州人。李德进，恩县人。赵守信，李让，昨城人。张敬祖，唐懿，郭敬，平德人。李光，永嘉人。史搢，山河人。朱崇德，永丰人。王琛，崇阳人，监生。黎天佑。江西余干人。俱洪武年任。张徽山，绛州人。张敬，献[3]县人。甘崇修。江西丰城人。俱永乐年任。梁温，濮州人，监生。吴复，浙江人。宣德年任。曹立，临清人。方用宁。浙江鄞县人，监生。正统年任。贺庆，山东德州人，监生。景泰年任。易恒，广东吴川人，举人。天顺年任。周礼，应城人，举人。王伦，安福人，监生。蔡彝，宛平人，举人。向翀，见《宦迹》。胡昂，见《宦迹》。张善。山东历城人，进士。俱成化年任。刘文宠，见《宦迹》。郭秀，汤阴人。马清，武邑人，进士。赵嵩，平定人，举人。刘竑，阳江人，进士。田惟祐，有传。陶楫，郁林人，举人。王世臣，见《宦迹》。杨齐贤。云南安宁人，举人。俱正德年任。徐相，见《宦迹》。梁乔升，顺德人，进士。吴宗元，金溪人，举人。张仕，耒阳人，举人。刘永准，任丘人。许廷章，永平人。黎尧勋，见《宦迹》。刘

1　"哻"，《嘉庆重修扬州府志》卷三七《秩官志三》作"㫄"。

2　"篜"，《嘉庆重修扬州府志》卷三七《秩官志三》作"登"。

3　"献"，原本误作"猷"，据《万历扬州府志》卷八《秩官志上》改。

一中，见《宦迹》。刘本，万安人，监生。王珽，诸暨人，举人。陈雍，泰和人，举人。陈道，南海人，举人。童蒙吉，临安人，举人。仇炅，长治人，进士。嵇镭，德清人，举人。孔弘盛，曲阜人，贡士。畲国玺，广东人。唐邦佐，浙江兰溪人。俱隆庆年任。有传。郑人逵，闽县人，进士。宋国相，滨州人，进士。倪章，余姚人，举人。高瀛，鄞县人，举人。刘真一，河南通许人，举人。有传。针惠，济宁人，举人。王以蒙，南平人，举人。陈焕，有传。陈天季，崇仁人，岁贡。张星。蕲州人，举人。陈文进，惠安人，选贡。宋文昌，商城人，进士。周承恩，武冈人，举人。李廷材，高要人，进士。熊奋渭，商城人，进士。李衷纯。秀水人，举人。俱万历年任。王珍锡，咸宁人，举人。天启五年任。吴弘功，湖广人，进士。高名衡，山东人，进士。李丹衷。浙江人，进士。俱崇祯年任。以上俱如皋知县。

　　熊春，洪武年任。有传。方显，段极，纪堂，有传。黄宜，与堂同传。龚顺，严敦大，临汾人。永乐年任。黎宗信，宣德年任。刘复，余干人。正统年任。孙徽，莱阳人。廖深，进士。景泰年任。俞泽，进士。天顺年任。崔富，有传。冯颙，浮梁人，进士。唐福，山东永平人。魏福，郭定，高平人，进士。郑重，有传。傅锦，成化年任。有传。方钺，淳安人，举人。吴瓒，仁和人，进士。唐希介，阳曲人，进士。黎臣。长寿人，进士。俱弘治年任。刘宗儒，有传。涂淮，有传。段鉴，有传。吴度寅，高鹏，有传。蒋孔旸，有传。夏邦谟，有传。吕潮。任丘人，举人。俱正德年任。张承恩，有传。曹曙，济宁人，进士。杨儒鲁，有传。锺汪，董汉儒，有传。范玹，潘廷相，南海人，举人。李充拙，滦州人，举人。程鸿，有传。曹金，有传。游天庭，镇海[1]卫人，进士。翟澄，德州人，进士。喻南岳，新建人，进士。李汝杜，潼关卫人，举人。冯九韶，钧州人，举人。高启新，南昌人，举人。戴汝愚，宁海人，举人。张四维。剑州人，举人。俱嘉靖年任。郑舜臣，有传。王嘉言，有传。诸梦环。有传。俱隆庆年任。屈希尹，零陵人，举人。林云程，有传。邝祖禹，临武人，举人。蒋洽，钱塘人，举人。张和中，滨州人，进士。马有庆，宜宾人。李正芳，泊县人，举人。王之城，山东人，恩贡。栗永馨，长治人，举人。张董，蕲水人，举人。李永芳，张文华，内江人，进士。王芮，慈溪人，举人。张猷图，洛阳人，举人。福文明。俱万历年任。周长应，泰昌年任。陈祖训，天启年任。董发帏，定陶人，举人。陈大对，晋[2]江人，进士。董嗣朴，莱阳人，举人。彭希贤，宜阳人，举人。方大猷，乌程人，进士。唐煜，蒲田人，进士。董飏先，漳州人，进士。李邺。大兴人，举人。俱崇祯年任。以上通州知州。

1　"镇海"，原本误作"镇江"，据《万历扬州府志》卷八《秩官志上》改。
2　"晋"，原来误作"潘"。

舒缨,州同,鄞县人。有传。刘瓒,州同,饶平人。有传。陈待科,学正,莆田人。有传。马之光。学正。有传。徐伯善,洪武元年任。元末,县火于兵,重建。骆士廉,曲能,陇西人。洪武年任。齐福东,袁庸,刘寅,叶永亨,王福缘。以上五人无考。黄城,景泰二年任。龚鉴,金州人。李旺,天顺年任。马骊,新会人,进士。张铭,韩明,余姚人,进士。萧羽,新喻人。莫愚。马平人,举人。俱成化年任。徐英,宝坻人,监生。陈襞,鄞县人,官生。萧绪,有传。安郁。邯郸人,举人。俱弘治年任。赵镛,东阳人,举人。赵定,威县人,举人。王宣,华州人,举人。裴绍宗,有传。王俊,洛阳人,举人。俱正德年任。陈海,崇阳人,进士。陈言,黄梅人,举人。赵九思,山西人,进士。陈锭,江陵人,进士。吴宗元,金溪人,举人。孟梅,信阳人,举人。钟元高,龙州人,监生。汪有执,有传。张廷器,闽县人,举人。刘烛,有传。翟次乔,昌邑人,岁贡。赵卿,兴平人,举人。赵裕,莆田人,举人。邵化之,有传。饶廷光,临川人,岁贡。陈采。崇阳人,举人。俱嘉靖年任。杨九经,涿洲人。李谕,南昌人,举人。俱隆庆年任。夏尚忠,赵邦秩,平湖人,进士。曹铁,长清人,进士。姜天麒,余姚人,举人。张大雅,平湖人,举人。蔡文会,宛平人,进士。杨启新,晋江人,举人。廖自伸,黄冈人,举人。李邦彦。宁晋人,岁贡。董猷策,北直人,举人。王之璠,泸州人,举人。黄奎璧,韩惟叙,山西人,举人。关昌,广东人,举人。侯安国。以上俱万历年任。高斗墟,河南人,举人。严尔桂,浙江人。李景时。以上俱天启年任。锺必显,分宜人,贡士。鲍经济,会稽人,举人。雷惟美,陕西人,举人。廉栻,鄱阳人,举人。章阒然,贵州人,举人。李在公,陕西人,举人。刘士林。俱崇祯年任。以上海门县知县。

建官之制 [1]

建官之制,肇自唐虞。惟百惟倍,以及三百六十属,古昔不相沿袭,代有增置,其势然也。间观前史,有往代号称大吏,后世署以冷曹,胜国列在卑寮,兴朝尊为崇秩者,因革损益,又振古有之。我皇清奉天承运,宰制疆宇,维扬一郡,南北都会,不逞之徒易滋芽蘖,则设提督帅府坐镇广陵,置参将府以简练军实,制如旧。其文职重臣统辖兹郡者,有巡抚兼总督、漕运、都御史,时加

1　"建官之制"部分疑为补版,标题为整理者后加。底本首行题"扬州府志卷之八",次行题"秩官秩上"。版心叶码分别题"又一""又二""又三"。内容述及"皇清"之事。设官名额诸内容与前文重复。

宫保衔有差；有凤抚总督,驻泰州；有直指御史,或数年特命罢置不常；有巡盐察院,驻扬州；有提学,或分督上、下江,或统领江南学政,以副使佥事衔为之。明嘉靖间,以倭警准巡抚都御史郑晓奏,设海防兵备。今于康熙二年,改置驿盐道,分驻仪真、泰州、扬州三署。有都转盐运司使,以道臣体统行事,驻扬州。其以部属分司境内者,管河工部郎中,分署高邮,监收船料。钞关,明制以南户部一员领其事,今设部寀二员,笔帖式一员共榷之。

扬州府：知府一人,清军同知一人。江防同知一人,驻瓜洲。旧设船政同知一人,驻淮安,康熙元年裁。管河通判一人,管粮通判一人,推官一人,经历一人,照磨一人,检校一人,府学教授一人,税课司大使一人,库大使一人,仪真批验茶引大使一人,广陵驿丞一人,司狱司一人。

江都县：知县一人,县丞一人,主簿一人,典史一人,县儒学教谕一人,瓜洲税课大使一人,瓜洲、邵伯万寿、上官桥巡检司巡检各一人,邵伯驿丞一人,瓜洲闸官一人。

仪真县：知县一人,县丞一人,典史一人,县儒学教谕一人,迎銮驿丞一人,今改水驿。旧江口巡检一人,税课局大使一人,清江闸闸官一人。

泰兴县：知县一人,县丞一人,典史一人,县儒学教谕一人,印庄、黄桥口岸巡检司巡检各一人。

高邮州：知州一人,同州一人,管河判官一人,吏目一人,州儒学学正一人,盂城、界首驿丞各一人,广储仓大使一人,时堡巡检司巡检一人。

兴化县：知县一人,县丞一人,典史一人,县儒学教谕一人,安丰司巡检一人。

宝应县：知县一人,县丞一人,主簿一人,未裁。典史一人,县儒学教谕一人,安平驿丞一人,槐楼、衡阳巡检司巡检各一人。

泰州：知州一人,同知一人,判官一人,吏目一人,州学正一人,税课局大使一人,海安[1]、西溪、宁乡、巡检司巡检各一人,河泊所官一人。

如皋县：知县一人,典史一人,县儒学教谕一人,西场、石庄巡检司巡检各一人。

---

1 "安"字原脱,据本卷前文补。

通州：知州一人，判官一人，吏目一人，州学正一人，税课局大使一人，狼山巡检司巡检一人。

海门县：知县一人，典史一人，县儒学教谕一人，吴陵巡检司巡检一人。

以上江都、宝应二县主簿未裁，海门原未设。

国朝秩官纪 [1]

巡抚都御史

前朝漕运即兼凤阳等处，巡抚驻札淮安。后因倭变，乃并漕务于河院，特设巡抚防海，移驻泰州。自后倭警已息，漕抚复合，仍还淮安。今国朝定鼎，仍分，仍驻泰州，嗣后又归并淮安漕抚，后于顺治十七年特简林公莅焉。

赵福星，辽东义州人。顺治三年任。陈之龙，江西分宜人，由举人顺治四年任。王一品，辽东人，顺治五年任。有传。林起龙，福建人，进士。泰州自凤漕归并，缺抚镇十七年，特简公来，以宫保尚书行督抚事，有德政文记。张尚贤。辽东辽阳人。生员，康熙二年任。有德政文记。

巡盐御史

李发元，北直人，进士，顺治二年任。李嵩阳，河南人，举人，顺治四年任。有传。张翩，山西人，进士，顺治六年任。王士骧，北直人，进士，顺治七年任。崔胤弘，北直人，进士，顺治九年任。张琦，山西人，进士，顺治十一年任。张自德，辽东人，顺治十二年任。姜图南，浙江人，进士，顺治十三年任。有传。白尚登，辽东人，顺治十五年任。周宸藻，浙江人，进士，顺治十六年任。高尔位，辽东人，顺治十六年任。李赞元，山东人，进士，顺治十七年任。胡文学，浙江人，进士，顺治十八年任。郑名，北直人，进士，康熙元年任。张问政，辽东沈阳人，康熙二年任。赵玉堂。陕西麟游人，乙酉科，康熙三年任。

海防兵备副使 驻札泰州。

刘汉式，山东人，顺治二年任。周亮工，河南人，进士，顺治三年任。有传。王尔禄，

湖广黄阳人,进士,顺治四年任。**胡江**,湖广人,进士,顺治五年任。**陈一理**,辽东人,顺治六年任。**刘兴汉**,辽阳人,顺治七年任。**李培真**,河南人,进士,顺治十年任。**高光夒**,北直人,进士,顺治十四年任。**牟廷选**,辽东人,顺治十七年任。**杜澳**,山东人,进士,顺治十八年任。**罗森**。顺天大兴人。进士,授江南通省驿盐道。康熙二年,奉旨以扬州道归并,驻札仪真县。扬州、泰州俱有衙门。公性明毅,自奉简命,初移镇,值兼并之会,肃然去陋规,维新政,大纲细目毕备,商民甚悦之。有诗,载《文苑》中。

管河工部分司驻札高邮州。

李若星,河南陵宁人,举人,顺治二年任。**高明**,河南河内人,进士,顺治五年任。**王开基**,山东诸城人,举人,顺治八年任。**王维诚**,北直新城人,举人,顺治十一年任。**杨西狩**,江西南昌人,进士,顺治十四年任。**陈天清**,河南柘城人,进士,顺治十七年任。**吴炜**。顺天大兴人,举人,顺治十八年任。有修界首闸、开芒稻河文记。

户部分司设署扬州。

李果珍,山西雒南人,举人,顺治三年任。**英额**,满洲人,顺治三年任。**马呈祥**,辽东人,顺治三年任。**李遇昌**,顺天大兴人,举人,顺治四年任。**孙伯洛**,满洲人,顺治四年任。**黄世富**,辽东人,顺治四年任。**高联兴**,顺治五年任。**习喇布**,满洲人,顺治五年任。**张彦珩**,河南人,进士,顺治六年任。**爰我**,满洲人,顺治六年任。**季之骏**,河南人,进士,顺治七年任。**陈三谟**,山东益都人,举人,顺治九年任。**方若琠**,江南桐城人,进士,顺治十年任。**刘果远**,江南无锡人,进士,顺治十一年任。**木臣**,满洲人,顺治十一年任。**胡希圣**,山西人,进士,顺治十二年任。**叶克**,满洲人,顺治十二年任。**蒋文灿**,北直人,举人,顺治十三年任。**周而淳**,江宁人,进士,顺治十四年任。**范发愚**,河南人,进士,顺治十五年任。**夏霖**,苏州人,进士,顺治十六年任。**弋琜**,山西人,由举人顺治十七年任。**张怀德**,辽东人,进士,顺治十八年任。**戴笃礼**,满洲人,康熙元年任。**李皇诏**,湖广人,由拔贡康熙元年任。**艾肃**,满洲人,康熙二年任。**戎上德**。鄞县人,进士,康熙二年任。

扬州府知府

胡蕲忠,江南人,顺治二年任。**卞三元**,辽东人,生员,顺治三年任。有传。**刘奇遇**,辽东人,顺治四年任。**王宇春**,辽东人,顺治五年任。有传。**金应选**,辽东人,生员,顺治六年任。张元璘,辽东人,顺治八年任。有传。萧管,云南人,举人,顺治十年任。罗大猷,南昌人,进士,顺治十二年任。有传。傅登荣,辽东人,顺治十四年任。有传。蒋文灿,北直人,举人,顺治十五年任,卒于官。戈时雍,北直人,贡士,顺治十六年任。雷应元,辽东人,荫生,顺治十七年任,有德政文记。陈祚昌。嘉兴籍仁和人,乙未进士,康熙三年任。

同知

杨树声,蒲田人,贡士,顺治二年任。周懋文,绍兴人,由贡士顺治四年任。刘泽延,辽东人,贡士,顺治五年任。王辰,江西人,顺治七年任。谢世箕,济南人,官生,顺治九年任。谢祖悌,浙江人,官生,顺治十年任。周之翰,北直香河人,副榜,顺治十三年任。李之杰,山东人,贡士,顺治十五年任。翁应兆,辽东永宁监人,由生员顺治十七年任,康熙二年升桂林知府,有德政碑记。秦尚忠。大兴人,恩选,康熙三年任。

江防同知 驻札瓜洲。

王藏玺,河南洛阳人,由生员顺治二年任。杨树声,福建人,贡生,顺治三年任。智煨,北直高阳人,贡生,顺治八年任。李淮,河南武安人,举人,顺治十年任。萧汉英,江西临川人,贡生,顺治十二年任。徐腾鲸,辽东人,贡生,顺治十四年任。刘藻。辽东盖州人,由贡生顺治十七年任。

管河通判

陆万镒,陕西兰州人,贡士,顺治三年任。张伟,北直人,官生,侍卫,顺治六年任。高甲,北直人,拔贡,顺治九年任。王抚民,辽东锦州人,生员,顺治十三年任。赵鼎新,山西崞县人,贡士,顺治十六年任。周道东。河南考城县人,拔贡,康熙二年任。

管粮通判

王藏玺,河南洛阳县人,生员,顺治三年任。王昌祚,山东临邑县人,选贡,顺治四年任。周祥麟,陕西陇西人,拔贡,顺治六年任。石锡,陕西凤翔县人,拔贡,顺治八年任。周之翰,北直香河县人,副榜,顺治十年任。刘永清,山东人,拔贡,顺治十三年任。孔兴义,山东曲阜人,拔贡,顺治十五年任。王廷宾,辽东杏山卫人,生员,顺治十七年任。钱云龙。辽东辽阳人,监生,康熙二年任。

推官

刘绣,河南人,生员,顺治二年任。陈大计,陕西人,举人,顺治四年任。武缵绪,河南人,进士,顺治六年任。刘毓桂,山东人,进士,顺治十一年任。有传。索景淑,陕西人,举人,顺治十三年任。郑观吉,福建人,进士,顺治十五年任。王士禛。山东新城人,进士,顺治十七年任。公家学渊源,以文章饬吏治,庭共称其平,守共称其介。其博学,能诗文,移景千言,在郑仲灏、丘琼山之间,天下号为"才子第一,治平第一",洵然哉!

经历

王用祯,童茂,孙永祚,朱隆,周邦隆,史文国。

照磨

周士元,傅鼎,郝魁。

检校

齐先觉,魏德新,刘国彝,杨国柏,张之植。

教授

鄢广,潘士坤,沈泰,杜茂林,曹以迈,萧士俊,李思恭,陆鸣珂。

训导

王吉,王蕲灏,俞孝生,孔胤琦,李涓,吴克昌。徐永兴。

府属江都县知县

宋泽,河南襄城人,功贡,顺治二年任。聂介,山西蒲城人,进士,顺治三年任。郭知逊,山东潍县人,进士,顺治四年任。谢承惠,辽东人,贡士,顺治六年任。管大勋,辽东辽阳人,贡士,顺治九年任。刘玉瓒,大兴人,进士,顺治十年任。卜昌运,永平人,拔贡,顺治十一年任。司守麟,真定人,岁贡,顺治十三年任。何翊汉,陕西人,举人,顺治十五年任。冯应麒,辽东人,生员,顺治十七年任。熊明遂,江西人,举人,顺治十八年任。有传。梁舟。陕西汉中略阳县籍,延安府安塞县人。进士,康熙二年任。

县丞

翁人龙,叶懋楠,张吉士,石镇。

主簿

马经魁,张宗周,马之骗,童懋煜,邹惟瓒,翁廷宝。

典史

张璇,林士元,罗希令,马中骅。

教谕

应捷,荆象衡,张鹏远,吴伯琮。

训导

孙枝丰,方启曾,程文宪,汤孙绪。

仪真县知县

李济春,江西人,原系主簿,以投设授本县知县。连擅场,北直人,进士,顺治三年任。张奎昂,山西人,进士,顺治五年任。刘宗孟,辽东人,顺治七年任。牟文龙,辽东人,贡士,顺治九年任。丘时中,山东人,进士,顺治十七年任。童钦承,秀水人,进士,顺治十八年任。陈兴邦。福清人,举人,康熙元年任。

县丞

单其昌,丁翰选,章启文,褚贞志。

典史

明良,杨家魁,冀显宗,张震。

教谕

盛可纪,陆扬略,冯益熺,左国林,周家玉。

训导
侯靖臣,冯明衡,陈嘉猷,高以仁,刘应缙,丁亮。

泰兴县知县
陈枀,河南人,进士,顺治二年任。石荣,辽东人,贡生,顺治五年任。王调羹,北通州人,贡生,顺治九年任。唐章,陕西人,举人,顺治十六年任。刘有逢,顺天人,贡生,顺治十七年任。李馨。福建建宁人,进士,康熙三年任。

县丞
徐国瑛,周邦宣,路义。

主簿
李向春,金鼎铉,徐汝忠,张朌辉。

教谕
姬长镇,江远,刘若审,熊兆坚,杨日荣,吴士彦。

训导
陈洪泰,王师济,王佐圣,程之望。

高邮州知州
闵依圣,湖广人,举人,顺治二年任。龚蕃锡,拔贡,北直人,顺治五年任。张士望,贡生,北直人,顺治九年任。吴之俊。辽东人,贡生。以上顺治十二年任。曾懋蔚,福建人,贡生,康熙元年任。李庆祖。辽东人,荫生,康熙三年任。

州同
李谦,戴时显,高恒豫,张兆羲。

州判

荀良辅,寇锡祉,吕焯如,蔡绍芳,傅维垣。

吏目

李奇采,宋足徵,张间明,孙承祖,宗承礼。

学正

杨善,黄光宣,王廷生,詹尹吉。

训导

冯自京,邢廓,汪奋麟,程文炳,张元健,葛延芳。

州属兴化县知县

黄湛如,奉文委署,举人,顺治二年任。孙锺皋,奉文委署,进士,顺治二年任。白本直,辽东人,生员,顺治三年任。贺运清,湖广人,进士,顺治五年任。张暚,赵州人,进士,顺治九年任。任登级,北直人,贡生,顺治三年任。杨标,大名人,进士,顺治十七年任。张洪胤。山西人,举人,顺治十八年任。

县丞

冯志仁,单任,任觉商,谭士元,周天视。

典史

翁振朝,马应星,蒋时存,陶相儒。

教谕

刘茂先,王兆元,尹国宾,王迈。

训导

李臻,王永命,于演庆,张应轸,周光胤,张谦源。

州属宝应县知县

李楷,朝邑县人,举人,顺治四年任。靳龙光,大兴县人,进士,顺治六年任。寇万平,盖州人,贡士,顺治九年任。祁登第,辽东人,举人,顺治十一年任。王仝春,陕西兰州人,拔贡,顺治十二年任。郎秉中。辽东人,举人,康熙三年任。

县丞

张垣,邵辅桢,张时升,潘茂隆,郭漭源。

主簿

汪来楫,褚建,袁坦,石承恩,李承前。

典史

楼思义,郭应春,孟存仁,周文郁。

教谕

宋国谆,曹茂清,黄琦。

训导

赵彤华,薛廷箴,潘尧中,李肇基,胡来化。

泰州知州

刘孔中,山东人,官生,顺治二年任。钱履吉,满洲藉,浙江人,贡生,顺治四年任。赵汲,辽东锦州人,贡生,顺治八年任。锺人镜,浙江人,贡生,顺治十三年任。田作泽,河南商丘人,贡生,顺治十四年任。王基鸿,辽东杏山人,贡生,顺治十六年任。刘佑,北直人,选贡,康熙元年任。邵汝贤。余姚人,贡生,康熙二年任。

州同

来镇之,赵三麒,孙道朴,张扶龙。

州判

董亨,杨光鼎,苏万邦,刘秉彝,赵相明,邓之麟。

吏目

陈履泰,吴桢,刘驾,王景星。

学正

施文德,褚承恩,汤日进,汪梦蒲,钱化洪。

训导

李慎独,赵济,沈汝兰,尚忠,卢永清,吴骥。

州属如皋县知县

朱正邦,宿迁人,顺治二年任。殷应寅,滕县人,贡生,顺治三年任。陈秉彝,辽东人,贡生,顺治五年任。李朴,湖广人,贡生,顺治十年任。崔凤宾,北直人,贡生,顺治十三年任。李振奇,商水人,贡生,顺治十六年任。范承先。辽阳人。贡生,康熙元年任,有德政碑记。

典史

郭宗文,刘舜臣,沈宜。

教谕

周士章,戴玉,谢楸树,程牲,曾社龄。

训导

阎补震,吕大端,周永焯。

通州知州

李乔,辽东人,举人,顺治二年任。唐虞泰,顺治二年任。黑星,满洲人,顺治三年任。郑贤,顺治三年任。夏日严,辽东人,生员,顺治四年任。孙之大,满洲人,顺治五年任。

钱国琦,辽东人,贡生,顺治九年任。彭士圣,辽东人,举人,顺治十三年任。毕际有,淄州人,贡生,顺治十八年任。杨永春。辽东人,荫生,康熙二年任。

州判

汪元琏,马瑞奇,袁奇,陈文升,张志高。

吏目

董天常,杭继恩,王牲,陈胤昌,王猷化。

学正

张祖寿,王自新,陈良秉,归斯受。

训导

张际可,张超载,陈之秀,王自美。

州属海门县知县

李都产,举人,顺治二年任。王来庆,北直人,拔贡,顺治二年任。姚应选,辽东人,贡生,顺治六年任。庄泰弘,辽东人,选贡,顺治九年任。董常裕,保定人,选贡,顺治十五年任。杨起鹏。顺天大兴人,举人,顺治十七年任。

典史

王继汉,鲁案,王天申。

教谕

金守实,汪居仁,金象铉。

训导

于鹏程,萧汝藿,马载乾。

扬州府志卷之九

秩官志中

汉晋以来秩官列传

汉

董仲舒　邹阳　枚乘

　　董仲舒，广川人也。孝景时，为博士。武帝即位，仲舒以贤良对策，发明"天人相与之际"，而究于"一统纪""明法度"，天子以为江都易王相。王，帝兄，素骄，好勇，仲舒以礼谊匡正王，王敬重焉。王问："粤大夫泄庸、种、蠡为三仁。"仲舒对曰："仁人者，正其谊不谋其利，明其道不计其功。是以仲尼之门，五尺之童，羞称五伯，为其先诈力而后仁义也。苟为诈而已，故不足称于大君子之门也。"王称善。仲舒治国，以《春秋》灾异推阴阳所以错行，求雨，闭诸阳，纵诸阴，其止雨反是。行之一国，未尝不得所欲。后徙胶西王相，终于家。所居江都宅，故址犹存。后人即其地，立祠祀焉。

　　邹阳，齐人也。吴王濞招致四方游士，阳与吴严忌、枚乘俱事吴。久之，吴王以太子事怨望，阴有邪谋，阳奏书谏。为其事尚隐，恶指斥言，先引秦为谕，因道胡、越、齐、赵、淮南之难，后乃致其意。辞具《文苑志》中。吴王不内其言。阳知吴不可说，去之梁。

　　枚乘，字叔，淮阴人也。与邹阳同时为吴王濞郎中。吴王初怨望，谋为逆，乘奏书谏曰："臣闻得全全昌，失全全亡。夫以一缕之任系千钧之重，上悬无极之高，下垂不测之渊，虽甚愚之人犹知哀其将绝也。马方骇鼓而惊之，系方绝又重镇之；系绝于天不可复结，队入深渊难以复出。其出不出，间不容发。能听忠臣之言，百举必脱。必若所为，危于累卵，难于上天；变所欲为，易于反掌，安于泰山。愿王孰计而身行之。"吴王不纳，乘去而之梁，从孝王游。景帝即位，吴遂与六国反，举兵西乡。乘复为书说王，语在《文苑志》中。吴王既不用乘策，卒见禽灭，乘由是知名。乘善属辞赋，其客游梁，著《七发》，有"广陵观涛"之篇，文词瑰异，至今言广陵文学者，以乘为宗。

赞曰：刘向称董仲舒有"王佐才"，观所对易王问，虽孔门何以远过？邹、枚始以文辞显，然谏濞不听，弗与其难，可谓超然明哲者乎？濞慁谏背逆，卒以诛灭；易王虽骄恣而犹再世，用贤者之与不用，效可睹矣。

黄霸　魏相　张禹　张纲　鲍永　严遵　巴袛　马稜　欧阳歙　荀昙　陆稠　陈登　张超　刘繇　刘馥

黄霸，字次公，淮阳阳夏人。宋畸举霸贤良，擢扬州刺史。三年，宣帝诏曰："制诏御史：其以贤良高第扬州刺史霸为颍川太守，秩比二千石。"

魏相，字弱翁。以茂陵令迁扬州刺史。考案郡国，多所贬退。相与丙吉善，吉与书曰："朝廷已深知弱翁治行，方且大用。愿少慎事自重。"相心善其言，为霁威严。居部二岁，征为谏大夫。

张禹，字伯达，赵国襄国人。建初中，拜扬州刺史。当过江行部，土民以江有子胥之神，难于济涉。吏固请，禹厉声曰："吾志在理察枉讼，子胥如有神，岂危我哉？"遂鼓楫而过。郡邑深幽之处，莫不毕到。录囚徒，多所平反，民怀爱之。

张纲，字文纪，蜀犍为人。汉安元年，遣八使巡行郡国，纲独埋轮都亭，奏梁冀等十五事。帝知纲言直，不能用，以为广陵太守。是时，张婴等寇乱扬、徐间，积十余年，前遣郡守多率兵御之，婴等不为下。纲乃单车径诣婴垒，喻以逆顺祸福。贼感纲，即面缚归降。纲因大会，置酒为乐，散部众，任其所之，人情悦服，南州晏然。纲又于扬东陵村开渠，引太石湖水灌利农田，民至今呼为"张公渠"云。被疾，扬人咸为祷祀。及卒，老幼相携赴哀者不可胜数，婴等五百余人制服行丧，送至犍为，负土成坟。顺帝诏追褒之，官其子续为郎，赐钱百万。

鲍永,字君长,上党屯留人。为鲁郡太守,迁扬州牧。时南土多寇,永以痍伤之后,示诛其疆横而镇抚其余,百姓安之。

严遵为扬州刺史,行部,闻道傍女子哭声不哀。问所哭者谁,对云:"夫遭烧死。"遵敕舁尸到,阳与语,语吏云:"死人自道不烧死。"摄女,令人守尸,云:"当有枉。"吏白:"有蝇聚头所。"遵令披视,得铁锥贯顶。考问之,果淫杀夫者。

巴祇为扬州刺史,帐毁坏,不复改易,以水渗曝用之。处暝暗之中,不燃官烛。

马稜,章和初为广陵太守。时谷贵民饥,奏罢盐官,以利百姓。赈贫赢,薄赋税,兴复陂湖,溉田二万余顷。吏民刻石颂之。

欧阳歙,字王思,乐安千乘人。以建武六年任扬州牧,推用贤俊,政多异绩。反将李宪余党淳于临等众数千杀安丰令,歙遣扬州兵讨平之。

荀昙,汉末为广陵太守。时阉宦擅权,暴灭士类,昙虽守远郡,志欲除之。其党至郡,纤罪必治,略无避忌。用是禁锢终身。

陆稠,字伯赢。为广陵太守,奸吏敛手。广陵谚曰:"解理结烦,我国陆君。"

陈登,字元龙。建安中,为广陵太守,沉谋有威,所治当东南之凑。时皇纲弛维,乱臣纷扰,登镇是邦,挺然自固,武力既宣,文教亦浃。又以休暇行城之西二十里,浚源为塘,溉浸田畴,用获丰稔。民咸爱而敬焉,遂以名其陂,曰"爱敬陂"。即今陈公塘。

张超为广陵太守,功曹说超曰:"明府历世受恩,据大郡。今王室将危,贼臣虎视,此义士效命之秋。今郡境尚全,吏民殷富,起义兵,以诛国贼为天下倡,不亦宜乎?"超然其计,与兄邈及兖州刺史刘岱起兵讨董卓,以太傅橡袁绥领广陵事。

刘繇,字正礼,为扬州刺史。时袁术在淮南,图为僭逆,攻没诸县,繇遣樊能、张英屯江边拒之。术力攻英等,岁余不下。汉命加繇扬州牧、振武将军。又笮融杀广陵太守,赵昱纵兵大掠,繇破走之。

刘馥,字元颖,沛国相人。庐江雷绪等拥众数万江淮间,郡县残破,曹操谓馥可任,表为扬州刺史。馥既受命怀绥,绪等皆安集之。恩化大行,流民越江而归者以数万计。

赞曰：汉刺史主察举诸郡国，则扬州刺史不独统广陵，其治迹亦不独在一郡。顾旧志有其传之，莫敢废也。张文纪、陈元龙俱有大功德于扬。夫威民而不以杀，劳民而不称厉者，其贤乎？历汉至今千余年，人犹思之。其为所拊循怀惠者，何如哉？

晋

郗鉴　卞壶[1]　谢安　谢玄　周玘

宋

徐湛之　沈庆之　贺弼

南齐

裴昭明　陆子贞　陆慧晓

郗鉴，字道徽，高平金乡人。明帝时，迁都督徐、兖、青三州军事，镇广陵。苏峻反，闻鉴[2]，欲率众东赴，诏以北寇不许，乃遣司马刘矩领三千人宿卫京师。鉴去寇密迩，城孤粮绝，人无固志。鉴流涕设盟，誓讨贼以救社稷。会陶侃为盟主，进鉴都督扬州八郡军事。峻平，拜司空，加侍中。

卞壶，字望之，济阴冤句人。父粹，为长沙王所害。壶遇难作，依妻兄徐州刺史徐盾，盾以壶为广陵相。壶廉洁俭素，居甚贫约。后累官拜光禄大夫，加散骑常侍。苏峻之乱，壶力疾转战，死之。二子眕、盱相随赴贼，同时遇害。母裴氏抚二子尸哭曰："父为忠臣，子为孝子，复何恨乎？"诏祠以大牢，谥忠贞，二子皆赠秩。

谢安，字安石，阳夏人。镇广陵，筑新城，以壮保障。时城北四十里有湖，每水涨没田，安为筑平水埭，随时蓄泄，岁用丰稔，至今民呼其埭曰"召伯埭"，比邵伯甘棠之惠也。城东法云寺，乃安故居，手植双桧犹存，天宁寺亦其别墅云。

谢玄，安从子也。时苻坚强盛，边境数被侵寇，朝廷求可以镇北方者。安

1　"壶"，原本误作"壶"。

2　"闻鉴"，倒文，《晋书》卷六七《郗鉴传》作"鉴闻"。

以玄应,拜建武将军、南充州刺史,领广陵相、监江北诸军事。及坚将毛当、句难等攻淮南,玄令田洛御之,贼次三阿,去广陵百里,朝廷大震。玄于是自广陵救三阿,率兵三万,次白马塘。难逆战于塘西,玄大败之。进兵,与难及彭超战,难等又败,引退。玄率何谦、戴逯、田洛战于居[1]川,复大败之。又遣广陵相刘牢之攻破贼浮航、白船,难等北走,仅以身免。玄还镇广陵。

周玘,扬州秀才。太安初,为江都令。石冰之乱,玘同南平内史王矩、吴兴内史顾秘助广陵度支陈敏讨平之。后敏以广陵相据江东叛,玘复同顾荣合兵诛之。时怀帝永嘉元年也。

徐湛之,字孝源,东海郯人。领前军将军、南充州刺史。湛之善为政,威惠并行。广陵城北有高楼,南望钟山,北有陂泽,水物丰美,湛之更为修饰,每政暇,招集文士游玩,为一时之盛焉。别见《古迹》。

沈庆之,大明三年,竟陵王诞据广陵叛,帝以庆之都督南充、徐二州诸军事,率众讨之。诞遣客赍书游说,赆以玉环刀。庆之遣客还,且数其罪。既至城下,诞登城谓曰:“君白首之年,何为来此?”庆之曰:“朝廷以君狂愚,不足劳少壮,故使仆来耳。”因塞堑,造攻道,立行楼、土山并诸攻具。时夏雨,弗得攻城。诞遣人饷庆之食,庆之悉焚之,又于城上函表,令为送。庆之叱曰:“吾奉制讨贼,不能为贼污表。”每攻城,辄身先士卒。帝使人戒之曰:“卿为督率,当令处分有方,何至身受矢石耶?”居三月,遂入城,斩诞。

贺弼,字仲辅,山阴人。为竟陵王诞记室参军。初,诞据广陵叛,弼执谏再三,诞拔刀向之,乃止。或劝弼出降,弼曰:“公举兵向朝廷,此事既不可从,某素荷厚恩,又义无违背,惟当死明心耳。”乃服毒死。帝闻之,赠车骑将军,山阳、海陵二郡太守。

裴昭明,河东闻喜人。梁建武初,为广陵太守。明帝以其在任无启奏,代还之。昭明曰:“臣不竞执关键耳。”昭明历郡皆有勤绩,尝曰:“一身之外皆长物。”故终身不治产业。

陆子贞,吴郡吴人。元嘉中,为海陵太守。时中书舍人秋当亲幸,家海陵,假归葬父,子贞不与相闻。当尝请发民治桥,又以妨农不许。彭城王义康闻

1　“居”,误,《晋书》卷七九《谢玄传》作“君川”。

而重焉。

陆慧晓，字叔明，子贞之子。先入为五兵尚书，行扬州事，又迁持节、督南兖兖徐青冀五州军事、南兖州刺史。慧晓清介正立，不杂交游，张绪初见，称之曰"江东裴、乐"也。

赞曰：晋氏南渡，以广陵为江左屏蔽，安石以重名出镇，违众举亲，卒破氐虏，甘棠之思，岂独一垼焉已哉？郗公厉志讨叛，卞公力战死敌，暨乎刘宋沈庆之之诛讨逆诞，贺仲辅之殒身明志，亦其次也。徐、裴、二陆，清峭夷旷，各为时望，取人于六代之间，亦可以为人杰矣。

梁
祖皓　霍隽　萧景
陈
萧济
北齐
卢潜　卢勇
隋
冯慈明

祖皓，益州人。慷慨有文武才。大同中，为江都令，后拜广陵太守。侯景陷台城，皓要耿光等百余人袭杀兖州刺史董绍先，推前太子舍人萧勔为刺史，结东魏为援。驰檄远近，讨景。景大惧，率侯子鉴等攻之。城陷，皓见执，不屈，死之。

霍隽，广陵令。侯景叛，隽同邵陵王纶发兵，自京口讨之。纶败，隽为贼所获，送广陵城下，逼之云"已擒邵陵王隽"。呼城中人云："王小小失利，已全军还京，城中但坚守，援兵寻至矣。"景以刀胁之，隽辞色不变，景义而释之。

萧景，字子昭，高祖从父弟。天监中，持节、都督南兖兖徐青冀五州军事。诏曰："扬州应须缉理，宜得其人。景才堪此举，可以安右将军监扬州，并置佐史，侍中如故。"景性明断，符教严整。有田舍老姥尝诉得符，到县，吏未即发，姥语曰："萧监州符，火烁汝手，何敢留之？"其为人畏服如此。

萧济,字孝康,东海兰人。授仁威将军、扬州刺史。高宗尝敕取扬州曹事,躬自省览,见济条理详悉,文无害,顾左右曰:"我本期萧长史长于经传,不图[1]精练繁剧,乃至于此。"

卢潜,范阳涿人。为扬州道行台左丞。先是,王琳为扬州刺史,敕潜与琳为南讨经略。潜辑谐内外,甚得边俗之和。琳锐意图南,潜以时事未可,愿且息兵,上许之。由是与琳有隙,更相表列。世祖追琳入京,除潜扬州刺史。潜在淮南十三年,任总军民,大树风绩,甚为陈人所惮。陈主尝与其边将书曰:"卢潜犹在,当深避之。"天统、武平中,征税烦杂,江淮骚扰,潜随事抚慰,兼行权略,故得宁靖。武平三年,征为五兵尚书,扬州民以香华缘道,流涕送之。潜曰:"恐不久复来耳。"未几,吴明彻渡江侵掠,复以潜为扬州道行台尚书。

卢勇,字季礼,范阳涿人。授仪同三司、扬州刺史。时叛民韩木兰等常为边患,勇大破之。启求还朝,高祖赐勇书曰:"吾委卿扬州,唯安枕高卧,无西南之虑矣。但依朝廷所委,表启宜停。"

冯慈明,大业十三年,摄江都郡事。李密逼东都,诏令慈明安集之,为密党所执。密因谓曰:"隋祚已尽,区宇沸腾,今欲问罪江都,卿谓何如?"慈明曰:"吾直道事人,有死而已。不义之言,非所敢对。"密厚礼焉。慈明潜使人奉表江都,及致书东都留守,论贼形势。密知其状,又义而释之,为贼帅翟让所杀。帝闻而叹息,赠银青光禄大夫。

赞曰:以梁武之荒耄,隋炀之苛暴,而祖皓、冯慈明能以忠显,岁寒之松柏,板荡之忠臣欤?卢潜镇安淮南,其利泽及人,几与谢傅适埒。呜呼,谁谓浊世无贤者乎?

唐

李袭誉　张延赏　李珏　第五琦　刘晏　元琇　杜佑　李吉甫　康令

李袭誉,字茂实,陇西狄道人。通敏有识度,为扬州大都督府长史。时俗

1　"图",误,《陈书》卷三〇《萧济传》作"言"。

喜商贾,不事农业,袭誉为引雷陂水,筑句城塘,溉田八百顷,以尽地利,民渐归本焉。袭誉为人严毅,所得廪禄尽散之宗戚,以余资录书。既罢扬州,书遂数车。

张延赏,蒲州人。为淮南节度使。岁旱,民他迁,吏禁之,延赏曰:"食者,人恃以活。拘此而毙,不如适彼而生。"乃具舟遣之。敕吏为修室庐,已逋逃归者,更增于旧。瓜步舟舻津凑,而遥系江南,延赏请改属扬州,于是行无稽壅。会母丧免。

李珏,字待价,赵郡人。迁淮南节度使。时江淮旱,珏发仓廪以赈流民,又以军羡储杀价粜之,民赖以生。会疾亟,官属见卧内,言不及他,惟以州有税酒直并神策军尝为豪家占利,方论奏,未见报为恨。语毕,卒。淮南人德之,立石纪其事。赠司徒,谥贞穆。

第五琦,字禹珪,京兆长安人。至德初,谒肃宗于彭原,言:"今之急务在兵赋,赋所出,以江淮为渊。若假臣一职,请悉东南粟,飞饷函洛。"帝悦,拜监察御史,勾当江淮租庸使。始变盐法,国用以饶。累封扶风郡公。

刘晏,字士安,曹州南华人。广德二年,为江淮转运租庸常平使。晏即盐利顾佣分吏督之,随江、汴、河、渭所宜。旧时转运船由润州陆运至扬子,斗米费钱十九,晏命囊布而载以舟,减钱十五。由扬州距河阴,斗米费钱百二十,晏为歇艎支江船二千艘,每船受千斛,十船为纲,每纲二百人,篙工五十人,自扬州遣将部送至河阴,上三门,米斗减钱九十。调巴、蜀、襄、汉麻枲、竹筱为绹挽舟,以朽索腐材代薪,物无弃者。未数年,人人习河险,岁转粟百一十万石,无升斗沉溺。轻货自扬子至汴州,每驼费钱二千,至是减九百,岁省十余万缗。晏始于扬子造船,每一船破钱千贯,或讥其妄费,晏曰:"大国不可以小道理,凡所创造,须谋经久。"乃于扬子县置十船场,差专知官十人,不数年间,皆至富赡。凡五十余年,船无破败,馈运亦不阙绝。晏理盐铁,惟置官于出盐之乡,取盐户所煮盐鬻于商,任其所之。不出盐州县,不复置官,曰:"官多则民扰也。"其始,江淮盐利不过四十万缗,季年六百余万缗,末年更逾十倍,而人不厌苦。古今称善理财者,独归晏云。

元琇,德宗时由右丞判度支,以关辅旱俭,请运江淮租米以给京师。是时,韩滉以浙江节度使加江淮转运使,令督运务。琇以滉性刚,难以集事,乃条奏滉督运江南米至扬子，凡十八里，请滉主之；扬子以北，皆琇主之。后以尚书右丞判度支，国无横敛而军旅济。为滉所恶，贬雷州司户，赐死。

杜佑，字君卿，京兆万年人。以工部郎中充江淮青苗使，历官尚书右丞，俄出为淮南节度使。佑决雷塘，以广灌溉，海滨斥卤地尽为田，积米至五十万斛，列营三十区，士马整饬，四邻畏之。尝计租赋，相民利病而上下之，议者称佑治行无阙。所著有《通典》行于世。

李吉甫，字弘宪。以荫仕至中书侍郎、同门下平章事，出为淮南节度使。居三载，奏蠲逋租数百万石，筑富人、固本二塘，溉田万顷。以漕渠庳下，不能居水，乃筑堤以为蓄泄，名曰"平津堰"。会江淮旱，浙东、西尤甚，有司不为请，吉甫白以时救恤，帝急驰，使分道赈之。吉甫虽居外，每朝廷得失辄以闻。会裴垍病免，复以前官召吉甫还秉政。卒，谥忠懿。

康令者，失其名籍。咸通中令江阳，时大旱，令以身代牺祷，遂赴水死，天即大雨。民悲怀之，为立康令祠，至今存焉。

赞曰：唐秩官可纪者，惟节度发运使颇见正史，自守令以下寥寥矣，康令故轶其名。长民者，为政有经，未闻忧旱而以死祷，其事疑传讹，即有之，不足训也。然于时郡县吏已无可述，姑存其旧。夫纪乘阙而一代之循吏几湮，岂细故哉？

五代
褚仁规　齐丘　朱昂　向拱　荆罕儒　李重进

褚仁规，字可则，广陵人。仕吴，为海陵制置院使。南唐升元元年，置泰州，以仁规为刺史，开筑城濠。海陵民多争讼，连免数令，以仁规兼县事，为理明察而果敢，辅以威刑，民皆畏之，县务甚治。所部鱼盐、行苇之地，每大役有所需用，使吏行视民间所有籍而取之，事讫，则以次偿补，无少欠。以故，民无有怨者。

齐丘，为淮南帅徐知诰参谋。时吴有丁口钱，又计亩输钱，民甚病之。齐丘以为钱非耕桑所得，使民输钱，是教之弃本而逐末也，请蠲人口钱，自余税悉收谷帛，知诰从之。由是旷土尽辟，国以富强。

朱昂,字举之,衡山人。周世宗南征,韩令坤统兵至境,昂谒见,陈治乱方略,令坤奇之。时兵兴,逃亡过半,昂便宜绥辑,复通亡者七十余家,令坤因表授扬子县令。

向拱,字星民,怀州河内人。显德二年,世宗亲征淮南,以拱权东京留守。时扬州初平,南唐令境上出师收复,韩令坤欲弃城,世宗召拱,拜淮南道节度使。时周师久驻维扬,骄恣横暴,有劫人妻女者。拱至,即戮不奉命者数人,军中肃然。上疏请徙扬师,并力攻寿春,俟城下,然后改图进取,从之。拱乃封库,付扬州,使者遣牙将分部按巡城中,秋毫不犯,军民感悦。及临行,吴人有负粮粮以送者,遂进攻寿春,破淮南军二千于黄蓍砦。

荆罕儒,冀州人。显德五年,任泰州团练使。修筑罗城,增子城及营州治。是年,世宗临幸,赐鼓角、门戟。罕儒轻财好施,不事产业,家财入则有籍,出则弗问其数。州有煮海之利,岁入巨万,听罕儒十收其八,然犹用度不足。将代军吏诣阙,请留之。

李重进,太原人,周太祖甥。任淮南道节度使。宋太祖受禅,加重进中书令。重进治城缮兵以拒命,太祖攻之,城陷,举族自焚死。

赞曰:扬当吴、南唐、后周割据之际,官兹土者率受伪命,然亦各忠于所事,若褚仁规、荆罕儒开创海陵,功尤难泯。李重进不事易姓,阖族自焚,烈矣。夫德施及民,及以忠死事者,固不以僭伪少之也。

宋

李处耘　李溥　乔维岳　贾宗　张环　陈遘　杜衍

李处耘,潞州上党人。太祖讨李重进,处耘为行营兵马都监。贼平,以处耘知扬州。大兵之后,境内凋敝,处耘勤于抚绥,奏减城中居民屋税,民皆悦服。建隆三年,诏归京师,老幼遮道涕泣,至累日不得去。

李溥,太宗时制置江淮等路,兼发运使。时江淮岁运米输京师止五百余万斛,溥增至六百万,而诸路犹有余蓄。高邮军新开湖水散漫,多风涛患,溥令漕舟东下者还过泗州,因载石输湖中,积之为长堤。自是,舟行无患,公私便之。

乔维岳,字伯周。太平兴国中,任淮南转运使。时淮河西流三十里,曰[1]山阳湾,水湍[2]悍,舟多覆溺。维岳规度开故沙河,自末口至淮阴磨盘口,凡四十里。又建安军有五堰,运舟皆卸粮而过,舟时坏失,纲卒缘而侵盗。维岳始创二斗门于河西第三堰,二门相距逾五十步,设悬闸积水,俟潮平乃泄之。建横桥岸上,筑土垒石,以固其址。自是,弊尽革,而运舟往来无滞矣。

贾宗,天禧中任发运使。时岁漕自真、扬入淮,历堰者五,官私烦费。宗请浚漕渠,废三堰,以均水势,岁省费十万。渠成,漕舟无阻。别见《河渠志》。

张环,字唐公。天禧中,任发运使。时三司下诸道责羡财,淮南独上金九钱,使怒,移文切责,环以赋数民贫为对。环当官敢言,虽忤势遭斥,竟不悔。

陈遘,字亨伯,永州人。为淮南转运使。帝初易置发运使,命选诸道计臣有阀阅者,执政以遘言,遂命为副使,寻进为使。时运渠壅塞,诏决句城、陈公塘达于渠。路甫通,而朱勔花石塞道,官舟不得行。遘捕系其人,而上章自劾。帝为黜勔,进徽猷阁待制。后守真定府,金人围城,遘为部将所杀。金人见其尸,曰:"忠臣也。"殓而葬之。

杜衍,字世昌,越州山阴人。初授扬州观察推官,后知扬州。章献太后遣使安抚淮南,还未及他语,即询衍安否,使者以治状对。太后叹曰:"吾知之久矣。"衍听讼明敏而审核甚精,其簿书出纳,推析[3]毫发,吏不得缘为奸。及其施于民者,则简而易行。言论风旨,惟忠惟恕,不为斩斩,其治狱民,自以为不冤。后入相,卒谥正献。

赞曰:李处耘当宋开国,煦妪慈惠。李、乔、贾、陈肇创堤渠,蜚挽斯利。张环侃侃,正言不讳。杜公平明,竟跻大位。恺悌君子,其风百世。

范仲淹 韩琦 胡令仪 张纶 王鼎 欧阳修 包拯 王琪 冯京 赵抃 吴遵路 鲜于侁 王素 沈起

范仲淹,字希文,苏人。初,监泰州西溪盐仓。时海堰久废,卤水时入田,

---

1 "曰",原本误作"白",据《宋史》卷三〇七《乔维岳传》改。

2 "湍",原本误作"惴",据《宋史》卷三〇七《乔维岳传》改。

3 "析",原本误作"折",据《万历扬州府志》卷九《秩官志中》改。

不可耕。仲淹具书白发运使张纶,纶奏上,以仲淹令兴化,董修筑之。会以忧去,淹犹移书坚纶,役卒成。长竟通、泰、海三州,蜿蜒数百里,以卫农田,民享其利,为立张范祠祀之。其后,江淮旱蝗,仲淹请遣使巡行,未报。乃请间曰:"宫中半日不食,如何?"帝恻然,乃命仲淹安抚江淮间,开仓赈恤。又奏蠲折役茶、江东丁口盐钱。盖江淮民始终蒙其惠焉。

韩琦,字稚圭,相州人。以资政殿学士知扬州,增学田,奏请蠲无名之敛,又请常平仓米以备赈荒。扬民为肖像,祀于雍熙院,蒋之奇作记云:"魏公前出二府而领维扬之麾,后相三朝而建淮南之节,虽十年之间,屡更节钺,而终不易镇,则维扬之人挹魏公之德宜何如哉?"史称公历扬、郓、真、定等州,所至设条教,茸帑廪,治武库,劝农兴学,民乐其恺悌,爱慕之如父母。

胡令仪,陈留人。天圣中,任发运使。先是,范仲淹请筑捍海堰,甫役,会大雨雪,惊涛汹涌,役夫有旋泞而死者,欢言堰不可成,朝廷遣中使按之,将罢其役。又遣令仪为转运使,按究役之可否。令仪尝令海陵,熟知潮患,于是力主仲淹议不可夺。堰成,民卒利之,州人于张范祠增祀令仪,为三贤祠。

张纶,字昌言,汝南人。为江淮发运使,筑高邮等处湖堤二百余里,旁锢以巨石,间为平闸,以泄横流。及范仲淹议捍海堰,纶嘉之,即为奏上其事。且自请知泰州,躬督其役。逾年,堰成,流佣归而复业者三千余户。又奏除通、泰州盐户逋课数万。民德之,为立生祠,范仲淹为作颂焉。见《文苑》。

王鼎,字鼎臣,馆陶人。迁淮南发运副使。内侍杨永德奏请沿汴置铺挽漕舟,岁可省卒六万,诏鼎与永德会议。鼎发八难,永德不能复。鼎因言:"陛下幸察用臣,不宜过听小人妄有所变更,以误国计。"于是,永德言不复用。居三年,进为使。前使者多市南物,持遗京师权贵,鼎一无所市,独悉意精吏事。先是,官舟禁私载,兵无以自给,至盗官米为奸。有居贩者,市人持以法,弗偿所逋,鼎为移州县督偿之。舟人有以自给,不为奸而漕亦无废。鼎生平所荐多名士,有终身不识者。

欧阳修,字永叔,庐陵人。庆历八年,知扬州,宽简不扰。莅政数日,官事十减五六。再阅月,官府闲如僧舍。或问故,曰:"吾宽不为苛急,简不为繁碎尔,非废事也。"

包拯,字希仁,合肥人。知扬州。性严重,不轻言笑。民有事,得径造庭下,陈曲直,吏不敢欺。时天长县有诉盗割牛舌者,拯曰:"杀而鬻之。"顷有来告私杀牛者,拯曰:"何为割牛舌而又告之?"盗惊服。累迁枢密副使,谥孝肃。

王琪,字君玉,成都华阳人。初调江都主簿,上时务十二事,请建义仓,置营田,减度僧,罢鬻爵,禁锦绮、珠贝,行乡饮、籍田、制科,兴学。仁宗嘉之,除馆阁校勘、集贤校理。后两知扬州,以礼部侍郎致仕。琪性孤介,与时不偶,数临东南名镇,惟尚简静。疾俗吏饰厨传以沽名誉,故待撤宾客颇阔略,以是多不理于口。卒,葬真州,诏真、扬发卒护其窆。

冯京,字当世,鄂州江夏人。以龙图阁待撤制知扬州。少俊迈不群,及治扬,内存仁厚,而政行敏达,事至随决,按法论罪,狱掾不能欺,下畏而服之。官至太子少师。

赵抃,字阅道。仁宗时,令海陵。崇学校,重师儒,不立异政以拂民情;因俗施教,唯以惠利为本。黄震言其为政岂弟,不严而肃,虽古循良无以过之。至和中参知政事,后极论新法不可而去。卒,谥清献。

吴遵路,字安道,润州丹阳人。明道二年,知通州。时天旱蝗,遵路平粜价,又建茅屋,以处流移。是时,诸郡率多转死,惟通民安堵。范仲淹安抚淮浙,上其治状,乞宣付史馆,颁下诸郡。及为发运使,于真、泰、高邮军置斗门十九,以蓄泄水利。广属县常平仓,储蓄以待凶岁。凡所规画,后皆便之。

鲜于侁,字子骏,阆州人。赵抃荐之,神宗命知扬州,曰:"广陵重镇,久不得人,卿宜善治之。"值青苗法行,侁唯视民所欲,不强以必从。苏轼称其"三难"。又命教授马希孟探索境内简帙,为《扬州集》。哲宗时,以侁为京东转运使。司马光曰:"以子骏为转运,诚非所宜。然欲救东土之敝,非子骏不可耳!"

王素,字仲仪,旦之子。初知通州,后为淮南转运按察使。素莅通时,爱民勤政,举废兴贤,人多怀之。及使按察,不摘细故,间有贪刻,必绳治穷竟。仁宗尝称为"真御史"。仕终工部尚书,谥敏懿。

沈起,字兴宗,鄞人。至和中,令海门。海门负海地卑,间岁潮作,溺民田舍,民至弃业以避。起为筑堤七十里,引江水以灌其田,民遂复业。王介甫为之记,御史中丞包拯荐为监察御史。累官天章阁待制。

赞曰:余尝捧檄行海上,观范、张所筑故堰,未尝不慨然想见其为人。方其建议非常,疑难蜂起,非相信于君臣寮友之间,乌能就斯役乎?韩魏公、欧阳永叔、冯当世、包孝肃、赵清献,皆名世人杰,并历兹郡。其后苏文忠、富韩公、吕晦叔后先接踵,君子之至于斯而邦以人重,若治郡政,其一班耳,呜呼盛哉!

吕公著　刘敞　苏轼　邹浩　张次山　罗适　向子谭　章绰　刘蒙　吕好问　蔡伸　胡安国

吕公著,字晦叔,寿州人。元丰间,知扬州。性勤励,在郡率未明而起,秉烛视案牍,尤详听览,小官贱胥咸得输其情理。官有系重囚而置酒宴会者,公著遣吏谕之,皆悔惧,由是上下咸修其职。转运司常辇乳香万斤,配卖郡中,悉停之,郡库虽符檄督逼,不为强配,民尤德之。

刘敞,字元甫[1],临江人。嘉祐元年,知扬州。前守政苛,敞以宽厚济之。扬雷塘旧为民田,其后官取潴水而不偿,民皆失业,敞据塘旧券,悉还民。天长县鞫王甲杀人,狱既具,敞见而察其冤,亲按问之,果得真杀人者,人以为神明。

苏轼,字子瞻,眉山人。元祐七年,知扬州。尝奏扬民为积欠所压,检察本州,于理宜纵而拘于法者六条,乞住催理;又奏旧发运司主东南漕,听操舟者私载物货,征商不得留难,故所载率皆速达无虞,近岁一切禁之,故舟弊人困,多盗所载,以济饥寒,公私皆病,请复旧。上皆从之。先是,蔡京知扬州,宴集为万花会,用芍药数十万株,吏缘为奸,轼悉罢之,民大悦服。未阅岁,以兵部尚书召兼侍读。

邹浩,字志完,武进人。元丰间,任扬州教授。吕申公守扬州,时有重客过,命浩为宴集乐语,浩辞焉。次日,语浩曰:"使教授他日作翰林学士,将如何?"浩曰:"为翰林学士则可,祭酒司业则不可。"申公被召,临别谓浩曰:"教授器识不凡,当自爱。"至上前,首荐之,哲宗擢为右正言。累官吏部侍郎。

张次山,通州人。以进士初调泰兴簿,因开河部夫整肃,工多先办,包拯荐之朝,又见知于司马光,乃擢知泰州。尝有鹳集戒石前,若有所诉,次山谕

1　"元甫",《万历扬州府志》卷九《秩官志中》作"原甫",《宋史》卷三一九《刘敞传》作"原父"。

鹳使先飞,令官兵随往,鹳止一大木上,盖邻侧有烹其二雏食者,即以其人至,鹳亦同至。次山为断治,鹳始飞去。

罗适,字正之,海宁人。元丰中,任江都令。为政耻言钩距,民有小过,辄诲谕遣去,讼益少。始复大石湖,改名元丰,广袤数百步,溉田千有余顷。岁大穰,亩收皆倍。于是,愿复陂塘者相属,适皆亲为经管,凡水利兴复者五十有五。徙县治于东南爽垲,以余材新驿埭亭馆之在境者。又出钱营药剂,以给疾病之民,所愈至不可胜计。岁满代去,民思之,为祀像于邵伯埭。高邮秦观为之记。见《文苑》。

向子𧨳,字伯恭,临江人。以国戚恩转真州录。宣和初,除江淮发运司主管文字。初,淮南岁漕不通。有欲浚河与江淮平者,内使主其议,无敢可否。发运司檄子𧨳行,子𧨳言:"运河高不可浚,复闸堰旧制则无患。"使者用其言,漕复通。详见《河渠志》。进除淮南转运判官,历迁江淮发运使。子𧨳言:"去岁刘顺奉上蜡诏,令监司帅守募兵勤王,臣即镂板遍檄所部,而六路之间莫有应者。惟淮东一路,臣亲率诸司,粗成纪律。然犹有占吝钱物,莫肯供亿。愿诏大臣按劾诸路监司向承蜡诏而废格不勤王,及名勤王而稽缓者,悉加显黜。"命诸路提刑司究实以闻。九月,子𧨳罢,以素善李纲,故黄潜善斥之。后起知平江府,以不拜金诏,忤秦桧意,致仕。

章绰,字伯成,吴人。提点淮南东路刑狱,权知扬州事。时方铸崇宁大钱,行新钞法,小钱旧钞尽废,百姓皇皇,商贾有自杀者。绰上疏,言钱法误民,请如约以示大信。蔡京怒,罢绰。初,绰父粢教子极严,绰与弟综皆以文名,有善政。

刘蒙,政和六年,通判扬州。时江淮苦水患,流离四出,泰州及高邮转聚于扬者三千余人。蒙曲为赒恤,咸得不死。事闻上,特迁一秩旌之。

吕好问,字舜徒。崇宁初,治党籍,好问以元祐子弟坐废,监东岳庙,司扬州仪曹。时蔡卞为帅,欲扳附善类,待好问特异。好问以礼自持,卞不得亲。及卞得政,同时掾属拔擢殆尽,好问独留滞。卞讽之曰:"子少亲我,即阶显列矣。"好问笑而不答。后仕至尚书左丞。

蔡伸,字伸[1]道,莆田人。宣和间,通判真州。时火烧民居千余家,咸露处

---

1 "伸",《隆庆仪真县志》卷五《官师考下》作"仲"。

雪中,伸辟寺宇官廨分处之,且发常平廪以赈给,守者不可。伸曰:"此国家所以备非常也。如得咎,请独当之。"事闻朝廷,释不问。初,伸与秦桧同舍,又同举,后伸以赵鼎党乞祠者累年,桧一日访伸,有念旧语,伸不为诎,桧甚衔之。官至左中大夫。

胡安国,字康侯,崇安人。靖康中,为耿南仲、何㮚所恶,以安国素苦足疾,而海门地卑湿,遂以右文殿修撰知通州。安国履任,见义必为,民咸爱慕。会金人薄都城,安国子寅在城中,客或忧之,安国愀然曰:"主上在重围中,臣子恨效死无路,敢恋子乎?"仕终宝文阁直学士,谥文定。

赞曰:苏文忠守郡,政在杭最著,其守扬仅一载,而德意蔼然,所在尸而祝之,有以也。罗适、向子谭区画水利,其智识有过人者。章、蔡诸君不附权相,大节巍然。邹志完耻撰乐语,吕申公顾以此重之。士固伸于知己,今之君子,其自重重人者,能几何哉?

吕颐浩　向子忞　马尚　韩世忠　岳飞　刘琦　张浚　尤袤　洪兴祖

吕颐浩,字元直,齐州人。高宗即位,除知扬州。颐浩修筑城池,政绩甚著。时剧贼张遇众数万屯金山,纵兵焚掠。颐浩单骑造其垒,谕以逆顺,贼释甲降。进吏部尚书。会金兵逼扬州,车驾南渡镇江,召从臣问去留。颐浩叩首愿且留此,为江北声援。不然,敌势渡江,事愈急矣。驾幸钱塘,拜同签书枢密院事、江淮两浙制置使。

向子忞,字宣卿,开封人。建炎二年,吕颐浩委摄真州事。至则首治郭告[1]之叛。因移檄以招散亡,得数百人。有司忧馈饷不给,子忞谓:"平时酒货最繁,意务场瓦砾下,必有宿藏。"厮之,果得酒百余斛,一郡以为神。驾幸镇江,子忞赴行在奏事,赐对劳问甚久,欲大用,不果,命直秘阁还郡。子忞数以刚直忤权贵,不为时偶,遂被诬劾落职。去之日,士民相与群击鼓于提刑司,愿举留,鼓为之裂。寻复其官,致仕。

---

1 "告",《宋名臣言行录别集·别录下》卷一一《向子谭》、《隆庆仪真县志》卷五《官师考下》均作"吉"。

马尚,建炎初为泰兴令。修筑城壁,不扰于民。诸司以最闻,擢通判泰州。兴士民诣阙请留,不得,为立祠祀之。在泰州时,巨寇王琳啸聚境上,持闾丘勃帖欲入领州事。尚察其伪,不纳。琳围城,尚昼夜巡城上,募敢死士千余人,开城出战,杀获甚众。凡四十二日,薄城者五六,终不能犯。绍兴元年,以通判进知泰州,招谕军民复业并垦盐场等事。

韩世忠,为淮南宣抚使。绍兴四年,刘豫遣子麟、侄猊合兀术与酋帅挞孛耶三路入寇,骑兵自泗取扬,步兵自楚取承州。世忠自镇江济师,以前军统制解元守承州,世忠亲提骑队驻扬州,以当淮泗,伐木为栅,自断归路,大会将佐曰:"金兵马步分道并进,车驾方在江南,有如不胜,必为社稷忧。诸君奋忠义以报国,此其时也。"遂大享士俟战,士皆感奋。会朝廷遣魏良臣、王绘使金,至惟扬,世忠置酒送别,酒再行,流星庚[1]牌沓至。良臣问故,世忠曰:"有诏移屯守江。"乃撤爨班师。良臣窃自喜,疾驰去。世忠度良臣已出境,乃上马,令军中曰:"视吾鞭所向。"于是六军大集,北行至大仪镇,勒精兵为五队,设伏二十余处,戒闻严鼓之节,则次第起击。良臣至,金果问我师动息,悉如所见以对。兀术号知兵,闻大军仓卒南还,喜甚,与群酋励兵秣马,直趋江口,至大仪将五里所,其将挞也拥铁骑过,世忠与战,不利,统制呼延通救之,得免。世忠传小麾,鼓一鸣,伏者四起,术军乱,世忠军各持长斧,上揕人胸,下斫马足,术全装陷涂淖中,人马俱毙。世忠麾劲骑四面蹂之,敌大半乞降,余皆奔溃,追杀数十里,遂擒挞也、女真千户长五百余人,兀术乘千里马遁,军势大振。兀术至泗上,怒良臣卖己,将斩之。良臣哀请曰:"适见韩班师,不知其绐己。"遂得免。时解元于承州北门遇敌,设水军,夹河而阵,一日十三战,未决。世忠遣成闵往助之,遂大战,歼其众于北门。世忠因修葺承州城,积粟治械,以图恢复。招流亡,恤贫弱。州人德之,为立祠祀,至今名高邮北门曰"制胜门"。

岳飞,字鹏举,相州人。建炎四年,迁通泰镇抚使,兼知泰州。飞辞,乞淮南东路可乘机渐进,以图恢复。会金兵攻楚州,急诏张俊援之,俊辞,乃遣飞行,而命刘光世出兵援飞。飞抵承州,三战三捷,杀高太保,俘酋长七十余人。光世等皆不敢前,飞师孤力寡,楚遂陷。诏飞还守通、泰,飞以泰无险可恃,退

1　"庚",原本误作"唐",据《建炎以来系年要录》卷八一改。

保柴墟,战于南霸桥,渡百姓于沙上,飞以精骑二百殿,金兵不敢近也。

刘锜,成纪人。以功授江淮制置使。绍兴三十一年冬十一月,金主完颜亮犯淮,锜引兵屯扬州,安抚刘泽劝锜退舍。亮自山路径趋扬,屯平山堂下,锜乃退军于瓜洲镇。金遣万户高景山逐锜,与官军遇,锜命统制贾和仲、吴超拒之于皂角林。左军统领员琦先与金战扬子桥湾,琦陷重围,下马殊死战。中军四将王佐以步卒百有四人往林设伏,金既入,张弩俄发。金以运河岸狭,非骑兵之利,稍稍引去,遂大败之,掩金兵入运河及湖中三千余人。金复益兵来战,锜遣游奕中军,鼓诸将力战,自卯至申,僵尸二十里,斩高景山,俘数百人。十一月,奏捷,上降诏奖谕。时金主复侵,锜遣中军统制射却之,金人乃焚驿亭而去。

张浚,字德远,汉州绵竹人。奉诏节制两淮军马。先是,盗薛庆聚淮甸,浚以密迩行阙,恐为患,且闻庆等无系属,欲归心麾下,即渡江径至高邮,入庆垒谕之。庆感服,遂受节制。时兀术拥兵十万至扬,浚疾驱赴江上,召大帅韩世忠等与议,且劳其师。将士见浚来,勇气十倍。及兀术遁,浚定议,韩世忠屯承、楚,于高邮作家计。廷议忽中变,浚请去。帝悟,诏从浚初计,后帝欲退师保江,浚奏:"淮南之屯,正所以为江屏蔽,不可弃。"帝从之。浚遂留真、扬,大饬两淮守备。是时,金退未几,人不自保,浚遣子栻往建康,挈家来扬州,众情大安。两淮郡县增葺屋宇,人物熙然,乡落亦皆成聚,浚之力也。

尤袤,字延之,无锡人。绍兴三十年,令泰兴,询民疾苦,以邵伯镇置顿,为金使经行,使卒不受而空厉民;漕司输蒿秸,致一束数十金,民苦甚。遂力请于台阃奏免之。县外城屡残于寇,颓甚,袤即修筑。已金人败盟,陷扬州,泰兴以筑城独全。敌骑至城下,统制王刚劝之去,袤坚守不动,敌退。民为建祠。累官礼部尚书,谥文简。

洪兴祖,字庆善,丹阳人。绍兴中,知真州。时疮痍之后,兴祖始至,请复一年租,从之。明年,再请,又从之。自是,流民复业,垦荒田七万余亩,民甚德之。

赞曰:宋自建炎南渡,江淮之险业与金共,然刘、韩辈奋其智勇,摧方张之敌,易于拉朽,其势犹足进取。奈何一再胜而气沮?上下泄泄偷安,无敢窥中原寸土,仅一岳鹏举,而以谗死矣。传谓高宗无复仇之志,匪谋之无,良言则不用,虽有诸臣之僇力,奈之何哉?

陈俊卿　陈敏　莫蒙　张郯　郑兴裔　张颌　万锺　陈损之　崔与之
陈之纲　李大有　孙杰　潘友文　洪咨夔　吴机　王震　方信儒　李道传
丰有俊　袁申儒　丁宗魏　徐景

陈俊卿,字应求,兴化人。金主亮死,孝宗志在恢复,以阃外事属张浚,以俊卿忠义有谋,即本职充江淮宣抚判官。奏曰:"吴璘孤军深入,敌悉众拒战,乘此遣舟师直捣山东,彼必还师自救,而璘得乘胜定关中。我及其未至,溃其腹心,此不世之功也。"不果从。兴隆初,建都督府,俊卿除礼部侍郎、参赞军事。张浚谋大举北伐,俊卿以为未可。浚请于朝出师,已而邵宏渊果败绩,汤思退议罢浚都督,改宣抚使知扬州。俊卿奏:"浚果不可用,别属贤将;若欲责其后效而削都督重权,真、扬乃死地,如有奏,谏台沮之,尚何后效可图耶?"疏再上,上悟,即复浚旧职,且召为相,卒为汤思退所挤。后思退窜,太学生伏阙下请召俊卿。历官平章事,以少卿、魏国公致仕。卒,谥正献。

陈敏,字元功,南康人。以观察使知高邮军事,复诏入卮。久之,上以高邮江淮要地,非威望素著、军民悦服者莫能守,乃复命敏镇抚之。敏在郡,修城池,板筑高厚皆增旧制。自宝应至高邮,复石硪十二所,自是,运河通泄,无冲突患。更毁淫祠,兴学校。盖前后三守高邮,其善政为最多云。

莫蒙,字子蒙,归安人。以祖荫除淮南转运判官。召见,帝谕曰:"朕常记向措置沙田,甚不易。"蒙谢曰:"职尔,不敢避怨。"帝曰:"使任责者人人如卿,天下何事不成?"乾道二年,由户部左曹郎中出知扬州。蒙建常平仓,并牧马军寨。岁饥,请将椿管米赈之。又城圮,命蒙增筑。蒙规度城闉,分授诸将,各刻姓名甓堞间,悬赏激劝,不阅月告成。除宝文阁大理少卿,权知临安府。

张郯,字彦知,乌江人。初,监瓯院丞,太府无深知者,遂求外补,出守仪真。得对,言:"淮东新被兵燹,民皆散徙,臣欲安辑抚摩,以仰体圣意,惟陛下省察。"初,前守员琦献羡缗八万,皆文具,实无一金。郯至郡,悉以实闻,得免输。俄诏两淮郡守及部使者各上用钱券利害,郯力言:"两淮凋瘵,诸郡赖以给用度者惟酒税,新为战场,无复土产可贸易,独钱币而已。若用券,商贾且不行。"帝颇采用其说。郏因言:"真为扬、楚之冲,当城此郡,以固人心,度费缗钱十万,米三千斛,而郡有上供,与经制羡数可得大半,乞降给三万缗,发傍近屯兵二千人,身自督役,不再阅月可成。"既得请,果以四旬告竣。帝闻,知郏可用,乃命知武昌。入辞,帝慰谕曰:"卿治真州不苟,鄂上游重地,是以委卿。"郏益感奋尽力,故治鄂之政尤为赫著。卒年八十七。

郑兴裔,字光锡,显肃皇后外戚也。知扬州。扬与庐为邻,初,兴裔知庐,却邻道传馈不受,至则按郡籍,见前所却者有出无归,遂严其禁。扬有种屯,粮乏[1],例粜他境,兴裔搜括渗漏以补之,食遂足。民旧皆茆舍,易火,兴裔贷之钱,命易以瓦,自是火患乃息。又奏免其偿,民甚德之。修学宫,立义冢,定部辖民兵升差法及令郑少魏撰《广陵志》,郡以大治。扬人为立祠于学祀之。兴裔历事四朝,以才名售主知。中兴外戚之贤,未有其比。

张颙,字仲升,橏李人。淳熙中,知高邮军,有善政。慈祥爱人,兴革利病,不遗余力,郡人倚为父母。自复军垒,更十一守,颙政为第一。

万锺,字元亨,钱唐人。淳熙十年,知泰州。初,购名书藏于儒学,修州城东、南、北三水门而楼其上,建谯楼,复东、西二挟堞,而楼以翼之。增祀胡瑗、王居正于三贤祠。时学士元吉谓:"其以儒雅饰吏事,澹然不事功利,而惟知蠹弊是去也。"

陈损之,为提举水利,于高邮等处置石埭十三,斗门八,荡水河三十有五,涵管四十有五,增筑堤六百余里,以障风波,利农田。邦人德之,为立祠于儒学。详见《河渠考》。

崔与之,字子正,广州人。金南迁于汴,朝议疑其进迫,特授与之直宝谟阁、权发遣扬州事、主管淮东安抚司事。宁宗宣引入内,亲遣之,奏选守将、集民兵为边防第一事。既至,浚濠广十二丈,深二丈。西城濠势低,因疏塘水以限戎马。开月河,置钓桥。州城与堡寨城不相属,旧筑土为夹城,与之为易以甓。因滁有山林之阻,创五寨,结忠义民兵。金兵犯淮,西海边民待附山自固,金兵亦疑设伏,自是不敢深入扬州。浙东饥,流民渡江,与之开门抚纳之,所活万余。楚州士卒苦役繁,叛入射阳湖,亡命多从之者。与之给

---

1 "乏",原本误作"之",据《宋史》卷四六五《外戚下·郑兴裔传》改。

旗帖招之,众闻呼皆至,首谋者独持疑不前,擒戮之,分其余隶诸军。金兵入境,宰相连遗与之三书,俾议和。与之亟修战守,遣精锐布要害,金兵深入无功,而和议亦寝。召为秘书少监,军民遮道垂泣。年八十二,卒。累封南海郡公,谥清献。

陈之纲,字仲宏,崇德人。庆元初,令海陵。时范公堤圮颓,潮汐冲突,害于农亩。之纲请于郡修治,躬董其役,弗惮寒暑,视昔益坚固,民赖之。改知仁和县。

李大有,字谦仲,东阳人。庆元中,判通州。州田岁苦旱,大有巡行阡陌,相地凿狼五山石麓,引江水入河溉之。自是,岁大稔,商舶亦达城下,为通州利。摄郡事,吏持案白事例钱,合自支送,大有曰:"有例可送,无法可受。"悉却之。入朝,改太常簿,迁博士。

孙杰,庆元间为高邮县尹。时岁祲之后,民饥盗起,赈饥馁,辑流散,郡人以安。邮俗故淳朴,自后南北杂处,尤嚣于田讼。杰处心清肃,简易临民,民不忍犯,而繁讼以清。邮人称为贤令。

潘友文,字文叔,东阳人。嘉定初,以承议郎知真州。时兵燹后,民无屋庐,饥馑相望。友文乃开赈民局,给糇粮,惠药饵,全活者三万户。修筑翼城,至创屋八百。其上开浚河渠,民有所恃。久之,建瑞芝、清边堂,百废俱举。逾三年,除福建提举,民立生祠祀焉。

洪咨夔,字舜俞,於潜人。嘉定二年进士,授如皋主簿,后应博学宏词科。崔与之帅淮东,辟置幕府,及丘寿隽代[1]与之为帅,金兵犯六合,扬州闭门设守,咨夔亟诣寿隽,言曰:"金忌楚,未必至扬,乃先自示弱,不特淮左之人心动,而金兵且骄,必来矣。第当远斥堠、精间谍,简士马,张外郡声援,大开城门,晏然如平时。若金兵果来,某当身任之。"寿隽愧谢。已金人果遁。历官刑部尚书、翰林学士、知制诰卒。

吴机,字子发,天台人。嘉定间,以朝请大夫、司农寺丞为淮南转运判官,兼知真州。至则创阅武亭,设抵当库,凿横河,浚重濠,道塘水,置堰闸,匝濠三隅,分兵五等,补尺籍,备器械,画城捍御,部分井然。而翼城之筑,工费尤

---

1 "代",原本误作"伏",据《宋史》卷四〇六《洪咨夔传》改。

巨,前守数十年经画未备者,始克成之。初,载运悉用客艘,机曰:"扰民,非常计也。"为捐官钱,置舟数百,自是民旅便之。重建大成殿、由礼亭。属扬子令、丁宗魏等修州志。去之日,民为立祠。

王霆,字定叟,东阳人。嘉定四年,以武举得第镇江都统,赵胜辟为计议官。时李全寇盐城、海陵,胜出戍扬州,属官多惮从行。霆慨然曰:"此岂臣子辞难时耶?"至扬子桥,人言贼兵在南门,去将安之。霆竟至南门,大小十八战,皆捷,贼气为慑。历知高邮军。会流民聚众三千人为盗,霆剿其渠魁,余党悉散。时议出师利者甚多,霆谓:"若不探觇敌情而无故出师,是外兵未至而内兵先自惨裂也。"诸军毕行,惟高邮迟之,境内赖以安全。由是与时忤,而谗者益众,提举云台观。

方信孺,字孚君,兴化军人。有隽才,嘉定间,任发运判,三使金,能以辞辩服强敌,迁知真州。即北山水匮,筑石堤二十里,人莫测其故。金人薄城,守将决匮退敌,城乃获全。

李道传,字贯之,井研人。少好程氏学,至忘寝食。嘉定间,知真州。尝甓圮城,筑两石坝,以护并江居民;深浚三[1]濠,又堤陈公塘,有警则决之以为阻,真民赖之。

丰有俊,字宅之,四明人。慷慨有大志,嘉定中,知真州。时旱甚,有俊计户口赈恤之。置赡军庄,创防城库,增置陶冶,为城守计。立小学于学宫。政尚节爱,民德之,为立生祠。

袁申儒,知真州。嘉定中,上言便宜十二事。作翼城,置营运库,开茆家山塘,筑堤置闸,汇诸水溉城以防敌。是年春,金兵果至,俄迫翼城,疑不敢前,竟遁去。

丁宗魏,金坛人。嘉定间,以从政郎再令杨子县。时金人侵仪真,人情汹汹,欲渡江避之。宗魏曰:"守御之臣,宜死封疆。敌至而遁,谁与守乎?"卒不听,人服其忠。尝修《真州志》二十卷。

徐景,为兴化令。时楚民胡德等寇掠,驰入县治,景谕以逆顺祸福,贼怒,欲害之。景曰:"人谁无死?死于王事,亦何不可,但勿杀百姓。"贼义之,竟

---

1 "三",《万历扬州府志》卷九《秩官志中》作"二"。

不加害。

赞曰：宋自隆兴以后，江淮兵患稍纾，区区锋镝残民，而崔、郑诸君子能用惠泽抚循之，吏治之美，于斯为盛。乃若修废葺圮，要在利民。苟非其人，鲜不阶厉。必如吴子发之公私无扰，乃为得耳。世固有藉口永利而罔恤民不堪命者，长府之讥，岂未之闻耶？

赵范　赵葵　陈垓　上官奂酉　叶秀发　王鉴　吴从龙　丘岳　许堪　余晦　杜庶　李庭芝　杨文仲　陆秀夫　胡拱辰　汪立信　高贵　赵淮　姜才　苗再成

赵范，蒲圻人。宝庆三年，再知扬州。范奏选招民兵，充雄边军。建射亭于州学。累移书当道，请讨李全。未几，全拥众围城，范与弟葵指授诸将方略，协力战御，屡挫其锋。迄剿全于新塘，朝廷诏下，奖之。民为立生祠于学宫。

赵葵，字南仲，范之弟也。宝庆六年，知扬州。李全攻扬州，葵亲出师，屡战皆捷，遂杀全。守扬八年，垦田治兵，边备益饬，修城浚濠；创忠勇、忠节二军，招义士军及淮东水军，奏立御前雄边军，招大弩手亲弩部，戎政震赫。尝自扬入对，帝称其父子兄弟宣力甚多，葵顿首谢曰："臣世受国恩，当捐躯以报陛下。"帝为动容。

陈垓，闽人。宝庆二年，知泰州。三年，凿东、西、北外濠，并浚南濠。绍定元年，迁贡院，新学校，凡楼台、亭馆、库庾、场务、垓所，营创者六十余所，后人享其利焉。

上官涣[1]酉，字元之，邵武人。宝庆初，以转运判兼权真州事，上言改筑翼城，以卫城南之民。撙冗费，核羡财，选参佐，三年乃成。开放生池，建居养院，修社稷坛，立常平仓，赡军济民，修车马，备器械，凡守御之需，皆具焉。

叶秀发，字茂叔。绍定元年，以承议郎知军事。时三十六湖水高田下，堤防少有不固，则百里一壑。秀发建石埭，以疏水势，潴泄有常。后邮守马公追思秀发功，构祠樊良堤上，祀之，宋景濂有传。

---

1 "涣"，当作"奂"，前文正作"上官奂酉"。

王鉴,字仲明。幼精骑射。绍定三年,李全犯扬州,鉴从赵葵迎击之。贼识鉴旗帜,曰:"淮东,硬军也。"四年,安抚使赵范约鉴出战,鉴跃马至北门,或以非地分,劝徐行,鉴不顾。全适设宴平山堂,意轻我军,鉴单骑直前,相距才数百步,抗声骂贼。全怒,奔马与战。葵遣兵断其归路,全为鉴所败,率十余骑走新塘,陷泥淖中。鉴追及,左右射,全与其党皆死。捷闻,授复州团练使。寻改真州,又为江都统制。

吴从龙,以建康前军统制备扬州。绍定四年,李全拥兵攻海陵,未下,以骑军哨扬州。从龙迎敌于东门,孤军战斗,为贼所执。至泰州,贼强使诈称援兵,从龙及城下,乃厉声曰:"我今为贼擒,汝等但坚守,不可开门。"遂遇害。朝廷嘉其忠,诏赠武功郎、阁门宣赞舍人,赐庙额曰"显勇"。

丘岳,字山甫,常熟人。端平三年,知真州。简淡凝重,不妄发语,望之俨然。时蒙古将察罕入寇,岳部分严明,防御备豫,敌兵薄城辄败。岳乘胜出战于胥浦桥,射其当先一人,毙之,敌少却。岳曰:"彼众十倍于我,不可力胜。"乃设伏于西城,敌至,伏起,杀其骑将。又选勇士夜焚其庐帐,敌遂遁去。凡四御大敌,未尝少挫。理宗尝御书"忠实"二字赐之。后复守扬州。

许堪,金华人。嘉熙中,知泰州。增治城濠,四角为月河,深、广皆倍于旧,又创堡城于城北五里。淳祐元年三月,金哨突至,以濠深,不敢向觇堡城,堪之功也。

余晦,四明人。初辟制置大使司幕官,寻令江都。时大使司建置,百务猬兴,晦悉处之裕。居数月,作堂于大厅之西,榜曰"清昼",吴子良为之记。江都例迎新令,费且数百千,晦谢不取而以建此堂,其人可知矣。

杜庶,字康侯,绍武人。权知真州,郡素缺备,庶大修守御具,积排杉木殆十万株。差知兴化军,陛辞,言:"今天时不可幸,地利不可恃,人和不可保。苟恃天幸、恃长江、恃清野,而付边事于素不谙历之人,未见其可。"帝嘉纳之,知扬州。射阳湖饿民啸聚,庶曰:"吾赤子也。"遣将招谕,得丁壮万余,戮止首恶数人。

李庭芝,字祥甫,随州应山人。淳祐初,权知扬州。寻知陕州,以内艰去。会朝议择守扬者,权知扬州。当是时,扬新遭火,庐舍尽毁;州赖盐为利,亭户多亡。庭芝初至,悉贷民负逋,假钱使为屋,凡一岁,官民居皆具。凿河以省车运,归逃户以万计,盐利大兴。又筑大城以包城,绝寇觊望,募流民二万实城中。大修学校,习射讲礼。郡有水旱,即命廪赈。扬民德之如父母。元兵破鄂,李虎持招降榜入扬,乃诛虎,焚其榜。总制张俊出战,持孟之缙[1]书来谕降,庭芝焚书,枭俊五人于市。而日调苗再成战其南,许元战其北,姜才、施忠战其中。时出金帛牛酒以犒军,人皆死斗。事闻,加参知政事。阿术攻扬日久,城中食尽,杂牛皮、曲蘖以给兵,有烹子而食,无忍叛者。时宋已亡,谢太后为诏谕降,乃发弩,射死使者,曰:“吾惟一死耳。”阿术[2]遣人来说,亦焚诏而斩之。顷之,益王以少保、左丞相来召,庭芝以朱焕守扬,乃以姜才将七千人东入海,至泰州,阿术兵追执之。朱焕以城降,乃劝杀庭芝,遂遇害。死之日,扬民无不泣下。祀名宦、双忠、大忠诸祠,春秋二祭后裔荫祀。

　　杨文仲,字时发,眉州彭山人。宝祐元年,通判扬州。旧额牙契岁为钱四万缗,累增至十六万,开告讦以求羡。文仲曰:“希赏以扰民,吾不为也。”卒如旧额。制置使李庭芝檄主管机宜文字。使者欲举行沙田,文仲力争,以为事不可妄兴,盖兴民之惠有限,不扰民之惠无穷。事遂寝。召为宗学博士。

　　陆秀夫,字君实,楚州盐城人。时李庭芝镇淮南,辟之幕下。天下称得士多者,淮南为第一。秀夫才思清丽,一时文人少能及之。性沉静,不求人知,至察其事,皆治。庭芝益器之,就幕三迁,至主管机宜文字。咸淳十年,庭芝制置淮东,擢参议官。德祐元年,边事甚急,诸寮属多亡去,惟秀夫舍人不去。庭芝上其名,除司农寺丞。后累官左丞相。宋亡,抱少帝赴海而死。

　　胡拱辰,宋末令兴化。元兵至,城陷,不屈死之。

　　汪立信,字成甫,新安人。宋末,为沿江招讨大使,帅师次高邮。上疏请益安陆府兵,凡边戍不宜抽减。复以三策移书贾似道,似道得书,抵于地,曰:“瞎贼狂言敢尔!”乃中以危法废之。边事因大败,不可复振。及将出师,复召立信为招讨,俾就建康府库募兵援江上诸郡。立信受诏,即日上道,以妻子托其将金明,执其手曰:“我不负国家,尔必不负我。”遂行。与似道遇于芜湖,似道抚立信背曰:“不信公言,以至于此。”立信曰:“瞎贼今日更说一句不

1　“缙”,原本误作“缙”,据《宋史》卷四二一《李庭芝传》改。

2　“术”,原本误作“术”,据前文及《宋史》卷四二一《李庭芝传》改。

得？"似道问："立信何向？"曰："今江南无一寸干净土，某去寻一片赵家地上死耳。"既至，建康守兵悉溃，四面皆元兵。立信知事不可成，又徒死无益，乃率所部数十人至高邮，欲控引淮汉，以为后图。及闻似道师溃，叹曰："吾今日犹得死宋土矣。"乃置酒召宾僚与诀，手自为书，起居三宫；与从子书，属以家事，扼吭而卒。后伯颜闻其策，大惊叹曰："江南有此人画此策，若遂用之，我安得至此也？"令求其家，厚恤之。

高贵，德祐二年知军事。时江淮已没于元，贵闻二王相继立于福州，乃从海道勤王。后至广州崖山，及岭南播越，知事不济，遂与陆秀夫、张世杰等赴海死之。

赵淮，德祐间以副将统兵，与元人战于银树镇，败绩被执，迫使谕李庭芝降。淮佯诺之，既至扬州城，大呼曰："李制使，男子有死耳，毋降也。"元人怒，杀之，弃其尸江滨。其妾先被掠，至是赂一军校，得焚淮尸，拾骸骨，抱之赴江死。

姜才，濠州人，以通州副都统从孙虎臣，与元战于丁家洲。既败，才独收兵入维扬。元乘胜来攻，才为三叠阵逆之三里沟，战胜，又战扬子桥，日暮，流矢贯才肩，才拔矢挥刀而前，所向辟易。已而元人筑长围，自扬子桥竟瓜洲，东北跨湾头至黄塘，西至丁村，欲久困之，时德祐元年。明年正月，宋亡，阿术使人招之，才曰："吾宁死，岂作降将军耶？"四月，才以兵攻湾头栅。五月，复攻之，杀元帅董士元，全师归扬。会食尽，才时出运米真州、高邮，至马家渡，元万户史弼将兵击夺之，才与战达旦，弼几殆，阿术驰兵来援，得免去。于是，与李庭芝期必死。七月，益王在福州召才，才与庭芝东至泰州，将入海。阿术以兵追及，围泰州。会才疽发，不能战，诸将遂开门降，才与庭芝俱死之。

苗再成，德祐二年知真州。时文天祥为元伯颜所执，夜与客杜浒之入真州，再成见天祥，感愤流涕，欲说李制置以淮东军入京口，夏宣抚以淮西军入金陵，而己与刺史赵孟锦以舟师直捣镇江，同日大举。天祥喜，即致书两阃。庭芝得书，顾疑天祥叵测，将并疑再成。再成不得已，因给天祥出视城濠，计遣之去。是年二月，二宫过真，再成谋夺驾，不果。顷之，阿术[1]来侵，再成与

---

1 "术"，原本误作"木"。

赵孟锦御之。明年,孟锦战死,城陷,再成亦死。

赞曰:赵范、赵葵当国祚累卵之际,躬励将士,卒歼逆全,其忠、智、勇可谓兼之。汪立信画策甚工,李庭芝、姜才身捍孤城,咸竭股肱之力,继之以死,宋之弗祚,天也。陆秀夫恂恂儒雅,竟以身殉少帝,何亡国之多忠臣?昔蒯彻读《乐毅传》,未尝不感泣,余于诸贤亦云。

元秩官列传

郝彬　胡长孺　詹士龙　张弘纲　纳速剌丁　李齐　赵琏　盛昭

郝彬,字景文。世祖初,年十六,充太子宿卫,擢扬州路治中。宋末,鄞县贼顾润聚众海岛,时出攻剽,宋羁縻以官,内附后益横,侵扬州境,彬讨擒之。泰兴人有被杀二年而捕贼不获者,吏诬平人,狱已具,彬疑其诬,谳之,果得真贼,时人服其神明。

胡长孺,浙江永康人。至元间,为集贤修撰,与宰相议不合,调扬州教授。长孺为人光明雄伟,慨然以孟子自许。唯恐斯道失传,诱引不倦,一时学者慕之。方岳大臣与郡二千石,聘致庠序,敷绎经义,环听者常数百人。

詹士龙,字云卿,光州固始人。令兴化。招流亡,崇学宫,修筑捍海堰三百余里,数郡利之。转两淮运司判官,改淮安路总管府推官,拜江南行台御史。时奸臣柄国,虐焰方炽,士龙上章劾之。未几,事果败。士龙退隐兴化,葺草堂于得胜湖,若将终身。朝廷念其老成,以广西佥事起之。居二年,郁郁不乐,乃移疾归,年五十八卒。

张弘纲,字宪臣,东安州常伯人。袭父万户,授定远大将军,有讨贼功,自江阴移镇通州水军招讨使。在州前后二十年,廉以持己,号令严肃,勤练军实,爱抚百姓,听决之际,鞭笞一无所加。平居如儒生,耽玩经史,薄自奉以厚族党,上下咸称,境内大治。后从征八百息妇国,力战而死。通人建祠祀之,赠宣忠秉义功臣,谥武定。

纳速剌丁,尝参议镇南王府军事。至正十年,贼发真州,纳速剌丁先以民兵往袭之,获贼四十二人。已而泰州贼大起,乃建议修城立寨,筑堤穿河,募兵抗贼。移捍高邮,又以水军讨张士诚,贼势猖獗,纳速剌丁知其不济,顾谓其三子宝童、海鲁丁、西山驴,使其速去。宝童等不忍,父子遂皆死之。事闻,赠纳速刺丁淮东元帅府经历。

李齐,字公平,广平人。高邮知府。张士诚陷其城,诱之使跪,齐曰:"吾膝如铁,岂为贼屈!"乃搥碎其膝而卨之。齐尝举进士第一,论者谓不负所学。

赵琏,字伯器,颍川人。是时,两淮骚动,乃析河南地立淮南江北行省于扬州,以琏参知政事。琏舆疾而行,既至分省,镇淮安,又移镇真州。会张士诚陷泰州及兴化,行省遣兵讨之,不克,乃会高邮知府李齐往招谕之。士诚因请降,行省授以民职,遂移琏镇泰州。士诚觇知无备,遂复反。夜四鼓,纵火登城,琏力疾,扪佩刀,上马,与贼斗市衢。贼围,琏邀至其船,琏诘之曰:"汝辈罪在不赦,今既宥尔诛戮,又锡以名爵,朝廷何负于汝,乃复反耶?"即驰骑奋击贼。贼以槊撞,琏坠地,欲舁登其舟,琏瞋目大骂,遂死之。其仆扬儿以身蔽琏,亦受害。乱定,州人思其忠义,收尸归,殡真州。

盛昭,字克明,归德人。由儒学官累迁淮南行省照磨。会诏使往高邮,不得达,乃遣昭入高邮授所与士诚官。士诚拒不听,拘诸舟中。既而官军逼高邮,士诚授昭以兵,使出拒,昭叱曰:"吾奉命招谕汝,汝拘留诏使,罪不容诛,又欲吾从汝耶!"大骂不绝口。贼怒,先剜其背肉,而后磔之。

赞曰:元入中国,士大夫生当其时,好遁不污者,亦多也。食其食,即不得复避其难,如张弘纲、赵琏、盛昭辈,亦何害为忠节耶?詹云卿儒者,昭阳旧里,迄今犹藉为重。或以其出,故少之。夫世无仁贤,则人道或几乎息,是吴澄、许衡辈所自信,又何訾于云卿哉?

扬州府志卷之十

秩官志下

明秩官列传

抚镇　藩臬

张德林　缪大亨　陈瑄　李遂　唐顺之　张景贤　刘景韶　陈耀
文　熊尚文　王象晋　郑二阳　袁继咸

张德林,凤阳人。以功授江淮分院帅。丁酉五月,从副使张鉴率兵攻泰兴,
张士诚遣劲兵来救,德林麾众奋击,大败之,生擒其将杨文德,遂克泰兴,复攻
泰州。六月,攻高邮。七月,缪大亨率师取扬州,克之,获众数万,马二千。朝
廷以其地要害,置江淮翼元帅府,命德林同耿再成守焉。威肃惠怀,军民辑睦。
今扬州城,乃德林所筑也。

缪大亨,淮西人。明初以枢密同金分镇扬州,洞瞩民情,抑强扶弱,剖决
若流。时市民失火,力不能构屋,大亨给木助之,众皆悦服。卒于官,民哀之
如丧考妣。

陈瑄,字彦纯,合肥人。以功授四川都指挥同知,进右军都督金事,后封
平江伯。永乐初,开海漕溢,栅没堤圻,因命瑄以四十万卒修之。起海门县,
历通、泰州,至盐城,里凡八百,列墩堠于上,以识漕途。寻罢海运,移瑄镇淮
安。姑开里河之运,乃造浅船,自仪真、瓜洲接运,直达京辅。又于瓜洲、淮安
诸路建仓,以节转输。筑高邮湖堤,内凿渠,亘四十里,以通舟,南北造梁,以
便行旅。每十里置一浅铺,沿途凿井植柳,以饮庇戍兵、牵挽者。尝以真、扬

诸港潮入,浊泥积易淤浅,请著为令,三年通,起江南北丁夫大浚,每岁止令郡丁疏之,国计赖以不匮。瑄善任使,均劳逸,秋毫无扰于民。卒,谥恭襄,庙食淮、徐。子豫,孙锐,俱嗣总漕,称济美云。

　　李遂,字邦良,江西丰城人。进士,嘉靖间倭乱,以都御史督淮扬军务。至则日夜治战守备,按行伍法置营房于扬州,造战舰数百艘,合马、步、水兵校之,百具咸饬。己未,倭分道寇扬州,遂驰出如皋,与贼遇于白蒲,诸将言:"宜及贼未定,击之,胜。"遂曰:"战贵得地。贼方锐,而我军未尝见大敌即小挫,难复矣。"令军中敢言战者斩。已贼益进,乃画策曰:"贼过如皋必且合。合则道有三:自泰、扬逼天长、凤、泗,即陵寝惊,道最要;自黄桥逼瓜、仪,摇南都而梗漕,次之;若从富安而东,海滨荒凉,掳掠无所,至庙湾绝矣,乃吾得地时也。"是时,视师唐顺之提援兵适至,遂相与部诸将防遏,令毋[1]得逾入长、瓜、仪,而身率青、沂、邳卒当泰州之冲,令海防游击蹑贼行,昼稍近使不得休,夜稍却以杜其后,必致贼庙湾。于是,贼果向庙湾。遂以间夜入淮安城督战。会他贼攻丁堰者败,攻马逻者又败,诸败者毕会趋庙湾,巢坚险,贼固守。遂所调兵毕集,众覆之,贼果绝于庙湾。已三沙贼复入,又连破之,俘斩万数千余。公遂与贼遇,凡三阅月,皆躬犯矢石,数出奇算胜之。贼平,迁兵部侍郎。扬百姓至今德之,建祠以祀。

　　唐顺之,字应德,武进人。先以春坊司谏抗疏,请东宫受朝贺,夺职家居者二十年,杜门著书,尽心圣贤之学,清修苦炼,巨细毕饬,海内望之如泰山乔岳。会海夷入寇,江南北受祸甚惨,遂以兵事起家,为职方郎,亲师海上。时督抚李遂、副使刘景韶方日夜治战守备,而顺之提援师与刘、李相掎角,躬擐甲胄,率诸将领捣贼于马逻。顺之议曰:"击来船一,较击去船十。夫来船真倭而力聚,去船胁从而众分,击来船者锄根销萌,击去船者虽胜之,民已残矣。"故所击皆来船,而如皋、姚荡之截,数出奇算,前后斩获甚多。以功升都察院右佥都御史,巡抚凤阳。是岁大祲,民无半菽,顺之周旋于师旅、饥馑间,旦夕不懈,首捐俸金,次请余盐,请截运米条画煮粥事甚详,民赖以存活者数百万。顺之是时疾已革,犹出巡海上,核戎旅,考荒政,汲汲不已。遂卒于泰

1　"毋",原本误作"母"。

州东之姜堰镇，朝野惜之，忌者犹以顺之出于分宜当事时为言，识者则以公万物一体之仁，破藩篱，杜毁誉，一意于世之休戚而勤事以死，为不可及也。淮扬人思慕不忘越四十年，请建祠祀之。

张景贤，蜀州人，进士。嘉靖二十三年，始建海防道，初任，倭夷大至，自都督战，以火攻方略，一鼓歼之。综核振刷，军政肃然。暇则崇文兴贤，奖进后学。仕至都御史。

刘景韶，字子成，湖广崇阳人，进士。初任，时倭夷猖獗，韶料敌制胜，用兵如神，临阵奋勇，矢石雨注，将官胆落，而韶了无恐怖。于是，悉歼狂寇，保障东南。奏拟平倭功第一，陟官都御史，所在生祠祀之。

陈耀文，字晦伯，河南确山人。进士，隆庆间奉命整饬淮扬兵备副使。时倭蘖甫平，而境有巨猾乘乱啸聚数千人，盘据窟穴，曰史家庄，曰灰郭村，曰樊汊。而史家庄尤称骁黠，时入江劫掠商估，官军不能制。其党有白衣，密逾城为谍者，有司捕械至，文亟释之，诱以重赏，令过史家庄，绐其贼曰："官兵尽解散矣。"贼信而弛备，文驱士卒，衔枚夜捣其庄，尽格杀之，贼党望风奔溃。自是，扬州诸墟落始得安堵云。

熊尚文，江西丰城人。万历间登进士，备兵维扬，清刚廉正，约己崇俭，官舍中竹笼布服而已。风烈之概，与包孝肃、海忠介鼎而为三。官扬六年，一时积弊，汰除殆尽。又主盟道学，日临讲院，集士民与语，环桥门者肩摩踵接，风俗大丕变焉。后官至尚书，为名宦首推。

王象晋，字康宇，山东新城人，大司徒之垣子。万历甲辰进士，累官扬州兵备副使。下车之日，立清狐鼠，十城望其风采，惮不敢为奸。时巨盗王虎子率众啸聚海滨，剽掠杀人，亲执绥以扫其巢穴。又有乱人陈三汉等出没波涛中，窃谋不轨，设方略擒斩以殉。通州民变，焚劫乡绅范凤翼诸家。一日夜，驰往定之，禽其魁，立置之法。暇则铃阁之下，招致诸生，相与阐发圣贤经旨，亹亹不倦。持己清介，驭下严肃，自图书而外，泊然一无嗜好。在任著《群芳谱》二十八卷、《操弧剿说》一卷。后迁苏松常镇粮储以去，民至今怀之，比于谢傅焉。孙士禛，以顺治乙未进士司李扬州，清介严肃，不愧祖风云。

郑二阳，号潜庵，河南鄢陵人。登万历己未进士，司李楚郡，治狱多所平反。历官南铨，清望藉藉。崇祯甲戌，以金宪备兵维扬，理繁剧如游刃。乙亥春,流寇焚凤阳陵,江北震动。其时维扬承平久,武备废弛,公靺韅临戎,简练将卒,一切战守之具无不备。及寇再躏除州,屠和、含,而扬郡卒无烽火之惊者,皆藉公绸缪未雨力也。公驭吏严整,不事苛细,以故案无停牍。退食之余,赋诗为文章,丹铅图史不释手。尤喜延见绅士,咨询政事得失,繇是兴革,咸当利弊。邑庠久圮,乐器亦坏,公为葺殿堂,制笋虡,致有枯杏重花之瑞。时有大珰莅扬,核盐课,声势奕赫,责盐司行属礼,公执节屹然,珰亦心折,凡事悉受公调剂。又奸胥蠹盐政,灶丁蠢蠢谋异,公扁舟抚定,诸反侧皆流涕使君恩,不敢复有他志。至于宽房税,毁铺禁,革赎锾,停凤米,厘剔百年积弊,扬之民奕世犹受公赐也。盖公之于扬,视土地犹身家,视百姓如子弟,苦心介节,五载如一日,郡城暨瓜洲、泰州、东台建祠祀公者六。茂绩上闻,明烈宗特召陛见,即超擢安庐巡抚,可谓精诚动人主,遭逢膺异数者矣。康熙初,公殁已数载,扬人士追思遗泽公,请崇祀名宦焉。

袁继咸,字临侯,江西分宜人。世以《春秋》家著名。天启乙丑登进士,任维扬兵备。时会中涓杨显名以清察盐漕,至恃上宠骄蹇,士大夫一时正人为之短气,继咸抗不为礼,相见但答以半揖,中涓衔之,即日具疏弹罢其官。然咸洁己惠民,吏治清肃,无事可恣诬嗾,其弹文但半揖、冷笑数言而已。去时,士民万余围匝卧所,或拥集通衢,群塞城门,十余日不得行,号泣之声震动天地。后官至本兵,提督郧襄,崇祀名宦。

赞曰:明初以真、扬为江左藩蔽,故张、缪俱以重臣居守,威而能惠,民用辑和。平江伯非专驻维扬,然晰河洛者,思禹德不可谖矣。李公庙湾之捷,与视师唐公相掎角,倭夷只舸不返,寂不窥江北者将四十年,而报功之典阙焉。刘公之功在御外侮,张公之绩在靖内寇,邦人至今思之。均之文武,为宪垂声,天坏者哉? 至万历中熊公以理学化俗,天启初王公以戢暴绥民,崇祯间袁公以正直去位,岂非胜国之矫矫者哉? 吾乌能无志?

盐秩

耿九畴　毕亨　李锐　范锪　郑漳　叶思铭　陈文浩　徐鹏举　包桂芳

耿九畴,字禹范,河南卢氏县人。以进士任礼科给事中。正统初,大臣言两淮盐法之弊,因擢为盐运司运同。畴性节俭严洁,世味澹然。遇事公正,吏胥无敢缘为奸。豪商势宦，不少假容色，亦凛然惮之。尝条奏盐法便宜数事，皆见允行，率著为令。后丁母忧，服将阕，场丁数千人诣阙请留，乃进运使，以十年复任，为政如同知运司时，清操弥厉。尝坐水傍，羡水清漪，一童子曰："水清，不如使君清也。"后被谗构，逮赴京师，上知其冤，释之，超拜刑部左侍郎。是时，同知叶思铭与九畴同心出政，亦在谴，及被释回，送别都门，谆谆教以无因挫改节。十四年，以右副都御史整理两淮盐法。至则赈贫灶，厘积弊，补逃亡，清草荡，诸善政不可缕指。转右都御史、南京刑部尚书。卒，谥清惠。《名臣言行录》赞其"直以摧奸，廉以结主"，信夫！

毕亨，字嘉会，山东新城人。由进士累官顺天府丞。弘治七年，谪运司同知。九年，升运使。亨为人宇量深宏，才识尤敏，司事称治。尝躬视仪真掣所，择经纪殷厚端谨者令以司衡，纤毫无敢低昂，弊清政举，诸监临御史咸信重焉。尤留心学校，宾礼贤士，创正谊书院，拔商灶子弟，延师讲业，其中人才多所成就。后历官工部尚书。

李锐，字抑之，江西安福人。正德十五年，以岳州知府升任。时盐政大坏，豪猾巨蠹率争先罔利，锐一以法裁之，书牍请托，悉谢弗受。诸豪哗然，竞为蜚语，幸中伤，锐殊不为动。久之，乃稍帖服。锐以诸豪盘结日久，无非乞余盐以规厚利，故盐法阻紊，乃召商增价自领所割余盐转货之。商咸悦，诸奸计遂沮，卒著为令。商通课足，弊蠹肃清，锐之力也。其为人，刚励高峻，贞毅慎笃，约己而恕物，莅政精敏，绝人而心无偏主。壬午春，入觐京师，不持一物。入京，青袍角带，人不识其为方面盐䑓。御史先后更数人，各持意向，锐与议，侃侃不屈，不合即移文求去。衙宇萧然，仅蔽风雨，箧中唯故时衣物而已。司判屠应埙轩挺自许，不下人，至论锐，则曰："李公心事如青天，白日世寡与为俪。"又曰："吾司廉吏，前有耿公，后有李公。"时人以屠为知言。

范锪，字平甫，辽东沈阳人。由进士嘉靖十二年以河南知府升任，有惠政。十五年，迁四川参政。当行，商民遮送塞路，有泣下者。或念其贫，怀金走数百里外赠之，锪固却，丝毫无所取。众复叹惋，乃相与立祠城南，肖像祀其中，刑部侍郎叶相为之记。略云，莅政之初，适盐法敝坏，公私交病，公即以家事治之，殚毕心力，秋毫洞察，有至于商不及知者。沿海地频年灾，丁灶困踣，于是抚摩若婴孩，赈集转徙，派分逋负，宽免重役，丁灶忻之若更生。又，是时征收羡课十倍于前，期限促迫，笞锁逮之，商民愁苦，公力为宽假，使鱼贯以输。旧时供亿多责店主，商罚无纪，公痛革之，用惟百一。南北冠盖维扬地者，往来旁午，交不以币，书籍、果苕而已。公廨虽圮，不轻葺治，私居、服食粗粝自安。至于兴革一政，必咨询精允，然后入告宪使，诺而行之，多美意良法。商灶有诉，折以数言，尽得其情。由是民间讼狱，多就以质成。三年政洽，上下胥服，颂之曰："范来早，我人饱。范来迟，我人饥。"此可占民情矣。历官兵部尚书。

郑漳，字世绩，福建闽县人。由进士嘉靖十六年任。时值海潮之变，漳亲诣亭场，收诸溺死男妇，槥而瘗之，令诸场使春秋祭以包。夫余镪，与吴、焦二御史议，留羡课数万金赈之。且为筑避潮墩于各团，塂民存殁咸赖焉。官至应天府尹。以上运使。

叶思铭，字克新，浙江义乌人。正统七年，以前军都督府经历升任，专理掣所事。时商人多恃贿赂，奸法以规利。思铭奉法惟谨，每临掣所，防范甚肃。有以玩器投者，按如法。自是，苞苴顿绝。时耿清惠公为运使，与同心协恭，不畏强御。后被诬，俱逮系京狱，上知其冤，释之。耿超升刑部侍郎，思铭复任。耿饯于郊，抚其背曰："慎勿因一蹶便改旧节。"思铭复至，益励清介，群商悚服。然以气节自负，不能善事上官，历官六载，虽劳绩懋著而荐剡不及焉。遂乞致仕，未归，病卒。其子奉其枢，卜葬于扬之保障河旁。诸孙蕃衍，有以进士起家。

陈文浩，福建闽县人。嘉靖二十二年任，性廉静慈祥。尝署司篆，立秤兑亭于两埠，俾诸商自视衡平，不使逸入。时群商为飞语所中，御史治之，几没盐二万余引。文浩从容申救，得白。密察诸场，稽稽户给赈及官吏侵渔弊源，为画一法。请于御史，厘革销解余盐价及诸赃罚羡金六百余两，帑牍逸金千余两，呈作正额，齐侍御深嘉之。李运使称其"守官如水，决事如流，咸以为称情"云。好施与，俸资不足礼过客，至鬻衣带供之。起家进士，历官久，乃迁程蕃知府，人皆惜之。

徐鹏举，字九霄，四川泸州人。由进士弘治二年任。先是，南工部主事夏英建言，运司同知当选年壮、廉洁士，副使、判官亦当以进士英俊者为之。是时，户部侍郎李嗣亦云，由是鹏举始以进士除判官。政理文彩，焕然可观。以所部盐场建立社学,延师以教灶民子弟,作学训示之。清荡地,集逋灶,亭民安焉。暇日,采文献,兴除诸典,故创《运司志》,未脱稿,升太仆寺丞去。凡司事今有可考者,皆鹏举之力也。

包柽芳,嘉兴人,进士。隆庆三年,以贵州督学副使左迁通州分司判官。初至数月,值海潮大作,时范堤自石港至马塘岁久倾圮,潮暴入,溺死人畜无算。柽芳行勘,以为屡年修筑海堤皆自新堤直接旧堤,以图省费,然各灶煎烧荡产在堤外者十有七八,若自彭家口直接石港,迂回十五六里,为费颇多,顾筑堤本以捍卫,筑之无益,虽尺寸当惜。苟有益于民生,即范堤百四十里,不为少斩,又何惮于十余里纡回之地乎?于是,运司申其议,遂修筑外堤成。海民德之,议为立祠,且以比于范文正故堰,呼其堤曰"包公堤"云。

赞曰:耿清惠忠清直亮,自其天性。然当裕陵时,清惠以给谏出佐鹾司,至被逮辄释,寻超擢卿贰,用人如此,有不洒濯自奋者乎?其后若李公、范公,皆律己廉而驭众惠,播之民谣,传之舆诵,可以风矣。佐倅自叶思铭而下,可纪者寥然,蓬生麻中,不扶而直,叶君之谓。仕不择官,进不隐贤,则陈、徐诸君子其庶矣哉!

知府

王恕 王勤 周源 王恩 蒋瑶 易瓒 侯秩 吴桂芳 石茂华 赵良相 刘铎 韩文镜 任民育

王恕,字宗贯,陕西三原人。进士,景泰六年任扬州知府。临下简重,请谒不行;昧爽视事,见星乃止;政有操纵,屡决疑狱;民饥不俟监司报下,即为发赈;尤注意造士,建资政书院于郡署东,选士肄业其中,退食与讲解课业,一时如张鼎、高铨、马岱、丘俊、俞俊、张锐辈俱通显,以才名著闻,盖作人之功云。历官吏部尚书,卒赠太师,谥端毅。

王勤,字而勉,真定武邑人。以天顺五年知府,历任九年,操持如一日。诚心爱民,唯恐伤之。政尚易简,绝不通津要,故考绩不及,至再调两小府。

周源,湖广武昌人。举人,成化间以御史出为扬州知府。律身严洁,不可干以私。时有诉其外舅窃卖女者,舅诬服。忽捕者获女至,乃幼育于舅,其父潜诱卖之。源叹曰:"刑狱必得真情,其难如此!"后有兄杀其弟者,狱未决,人报有二鹰相击斗,俱堕城东水内,源指其处索之,果获其杀弟刀,遂输服。时惊以为神。

王恩,字克承,浙江余姚人。进士,弘治间知府。礼贤正俗,革缁黄,止侈费,逐奸隶及禁部,使毋[1]得侵民,上下便之。时岁不登,疏于朝,欲得移商盐留兑运,用助不给。随以饥甚,乃取贮库解京马价,择良民分籴江湖米至验口给之,民赖以全。遂自劾擅移之罪,请俟丰年征补。会兵部尚书刘公大夏覆题,竟弛免征。

蒋瑶,字粹卿,浙江归安人。正德间,以御史出守荆,移官扬州。初至,岁饥,请留漕米万石以赈,民获苏。听讼不务深文,辄谕遣去笷。子弟有欲取堂上幅纸为文者,瑶曰:"不可。此吏入之。"渐出数钱,别市纸供之。其廉谨如此。会武庙南狩,将驻跸维扬,寮属欲赋民免征粮以供案,既成,公裂之曰:"民胡可欺? 第从简。临时利害,瑶自当之。"比至,诸扈跸幸帅权珰百计需求,公不听,怒,系瑶于舍,愤卧欲绝,竟不听。珰矫上命,欲刷民间女。瑶密令民室女将及笄者,三日内尽毕嫁娶,以复珰曰:"民间无女,不可刷。惟瑶有女,远不可必至耳。"又欲夺民舍以拓官店,瑶曰:"民已安居,不可夺。"珰计沮,临发,恨系瑶于舟,不得食者三日。复驱令扈舟以行,至徐,乘一驴抵临清,乃返。一郡卒赖以全。及迁陕西参政,夫妇觅一轻舸,载原携二衣橐以行。官终工部尚书,谥恭简。民为立祠郡城南,郡户部侍郎叶相记之。至今民间述其事,犹有泣下者。

易瓒,字廷器,直隶肃宁人。嘉靖间,知扬州府。在郡勤励详慎,率四鼓起即盥栉,坐后堂治事,昧爽而出,案无留牍,狱无冤滞。平易近民,远而戴之。岁壬午、癸未大饥,公疏请于朝,以待哺之民垂死,乃预召父老遍诣富室,劝分多者谷千石,或益以银米,其余以次差定,民皆乐输,不闻称扰,乃先给食三月。继有旨,悉蠲税粮征需及发太仓银两,本府折粮淮盐余银与变卖盐价,兼在仓米谷及平粜纲运米石,计银米数万,瓒躬任忧劳,区画赈给。又令僚属分诣州县,一体赈之。所全活土著、流寓一十九万余人,助给穷民种子三万七千

---

1 "毋",原本误作"母"。

余户。历任右副都御史,巡抚河南。

侯秩,字季常,长垣人。嘉靖壬辰,知府事。性凝重,不苟言笑,以勤俭率下,节夫传,禁侈靡,逐俳优,罪诸佚游者。浚陈公塘,以资灌溉。以扬民无盖藏,乃多方积储粟至二十万,仓庾至不能容。民以讼至府,不数言而决,虽重狱,未尝淹旬月也。会他郡民有与扬民争沙田者,杀扬民,且诬以罪,其有司亦偏护之。秩会问据法,忤其意,遂妄奏秩罪。当路有挟怨者,共文致之。会巡按御史为白其事,得还任。不媚权贵,私谒不入门。蝗入境辄散,不为患。至今民有遗思。历迁陕西参政。

吴桂芳,字子实,江西新建人。嘉靖二十一年知府。初至,值维扬水患,为疏请赈给并蠲秋税,百姓戴之。及倭屡寇江北,芳募土著及沿盐场灶勇练之,请益兵粮,悬赏格拔将校,凡守御之策,无一不备。又以海门孤悬海上,泰兴、如皋、瓜洲俱当敌冲,而无城守可恃,乃建议筑四城。城成,倭复至,民依城保聚,免于焚掠。又采郡人何城议,以扬州盐课当天下财赋之半,而商人居旧城外,非计也,遂请于抚按,具奏增筑外城。议甫定,芳擢临清兵备行,后石公茂华竟其事。芳才精而事敏,在郡政绩甚著。有《守扬疏议》四卷,江都知县周思久梓行之。

石茂华,字崇质,山东益都人。嘉靖间知府。性简默,务持大体。值倭变,羽书旁午,从容应之,声色不动而事理。因以便服亲拊循守陴者,夜不归府,第饮食、寝处与之俱。已而倭退。先是,前守议筑外城,捍环河商民,会陟去。华终其议,属商民画地,授工畚筑之,事皆亲为料理。一时民争趋事,九阅月告成。明年,倭寇复来,睥睨良久,遂引去。至今呼为“石城”云。累官至侍郎。

赵良相,湖广衡阳人。登万历辛丑进士,任扬州知府。时廉威,有朗识,曾于诸生中决某为大魁才。某试学使者,翼日,索其试牍观,即署以第一,寻果冠军。某未几成进士,以馆元入水天。士夫咸服其藻鉴。郡有枭恶数辈,狂狙扰市井间,为良懦害,相立捕之,坐以法,各署恶名,以榜其门。其后知人惩恶,鲜有如良相者。

刘铎,江西泰和人。以进士任扬州知府,饬廉隅,重嚬笑。因天启间奄人用事,中怀孤愤,往往寄之笔墨。时珰党满朝廷,有奸僧以铎所书扇授逻者党人,遂坐以讥刺朝政,榜掠之余,骈首西市。先是,被逮之日,举止安闲,不改常度。扬人以缣素纨笺乞书，铎挥洒不倦，精采焕如，至今人奉为墨宝。未几，玙败，追赠以崇秩，荫其子。

韩文镜，字一水，关中人。魁于乡，于崇祯辛未榜登进士，知扬州府事。精勤廉敏，决断疑狱，洞如观火。其钱谷之数，一经布算，虽市侩不能过。人偶寓其目，越数年，辄能署其名及检发其行事，以故吏民惮不敢欺。会流寇震邻，镜悉心城守，部署军事，不异专阃，扬人盖赖以安枕云。

任民育，山东人。其器量宽深，人不能测。于弘光时为督师，阁部史可法特举以知扬州。育以四郊多事，寝处不遑，会大兵入郡城，王坐府治，育自城头归，知事不可为，遂慷忾以死自誓。不入内宅，憩府堂之东偏。卒及于难。

赞曰：王端毅寅亮大臣，郑端简以宋范希文、司马君实方之，乃维扬其发轫也。询之耆旧，当武庙南巡时，中阉索赂不得，迫蒋公徒跣北行，武宗自舟中望见之，曰："是蒋知府耶？可速遣还。"诸阉卒无策中公，公幸以此得免。越数传，貂珰棋布，耽耽虎视，有欲如蒋公之为者可得耶？杨郡民不轻为去宦祠，如孙易侯诸公仅有碑石，唯蒋有专祠，遗老过之，有泣下者。垂及万历以后，如赵之明断，刘之清刚，韩之敏干，以迄任之杀身成仁，烈烈天壤，不又掩前数太守之光而俾后世高山仰止者哉？

府佐

刘兰　张锡　李绂　叶元　赵有初　朱衮　房瀛　郑杰　赵虞佐

刘兰，字德馨，浙江嵊县人。景泰四年，授扬州同知。岁歉，民苦负租，兰白于巡抚、都御史王竑，请待来岁麦熟补征，王从之。仍行邻郡为例。监筑淮口、盐城溃堤及瓜、仪闸坝，俱坚致经久，漕挽赖焉。署府事，律己廉洁，诚心抚民。先正统末分调漕军征闽寇，暂借扬民运赋，久不得复，兰乃立白当道，复之。会朝议裁冗员，兰在当去，百姓白于都御史，奏留之。都御史驭郡县尚严察，所属多望风去，独兰得荐任。九年，以老求去，进朝列大夫。

张锡，邯郸人。成化间，授扬州府同知。督粮储至，则剔夙弊，治积逋，正飞诡，粮无壅阂，税额以清。先时，豪右收揽粮价，率厚赂督储者，以图便侵克。泰兴民仍前行货所，司府通判已有受其赂者，公械其人，置之法，且对僚佐詈之。通判汗下，面如赭，悉反其货。人知货不行，粮以时轮，前弊遂革。莅下甚严，吏胥事之，终任未见其笑言。自守以下，率严惮之。居官九载，秩满，行李萧然。升辽东行太仆寺少卿。

李绂，字绥之，山西高平人。成化十七年同知。绂莅任，即誓不取民间一物，笃意恤民。泰兴濒江，田庐岁为风潮所蚀，绂筑长堤捍之，民获耕输。满九载，扬民赴铨部请留，特加四品服色。后卒于官。

叶元，字本贞，江西贵溪人。弘治间同知。性沉毅严恪，不事姑息。仿宋吕东莱、朱考亭意，立乡约，使民崇善戒恶。尝至泰兴，遇蔡麒者称皇亲，强夺民田，元白于监司，复奏于朝。蔡弃去，累图中伤元，竟无所得。后迁知云南府。

赵有初，沙河人。弘治五年，任本府同知，职粮储。廉介仁恕，所至有声，寻升知府。戒行当道，檄令征完任内钱粮，方可其行，已束金带行部。惟兴化额税独重，积逋甚多，公见鞭笞之苦，因垂涕曰："吾何爱一知府，忍置汝曹于死耶？"遂弃官归，全活甚众。邑人立其位于西宝严寺中祀之。杨司徒曰："曾子固言分宁人视一钱，宁死无所捐。公弃一知府易民命，吾行天下罕矣。"

朱衮，湖广郧西人。沉毅有气节，少读古书，见仗节死义之士，辄跃然动色。嘉靖三十五年，任同知。会倭犯境，衮率募兵，同高邮卫经历晏锐御之，咸战死。赠衮右参议，荫一子入监。锐赠府判。即其死地，立祠祀之，曰"双忠祠"。

房瀛，字登之，山东费县人。弘治十二年，授扬州府推官。性峭直清介，吏胥无敢索一钱。理刑必尽两词，尤不避贵势，时以为刑官第一。巡抚张公敷华特以清白荐之，征拜监察御史。

郑杰，字伯兴，湖广广济人。正德九年，授推官。开敏宏远，事无巨细，迎刃而解。参伍律令，必酌之民情，称无冤狱，自太守而下，咸资益焉。升吏部主事、大理寺丞。

赵虞佐，陕西泾阳人。登一榜，崇祯间任扬州同知，凡七历寒暑。佐吏治明决，虽仓卒烦剧，中能井然辨其条理，驭群下不恣威福，一以开诚布公，人叹服，不忍欺。台省重其能，俾署府事有声，旋又署转运司使事。十郡邑有缺，令即以篆属佐。寻摄兵备监司，一时印务署掌，几遍所至，根盘节错，庭断之下,一日解数全牛而芒未尝挫也。在任升两淮运司,扬士民以丰碑颂德。迄今父老过其石畔者,如岘山堕泪云。

赞曰:扬郡丞故多贤者,若朱衰以捍御死事,赵有初以不忍催征去职,于功名、死生之际漠然矣。理官职在平,反喜刻核而绌仁恕,若房、郑二君,邦人称之不置,其抱仁心以为质者耶?厥后关西赵虞佐官同知,历仕久而多惠政,摄篆多而才有余,当日朝廷若不拘资格进之,坐论房、杜之业可立奏也,惜哉!

扬州府志卷之十一

秩官志下

知州　知县

张本　陆愈　陈宪　赵讷　姚祚端　迟大成　余文熠　欧阳蒸俱江都知县。　贾彦良　谢文隆　康彦民　徐淮　李文翰　周宠　师儒　申嘉瑞　王伉　姜埰俱仪具知县。　吕秉直　罗贤　姚邦才　许希孟俱泰兴知县。　仪智　毛实　谢在　郑聚东[1]　吴显俱高邮知州。　徐士诚　敖得真　吕童　李光学　吴廷鉴　刘廷瓒　彭应轸　底蕴　傅佩　胡奉华　王绩灿以上俱兴化。　刘恩　闻人诠　岳东升　李瓒俱宝应知县。　张遇林　左辅　陈志　彭福　王臣　朱公节　崔国裕　李学旻俱泰州知州。　胡昂　刘文宠　王世臣　仇旻俱如皋知县。　熊春　崔富　郑重　徐淮　刘宗儒　高鹏　蒋孔阳　张承恩　郑舜臣　王嘉言　诸梦环　王之诚　周长应俱通州知州。　萧绪　裴绍宗　汪有执　刘烛俱海门知县。

张本，字致中，东阿人。洪武中，授江都知县。颇著风棱，一时豪猾敛迹。虽上官严暴者不得扰其境，民安之。后擢知扬州府，累官兵部尚书。

陆愈，字抑之，平湖人。成化十一年，江都知县。会岁荒，计口给赈，仍贷以牛种，俟稔岁平准收之。民饥有鬻子女者，乃捐俸及官羡，锱赎还之至数百。城西多江南屯戍，有翁子真辈聚党摽劫行旅，悉掩捕之。后疏请置官桥巡检以控制焉。尝凿花园港以蓄泄水利，增筑邵伯湖堤以御水患。又白当道，用

1　"东"，原本脱，据正文补。

岁办余钱置仓储粟以备赈，皆惠政也。迁官，百姓追思，为立德政碑。

陈宪，西平人。正德间，除江都知县。操守清介，剖决无滞牒。会霸州流贼齐彦明等由京口趣瓜洲，势甚猖獗，宪随事区画，为守御计甚悉。时征调官军数万，顿城下，军兴日费不赀，皆办自公帑，未尝敛民间一钱。虽羽檄旁午，而闾阎晏然，若不知兵者，百姓至今诵之。秩满，升镇江府通判。

赵讷，字孟敏，孝义人。嘉靖间，以调繁移江都。警敏有吏干，政务大体，多所兴革，尤留意里甲，先后裁缩公私诸费不翅数千计。时河堤善崩，有议开花园港建闸以泄水者，讷曰："不若浚白塔河便。"于是，白诸当道，从之。兴化故苦赋重，会执政为兴化人，欲分赋诸邑，讷独上牒当道，力争其不便状，言甚剀切，事竟得寝。江都以附郭无志，始作《志》志之。

姚祚端，浙江乌程人。登万历间进士，筮仕为江都令。行政公恕廉敏，听断两造，民不称冤抑。治邑五年，未尝以催科徭役摇其闾阎。会城东北隅有石人，长二尺许，砌市墙内，有黄冠，诈云石人灵显，祷无不应，一时愚民以香火来者，填街塞巷，举国如狂。端诣其处，立碎石人，而惩其始事者。端又执法不避权势，邑中有贵人子弟，误罹大辟，廉其状，即坐之法。政声由是益大著焉，行取赴京，官拜台省。

余文熠，四川长寿人。登己未庄际昌榜。熠质性严重，持正不阿，言论风旨，侃侃可畏。令江都数年，始终不一以颦笑假人，人亦不敢干以私。然立心平恕，繁刑苛令未尝有也。向夕每端坐，竟夜不寝，时年已逾五十矣。越十余岁，拜南大理卿，次邗关，精采炯炯，宛如初令时。

迟大成，字之莱，山东莱阳人。有文章名，气格与归、胡相伯仲。天启乙丑以进士出身，令江都。仪表伟硕，望若神人。行政严以律下，宽以驭民。其公堂接遇衿士，虽值簿书填委，必整公服乃见。令数年，刚毅精敏，率如一日。后南直西粤两官，直指鹰鹯之逐，不畏强御。卒于官。

欧阳蒸，字宪文，湖广人，实庐陵先生后也。崇祯丁丑成进士。蒸资性敏妙，每一目所涉千百言，辄能成诵，时人异之。至庚辰、辛巳间，始令江都。恺悌慈祥，若出天性。向人动披情愫，无复有匿，指日御盘错，奏刀割然，若未尝有事者。意思翛然，了无缠缚，乐只父母，蒸庶几不愧云。

贾彦良，凤阳定远人。洪武二年，知仪真。时承师旅之役，民俱流亡，良招抚使复业。建学校堂序，创诸署廨，庶政修举，廉明有声。

谢文隆，巴县人。洪武十三年，知仪真。均赋役，勤抚字，修养济，以处孤独。诸祠祀坛庙廨宇颓坏者，咸建之。

康彦民，泰和人。洪武二十九年，知仪真。崇学励贤，士习一变，邑登科第者自兹始。修葺社仓，平役弛利，不屑屑于末节，时人重其廉靖。

徐淮，字必东，武城人。弘治九年，任仪真。有治干才，不畏强御。汰浮靡，自豪宗以迨伶族，悉著令禁之。暇与诸生析经订艺。贫者至，复其家，有不能婚者，辄资以俸。是时，阉宦势横甚，力为裁抑，被逮诏狱，几夺职。终按察佥事。

李文瀚，字内英，河曲人。正德十二年，任仪真。尝梓《农书》《图纂》，教民树艺。己卯冬，武宗南狩，驻跸数日，供张日以万亿，率躬为办置，不欲疲小民，而事亦调集。比入觐，惟载图牒而已。以廉最擢商州。

周宠，字君锡，临海人。嘉靖五年，任仪真，严肃有风裁。甫下车，祛里胥宿弊，清盐商包索地租，代补岁办之赋。审丁夫，立九则，一切以宜民为本。又毁淫祠，正祀典。寻擢监察御史。

师儒，蒲州人。嘉靖乙卯，由滦城调仪真。适倭夷寇淮扬，儒昼夜励勤，缮城守，饷练兵，日坐城橹间，与士卒同处。寇分道抄掠，且薄城下。会盛暑大雨，江河滥溢，城门水深三尺，奔命集城外者数万人，儒提剑立水中，开城门，悉延入之。严饬军令，寇亦竟莫敢犯。然性度阔略，卒为人中伤，时论惜之。

申嘉瑞，字叔献，叶县人。嘉靖四十三年，任仪真。政尚严肃，有特操。奸民猾吏，一时悚息。民立生祠祀之。

王伉，字伟轩，四川潼川州人。登进士，万历间由蒙城调繁，知真州。伉器宇魁岸，丰骨凝竦，百务精练，兼文武才。在任廉知窝访者，治以重法，且榜其门。仪人喜渡江越诉，倾陷桑梓，每南中勾挕，拒不发一人，仍缉其越诉者罪之，一时风遂衰止。江北诸郡有疑狱数年不决者，请谳于伉，即决。青天之颂，满于十城，考绩为天下最。入计时，行李萧然。历官贵州巡抚。李太史维祯为勒去思碑，至今岿然。

姜埰，字如农，山东莱阳人。由进士为真州令。仪虽弹丸邑，盐贾辐辏，令易染指，埰以清介自持。决断民讼，洞若犀照。束带折腰，埰辄意夷不屑。

坐是,九年不迁。后擢礼垣,直言不韪,廷杖被谪,时论重之。

吕秉直,和州人。洪武元年,令泰兴。时寇乱初平,秉直披荆棘,开县治,劳来安集,百废具举。为政务大体,不事苛细。人称慕之,祀名宦。

罗贤,四川蓬溪人。弘治十四年,任泰兴。劝农桑,兴水利,政在惠民,不畏强御。泰州光孝寺僧与邑人争田不得,持献于贵戚,遣舍人持牒,妄称诏令下邑量田。贤拒之,曰:"夺贫民产以益贵豪,令不为也。"卒不量。升大名通判。会贼侵境,贤单骑入营抚贼,遇害。

姚邦才,浙江归安人。嘉靖十七年,知泰兴。时倭乱作,城方筑,民惮重役,浮议蜂起,乃决为之,然镇静不扰,民更大悦。城成,寇至,全活无算。立生祠祀之。

许希孟,河南固始人。嘉靖四十五年,任泰兴。时最苦田赋不均,希孟立法经量,定为五等之则,躬行畎畆,正疆界,立匡墩,凡数月竣事。又作古户役法,一切徭役悉均派于田,著为令。以裁损上官供馈,坐调密云县。民赴部泣留者万余,不得,则建祠祀,其私祀者又数千家。

仪智,山东高密人。洪武三十年,任高邮知州。廉能公正,勤于庶务,凡农桑、学校极力兴举,吏民悦服。后官至礼部侍郎。

毛实,字世诚,余姚人。由进士弘治乙酉授高邮州知州。实下车,百废具举,不为冲要所困。邮俗富而侈,讼通贿赂,实申严禁令,门无私谒。有巨珰蒋姓者,来自南都,沿途需索,少不遂,辄肆凌虐,吏民莫敢谁何。实廉知舟中多非法物,先遣逻吏搜之。蒋知不可掩,阳为谢罪,而阴乃捃摭以闻,实亦抗疏自白。朝廷知其诬,置不问。高邮新开湖险恶,舟行者苦之,实白于侍郎白公昂,奏开河四十里。未几,以内艰去。邮民今立祠祀焉。

谢在,河南南阳人。正德十六年,守邮。严重廉明,人不敢干以私。岁凶,多方处赈,民赖以全活者十之七八。巡按委勘守备官不法事,相府遣人致书,欲释之,在置书不理,卒正以法。郡有刁恶,在列其罪恶,申白当道,笞杀之,一郡肃然。尝以公帑之羡置田八百亩,名曰"公田",以补官俸士廪之缺。升长史去,邮人思之不忘,肖其像于祠以祀。

郑聚东,四川广安州人。嘉靖二十八年,守邮。性行纯雅悃幅,处烦剧而镇静,虽日拥百务,剖决如流,终日无怒容遽色,不轻笞责一民,民亦不忍欺之。居官仅一年，以内艰去，百姓拥道泣送者以万计，遮留不得行，自晨至日中，始达驿前，父老以为百年来仅见之。癸丑，制满，谒铨司，补山东泰安州守。邮民诣阙乞东转任高邮，以扶民困。泰安人闻之，亦诣阙争之。事下吏部议，以既补不报。有《东南借郑录》。

吴显，字景猷，福建漳浦县人。进士，初知六安州五阅月。会高、宝湖堤坏，总河难守邮者，特疏以显请，遂更调。至则奉当道檄，鸠筑老堤已，又修越河之役。时洪涛大涨，显奔走拮据，风餐艇宿五载。又虑河势靡常，遍植杨柳于左右岸，厥后三堤屹然。督抚吴自湖公课河成，旌显为首伐焉。邮故四达要津，物力凋疲，显尽革常例粮耗，与民休息。曾以供帐不具，获罪监司程。程，楚人，为江陵相腹心，乃嗾直指。直指过邮，见邮万户皆题"官清民安"字，反啧啧器重焉。江陵方厉驿禁，会其太夫人、公子省觐，自役驿夫八百余名，估金累百，所至公帑几空，显力争曰："是奉相国法，不敢糜费。"张使据署诉谇，公子诱登舟，盛气凌铄，忽太夫人出数婢夺州印入。显即戒仆夫解组，适直指、监司闻变，夜驰曲意调停，得返所夺印。张公子入都，时即泣陈高邮抗窘状，江陵瞿然。为诸朝贵所宽解，卒无术以中之。后稍迁比部副郎，轻车出郭，行李萧然，民为之卧轮罢市。先是，邮人以河功欲尸而祝之，显巫辞。临岐，尤惓惓戒勿祠。故今第有去思碑云。

吕童，永乐八年任兴化。清正严肃，力除吏弊，人不敢欺。卒于官，囊橐萧然。百姓治棺殓之，里巷奠哭者以千数。

徐士诚，定远人。洪武元年，知兴化。集流亡，辟土野，建官署，百废兴举，规制尽善，有创始之功焉。

敫得真，江西德化人。由人材洪武十八年知兴化，方正不畏强御。会府隶宋重八以公务下高邮，仗威势辄入中门，驰甬道，升公堂，同知刘牧跪执结。隶至兴，为威吓如前，真叱缚之。寻奏闻，上赏其直而杖刘牧，宋重八流配云南，因谕吏差军校皆不得犯分，违者治如法，见《大诰篇》。

李光学，湖广武陵人。正统五年，以御史左迁兴化。性慈仁，多惠政。寻升扬州府同知，仍莅兴化事。县厅东有鹳，乳三雏，已而将二雏去。一雏病，命药之，寻愈，亦飞去。光学疾，思鳊鱼无从得，忽有鹳衔一鳊投厅下，烹啖之，遂愈，人以为仁厚之感云。其行实，见《武陵人物志》。

吴廷鉴，江西临川人。成化五年，知兴化，勤恤民隐。会上官督征急，叹曰："吾不能以疮痍事长官求好也！"力请宽贷。坐是，得谴。去之日，行李萧然。

刘廷瓒，成化十六年任兴化。时堤堰久湮，岁苦旱潦，纠工筑之，逾月而竣，民永赖之，号曰"刘堤"，学士钱溥为之记。历官副都御史。

彭应轸，北直隶献县人。性豪迈，尚气节，政事简约，人不敢干以非。正德间，岁大饥，一无所赋，诣抚院请捐一年。院使者阳怒，下应轸狱，即毅然褫冠服就行。使者乃为会议，卒从其请，全赋尽捐。

底蕴，河南考城人。正德十年，任兴化。轸念贫民，徭役一视民力。时粮长累民，无不破家者，蕴奏除其役，至今民受其惠。仕终甘肃巡抚都御史。

傅佩，字朝鸣，浙江仁和人。嘉靖十三年，知兴化事。美须，仪有雅度，政得大体。邑赋重役繁，加之军灶错处，邻疆侵夺，民大困。奏请均之，御史洪垣力主其议，遂均田平赋，民困少苏。寻白当道，减站役三十名，民兵五十名，岁减赀以千计征入。拜兵科给事中。

胡奉华，字宾甫，湖广武陵人。嘉靖二十六年，任兴化。时岛夷窃发，出号令，鸣刁斗，日夜巡城，为备御计。贼谍知，不敢犯境。乃乘暇大治城垣，劝借数百万缗，不刑一人，而民心悦服。居兴五年，升南京兵部主事。

王绩灿，江西人。万历乙卯，举乡榜弟一。乙丑，成进士，令昭阳。勤政宽赋，不为束湿。他邑令辄以鞭笞毙人者，灿讽谕之，戏以手中篦击其腕，邻令愍然。灿曰："君微创已负痛，民独堪捶楚乎？"为志其一事，以表其岂弟。

刘恩，字以忠，高阳人。嘉靖元年，知宝应县。会大疫，死者相籍，恩力请当道，发帑金数万，籴谷分委义民，于各坊村设糜赈济，立法周尽，一邑赖以全活。县旧三十六里并三十四里，乃遍询诸弊端，悉为厘革。宜民之政，不能悉载，至今民思咏之。

闻人铨，字邦正，余姚人。嘉靖五年，任宝应。政尚平恕，以循良称。岁大旱蝗，运河水且涸，漕运都御史、都水郎中并檄县潴水以行运，毋启闸。铨命启之，曰："民命是苏。即吾获重谴于当道，无憾也。"是岁旱，不为灾。谓邑有湖患，力主开越河之议。寻应召补山西道御史，条陈开河事宜，竟获命。邑人祠之。

岳东升，字伯阳，河南信阳州人。嘉靖间，任宝应。地处冲剧，邑务猬集。

每晨起，坐堂剖决如流。午后公庭闲寂，辄端坐吟咏不辍，吏人无事可白。综核振励，严明有威，人凛然惮之。升户部主事。

李瓒，字献夫，江西丰城人。嘉靖间，任宝应。老成廉静，以诚心待民，每召讼者至案前，道以礼让，讼庭清简。春日，劝农躬诣陇亩，有古循吏风。在任三年，凡五祈雨雪咸应，人以为善政所感云。

张遇林，庐州府人。洪武元年，知泰州。抚安郡境，兴俗更化，创置衙门，以学校、农桑为首务。至于桥梁、坊巷，无不修复。未久而去，士民怀之。

左辅，江西永兴县人。成化间，知泰州。居官外和内刚，判决如流。六载，刑清讼简，庭无重辟，岁致丰稔。其创崇贤祠，建州治、公馆、察院诸役，皆无扰于民。成化十四年致仕。

陈志，字惟学，蓟州人。成化十四年，任泰州。谙悉民情，以兴学劝农为先务，筑杨公堤，广储蓄，建书院。是时，虎不入境，蝗不为灾，驯熊再至，去鹤复还，目为"四异"，士人歌之。十八年，以疾卒于官。

彭福，字缓之，江西安福人。成化十九年，知泰州。时巡河张侍郎以宝应移月夫三十名于泰州，奋然往谒，坚却之，词色俱厉，侍郎弗能夺。明年，朝廷遣都宪侍郎董治盐政，以泰北市中为旧监运盐司址，欲堕民居，复旧司，公力以小民安土难迁为言，二公疏于朝廷，寝其事。额制秋税豆粮，民输于仓候支，经年辄腐，公画折价之议，具奏于朝，可其请，诏下各郡县，遵例行之。其善政类如此。

王臣，字公佐，江西南昌人。嘉靖六年，知泰州。爱民如子，加意生徒，聘海上王艮讲学，士论翕然宗之。浚关河，定权量，宽徭役，抚流亡，撤淫祠，销神像，以铸文庙鐏铜、祭器之类，增修乐器，始选乐舞生供祀庙庭。创尊经阁，移预备仓，行保甲连坐之法，崇宋文正安定祠祀于泰山，以化导斯民为己任。政成教行，一时里巷皆弦歌焉。

朱公节，浙江山阴人。嘉靖三十四年，知泰州。缮修城郭，深浚河隍，倭夷不敢窥伺。轸念疮痍，不急之征，悉捐除之。却常例千有余金，清白之风，至今称焉。入名宦祠。

崔国裕，长安人。登乙榜，万历四十二年，为泰州守。在任五历寒暑，一以惠利小民、作兴士类为先至。州有通赋，裕力请之，台司悉为蠲免。岁当饥馑,则设法赈济,全活者甚众。然秉性坚贞,其苞苴竿牍,官衙以内未尝有也。后州士民请之督学御史,崇祀名宦。

李学旻,字如衷,江西临川人。由举人知泰州。在任一年,荡涤烦苛,兴革利弊,束湿之令,不及于民,州人乐无事焉。泰壤接连、盐、海,天启间,萑苻多盗,有巨窝为之窟宅,土人患之。爰设方略,擒其渠首,解散其胁从,境内外赖以安。未几,以除窝故,含沙者嗾以他事,挂弹章。去之日,士民如失慈母,号泣奔送,百里不绝。越四十余年,至本朝,始得祀名宦焉。

胡昂,直隶定兴人。成化十七年,任如皋知县,莅政严明。邻邑民讼未决者,每质成焉。十八年,岁大饥,白当路,截苏、松起运白粮以赈贷,民全活者甚众。累官按察副使。

刘文宠,顺天府玉田县人。弘治四年,任如皋,刚毅有干才。县原额养马百余匹,永乐间,六安州以灾伤寄养官马千三百余匹,民甚苦之。值有清理马政官,遂以情恳,准议处解还。民获苏息,至今德之。

王世臣,山东昌邑人。正德十年,知如皋。频年水患,民不聊生,躬询疾苦,其被患者,悉白当道赈恤之。狷介廉洁,日用不给,恒称贷于同僚,俟给俸以偿。未三年,贤声大起。忽卒于官,舆榇萧然,见者为之流涕。

仇旻,嘉靖四十三年知如皋。纲纪整肃,案无滞牍,胥隶无敢索民间一钱。右文学,崇节义,作《劝民歌》以化俗。中飞语,左迁。去之日,囊惟图书、短褐而已。累官刑部主事。

熊春,洪武初,知通州。时兵燹后,官寺次舍荡然无遗。春悉创建,自州治、学校以至邮舍、旗亭,百堵偕作,次第一新。

崔富,蓟州人。天顺间,知通州,清慎有干才。郡官行部,未尝出郭迎。偶一郡官至,富出迎之,郡官惊曰:"太守何以来邪?"富曰:"以公不爱钱,故来迎耳。"郡官加礼而去。转浙江盐运司同知。

郑重,慈溪人。成化间,守通州。平易近民,尤加意水利。以石闸唐家坝,设人司启闭,作水洞凡十有五所。重浚金沙河及西亭河,凡数十里。修明伦堂斋舍,以处士子。士民至今颂之。

徐淮,广西人。正德三年,守通州。美丰仪,有才干。下车之日,列状陈冤者五百余人,淮尽收其词,不三日,所陈状尽理,无不当情法,人遂号曰"神君”。阅月，讼庭昼闲。后以忤刘瑾意，改为学正。

刘宗儒，霸州人。正德二年，以吏部验封司员外左迁通州守。出入省驺从，导以二隶。公庭阒然，或数日不闻鞭朴声。编徭役，必委曲询问，或亲诣民家审视，为之低昂。民甚爱之。官至侍郎。

高鹏，字云翼，澧洲人。正德七年，守通州。廉慎有为，厘革弊政，凡所经画，至今守之。后调州，行李萧然。

蒋孔阳，字君和，晋江人。正德九年，知通州，有治才。断狱明允，政先风教，修夫子庙，创名宦、乡贤祠，修州志。州有涨沙宜田，而宣家坝、唐家坝宜闸，孔旸[1]乃募民佃沙田，收直为闸费。会以艰去。乃籍佃者干没封银贮库，后为黠货者干没之。

张承恩，字君赐，易州人。正德间，知通州。节浮费，黜侈靡，于疆御无所避。尝有献沙涨田于戚畹者，戚畹至，承恩弗为礼，计曰：“若彼得地，吾民失业逃矣。”急出榜招之，其人慑而止。后升南京户部员外郎。

郑舜臣，字希仁，上虞人。隆庆中，守通州。增筑城墙高六尺许，修葺学宫，浚建坝闸，作通人久远之计。以州五山南峙，而北境空旷，乃为筑锺秀山，若芙蓉屹起城北。议罢，派鬻官盐输价，岁可万金。谳狱，必求生路出之。治行甚著，民立石纪迹颂之。详陈司寇碑中。

王嘉言，字孔彰，东光县人。嘉靖中，以尚宝卿谪守通州。轻徭缓刑，廉静不扰。岁侵民饥，乃捐俸作倡。又身诣闾右，劝分其廪粟，得五千余石，作糜食饥者，州全活甚众。虽旁县人，无不扶携就食，病者复给医药。后转夔州丞去。民思之，谓其廉宽仁厚，盖有古良吏风。

诸梦环，浙江仁和人。隆庆中，守通州，端谨沉毅。编册籍，审徭役，咸服公平。而断大事，恤淹狱，息嚣讼，禁靡费，善政犖然。会治河[2]使者檄造瓜洲运闸，颇极劳瘁，被病而还。郡父老子弟各以其类，为奔走祈禳无虚日。及卒，哭声载道。检其橐，无一钱。于是阖郡敛钱为赗，始得还。

王之城，字会峰，济南新城人。忠勤公重光子，家世以科甲显。之城以明

1　“旸”，疑作“阳”。
2　“河”，原本误作“酒”。据《万历扬州府志》卷一〇《秩官志下》改。

经任温州同知，万历丙午，移知通州。刚正有为，首约吏胥，毋阑入一钱，以尝吾法，黜吏舞智立烛。其奸讼者，令自摄两造至，以片语折之，具狱不假胥吏手。击奸惩猾，不遗余力。会倭乱，念嘉靖间倭由便场薄五琅城外，民创者枕籍，力从部使者请于朝，度南关而城之。至僧道以白莲惑众，醵金创庵院者皋无宥。于是，威惠大行，吏畏而民安之。垂数十年，通人口其政不衰。

周长应，四川重庆江津人。少读书，有大志，尝曰："士出而在上，当为贤相为良牧；处而在下，须明道正谊学圣贤。区区青紫，浮名耳。"嗣成万历己未进士，知通州。行政慈祥恺悌，乐与民休息。囹圄有冤狱，谳其状为减，爰书至里左。大猾立捕而置之理，弗贷也。通赋长之役，久以胥吏为奸，孱弱者吞声被累，至破其家，应更定其令，前弊遂革。市中驵骏，岁醵金钱，穷极侈廉，以赛神实，以恣其渔猎，应为文祷于神，禁不复举。迁工部郎去，士民立祠祀之。里人范尚宝记其事，有曰"文学兼政事之科，俎豆宜修于没世；宰官证菩萨之位，香火不碍于生前"。通人以为实录。

萧绪，万安人。弘治间，知海门县。诚心抚字，莅学训士，多所成立。筑堤捍海，民甚赖之。

裴绍宗，字修伯，渭南人。正德间，令海门。会江坍凋弊，赋役不堪，痛为节缩，奏蠲坍粮，以苏民困。当道上其治状，征擢兵科给事中。

汪有执，广东海南卫人。嘉靖间，知海门县。才练智达，敢于任事。县故负海襟江，飓涛屡作，地善崩溃，境土日蹙。有执乃上疏迁县，请割通州七里属焉。建治金沙场中，芟辟草莱，百堵齐作，置鱼鳖之民于衽席，令之德也。事详崔太史《考绩序》中。

刘烛，江西吉水人。嘉靖二十六年，海门知县。时邑治新迁，荒郊数椽，人所不堪，而处之晏如。招流移垦荒荡，民忘其播迁，从之者如归。所著有《公余录》。

赞曰：守令之于民，至亲也。苟奉法循理，亦足为治然。至于救灾、恤患、解纷、导窾，非才与诚合，蔑克有济。维扬地固冲剧，而灾沴岁居什七，若江海之出没，间井之嚣讼，吏胥之舞文，所在而有，欲以重卧无为之治治之，难矣！兹辑守令传大都仁心为质，而才足以济，故以兴利则溥，以锄奸则除，昔人所谓彬彬质有其文者乎？隆、万以来，贤者不可缕数，或官资未艾，当其世而传之为近谀,职铅椠者固将有俟焉耳。

州县佐

余奎　王思旻　舒绶　刘瓒　黄琏[1]　胡尧元　梅本　司治[2]　罗文翰

余奎,浙江永嘉人。博学能文,尤善吏事。洪武四年,任高邮州同。公勤廉干,卓有能声。后官至按察使。

王思旻,湖广黄冈人。正统间,任泰州同知。举废芟繁,修州治,建鼓楼,迁驿为馆,造广运、望江二桥,置预备仓厫八十间。凡在郡内,无不经画。见《遗爱录》中。

舒绶,字振伯,鄞县人。以刑部主事谪通州同知。性敏捷,敢于任事。制先师庙,建通州书院,群诸生茂异者,于中亲为指授。建狼山翠景楼,自为赋。凿运盐河,起利河,经余西、余中达吕四诸场,百姓享其利。里中豪右素以健讼者,俱闻风屏迹。寻升南京主事。

刘瓒,饶平人。任通州同知。性质直,临事词不能达而意自了然。正德七年,流贼刘七栖狼山,官军四集仓卒,需给百出,皆调自官帑,未尝乘机敛民,民赖以安。满九载,升福州府通判。

黄琏,山西万全县人。正德五年泰兴主簿。时流贼败于狼山,散入泰兴,琏率民兵御之,擒其党李南、洋保,乘胜追至大桥,贼回顾,曰:“此非若境矣。”琏不听,欲尽歼之。贼殊死战,琏被十余枪死。事闻,赠官,赐祭,令有司建祠祀焉。

胡尧元,湖广蒲圻人。正德末,以户部员外谪高邮丞。文游台上有老君堂,毁之,祀宋四贤于其上。一日,以公事谒抚院,论不合,即趋出,解绶而行。院乃遣官追请,慰留之。

梅本,正德间,任高邮判官。时流贼入通州,将西至,本奉檄率士兵五百戍泰兴。贼猝至,令暨所属皆奔窜。本曰:“领戍兹土,死生以之,可避患耶?”

1　“琏”,原本误作“连”,据正文改。

2　“治”,原本误作“冶”,据正文改。

即率兵出战,以众寡不敌死之。事闻,追赠大夫,荫一子入监。

司治,内黄人。嘉靖中,为兴化丞。常俸之外,一介不取,其内人萧然荆布也。催征,民有遗馈,坚却不纳。去之日,士民设帐沧水,以红锦袍加其身,观者如堵,曰:"自有丞以来,未有如此君者!"

罗文翰,湖广沅江人。万历年管河判官。任甫半月,泗水大发,下注高、宝,南北运堤多有决者。邮之清水潭堤,最为要害难塞,至是决百余丈。文翰奉檄督其事,昼夜勤劳,多方杜筑。文翰疾渡决口,指挥工役,溺而死。潭急,尸不可得,邮人悲之。

教职

蔺从善　田琼　杨璟　欧大任　何宏　陈待科　马之光　刘士璟

蔺从善,磁州人。扬州府学教授,博学多闻,士子钦服。洪熙初,取赴大廷,御试居首,选擢五经博士,历官礼部侍郎。

田琼,湖广松溪人。成化四年,任扬州教授。性刚严,居常不假人辞色,以师道自重,虽台郡贵官,惟执礼无谄。诸生夏易贫,出己资为娶。仍誓诸同官,毋索寒士馈仪。前琼有训导孙敏者,江西德兴人也,其供职、作士不减于琼云。

杨璟,邓州人。天顺八年,教谕江都。性醇谨,每宿堂后寝室,课诸生诵读,仍置二生递直,鸡鸣起,侍户外,辄随往各斋所,验诸生勤惰。暇则召诸生讲说理义。历数年如一日,诸生亦兢用奋起,所藉成名甚众。

欧大任,字桢伯,顺德人。嘉靖末,训导江都。娴于古文词,又坦率无他肠,人皆乐与之游。时博士业日趋靡陋,始进诸生,授之《史》《汉》《文选》诸书,士彬彬知向慕古。谈经之暇,与诸名士倡和为诗,号"竹西社"。隆庆初,奉御史檄纂《世庙实录》。因采广陵贤士大夫为《十先生传》。又有《浮淮》《轺中》二集。

何宏,广东顺德人。初,任通州学正。嘉靖三年,服阕,补泰州学正。方严直谅,见诸生必公服以临,有过即面诘。诸生贫者,即分俸助之。学行科条,江北称最。

陈待科，字进之，莆田人。任通州学正。性颖敏，问学博洽，以礼义训迪，诸生无敢忤者。能医卜、琴棋诸艺。有族属兄某贰于州，未尝一干以私。升知都昌县去。

马之光，字鸣野，六安州人。崇祯己卯，领北直乡荐。光敦厚古处，平生力以名教自任，薄于滋味，而宴客极丰腆，饮量甚雄，无一言及于乱。署通州学正，时值天下多故，诸生以贽来者，辄相慰曰："家修不可怠也。"甲申，闻京师陷，慷慨呜咽，召诸生，日讲忠义不辍。改革后，贫不能归。归，则闭户教子。康熙二年，于晋锡发解，江南人以为积学树德之报云。

刘士璟，字□□，辽东人。以明经授江都县学训导。性沉毅，学醇贯，图事有机宜，入海诸生，出对上台，议论风范自不凡。崇祯壬午，淮抚史可法莅扬，即器公，委署沭阳事。沭故驿圮民徙，公建焉、招焉，土荒武萎，公垦焉、振焉。会流寇突至，公亲擐甲，率兵民以守，无援，力尽被执，不屈而死。事闻，赠山东按察司金事，赐葬祭，谥忠烈，荫一子入监。

赞曰：郡县自丞、尉而下，大率以官为市，其守恬自好者无几，然亦有负才敏干、志切康民者，多以地分卑微，郁不得展，长才短驭，良深人惋惜也。若旧志传梅本婴城固守之死不避，斯诚振古人杰哉？广文自盘辟礼容外，无可自见，若欧祯伯于万历间大奋其文辞，马若刘于崇祯末力持其名教，可谓戈回鲁阳、澜挽既倒者矣。然振铎之座不乏名贤，文章坊表蔚然卓然者，亦往往一二觏，大约可以欧、刘诸君子概之。

皇清秩官传

王一品，辽东人。顺治五年，抚维扬。公为人魁岸倜傥，明智有胆略。治军宽严并济，择地牧马，不使践及民田。御众，日有巡，夜有筹，五日有较，十日有操，务使兵贴于伍，未尝或扰村市。至于简用人材，略其细行，唯取其智识勇略足以属大事者。士民颂之，云："昔惟韩、范，今并王公一人矣。"升任之日，军民遮路罗拜，扳其去辙。

李嵩阳，字弦佩，河南封丘人。中壬午乡试，以吏部司务考选两淮盐御史。当扬初经大创，商民鹤警凫居，公慰而徕之；盐货星散霜飞，公聚而还之。嗣因行盐地方未扩，商力未齐，请量力行盐并豫州八郡分归管辖二疏，皆有裨国家之权舆也。己丑御试，简公督学御史前。万历丙辰间，南直分为两御史，至是仍并十四府四州，总管提调。明季，士习佻达，文词靡缛，识者隐忧，公督科岁试文，力芟浮华，宗传注，士习文风彬彬乎醇正还雅矣。历四转，今见任广西按察司。

姜图南，字真源，浙江仁和人。顺治己丑科进士，初选庶吉士，散授台班。壬辰，罢巡方御史并巡盐御史等。乙未，廷议复差公适膺巡方之命。两淮自停差后，盐课逋欠，奸伪日滋。公下车，法不妨惠，正而无私，不旋踵，盐疏课足，如不许借府纲名色窜入淮扬分利一疏，并却饷盐禁越告，皆拔本塞源巨识，商人至今赖之。公雄才大略，任事电发风驰，西台诸谏草谔谔陈词，不畏强势，有古柱后惠文之风焉。无何，丁艰去，商民惜其未展厥施云。所著有《有客堂诗文》杂集行世。

周亮工，字元亮，金溪人，进士。大清定鼎，命公以御史招抚两淮，寻改两淮盐法道。盐道之设，自公始也。时郡城方经剪屠，弥望兵墟，公百计招徕，请以垣盐还商，俾失业者咸得复其旧，诸商鳞集；请削旧饷，行新盐，尽苏商困，课日以裕，国家元气赖焉。更补海防兵备道，抚恤凋瘵，为民赎被俘子女无算；广储门外积白骨如山，置义冢埋之。善政不可缕指，百姓建生祠祀之。迁官日，倾城遮留，号声动天地，有《扳辕集》《德政谣》诸书传于世。公所著，《同书》四卷，《盐书》四卷，《相编》四卷，《字触》一卷，《诗人传》三卷，《赖古堂》四卷，《偶遂堂诗》四卷，《赖古堂文集》十卷，《尺牍新钞》二十四卷，学者宗之。

卞三元，字□□，辽东人。皇清定鼎，简莅扬州府知府。值两城勘定伊始，百姓萍足鼠伏，公下车，榜示温语招徕，田亩半属污莱，请缓征徭，以为培植。惩假兵以让民房，清理职事，各隶六吏。郡多有借乱后侵绝户产者，相争梦然，公片言折服。士子挟诗书畏入城市，公临学，导大义，使文治斌斌乎复盛美之观。至今商贾集，田野辟，文运兴，皆公仁慈惠爱、明断振厉为之造端也。累官，今见任云南□□□□。扬民思之，比之文蜀郡刘弘农云。

王字春，字□□，辽东人。顺治戊子，任扬州府。公干书多所谙，虚衷抑己，以明体达用。为治钱粮，不假手椽吏，考校每得真士。兵马大人过郡，亲为安插，供帐牛酒，给用而止。尝悬之门曰："受一文枉法钱，幽有鬼神明有禁；行半点亏心事，远在儿孙近在身。"其座右有铭曰："勿谓一言可忽也，须知有前后左右之窥；勿谓一事可苟也，须知有天地神人之鉴。"观此，则公之处心积虑、为政临民可知已。任满，升阳河道。去之日，郡民效扳留遗物故事，公挥曰："才非司马，德愧莱公，曷克当此？幸无为后人嗤。"父老至今道其贤如此。

张元璘，字瑞吾，辽东人。顺治十年，由生员知扬州府事。公澹素自约，而因以约人清介不扰，愿与民休息。禁火耗，汰冗役，劝少讼，不差一隶下属邑而赋用差足，郡内甚安之。至庖无宿肉，橐无羡金，宴坐澹如，真有酌贪泉不易之操。朝廷闻其贤，擢金衢道，转漳南道，究以清苦卒于官。槥过广陵，士民思慕，设椒浆，攀灵輀，哭于道。

罗大猷，字□□，豫章世族也。其先大人历官巡抚，为时名臣。公不以纨绔怠下帷，遂于顺治丁亥成进士。初为浙江嵊县令，县大治，入计署上上考。朝廷知其非百里才，于天下郡太守内特标一大知府之目，因以扬郡属公。公治府持重有大体，尤屏绝暮夜。官二年，未尝阑入一钱。以公事受过去，至今扬士民念其为清白吏云。

傅登荣，字哲祥，辽东人。由贡士官扬州府知府。往凌川傅先生以理学明道于辽以东，公其苗裔云。尝临学宫，云为政之要在修身，身修则已正人化。于是，率僚属，集绅袗，训导方起。曾大会维扬书院，时大参陈公卓民部李公宗孔阐明致知力行、先后合一之旨，公反复辩难，娓娓千言。诸生田逢年、阮玉铉、李友槭引证《论语》"知之"章、《中庸》"成功"节注记语录，环讲院而观听者人千数。五十年来，理学蓁芜，于此宗风大振。至任内有善政七事，载在去思碑，兹不复赘。

刘毓桂，字士秋，山东寿光县人。顺治壬辰科进士，官扬州理刑。性廉正不阿，为政宽和乐易，无刻锲之事。所具狱状，有可却却之，类汉景帝时张欧之风。扬俗，每一犯成狱，或挟私仇，或觊觎殷实以贼株连，无辜代完。公断然案定，不移甲就乙，良善赖以安业，多感戴之。朝廷多其贤能，赐袍一袭。

熊明遂，字仲良，江西丰城人。顺治丙戌科魁于省，初授江都县令。公清而不刻，宽而不息。邑故繁华，约之以俭。民诬讼，公虚衷得其情，而导之义，谕之让，绰有汉卓茂礼教之风焉。不数月，政简赋足，治大有声。今上元年，值鞭审之役，公虚心询访，手自编订册成，人心悦服。积弊悉清。若乃厩马高骨、野鸟窥厨，衙内无长物，惟古书字画而已。去之日，父老泣曰："有侯如此，不能常沐其泽。"于是，相率送之十里之外。

陆鸣珂，字天藻，松江上海人。顺治乙未科进士，扬州府学教授。公丰摽如玉，有隽才，课士尚气识实行，口辩手画，不愧传道、解惑之任。其禁声气陋习、私刻社稿，仰遵功令，断断如也。学之尊经阁将圮，毅然捐俸修理，更请之各上台，率诸生李湘、阎台生，庀材鸠工，昼夜靡倦，逾岁工竣。圣宫鼎新，公之力也，巡抚蔡公、巡按禹公具题奉旨加赏擢用。至今采苴蓿清芬而尚念文教不衰云。

国家二十余年来，才者尽职，能者効功，名贤济济，不独维扬一郡为然，而一郡之可传亦不独此数贤而止。无抑就其耳目之所及者，其耳目之所不及者多也，举一漏十，诚不能无憾。然博采补辑，端有望于后之君子。

扬州府志卷之十二

盐法志上

两淮利国，孳货盐田。昔称雄富，迩亦惫焉。弗疏而壅，乃甚防川。毋滋渔猎，劳夫孔艰。作《盐法志》。

《管子》曰："海王之国，谨正其盐策。"万乘之国，终月率男女所食千万钟，使君施令，计其钟釜而给之，则百倍归于上。于是齐有渠展之盐，国用富强，后世言盐利者昉焉。汉初，弛山海之禁，不领于县官经费。吴王濞招致亡命，煮东海水为盐，国无赋而用饶，后率[1]以谋逆败。元狩中，以东郭咸阳、孔仅言，置盐铁官，募民因官器作鬻盐，官为牢盆。立法：私鬻盐者，钛左趾，没其器物。

唐乾元初，第五琦变盐法，就山海井近利之地置盐院，籍游民业盐者为亭户，免杂徭煮盐，盗鬻者论辜。其后，海东盐以刘晏主之。晏上盐法轻重之宜，谓官多则民扰，宜但于出盐之乡为置吏及亭户，收盐转鬻，任商所之。其去盐乡远者，转官盐于所在贮之。商绝盐贵，则减价以粜，曰常平盐。官获其利，而民不知贵，时诸道有榷盐钱。商舟所过，复有税钱。晏悉奏罢之，商民均利，岁盐利至六百余万缗，居天下赋税之半，国用给焉。

宋制，诸盐听州县给卖，岁课所入，申尚书省，而转运使操其赢，佐一路之费，两淮盐行江浙、荆湖诸路，所谓末盐者也。盐出于海，役灶户烹熬煎炼而成，谓之末盐，即《周官》"散盐"也。若解州出盐池者，得南风水化而成，谓之颗盐，即《周官》"盬盐"也。末盐，在楚州盐城监岁煮四十一万七千余石，通州丰利监四十八万九千余石，泰州海陵监

如皋仓少[1]海场六十五万六千余石,海州板浦、惠泽、潞要三场岁煮盐四十七万七千余石,连水军口海场十一万五千余石。久之,军吏困于转输,舟卒侵盗,杂沙土,盐恶不可食,坐鞭笞、徙配相继,莫能止。而积盐多露积,至生合抱木于其上,其数莫可较。天圣中,用翰林学士盛度言,于是诏罢官自鬻,听入金钱京师榷货务,而以江淮若两池盐给之,岁增课十五万。其后西事剧,募两[2]人输刍粟塞下,又置折中仓,听商人以金银若输粟、输他货于京师入中者,优其直,予券,以所在盐给偿。后世召商中盐之法,自此始也。

自唐始榷盐,岁天下盐利裁四十万缗,刘晏增之至六百余万缗。迨宋绍兴末,泰州海陵一监支盐三十余万席,为钱几七百万缗。区区一州,当晏时,天下征榷之数而尤浮之,于盐利笼取尽矣。

迨明,以盐课给诸边粮饷,而水旱凶荒,亦时借以振民。于天下设都转运使司者六,而两淮居其一,岁课百二十余万,几与漕运米直等。制置沿海灶丁,以附近有丁产者充之,免杂徭,给以草荡。其犯罪自流徙以下刑止杖,仍发煎盐。其煎办以丁为率,初制,引四百斤,寻改办小引半之。每丁岁办小引盐一十六斤[3]。计两淮盐岁额引七十万五千有奇。岁终,转运司其[4]所办出给课如目上以待会,亏额者追理。凡灶丁所煎盐,一引给工本钞二贯,时钞一贯直钱千,优之。合用引目,运司官以时请于户部,请内府印造给付。乃召商纳粟中盐,量所在米价高下、道里远近为之则。中已,出给引诣场行支盐如目。盐出场,经批验所依数验掣,而所过官司办验放行。其转卖各照上所定行盐地,毋越界。若引与盐离及越境卖者,同私盐追断。商卖盐已,即所在退引还官,伪造引者斩。诸监临势要令家仆行商中盐侵民利者,罪如律。盖法令严具如此。于时商中盐者引输银八分,止[5]所榷利甚微,而商利甚厚,以总利权、抑专擅、赡民食而已。永乐中,令商于各边纳米二斗五升,或粟四斗,准盐一引。于是,富商大贾自出财力,招游民垦田,田日就熟而年谷屡丰。甘肃、宁夏粟石直银二

---

1 "少",《万历扬州府志》卷一一《盐法志上》作"小"。

2 "两",《万历扬州府志》卷一一《盐法志上》作"商"。

3 "斤",《万历扬州府志》卷一一《盐法志上》作"引"。

4 "其",《万历扬州府志》卷一一《盐法志上》作"具"。

5 "止",《万历扬州府志》卷一一《盐法志上》作"上"。

钱，而边以大裕。宣德中，岁遣御史督视盐法，令各运司查中盐商年远事故，无子孙支给者，行原籍官司，每引给资本钞二十锭，优恤之。正统初，令淮、浙贫灶有余盐，官给米麦收之。灶丁逃移者，盐课司核实，停其征。又令各[1]商守支年深不得盐者，听以十分为率，支淮盐四分，其六分兑于山东运司，不愿支[2]者听守支。诸所为隐恤商灶甚厚。其后，始分为常股、存积。常股者，商人中纳依次守支之盐；存积者，积盐在场，遇边饷急，增价开中，越次而放支之盐也。存积行而常股益艰滞，商人有守候数十年，老死不得支，而兄弟妻子代之支者矣。

成化中，户部尚书叶淇言："商人输粟二斗五升，是以银五分得盐一引也，请更其法，课输银于运司，银四钱，支盐一引，可得粟二石。是以一引之盐，坐致八倍之利。且商人纳银运司，道近而便，是上下交利之道。"奏可。于是，盐银岁骤增至百万余两。诸商垦田塞下，悉撤业归。西北商或徙家于淮南以便盐，而边地为墟，粟踊贵，石直五两。欲复如祖宗时，尽输粟塞下，及薄取八分之利，不可得矣。

弘治中，太学士李东阳言："今者盐法坏尽，各边开中徒有名，而商实失利，类不可中纳。"诸臣因极言皇亲王府及内臣奏讨之弊：奏讨者一，夹带者十，弊尤甚。于是，下诏言："盐，国用所需，近年钦赏数多，又内外势要人奏讨奏买，乃遂挽越支卖，夹带私贩，以致上损国课，下夺民财，此遵何义哉？其悉住支还官。自今势要毋得求讨窝占，违者听巡按御史纠劾。"

至正德中，奏讨纷纭，不复旧制，而盐法决裂尽矣。嘉靖初，申饬盐政。五年，用御史戴金言，每正盐一引，许带余盐一引。正引于各边纳粮草，余盐纳银运司解部，其夹带多余者，割没入官。岁增余盐银六十万。其后，盐法都御史王绅、御史黄国用复请以割没银给灶户，人给二钱有差，取盐一引，例开边报中，名工本盐，岁复增课银三十万。是时，商人于边中盐者引纳银七钱，已渐减五钱，视初制不啻倍蓰，而各边谷踊贵不易籴，势要或占中卖窝，若斗头加耗，官科罚而吏侵渔之弊，诸为费不赀。及给引下场，或官吏留难，或灶

---

1 "各"，《万历扬州府志》卷一一《盐法志上》作"客"。

2 "支"，《万历扬州府志》卷一一《盐法志上》作"兑"。

丁额课不办,动经年而不得掣。且商业输饷于边矣,安所得赢羡?携重资往返数千里外,复输纳于运司,而有司奉令申严,非征完余盐,即正引不得下场。即已支盐上堆,而挨单守候,非五六年盐不得行。诸行盐地辽远,涉长江,排风浪,时有飘[1]损,而数十万之资本,掷于乌有,又不能尽防揽载户之无盗卖耗窃也。盖商愈至是而甚。于是,商遂分而为三:曰边商,曰内商,曰水商。边商多沿边土著,专输纳米豆、草束中盐已,所在出给仓钞,填勘合,以赍投运司,给盐引,官为平引价,听受直于内商而卖之;内商多徽、歙、山、陕之寓籍淮扬者,专买边引,下场支盐,过桥坝上堆候掣,亦官为之定盐价,以转卖于水商;水商系内商自解捆者什一,余皆江湖行商,以内商不能自致,为卖引盐代行,官为总其盐数、船数,给水程于行盐地而贩鬻焉。明初,严商人代支之禁。及是而诸商名目不一,以调停而均逐末利,旧制有所不行,势使然也。边商以卖引得利微,复自支盐出场,名河盐。而盐法都御史鄢懋卿为请将河盐、堆盐相兼掣秤。懋卿又奏:“各场未掣引盐百五十余万引,宜责令通行解捆,约可得银百余万。”奏下,两淮大扰,征敛督逼无虚日。会御史徐炉上言:“商人挟资万里,出百艰,为国足边。今正引之外,既征余盐,又加以工本割没,可谓厄矣。乃一岁之间,必取盈百五十万,前盐有掣无售,一时[2]。”

越境私贩者不可遏,民间亡虑皆贱买私盐,而淮盐大阻。故水商船往返,势不能无愆期,而淮南盐岁掣减旧额四之一,乃部解余盐银六十万。岁两解,无容缓,则预征于内商,以取盈其数。至二十年以后,所预征商银百五十余万。始以盐上堆而征,堆盐征尽,则征在仓盐,久之,将商未买引而征也。其后,宁夏多事,兵饷费巨,无所出,始议增宁夏引盐八万,东征引盐四万有奇,名加增盐,附单搭掣,以佐军兴旦夕之费。而诸宿猾巧为奸利者,往往营部札付援为例。于是有加罚违没引盐,违没者,商人领引年远及印号不明弊引,或盐为火毁船沉消折,盐去而引存,皆没官引;或引遗失烧毁,引去盐存,虽有盐不得行,为没官盐,俱禁无得买补。及是而商赴部,请加罚如中纳之数,或买新引配盐,或领故引支盐,俱越次超掣,大率如河盐及新增盐类。以旧盐旧引而告加罚,故许令搭掣,射利者趋焉。而运司黠猾

---

1 “飘”,《万历扬州府志》卷一一《盐法志上》作“漂”。

2 据《万历扬州府志》卷一一及顾炎武《天下郡国利病书·扬州府备录·盐法考》,“一时”后脱“督逼”至“且广盐既通诸”一段内容。

吏受重贿,因得主使官私加罚而盗卖之,诸领部札者反不与,由是众大衔愤。会神庙大榷海内商货,因奏言两淮设[1]犯引盐岁久山积,遣内臣卖之,可得银数十万,为大工费。二十七年,始遣内臣鲁保查积盐,敕所驻为盐政府焉。既至,而没官盐岁久消折尽,乃括库藏中积余银五万两上之。所分委查盐官四出,探巨商累锱百万者捕鞫,沿海灶户殷实者亦无得免。

自是商灶俱困,无复有愿买新盐者矣。不知两淮盐课百余万,安所取之?取之商也,商安所出?出于灶也。以区区海滨荒荡莽苍之壤,民穴居露处,魑魅之与群,而岁供国家百余万金之课,自钞法坏而优恤为虚,所恃供课之外,商收其余盐,得钱易粟以糊其口。若商不得利,则徙业海上,饥无所得粟,寒无所得衣,是坐毙耳。恃强者冒禁公行,集众私贩,因而椎劫,甚则盗弄潢池,震动城邑,若唐末黄巢、王仙芝之类是矣。故商不得利之祸浅,而灶不得食之祸深。先臣彭侍郎韶有云:"天下小民无虑皆穷苦,而灶户独甚。臣行视海滨,目击其苦,为之涕下。破屋缺椽,不蔽风日,脱粟粝饭,不得一饱,此居食之苦也;山荡渺漫,人偷物践,欲守无人,不守无薪,此积薪之苦也;晒淋之时,举家登场,刮泥吸海,隆冬砭骨,亦必为之,此淋卤之苦也;煎者烧灼,蓬头垢面,人形尽变,酷暑如汤,不敢暂离,此煮办之苦也;寒暑阴晴,日有程课,煎办不前,鞭挞随至,此征盐之苦也;客商至场,无盐抵价,备极逼辱,举家忧惶,此赔盐之苦也。逃亡则身口飘零,住业则家计荡尽,所宜加意矜念,遇事宽恤,宜莫如灶户矣。"恤商一论,洞悉痛苦,故备存之,以为司鹾事者绘图之告云。

然灶户之困由于商困,商人之困由于私贩盛行,正盐壅滞。如万历二十七年,鲁珰咨行存积,遂停压课引八百余万。至四十五年,特遣郎中袁世振湖广蕲州人。为两淮疏理,上盐法十议,得旨允行。访庞中丞减斤法,每引定盐并包索,淮南四百三十斤,淮北四百五十斤,除引价五钱外,淮南纳余课八钱,合引价一两三钱;淮北纳余课六钱,合引价一两一钱。改单立纲,淮南编十字:圣德超千古,皇风扇九围。淮北编十四字:天杯庆寿齐南岳,地藻光辉动北辰。正行见引,附行积引,自丁巳至己巳十三年间,积引销尽,附引罢。先是,天启元年,户部侍郎臧尔劝题准每引加盐十五斤,征银一钱,以充辽饷。六年,魏珰差中

1　"设",《万历扬州府志》卷一一《盐法志上》作"没"。

使二员坐驻维扬,搜括八十万金,运库一空。又因大工紧急,每引加盐十三斤,纳银八分。崇祯二年,停止。三年,户部尚书毕自严以兵兴饷棘,题议改充辽饷。五年,议照辽钞摊行之例,于纲外另行新引七万,又题增黔盐五万引。六年,从抚臣唐晖请,又题于湖广、武汉二府增行淮盐三万引。末年,复派练、剿诸饷,浮课增而商资竭矣。

我皇清初定,滇、黔、闽、粤祸乱未尽削平,所需军饷半资盐课,则凡所以遵经制,谋始虑终,宜无不当,恪守成宪也。顺治二年,巡盐御史李公发元兵、盐道周公亮工协力更新盐法,请留垣盐给商,招令认窝办纳,遵恩诏免征一切浮课,谕诸商量力行盐,以丙戌一年为止,后不为例。奉部刊定引额,剖一为二,岁行一百四十一万三百六十引,运盐二百斤,其部札加带及解费、卤耗、包索等斤不与焉。每引不分南北,征纳银六钱七分五厘四毫二丝三忽二微九纤,与旧额符。丁亥至八年辛卯,各商认行盐引,虽年运年销,究不及额。九年壬辰,始定纲数,淮南派行一百四万二千三百九十引,计课七十万四千五十四两四钱八分三厘二毫六丝二忽七微;淮北派行二十二万九千一百二十二引,十三年,巡盐御史白公尚登因淮北盐引停压,具题减斥商人愿纳二引之课,止行一引四分之盐,减去盐斥六分,并为一包,积困少苏。嗣以减斥亏本,照旧行,正盐复壅。庚子,巡盐御史李公赞元复行疏,请以二引合为一包,不减盐斥而脚费倍省,商便之。今遵行。计课十五万四千七百五十五两一分四毫七丝四忽六微七纤。上江八县食行纲盐,派行十三万八千八百四十七引,八年辛卯,巡盐御史张公瑃将食盐减斥,照纲盐一例捆掣,岁约行十万八千八百四十七引。缘壬辰九年奉部札,加行宁国食盐,因将归纲宁窝拨三万引,派入上江八县销运。戊戌,商人张子谦等赴部,恳将八县照宁国例题增食窝运行,原派引额又复归纲。今窝悬未补。计课九万三千七百八十两四钱九分七厘五毫四丝六忽三纤,共合南、北正纲额数。连年杂课频加,壬辰年起,至己亥年止,加增之引统计二百七十余万,致两淮壅积亦近二百三十余万。次年庚子,巡盐御史李公赞元疏请行见年额引,将积盐带入正纲内二引,附销一引,每包加盐一百斤,部覆允行。次年辛丑,巡盐御史胡公文学恤商为国,通盘筹算计积,戊己积引仅销三十余万,而庚子正引反壅四十余万,思惟缘由,良因盐斥未减,所以壅赢于销,除淮北并引外,仍行奏请附销,但纳引半之课,止行一引之盐,除去加带百斤,俟三年积盐销完,如旧征纳。章凡再上,始获俞旨,今遵行之。

彼古来盐法，计口授盐，量盐给引，少则贵而病民，多则壅而病商，理固然也。追惟前朝盐法，嘉靖时坏于工本权贵，万历间坏于中使，凋弊之际，幸得一袁世振为疏理两淮盐法道，与巡盐御史龙遇奇推广部议，更单法为纲法，盐法为之大苏，商困为之立起。时多年套搭斥票，故纸皆属金钱，一日开征，有数万之输纳，无何日久弊生，奸人并作，旋复壅滞而事不可问矣。夫两淮岁额行盐一百四十一万三百六十引，派于江广等处运销，而九十五万五百九十两之课因取诸此，在运司征课期于年运年销，在商人照窝行盐，必盐行不壅而后课纳不匮。当我国家全盛之时，典章法制，百代昭垂，照额销引，计日可得。第恐时移事更，行盐地方水旱仍加，盗贼践蹰，户口凋残，食指稀耗，商人旧领之引未疏，新窝之课不继，如额如销，安可得乎？惟冀当事君子实心以惠商民，执法以祛私窦，则廉平公直之誉在天下，而大道自然之利归朝廷矣。

赞曰：盐策之利，所从来矣。汉以前，擅自郡国。唐、宋、明以还，置吏画令而守之，几无遗算，网亦少密焉。然要必酌古准今，使为上利而不为下病，则义固所以为利。国朝经制，金云美备，数十载中，商无叹息之声，议鲜加增之令，读《易》之词曰"其道大光"，殆庶几乎！桑、孔何如？人可为而不可为也。

一　行纲盐地方

江南原分江南、江北，今国朝将南直改江南省。

江宁府，旧名应天府，改今名，改食盐。太平府，池州府，安庆府，庐州府，凤阳府，淮安府，今改食盐。扬州府，今改食盐。滁州。

河南

开封府陈州，南阳府舞阳县，汝宁府。

湖广

武昌府，汉阳府，黄州府，德安府，安陆府，前朝因兴藩入继大统，改安陆为承天府。今大清定鼎，复改原名。荆州府，岳州府，郧阳府，长沙府，辰州府，常德府，靖州，衡州府，永州府，襄阳府，宝庆府。衡、永、宝三府原食淮盐，嘉靖八年，改食粤盐。皇清定鼎，至顺治辛丑年题复。

江西

南昌府,瑞州府,袁州府,临江府,抚州府,建昌府,饶州府,南康府,九江府。

一 行食盐地方

宁国府:原行单盐,今行食盐。和州,原行单盐,今改食盐。含山县;扬州府:江都县;淮安府:山阳县,清河县,桃源县,宿迁县,邳州,睢宁县,赣榆县,沭阳县;江宁府:上元县,江宁县,句容县,江浦县,六合县,溧水县,高淳县,全椒县。属滁州。

一 盐场地方

通州分司驻札石港场所属场分

余东场,余中场,余西场,吕四场,金沙场,西亭场,石港场,马塘场,丰和场。旧有天赐场,久并入丰利场。以上为上十场。

泰州分司驻札东台场所属场分

富安场,拼搽场,安丰场,角斜场,梁垛场,东台场,何垛场,小海场,草偃场,丁溪场。以上十场为中十场。

淮安分司驻札安东场所属场分

白驹场,刘庄场,庙湾场,伍佑场,板蒲场,新兴场,莞渎场,徐渎浦场,临海场,兴庄团场。以上十场为下十场。

一 行盐额数

淮南纲盐额行一百四万二千三百九十引,淮北纲盐额行二十二万九千一百二十三引。

一 江西、湖广、江南三省各府州县额销引盐额数

江西省,原旧共派大引十七万引,今则加倍。

南昌府所属:南昌,新建,进贤,丰城,靖安,武宁,宁州,共十三万六千引。

瑞州府:高安,新昌,上高,共一万六千引。

饶州府:鄱阳,余干,乐平,德兴,浮梁,安仁,万年,共六万四千引。

南康府：星子，都昌，建昌，安义，共一万四千引。

九江府：德化，德安，彭泽，瑞昌，湖口，共一万八千引。

抚州府：临川，崇仁，金溪，东乡，宜黄，乐安，共五万一千引。

建昌府：南城，新城，南丰，广昌，泸溪，共六千引。

临江府：清江，新淦，峡江，新喻，共二万引。

袁州府：宜春，分宜，萍乡，万载，共一万五千引。

湖广省，原旧共派大引四十二万七千五百引，今则加倍。

武昌府：江夏，武昌，嘉渔，咸宁，蒲圻，崇阳，通城，兴国州，大治，通山，共二十二万引。

汉阳府：汉阳，汉川，共十四万四千引。

黄州府：黄冈，罗田，黄安，蕲水，麻城，黄陂，蕲州，广济，黄梅，共十三万六千引。

襄阳府：襄阳，光化，宜城，南漳，枣阳，谷城，均州，共三万七千引。

安陆府：钟祥，京山，潜江，沔阳，景陵，荆门，当阳，共四万引。

德安府：安陆，应城，云梦，孝感，随州，应山，共二万八千引。

荆州府：江陵，公安，石首，监利，校江，松滋，夷陵，远安，宜都，长阳，归州，巴东，兴山，共七万四千引。

岳州府：巴陵，临湖，平江，华容，澧州，石门，慈利，安乡，共六万引。

长沙府：长沙，善化，湘潭，湘阴，宁乡，浏阳，安化，醴陵，益阳，湘乡，攸县，茶陵，共四万引。

辰州府：沅陵，泸溪，溆浦，辰溪，沅州，麻阳，共一万八千引。

常德府：武陵，桃源，龙阳，沅江，共四万八千引。

郧阳府：郧阳，房县，保康，竹山，上津，郧西，竹溪，共八千引。

靖州：会同，通道，绥宁，共二千引。

江南省，原旧共派大引五万三千引，今则加倍。

安庆府：怀宁，宿松，太湖，潜山，望江，共五万引。

池州府：贵池，青阳，铜陵，石埭，东流，建德，共二万八千六百引。

太平府：当涂，芜湖，繁昌，共二万七千四百引。

一　淮北各府州县额行盐引数

河南省

汝宁府：光州,信阳,真阳,汝阳,罗山,新蔡,西平,息县,上蔡,固始,光山,遂平,商城,确[1],共六万七千二百引。

陈州：西华,商水,项城,沈丘,共八千四百引。

南阳府：舞阳县,八百引。

江南省

庐州府：无为,合肥,庐江,巢县,六安州,舒城,霍丘,英山,共六万一千引。

凤阳府：寿州,颍州,霍丘,定远,怀远,凤阳,临淮,颍上,五河,蒙城,亳州,太和,泗州,盱眙,灵璧,虹县,天长,共七万九千七百八十五引。

滁州：来安,共四千五百引。

安庆府：桐城县,九千引。

一　上江八县食盐额引数

上元县,二万六千八百六引。

江宁县,二万六千八百六引。

句容县,九千七十六引。

溧水县,八千一百引。

高淳县,六千八百二十九引。

全椒县,七千五百一十五引。

六合县,五千引。

江浦县,六千五百六十八引。

部颁加窝各府州县引食盐引数

宁国府,九万六千五百引。

和州,一万一千七百七十八引。

含山县,五千七百引。

---

1 "确",当作"确山"。

江都县,二万六千七百十引。

淮扬州县

山阳县,一万一百五十引。

清河县,二千三百二十引。

桃源县,九百七十引。

宿迁县,六千二百四十引。

邳州,四千一百八十引。

睢宁县,一千五百五十引。

赣榆县,六百引。

沭阳县,七百引。

一 **草荡数** 并更定旧志所载行盐、恤灶事宜。

通州分司。丰利场一千四百一十六顷九十亩五分;马塘场五百三十二顷八十四亩六分五厘七豪;掘港场一千五百三十五顷六十亩七分五厘;石港场一千六百十顷八十七亩五分;西亭场四百八顷;金沙场一千九百三顷三十三亩三分;余西场七百三十八顷;余中场四百一十八顷;余东场一千三百六十顷五十七亩三分;吕四场二千八百三十九顷二十亩。

泰州分司。富安场五千一百二十八顷二十四亩三分八厘五毫;安丰场无;梁垛场无;东台场二千五百九十五顷七十亩六分九厘六毫;何垛场三千三百六顷一十七亩五分二厘;丁溪场三千六十二顷二十亩八厘;草堰场二千一百九十一[1]顷九十四亩五分二厘;小海场一千八百五十三顷三亩七分三厘二毫;角斜场五百五十一顷一十四亩九分;拼搽场二千一百三十三顷三十一亩三分。

淮安分司。白驹场一千二百一十九顷七十六亩八分五厘五毫;刘庄场二千三百六十三顷三十九亩一分五厘;伍祐场一千三百四十三顷;新兴场一千一百一十九顷八十亩;庙湾场一千六百三十二顷;莞渎场、板蒲场、临洪场、徐渎场、兴庄场俱无。

以上悉载旧志。按两淮三十场,总统于运司,管责于三分司,虽各有专,地远僻或有不同,而事则一制也。查前朝沿海草荡分给灶户烧盐,将草荡按

---

1 "二顷二十亩八厘;草堰场二千一百九十一"十七字原脱,据《万历扬州府志》卷一一《盐法志上》补。

引计亩派拨分给,而灶户又量力办盐,多寡不等。总之荡皆有课,丁皆有引,岁煎交仓,听商支领。至万历四十五年,袁疏理因盐壅商,因灶有逃亡,始改折征价,责灶户照引输纳,解交运库。

至我皇清,仍因旧贯,照例征纳折价,岁无逋欠。推而论之,是商人岁纳百余万之课银,亦赖此草荡之煎辨也。则草荡之利于国家,非小也。至如旧志所载行盐、恤灶事宜,如榜派一款,旧例分三十场为上、中、下三等,均匀挨次榜派,彼明季时原是边中海支,后自仓盐改纳折价值。皇清定鼎,边商裁革,则榜派不行矣。又如关引一款,昔赴南京户部关领引目,今则部发运司,商人自领矣。又如盐单之变而编纲也,前总论中具载明白。京掣之改而曰江掣也。浦口在南省北岸,前朝在南京户部开引,故于浦口掣盐方谓之曰京掣,后因盐船每遭风涛打坏,商资消耗,前朝议改仪真旧港掣,值我朝平定江南,改京为省,故但曰江掣。盖旧港地方,内有深水,可容万艘,外有芦洲,可避风涛,此亦爱惜商资之一端也。若乃各场之制又有不同,有分定草场煎盐,有不产盐而惟指草荡,有并无草荡而止铺地晒盐者,种种难数,惟是徐渎、临洪二场孤悬海外,节年叠遭兵荒,灶亡池废,仅存寥寥,即旧志若梁垛、莞渎、板蒲、兴庄等所载,俱无追。惟当日残灶,原无草荡可依,况今盐池或时没于海水,恤灶者幸深留意焉。其余割没、解捆、官锹、赈济之轻重多寡也,编审清丁之五年一举也,岁易时更,或沿或革,或盈或缩,不能缕述。要之,运司自有成书在。
附录新涨沙荡,系顺治十三年巡盐御史姜公图南、顺治十四年巡盐御史白公尚登、顺治十六年巡盐御史高公尔位接年查出各场升课。按,此项乃各场滨海处所涨地,潮落水退之后,泥淤沙积而成,曰新涨沙荡,其课始自丙申年,报部后岁岁清理而增广之矣。夫沙荡,系潮水所涨,坍没不常,非内地膏腴恒产可计亩稽也。况盈此即亏彼,若必按岁增科,岂无贫灶复失其荡者,其可置勿问乎? 故丈报折科,尤当清查旧额,庶免虚报悬坐之愆,或亦恤灶之一道也夫。

盐法志下

一 盐法官制

清理盐法都御史。按《会典》,正统初,尝以户部侍郎同御史巡视两淮,旋复取回。自后,差都御史或以侍郎兼都御史理之,至嘉靖,凡五六遣焉。其后,户科请罢清理,极论不便三事。于是,都御史罢,不复遣。

巡盐监察御史。按《会典》,以监察御史巡盐自宣德始,然间数岁一遣,旋复取回。其后,复以巡河御史兼理盐法,而巡盐之差遂省。至正统三年,始岁差御史巡视淮浙、长芦诸司,而河渠由济宁迤北抵张家湾长芦御史兼理之,由济宁迤南抵南京两淮御史兼理之,遂为定制。

嘉隆以来,照制岁一差御史。万历初,上京粮艘打闸时,横将盐船强捉盘剥,商患之。回空粮艘夹带私盐,弓兵快手略加搜缉,旗甲纵火焚船,不禁而去,江广私盐多而公盐难销矣,商更患之。于是,朝廷加漕粮敕一道兼理,庐、凤、淮、扬四府,徐州一州征兖漕粮,盖州县与运弁不相统属,易以凌虐,故用理刑监兑,命鹾使者兼之,为鹾使,坐镇地方,督运催征,耳目易及也。古云犬牙相制,其斯之谓乎?

今皇清督鹾仍旧,但汇驻巡盐敕内开载明白。万历时,又设运盐道,驻札仪真,如吴执谦、马从龙,皆其监司也。至四十五年,商人受套搭之苦,追比余银,几至鸟惊兽散。幸差袁公世振为疏理道,驻札扬州新城大街,今衙门基址尚在。遂裁仪真道,并疏理道,复又归并泰州海防道,名为兵盐道。按道臣之设也,以御史风宪体尊时而出巡,一旦商有追切,下情不能一时上达,运司虽终日与南灶接见,威不能及远,疏不能叩阍,故又设道臣,以为承上接下,达情助理,亦恤商之所便也。我朝廷定鼎后,诸盐务不兼辖之兵道而统归运司,以道臣体统行事矣。

先是,崇祯十一年,朝廷又曾差中使临扬,清理盐务,查盘运库,参核离任御史,商人闭户回籍,灶户弃荡逃亡,在城士民议论腾沸,十家九苍黄矣。盐御史事事掣肘,竟属孤悬凌夷。至崇祯末年,巡盐御史杨仁愿后遂将御史停差,以扬州兵盐道加衔为盐抚。阁部史可法按扬,旋复疏去盐抚,仍差御史郑友玄到任。郑下车,即勤恤商隐,起弊急,公将欲大振盐法之颓。奈何江广被盗贼之刦杀,而商本船只尽属乌有矣,仪、扬遭镇兵之蹂躏,而商民垣舍焚徙半空矣。郑去,又改差科臣倪嘉庆督理。间而南中权贵用事,复改为盐抚,名为起废,实援党人进用耳。此时也,扬州百姓捧皇清与阁部书,无不日望转嵶南来,乃幸天兵果南下而淮扬戡定。

顺治二年闰六月,即差巡盐御史李公发元按临,商归灶赴,若免浮课,还垣盐,量力招揀,种种加惠,善政煌煌乎,诚开国之巨典也哉!顺治四年六月,户部题淮浙运司距京甚远,题差理事官李公茂芳加升户部右侍郎,督理淮浙盐务,奉旨遵行,驻札扬州,为引部。六年九月,户部题准差孙公塔、杨公麒俱以户部右侍郎职衔前去扬州,与李公茂芳交代明白,接管行事。七年四月,内三院、六部、都察院等衙门会议,引部之设原以便商,近因添官增兵,不无耗费钱粮,扰害商民,似应裁撤回京,淮浙盐引仍赴户部给领,奉旨引部裁撤,作速回京。嗣后,仍岁差巡盐御史。顺治十六年,上命天下御史停差,而盐差亦在其内。停止年余,复差。今上御极,仍照旧岁差

管盐衙门

两淮都转运盐使司运使。以盐法道臣体统行事,驻札扬州。

关桥:运同一员,运副一员,顺治七年专任解捆,驻札仪真。运判一员,运判一员,泰州分司,驻札东台场。运判一员,通州分司,驻札石港场。运判一员,淮安分司,驻札安东场。经历一员,知事一员。

广盈库:大使一员。

盐课司:凡十三。大使各一员,副使六员。

批验盐引所:凡二。大使各一员。一在仪真,一在淮安。

巡检司:凡十七。巡检各一员。

白塔河巡司,安东坝巡司,西溪巡司,海安巡司,石庄巡司,西场巡司,宁乡巡司,张港巡司,吴陵巡司,石港巡司,掘港巡司,惠泽巡司,庙湾巡司,长乐巡司。

按:御史职掌,察两淮盐策之政令,监临司使,平惠商灶,前朝兼理河道,后因运弁抗揲私盐,又兼理漕粮。自此之外,凡吏弊、官邪、土风、民隐,举得以谳度而纠绳兴革。噫,御史之任綦重矣!都转运使之职,率寮属办职务、会计盈缩、公听讼狱,凡事关盐策,议于同知,参于副使,以入白于御史而后行;判官之职,督诸场程课、理积逋,岁季巡历,以计其课之多寡、官之勤惰而惩劝之;经历主署文书;大使、副使职催办;批验引所办引、符防、矫伪;巡检司序商舶,诘私夹,上执法纪,下供执事。酌古准今,不啻密焉。是以总其纪纲,无专擅之吏;明其职掌,鲜越俎之嫌。备官备人,亦可谓彬彬矣。

国朝盐法官纪

两淮转运使

朱延庆。辽阳人,由内院顺治三年三月任。

夏时芳。辽阳籍,广宁中屯卫人,由国学生顺治四年三月任。

白本质。辽东铁岭卫人,由国学生顺治五年八月任。

孙永盛。辽东籍,宽奠人,由国学生顺治六年七月任。

陆登甲。辽东籍,锦州卫人,由生员顺治七年十二[1]任。

梁鸣凤。辽东义州卫人,由国学生顺治九年七月任。

方策。满州人,由生员顺治十三年闰五月任。

马元。辽东籍,真定人,由贡士顺治十五年十二月任。

梁知先。山东邹平县人,由进士顺治十七年六月任。

朱之瑞。辽东义州人,由贡士见任。

盐运同知

王应元。辽东辽阳人,由国学生员顺治三年八月任。

孙永盛。辽东宽奠人,由国学生顺治五年十二月任。

吴允昇。辽东辽阳人,由内院理事顺治八年六月任。

崔源。满州人,由贡士顺治七年六月任。

崔昇。辽东籍,满洲人,由贡士顺治七年十二月任。

李士祯。山东昌邑县人,由贡士顺治九年二月内任。

苏霖。顺天府宛平县人,由进士顺治十年九月任。

刘泽芳。顺天府宛平县人,由进士顺治十四年二月内任。

吴迩遇。河南安阳县人,由举人顺治十六年闰三月任。

杨士烜。满洲籍,顺天府通州人,由贡士顺治十六年十月任。

1　“十二”,当作“十二月”。

金滕茂。比[1]直延庆人,由恩贡康熙二年任。

盐运副使

劳于廷。浙江山阴县人,由监生顺治三年十二月任。

吴允昇。辽东辽阳人,由内院理事顺治五年五月内任。

崔源。满洲人,由贡士顺治六年八月任。

方策。满洲人,由贡士顺治七年十一月任。

潘可□。浙江新城县人,由贡生顺治九年九月任。

朱懋文。浙江山阴县人,由易州吏目顺治十一年九月任。

卢硕辅。陕西西和县人,由拔贡顺治十四年十一月任。

李玑。直隶高阳县人,由官生顺治十六年五月任。

李昌垣。顺天府宛平县人,由进士康熙元年十月任。

盐运通判

林永盛。辽东辽阳人,由国学生顺治二年十二月任。

佟耄年。辽东辽阳人,满洲籍,由贡士顺治五年二月任。

程文光。辽东锦州卫人,由生员顺治六年六月任。

吕起渭。辽东沈阳人,由岁贡顺治十一年二月任。

郭显功。辽东辽阳人,由贡士顺治十五年九月任。

贺良弼。陕西安定县人,由贡士顺治十七年八月任。

通州分司

判官

吴崇宗。满洲人,由国学生顺治二年十二月任。

崔源。满洲人,由贡士顺治四年十二月任。

杨天祐。满洲人,由内翰林弘文院他赤哈哈逢[2]顺治六年十月任。

---

1 "比",当作"北"。
2 "逢",当作"番"。"他赤哈哈番",官名。

任宪伊。陕西清涧县人,由岁贡顺治九年二月任。

李綮登。山西临汾县人,由选贡顺治十二年七月任。

郭凤羽。真定府饶阳县人,由拔贡顺治十六年五月十八日任。

朱麟祥。辽东杏山人,由进士顺治十七年二月内任。

泰州分司

判官

王雉鼎。河南孟津县人,由举人顺治二年十二月任。

朱之瑞。辽东义州人,由贡士顺治五年十月任。

刘光汉。辽东左卫人,由贡士顺治十年二月任。

姜汝松。辽东人,由贡士顺治十年六月任。

杨胤昌。辽东盖州人,由贡士顺治十二年四月任。

高□□。顺天府房山县人,由拔贡顺治十四年二月任。

李景麟。西安府韩城县人,由贡监顺治十六年十一月任。

郭凤羽。真定府饶阳县人,由拔贡康熙二年四月任。

淮安分司

判官

王宇春。辽东辽阳人,由国学生顺治二年十二月任。

于抡魁。辽东宽奠人,由贡士顺治四年十二月任。

宋弘道。辽东沈阳人,由贡士顺治九年二月任。

王运昌。陕西石泉县人,由拔贡顺治十三年十月任。

刘东星。大明府东明县人,由恩贡顺治十七年十二月任。

扬州府志卷之十三

兵防志¹

沛泽郁奥，艅艎所私。江海浩溔，鲸鲵是孳。形势之地，巨侠时窥。曰安思戒，忘战则危。作《兵防志》。

兵防考

扬州，故春秋时吴、越兵争之地。秦置郡国，销天下兵。汉都关中，江淮之间为藩服，故兵制略焉。典午南渡，谢玄镇广陵，统北府兵，玄尝以五千众破秦师十万于淝水上，以扬州为江左外郛，称重镇。唐时制府兵在淮南者折为四屯，仪真方山屯，扬州邗江屯，泰州新林屯，泰兴平江屯。每府列为三等：兵千二百人为上，千人为中，八百人为下。无事则散兵归农，有事则遣将戍守，制最善。贞观后，变为方镇，又变为彍骑。兵最强。其后，吴、南唐所窃据。

迨宋南渡，复以扬为边镇，有禁、厢²军，强勇、武锋、敢勇、雄胜军之属，而淮南军为诸路最。金来窥扬州，韩世忠一败之江中，再败之大仪镇；刘锜败之瓜洲皂角林。于时阻淮为守，自广陵而抵淮阴，为全淮右臂，京口、秣陵借为捍蔽，故战守诸策，往往急淮泗而缓江海者，亦其势也。宋制，枢密所统凡有四：隶侍卫者为班直，隶边防者为屯驻，隶诸司者为役兵，隶诸州者为乡兵。崔与之节度淮南，选厢³、禁巾有材艺者充亲军额，亲军即班直也。扬之禁军有四，曰效忠军、威果军、忠节军、武锋

1　原稿为"兵防志上"，据正文改。
2　"厢"，原本误作"箱"，据《万历扬州府志》卷一三《兵防志上》改。
3　同上。

军；厢军有三,曰宁淮军、装发军、牢城军。各军俱有指挥统之,其屯驻曰强勇军,以流亡盗贼充役；武锋军,以他州军调拨；敢勇军,以敢勇客充隶；雄胜军,迁驻宝祐[1]城者；武定军,嘉熙间移屯扬州者；游击水军,乃御笔立额屯驻扬州者；神武军,乃汤东野出戍扬州者；护圣马军,钱端礼出戍扬州者；雄边军,赵范以雄边民兵招充者。其他又有水军、忠节军、保胜军、忠勇军、宁淮军,并隶屯驻大军,各有统制官一以钤其属。其役兵,有淮东司、江淮司、马军司、左军殿前司、左军步军司、郭振步军司、选锋军、神武库军,俱看守城堡者。其乡兵,有制胜全军、客军、民船部南船部水军、澳河水军,俱于诸州招充总戍扬州者。其他如围子部、簏帐部、亲弩部,皆赵范立额,不相统摄。又江都有巡检七,泰兴、如皋巡检各一,以分巡要害,以司兵柄于上,州兵运于下。此宋扬州路兵制之大略也。

明都金陵,以维扬畿辅近郡,丁酉,置淮海翼元帅府,命大元帅缪大亨、元帅张德林镇之。庚子,改淮海翼元帅府为江南诸处枢密院,仍命缪大亨同金枢密院事。乙巳,以大都督府经历陈瑾总制真州军事。自后行枢密院总制官皆罢,而扬州、高邮、仪真三卫经属中军都督府焉。其卫所之制,曰扬州卫指挥使司一,其属经历镇抚司,为千户所者五,五千户所各统百户所十,镇抚所一。高邮、仪真卫制如扬州,于通、泰、兴化、盐城置守御千户所者四,统吏目镇抚及十百户所,与诸郡县犬牙错处。以军为民卫,而军有从征,有归附,有谪发,著籍各卫俱以十分为率,八屯种,二守城,更迭番休,均劳逸,且耕且守,盖仿古屯营法,为固圉策甚具。然于时方国珍、张士诚甫禽灭,其通贼皆滨海郡人,习兵,悉航海附倭,数引倭寇并海郡县,始由山东、淮北转掠浙、闽、粤诸郡,至遣使诏谕,彼国不为止。后命信国公汤和行视师,筑海上备倭城,籍民四丁调一为戍兵,而如皋、掘港始设备倭军,营堡斥堠,与通、泰诸所并列矣。

永乐中,左都督刘江大破贼于望海埚,倭稍戢。然倭终猾狁,时时拿舟载货物戎器以来,遇防守严辄陈方物,云入贡,得宴赐市易。后再至,亦如之。伺无备,持戎器出剽掠杀掳,亦满载去。无问得间不得间,无不如意去者,故沿海所在防倭严。而扬子江上自九江,下至通州、海门数千里,江南北远者数十里,近亦十余里,中隔洲渚港汊丛杂,诸奸侠亡徒窜其中,伺间为劫,商旅船往来辄被掠,甚则贼杀公吏不顾。在扬州境者黄天荡、孟渎河,其要害也。海

1　"宝祐",原本误作"保佑",据《万历扬州府志》卷一三《兵防志上》改。

滨故饶鱼盐，其豪不逞者规私贩为厚利，张高桅巨舶，出没怒涛骇浪中，什伯相聚，为越境兴贩，船回则因而劫客，有司莫可谁何。盖利之所集而害生，若山矿徒、海盐徒所从来矣。自文庙迁都北平，念留京根本重地，于新江设水操军以万计，而都御史督之。自九江以抵苏、松、通、泰，凡地方缓急，寇盗、盐徒出没，听调兵擒捕。盖督臣兼综江海诸务，于事权至重。是时，卫所军已有城守、操江、备倭诸役。永乐末，始令民运粮储于瓜洲，给军船脚价为兑运。于是，有运粮军，岁一转输京师以为常。

正统十四年，土木难作，又调扬州各卫所军，分春秋班更番入戍，名京操军，而卒伍疲甚。其后，军政日益废弛，丁壮困诛求，屯田苦兼并，诸隶卫尺籍者率逋逃亡耗居半，其仅存着伍，亡虑皆枵腹窭人，倚月粮以糊其口，又不能以时给，即力稍自瞻，又不能当转饷更戍无已之役，而武弁婪者之日朘月削也。虽岁有清军勾补及屯政、仓政诸令甲甚严，而弊蠹萌生无由诘。卫所军之不可复驱以即戎，无论淮以南，即天下犹是矣。正统末，令府州县招募丁壮为民兵，或曰快手，或曰会手。而巡司故有弓兵，俱有司率领操练。而民壮只供公门役使，弓兵所缉里闬鸣吠及负担兴贩而已。

正德中，蓟盗刘六、刘七、齐彦明寇齐、鲁间，转掠河南、襄阳，所过屠城破邑，杀无[1]臣，遂率众浮江东下，泊狼山，欲自通、泰登岸还山东。时总漕尚书张缙督兵扼淮口，贼不敢渡，乃自通州沂[2]流至九江，又下南京，往返者三，操江兵愕眙无敢近。而兵侍郎陆完调沿边诸镇健卒讨之，尾贼行，驻福山，隔江而陈，仅移檄往来，通州城危甚。忽夜半飓风大作，贼舟覆，溺死无算。完遣裨将袭其余党，尽歼之，以捷闻，遂奏凯献俘，勒碑铭狼山上。

嘉靖初，倭贡使挺起为变，蹂宁、绍诸郡县，已倭市舶据海洋不去。而中国大猾汪直、毛海峰等以财物役属倭恶少，行海上为乱。壬子，破黄岩、象山诸邑，浙东骚动，遂蔓延苏、松间。其党徐海者，屯松江拓[3]林，始分掠江北。甲寅，犯如皋、通州、海门。时承平久，无备，猝闻变，皆望风奔溃。贼率不过数百人，所至焚烧斩戮，荼毒不可道。每战，倭辄赤体提三尺刀，舞而前，喜

1　"无"，《万历扬州府志》卷一三《兵防志上》作"抚"。
2　"沂"，《万历扬州府志》卷一三《兵防志上》作"溯"。
3　"拓"，《万历扬州府志》卷一三《兵防志上》作"柘"。

设伏,能以寡击众,反劳逸客主而用之。远近传相恐,言贼有神,不能战,率蒲伏受戮而已,而县无城守者毒尤惨。先是,操江臣以倭患棘,势不能兼理海防军务,朝议于江南、北设二巡抚,与提督操江画地而守。扬州三江会口以上,操江统之;周家桥以下,江北抚臣统之。而都御史郑晓始以巡抚兼海防,知府吴桂芳为言:"自倭犯并海郡县,有城则守,无城则残,城之为利,必矣。使寇逾廖角而漂北海,犯盐场而南,则如皋弗城为可虞;道南北而西,舍舟而北犯口岸,则泰兴弗城为可虞;风帆西下,直抵西市,则瓜洲弗城为可虞。况海门僻处东偏,为倭寇必由之所,弗城,安足恃乎?"抚臣然其议,始奏筑如皋、泰兴、海门、瓜洲四城。逾年,城成,民稍恃无恐。乙卯,倭猝薄扬州城,民敛避不及,被杀及溺死者数千人,尸积断流,焚掠大东门外,尽烧毁盐堆而去。府同知朱裒及高邮卫经历以率兵御贼死焉,时死事者尚多,详见历代志。淮南北大震。于是,卫所军无所用,而各州县乡团民兵或时时扼杀倭,及婴城,时击却之,始筑东关新城。其明年,参将王完伯率所部徐、兖精锐兵守扬州,设伏于铸盘厂,引弱兵转战于伏所,麾骑兵冲击倭,大破之,贼稍戢。又刘显击破之泗州而遁。明年,都御史李遂抚江北,以土兵、客兵俱脆弱,疏调山西边兵三千戍如皋。明年,贼大举万众分道入,遂与海防副使暨诸将佐约曰:"贼业入海门,必集如皋,夫江淮根本在凤、泗,贼若越泰州、宜陵,窥江都,则天长以北震。是惟予自督御,咎弗在将吏。瓜、仪漕挽津会,南北襟喉,抑又陪都之屏辅焉。贼若压黄桥,奔泰兴西扰,即诸重地危,海道游击之。二路既抗,贼宜却出富安,并海岸东驰,我振旅淮安,出其不意,贼成擒矣。"画既定,部署诸将,令声援相犄角。于是,倭入丁堰镇,趋如皋,游击丘陞击败之。已又犯海安镇,副使刘景韶率丘陞兵追剿,尽歼之。贼果不敢西掠而折循富安,并海堤东出,抚臣夜提师至淮城,适所调青、沂、曹、邳兵并集,贼猝见兵众盛,大愕,麾突骑横搏贼,斩首千余级,贼退据庙湾,夜乘风窃舟去。亡何,而江南倭据三沙者千五百余辈,忽北犯通州,参将丘陞战殁,民悼痛甚。会副总兵刘显以御江南倭失利,乃渡江赴援,请自赎。诸将欲拒弗纳,抚臣令予卒助攻。显感奋,首磔入贼垒,壮士乘之,贼溃围走,追攻之白驹场,又追及之七灶、茅家墩,先后俘斩六百余,夺器物无数。贼逸窜海埧,为土兵格杀殆尽。于是,三沙贼并散殄无遗类,而江淮靖焉。

自是，沿海益增置营戍，设将领，通州有副总兵及水营把总，掘港有守备，大¹河、周桥有把总，扬州有参将，而仪真守备及三江口把总、瓜洲营卫总隶操江如故。所统兵或招募土著，或以义乌、东阳习水战者充之，自江达海，分信地，列战舰，严会哨，所在襁属棋布，而倭以入犯鲜生还，寂不窥海者几三十年。

其后，营兵制复浸坏，凡土著兵卒豪有力者所诡寄，以势要挟，将领临阅期，则雇丁壮习技者虚应，当散饷，则尽括以肥己，而什三给之，主将弗敢问也。浙兵性骄，与土著不相能，时时扰闾左细民，急之则亡匿去。盖自戎政圮而将官非纳贿夤缘不得进，多者费千金，势不得不取之营伍以偿借贷。语云"债师"。又岁有赂遗交际，诸当道主文胥役有常例，偏裨将月廪几何，势不得不克取之兵人。克取则惧丛怨，则又于队伍中逃亡阙者诡遇其十之一，借虚兵粮为用度。而自哨队伍长以下，转相仿效，以彼此挟恐相制，毋敢发。其有律严厚，绳下以法，则众喙蜂起为蜚语，以闻于廉访者，无何而挂弹劾若影响。甚则连名牍、具愬众为证而互讦之，将官或坐褫职及以飞赃抵罪。后来者益蓄缩畏懦，以营伍为传舍，苟得利以图复为夤缘，安望桓桓不二心之臣，缓急为国家出死力乎？

万历中，倭酋关白专其国，山城君不能制，遣二将清正、衡长以兵袭朝鲜之釜山，据之，属国告急。上遣师督兵征之，师少挫。上益震怒，令大集郡国兵，若江南北、浙东、福建俱募兵船赴援。议者谓倭不得志于朝鲜，必分兵内寇，若天津、登、莱、淮扬将无所不犯，于是所在增兵置堡，严守备如异时。知府郭光复乃申防倭十二议，曰：修城池，缮军器，佥门夫，严保甲，复副役，凡皂、甲、壮、快等正役外，许添副役一名，分工食之半，演习操备。补额兵，练乡兵，厉壮勇，复沙船，留粮饷，议召买，阻险要。诸建议皆奉文举行。而抚按臣复疏请于江中永生洲添水兵游击一员，统南北水兵共千人，以上下应援，无南北彼此之委，疏报可。丁酉，上复用言官言，以总河臣兼漕务，而江北专设督抚臣治军务，盖武备稍振焉。

嗣后十数年，罢东征之兵，免新增之饷，可称海晏河清之治。及至庚戌、辛亥间，有盐徒亡走海上，结撤回东征未散之兵，劫掠细民，当事者虑连釜山

---

1 "大"，原本误作"太"，据《万历扬州府志》卷一三《兵防志上》改。

之倭,深筹之矣。会海防道熊尚文坐镇泰州,清劲正直,善简将练兵,巡历至海门县地方,深探海势,见廖角嘴半插海中,此处易于藏奸,当军营预防建,名新义营,召募卒徒,设立功单,填注武艺有技优力强者,拔以不次,于是亡赖尽归营伍。顷倭夷哈兰金等入寇掘港场泗港口,报急,熊选锐进征,不逾旬,斩首百余,生禽数十,奏闻。沿至戊午,国家多事,上命江南诸省各募兵赴援扬州,则有募兵御史游思任召募官兵,经营筹划储备粮饷之事。时小侯顾大猷请缨受兵,为之表里,赞襄四方强有力之士。户部又设练兵饷于里民,民从此又加困矣。

　　呜呼! 时平而养兵,兵易集而饷不得继。及时急而募兵,饷易办而兵不得精。至兵散,而新加之饷又不得。除此,所谓兵、民两困之道也。夫兵易聚而难散,散而未有不为盗者。十年间,流贼发难于秦、晋之间者,有自来已。往来攻掠,无所禁御,时而奔荆襄,时而聚河北,时而休天中。至崇祯中,迤至凤阳,焚鼓楼,而扬州大震矣。先是,知府杨嘉祚因山东白莲教之盗、河南一斗粟之盗并登莱之逃兵相继作乱,遂请于抚按,建营于平山堂前,名为神武营,市民田为营地,建营房官署,置守备一员督理。之后,归并扬营。自此,卫所之兵全不用矣。盖后此中原之流寇云扰,远而秦豫之闯贼,南而荆楚之献贼、英霍之土贼,所破之省郡州县,枕尸流血,有一次不已而至再者。噫,生民涂炭至此极哉! 当时闻警,扬城则修城浚池,练兵议饷,守门禁,增壮丁,察奸细,严保甲,置火器局,设太平簿,城外有陷马坑,城内有栏马凳,经营有法,训练有条,民赖亦良殷矣。时流贼掠天长,屯莲塘,望风渡泗而去。楚贼极慓悍,盘据湖广多年,处处伤残,人烟几绝,土不毛者数载。而武承、许樊之间多破数城,破至舒城,知扬有备,未至。而扬之邻戒,甚可畏焉。无何,甲申国变,东路之败兵降官踉跄南来,望江潜逃,西北之兵番营而下,突薄扬州,司土者不知所从来,闭门不纳。时扬民质脆弱,尚浮华,少蓄积,素又不习战斗之事,一旦见兵围城,仓皇无措,幸郡守大令率绅士卫所官军,誓师莅众,擐甲枕戈于木烽敌台之上,而城之内有民兵,坊有社兵,营有宿兵,台则有炮,楼则有弩,巷则有栏,城外客兵如川兵、浙兵等,皆屯蜀冈诸处。至此时,皆飘若云烟,不知何所。

　　十一年间,先有中使于扬州城外造土城,起东北隅,绕西南隅,置炮台八座,费民间数万金钱,有识者讥之。至是果无用,信然哉! 然兵围于外,民困于中,四关厢之外,已受其残害不堪。当时主兵者,虽纪律严明,而三十里之外则焚劫淫杀,曾未有者。议论沸腾,纷纷不定。会阁部史可法临扬,民始知分为四镇: 黄德功开镇于銮江,刘泽清开镇于淮北,刘良佐开镇于钟离,而高杰开镇于淮南,民情遂定。高坐镇城中旧都府中,麾下之将领若内司营、若前三营,率凶悍,箭插所至,物莫敢动,有司不敢诘。兵同民处,庐舍为墟。夫民也,自设兵防守以来,既备金钱供公帑之饷,遭兵困苦之后,又具酒食养在家之兵,亦大不堪命矣。

逮皇清灭贼,戡乱定鼎于燕,乙酉四月,豫王率师南下,治旅蜀冈,军北门外古宝祐城前,后王挥众,以飞炮大将军凭高击城之西北隅。此城之龙脉[1]入首也。至二十五日,城陷,阁臣史公可法、词臣吴公尔壎力竭死之,史立墓于故梅花岭侧,乃为葬衣冠之地。其郡守任公民育忼慷赴义,视死如归,坐府大堂之东偏,不入内宅,遂及于难。先是,扬民闭危城中,后天兵从西城炮击处入两城,百姓膏锋刃者,据坊册所上计八十余万,悉火瘗之。至五月初九,乃置官吏收残黎,王旆遂渡江而南。

越数岁,海氛骤警,有大舰数十艘至扬子江,舟楫倏往倏来,焚毁瓜、仪商船盐课,泊金山者三日,题诗而去。自是,润州城外始立水师提督,已复撤之。己亥六月,海舟乃益猖獗,始聚通州狼山,经泰兴沂[2]长江,南掠镇江,北破瓜洲、仪真,扬帆直逼南省。赖总督郎公[3]潜运英谋,上符神断,而总戎梁公[4]自吴淞抵江宁为援,深料敌情,共出奇兵袭剿之,遂败,弃矛盾干橹无算,举火蔽天而去。自此,江海渐平。朝廷随遣大臣历勘沿海情势,自闽、越至瓜、仪,将沿江数十洲尽废,徙洲民于内地居之。是年冬,敕大将军刘公之源坐镇京口,命少保杨公捷坐镇扬州,圈城之西南隅为兵舍,准民房之大小,出帑金之盈缩以购之。嗣因少保移山东,又特简塞白理公代其兵。一时壁垒严整,甲士无哗,有临淮细柳之律,江南北恃长城焉。随于沿江一带,筑墩造堡,拨兵分守,只

---

1 "脉",原本误作"永",据中国科学院藏本补。

2 "沂",当作"溯"。

3 "公",原本脱,据中国科学院藏本补。

4 "公",原本脱,据中国科学院藏本补。

须一炮一旍,自足通长江之呼吸,而若远若近,可以审制敌之机权。兵法忌繁曲而贵直截,为斯防范,无遗策矣。

赞曰:先民云,井田不能行于江南崎岖之地,是兵、农不得不分。考前代八分屯,二分操,犹有寓兵于农之意。厥后变衰,势使然也。若乃设兵以卫民,令圉自固而民自安,加饷以养兵,使农不困而兵不骄,则师既济之象,君子曰兼收之矣。余所述兵防事不能详志其大者,后之君子亦足知其意之所存。

扬州府志卷之十四

武秩官志 额设兵数附内

绥治赖文,定乱资武。多士桓桓,彪龙彪虎。镌绩戈镛,书勋幕府。拊髀是思,孰敢予侮。作《武秩志》。

黄帝七十二阵,以制兵法,极古之代,已教天下万世讲武事矣。《传》曰:"天生五材,民并用之。"谁能去兵? 古王者"赫辖有奭,以作六帅[1]",制治保邦,率于是乎在。是故有文事者,必有武备,识者谓其如车两轮、鸟两翼,二者缺一不可。虽成周之初,用虎皮包干戈,自是雍熙盛事。然祖龙销锋铸镶,又其殷鉴也。

明太祖文武科并设,令天下习孙、吴家言者,以武生径赴乡试,三隽于乡者方准与会场,中会试者即以榜首为鼎元,无胪传、一甲、二甲、三甲之典。崇祯间,令武生先籍诸生列黉序,隽于乡者即上公交车,其与殿试赐及第出身,制悉如文。

自皇清应运,师武臣力,勘定祸乱,武烈章章著矣。区寓险要,列置韬钤重臣,总督军政。其在维扬者,以广陵地界南北交冲,滨江濒海,捍牧圉,御外侮,不设大帅,建牙握重兵,弹压坐镇,建威消萌,未云得策。今于府治南开提督帅府,其体统与抚臣并峻。通州狼山为东南要地,改副总兵官为总帅,扬参将府及十城各营伍棋布星列者,多隶其统属,奉节制焉。诸营兵饷悉自府库办给,此其大概也。如置营地方额设兵数,详著于志。康熙元年,奉有新旨:文武两途不相统摄,著为令。

---

1 "帅",《诗经·小雅·瞻彼洛矣》作"师"。

　　至于卫所之设,明制以世袭指挥使领卫事,世袭千百户领所事,扬州府治及仪真、高邮各有卫,通州、泰州、兴化、盐城各有所。旧盐城隶扬属,故所之隶扬,至今仍之。皇清更定官制,卫守备、所千总皆由部题,印务漕事皆其职掌。至明代数百年军籍之户子孙、旗甲世领转漕者,犹令分班岁运,得给种屯田如故。

国朝武秩官纪

镇守扬州总镇

杨捷,辽东义州人,顺治十六年任。塞白理。满洲人,顺治十七年任。

镇守狼山总镇

刘世昌,顺治二年任。茅生蕙,浙江会稽人,顺治四年任。张德裕,北直人,顺治八年任。冯武卿,浙江人,顺治十年任。鲍虎,山西人,顺治十四年任。柳同春。太康人,康熙元年任。

镇守扬州游击

萧鸣凤,辽东人,顺治三年任。任弘德,陕西人,顺治六年任。佟元年,辽东人,顺治十一年任。赵光熙,浙江人,武进士,顺治十八年任。张弘。陕西人,康熙三年任。

扬州卫

守备

周三台。江南淮安卫人,武进士,康熙三年任。

左所千总

王晖。西安府人,顺治十二任。

右所千总

李有恒。陕西韩城人,武举,顺治十七年任。

中所千总

易赞和。京卫人,武举,顺治十六年任。

前所千总

朱国垣。北通州人,顺治十八年任。

后所千总

赵登魁。北直人,武举,康熙元年任。

高邮卫

守备

王家栋,顺天大兴人,武进士,顺治四年任。王邕,山东维县,武进士,顺治十年任。刘履泽,浙江人,将材,顺治十四年任。张若海。江南江浦县人,武进士,康熙元年任。

左所千总

赵对,江南上元县人,武举,顺治十年任。史祖迁,辽东人,由官舍顺治十五年任。孙世华。浙江人,由将材康熙元任。

右所千总

宋光陛,顺天大兴人,武举,顺治七年任。叶鼎发,江西新建人,武举,顺治十三年任。武学易。永平人,武生,顺治十八年任。

中所千总

锺谦,嘉定人,由武举顺治十年任。蓝灏。福建候官[1]县人,武举,顺治十七年任。

前所千总

谢人龙,江南泾县人,由武举顺治九年任。李得名,京卫人,由武举顺治十三年任。杨文炜。河南裔丘[2]人,武举,顺治十六年任。

后所千总

杜洪烈,湖广黄岗[3]人,武举,顺治十六年任。曹成名。浙江钱塘县人,武举,顺治十年任。

经历司

党化圣。乐亭县人,恩贡,顺治九年任。

仪真卫

守备

---

1 "候官",当作"侯官"。
2 "裔丘",当作"商丘"。
3 "黄岗",当作"黄冈"。

熊兆梦,辽阳铁岭卫人,武进士,顺治四年任。牛英,蒙城县人,武进士,顺治十一年任。张时龙,江西九江府,顺治十五年任。黄弘德,北京卫人,武进士,顺治十六年任。赵温。陕西人,武进士,康熙二年任。

左所千总

汤新,浙江绍兴人,武举,顺治八年任。张冕,福建福州府人,武举,顺治十三年任。周鼎。浙江仁和人,武举,顺治十七年任。

右所千总

马师升,江南锦衣卫人,武举,顺治十一年任。邵兴邦,顺天密云中卫人,将材,顺治十五年任。郜定邦,宣府人,武举,顺治十七年任。杨安国。湖广江夏人,武举,康熙元年任。

中所千总

翟国靖,江南泾县人,武举,顺治九年职。孙良谋,江南太平人,武举,顺治十三年职。钱恩新。北京卫人,武举,顺治十六年任。

前所千总

张尔奇,河南人,武举,顺治十二年任。李枝森,北京卫人,武举,顺治十六年任。江虎臣。江南通州人,武举,康熙二年任。

泰州守御所

千总

李毓元,江南上元县人,由武举顺治十年任。高可秀,江南武进士,由将材顺治十二年任。马明德。河南内乡县人,顺治十五年任。

兴化守御所

千总

买一经,山西阳曲县人,武进士,顺治十二年任。李英,山西宣府人,顺治十五年任。陈其瑞。涿州中卫人,顺治十八年任。

盐城守御所

千总

郭有道,顺天大兴人,顺治十年任。庞道正,顺天人,顺治十三年任。白国泰,辽东[1]人,顺治十二年任。边谋胜。河南人,武进士,康熙元年任。

通州守御所

千总

王承教,山西人,由武举顺治十年任。韩梅馥。大河卫人,顺治十五年任。

帅府营寨

大清御宇,四海安澜。乃顺治十有六年,蘖鲸生浪,致廑圣忧,爰简大帅,建威销萌,总镇维扬,驻旧城都府,西南之利,往大有功。先以少保杨公统兵坐镇,旋移东鲁,随特简塞公统中营、左营、右营,每营官游击一员,中军一员,千总二员,把总四员,统领兵共三千名。号令严明,兵民帖服。其于瓜洲汛地,以二千名班番更守,旌旗壁垒,森然整肃,往来道路,秋毫不犯,洵节制之帅也。

列稽郡属,开载如左。

通州副总兵府,驻州城内。明嘉靖年间,以倭寇,该巡抚都御史郑晓奏设按察副使为海防道,驻泰州,设参将,驻通州分守。至嘉靖末年,倭益甚,乃改参将为提督,狼山等处名副总兵,与海防道相策应,统狼山、掘港、周桥、大河守备把总等官。旧设水陆兵丁八千余,后裁减。皇清定鼎初,仍旧制。至顺治十七年,海波不静,次年复加大镇为总镇府,辖庐、凤、淮、扬四府,增设游击、守备等官营兵三千名,其狼山、掘港、大河各汛地,皆设土、木烽燧炮,兵丁守之,军容整肃,体统尊隆,诚江海交会之冲,国家之东南大保障也。

扬州参将府。明初制扬州,有守城坐营指挥一员,操习马步队正军,其演武门并教场在小东门外。嘉靖间,因倭警增筑新城,遂包隶城内,于教场西南置参将府,设署参将一人,后以游击代署,名游击府。今旧府毁没。国朝顺治十五年,新建参将府于教场之东首,仍以钦差游击统领营兵六百名,属通州狼山总镇管辖。瓜洲营,旧设陆兵与常操民壮各一百七十五名,水兵四百八十六名,巡江军舍八十名,大小战船五十余只。万历初年,议增水兵

---

1 "东",原本误作"白",据《八旗满洲氏族通谱》卷七七改。

三百名,沙船十只,选指挥一员统领,后改为守备,督率操防属标营管。国朝添设参将一员,守备二员,领兵二千名并战船,旧属操标管辖,今属总督管辖,土、木烽燧炮台防守。

仪真守备府。明初,议者以地当水陆要冲,宜建统帅一秩,以临辖军卫。议定,初以都督,后或以都指挥。宣德间裁去,成化年复。弘治间,又改守备署焉。旧额,官兵共六百六十八名,隶操标下,其兵丁数目添改不常,明仍为定制。

周家桥把总,在泰兴周家桥。前明,每年拨泰州兵快一百名,与彼处民兵一百名防守。后因倭警,筹海者乃设把总一员堵截海寇,领兵三百,又增百名,更添福兵船四十只。

永生洲游兵把总。明万历间,因江海寇盗出没不时,知府郭光复议以永生洲中踞大江置游兵把总,统船兵一千人,为南北击应,御史褚铁题准,以江南北各兵五百名,饷亦均出。后又题革,镇江参将并为永生洲参将。

以上周、永二营,国朝并为一营,置守备一员,驻泰兴城内,总管兵丁四百名。其各汛地俱置土烽或木烽烟燧炮台,拨兵守之。

泰州营,原设忠勇、忠义二营,中军二员,统兵八百九十四名。嘉靖间,因倭警,设海防兵备道,驻泰州,二营属兵备道提调。国朝初年,改设守备一员,领兵三百名,为扬州道标营。康熙元年,改为泰州营,专城守备一员,把总一员,兵三百名,马六十匹,属通州狼山营管。

三江会口把总司。前明设把总一员,领兵七百五名。国朝裁并瓜洲营,其地方新添燧炮,有兵守之。

掘港守备,在掘港场东。迤海洋五十里为倭寇首登要地,前明遣扬州卫指挥千户防御。嘉靖年,倭大举,巡抚郑晓奏易把总。末年,巡抚李遂复奏易守备,统东、西二营。国朝设兵三百名防守,与狼山接应。

大河营把总司,在海门县境内。初无城堡,倭难后,盐御史崔栋题准,遂筑正场及芦便仓二堡,东西相望,俗名东西场。东场堡内,明嘉靖年设大河把总一人,领兵千名。万历年间裁。国朝设兵二百名防守。

海门黑子地,前明屡为飓涛溺,民土日蹙,邑迁者再矣。我国朝定鼎,金曰承平,及顺治十六年,海氛忽飓,略地薄城,邑大恐。今上康熙元年,总漕部院林公、总督部院郎公、通省提督梁公会题,设守备一员,兵五百名,为海门营防守。自营设后,更童山清野一望无遮,不独海艘不能伏莽,抑亦杜沿场流灶盗弄潢池,斯诚筹海者慎守门户之上策也

附明季卫所秩官纪、秩官传

扬州卫

指挥使

张玘,沈阳色目人。今宏袭,升副总兵。李忠,江都县人。今绍元袭。刘斌。凤阳府寿州人。今辅世袭。

指挥同知

张翀,山西辽州人。今人纪袭。徐敏,江都县人。今鸣宇袭。尚文,湖广桃源县人。今应元袭。胡全,直隶徐州人。今遵教袭。石如璧,辽阳汉人。今国柱袭。王真。山后怀来县人。今大用袭。

署指挥同知

邓友,凤阳府怀远县人。今镇袭。顾勋。淮安府海州人。今名臣袭。

指挥佥事

姜大,辽阳汉人。今可大袭。李茂,应天府溧水县人。今承荫袭。李忠,顺天府顺义县人。今嘉谟袭。月鲁,甘肃永昌府人。今铨袭。乔琳,土都达人。今登瀛袭。缪海,扬州府泰州人。今日明袭。文昌,庐州府六安州人。今印袭。王贵,永平府濠州人。今天德袭。刘忠。湖广卫山县人。今承恩袭署职。

镇抚

李彦,山东济宁州人。今逢春袭。王镇。浙江定海县人。今桥袭。

左所正千户

赵李刚,山西大同人。今廷辅袭。阮全,沈阳色目人。今守正袭。任恕,凤阳府寿州人。今天成袭。杜美,永平府人。今勋袭。王戴。辽东汉人。今炳袭。

左所副千户

火儿忽歹,卜鱼儿海子人。今重光袭。罗里,辽阳省人。今弘祖袭。叶桐,江都县人。今承祖袭。刘嘉州。辽阳汉人。今嗣勋袭。

左所百户

戴观,浙江龙游人。今继爵袭。孙文贤,广宁汉人。今承宗袭。何秃厮,辽阳汉人。今应煋袭。方胜,庐州府合肥县人。今元壮袭。林喜儿,凤阳府定远县人。今应科袭。张霖,扬州府仪真县人。今宗善袭。董祥,青州府安丘县人。今勋袭。田畴,辽阳省人。今应耕袭。尹点,永平府人。今瀚袭。刘源,河南洛阳县人。今一中袭。蔺完脑歹,顺天宛平人。今承恩袭。冯四十,永平府汉人。今应登袭。温清,辽阳汉人。今承祖袭。杜颗,无为州栗县人。今世芳袭。顾金,掘港场灶。今俸袭。陈贵。永平府迁安县人。今道袭。

试百户

叶机。江都县人。今时行袭。

右所正千户

刘保保,福建蒲田县人。今守仁袭。高弟,福建福清县人。原系百户,以倭功升授。今爵袭。杜诗,凤阳府蒙城县人。先系副倭千户功[1],升授。今守谦袭。洪海,辽阳高丽人。今声远袭。陈友。瑞州汉人。今三阳袭。

右所副千户

夏畴,苏州府常熟县人。今时袭。张友谅。永平府迁县人。今守敬袭。

---

1 "副倭千户功",《万历扬州府志》卷一四《兵防志下》作"副千户,倭功"。

右所百户

贾俊,湖广沔阳州人。今荫爵袭。傅道隆,浙江定海县人。今维霖袭。李成,河南永城县人。今本在袭。杨启,浙江定海县人。今培袭。脱脱不花,卜鱼儿海子人。今重庆袭。马昇。滁州人。今辕袭。

中所正千户

王得,顺天府平山咨县人。今臣袭。潘政。凤阳盱眙县人。今良臣袭。

中所副千户

安贤,直隶莲城郡人。今邦谟袭。刘庸,永平府抚南人。今文彬袭。叶弘,辽阳汉人。今仲茂袭。马图南,辽阳汉人。今维德袭。彭琛。江西吉水县人,功升署职。今承嘉袭。

中所百户

张铭,滁州人。今朝升袭。俞淮,辽阳汉人。今允升袭。蔡胜,广东高要县人。今继勋袭。何俊。浙江昌国县人。今其贤袭。

前所正千户

胡成,凤阳府寿州人。今臣顺袭。吴宣,凤阳县人。今嘉麟袭。福与,金山人。功升指挥金事,后减袭。今日升袭。李斌,庐州府合肥县人。张玺。太平府当涂县人,功升。今格袭。

前所副千户

王兴。湖广武宁县人。今灿袭。

前所百户

方震,浙江广岩县人。今溱袭。张显宗,辽阳汉人。张伯孙,辽阳高丽人。今继盛袭。孙陆汉,辽阳山后人。今凤袭故。徐道,浙江定海县人。施养真,浙江凤化县人。苏阿南答失里,辽阳人。今眉春袭。奚如意,庐州府六安州人。今汝嘉袭。王烈,河南光山县人。崔金刚,失乡贯人。今[1]椿袭。吴天下奴,失乡贯,今荫祖袭。马七里,辽阳汉人。今承恩袭。金哈第,辽阳高丽人。今应科袭。蒋仲良,福建龙溪县人。今承烈袭。刘撒里不花,辽阳女直人。今荫勋袭。胡子祥,浙江奉化县人。罗英,辽阳高丽人。今嘉美袭。赵贵,凤阳县人。樊隆。仪真县人。今滨袭。

后所正千户

李大原,苏州府长洲人。今应登袭。王荣,卞[2]梁人。今体乾袭。关胜,江阴县人。陈其学。丹徒县人。今绍庆袭,中式加级指挥佥事。

后所副千户

王秉昇,江都县人。刘聚。顺天怀柔县人。今舜袭。

后所百户

李敬臣,应天府人。今钺袭。韩荣,江都县人。马麟,高邮州人。李先,江西清江县人。杨霖,无为州人。今好袭。刘景,来安县人。今新袭。王张,辽阳汉人。王铭,辽阳汉人。今世勋袭。曾韶,福建晋江县人。今应凤袭。张实,锦州汉人。葛贵。河南鹿邑县人。

高邮卫

指挥使

胡海,浙江武原县人。今来宾袭。薛瑄,山后人,今承祖袭。张海。山东冠县人。

指挥同知

张镇,直隶滦州人。今含美袭。陈与,全椒县人。王智。河南舞阳县人。今贞度袭。

1　"今",原本误作"金",据《万历扬州府志》卷一四《兵防志下》改。
2　"卞",《万历扬州府志》卷一四《兵防志下》作"汴"。

指挥佥事

毕真,定远县人。今泰袭。张徽,宿州人。今弘谟袭。刘道[1],辽阳汉人。今砺山袭。贾谦,顺天怀柔县人。今万春袭。陈安,山后人。今英袭。唐兴,汝州人。今承宠[2]袭。伍晏。今山达人。

镇抚

王臣,清江县人。今梦祯袭。唐庸。山东邹县人。今魁袭。

左所正千户

徐僧三,浙江鄞县人。今兆麟袭。王谏,浙江定海县人[3]。今之屏袭[4]。曹祥。定远县人。今邦兴袭。

左所副千户

姜成,李贤,郭文。江西庐陵县人。今守位袭。

所镇抚

端保儿,和州人。今奎袭。李春。凤阳县人。今弘谟袭。

左所百户

时成,盖州汉人。今新袭。吴贵,定远县人。今继先袭。吴珍,江都县人。今世禄袭。钟政,广东新会县人。孙庆,江都县人。吴元达,江都县人。今宗道袭。陈旻,山阳县人。今三德袭。周凤,和州人。金舍保,浙江奉化县人。王智,河南杞县人。今应果袭。成忻。海门县人。今宏袭。

---

1 "道",原缺,据《万历扬州府志》卷一四《兵防志下》补。
2 "宠",原缺,据《万历扬州府志》卷一四《兵防志下》补。
3 "人",原缺,据《万历扬州府志》卷一四《兵防志下》补。
4 "袭",原缺,据《万历扬州府志》卷一四《兵防志下》补。

右所正千户

薛义,和州人。今洪周袭。刘瑛。碧山汉人。

右所副千户

简翔,江西高安县人。今约袭。吴得。滁州人。今可久袭。

右所百户

柯九源,池州府贵池县人。今附岩袭。黄清,江阴县人。今极袭。赵观,碧山汉人。今镇袭。王海,浙江鄞县人。今赞袭。朱鉴,仪真县人。今武臣袭。酆哈喇不花。辽阳汉人。今诚袭。

中所正千户

詹昱。蕲州府蕲春县人。今恂袭。

中所副千户

杨真,江西瑞昌县人。今敏柳袭。李荣,山东邹县人。今天培袭。秦睿。凤阳县人。

中所百户

董兴,济宁州人。今策袭。缪得,江都县人。今嘉谟袭。李佛保,浙江奉化县人。今时芳袭。戴推,灵璧县人。今应魁袭。毛贵,江西南昌县人。郑亚福。浙江定海县人。

前所正千户

潘源。山东章丘县人。指挥佥事,后减袭。今弘祖袭。

前所副千户

卫小里,碧山汉人。指挥佥事,减革。今承祖袭。陶瓢,河南确山县人。今应元袭。阚成,昆山县人。今孟学袭。陈胜,徐州丰县人。今冠袭。罗事保。江西奉新县人。今遵袭。

所镇抚

许式，山东曹县人。徐安。浙江宁海县人。今昂袭。

前所百户

邹定，江西上高县人。今应登袭。江伍，福建闽县人。今春袭。罗原，江西高安县人。王舜英，江西萍乡县人。今永锡袭。季文达，仪真人。今承荫袭。李彦达，含山县人。今得春袭。杨茂，浙江金华县人。今连春袭。季八孙，辽阳汉人。今勋袭。于杰。仪真县人。今藻袭。

后所正千户

焦青，河南汝宁府人。龙渔。湖广巴陵县人。今润袭。

后所副千户

季昱，湖广益物县人。今述祖袭。殷昇。吴县人。调拨至卫。

所镇抚

李铭，溧阳县人。徐弟儿。江都县人。今应科袭。

后所百户

张奇三，溧阳县人。今问政袭。叶芳，浙江开化县人。高成，长洲县人。今选袭。张小保，浙江鄞县人。今官袭。张得胜，滁州人。今守正袭。刘尚，山西泽州人。今应登袭。俞得水，辽阳汉人。今谏袭。杨中保，宛平县人。今守仁袭。王里儿，和州人。王成。浙江山阴县人。

仪真卫

指挥使

朱镇，和州人。今胤昌袭。张林。永平府人。

指挥同知

张旺,宿迁县人。朱招本,邳州人。今邦彦袭。项玉,山后人。今宗道袭。郭刚,河南涉县人。今惟勋袭。刘谦[1]。永平府人。今大材袭。

指挥佥事

白湖,广宁府人。今吉袭。金玺,辽阳人。今采袭。李广,真定府人。今袭[2]袭。刘清,泰州人。今之登袭。白旺,宛平县人。今所闻袭。史鉴,光州人。今宗裕袭。黄只因不花,辽阳人。今三杰袭。刘谏,济宁州人。今佐尧袭。黄锺。六安州人。原系指挥使。今允在降袭。

卫镇抚

邓彪,湖广黄冈县人。今应奎袭。王敬。山东武定州人。今言训袭。

左所正千户

曹旻,太平县人。今学礼袭。邵文,河南长葛县人。今惟学袭。郑敏。辽阳汉人。今邦袭。

副千户

王恕,常州武进县人。今维垣袭。曾宽,湖广长河县人。今惟贤袭。蔡思道。江西鄱阳县人。祖职高邮卫,今改调。

所镇抚

曹敬。泗州人。今灿袭。

百户

明安帖木儿,沈阳人。今道袭。任贵,直隶江阴县人。今可大袭。刘伯僧奴,辽阳人。今一俊袭。何源,芜为[3]州人。今景时袭。刘道通,北京获鹿县人。今自立袭。蓝土蛮儿,沈阳人。今继龙袭。张成,直隶后所百户张胜总旗沈旺小旗缺下军。今大道袭。曹通,浙江

1　"谦",原缺,据《嘉庆重修扬州府志》卷三七《秩官志三》补。

2　"袭",《嘉庆重修扬州府志》卷三七《秩官志三》作"安"。

3　"芜为",当作"无为"。

海盐县人。今苦芳袭。李世英,四川遂宁县人。今新芳袭。于旺,直隶山阳县人。今应科袭。王忠,直隶蒙城县人。今经袭。于俊,直隶清河县人。今有光袭。赵谅。沈阳人。今守德袭。

右千户所正千户
胡恕。湖广醴陵县人。今顺中袭。

副千户
吴友,直隶卢隆县人。今从周袭。崔成,辽阳高丽人。今大忠袭。王政,直隶无为州人。今之翰袭。周玖,直隶宿迁县人。今尚文袭。金士满。沈阳人。今应魁袭。

所镇抚
金昇。沈阳人。今受爵袭。

百户
姜弘,山西孝义县人。今国翰袭。王柘,江西鄱阳县人。今问卿袭。龙林,直隶当涂县人。今起蛰袭。曹敬,沈阳人,今坤袭。潘聚,直隶临淮县人。今梦麒袭。裴文。辽阳人[1]。今守印袭。

中所正千户
杨俊。直隶徐州人。今万启袭。

副千户
李贵,直隶无为州人。今应春袭。桂成,直隶定远县人。今景春袭。薛信,直隶寿州人。今弘荫袭。王拾禄,沈阳人。今好礼袭。阮管秃。金山达人。今凤袭。

所镇抚
刘清。直隶合肥县人。今嘉祥袭。

---

1 "人",原缺,据文例补。

百户

王陆拾捌,沈阳达人。今教袭。毛泰,直隶定达县人。今继恩袭。郭敬,直隶丰县人。今有道袭。乔思敬,山东济宁州人。今烈袭。朱灿,直隶吴县人。今永祚袭。秦世安,山西洪洞县人。今应时袭。曹铭,本卫哈出下军。今忠袭。张斌,河南洛阳县人。今受学袭。吾安,金山人。今养正袭。支也先,北京通州人。今惟翰袭。谷清,河南豪县人。今应元袭。火儿歹,沈阳人。今张大忠袭。郭濠,北直良乡县人。今志奇袭。曹兴,直隶仪真县人。今银袭。金董,高丽人。今受印袭。张思,河南确山县人。今应举袭。伍忠,湖广汉阳县人。今自强袭。颜兴,河南中牟县人。今相袭。卓杰,沈阳人。今功袭。曹刚,直隶蓟水县人。今秉忠袭。崔真。直隶怀远县人。

镇抚

束逊。直隶仪真县人。今铃袭。

百户

黄庆,直隶沐阳县人。今承爵袭。卢鉴,北京顺义县人。今三才袭。李义先,直隶盱眙县人。今尧臣袭。吴宏,湖广罗田县人。今应祯袭。黄赏,直隶巢县人。今正色袭。贾成,直隶沐阳县人。今守正袭。袁成,江西清江县人。今世臣袭。李留,江西上高县人。今梦璧袭。宋宣,直隶江都县人。成谐,直隶兴化县人。今友相袭。降袭冠带总旗周成。江西新昌县人。今绍勋袭。

泰州守御千户所

指挥佥事

王烈。浙江象山县人。祖王彬,原系正千户,烈追倭阵亡,升袭指挥佥事。今惟贤袭。

正千户

李钦。湖广公安县人。今鲸袭。

副千户

陈忠,庐州府芜为¹州人。今有功袭。王福,直隶昌黎县人。今之屏袭。王毅,辽阳金州人。今应爵袭。王达,苏州府常熟县人。今晓袭。刘信,山东章丘县人。今继泰袭。刘敏,高邮州人。今克谦袭。牛玘,河南河内县人。今春袭。李源,辽阳高鹿人。今应时袭。吉贤。泰州人。今封袭。

镇抚

王伦,江都县人。今日康袭。韩斌。保定易州人。今京袭。

百户

韩刚,湖广沔阳州人。今光大袭。卢回俚,江西南昌县人。今承荫袭。宋廉,河南洧川县人。今世延袭。刘信,淮安山阳县人。今光偖袭。陈鉴,和州人。今懋功袭。周均,泰州人。今梦熊袭。胡伦,江西清江县人。今绳祖袭。吴忠,湖广应山县人。今尚志袭。熊胜,江西南昌人。今大学袭。龚锁住。江西新淦县人。今镇袭。

试百户

蒋良,海门县人。今守义袭。乔银。泰州人。今梓袭。

兴化守御千户所

正千户

杨杰,开平汉人。今愈清袭。赵文,北京龙山县人。今敏学袭。马旺,直隶江都县人。今负图袭。薛应麟。河南陈留县人。今茂勋袭。

副千户

许翀,直隶高邮州人。今效忠袭。张佑,丰利场人。今弘度袭。任亮,直隶峦州人。今大武袭。王文,福建长乐县人。今继勋袭。蔡思,袭调仪真卫。甄教,北京大兴县人。

---

1 "芜为",当作"无为"。

今万全袭。汪鉴，直隶桐城县人。今东山袭。戴谦，湖广汉阳县人。今承恩袭。陈聪，山东平原县人。今桂袭。洪昇，直隶巢县人。今守印袭。金伍，高丽人。今应科袭。胡得，山东武定州人。今宗明袭。高贵，直隶江都县人。今启泰袭。梁成，山东济宁州人。今汝楠袭。伟真。直隶卢隆县人。今潮袭。

盐城守御千户所

正千户

冯裕。山后人。今柯袭。

副千户

周俊，合肥县人。祖职百户，今重熙[1]。叶秦，直隶休宁县人。今照袭。阮玉，顺天昌平州人。今弘献袭。申泰，山东藤县人。今献捷袭。马□，迤北口海子人。今信袭。吴郁，浙江鄞县人。祖百户，倭功升职。今虞袭。赵林，定远县人。朱璘，浙江奉化县人。李玉。永平府迁安县人。今日华袭。

镇抚

李僖。滁州全椒人。

百户

张华，应天府上元县人。今应旸袭。张谅，浙江鄞县人。今承祖袭。潘定，浙江奉化县人。今世隆袭。刘纪，直隶无极县人。今继宗袭。王锐，和州人。今绍祚袭。周琥，浙江黄岩县人。今承祖袭。梁锦，直隶通州人。今忠袭。袁清，辽阳达人。今勋袭。僧钊，辽阳达人。今逢庆袭。帖木儿，辽阳达人。今世卿袭。韩昇，永平府瑞州人。今应奎袭。刘辅，江西泰和人。周颂，合肥县人。王迪，浙江奉化人。童瑄，沈阳人。白瑛，辽阳人。刘瑄，辽阳人。韩昇，董震，李翔。

1　"熙"后疑脱"袭"字。

通州所

指挥佥事

秦泮。吕四场人。今希武袭。

正千户

姜荣,虹县人。今鲤袭。陈广。丁溪场人,今用宾袭。

副千户

杨纪,江西新金县人。今云凤袭。秦能,含山县人。今待恩袭。常锐,顺天府霸州人。今一桂袭。陈斌,福建欧宁县人。今停袭。王显,山东寿光县人。今化熙袭。李毅,河南镇平县人。今元勋袭。江溥,江西彭泽县人。今万元袭。麻胜,河南睢州人。今尚忠袭。侯宁,定远县人。今世臣袭。王受,蒙城县人。今之翰袭。顾安,上都人。今世禄袭。刘胜。江西宜春县人。

百户

罗丙,江西宜春县人。今于庭袭。周翰,江西新淦县人。金承荫袭。苏宁,泰兴县人。今后先袭。郑贵,六安州人。今钦袭。潘茂,江西宜春县人。今君锡袭。胡贵,江西宜春县人。今其武袭。张玉麟,凤阳县人。今曜袭。刘灏,辽阳省汉人。今继爵袭。梁高伯,江西分宜县人。今大用袭。吴真。迤迷河女直人。今仲文袭。

武职列传

明朝

邓刚 王介 丘陞 乔基 张恒[1] 王烈 李义 石锺秀

邓刚,一曰崇刚,不知何许人。国初,以战功授扬州卫镇抚。沉鸷多谋,

---

1 "张恒"二字原脱,据正文补。

有胆气,遇事敢为。靖难兵至扬州,时巡按御史王公彬驻城内,锐意守御,知刚忠勇,以城守任之。刚与彬区画戎务,同心共济,躬巡城上,督众不解甲者七昼夜。指挥王礼谋举城归附,刚知之,执礼及其党送狱。后礼弟宗厚与千户徐政、张胜谋共执刚,缒城下,杀之。宗厚等遂出于狱,开门降。彬亦不屈而死。

王介,山东人。嘉靖间,任扬州参将。介起自行伍,勇于赴敌,雅知大义,以襄愍公抚其里,有惠政而死非其罪,至则拜公之堂,伏地涕泣,荐绅义之。累与倭战,多所斩获。后以病湿,不能挽弓乘骑,犹舆疾对垒,勒兵以战。或以请告劝者,介慷慨盱衡曰:"倭奴未灭,遑恤其身。古人马革裹尸之谓,何竟以病卒扬州?"初,介调自山东,所部徐、兖骁骑善战,时贼从瓜洲突至扬州城下,介恐其西逸,乃先命别将设伏湾头铁盘厂,自引壮士二十余人诱贼,且战且走,引至伏处,骑兵起冲之,贼首尾不相救,斩获甚多。会通州马公子亦率兵至,装束、旌帜与倭杂,介以为贼援也,稍引兵却,贼遂得遁去。

丘陞,山西偏头关人。时扬州参将王介卒于军,以陞补御倭游击。贼时数犯扬州,陞率精骑南来,势如虓虎,累获奇捷,中丞李公遂倚以为重。已而贼败奔泰州,据刘家庄,势甚窘,自度不免,请尽归所掠,假道入海。陞不许,遣参道两营士围其庄数匝,度某路便,贼穷必冲突,预取村中茅苇堆置路侧,内藏硝黄诸引火药。陞率本部士直当其锋,举火攻之,贼前后受敌,方抱泣待毙。须臾,大雨如注,火尽灭,贼乘势突前,我师泥淖马蹶,弓湿反张,陞遂遇害。扬人哀之,以为天亡陞,非战之罪也,相与建祠祀之。

乔基,世袭扬州卫指挥佥事。中武试第三人。性孝友,父嗜鲥鱼,及殁,终身不忍举箸。异母弟九人中多不检者,基处之无间言。基精骑射,膂力绝人,而恂恂乐与贤士大夫游。累官京营参将,以病归。嘉靖间,倭寇通州,当道就家起之,屡著战功,俘斩甚众。已而贼溃走江南,复授苏松参将,时有"江淮长城"之誉。性素伉直,竟中流言,罢归。及倭再寇通州,官兵屡衄,复起。基用白衣将领率众御之,大败贼于狼山下。方拟大用,寻以病卒。既卒,橐装如洗,子孙至今寄栖官廨。

张恒,扬州卫指挥使。其先沈阳色目人,永乐赐今姓。恒长身广颡,负胆略,善谈论,能拊士卒,累官淮扬参将致仕。嘉靖丙辰,倭由通、泰犯扬州,抚按同乔基即家起之。贼薄城而攻,恒与千户罗大爵、百户曾沂率兵御之。贼设伏教场后门,以数人挑战,恒等与战,伏发,同大爵、沂皆及于难。贼平,当时以恒官非见任,寝其奏,与大爵、沂等皆未沾褒恤,时论惜之。万历间,抚按白其事,恒始得从祀。李公遂报功,祠春秋,与二祭。

王烈,泰州守御正千户。嘉靖三十三年,倭寇通州,巡抚郑公晓檄烈往援之。至黄茅港,不虞有伏,与扬州千户洪岱、文昌龄力战不胜,死之。抚按奏闻,加阵亡功一级,与世袭指挥佥事。都御史郑公晓为文祭之,谓其"矢心报国,戮力解围,遇贼血战,奋不顾身,义气忠魂,之死靡慝"。

李义,其先沛人也,勇略过人。至元末,海内大乱,所在兵起。父荣为胜国帅,明兵压境,以彭城归附,从徐丞相守徐州,赐爵百户,还征中原,克沂州、济东,下河南。洪武初,收东昌、棣州,屡立战功,剖符世世勿绝。荣老,诏以义嗣千户,累官仪真卫指挥佥事。三十五年,靖难师至江上,升都指挥佥事,守备真州。永乐初,以本官都司四川。六年,敕领军往安南,从黔国公征生厥江、大安、梅口。是冬,与贼大战,力穷而死。子敬嗣,永乐十年迁为重庆卫同知,征交趾,屡著勋绩,今隶籍重庆,世其官。

扬卫指挥石钟秀,由守备升湖广都司佥书,素谙兵法,以所司屯局不敢越俎也。会崇祯九年间,流寇掠楚省,秀毅然有灭寇之志,曰:"家世受恩,报国此其时矣,愿以岩疆自效。"领卒三百,镇麻城,励众鼓勇,屡挫贼锋。贼首老回回曹操等合谋来攻,秀孤军力战,阵败被获,骂贼而死。楚抚王梦尹上其事,请赠恤。

赞曰:余读扬州彻侯勋藉,百户侯而上,所得予爵加级世之者,盖由靖难降附功,什居六七。是时,镇抚崇刚,独以婴城抗师死,今问之扬之武弁,皆瞪目不知刚何官何人,惜哉!乃至英风烈气,铮铮千载,其人与日月争光可也!嘉靖间,如介、陞诸人戮力御寇,血战而死,一时称古良将。因并传之,俾读者慨然兴封疆之思耳。

明武甲科

高懋功,嘉靖丙戌科,授锦衣卫镇抚。高爝,嘉靖癸丑科,赠明威将军指挥佥事。施家谟,隆庆戊辰科。王廷臣,万历丁丑科。刘懋中,万历丙戌科。施梦龙,壬辰科。张人纪,丙戌科。韩相,乙未科。陈云龙,戊戌科。陈绍庆,戊戌科,赠少傅。张应辰,辛丑科。赵庭。辛丑科。以上俱江都人。刘文彬,甲辰科。彭天翔,癸丑科,江都人。有传。王梦祯,癸丑科,高邮人。姜志郊,癸丑科,通州人。杨烈,丙辰科,江都人。倪本宪,己未科,江都人。有传。王绳尧,天启戊戌科,江都人。有传。刘之庆,壬戌科,江都人。戚世光,壬戌科,泰州人。王三重,乙丑科,海门人。焦龙文,崇祯戊戌科,江都人。赵大复,戊辰科,江都人。顾玉铉,戊辰科,江都人。有传。陈良知,戊辰科,江都人。罗光烈,戊辰科,江都人。古道行,崇祯辛未科,江都人。有传。成东旸,辛未科,海门人。彭以功,江都人,授浙东都督同知。陈良弼,甲戌科,江都人。孙之烈,丁丑科,江都人。有传。王翘林,丁丑科,泰州人。张宿,丁丑科,高邮人。徐宗麟,庚辰科,江都人。吴天定,庚辰科,江都人。曹祯,庚辰科,泰兴人。俱沂,癸未科,江都人。卢廷襄,癸未科,江都人。柏府,癸未科,高邮人。周官。癸未科,高邮人。

皇清武甲科

吴景谟,己丑科,高邮人。林翘楚,壬辰科,江都人。魏朗,壬辰科,江都人。李士恭,壬辰科,仪真人。吴应昌,壬辰科,通州人。卢廷简,乙未科会元,江都人。罗天工,乙未科,江都人。于迈,乙未科,仪真人。缪祚,乙未科,泰州人。王师,乙未科,高邮人。俞亮,戊戌科,江都人。林大夏,戊戌科,江都人。谢家玉,辛丑科,江都人。张孺可,辛丑科,仪真人。史在记,壬午科,仪真人。张元泰,辛丑科,仪真人。刘玠,己丑科,如皋人。邹国斌,己丑科,如皋人。徐昌祚,戊戌科,通州人。钱方起。戊戌科,通州人。

明武乡科

高懋功,嘉靖丁酉科。高爝,壬子科。吴道行,甲子科。彭栋,甲子科,海门人。施家谟,丁卯科。袁守豫,丁卯科,海门人。丁兆熊,庚午科,江都人。王廷臣,癸酉科,江都人。彭取志,癸酉科,海门人。蓝应文,丙子科,江都人。古养性,丙子科,江都人。王阶,丙子科,江都人。张宿,丙子科,高邮人。何世英,丙子科,高邮人。王廷佐,己卯科,江都人。赵良儒,己卯科。张成性,己卯科。张应辰,己卯科。俱江都人。龙文,己卯科,高邮人。尹应重,壬午科,江都人。高文龙,壬午科。王受凯,丁可壮,周官,柏府,徐嘉祉,李实,壬午科,俱高邮人。庄有,范从龙,孙有成,赵学礼,刘懋中,曾调元,杜先登,钱林,朱希武,范棣,张人纪,奚汝嘉,乙酉科,俱江都人。方元壮,韩相,王承庆,彭昂,史宗和,高燀,戊子科,俱江都人。高尧臣,张应奎,辛卯科,俱江都人。柯应龙,辛卯科。吕佾,王梦祯,辛卯科。俱高邮人。张云翼,辛卯科,江都人。韩遇春,甲午科。彭天翔,李成芳,有传。王绳初,丁酉科。王承庆,丁酉科。濮敬宗,丁酉科,俱江都人。范象冈,丁酉科,卫籍。曹仪庵,卫籍。毛宇怀,卫籍。俱丁酉科。刘文彬,脱隶,罗嘉美,俱庚子科,江都人。奚民望,倪本宪,俱癸卯科,江都人。张仁元,癸卯科,泰兴人。彭承先,吴志道,癸卯科,江都人。杨烈,李际阳,罗光烈,张国柱,王绳尧,巩嗣昌,王希陵,郑仕,费从易,王廷彬,吴大用,陈兆祥,王梦镜,尹之衡,万正新,范云龙,孔校,蓝希忠,沈宗尧,赵君谟,蒋克谟,陈允功,石中球,丙午科。俱江都人。姜志郊,丙午科,通州人。沈攀龙,郭三槐,薛维阶,严必达,刘之庆,华贯斗,李天胤,濮阳震,葛天荫,李长庚,俱江都人。袁九牧,通州人。戚世光,泰兴人。黄道明,泰州人。俱己酉科。张应乾,陈世杰,倪本虹,杜自芳,孙希圣,张光荣,黄云鹗,字尔荐,任守备,灭白莲贼有功升。有《谈兵余话》行世。章取钺,陈自新,奚民悦,梁之桃,俱江都人。王家相,通州人。俱壬子科。唐夔,焦明道,李京,赵君玺,冷逢暄,叶承武,毛文耀,管光泰,俱江都人。魏公辅,泰州人。俱乙卯科。符节,汪钦,左起,汪京,万邦典,王蕃锡,施永祚,华炯,石中璞,俱江都人。周龙光,海门人。李允升,兴化人。饶志道,泰州人。张一凤,宝应人。俱戊午科。焦龙文,李大勇,李之龙,韩文玮,俱江都人。彭兆图,王三重,成一斌,俱海门人。胡琏,泰州人。乔可大,宝应人。刘滋,如皋人。范时芳,如皋人。杨晋玄,兴化人。崔传先,海门人。俱辛酉科。蒋廷谏,濮阳颐,李玮,李本达,郑建中,张邦柱,薛全,顾玉铉,俱江都人。周龙耀,海门人。俱甲子科。俞允勋,汪穉隆,王宗旦,凌云士,赵大复,桑虎,陈良弼,杨景蕃,陈良知,范树勋,程一鹏,古道行,俱江都人。顾国新,成东旸,俱通州人。高承与,白绘麟,俱仪真人。甄良栋,兴化人。魏元勋,梁国珍,俱泰州人。毛九采,海门人。俱丁卯科。周于斌,鲍鸣泰,许邦杰,吴杰,彭以功,徐宗麟,吴崇杰,李笃谦,俱江都人。崔奚先,彭兆辰,俱海门人。李主诚,祝选,缪启宇,俱泰州人。董秉功,杨逢泰,俱仪真人,庚午科。杜守中,吴天定,杜养才,范时成,俱江都人。王孙振,詹三畏,俱高邮人。曹祯,俱泰兴人。马际飞,泰州人。杨祯,俱泰兴人。梁天奇,俱癸酉科。通州人。孙之烈,张雅量,朱朝英,贾必耀,朱邦宁,时雨化,冯其会,俱江都人。王应臣,刘一诚,王翘林,夏国良,郑威远,戚勋,俱泰州人。吴景谟,高邮人。

范四友，如皋人。蔺全璧，江都人。朱潮远，江都人，漳臬都督。陈经，兴化人。于观成，樊桂仪，泰兴人。江象升，通州人。韩振愈，宝应人。俞玺。仪真人。俱丙子科。朱天锡，周成熙，熊辰庚，俱泰州人。江立经，通州人。郭宗振，张抱赤，俱高邮人。黄甲，娄宿，俱仪真人，己卯科。胡允清，卢廷简，冯世禄，顾登陆，袁进，史在记，卢廷襄，石泰封，仵沂，蒋有龙，张翮，俱江都人。徐楷，高士迪，张儒可，李士恭，俱仪真人。邢弘勋，高邮人。韩国士，泰州人。吴鹏举，吴应昌，俱通州人。张超，李昼，郭琰，曹关，俱泰兴人。韩日昌，宝应人。杜堳，如皋人。马圣师，兴化人。成悟中。海门人。俱壬子科。

皇清武乡科

阎士弘，江都人。詹祯，吴陆文，俱高邮人。徐慎中，通州人。俱乙酉科。刘国祐，蔡金章，俱江都人。龙熙运，陈锜，孙开图，俱戊子科。高邮人。林翘楚，魏朗，俱江都人。宋世禄，绪应甲，柏寿，姚光表，高万英，陈俶，陈鼎新，俱高邮人。吴濬，薛晋。俱辛卯科。如皋人。李生龙，谢家玉，俱江都人。詹瑛，詹京捷，俱高邮人。蔡英，仪真人。叶盛，陆继文，俱海门人。吴江清，如皋人。李天成，陆韬，俱甲午科。通州人。林大夏，程胤侯，俞亮，俱江都人。吴士琏，尹守卿，夏宗吕，俱高邮人。刘之泗，陈琯，石首，俱如皋人。冯士祥，通州人。俱丁酉科。高策，高铭琰，张敏，罗琦，周允敬，俱江都人。潘英，柯昌，金骏，陈大遇，俱高邮人。金日新，徐尔材，储册金，葛覃，马獬，刘国端，俱泰州人。吴雅韶，刁明训，曹应彪，俱海门人。吴伯远，李春枝，娄世新，俱如皋人。单尔熿，鲍林衔，陈可法，俱兴化人。黄履中，江虎臣，江青雷，俱通州人。蒋彪，泰兴人。刘炎，俱庚子科。仪真人。吴琯，陈忠，韩范，毕锐，阮枢忠，温士元，俞一珍，林大武，仵奇猷，王政熙，张采，朱旗，赵尚宾，周之德，俱江都人。王宰，詹京佐，俱高邮人。管淑宁，韩灿，周翰，徐周，俱泰州人。马连镳，郑生禧，俱通州人。陈羽，仪真人。李长鲸，兴化人。潘元辉。宝应人。

王绳尧　孙之烈　倪本宪　彭天翔　李成芳　顾玉铉　古道行

王绳尧，字又玄，验倪子，其别号也，江都邵伯人。以武科起家，祖父及尧俱登乡榜第一。尧少治文事，不售，当事奇其虎颔，异侪辈，仍趣之武，遂联捷成进士,累官至四川南路总戎,镇西蜀者十四年,松潘、威茂间大著威望。时土司奢酋犯顺,尧设计殄之。嗣后销锋镝为钱镈,垦山壤为阡陌,洞獠有感其德至泣下者。尧虽饶金城略,然博综群书,蜀诸生时以帖括相质,尧月旦之不失累黍。督学使为八闽大名士,不敢目为武人。予告归,相羊林泉,十数易寒暑,著《凫溪集》以自娱。年八十六,卒。今蜀中生祠、碑石随处有之。

孙之烈,字式武。少以英异之概,拔起于江都,不屑屑历事章句,徙治孙、吴家言。丙子、丁丑间,由县庠联捷登两榜,官江西,列衔为都指挥。会鼎革,初奉调剿楚来流寇,至鄱阳上兰地方,倡先格杀,几筑京观。旋以天穷援绝,裹尸马革。土人王绅有《悼忠歌》以纪其事,合乡为立庙以表忠烈,岁时祀之。

倪本宪,字述古,古园先生子也。古园以诗文名七才子间,结竹西社,题咏维扬古迹,伐山开道,有巨灵功,一时如李沧溟、王弇州诸先生,皆以唱和称伯仲。宪能读父书,然负奇略。万历、丙午掇武解头,己未登甲榜,弟本虹亦登乙丑武榜,时称“二难”,具文武才。宪甫入仕,即以裁汰节省,邀朝廷实心任事之命。嗣于闽地、粤东立战勋甚炽,额宜拜上爵,会天启大渐,枢部泥不行。宪遂拂袖归,日读书城北大树下,赋诗,搦古文辞,一如古园先生。

彭天翔,字鹏父,别号南溟,祖贯吉水。洪武时,占籍扬州。翔最颖异,通百家书,善临池,天性尤以孝著。由诸生肄武,登万历癸丑甲科。筮任,即能申约束以驯犷悍。未几,以赴援功晋副总。时方锐意用兵,翔疏五不可必胜,忤当事意,被逮。旋以东师溃,如翔言,遂赐环。会山以东白莲煽虬,诸抚部悉推毂,以纁币征出山。翔受事,即以大捷闻,台省交章疏荐,一时兜鍪之列,推为祭酒。会天启间,魏珰用事,山东吏为营生祠,檄所统军士巡守以贡媚,翔不可。及祠成,俱不赴。后珰败,复其官,终以游击将军。子以功,亦以武科显,屡以杀贼功上军府,加秩都督同知,翔犹及见其成。

李成芳,字可培。具文武才,三隽于乡,以母老,乞禄养地,授白狼总,屡擒巨寇于江涛间,纪功者再。天启时,东省妖莲造变,当事稔芳才具,俾赞帷幄,用其谋,辄贺战胜。至谳戡,鞫无他状,即释之,全无辜者日以什百。贼平,所晋秩不偿功,归益读书。值逆闯犯阙,芳悲歌发愤,遂死。

顾玉铉,字敏之,江都人。由诸生中崇祯戊辰科武进士。铉亢爽,负大略,既登武仕籍,辄以旗鼓树行军赤帜。官闽南,奉檄剿海寇刘香保,有殊功。幕府上其事,朝廷诏赏金币,亦异数也。

古道行,江都世族,中崇祯辛未武进士。为人慷慨任侠,登仕治军,按《司马法》。升参将,镇守落马湖。庚辰,寇氛日炽,道行帅兵堵截,经数战,立大勋。寻以失援,殁于阵。

扬州府志卷之十五

人物志上

高陵坟衍,四渎是环。是生人杰,磊落其间。德言功业,炳矣后先。天壤俱敝,金石畴刊。作《人物志》。

辟荐

汉

刘瑜,贤良方正。有传。吴奉,性至孝,广陵守张载举为孝廉。徐璆,辟公府。有传。徐淑,举茂才。有传。臧洪。举孝廉。有传。

魏

徐宣,辟椽属。有传。陈矫。辟功曹。有传。

吴

张纮。举茂才。有传。

晋

戴渊,举孝廉。有传。戴邈,举秀才。有传。刘颂,辟府掾。有传。华谭,举秀才。有传。高悝,辟书佐。有传。高嵩。悝子,辟秀才。有传。

南齐

高爽。举孝廉。有传。

唐

王式。贤良方正。有传。

宋

查道，贤良方正。有传。崔希甫，荐举。有传。胡瑗，荐举。有传。张方平，贤良。有传。吕士元，江都人。举明经，由醴陵尉历彭原、四会、太和、龙城令，皆有声。崔公度，荐举。有传。朱仙民，江都人。以荐举补国子四门助教。秦观，贤良。有传。刘大中。经明行修。有传。

明

蔡渊，江都人。由人材累官山东转运使。张汝霖，江都人。由人材累官山东参政。王信，江都人。由人材任陕西静宁县知县。李鸿渐，江都人。由文学征刑部尚书。苏大宗，江都人。由秀才任山东副使。曹昱，江都人。由人材任广东布政。胡贰，江都人。由人材任灵寿知县。朱敬，江都人。由人材任吉安府知府。曹寿，江都人。由人材任黄州知府。叶亨，江都人。由人材任桂林知府。韩琦，江都人。由人材任严州知府。杨仲安，江都人。由人材任汲水知县。谷琰，江都人。由人材任礼部尚书。宋从善，江都人。由人材任临川县丞。毕文焕，江都人。由人材任汾阳知县。朱希颜，江都人。由人材任登州知府。李亨，江都人。由人材任新昌县主簿。胡渊，江都人。由明经任本学训导。金元亮，江都人。由明经任陕西参政。蔡子玉，江都人。由明经任本学训导。吴宣，仪真人。由人材授山东高唐知州。严允中，仪真人。由人材授福建顺昌县丞。黄锡，仪真人。由怀材抱德任都察院经历。朱昶，泰兴人。由儒士[1]。有传。茅谊[2]，泰兴人。由儒士[3]。有传。汪广洋，高邮人。经明行修。有传。柏兼善，高邮人。由人材任户部主事。陈士雅，高邮人。举孝廉，任邠州知州。汤德，高邮人。由人材任苏州知府。邵善，高邮人。由人材任工部郎中。张长年，高邮人。举明经。有传。

1　下缺文。从本志卷一七《朱昶传》可知，朱昶任高邮训导。

2　"茅谊"，原本作"茅谱"，据本志卷一七改。

3　下缺文。从本志卷二《郡志县下》"茅公祠"可知，茅谊任都御史。

王敏，高邮人。由人材任江宁县丞。夏思忠，高邮人。以儒士任应天府尹。王震，高邮人。以儒士任本州儒学训导。顾煜，高邮人。由生员任西安知府。沈惟恕，高邮人。以儒士任浔州知府。柏观，高邮人，兼善子。以人材任武选郎中。杨文远，高邮人。以儒士任汶上知县。邵勉，高邮人。以人材官至山西参政。唐铎，高邮人。以人材任绍兴知府。李峋，高邮人。由贤良方正任永丰知县。龚显，高邮人。由经明行修任户部照磨。董佐，高邮人。由文学才行任余姚县丞。冯谅，兴化人。由人材累官刑部尚书。成琏，兴化人。由人材授代州学正，累官北平布政，赠吏部侍郎。陆谦，兴化人。由人材仕至湖广断事。顾坦，兴化人。由人材任松江府知府。陆闾，兴化人，谦子。由明经任楚府伴读。陆颙，兴化人，闾弟。由明经官礼部员外郎。顾博，兴化人，坦子。由人材仕至兖州知府。周暹，兴化人。由儒士任中书舍人。苏价，兴化人。由人材任鸿胪寺左寺丞。李皓，兴化人。由监生仕至山西按察使。颜师胜，兴化人。由人材任嘉定知州。袁复，宝应人。由人材任大理寺少卿。衡宇，宝应人。由生员历工部主事、梧州府同知。丁镛，宝应人。由生员任户部主事。朱嗣宗，宝应人。由儒士任淮安府学训导。梁彦思，宝应人。由孝廉任溧阳县知县。贾沂，宝应人。由人材任睢州判官。杨贤，宝应人。由人材任广州府同知。冀汝能，宝应人。由人材任武昌府同知。季英，宝应人。由人材任新城县知县。王敬，宝应人。由人材任上饶县知县。萧韶，宝应人。由人材任南昌县知县。茹信，宝应人。由人材任慈溪县主簿。石光霁，泰州人。由儒士任国子监博士。陆祈，泰州人。由人材任广东布政。马让，泰州人。由人材任河南参政。高以载，泰州人。由人材任兖州府知府。雷春，泰州人。由人材任浔州府知府。彭仲庸，泰州人。由人材任沔阳州知州。周仲光，泰州人。由人材任鲁山县知县。周黻，泰州人。由人材任江宁县知县。钱同，泰州人。由儒士任归安儒学教谕。昌哲，泰州人。由儒士任本州儒学训导。彭启明，泰州人。由儒士任本州儒学训导。周师善，泰州人。由儒士任本州训导。成性，泰州人。由儒士任本州儒学训导。盛德常，泰州人。由儒士任本州训导。刘庸，泰州人。由儒士任如皋县学训导。陈义，泰州人。由儒士任如皋县学训导。朱庸，泰州人。由人材任武定州判官。朱裕，如皋人。由人材任陕西布政。朱高，如皋人。由人材任刑部主事。马华，如皋人。由人材仕至湖广断事。[1]丛直，如皋人。由人材任山西榆次县丞。蔡诚，如皋人。由儒士任本县儒学训导。刘钜，如皋人。由儒士任本县儒学训导。黄通，如皋人。由人材任饶州府知府。薛仪，如皋人。由贤良方正任江西万安县丞。刘永，如皋人。通经茂材，

---

1 "仕至湖广断事"，《万历扬州府志》卷一五《人物志上》作"任浙江分水县丞"。

任山西按察佥事。李敬，通州人。举明经，任刑部尚书。刘文德，通州人。举明经，任广西佥事。顾岩，通州人。由明经任工部主事。昝仲玉，通州人。由人材任福建参议。赵逵，通州人。由人材任同知。丁仲信，通州人。由人材任代州同知。顾尚思，通州人。由人材任青田县丞。曹均济，通州人。由人材任平遥知县。姚思义，通州人。由人材任□县县丞。潘文彬，海门人。以人材任重庆知府。冯仲彰，海门人。由人材任镇远县丞。潘庸，海门人。由人材任给事。张谅。海门人。以人材任中书舍人。

科目

宋甲科

雍熙乙酉梁灏榜。查盛。泰州人。

端拱戊子程宿榜。查道。泰州人。有传。

己丑陈尧叟榜。周归贞。泰州人。

淳化壬辰孙何榜。周嘉贞，泰州人，归贞弟。查拱之。泰州人，盛弟[1]。

至道年无考。翟骧。江都人。有传。

咸平壬寅王曾榜。陈亚，江都人。光禄寺卿。周安贞，泰州人，归贞弟。陈知微。高邮人。有传。

天禧己未王整榜。仲简。江都人。天章阁待制。

天圣甲子宋郊榜。沈播，仪真人。有传。孙锡。仪真人。有传。

庚午王拱辰榜。张象中，江都人。与子宗彝、宗古联名中第，后象中直集贤院，宗古集贤校理。张宗彝、张宗古。见上。

景祐甲戌张唐卿榜。王惟熙，如皋人。有传。傅仪。仪真人。

宝元戊寅。吕溱，江都人，状元。有传。周孟阳。泰州人，归贞子。有传。

庆历壬午杨寘榜。姚原道，通州人。由县尉迁职方司郎中。周忻，仪真人。孙观，高邮人。汪泌，仪真人。张日用。通州靖海人。

丙戌贾黯榜。周涛，泰州人，归贞孙。张康侯，仪真人。朱弦，泰州人。李宫，仪真人。李洙，泰州人。吴或，仪真人。朱毖，泰州人。胡志康，如皋人，瑗子。杭州观察推官。

1　"弟"，《嘉庆重修扬州府志》卷三九《选举志一》作"侄"。

周定辞，泰州人，归贞孙。潘及甫，泰州人。有传。潘希甫，泰州人。张次山。通州人，日用子。有传。

皇祐己丑冯京榜。朱明之，江都人。征复，仪真人。孙觉，高邮人。有传。孙洙，仪真人。有传。徐纯，仪真人。刘杰，仪真人。孟演，泰州人。李况。泰州人。

癸巳郑獬榜。周涣，泰州人，归贞孙。查塾，泰州人，盛孙。胡思[1]中，泰州人。孙元常，仪真人。沈叔通，仪真人。吕开，仪真人。桑景舒。高邮人。善审百物音，知灾福。又精音律，尝制《虞美人曲》，对虞美人草鼓之，草动摇不已，今其曲行于世。

嘉祐丁酉章衡榜。周定民，泰州人，归贞孙。傅绎，仪真人，仪子。王观。如皋人。有传。己亥刘辉榜。王彭年，泰州人。上官经，泰州人。王觌。如皋人。有传。

辛丑王俊民榜。吴岐，高邮人。李去伪。泰州人。

癸卯许将榜。征贲。仪真人。

治平乙巳彭汝砺榜。沈季长，仪真人，播子。乔执中，高邮人。有传。孙览，高邮人。有传。孙昇，高邮人。有传。周注，泰州人，归贞孙。王松年，泰州人。李去非。泰州人。

丁未许安世榜。陈良，江都人。有学行，为乡里所推，初贡礼部，至是与子景山同登进士。良性孝，既登第，而念亲之不逮，乃叹曰："先子令力学起家，今墓木已拱，而予方登第，不及景山远矣。"仕终朝奉郎、秘书丞。景山终著作佐郎。有《秘丞集》藏于家。陈景山，见上。阎木，高邮人。乌江县令。查应辰，泰州人，盛曾孙。潘颖。泰兴人。建宁县令。

熙宁庚戌叶祖洽榜。秦定，高邮人。苏绩，仪真人。潘晔，泰兴人。左朝议郎。周裕。泰州人，归贞孙。

癸丑余中榜。沈铢，仪真人。有传。张汝贤，仪真人。有传。周種，泰州人。周秩，泰州人，種弟。有传。汪㑦，仪真人。周泌，泰州人。王之纯。泰州人。

丙辰徐铎榜。张康伯，扬州人。吏部尚书。潘颐，泰兴人。耿纯。泰州人。

元丰己未时彦榜。张康国，扬州人。尚书左丞。周祯，泰州人，归贞曾孙。周重，泰州人，归贞曾孙。潘颉，泰兴人。潘永页。泰兴人。

壬戌黄裳榜。姜猎，泰州人。潘颐，泰兴人。晏拯，仪真人。艾旱，仪真人。郭思。仪真人。

乙丑焦蹈榜。桑正国，高邮人。沈彦昇。泰州人。

---

1 "思"，《万历扬州府志》卷一五《人物志上》作"志"。

元祐戊辰李常宁榜。**陈端**，泰州人。**沈伯皋**，仪真人。**史声**，泰州[1]人。有传。**陈林**[2]。仪真人，铎子。

辛未马涓榜。**张汝明**，仪真人，汝贤兄。有传。**秦觏**，高邮人，观之弟。有传。**马永逸**，高邮人。英风爽气，卓然不群。初任鄞县主簿，至寿州教授卒。**张尧臣**。高邮人。

绍圣甲戌毕渐榜。**邵绘**。仪真人。

丁丑何昌言榜。**陈彦**，高邮人。**聂份**，仪真人。**桑观国**，高邮人。**李延光**，仪真人。**李彬**，泰州人。**郭观**，泰州人。**张智常**，泰州人。**郭元瑜**，泰州人。**俞授能**。通州人。

元符庚辰李奎榜。**张绩**[3]，仪真人。**王谌**。泰州人，之纯曾孙。

崇宁癸未霍瑞友榜。**沈思**，仪真人。**艾晟**，仪真人。有传。**林思明**，仪真人。**李俦**，泰州人。**王云**。江都人。有传。

丙戌。**蔡薿**，仪真人，状元。**张布**，仪真人。**徐天启**，仪真人。**郑球**，泰州人。**王涛**，泰州人。**李直中**，泰州人。**吕之才**，泰州人。**黄量**。仪真人。

大观丁亥[4]。**赵伦**，高邮人，状元。**马永卿**。高邮人。有传。

戊子王俣榜。**吴敏**。仪真人。有传。

己丑贾安榜。**刘大中**，仪真人。有传。**徐天民**，仪真人。**姜索**，泰州人，猎子。**李概**，泰州人。**吴安仁**。泰州人。

政和壬辰莫伦榜。**上官愔**，仪真人。**秦恺**，仪真人。**秦惇**，仪真人。**李正民**，江都人。有传。**孙金**，高邮人。**黄衮**。高邮人。

乙未何㮚榜。**刘湜**，仪真人。大中丞。**文浩**，泰州人。**丁邦哲**，泰州人。**陈博古**。通州人。

戊戌。**王昂**，江都人，状元。有传。**沈肇**，仪真人。**吴叙**，仪真人。**葛祐之**，仪真人。**齐景直**，仪真人。**邵傃**，仪真人。**吕夷则**，仪真人。**俞民献**。通州人。

宣和己亥上舍释褐。**王俊乂**。如皋人。有传。

辛丑何涣榜。**王居正**，江都人。有传。**刘大临**，仪真人。**李棠**，泰州人。**钱消**，泰州人。

1　"泰州"，《嘉靖惟扬志》卷一九《人物志上》、《万历扬州府志》卷一五《人物志上》作"如皋"。

2　"林"，《嘉靖惟扬志》卷一九《人物志上》、《万历扬州府志》卷一五《人物志上》作"桺"。

3　"绩"，《嘉靖惟扬志》卷一九《人物志上》作"缋"。

4　"大观丁亥"，原本倒作"丁亥大观"，据《嘉靖惟扬志》卷一九《人物志上》、《万历扬州府志》卷一五《人物志上》改。

郭显臣,泰州人。周方崇。泰州人。

甲辰沈晦榜。王亿,泰州人。王咸义,泰州人,惟熙孙。叶高荚,泰州人。徐注,仪真人。柳毅,仪真人。吕应中。仪真人。

建炎戊申。李易,江都人,状元。有传。朱汸,泰州人。薛邦彦,仪真人。魏涤,泰州人。王献民,泰州人。吕安上,泰州人。王彦存。泰州人。

绍兴壬子张九成榜。许叔微,仪真人。吴处诚,仪真人。仲并,江都人。有传。周播,泰州人,归贞曾孙。范良嗣,泰州人。俞民康。通州人。

乙卯汪应辰榜。周方雄,泰州人,归贞玄孙。沈昱。仪真人。

戊午黄公度榜。陈璹,泰州人。周际可。泰州人,归贞玄孙。

壬戌陈诚之榜。谭嘉言,泰州人,省试经魁。蓝晔。仪真人。

乙丑刘章榜。李衡,江都人。有传。周麟之,泰州人。有传。查琛,泰州人。刘奎,仪真人。李鼎,泰州人。郭景仁[1],仪真人。随兴祖,通州人。张嗣亨。仪真人。

戊辰王佐榜。陆思古,通州人。钟离松。仪真人。有传。

辛未赵逵榜。史正志,江都人。有传。沈洵,仪真人。查簻,泰州人,省试经魁,盛玄孙。张处厚。仪真人。

丁丑王十[2]朋榜。李三英,高邮人。袁澄,仪真人。郑茂,泰州人。王禹锡,泰州人。李安上。通州人。

庚辰梁克家榜。卞圜,泰州人。所著有《论孟大意》。蔡翔,泰州人。沈瀛,仪真人。丁时发,泰州人,廷对第三名。崔敦礼,通州人。崔敦诗。通州人。有传。

隆兴癸未木待问榜。孙祺。高邮人。有传。

乾道丙戌萧国梁榜。张德言,仪真人。顾友直。通州人。

己丑郑侨榜。张严,泰州人。参知政事。张伯温,泰州人。施康年。通州人。

壬辰黄定榜。吕洙,泰州人。赵万,仪真人。任岩叟。通州人。

淳熙乙未詹骙榜。谢岳。仪真人。

戊戌姚颖榜。赵默,高邮人。有传。王岐。泰州人,惟熙曾孙。

---

1 "仁"字原脱,据《嘉靖惟扬志》卷一九《人物志上》、《万历扬州府志》卷一五《人物志上》补。

2 "十",原本误作"一",据《嘉靖惟扬志》卷一九《人物志上》、《万历扬州府志》卷一五《人物志上》改。

辛丑黄田榜。周端节，泰州人，省试经魁。钱有嘉，仪真人。喻宾敖，泰州人。刘大正。仪真人。

甲辰卫泾榜。石大昌，仪真人。石应孙。仪真人。

丁未王容榜。王正纲，泰州人，惟熙玄孙。李应祥，徐与夷。仪真人。

绍熙庚戌余复榜。李起宗，陆峻。高邮人。

癸丑陈亮榜。令狐晋。仪真人。

庆元丙辰邹应龙榜。牛大年，江都人。有传。姜济时。泰州人，猎玄孙。

己未曾从龙榜。凌次英，高邮人。赵冲飞。泰州人。

嘉泰壬戌傅行简榜。张翼，仪真人。赵善瑃。仪真人。

开禧乙丑毛自知榜。孙侅，仪真人。萧应诚。泰州人。

嘉定戊辰郑自诚榜。田克悉，江都人。有传。陆镰，高邮人。王瓒。高邮人。

辛未赵大建榜。桑端，高邮人。龙基先。高邮人。

丁丑吴潜榜。杨端叔。泰州人。

癸未蒋重珍榜。宋朝英，泰州人。潘呈瑞。泰州人。

宝庆丙戌王会龙榜。田文虎。字炳叔，真州人。仕至枢密院检详，出知常州。居官极廉介，自奉甚澹泊，妻子惟衣布素。死之日，家无余赀。

端平乙未吴叔吉榜。陆象南。泰州人。

嘉禧戊戌周垣榜。韩希辅，仪真人。印应雷。

淳祐辛丑徐俨夫榜。印应飞，通州人。有传。汤大德。仪真人。

甲辰留梦炎榜。萧谷，泰州人。阮霖，泰州人。沈应龙。仪真人。

丁未张渊榜。谢翼孙。仪真人。

庚戌方逢辰榜。高桂。仪真人。

宝祐丙辰文天祥榜。胡拱辰，仪真人。陈士迈，海门人。吴县县丞。陈梦吴，仪真人。叶应之，海门人。高邮州学录。胡英。海门人。淮东制置司金判。

开庆己未周震炎榜。汤[1]大勇。仪真人。

咸淳戊辰陈文龙榜。祝人瑞，仪真人。沈迈。海门人。

1　"汤"，原本误作"杨"，据《嘉靖惟扬志》卷一九《人物志上》、《隆庆仪真县志》卷九《选举考》改。

辛未张镇孙榜。夏雷龙。仪真人。

元无考

明甲科

洪武乙丑花纶榜。邓祐,江都人。陈杰,高邮人。凤翔府推官。柏龄,高邮人。泾阳县丞。高迪。兴化人。广东昌乐县主簿。

丁丑陈安榜。顾彬。高邮人。兵科给事中。

庚辰胡靖榜。刘福,通州人。给事中。顾详,通州人。刑部主事。顾谦,仪真人。江西按察司金事。尹性[1]忠。海门人。陕西西安府同知。

永乐甲申曾棨榜。张英,江都人。镇远府知府。林正,江都人。吏科给事中。赵理,江都人。奉新县知县。黄惟正,江都人。楚府长史。黄用,如皋人。河阴县知县。马忠。兴化人。国子监助教。

丙戌林环榜。刘鉴,高邮人。平谷知县。时有猛虎,鉴祷于神,虎不为害。后改新郑学正。戈斌。通州人。任监察御史。

己丑萧时中榜。邵聪。如皋人。翰林院庶吉士。

乙未陈循榜。高毅,兴化人。有传。陈孚,海门人。户部员外郎。王珣,高邮人。监察御史。陈敏。通州人。贵州提学金事。

戊戌李麟榜。董璘,高邮人,会元。有传。撒祥,高邮人,会魁。陈彝,高邮人。谢泾,江都人。兵部员外郎。许鹏。如皋人。翰林院庶吉士。

辛丑曾鹤龄榜。高昭。字文昱,宝应人。授监察御史,后按部。所属有王府阴蓄异志,昭潜变服为星家,诣府与王语,令王吐实以告。昭讽其不利,辞去。未几,按至其地。王视之,乃昭也,大怖,谋遂寝。

甲辰邢宽榜。邵旻。通州人。大理评事。

正统壬戌刘俨榜。黄谏。高邮人,寓陕西兰县。翰林院学士,左迁广州府。归葬高邮。工诗文篆隶,所著有《书经集解》《兰坡集》。

景泰辛未柯潜榜。龚谦。高邮人。有传。

---

1 "性",《万历扬州府志》卷一五《人物志上》作"惟"。

甲戌孙贤榜。**徐宗**。通州人。有传。

天顺丁丑黎淳榜。**尹进**。江都人。户部主事,升按察司佥事。

庚辰王一夔榜。**张溥**,字彦博,瓜洲人。庶吉士,升大理左评事。**张鼐**,字尧臣,溥从子。南京吏部主事,刑部郎中,历登州知府、河南右参政。**曹英**,高邮人。**王震**,高邮人。河南归德州知州。**周铨**,兴化人。铜仁府知府。**陈奎**。海门人。户部员外郎。

甲申彭教榜。**孙蕃**。字景昌,江都人,中《礼记》魁。徽州知州,历邵武知府。居官洁己爱民,归囊萧然。

成化。**柳琰**,字邦用,仪真人。户部主事,监淮仓,拘怨中贵,谪南阳府判,转吉安府同知、嘉兴府知府,卒于官。有诗集四卷。**俞俊**,字舜卿,扬州卫人。南京兵科给事中,升广东按察佥事,转副使,卒于官。**丘俊**,字汉英,江都人。累官云南按察佥事。念母老,无他子弟侍养,即上疏乞归,诏许之,称孝缙绅间。**张文**,泰州人。有传。**张璘**,字敬修,泰州人。遂安县知县。以子承仁贵封主事。**李纪**,字用修,江都人。任连山县知县,擢监察御史有声,历陕西按察兵备副使。**马岱**。江都人。有传。

己丑张昇榜。**冀绮**,字文华,宝应人。举进士,授户部主事,历官应天府尹。绮性质直,有治才。为郎中时,总理边储,陈边务及时政二十余事。尹京兆,宿弊尽革,尝奏减邑中马五百余匹,人至今德之。**高铨**,江都人。有传。**张锐**,字退之,江都人。历官按察司副使,卒于官。**吴杰**。字廷臣,江都人。累官河南布政司右参政。

壬辰吴宽榜。**毛铉**,兴化人。刑部郎中。**陈璧**,高邮人。太仆寺卿。**张稷**。宝应人。监察御史。

乙未谢迁榜。**冒政**,字有恒,泰州人。累官都察院右副都御史,巡抚宁夏,守正不阿,刘瑾陷逮就狱,勒闲住。瑾诛,复其官,致仕卒。**陈相**,字子邻,泰州人。任蒲州知州,历南京户部郎中,升台州府知府,迁广西右参政卒。**张毯**。字世美,宝应人。凤翔府同知。

戊戌鲁彦榜。**葛萱**。字光庭,高邮人。监察御史,终陕西按察司佥事。

辛丑王华榜。**胡玉**,字方德,泰州所百户,胤子。任礼部主事,历员外郎郎中,升陕西管粮参政。**顾雄**。通州人。有传。

甲辰李旻榜。**储瓘**[1],泰州人。有传。**黄瓒**,仪真人。有传。**吴山**。字仁甫,高邮人。历南京刑部主事员外郎、吏部郎中。

1　"瓘",《嘉靖惟扬志》卷一九《人物志上》作"罐"。

丁未费宏榜。**方天然**,字希成,江都人。任江西太和令。**邵棠**,字民爱,通州人,有文学。任崇庆知州,累官陕西参政。**仲棐**。字与成,宝应人。由顺天乡试授庶古士、礼部主事。

弘治庚戌钱福榜。**仲本**,字与立,宝应人。顺天府乡试,累官陕西按察使。**马继祖**。如皋人。有传。

癸丑毛澄榜。**夏易**,江都人。任户科给事中,升福建按察金事。**卢瀚**,字文渊,江都人。授兖州府推官,政操敏肃,洗冤泽物,他郡狱多待决,郡人祠祀焉。行取为南道御史,凡所论列,并切大体。迁知岳州府,以疾乞归,寻卒。**高济**,江都人。工部主事转员外郎,卒于官。**夏璲**,高邮人。历官监察御史,升广东金事。**陈玉**,高邮人。历官兵部侍郎。**徐蕃**,泰州人。有传。**冒鸾**,如皋人。有传。**陈澍**。高邮人,璧子。任开封知府。

丙辰朱希周榜。**左唐**,江都人。有传。**赵鹤**,江都人。有传。**徐昂**,江都人。有传。**张羽**,泰兴人。有传。**张拱**,字文著,宝应人。任德兴县知县。**胡献**,兴化人。有传。**林正茂**,字孔时,泰州人。历官江西左布政。**周臣**,通州人。有传。**季春**。高邮人。监察御史,厘五屯田数万顷。历官大理少卿,决福建冤狱,多所平反。

己未伦文叙榜。**王轼**,江都人。有传。**朱应登**,宝应人。有传。**沙鹏**,字腾霄,江都人。任乐陵知县,选监察御史,升河南副使,转福建按察使。**凌相**。字忠甫,通州人。仕至副都御史。先居南道,尝论劾不职大臣数人。金宪广东,平寇有功。为卿辽东苑马寺,修筑边墙,复有功。两赐金币,再升俸级。巡抚湖广时,奏革镇守内监。材有能。闻卒,赐祭葬。

壬戌康海榜。**叶相**,江都人。有传。**吴阅**,字廷简,泰兴人。任行人卒。**何棐**,字辅之,泰兴人。任浦城知县,擢南道监察御史。时讨四川剧贼,用兵川、广,棐奉命纪功,以劳绩升南京太仆寺少卿,左迁江西兵备副使。致仕,卒。**朱嘉会**,字亨之,宝应人。任东昌府推官,累谳疑狱有声,擢兵部主事员外郎,改御史,升广信府知府。以御寇功,民为建祠立石。擢湖广兵备副使,卒于官。**杨果**。兴化人。有传。

乙丑顾鼎臣榜。**王俨**,江都人。有传。**盛仪**,江都人。有传。**高涝**,江都人,铨子。有传。**安金**,字汝砺,江都人。历兵科都给事中,累有建白,升右通政,清黄以年劳,升南京光禄寺卿,致仕卒。**张翀**,字鹏举,泰兴人,羽弟。任上高令,擢监察御史,升广信知府。**张承仁**,字元德,泰州人,瓛子。授刑部主事,改监察御史。**姚继岩**,通州人。有传。**夏历**。字国正,高邮人。任昌乐令。

正德戊辰吕楠榜。**景旸**,仪真人。有传。**凌楷**,通州人。有传。**于鏊**,字器之,贯滁州籍,仪真人。授监察御史,升湖广按察司副使、山东按察使。**王大用**。字时行,贯福建兴化卫籍,仪真人。历官右副都御史。

辛未杨慎榜。徐晋，江都人。有传。俞敦，江都人。有传。何棠，泰兴人。有传。陈应武，字光烈，高邮人。南京户部主事。韩鸾，字应和，泰州人。任南京大理寺右寺副，升廉州府知府，转按察司副使。王纪，泰州人。有传。储润。泰州人。有传。

甲戌唐皋榜。蒋山卿，仪真人。有传。陈辅，字汝翼，仪真卫人。工部主事，刑部员外，升广东按察司佥事。蒋承恩，字三锡，仪真人。严州府学教授，擢荣府长史。张惠羽。泰兴人。有传。

丁丑舒芬榜。崔桐，海门人。有传。高瀹，字新之，江都人。蒲州知州。著有《海西文集》。楼观，江都人。有传。孙峻，字克明，高邮人。授兵部主事。华湘，字原楚，泰州人。礼部主事，改光禄寺少卿，谪蒲州知州，历思恩府同知。季方。字子坤，贯振武卫籍，高邮人，春之子。中山西乡试，初翰林院庶吉士，授编修，出为河南左参议，转参政。

辛巳杨惟聪榜。高□，江都人。有传。吕纶，字君言，江都人。历官兖州府知府，致仕。王大化，字玄成，仪真人。少有俊才，举南畿解元，登进士，知高唐州，升嘉兴府同知，擢工部员外郎，迁刑部正郎。以执法忤当道，外补平定知州，遂乞以原官致仕。徐嵩，字中望，泰州人，蕃之子。历户部主事、员外郎、保定知府、湖广按察副使、山西参政，官至副都御史。钱铎。海门人。有传。

嘉靖癸未姚涞榜。马坤，通州人。有传。李梦周。海门人。有传。

丙戌龚用卿榜。方岑，江都人。有传。蒋应奎。江都人。中山西乡试。有传。

己丑罗洪先榜。曾铣。江都人。有传。

壬辰林大钦榜。林春，泰州所人。有传。桑乔，江都人。有传。贺恩，字君锡，仪真人。刑部主事，南京户部郎中，卒。张逊，字士敏，高邮人。工部郎中，升知府。陆期范，字任卿，兴化人。刑部观政。钱嶫，通州人。有传。王京。字得师，高邮人。任太仆寺丞。

乙未韩应龙榜。陈尧，通州人。有传。张旦，字子明，宝应人。任刑部郎中。沈良才。泰州人。有传。

戊戌茅瓒榜。曹守贞，江都人。有传。唐臣。兴化人。任监察御史。

辛丑沈坤榜。张习。字子翀，宝应人。户部郎中，左迁解州知州。

甲辰秦鸣雷榜。胡景荣，字子仁，江都人。中书舍人，户部员外郎，益府长史。王一阳，字子复，江都人。任刑部主事。朱曰藩。宝应人。有传。

丁未。李春芳，兴化人，状元。有传。何璿，字德齐，泰兴人。兵部主事。郝成性，字存甫，江都人。历刑部主事、员外郎中，升湖广金事参议。**李彬**，字国华，泰州人。任户部主事。**王陈策**，字师董，泰州人。诸暨知县，工部主事，广信知府。**孙衮**。如皋人，贯贵州籍。翰林院庶吉士，陕西道御史。

庚戌唐汝楫榜。**萧可教**，字子中，江都人。南京户部主事。**周岱**，字中望，泰兴人。南京刑部主事。**宗臣**，兴化人。有传。**张选**。高邮人。兵部员外，升江西按察司金事。

癸丑陈谨榜。**凌儒**，字子珎，泰州人。任至金都御史。**孙应鳌**，如皋人，贯贵州籍。翰林庶吉士，刑科右给事中。**史起蛰**。字德龙，江都人。任礼部主事。

丙辰诸大授榜。**袁随**，字民悦，通州人。会魁，仕至布政。**陈应诏**，泰州人。桐乡令，升南工部主事。**张胆**，高邮人。有传。**黄鹗**，字叔荐，泰州人。江西分宜知县，户部员外郎。**陈汲**，泰州人。刑部主事。**李承式**。泰兴人。钱塘令，升兵部主事，累官左布政，致仕。

己未丁士美榜。**鲍宗沂**，江都人。闽县令。**钱藻**，如皋人。礼部主事，累官光禄寺卿、通政使。**顾廷对**，泰州人。有传。**顾奎**，通州人。刑部郎中。**赵宋**，兴化人。历官行太仆寺卿。**解宋**。兴化人。历湖广参议。

壬戌申时行榜。**张守中**，高邮人。有传。**苏愚**，如皋人。历官江西左布政。**陈大壮**，通州人。山东左参政，致仕。**刘泮**。江都人。历官保定府知府，升山西按察司副使，卒。

乙丑范应期榜。**龚绂**，高邮人。锦衣卫经历。**顾养谦**。通州人。历官兵部戎政侍郎，兼右金都御史，经略朝鲜。

隆庆戊辰罗万化榜。**楼懋中**，江都人，观子。历官瑞州府同知。**张桐**，泰州人。南京兵部郎中。**蒋科**。泰州人。历官辽东参政。

辛未张元忭榜。**戴洪恩**，江都人。南京礼部主事。**陈大科**。通州人，尧之子。累官都察院右副都御史，巡抚两广。

万历甲戌孙继皋榜。**马洛**，如皋人。通判。**陈应芳**，泰州人，汲子。累官福建提学金事、太仆少卿。**袁应祺**。兴化人。户部主事。

丁丑沈懋学榜。**郭师古**，如皋人。户部主事，历陕西副使。**章润**，江都人。有传。**李植**。泰兴人，承式子。初授翰林院庶吉士，改江西道御史。以劾冯保超拜太仆寺少卿，复劾阁学士，谪知州。寻擢南京大理寺丞，累官光禄寺卿、都察院右副都御史、巡抚蓟辽。

庚辰张懋修榜。**阎士选**，江都人。会魁，南京户部郎中。**杨同善**。泰兴人。潞府长史。癸未。

丙戌唐文献榜。**盛稔**，仪真人。**李杜**。泰兴人，承式子。任礼部郎中。

己丑焦竑榜。宗名世，兴化人。国子监博士。袁九皋。通州人。河南巡按。

壬辰翁正春榜。徐来仪。兴化人。贵州提学金事。

乙未朱之蕃榜。徐天宠。江都人。真定县知县。

戊戌赵秉忠榜。李思诚，兴化人，春芳孙。选翰林庶吉士。黄建中，兴化人。授南阳推官。朱一冯，泰兴人。授信阳州知州。范凤翼。通州人。顺天教授。

辛丑张以诚榜。

甲辰杨守勤榜。郑茂华，江都人。广西巡抚。史启元，江都人。湖广道。张京元，泰兴人。江西提学道。魏应嘉，巡抚。王继美。俱兴化人。

丁未黄士俊榜。王纳谏，江都人。吏部。贾先春。高邮人。御史。

庚戌韩敬榜。陈爰谞，兴化人。李茂英。宝应人。

癸丑周延儒榜。赵时用，江都人。太常寺卿。刘弘宇，泰州人。吴甡，兴化人。东阁大学士。解学龙，兴化人。江西巡抚。白正蒙。通州人。行人。

丙辰钱士昇榜。张伯鲸，江都人。督饷侍郎。姜士望，仪真人。行人。张元芳，通州人。刘万春。泰州人。礼部祠祭司。

己未庄际昌榜。倪启祚，江都人。翰林院。倪文焕，江都人。李乔。兴化人。巡抚。

天启壬戌文震孟榜。解学夔，兴化人。李之椿，如皋人。吏部。冯上宾，如皋人。李柄，江都人。云南巡抚。王相说，泰州人。御史。李化民，高邮人。嘉兴府知府。于志舒，泰兴人。吏部。季寓庸，泰兴人。吏部。顾国宝，通州人。兵科给事。姜玉菓，通州人。知府。乔可聘。宝应人。陕西主试，官至御史。

乙丑余煌榜。王永吉，高邮人。吏部尚书。潘允谐，通州人。黄太玄，泰州人。杨中玄。兴化人。

崇祯戊辰刘若宰榜。姚思孝，江都人。庶吉士。徐耀，泰州人。礼科。李嗣京，兴化人。浙江巡按。解学尹，兴化人。兵科。田见龙，如皋人。冒起宗。如皋人。漕储道。

辛未陈于泰榜。阎汝梅，江都人。知县。郑元禧，仪真人。李清，兴化人。礼科。韩如愈。兴化人。兵科。

甲戌刘理顺榜。徐葆初，江都人。工部郎中。成友谦，海门人。御史。李长倩，兴化人。福建提学。王士英，兴化人。杨振甲，兴化人。许直。如皋人。吏部。

丁丑刘同升榜。孙鼎，江都人。大理部事。储堪，泰州人。宫继兰，泰州人，原名大壮。罗定兵备道。有传。曹鼎臣。如皋人。

庚辰魏藻德榜。

癸未杨廷鉴榜。梁于涘，江西万安县。王玉藻，兵科。宗灏，陕西平凉道。郑元勋，兵部职方司。郑为虹，俱江都人。御史。宫伟镠，泰州人，继兰子。检讨。包壮行。通州人。

皇清甲科

顺治丁亥吕宫榜。陈卓，江都人，字曼仙。由刑部郎中历四川提学道，终广右参政。李宗孔，江都人。四川主者，现任山东司郎中。谭希闵，江都人。湖州知府。朱克简，宝应人。巡按御史。孙自成，江都人。知县。孙宗彝，高邮人。吏部文选司。石玮，兴化人。季振宜，泰兴人。御史。杨藻凤，兴化人。湖南提学道。张宽，泰兴人。吕鸣纯，俱泰兴人。王榜，宝应人。李应轸，高邮人。陈忠靖，泰州人。给事中。徐我达。俱泰州人。知县。

己丑刘子壮榜。杨洁，兴化人。徐炟，兴化人。左布政。赵胤翰，兴化人。霸州道。王国玮，江都人。沔阳知县。盛治，江都人。历任河南管河兵备道、按察金事兼参议。张曰浣，泰兴人。季开生，翰林改给谏。李嘉胤，泰州人。知府。张之璧。通州人。山西运同。

壬辰邹忠倚榜。郭础，江都人。顺德知府。张标，惠河道。宋之儒，俱江都人。户部主事。俞铎，泰州人。试御史。易象兑，海门人。朱之焜，高邮人。万物育，高邮人。杨寅。兴化人。

乙未史大成榜。闵叙，广西提学道。郭士燦，俱江都人。国子监博士。许光震，泰州人。程天旋，通州人。丁其誉。如皋人。知县。

戊戌孙承恩榜。高凌云，浙江严州府推官。韩燧，湖广浏阳知县。韩日起，江都人。高晫，云南曲靖府推官。金怀玉，俱江都人。福建泉州府推官。张叙，江都人。苏州府吴县知县。万里侯。宝应人。

己亥徐元文榜。郑为光，字晦中，仪真籍，歙县人。钦授翰林院庶吉士教习清书，康熙登极，覃恩授文林郎上傅，改监察御史。陈志纪，泰州人。翰林院。周渔，翰林院。李为霖。俱兴化人。翰林院。

辛丑马世俊榜。赵景福，江都人。陈辅世，俱江都人。王复旦，仪真人。刘钦邻，仪真人。谢钰，高邮人。田显吉，泰州人，原名毓蕙。倪懋赏，江都人。陈以恂，兴化人。杨爔。宝应人。

甲辰严我斯榜。陆舜，泰州人。刘梁嵩，江都人。黎曜，兴化人。宗书，兴化人。

孙闳达。通州人。

明乡科

洪武甲子。李宏,江都人。国子学录。吴衡,泰州人。任学正。贾俊,如皋人。咸宁县教谕。高迪,兴化人。邓祐,江都人。陈杰,高邮人。柏龄,高邮人。陈翼。泰兴人。山东益都县知县。

丁卯。舒楚,江都人。徐麟。泰州人。

丙子。糜焕,仪真人。山东肥城县训导。张忠,通州人。平利县训导。倪端,江都人。刘斌,江都人。新昌令。陈让,高邮人。获嘉县教谕。吕昱,泰兴人。山西河津县主簿。郭观,如皋人。镇平县教谕。顾斌。高邮人。

己卯。张敬,江都人。四川佥事。彭真,仪真人。户部郎中。陈复,通州人。刑部主事。陈昇,通州人。广东道御史。王泽,通州人。刘福,通州人。顾谦,仪真人。陈立,仪真人。顾祥,通州人。尹惟忠,海门人。王宗学,宝应人。经魁,工部主事。冯铬,宝应人。蓬莱县知县。王翦,如皋人。陕西蒲城县教谕。张真,如皋人。廉州府同知。许孚,如皋人。工部主事。张英,江都人。蔡昇,如皋人。郿县教谕。林正,江都人。赵理,江都人。黄惟正,江都人。黄用,如皋人。马忠,兴化人。刘鉴。高邮人。

永乐癸未。俞黻,兴化人。河南南阳府通判。方进,兴化人。羽林左卫经历。徐庸,兴化人。南洛教谕。薛广,泰州人。河南怀庆府知府。陈益,泰州人。山东乐陵县教谕。邵义,通州人。登州府训导。时景华,仪真人。山东莱阳县训导。郜安,仪真人。高密县训导。陈志刚,通州人。山东青城县知县。陈聚,如皋人。抚宁县训导。冒祐,如皋人。寇县训导。许忠,如皋人。延安县训导。黄翔,泰兴人。掖县教谕。王立,泰兴人。汲县训导。邵聪,如皋人。袁茂宗。海门人。阜城教谕。

乙酉。高穀,兴化人。陈孚,海门人[1]。王珣,高邮人。李素,如皋人。麻城县教谕。王信,通州人[2]。戈斌,通州人。王义,泰州人。任河南安州同知。卜英,高邮人。南安府教授。朱宁,宝应人。任山西太原卫经历。王谧,宝应人。平湖县教谕。舒绅,兴化人。任湖广孝丰县教谕。许敬,兴化人。大邑县知县。董纶,泰兴人。获嘉县训导。陈昇,泰兴人。杨宗,泰兴人。

1　"人"字原脱,据文例补。

2　"州人"二字原脱,据《万历扬州府志》卷一五《人物志上》补。

忠义卫经历。纪绩，高邮人。刘顺。江都人。任山东馆陶县知县，交趾知府。

戊子。邹旭，江都人。兵马指挥，荆州、太原二府同知。车逊，高邮人。吏科给事中。李宽，泰州人。新乐县教谕。左德，江都人。刑部主事。张豫，江都人。任兖州府学训导。胡震，江都人。光禄寺监事。程鉴，江都人。全州训导。刘清。江都人。初授主事，升交趾琼江府知府。

辛卯。曹源，如皋人。任山西太原府教授。秦瓛，如皋人。交趾道御史。王璟，通州人。任山东沂水县教谕。徐卿，江都人。西华县教谕。徐定，江都人。刘旺，高邮人。蠡县教谕。叶思智，海门人。昌黎县教谕。周鉴。宝应人。

甲午。郑安，江都人。户部主事，迁广东惠州府知府。陈敏，通州人。董福，兴化人。俞进，泰州人。沈珩，泰州人。任湖广平江县训导。王珏，江都人。任山东平度州训导。谢雯，泰兴人。大名县知县。刘润，泰兴人。户部郎中。陈镛。宝应人。

丁酉。董璘，高邮人。王龄，仪真人。工部主事。庄玄，通州人。户部郎中。孙纯，通州人。广西道监察御史。戴礼，江都人。周府长史。陈益，江都人。浙江青田县教谕。徐城，泰州人。孟津县教谕。李永常，海门人。浙江平湖县教谕。冀宁，宝应人。新河县教谕。徐佖，兴化人。莘县教谕，翰林院侍书，九江同知。撒祥，高邮人。陈彝，高邮人。谢泾，江都人。许鹏，如皋人。高昭。宝应人。

庚子[1]。韩琪，江都人。青田县训导。张辑，江都人。国子监助教。秦镛，江都人。邓肃，如皋人。善化县教谕。吴衡，如皋人。蒙阴县教谕。蒋义，江都人。邵旻。通州人。

癸卯。杨颙，泰州人。经魁，教谕。李义，兴化人。平阴令。施敬，江都人。宜平县教谕。朱贞，江都人。山西汾州训导。刘诚，江都人。澧州同知。尹信，通州人。云南按察司经历。王震。江都人。兴化府同知。

宣德丙午。吴源，通州人。山东登州府知府。沈杰，通州人。博平县训导。桑愔，江都人。河南灵宝县训导。宋毓，兴化人。瓯宁县教谕。仝宇。泰州人。陕西平凉府教授。

己酉。王礼，泰兴人。庆符县知县。游悌，泰州人。顺天府训导。陈聪，泰州人。戎县训导。冯信，高邮人。四川蛾眉县教谕。张瓛，仪真人。徐良，仪真人。曹琳。通州人。任贵州布政司参政。

---

1 "庚子"二字原脱，据《万历扬州府志》卷一五《人物志上》补。

壬子。杨宁，江都人。任浙江嘉善县训导。张福，江都人。曲阳县教谕[1]。孙信，江都人。任济南府学教授，有文学名。俞斌，江都人。李荣，高邮人。任浙江建德县教谕。宋禧。泰州人。浦江县知县。

乙卯。张颀，泰州人。国子监助教，赠刑部郎中。陶滨，高邮人。景陵县教谕。王昱。江都人。任河南鹿邑县教谕。

正统戊午。周承，扬州卫人。郦镛，兴化人。光禄寺少卿。高鼎。宝应人。新河县教谕。

辛酉。李周，海门人，永常子。监察御史，巡按四川。抑豪右，激污吏，人称为"名御史"。卢源，泰州人。任山西大同府教授。王瓚，泰州所人。袭正千户。王珏，高邮人，珣从弟。任布政司经历。陆琼，高邮人。大理寺副，升袁州知府。戴瑾，通州人。山东单县训导。黄谏。高邮人。陕西乡试。

甲子。刘旸。兴化人。顺天府乡试。

丁卯。章玘，仪真人。仙居县教谕。李玘，江都人。德府伴读。王琳，江都人。云南思南府知府。王澄，泰州人。顺义县教谕。韩斐，泰州所人。监察御史，升浙江参政致仕，以清白著名。赵瑀，宝应人。任都司断事。张朴。江都人。国子监助教。

景泰庚午。周斌，江都人。陈禄，泰州人。浙江西安县训导，赠户部郎中。秦朴，泰州人。任山东蒙阴县训导。沈铎，泰州人。沔池县训导。朱暄，高邮人。四川道监察御史，转严州府知府。王奎，如皋人。汉川县知县。唐濬，泰兴人。弋阳县训导。张成。泰兴人。中书舍人。成化乙酉奉使朝鲜，赐一品服。高恒，江都人。扶沟令。吴璘，江都人。监察御史，升山西按察司副使。龚谦，高邮人。王经，江都人。监察御史，升四川按察司佥事。范澄，宝应人。陈端。仪真人。

癸酉。茂彪，江都人。王宁，通州人。张俊，仪真人。河南训导，升程乡教谕。时济，仪真人。光禄寺署丞[2]。戴璋，江都人。任江山县知县，升都察院都事。孙瀚，高邮人。湖广江夏县知县。唐杰，泰州人。郑敬，泰州人。任山东高唐县训导。李林，泰州人。吉水县知县。潘孜，海门人。任浙江遂昌县训导。徐宗。通州人。

丙子。李纪，海门人，永常子。任山东阳谷县知县。王玉，高邮人。戴正，江都人。尹进。江都人。

1　"教谕"，原本脱，据《嘉靖惟扬志》卷一九《人物志上》补。
2　"丞"，《嘉靖惟扬志》卷一九《人物志上》、《隆庆仪真县志》卷九《选举考》作"正"。

天顺己卯。钱宁，高邮人。张铭，泰州人。陈逵，泰州人。龙泉县训导。陈奎，海门人。左偬，江都人。沙县令。张冕，江都人。有传。曹靖，通州人。任山西大同府通判。张溥，江都人。张鼐，江都人。曹英，高邮人。王震，高邮人。周铨，兴化人。陈奎。宝应人。宁阳训导，迁吉安府通判。

壬午。孙蕃，江都人。靳玺，江都人。黄州训导。夏瓛，高邮人。延平府同知。李塾。高邮人。山东莱州府通判。

成化乙酉。柳琰，仪真人。张稀，宝应人。俞俊，扬州卫人。张瓛，泰州人。丘俊，江都人。马岱，江都人。李纪，江都人。袁富，江都人。中江教谕，祀名宦祠。冀绮。宝应人。

戊子。高铨，江都人。张锐，江都人。吴杰，江都人。张稷，宝应人。陈璧，高邮人。朱文昌，如皋人。黄用，仪真人。兵部郎中。巫俨，仪真人。孟县知县。潘容。仪真人。

辛卯。毛铉，兴化人。陶成，宝应人。有传。张瓒，宝应人。莒州同知。陆銮，兴化人。何瓒，泰州人。有文名，缙绅推重，任江西广昌县知县。徐信，江都人。上蔡令。李景华。江都人。卢龙县知县。

甲午。冒政，泰州人。陈相，泰州人。商清，扬州卫人。麻城知县。胡纲，通州人。南昌府判。许鼎[1]，扬州卫人。历知荆门、绵、缙三州，升漳州府同知。马越，江都人。茶陵知州。杨理。扬州卫[2]人。浙江长兴县知县。

丁酉。葛萱，高邮人。金英，泰州人。顾雄，通州人。刘汉，高邮人。金琇，江都人。保康令，制行端谨，政事精练，百姓祠祀之。胡玉，泰州所人。韦经，高邮人。方天然，江都人。朱讷，宝应人。历知三县，封南京户部郎中。张呆。海门人。

庚子[3]。夏易，江都人。吴山，高邮人。王钧，扬州卫人。邵溥，江都人。冒鸾，如皋人。盛端，通州人。南京户部郎中。黄瓒，仪真人。陈德，高邮人。何梓[4]。泰兴人。都司断事。

癸卯。储罐[5]，泰州人，解元。王滢，江都人。任南平知县，卒于官。有惠政，民立祠祀之。郑祯，江都人。衡州府推官，有政声。邵棠，通州人。陆进，兴化人。中顺天府乡试。周端，高邮人。任景陵知县。李士元。高邮人。任国子子监学录。

---

1 "鼎"，《嘉靖惟扬志》卷一九《人物志上》作"鼐"。

2 "扬州卫"，《嘉靖惟扬志》卷一九《人物志上》作"江都县"。

3 "子"，原本误作"午"，据《嘉靖惟扬志》卷一九《人物志上》改。

4 "何梓"，《嘉靖惟扬志》卷一九《人物志上》列"弘治己酉二年"下。

5 "罐"，原本误作"瓘"，据《嘉靖惟扬志》卷一九《人物志上》改。

丙午。高济，江都人，经魁。陈谟，江都人。义乌令。姜普，江都人。庐州府训导，持身洁而诲人勤。既归，诸生请祀名宦。卢钦，泰州人。仲柴，宝应人。顺天乡试。夏璲，高邮人。蒋矿[1]，仪真人。王琦。兴化人。宝坻县教谕。

弘治己酉。仲本，宝应人。中顺天府乡试。马继祖，如皋人。李梁，海门人，周子。卢瀚，江都人。王俨，江都人。冀业，宝应人。周溥，泰州人。任余杭县教谕。曹琰，通州人。中顺天府乡试。陈伟，兴化人。上犹县知县。陆举，兴化人。任善化县知县。王文瀚，高邮人。泗水教谕。李镇，高邮人。任建[2]宁县知县。陆钧。高邮人。

壬子。吴璲，江都人，经魁。任南安府通判。张宪，江都人。任永平府推官，历南京户部郎中。王轼，江都人。安金，江都人。赵鹤，江都人。徐蕃，泰州人。丘光大，高邮人。顺天府乡试，任南丰县知县。胡献，兴化人。陈济，仪真人。南户部郎中。胡宗海，通州人。淄川县知县。夏梁，高邮人。云南安[3]远令。夏历，高邮人。张翀，泰兴人，羽弟。张拱，宝应人。王颉。宝应人。

乙卯。叶相，江都人。张羽，泰兴人。王大用，仪真人，贯福建兴化卫籍。于鳌，仪真人，滁州籍。吴阅，泰兴人。徐昂，泰兴人。王镐，江都人。历河间[4]、饶州二府推官，四川广安知州。左唐，江都人。田璁，江都人。任山西代州知州。张承仁，泰州人。林正茂，泰州人。凌相，通州人。吴玺，通州人。临海县知县。周臣，通州人。季春。高邮人，贯振武卫籍。

戊午。盛仪，江都人。杨果，兴化人。陈镧，泰兴人。福州府同知。朱应登，宝应人。石云，扬州卫人。浙江绍兴府通判。朱嘉会，宝应人。张桓，仪真人。萧山令[5]。宋贵，如皋人。杨本，江都人。沙鹏，江都人。景旸。仪真人。

辛酉。马云翱，江都人。未仕，卒。王伟，江都人。枣阳令致仕。高涝，江都人。范韶，宝应人。有传。衡准，宝应人。番禺县知县。冒良，泰州人。宁波府通判。方禾，泰州人。运司判。白鸾，仪真卫人。肇庆同知。何棠，泰兴人。何柴，泰兴人。杨瑾，通州所人。临淄知县。

1 "矿"，《嘉靖惟扬志》卷一九《人物志上》、《隆庆仪真县志》卷九《选举考》作"镔"。
2 "建"，原本脱，据《嘉靖惟扬志》卷一九《人物志上》补。
3 "定"，原本误作"安"，据《嘉靖惟扬志》卷一九《人物志上》改。
4 "间"，原本误作"涧"，据《嘉靖惟扬志》卷一九《人物志上》改。
5 "令"，《嘉靖惟扬志》卷一九《人物志上》、《隆庆仪真县志》卷九《选举考》作"县学教谕"。

甲子[1]。姚继岩，通州人。沈相，宝应人。义乌令。王敞，泰州人。南京左府经历，九江府同知。为政宽平，清戎有法。署广信府事，俱著能声。乔迁，宝应人。严州府同知。姜辂，海门人。任柳[2]州知州，九江府通判。何珊。泰兴人。

正德丁卯。陈言，江都人。有传。张羽惠，泰兴人。华湘，泰州人。储洄，泰州人，罐[3]侄。凌楷，通州人。魏修，兴化人。任蕲州知州。陈霈，泰兴人。姜芳。仪真人。福宁知州，改连州。

庚午。马惠民，江都人，越之子。江西南安府推官。徐晋，江都人。黄永椿，江都人。陕西武功县教谕。俞敦，江都人。韩鸾，泰州人。陈应武，高邮人。王纪，泰州人。丘节，通州人。孙峻，高邮人。沈本，兴化人。陈辅，仪真卫人。沈尚经，高邮人。中云南乡试，任刑部主事。许继，仪真人。叶明。仪真人。任黄冈县教谕。

癸酉。王大化，仪真人，解元。蒋山卿，仪真人。马驸，江都人，岱子。问学该博，刻志为古文词。任河南武陟县知县，卒。马骒，江都人，驸之弟。授浙江嘉善县教谕，未任卒。周恕，江都人。性乐易，爱贤恤困，以友义闻，未仕，卒。张綖，高邮人。湖广武昌府通判，升知州。蒋承恩，仪真人。顺天乡试。顾盘，通州人。有传。徐著。高邮人。

丙子。崔桐，海门人，解元。高瀹，江都人。沈珠，江都人。有传。郑道，江都人。山东兖州府同知，福建运司同知。楼[4]观，江都人。徐嵩，泰州人，蕃子。姚介，泰州人。费曾，泰州人。马坤，通州人。许承厚，通州人。成举，兴化人。白经，仪真卫人。任仁和县知县。高桂，宝应人。德州知州。王勋，宝应人。宁乡县知县。杨奇逢，宝应人。任六安州学正。何桐，泰兴人。邵[5]周先，高邮人。季方。高邮人，春子。山西乡试。

己卯。李时芳，扬州卫人。任江西高安县知县。马舜民，江都人。江夏县知县。高潕，江都人。方岑，江都人。高相，江都人。吕纶，江都人。唐伯健，泰州人。朱轼，泰州人。知县。陆期范，兴化人。王臣，兴化人。九江府通判。马绅，如皋人。祁澎，宝应人。杨奇遇，宝应人。孙本，通州人。孝丰县知县。马节，通州[6]人。有传。钱铎，海门人。李梦周。海门人。

1　"甲子"原脱，据《嘉靖惟扬志》卷一九《人物志上》补。

2　"柳"，《嘉靖惟扬志》卷一九《人物志上》作"郴"。

3　"罐"，原本误作"瓘"，据《嘉靖惟扬志》卷一九《人物志上》改。

4　"楼"，《嘉靖惟扬志》卷一九《人物志上》作"叶"。

5　"邵"，《嘉靖惟扬志》卷一九《人物志上》作"邰"。

6　"通州"，《嘉靖惟扬志》卷一九《人物志上》作"宝应"。

嘉靖壬午。王镗，扬州卫人。性淳谨，好学，未仕，卒。卞嵩，江都人。未仕，卒。王僎，字应仁，江都人。授叙州同知，历官十五年，清苦一节，终身不渝。既解组归，足迹未尝一及公府。老而益贫，至无以为家。王暄，兴化人。抚州府通判。沈震，兴化人。茆观，宝应人。兴国县知县。陈尧，通州人。黄河，通州人。南道监察御史。孙良德，通州人。唐纯，泰州人。湖州府同知。沙稷，仪真人。

乙酉[1]。张敖，江都人。未仕，卒。王一阳，江都人。仲言永，宝应人。丁鹏，如皋人。兖州府通判。朱祚，高邮人。张道，高邮人。袁杉，泰州人。李湘。泰州人。

戊子。曾铣，江都人。徐麟[2]，泰州人。邢大道，江都人。临清州知州。王辅，江都人。袁株，兴化人。林春，泰州所人。陈璧，江都人。达之孙。杨启芳，宝应人。胡介，通州人。东阳县知县。沈良才，泰州人。钱嵘，通州人。张逊。高邮人。

辛卯。桑维乔，江都人，经魁。马自强，江都人。王汝襄，江都人。乐清县知县。李春芳，兴化人。曹守贞，江都人。宗周，兴化人。阎傅，江都人，贯陕西清涧籍。褚宗禄，江都人。王延祀，江都人，贯陕西巩昌籍。史起蛰，江都人。朱曰藩，宝应人，应登子。贺恩，仪真人。王京，高邮人。顺天府乡试。臧镜。仪真人。

甲午。薛应元，江都人。瞿州府同知，升员外。徐槃，江都人。饶州府通判。黄鉴，仪真人。张旦，宝应人。张榘，仪真人。陈国光，仪真人。张选，高邮人。邹充，兴化人。党绪。高邮人。

丁酉。顾奎，通州人。仲承祚，宝应人。高履谦，宝应人。潮城县知县。李彬，泰州人。周崇儒，泰兴人。文学行谊，素重乡评。同知临江府，诸名士皆从受经，政尚平简，尤励清节云。保钦，通州人。陈应迁，泰兴人，镧之子。绍兴府通判。黄鹗，泰州人。胡景荣，江都人。中顺天府乡试。陈元甫。如皋人。顺天府乡试。

庚子。何坚，江都人。有传。袁滨，通州人。有传。樊灌，扬州卫人。普安州知州，进阶亚中大夫。醇谨慈和，能甘淡泊，乡评推重，屡举乡饮。蔡勋，泰州人。王陈策，泰州人。周岱，泰兴人。袁梦[3]龙，兴化人。张胆，高邮人。张习，宝应人。张鸣鹤。海门人。顺天乡试。城县令。

癸卯。萧可教，江都人。崔绖，江都人。有传。焦烺，泰兴人。四川德阳令。何璿，

1　"乙酉"，原本脱，据《嘉靖惟扬志》卷一九《人物志上》补。

2　"麟"，《嘉靖惟扬志》卷一九《人物志上》作"麒"。

3　"梦"，《嘉靖惟扬志》卷一九《人物志上》作"孟"。

泰兴人。蔡券,泰兴人。行唐令。李邦宪,海门人。四川大竹令。成相,海门人。连州知州。龚元成,高邮人,勋子。凌儒,泰州人。孙褒,如皋人。中贵州乡试。张绘。高邮人。中顺天府乡试。定海县知县。

丙午。刘泮,江都人。陈完,通州人。张应登,江都人。杨守诚,江都人。有传。张淳,泰州人。湖广松滋县知县。曾三省,仪真人。袁巍,泰州人。李庭桂,海门人。缪垓,泰州人。郝成性。江都人。中顺天府乡试。

己酉。宗臣,兴化人。卞晔,江都人。赵宋,兴化人。鲍宗沂,江都人。杨乾,通州人。平原县教谕。袁随,通州人。朱润身。泰兴人。

壬子。楼枞中,江都人。戴洪恩,江都人。殷三聘,江都人。任兴化府通判。薛应征,江都人,应元弟。未仕,卒。唐朴,江都人。中陕西乡试,浑源知州。李承式,泰兴人。中山西乡试。张燋,泰兴人。金汝砺,高邮人。姚韶,高邮人。解宋,兴化人。唐洪度,泰州人。姚尚宾。海门人。

乙卯。华岱,江都人。临清州知州。周诗,江都人。鄮县令。赵堪,江都人。孙云,江都人。张本,仪真人。张守中,高邮人。龚绂,高邮人。顾仕,兴化人。王中孚,兴化人。顺天府乡试。陈汲,泰州人。陈应诏,泰州人。唐可大,泰州人。吴邦奇,通州人。凌飞鸾,通州人。张柱。通州人。

戊午。黄承恩,江都人。授襄阳令,丁忧,补范县令,俱有德政。归之日,众民哭声振野。范伯荣,江都人,休宁县籍。任永平府同知。顾廷对,泰州人。钱藻,如皋人。宗傅,如皋人。孙应鹏,如皋人。中贵州乡试。顾养谦,通州人。陈大科。通州人。

辛酉。喜金,江都人。饶州府通判。全淑滋,江都人,休宁县籍。未仕,卒。詹尚友,高邮人。中顺天府乡试。李如华,兴化人。建德令。李存文,泰州人。张桐,泰州人。苏愚,如皋人。陈大壮。通州人。

甲子。章润,江都人。吴从周,江都人。卞应龙,江都人。中顺天府乡试。未仕,卒。李子成,兴化人。张然,泰兴人,羽惠之孙,标之子。倜傥奇伟,豁达好施,才名、德望遍于海内。不禄,早逝,士林痛之。蒋科,泰州人。林曜,泰州人。宋启文,泰州人。王郜,如皋人。陈纯。通州人,敏五世孙。授巨野县知县。

隆庆丁卯。胡文衡,江都人,歙县籍。任磁州同知。李大化,江都人。方可畏,字子闻,江都人。为诸生,雅负气节。会当道议增江都赋役,可畏争之,力语侵当道,几罹其害,事竟寝。乡人至今称之。授平原知县,大有惠政。未几,卒于官。刘时雍,泰州人。马洛,如皋人。袁九皋,通州人。崔允升。海门人。

庚午[1]李大谦,江都人。任随州知州。丁盛世,江都人。周必孝,泰兴人。忠诚粹白,初任河内教谕,典试陕西,识拔俊髦,升古田尹,卒,惜未竟施。袁应祺,兴化人,中顺天亚魁。秦丹,高邮人。王思贤,字霖佐,陕西长安籍。父葇,商扬州,留家焉。思贤由运司试补宝应诸生中式,除高州推官,流言谪广西布政司知事,卒于官。汤执中,宝应人。丁弘道,泰州人。彭大翱,通州人。徐春,兴化人。陈应芳。泰州人,汲子。

万历癸酉。卞芜,字伯野,江都人。授肥城令,以入觐,卒于京。李柷,仪真人。何金声,泰州人。任惠州府通判。何𨰥,泰兴人。安平县知县。单应雷。通州人。

丙子。褚绍科,江都人,宗禄孙,更名盛明。国子监学录。程德新,江都人,歙县籍。袁世科,泰州人,魏子。张继茂,泰州人,承恩子。吴三畏,兴化人,亚魁。杨同善,泰兴人。朱光先,江都人。张肖孙,江都人,顺天府经魁。有传。李植,泰兴人,承式子。中山西乡试。戴思聪。泰兴人。

己卯。阎士选,江都人,经魁。汤熙载,江都人。镇江籍。盛稔,仪真人。袁应辰,兴化人。姚世光,通州人。江腾蛟,通州人。姚更生,兴化人。中陕西乡试。李杜。泰兴人,承式子。中山西乡试。

壬午。徐天宠,江都人。刘廷试,仪真人。黄建中,兴化人。徐来仪,兴化人。钱兆闽,通州人。郝道行,江都人。中顺天乡试,任顺天府推官。

乙酉。李大畏,江都人,歙县籍。高思时,仪真人。钱见道,高邮人。詹文轸,高邮人。杜阶,高邮人。宋应昌,高邮人。阎士聪,兴化人,士选弟。冒日乾,如皋人。顾懋贤。通州人,养谦子。顺天乡试。

戊子。陈人龙,江都人。胶州学正。陈辅尧,江都人。曹弘台,江都人。未仕,卒。夏应芳,江都人。何钲,泰兴人。刘崇正,仪真人。建阳教谕。宗名世,兴化人。姚惟一,海门人。李奇逢,海门人。张世维,海门人。李思诚,兴化人。中顺天府乡试。宋应奎,通州人。李楫。泰兴人,承式子。山西乡试。

辛卯。徐洪玺,江都人。叶荣本,高邮人。盛以进,海门人。李思敬。兴化人。中顺天乡试。

1　"庚午",原本脱,据《嘉靖惟扬志》卷一九《人物志上》、《万历扬州府志》卷一五《人物志上》补。

甲午。刘学诗,仪真人。程云鹏,仪真人。陈廷策,仪真人。周绍芳,泰兴人。魏应嘉,兴化人。刘永澄,宝应人。刘有光。泰州人。中顺天乡试。

丁酉。姚之典,江都人,歙县籍。阎汝梅,江都人,士选子。汪献忠,江都人,歙县籍。赵时用,江都人,休宁籍。徐霖,兴化人。王继美,兴化人,顺天试。何龙图,江都人,中陕西解元。戴思敬,泰兴人。何南金,泰兴人。朱一冯,泰兴人。陈九锡,高邮人。李自华,高邮人。桑维藩,宝应人。袁懋真,泰州人,世科子。范凤翼。通州人。

庚子。

癸卯。王纳谏,解元。史启元,郑茂华,钱嘉谊,俱江都人。阮应芳,高邮人。新兴县知县。杜方生,泰州人。李之达。海门人。知州。

丙午。孙兆隆,江都人。常山县。朱家民,江都人。左布政。靳天颜,江都人。知县。汪元徵,仪真人。李犹龙,如皋人。江延历。通州人。

己酉。倪启祚,阎汝梅,雷震鳌,俱江都人。刘万春,泰州人。潘允谐,通州人。张元芳,通州人。王可进,通州人。长寿知县。陈徜虞,高邮人。李化民,高邮人。吴牲,高邮人。孔元德。仪真人。贵州中试。

壬子。郝景春,江都人。房县知县。张伯鲸,江都人。白正蒙,通州人。张京诏,泰兴人。解学龙,兴化人。陈爰谋,兴化人。吴国礼。如皋人。

乙卯。游扬,知州。张宿,潜山教谕。何其瑞,俱江都人。沈嗣振,高邮人。福建同知。包壮行,姜山斗,俱通州人。姜士望,仪真人。李长华,解学夔,俱兴化人。大美。如皋人。

戊午。朱文鼎,江都人。南充知县。顾国宝,通州人。宫大壮,泰州人。朱名世,海门人。李乔,兴化人。冒起宗。如皋人。

天启辛酉。王相说,泰州人。杨允升,通州人。兵部司务。姜玉菓,通州人。李之椿,如皋人。蔡廷谏,海门人。戴思敏,泰兴人。李自强,泰兴人。李长敷,兴化人。李清。兴化人。

甲子。王道隆,江都人。郑元勋,江都人。王永吉,高邮人。王效道,通州人。领授刑部主。季士骏,通州人。徐耀,泰州人。黄太玄,泰州人。刘一诚,泰州人。程绍儒,仪真人。杨中玄。兴化人。

丁卯。高孝志,江都人。信阳知州。纪廷荐,泰州人。刘懋贤,泰州人。郑元禧,仪真人。成友谦,海门人。解学尹,兴化人。杨振甲,兴化人。李长倩,兴化人。许晋,兴化人。李长似，兴化人。姚思孝。江都人。

崇祯庚午。梁于涘，江都人。王士英，兴化人。张文彀，兴化人。魏应周，兴化人。韩如愈，兴化人。朱长康，通州人。程名世，仪真人。胡长澄，高邮人。刘炎，泰兴人。张豸。泰州人。

癸酉。徐葆初，江都人。姜承宗，江都人。孙鼎，江都人。吴明卿，江都人。进贤知县。张之璧，通州人。储堪。泰州人。

丙子。蒋善，江都人。吴与齐，仪真人。沈奕琛，高邮人，云南籍。河南兴屯道。李默，泰兴人。陈履忠。兴化人。

己卯。汪蛟，仪真人。沈奕玮，高邮人。李黯，扬州人。张映室，仪真人。李长祚，兴化人。张之珍，通州人。汤三重，通州人。顺天中试。陈世祥，通州人。新安知县。田毓蕙。泰州人。

壬午。郑为虹，仪真人。王玉藻，江都人。俞铎，泰州人。宫伟镠，泰州人。季来之，泰州人。张班，宝应人。潘煜如，宝应人。戴祜。泰兴人。知县。

皇清乡科

顺治乙酉。谭希闵，江都人。顾玳，江都人。知县。郭础，江都人。林中桂，韩城知县。熊敏慧，俱江都人。李滢，高邮人。易象兑，海门人。厉士贞，仪真人。丁日乾，泰州人。陈有度，通州人。杨演，兴化人。朱克简。宝应人。

丙戌再行科举。陈卓，江都人。李宗孔，江都人。孙自成，江都人。张宗，江都人。张标，江都人。阎北仪，江都人。黎曜，兴化人。陈嘉会，江都人。冀州知州。徐我达，泰州人。陈忠靖，泰州人。王相吕，泰州人。睢宁教谕。袁仍獬，通州人。王綦隆，通州人。石玮，兴化人。范之俊，宝应人。刘师峻，江都人。孙宗彝，高邮人。陈适，高邮人。孙开先，高邮人。建宁府推官。李应轸，高邮人。林文学，仪真人。工部员外。于之寅，泰兴人。汪彬，宝应人。赵开雍，宝应人。南安同知。汪榜。宝应人。

戊子。卞颖，江都人。李宗说，江都人。宋之儒，江都人。王澄，江都人。闵叙，江都人。史以遇，江都人。刘彦初，江都人。和州知州。盛治，江都人。王复旦，仪真人。蒋廉荣，仪真人。李嘉徿，泰州人。俞釪，泰州人。陕西推官。黄鐈，泰州人。湖广宁远县知县。张茂枝，泰兴人。杨洁，兴化人。徐炟，兴化人。李渌，改名为霖。朱徵，兴化人。李汴，兴化人。陈铉，宝应人。桑体乾。宝应人。

辛卯。倪懋赏,江都人。陈王陛,江都人。张元名,江都人。高凌云,江都人。徐化民,江都人。丁祚端,江都人。太平府教谕。常典,江都人。朱之琨,高邮人。万物育,高邮人。刘懋勋,泰州人。朱淑熹,泰州人。陈凝祉,泰州人。刘之勃,通州人。程天旋,通州人。陈以洵,兴化人。李挽河,兴化人。丁其誉,如皋人。许恺,如皋人。韩爆。江都人。

甲午。郭士璟,江都人。盛于亮,海门人。王显德,高邮人。王容德,高邮人。萧举,高邮人。汪灿,江都人。许光震,泰州人。陈伯龙,泰州人。陆舜,泰州人。周渔,兴化人。季春雷,韩日起。江都人。

丁酉。丛中蕴,如皋人。赵景福,江都人。陈辅世,江都人。徐元美,江都人。史奭,江都人。于元璜,江都人。杨尔时,泰州人。陈志纪,泰州人。朱扶上,泰州人。马振飞,通州人。王兆陞,通州人。陈熊耳,高邮人。谢钰,高邮人。王树德,高邮人。孙寀臣,高邮人。宋骧,高邮人。季贞,泰兴人。宗书,兴化人。黄升,兴化人。李藻先。宝应人。

庚子。郭士琦,江都人。郑为光,仪真人。刘梁嵩,江都人。龚玉,江都人。张坛,江都人。谢廷爵,江都人。蒋以敏,江都人。王孙馭,泰州人。孙阂达,通州人。彭□□,通州人。李鑰,江都人。高以位,江都人。汤彭年,江都人。刘钦邻。仪真人。

康熙癸卯。韩弋,江都人。刘长发,江都人。汪士裕,江都人。王宾,江都人。张瑾,江都人。张楷,江都人。史继鳝,江都人。朱陶,江都人。汪懋麟,江都人。陈启贞,仪真人。贾良璧,高邮人。贾其音,高邮人。殷鼎,高邮人。李元圃,海门人。张琴,泰州人。丁人杰,通州人。陈鼎元,通州人。顺天中试。杨务,兴化人。宗范,如皋人。乔莱。宝应人。

岁贡

洪武十七年。高鼎,江都人。蔡新,江都人。监察御史。余佐,仪真人。周冕,泰兴人。云南布政。杜以敬,高邮人。武邑令。杨允,宝应人。江西副使。丘思齐,泰州[1]人。监察御史。姚裕,如皋人。周士亨。通州人。兴平知县。

十八年。黄义,江都人。刘清,江都人。谅江府知府。韩原,仪真人。常琳,泰兴人。魏英,高邮人。任户部员外郎。范琦,兴化人。湖广佥事。贾以绘,宝应人。石巩,泰州人。

---

1 "州",《嘉靖惟扬志》卷二〇《人物志下》作"兴"。

交河令。朱文振，如皋人。乐平县主簿[1]。许永泰。通州人。福建都司断事。

　　十九年。李皓，江都人。沙铸，江都人。李溥，仪真人。陈远，泰兴人。蒋彝，高邮人。福建参[2]政。邵斌，兴化人。永宁知县。张彬，宝应人。徐轼，泰州人。吴旵，如皋人。常德府通判。尹玄，通州人。左府都事。秦演。海门人。济南府通判。

　　二十年。袁福，江都人。郭敬，江都人。吴杰，仪真人。余贤，泰兴人。邵衡，高邮人。汤阴训导。柯荣，高邮人。监察御史。潘肇，宝应人。刘仁，泰州人。大理评事。邓世英，如皋人。宋礼，通州人。都[3]司断事。陈良祐。海门人。广西参政。

　　二十一年。朱翊，江都人。董让，江都人。刘志[4]学，仪真人。翟善，泰兴人。有传。李辂，高邮人。监察御史。尹礼，宝应人。刑部主事。刘继业，泰州人。冒桧。如皋人。监察御史。

　　二十二年。赵琮，江都人。山东佥事。梁文，江都人。尹衡，仪真人。吴贤，宝应人。象山令。吴信，泰州人。许澄，如皋人。窦承芳，通州人。董纯。海门人。晋江知县。

　　二十三年。庞复，江都人。李忠，江都人。徐循理，仪真人。沈宏，泰州人。南宁府知事。吴文，如皋人。包真，通州人。光禄寺署丞。蔡新。海门人。即墨县丞。

　　二十四年。李昶，江都人。花韶，江都人。潘齐，泰兴人。徐懋，兴化人。高唐州学正。沈中[5]，泰州人。吴正，如皋人。姚俊，通州人。郁守。海门人。任鸿胪寺序班。

　　二十五年。赵璞，江都人。李士荣，高邮人。任庆云县知县。杭诚，高邮人。张瑄，兴化人。浙江卫知事。范纯，宝应人。礼部主事。严进，泰州人。御史。夏恭，如皋人。益都令。彭常。通州人。山东参议。

　　二十六年。方安，江都人。徐中[6]，泰兴人。广信府知府。夏霁，高邮人。江西参政。卢谦[7]，宝应人。周昶，兴化人。福州府知府。杜寔，泰州人。洪振，如皋人。蠡县丞。马良。通州人。绥宁县主簿。

1　"主簿"，《嘉靖惟扬志》卷二〇《人物志下》作"知县"。

2　"参"前，《嘉靖惟扬志》卷二〇《人物志下》有"左"字。

3　"都"前，《嘉靖惟扬志》卷二〇《人物志下》有"福建"二字。

4　"志"，《嘉靖惟扬志》卷二〇《人物志下》作"士"。

5　"沈中"，《嘉靖惟扬志》卷二〇《人物志下》列于"二十五年"之中。

6　"中"，《嘉靖惟扬志》卷二〇《人物志下》作"忠"。

7　"谦"，《嘉靖惟扬志》卷二〇《人物志下》作"谨"。

二十七年。汪谕[1]，江都人。祝贞，江都人。潘瑛，仪真人。郭郛，泰兴人。陈庸，高邮人。福建副使。陈本，兴化人。昌黎县主簿。洪[2]沂，宝应人。迁安县主簿。温敬，泰州人。朱启，泰州人。纪武，如皋人。昌邑知县[3]。朱伦，通州人。广东理问。盛文。海门人。汶水典史。

二十八年。杨宣，江都人。考城知县。孙纲，江都人。陈继清，高邮人。丁汝器，仪真人。任临江府推官。封仪，泰兴人。广平府推官。陈贞，高邮人。杨英[4]，宝应人。新城县主簿。杨廉，泰州人。广西金事。朱稯，如皋人。怀柔县教谕。龚敬，通州人。杭州府同知。李寿。海门人。处州知事。

二十九年。陈琰，江都人。向[5]善，仪真人。参政。蒋厚，泰兴人。学正。陆镛，高邮人。黄好礼，高邮人。任河间知县。徐震，兴化人。江西参议。马杰，宝应人。梧州检校。高谦，泰州人。钱瑁，泰州人。吴匡，如皋人。莱阳县教谕。窦继芳，通州人。沙河令。潘廉。海门人。掖县县丞。

三十年。黄霸，江都人。曲阳知县。戎谦，江都人。胡致中，仪真人。张建，泰兴人。教谕。杜恪，高邮人。成都知府。于文，兴化人。武昌县丞。许信，宝应人。桐市巡检。陈贤[6]，通州人。顺德府同知。尹惟忠。海门人。见甲科。

三十一年。李寿，江都人。河南参政。印章，江都人。彭达，仪真人。周旭。通州人。嵩山[7]县主簿。

三十二年。潘审。通州人。永州府同知。

三十三年。黄毅，通州人。任广西金事。王庸。宝应人。广平府同知。

三十四年。金英。如皋人。御史。

永乐元年。花蕡，江都人。张彝，江都人。田衡，高邮人。四川参[8]政。徐瑾[9]，宝应人。

---

1 "谕"，《嘉靖惟扬志》卷二〇《人物志下》作"瑜"。
2 "洪"，《嘉靖惟扬志》卷二〇《人物志下》作"杜"。
3 "知县"，《嘉靖惟扬志》卷二〇《人物志下》作"县丞"。
4 "英"，《嘉靖惟扬志》卷二〇《人物志下》作"瑛"。
5 "向"，《嘉靖惟扬志》卷二〇《人物志下》作"陈"。
6 "贤"，《嘉靖惟扬志》卷二〇《人物志下》作"资"。
7 "山"，衍文，《嘉靖惟扬志》卷二〇《人物志下》无此字。
8 "参"前，《嘉靖惟扬志》卷二〇《人物志下》有"左"字。
9 "瑾"，《嘉靖惟扬志》卷二〇《人物志下》作"谨"。

寿光县训导。姚善，泰州人。天津卫经历。徐薮，如皋人。赣县知县。周礼，通州人。林华。海门人。蒲圻县典史。

二年。杨毅，江都人。兰声，江都人。徐敏，泰兴人。路英[1]，高邮人。范蕭，泰州人。青城令。杨进，如皋人。沂水知县。倪弘，通州人。鲁山令。舒楚。兴化人。御史。

三年。李英，江都人。单昇，江都人。黄永，仪真人。张镕，泰兴人。赵淑，高邮人。王缙，兴化人。交趾知府。李安，宝应人。灵丘令。钱谅，泰州人。汉州知州。秦茂，泰州人。九江知府。王茂[2]，如皋人。应州吏目。陆衢，通州人。王敬。海门人。

四年。张斌，江都人。御史。朱迪，江都人。恩县令。刘逊，仪真人。蓥屋知县。王诩，泰兴人。陈惠，高邮人。王孚，兴化人。和顺知县。郑礼，宝应人。户部郎中。翟蕭，泰州人。理问。徐渊，泰州人。江宁知县。孙洪，泰州人。兵马[3]。王道，泰州人。考城令。陈智，如皋人。大足主簿。王恩，通州人。王翔。海门人。理问。

五年。杨旻，江都人。任丘县知县。魏旭，江都人。陆厚，仪真人。文水知县。王中，泰州[4]人。广信[5]府同知。居安，高邮人。王辅，高邮人。德安通判。刘衷，兴化人。新昌县丞。孙俊，宝应人。句容县丞。翟进，泰州人。安仁知县。卢信，泰州人。刑部员外郎。迮慎[6]，如皋人。鸿胪寺序班。张本，通州人。三河知县。朱芾，通州人。工部主事。王义。海门人。永平府照磨。

六年。张玘，江都人。副使。张礼，江都人。广西参议。胡清，仪真人。陈烨，泰兴人。叶受[7]，高邮人。城固知县。夏晟，兴化人。工部主事。路铭，宝应人。太平[8]府检校。时恭，泰州人。汝宁府同知。周选，泰州人。宝庆府同知。宗文，如皋人。苑马寺录事。张愚，通州人。南安[9]知县。崔永义。海门人。云南府通判。

七年。杨彧，江都人。兵部主事。阙巽，江都人。户部员外郎。严寿，仪真人。户部检校。

1　"路英"，《嘉靖惟扬志》卷二〇《人物志下》列永乐"三年"下。

2　"茂"，《嘉靖惟扬志》卷二〇《人物志下》作"表"。

3　"马"后，《嘉靖惟扬志》卷二〇《人物志下》有"司指挥"三字。

4　"州"，《嘉靖惟扬志》卷二〇《人物志下》作"兴"。

5　"广信"，《嘉靖惟扬志》卷二〇《人物志下》作"广西梧州"。

6　"慎"，《嘉靖惟扬志》卷二〇《人物志下》作"缜"。

7　"受"，《嘉靖惟扬志》卷二〇《人物志下》作"寿"。

8　"平"，原本无，据《嘉靖惟扬志》卷二〇《人物志下》补。

9　"安"，原本误作"河"，据《嘉靖惟扬志》卷二〇《人物志下》改。

徐鋐，泰兴人。毛献，高邮人。卫经历。沙广，高邮人。刘泰，泰州人。金逵，泰州人。王钦，通州人。零陵知县。刘钦，通州人。富阳令。张楫，宝应人。房山主簿。张撝，兴化人。御史。朱纯，如皋人。任文登知县。徐泽。海门人。典史。

八年。王谦，江都人。临淄令。王拱，江都人。序班。臧选，仪真人。松阳知县。徐钜，泰兴人。兵马[1]。朱敬，高邮人。王玖，泰州人。包源，通州人。靖州判。董冕，宝应人。王孜，兴化人。卢福，如皋人。张得义。海门人。嘉兴训导。

九年。陈文，江都人。藁城县丞。满义，江都人。许义，江都人。柳祯，仪真人。高名，泰兴人。葛覃，高邮人。朱义，高邮人。孙礼，泰州人。赵旸，泰州人。长乐县知县。张敬，通州人。御史。阮祺，通州人。阜城令。徐义，宝应人。永平主簿。刘镛，兴化人。富顺县知县。李仪。海门人。

十年。吴杰，江都人。朱安，江都人。三原令。滕敏，仪真人。石城知县。刘忾[2]，泰兴人。沁州同知。耿耀，高邮人。缪正，泰州人。理问。张信，通州人。卫经历。梁端，宝应人。扶风县主簿。徐谧，兴化人。刑部员外郎。周鉴，海门人。安福县主簿。邓复。如皋人。

十一年。夏昇，江都人。高唐州判官。倪燮，江都人。李敏[3]，仪真人。成绩，泰兴人。光禄寺署正。盛徹，高邮人。户部员外郎。鲍文，高邮人。羊勖，泰州人。吴昌，泰州人。沧州同知。李振，通州人。顾睿，通州人。宋麟，宝应人。李雯，兴化人。山东参议。朱琏，如皋人。冯衡。海门人。理问。

十二年。鲍良，江都人。临淄县丞。郑昱，江都人。陈定，仪真人。王瓛[4]，泰兴人。张顺，高邮人。泰和县丞。秦昱，泰州人。黄锐，通州人。庄敬，宝应人。陆智，兴化人。贾麟，如皋人。卫经历。张益。海门人。

十三年。金诚，江都人。丁兴，仪真人。张潜，泰兴人。刘宗彦，高邮人。泗水训导。魏智，高邮人。李宁，泰州人。袁毅，泰州人。周斐[5]，通州人。席宾，通州人。张瓛，宝应人。陆贞[6]，兴化人。刘震，如皋人。大庾县丞。赵朏。如皋人。卫经历。[7]

---

1 "兵马"，《嘉靖惟扬志》卷二〇《人物志下》作"申城兵马司指挥"。

2 "忾"，《嘉靖惟扬志》卷二〇《人物志下》作"爌"。

3 "敏"，《嘉靖惟扬志》卷二〇《人物志下》、《隆庆仪真县志》卷九《选举考》作"敬"。

4 "瓛"，《嘉靖惟扬志》卷二〇《人物志下》作"献"。

5 "斐"，《嘉靖惟扬志》卷二〇《人物志下》作"棐"。

6 "贞"，《嘉靖惟扬志》卷二〇《人物志下》作"员"。

7 "如皋人，卫经历"，《嘉靖惟扬志》卷二〇《人物志下》作"海门人，山东新城县县丞"。

十四年。马俊，江都人。胶州知州。吴敏[1]，江都人。顾祥，仪真人。府经历。张振，泰兴人。都给事中。张矩，高邮人。浦江令。陆贞，泰州人。深州判。秦毅，通州人。征勖，宝应人。薛敬，兴化人。许胜，如皋人。张士俭。海门人。

十五年。鲍义，江都人。马骧[2]，江都人。王礼，仪真人。李瑾，泰州人。卫经历。何孜，高邮人。陈彝，高邮人。胡鉴，泰州人。王镛，泰州人。府知事。李进，通州人。陈庄，通州人。定州同知。徐昇，宝应人。吴祐，兴化人。冠县令。杨皓，如皋人。慈利县丞。金用。海门人。

十六[3]年。张矩，江都人。桂林府推官。陶庸，江都人。长乐令。葛茂，仪真人。萧韶，泰兴人。良乡县丞。龚铭，高邮人。淳安令。陈爵，泰州人。府照磨。吴泰，通州人。蓟州知州。刘慎言，宝应人。罗胜，兴化人。登封主簿。蒋益，如皋人。府照磨。王文政。海门人。

十七年。邓广，江都人。德兴知县。史简，江都人。任河间知县。张新，仪真人。武陟县丞。张忠，泰兴人。兵部司务，终饶州府知府。卜宁，高邮人。萧锐，高邮人。长官司吏目。徐礼，泰州人。延津令。彭程，泰州人。青州府推官。段兴，通州人。按察司经历。阎[4]智，宝应人。杨彝，兴化人。卫知事。张禄，兴化人。王瑷，如皋人。青城主簿。杨森。海门人。嘉兴知县[5]。

十八年。唐骥，江都人。德兴主簿。刘景，江都人。御史。蒋璘，江都人。冠城知县[6]。范郁，仪真人。杭州府通判。周全，泰兴人。桐乡县丞。郑敬，高邮人。顾渊，泰州人。布政司经历。阮启，泰州人。陶[7]鍧，通州人。赞皇[8]知县。张迪，宝应人。孙行，兴化人。仓大使。陈逊，兴化人。博野县丞。朱瑾[9]，如皋人。隆平令。陈文。海门人。兴化府经历。

十九年。刘宪，江都人。孙盛，江都人。于益，江都人。税课大使。张兴，仪真人。孙昂，

1　"敏"，《嘉靖惟扬志》卷二〇《人物志下》作"敬"。

2　"骧"，《嘉靖惟扬志》卷二〇《人物志下》作"让"。

3　"六"，原本误作"五"，据《嘉靖惟扬志》卷二〇《人物志下》、《万历扬州府志》卷一五《人物志上》改。

4　"阎"，《嘉靖惟扬志》卷二〇《人物志下》作"问"。

5　"兴知县"，原本脱，据《嘉靖惟扬志》卷二〇《人物志下》、《万历扬州府志》卷一五《人物志上》补。

6　"知县"，《嘉靖惟扬志》卷二〇《人物志下》作"教谕"。

7　"陶"，《嘉靖惟扬志》卷二〇《人物志下》作"陈"。

8　"皇"，原本缺，据《嘉靖惟扬志》卷二〇《人物志下》补。

9　"瑾"，《嘉靖惟扬志》卷二〇《人物志下》作"仅"。

泰兴人。赵宣,高邮人。慈溪主簿。王显,高邮人。陈寔,通州人。按察司经历。赵勤,通州人。义乌县典史。陈寓,兴化人。光禄寺署丞。吴昌,如皋人。丰润[1]县知县。奚文广。海门人。

二十年。陈鼎,江都人。张俊,通州人。熊质,宝应人。商水知县。杨绅。海门人。

二十一年。陆新。江都人。鸿胪寺主簿。

二十二年。姜湮,江都人。平定府知府。万忠,江都人。雷寿,仪真人。羊弼,泰兴人。张宾,宝应人。巡检。李琪。如皋人。氾水教谕。

洪熙元年。郭宁,江都人。凌祐,高邮人。任温州府照磨。武宁,泰州人。象山县典史。黄琳。通州人。山西都司断事。

宣德元年。王辅,江都人。朱信,仪真人。查毂[2],兴化人。光州学正。王佐。宝应人。

二年。吕宁,江都人。荆州府通判。陶甄,泰兴人。傅政[3],兴化人。卫经历。杨鉴[4],宝应人。蔚州同知。马良,如皋人。都察院都事。陈思文,通州人。任齐河县主簿。崔志道。海门人。封丘[5]主簿。

三年。俞安,江都人。羊冕,仪真人。徐浩,高邮人。陈嘉。高邮人。

四年。陈禧,江都人。府照磨。成伟[6],兴化人。工部主事。李用,泰州人。东昌府通判。王维。通州人。

五年。王琮,江都人。德兴知县。沈伦,江都人。洧川[7]令。包贵,仪真人。巴陵县主簿。李瑶[8],泰兴人。州判。朱智,高邮人。新城令。杨端,宝应人。定海县主簿。杨龄,如皋人。徐璘。海门人。

六年。王敏,江都人。光禄监事。徐宣,仪真人。陈仲信,高邮人。许玺,高邮人。迁安知府[9]。史文。通州人。雄县知县。

1　"润",原本误作"闰",据《嘉靖惟扬志》卷二〇《人物志下》改。
2　"查毂",《嘉靖惟扬志》卷二〇《人物志下》列宣德"四年"下。
3　"傅政",《嘉靖惟扬志》卷二〇《人物志下》列宣德"五年"下。
4　"杨鉴",《嘉靖惟扬志》卷二〇《人物志下》列宣德"三年"下。
5　"封丘",《嘉靖惟扬志》卷二〇《人物志下》作"丘县"。
6　"成伟",《嘉靖惟扬志》卷二〇《人物志下》列宣德"五年"下。
7　"洧川",《嘉靖惟扬志》卷二〇《人物志下》作"涓县"。
8　"瑶",《嘉靖惟扬志》卷二〇《人物志下》作"宝"。
9　"安知府",原本脱,据《嘉靖惟扬志》卷二〇《人物志下》、《万历扬州府志》卷一五《人物志上》补。

七年。李诚，江都人。雄县知县。潘俊，江都人。李瑾[1]，高邮人。钧州知州。孔振，泰州人。府检校。费广，泰州人。府检校。刘济，通州人。慈利县丞。丁宣，通州人。通许县知县。乔嵩，宝应人。任浦江县知县。季斌，兴化人。三河县教谕。赵格，兴化人。都司断事。沈渊，如皋人。崔景能。海门人。

八年。李贤，江都人。布政司检校。谭玄，江都人。天台县丞。胡琏，仪真人。商琮，泰兴人。怀柔县知县。茆敏，泰州人。都司断事。袁礼，通州人。长官司吏目。魏杰，兴化人。诸暨[2]县知县。蔡善，如皋人。泾州判。查尚质。海门人。沁水县丞。

九年。王铭，江都人。江津县训导。陆隆，泰兴人。蒲圻县主簿。陈纲，高邮人。国子监学正。吴昇，泰州人。石首县丞。周鉴，泰州人。海丰令。张轸，通州人。仓大使。李恭，通州人。仓副使。徐敬，宝应人。巡检。卜溥，兴化人。嘉祥县训导。郑著，如皋人。郧县知县。袁尚志。海门人。

十年。赵㫤，江都人。荆府典仪。张信，江都人。府检校。王琮，仪真人。郯城县训导。李琥，泰兴人。奉化县知县。周锐，高邮人。深州判。陶宾[3]，高邮人。景陵县教谕。吴通，泰州人。崇德县教谕。陆宽，高邮人。诸城令。李昉，通州人。桐乡县主簿。陆敬，兴化人。沙县主簿。缪谦，如皋人。揭阳县知县。夏永宁，海门人。灵宝县丞。王璇，江都人。是年四十五岁，例入监，璇下四人。张璧，江都人。旋善，江都人。旋忠。江都人。

正统元年。马恺，江都人。汾州判。卢琎，宝应人。当阳令。征俨。兴化人。丽水教谕[4]。

二年。孙文，江都人。蒲台县训导。丁盛，高邮人。徐浩，高邮人。桃源县丞。宋节，泰州人。大庾令。刘宽。通州人。沔池县知县。

三年。沈真，江都人。马驭，江都人。易州判。柳昱，仪真人。成纲，泰州人。台州府训导。顾平，通州人。灌县令。吴安，宝应人。扶沟县训导。沈靖，兴化人。湖广佥事。谢纶，如皋人。按察司经历。宋真，海门人。安丘县训导。

四年[5]。张显，江都人。礼部员外郎。陈子易，高邮人。黎平府教授。秦辅。泰州人。

1 "瑾"，原本脱，据《嘉靖惟扬志》卷二〇《人物志下》、《万历扬州府志》卷一五《人物志上》补。
2 "暨"，原本误作"贯"，据《嘉靖惟扬志》卷二〇《人物志下》改。
3 "宾"，《嘉靖惟扬志》卷二〇《人物志下》、《万历扬州府志》卷一五《人物志上》作"滨"。
4 "水教谕"，原本脱，据《嘉靖惟扬志》卷二〇《人物志下》补。
5 "四年"，原本脱，据《嘉靖惟扬志》卷二〇《人物志下》补。

兖州府推官。

五年。蔡瓛，江都人。利津县知县。郑敏，江都人。将乐丞。胡瑀，仪真人。蔡宗道，泰兴人。保昌县丞。邓臻，兴化人。松阳丞。杨景，如皋人。阳信县丞。潘英。海门人。户部照磨。

六年。刘泰。江都人。永平、太原二府推官。

七年。曹铭，江都人。建宁县丞。王逊，仪真人。断事。郑华，江都人，安之子。任武定州知州。徐琦，泰兴人。尤璘，高邮人。都察院司务。王中，高邮人。任顺天府治中。鲁海，泰州人。卫经历。顾信，泰州人。龙泉丞。李恕，通州人。日照令。胡珪，通州人。侯官县主簿。费永宁，宝应人。任迁安县知县。王玘，兴化人。剑州知州。何荣，如皋人。王惟信。海门人。任英德县知县。

八年。周全，江都人。隰州判。征祥。宝应人。卫经历。

九年。郁材，江都人。柳州府同知。董琳，江都人。郑文，仪真人。长沙府推官。张琳，泰州人。交城县丞。王玘，泰州人。卫经历。马昭，通州人。延津县教谕。邵绣，通州人。任孟津县训导。吉宁，宝应人。府经历。林盛，兴化人。倪宽，如皋人。仓大使。孙政。海门人。

十年。谢政，江都人。府照磨。卢敏，高邮人。朝邑县训导。周鉴。高邮人。

十一年。冯安，江都人。监利县丞。朱昱，仪真人。栖霞县知县。崔谦，江都人。任临江、西安、常德三府通判。吴政，泰兴人。云和县知县。许悫，宝应人。户部检校。王钥，兴化人。浮梁令。蔡彧，如皋人。宁乡县知县。姚琛，海门人。是年四十五岁，例入监三十一人。谢敬，通州人。陈奇，通州人。杨英，通州人。沅江令。钱铭，通州人。行都司断事。周昱，通州人。龚讯，通州人。抚州府推官。高厚，仪真人。莱芜县主簿。柳诚，仪真人。任严州府照磨 [1]。谭文，江都人。兴武卫经历。沈俨，江都人。光山县丞。杨恺，江都人。安阳县主簿。傅润，江都人。兵马指挥。俞谊，江都人。府军前卫经历。刘寿，江都人。容城县知县。张雄，泰兴人。朱习，泰州人。蒋渊，泰州人。华遵，泰州人。姚纯，泰州人。陆信，泰州人。王 [2] 府引礼舍人。俞原，高邮人。陈英，高邮人。张翔，高邮人。戈鉴，高邮人。顺德府检校。

1　"照磨"，《嘉靖惟扬志》卷二〇《人物志下》、《隆庆仪真县志》卷九《选举考》作"检校"。

2　"王"，原本误作"土"字，据《嘉靖惟扬志》卷二〇《人物志下》、《万历扬州府志》卷一五《人物志上》改。

王宾,高邮人。吴轵,兴化人。吴镒,兴化人。任大名府元城县知县。硕晏,兴化人。董祺,兴化人。王英,如皋人。周敬。如皋人。武冈州吏目。

十二年。王纪,江都人。陈珊,仪真人。馆陶县丞。潘俊。海门人。府经历。

十三年。王宁,江都人。李勤,江都人。舞阳县丞。王鉴,泰兴人。河州判官。宋裕,高邮人。成德,泰州人。义乌令。周宁,泰州人。河南府训导。尤谦,通州人。怀安县丞。闻昂,通州人。毕隆,宝应人。安肃县知县。陆琰,兴化人。任信宜县教谕。邵洪,如皋人。宁府典宝副。

十四年。张琮,江都人。邵铨,江都人。李志,高邮人。按察司照磨。周洪,泰州人。府照磨。昝铨,通州人。济阳县丞。孟宗冉,海门人。叶华[1]。兴化人。是年以报效入监,恩县丞。

景泰元年。李宁,江都人。府照磨。陈颖,泰兴人。海丰令。俞让,江都人。府检校。陈谧,江都人。陈瑄,高邮人。姚泰,泰州人。南平县主簿。张瑾,高邮人。益阳令[2]。范荣,通州人。上高县丞。苏良,通州人。黔江县知县。程琳,宝应人。衡阳县丞。刘贵,兴化人。庆云令。冒琳,如皋人。冠县主簿。杜宗。海门人。

二年。陈忠,江都人。陇西县知县。张泉,江都人。滑县丞。刘赐,江都人。泰州知州。刘清,仪真人。台州府推官。杨盛,泰兴人。刘鹄,高邮人。张和,泰州人。何杰,泰州人。顾璇,通州人。卫经历。韩镛,宝应人。侯官县主簿。吉禄,兴化人。副提举。卢演,如皋人。崔吉。海门人。

三年。薛宽,江都人。临海令。王淳,江都人。张湜,江都人。顾玉,仪真人。陈制,泰兴人。黄铭,高邮人。运司经历。陈惠,高邮人。安仁令。朱方,泰州人。赵瑀,通州人。典仪。王铎,通州人。咸宁令。许敏,宝应人。房骥,兴化人。东阳县知县。石济,如皋人。府知事。印玺,海门人。是年,报效入监三人,州吏目。袁玘,仪真人。南康府同知。田福,仪真人。县丞。杨信。仪真人。

四年。孙宁,江都人。赵庆,江都人。杨镛,江都人。府检校。李敞,泰州人。定远令。刘清,泰州人。侯官县主簿。陈琛,通州人。新淦县丞。范广,宝应人。运使经历。陈玘,

---

1　“华”,原本脱,据《嘉靖惟扬志》卷二〇《人物志下》、《万历扬州府志》卷一五《人物志上》补。

2　“益阳令”,原本脱,据《嘉靖惟扬志》卷二〇《人物志下》、《万历扬州府志》卷一五《人物志上》补。

泰兴人。沙县主簿。韦霁，高邮人。副理问。成俨，兴化人。王伦，如皋人。晋江县主簿。江鹏，海门人。祥符县训导。周杰。仪真人。

五年。姜珣，江都人。朱贵，江都人。秦谏，仪真人。戴谨，泰兴人。卫经历。陈俊，高邮人。安阳令。夏杲，高邮人。祥符主簿。顾行，泰州人。卫经历。徐泰，通州人。邢俭，通州人。施瑛，宝应人。曹州同知。徐礼，兴化人。任潮阳县主簿。缪良。如皋人。州吏目。

六年。徐杰，江都人。吕云，高邮人。王定，泰州人。谷城县教谕。沈诚，通州人。县丞。江昊。海门人。

七年。叶澄，江都人。于海，江都人。建阳县主簿。石瑢，仪真人。陈新民，泰州人。任福州府推官。张俊，高邮人。南平县典史。高贵，泰州人。金华训导。季珩，通州人。冠带。吴海，宝应人。南昌县知县。孙泰，兴化人。府检校。范诜，如皋人。晋江县主簿。

天顺元年。窦良，江都人。郭序，高邮人。麟游令。侯显，江都人。钱通，泰州人。倪润，通州人。朱应，如皋人。崔润。海门人。

二年。邰瑢，江都人。王宏，江都人。中江令。吴钦，仪真人。田辉，泰兴人。浦江县主簿。陈汉，高邮人。卢宁，泰州人。陆信，通州人。判官。张逊，宝应人。奉化县训导。陆敬，兴化人。襄府奉祀。刘瑗。如皋人。海丰县知县。

三年。杭劲，江都人。吴经，高邮人。袁麟，通州人。知县。叶林。海门人。

四年。王纶，江都人。张昶，仪真人。任钧州同知。有诗集行世。殷纪，泰州[1]。涪州判官。陈子安，高邮人。茆宏，泰州人。李善，通州人。王恺，宝应人。张继宗，兴化人。景陵令。张琙。如皋人。磁州判官。

五年。刘镇，江都人。主簿。李旻，泰州人。南城县训导。盛英。海门人。

六年。方镇，江都人。龚能，江都人。永州府推官。王璘，仪真人。吴璘，泰兴人。姜僎，高邮人。孙恕，通州人。县丞。万福，宝应人。清河县训导。张琇，兴化人。经历。是年，四十五岁，例入监一百一人。李琰，江都人。府照磨。王成，江都人。峄县丞。沈安，江都人。袁宁，江都人。封丘丞。吴瑄，江都人。桃源令。时凯，泰州人。武钊，泰州人。彭璁，泰州人。卫学训导。罗俊，泰州人。侯纲，泰州人。卫经历。徐璘，泰州人。陆璊，泰州人。王辅，如皋人。刘汝琦，卫经历。黄琮，如皋人。苏琪[2]，如皋人。何瑀，如皋人。任光化

---

1 "州"，《嘉靖惟扬志》卷二○《人物志下》作"兴"。

2 "琪"，《嘉靖惟扬志》卷二○《人物志下》作"瑾"。

县左溪巡检。杨洹,高邮人。姚凯,高邮人。王琛,高邮人。陈琓,高邮人。陈僎,高邮人。卜廉,高邮人。秦瑛,高邮人。王舆,宝应人。张澄,宝应人。杨宾,宝应人。张璘,兴化人。吕暠,兴化人。徐三省,兴化人。顾震,兴化人。王琼,泰兴人。大名县丞。刘禧,泰兴人。赵献,江都人。樊辅,江都人。布政司经历。吴琮,江都人。朱宝,江都人。陈达,江都人。威远令。有传。沈让,江都人。崇德县丞,民立生祠。李憬,江都人。蓝山县知县。王辅,江都人。石首令。田仁,通州人。成祚,通州人。殷铭,通州人。李禧,通州人。杨琳,通州人。周昉,通州人。姜宗本,海门人。陆衡,仪真人。步玉,仪真人。叶盛,仪真人。陈显,江都人。张福,江都人。倪惠,江都人。张曦,江都人。攸县知县。详列传。周麟,泰州人。李瓒,泰州人。丘瑄,泰州人。于泰,泰州人。严春,泰州人。薛振,泰州人。曹庆,泰州人。张绅,如皋人。葛锡,如皋人。张九皋,如皋人。曹惠,如皋人。余悌,如皋人。戴成,高邮人。夏玺,高邮人。夏瑾,高邮人。汤和,高邮人。车軏,高邮人。刘瀛,高邮人。王颐,高邮人。徐昭,宝应人。张钊,宝应人。王琮,宝应人。高崇,兴化人。邓纯,兴化人。梓潼县知县。高岷,兴化人。蒋鉴,泰兴人。商永贵,泰兴人。黄缨,泰兴人。萧源,江都人。潘洪,江都人。布政司检校。贾隆,江都人。胡宁,江都人。朱诚,江都人。叶兰,江都人。太仆寺主簿。朱谧,江都人。袁贵,江都人。福建主簿。邵宗远,通州人。白鉴,通州人。李敬,通州人。秦广,通州人。高琏,通州人。知县。杨林,海门人。府检校。江河,海门人。阳信令。秦谔,仪真人。金镈,仪真人。冠县知县。

七年。陈文,江都人。李惠,高邮人。华铨,泰州人。严谨,通州人。李憎,如皋人。宋奎。海门人。

八年。李宏,江都人。金马,江都人。周贵,泰兴人。马麟,泰州人。朱纪,宝应人。胶[1]州判。魏秀麒,兴化人。沈政。如皋人。

成化元年。吕玺,江都人。房铭,高邮人。周良,泰州人。钱浩,通州人。府通判。高岖。兴化人。大学士穀之子,乞恩入监,任户部员外。

二年。谭安,江都人。卫经历。周玘,江都人。陈谦,仪真人。王傅,泰兴人。衡杰,宝应人。萧瑄,兴化人。许棫[2],如皋人。任福建德化县知县。陆英。海门人。

三年。臧玘,江都人。文安县丞。王致,高邮人。吴璋,泰州人。张璧。通州人。县丞。

---

1 "胶",原本脱,据《嘉靖惟扬志》卷二〇《人物志下》、《万历扬州府志》卷一五《人物志上》补。

2 "棫",《嘉靖惟扬志》卷二〇《人物志下》、《万历扬州府志》卷一五《人物志上》作"稢"。

四年。徐信,江都人。张瑜,江都人。顾伦,仪真人。孙昇,泰兴人。靳鉴,高邮人。黄瓒,泰州人。季胜,通州人。知县。梁鼎,宝应人。陈诚,兴化人。丁璧,如皋人。张华。海门人。

五年。陆宏,高邮人。王安,泰州人。顾遂,通州人。萧能。江都人。

六年。胡仿,江都人。景宁知县。陈玉,江都人。冠县主簿。张琦,泰兴人。祁诠,宝应人。建昌府通判。黄昇,兴化人。谢政,如皋人。鸿庐寺序班。李铎。海门人。

七年。徐宪,江都人。宜黄县丞。许僖,泰州人。杨缙。通州人。训导。

八年。王恭,江都人。华州判。沈瑛,泰兴人。夏伦,仪真人。叶贵,泰兴人。吴琏,泰州人。钱瑛,通州人。王府伴读。古制,宝应人。陆进,兴化人。丛时,如皋人。蔡皋。海门人。

九年。何胜,江都人。叶隆,泰州人。许贵。通州人。县丞。

十年。施玉,江都人。郁钦,江都人。任忠州、霸州同知。盛铉,仪真人。主簿。纪缙,泰州人。吴泰,兴化人。陈铣,如皋人。李度。海门人。

十一年。许荣,江都人。何林,泰州人。徐闿。通州人。

十二年。顾淦,江都人。钱珏,江都人。河南府同知。王臣,仪真人。高隆,通州人。兴国州同知。舒礼,兴化人。何玘,如皋人。归州吏目。宋镱。海门人。引礼舍人。

十三年。何岱,泰兴人。兵马指挥。许盈,海门人。仙居县丞。朱潮,仪真人。王锺,通州人。奉化县教谕。尹茂,通州人。县丞。王纪。高邮人。弋阳县主簿。

十四年。董昂,江都人。宝坻县丞。周俊,江都人。衡山令。周臣,高邮人。保安州判官。张森,宝应人。晋江丞。徐广,兴化人。彭璧,泰州人。都司断事。陈铣,如皋人。丘县丞。陈铨。通州人。县丞。

十五年。曾瑾。江都人。东平州判官。

十六年。戎河,江都人。周志,江都人。吴宾,高邮人。崇德丞。周上用,高邮人。宝安州判官。王富,宝应人。尉氏令。赵嵩,兴化人。莆田县教谕。顾瑜,泰州人。德州同知。陈密,通州人。潮州府推官[1]。谢盈,海门人。嘉兴县丞。陆瑊。泰州人。信丰县知县。

十七年。蔡森,江都人。山西行都司断事。魏环,高邮人。府知事。林瓒,泰州人。陆安州判官。冯寿。通州人。

---

1 "推官",《嘉靖惟扬志》卷二○《人物志下》作"经历"。

十八年。丁璥，江都人。贡元,任广西县丞。黄禄，江都人。涿州判官。王棐，高邮人。寿昌县主簿。唐敬，兴化人。保安州判官。范镗，泰州人。赵定，如皋人。任星子县丞。尹玺。海门人。寿昌县知县。

十九年。余钦。江都人。

二十年。王显宗，江都人。建昌令。吴铨，江都人。杨泰，高邮人。周骥，兴化人。新城县主簿。沈儒，泰州人。开化县训导。刘洪，通州人。训导。孙博。海门人。宁乡县丞。

二十一年。毛麟，江都人。有文名,寿昌县知县。骆惠，高邮人。卢钰，泰州人。府照磨。曹泰。通州人。

二十二年。杨毅，江都人。刘璁，江都人。黄州府训导。沈化，高邮人。蒋昱，宝应人。睢州训导。王喆，宝应人。罗江令。刘锦，泰州人。李埻，如皋人。茌平县训导。孙琳，通州人。德州训导。李轼。海门人。宝山州知州。

二十三年。谢镛。江都人。涿州学训导。

弘治元年。金钰，江都人。马崇，江都人。吴绅，高邮人。随州训导。舒困，宝应人。陆宁，兴化人。始兴令。卫昇，泰州人。建昌县知县。夏琎，如皋人。许海，通州人。遵化县训导。王瑛。海门人。府经历。

二年。路弼，江都人。松阳令。苏钦，高邮人。合州判。胡泉，泰州人。姚珪。通州人,继岩之父。任训导,封吏部郎中。

三年。王相，江都人。南康令。左宣，江都人,唐之父。封南京户部郎中。李堪，高邮人。高苑县训导。张凤，宝应人。许惠，兴化人。唐禄，泰州人。李鉴，如皋人。陈用，通州人。江州判官。崔岳。海门人。建德县主簿。

四年。崔瓘。江都人。常山县训导。

五年。孙恺，江都人。张琳，江都人。隆平县训导。谭侃，高邮人。王相，仪真人。德清令。吕锳，宝应人。浪穹县丞。张科，兴化人。曲州县丞。金时，泰州人。王[1]府伴读。薛璹，如皋人。浔州府推官。金浩，通州人。盛兰。海门人。曲阜县丞。

六年。周端，江都人。训导。李萼，高邮人。任南京光禄寺署丞。王锟，泰州人。张勣。通州人。都司经历。

1　"王",原本脱,据《嘉靖惟扬志》卷二〇《人物志下》、《万历扬州府志》卷一五《人物志上》补。

七年。简宏,江都人。张汉臣,扬州卫人。杭州卫经历。杨进,仪真人。俞天爵,高邮人。永新县主簿。范畿,宝应人。按察司经历。陈佖,兴化人。王臣,泰州人。宋茂,如皋人。陈良,通州人。任南宁府训导。王铨。海门人。庆远府知事。

八年。贾稷,江都人。平阴县教谕。卜震,高邮人。石城令。钱纪,泰州人。陈大用。通州人。南安府经历。

九年。高颙,江都人。主簿。张凤,江都人。刘铠,江都人。严州训导。王儐,高邮人。沙河县知县。董俊,宝应人。布政司经历。傅钦,兴化人。南安训导。陈佐,泰州人。丁杰,如皋人。安吉州判官。袁栗,通州人。永州府判官。江用。海门人。

十年。沈珙,江都人。刘未[1],江都人。蕲州同知。姜钦,江都人。王辂,仪真人。陆元甫,高邮人。徐宗,宝应人。徐三悦,兴化人。任峄县教谕。张富,泰州人。修仁县知县。朱光,通州人。武陟县丞。陆辙。海门人。

十一年。许瓛,江都人。山东济南府训导。饶瓛,江都人,临江籍。武城县尹。陆深,江都人。东阿县丞。朱璁,高邮人。鲁山令。周吉,宝应人。兰溪县丞。单俨,兴化人。南昌府同。张济,泰州人。桐乡主簿。朱珑,如皋人。孙橺[2],通州人。永安令。王完,通州人。宋廷杰。海门人。鱼台县训导。

十二年。谭容,江都人。任湖广行都司经历。王旻,江都人。林县训导。陈清,江都人。孙讚,高邮人。鄢陵令。王道,高邮人。朱孔华,宝应人。封广信府知府。魏昇,兴化人。何澄,泰州人。府知事。仇应麟,如皋人。兴宁令。张斌,通州人。曹州同知。盛仪。海门人。密县主簿。

十三年。周靖,江都人。王玺,江都人。韩纶,高邮人。刘演,宝应人。新城县知县。赵岱,兴化人。陆悌,如皋人。莒州同。周完。海门人。福山县知县。

十四年。姜缙,江都人。卫经历。萧来,江都人。王睿,仪真人。未[3]阳县知县。吴昌,高邮人。吴礼,宝应人。刘彪,兴化人。邓经,如皋人。滨州同。陈庆,通州人。光禄寺丞。叶宾。海门人。

十五年。施昱,江都人。富阳训导。杨弼,高邮人。华澂,泰州人。府知事。保睿。通州人。福宁州判官。

---

1 "未",《嘉靖惟扬志》卷二〇《人物志下》作"禾"。
2 "橺",《嘉靖惟扬志》卷二〇《人物志下》作"肅"。
3 "未",原本误作"来",据《嘉靖惟扬志》卷二〇《人物志下》改。

十六年。叶清，江都人。陆安州判官。王应奎，高邮人。任枝江县知县。李诚。通州人。义[1]宁县知县。

十七年。王选，江都人。谢昂，江都人。新城训导。毕珙，仪真人。许贵，宝应人。董瀛，兴化人。莘县丞。陈杰，如皋人。盐亭县知县。吴滔。海门人。

十八年。单安，江都人。象山县训导。陈时，高邮人。府经历。陈谟，泰州人。仪封县训导。吴愚。通州人。理问。有传。

正德[2]元年。孙凤仪，江都人。山东昌乐县知县。尤宝，江都人。博兴县教谕。陈时，高邮人。湖州府经历。程銮，宝应人。魏县丞。陈锐，兴化人。恩平县知县。徐镕，泰州人。玉山县主簿。钱恕，如皋人。黄岩县主簿。曹璘，通州人。贺县知县。盛俨。海门人。

二年。蔡瓒，江都人。永明县训导。王言，高邮人。凌相，泰州人。府经历。窦实。通州人。昌邑县教谕。

三年。叶如榛[3]，江都人。唐府伴读。陈昇，江都人。湘潭县训导。郑本，宝应人。高磬，兴化人。元谟令。冯[4]志学，泰州人。任肇庆府推官。姚纲，如皋人。镇南[5]州吏目。袁章，通州人。海宁县训导。王辂。海门人。云和县训导。

四年。周忻，江都人。清平县训导。卜霓，高邮人。许贤，泰州人。季震。通州人。弋阳县丞。

五年。马宪，江都人。严效，江都人。任广宁卫经历。吕渭，高邮人。施三畏，宝应人。任郧阳府经历。黄果，兴化人。建阳县主簿。冒鹏，如皋人。临城令。徐珍，通州人。沂水县训导。张成。海门人。

六年。赵绅，江都人。任宁波府训导。吕昂。高邮人。

七年。王宝，江都人。兵马指挥。金铎，扬州卫人。罗次县知县。毕珙，仪真卫人。余姚县丞。姜堂，宝应人。东平州同知。刘恂，兴化人。布政司理问。祁经，泰州人。西安府训导。葛济，如皋人。邵纲，通州人。海康县丞。崔轼，海门人。南安府照磨。董承芳。

1　"义"，原本误作"仪"，据《嘉靖惟扬志》卷二〇《人物志下》改。

2　"德"，原本误作"统"，据《嘉靖惟扬志》卷二〇《人物志下》、《万历扬州府志》卷一五《人物志上》改。

3　"榛"，原本误作"月秦"，据《嘉靖惟扬志》卷二〇《人物志下》改。

4　"冯"，原本误作"马"，据《嘉靖惟扬志》卷二〇《人物志下》、《万历扬州府志》卷一五《人物志上》改。

5　"南"，原本误作"安"，据《嘉靖惟扬志》卷二〇《人物志下》改。

高邮人，璘之子。崇德县训导。

八年。王潮，江都人。任广济县教谕。夏佩。高邮人。

九年。萧缙，江都人。临清州判。王渊，江都人。张汝祯，泰兴人。胙城县教谕。张沂，仪真卫人。浙江新城县训导。张隆，高邮人。吴蒲，高邮人。进贤丞。施恪，宝应人。永年县丞。黄鹏，高邮人。永丰县主簿。任顺，兴化人。柘城令。虞载，泰州人。景陵县训导。胡继祖，如皋人。巨野令。马玘，通州人。县丞。崔见贤。海门人。新乐县训导。

十年。叶如栾，江都人。冠县教谕。冒文，泰州人。赵州训导。刘援。通州人。泰和县训导。

十一年。刘自岷，江都人。廖镛，江都人。武学训导。李绂，仪真人。丘岫，高邮人。于端，泰兴人。王勋，宝应人。中应天府乡试，宁乡县知县。景纬，兴化人。归化令。朱宝，泰州人。南京西城兵马。冒岱，如皋人。州吏目。王锦，通州人。崔桐。海门人，进士。

十二年。应佐。江都人。高阳县知县。

十三年。阎璋，江都人。海宁县训导。王勋，江都人。益府纪善。陈恪，高邮人。新安令。茆信，宝应人。咸宁县知县。宗珝，兴化人。按察司经历。叶鹳，泰兴人。象山丞。王儒，泰州人。梁辅，通州人。高苑令。李心松。海门人。衡府教授。

十四年。丁玠，江都人。王贡，泰州人。嵊县训导。吴坤。通州人。县主簿。

十五年。王釴，江都人。李杜，江都人。卫经历。王烈，江都人。平阴县知县。朱崇德，高邮人。南京东城兵马。范峒，宝应人。余干县训导。王绪，兴化人。李源，泰兴人。海南卫知事。于凤，泰州人。秀水县训导。钱山，泰州人。潜江县主簿[1]。钱茂，如皋人。钱敷，通州人。宁都县训导。崔见道。海门人。宁远县丞。

十六年。高宝，江都人。广州府教授。袁缨，江都人。开化丞。王铠，扬州卫人。中应天府乡试。卜灵，高邮人。汝宁府经历。陈一经，高邮人。安化县训导。吉琳，宝应人。吴曼，兴化人。唐富，泰州人。刘诩，如皋人。湘阴丞。钱山，通州人。杨美，通州人。新宁县训导。王锦，海门人。张翘。泰兴人，羽之弟。孟津县教谕。

嘉靖元年。陈谊，江都人，达子。湖广衡山县主簿，致仕。王纪，江都人。鹿邑县知县。沈璋，江都人。兖州府通判。孙木，高邮人。任江西南康府推官。周官，宝应人。金乡县训导。王元辉，兴化人。任林县知县。田恺，泰州人。葛萱，如皋人。顾沔，通州人。郧阳府教授。

---

1 "簿"，原本脱，据《嘉靖惟扬志》卷二〇《人物志下》补。

李恕,海门人。县丞。陆锐。泰兴人。修武县学教谕。

二年。潘佺,江都人。任永嘉县学训导。卢潮,江都人。平山县知县。方乾,扬州卫人。茆震,高邮人。詹诏,高邮人。会稽县训导。王绪,宝应人。湖州府通判。姚珍,兴化人。徐训,泰州人。黄州府教授。赵元,通州人。知县。张绣,海门人。陈炼。泰兴人。泽州同知。

三年。薛龄,江都人。陈留县丞。尹基,江都人。龙泉县主簿。宋蕃,刘玹,兴化人。李绍庆,泰州人。任南康府通判。姚继崇,通州人。教谕。于思,泰兴人。李铉,如皋人。万年县丞。詹诏。高邮[1]人。

四年。张是,江都人,凤之子。单县训导。张经,高邮人。张隆,高邮人。袁性,通州人。名山县训导。王相[2]。海门人。

五年。刘绍宗,江都人。慈溪县训导。高汴,江都人,铨之子。张涯,兴化人。龚伟,通州人。余汇,泰州人。殷哗[3]。如皋人。四川行都司经历。

六年。叶蕃,江都人,清之子。昌乐县训导。李乔,高邮人。许州训导。盛鼎[4]。海门人。唐山县知县。

七年。徐瓒,江都人。平湖县丞。杨显宗,江都人。李南,高邮人。李锡,泰兴人。博平县训导。马纪,如皋人。广信府照磨。姚继崔[5],通州人。德化令。姚富,江都人。任临武县丞。葛奇[6]。高邮人。

九年。张镗,江都人。宁乡令。张元纮,高邮人。陈璋,江都人,达孙。项城令。薛经,□□人。丰城丞。张诩,泰兴人。平源县训导。许愚,通州人。周鹏,海门人。泽州判。严怡。如皋人。有传。

十年。沙九思,江都人。任光禄寺署丞。龚勋,高邮人。有传。张材。海门人。任瑞安县训导。

十一年。马新民,江都人,宪子。长葛令。冯金,江都人。日照县教谕。倪弼,高邮人。王鉴,江都人,渊之子。高安县丞。戚睦,高邮人。盛楷[7],仪真人,贯江都。朱应辰,宝应

<hr>

1 "高邮",《嘉靖惟扬志》卷二〇《人物志下》作"兴化"。
2 "王相",《嘉靖惟扬志》卷二〇《人物志下》列嘉靖"三年"下。
3 "殷哗",《嘉靖惟扬志》卷二〇《人物志下》列嘉靖"二年"下。
4 "盛鼎",《嘉靖惟扬志》卷二〇《人物志下》列嘉靖"五年"下。
5 "姚继崔",《嘉靖惟扬志》卷二〇《人物志下》列嘉靖"八年"下。
6 "葛奇",《嘉靖惟扬志》卷二〇《人物志下》列嘉靖"三年"下。
7 "楷",《嘉靖惟扬志》卷二〇《人物志下》作"权"。

人。晏早,兴化人。李鹏,泰州人。任余杭县知县。陈善,通州人。黄录,泰州人。陆元。通州人。封源洁,泰兴人。有传。曹相。如皋人。遂昌县丞。

十二年。张应麟,江都人,宪之子。福建行都司都事。韩文炳,江都人。高唐州同知。张侨,江都人。东阿县训导。陈儒,高邮人。朱永年,仪真人。有传。焦烺,泰兴人。中应天乡试。成位,兴化人。徐肇,宝应人。王官,泰州人。丛佳,如皋人。任咸宁县教谕。钱相,通州人。张表。海门人。

十三年。王轩,江都人。白应虚,江都人。有传。兰闉,江都人。青阳县丞。张榘,仪真人。中应天乡试。周崇儒,泰兴人。中应天府乡试。张四维[1],高邮人。任桐乡县训导。丁时盛,兴化人。祁恩,宝应人。丁鈇[2],通州人。周山甫,泰州人。许述,如皋人。张倬。海门人。

十五年。兰锜,江都人。方顼,江都人。李文,仪真人。张宠,泰兴人。学正。孙畿,高邮人。胶州判。刘愉,兴化人。青州府训导。郑器,宝应人。登州府教授。纪贤,泰州人。於劲才,如皋人。朱载,通州人。唐县训导。李暲。海门人。

十六年。孙几,江都人。张灿,仪真人。徐宪,高邮人。新昌县训导。钱诩,泰州人。冒垻,如皋人。建昌府知事。顾譓。通州人。

十七年。高濬,江都人。莱州府训导。郑文迁,江都人。任登州府训导。胡澂,江都人。封延年,泰兴人。金萱,兴化人。鲁兆龙,宝应人。潘暄,泰州人。王化,如皋人。新喻县丞。柳材,通州人。张鸣鹤。海门人。中顺天府乡试。

十八年。郑峦,江都人。林洪,江都人。永丰训导。崔继,江都人。中应天乡试。戴从礼,泰兴人。孙茂,高邮人。姚凤,兴化人。张希整,宝应人。任保定府通判。阮柏,泰州人。石峻,如皋人。朱襄,通州人。祁州判。张附龙。海门人。余干教谕。

十九年。高概,江都人。茶陵州同知,雅负节操,政称廉惠。葛涧,江都人。有传。沙云渐,江都人。训导。成烈,泰兴人。张㺭,泰兴人。教授。翟垔,高邮人。陈遵,兴化人。张灿,宝应人。于钦,泰州人。王之泽,泰州人。钱学诗,通州人。葛山,通州人。徐公蕃。海门人。德清教谕。

二十年。朱绣,江都人。周显颙,江都人。任天台县教谕。周玮,江都人。张珮,仪

---

1 "张四维",《嘉靖惟扬志》卷二〇《人物志下》列嘉靖"十五年"下。

2 "鈇",《嘉靖惟扬志》卷二〇《人物志下》作"铁"。

真人。周良卿,高邮人。吴奇,高邮人。刘珂,兴化人。张烨,宝应人。张琏,泰州人。凌炯,泰州人。许纺,如皋人。焦鹄,如皋人。孙孝,通州人。尹正,通州人。盛业。海门人。固安教谕。

二十一年。金献可,江都人。王之相,江都人。张炼,泰兴人。金华府训导。李能白,高邮人。羊亨,仪真人。芦山令。张纬,泰州人。袁贤,兴化人。星于知县。徐矿,宝应人。孙寀,通州人。王韶。海门人。训导。

二十二年。朱廷弼,江都人。任黄岩县教谕。张鉴,江都人。海盐训导。钱毅[1],江都人。柳储,仪真人。滨州判。余溢。泰兴人。

二十三年。叶桓,江都人。三河令。李时秀,江都人。任咸宁县教谕。吴继志,高邮人。萧韶,兴化人。陈轲,宝应人。陈韶,泰州人。平阴县教谕。丁谟,如皋人。曹州训导。凌炅,通州人。陈州判官。张绸。海门人。武康县丞。

二十四年。周南,江都人。张标,仪真人。尤璧,高邮人。江岑,通州人。河南府经历。单仁。泰州人。

二十五年。董本礼,江都人。蓟州学正。王桐,江都人。曹津,泰兴人。平源县训导。仲承庆,宝应人。刘坤,兴化人。房全,高邮人。全鸥,泰州人。孙寅,通州人。任诸城县训导。崔珉。海门人。泌阳县训导。

二十六年。刘汝吉,江都人。黄铸,仪真人。冯恕。兴化人。

二十七年。奚亨,江都人。王兼济,江都人。知县。周学易,仪真人。蔡锐,泰兴人。阮宗周,高邮人。吴祐,兴化人。唐平,宝应人。冒彧,泰州人。何思,如皋人。蒲城训导。卢枫,通州人。有传。王寅。海门人。任平阳府训导。

二十八年。陈祉,江都人。饶阳县训导。靳贤,仪真人。卜鲁,高邮人。顾云凤,泰州人。知县。张元。通州人。霑化县训导。

二十九年。钱承训,江都人。张露,江都人。光州学正。张鋈,泰兴人。苏汉,高邮人。赵玺,兴化人。鲁梅,宝应人。张继芳,泰州人。曹大同,通州人。姚舜民。海门人。

三十年。周龙,江都人。海宁县训导。潘朝清,仪真人。冯鸾。通州人。郧西知县。

三十一年。王金,江都人。曹守愚,江都人。训导。胡拱极,江都人。太平府通判。何鎏,泰兴人。知县。周召,高邮人。彭泽令。周成,兴化人。刁伋,宝应人。新昌令。陆表,

---

1 "毅",《万历扬州府志》卷一五《人物志上》作"毂"。

泰州人。王言，如皋人。训导。任杰，通州人。崔光辅。海门人。沙河县训导。

三十二年。刘大有，江都人。任平阳县训导。姚济，仪真人。胶州训导。颜希夔，高邮人。陆位。泰州人。建阳县训导。

三十三年。朱玑，江都人。荥阳县训导。施锡，江都人。景州训导。谢褿，泰兴人。训导。黄金良，高邮人。许简，兴化人。知县。沈九苞，宝应人。随州判。王栋，泰州人。深州学正。钱学古，通州人。胶州判。许尚仁，海门人。顾泾，江都人。广信府训导。陈九韶，仪真人。任安肃县训导。周轼。通州人。顺义县知县。

三十五年。胡淑道，江都人。德化县教谕。罗敬中，江都人。任磁州学训导。黄承鹄，仪真人。戴果，泰兴人。教谕。杨芳，高邮人。蓟州[1]判。王维基，兴化人。于介，宝应人。训导。王沭，泰州人。丽水丞。季仟。海门人。长清县知县。

三十六年。张电，江都人。陈昌虞，高邮人。训导。王慧，泰州人。巨野县丞。易子澜。通州人。

三十七年。王学古，江都人。高唐州训导，升唐府教授。冯铎，仪真人。何珂，泰兴人。教谕。陈兔，高邮人。胡文竑，成化人。训导。仲元学，宝应人。济宁州同知。周镐，泰州人。淄川丞。张金，如皋人。沈宪，通州人。崔与。海门人。浦江县教谕。

三十八年。尹批，江都人。刘培，江都人。诸暨训导。王幼兆，仪真人。张藻，高邮人。平原训导。许道，兴化人。余姚县训导。刘介。通州人。武昌府训导。

三十九年。杨泓，江都人。严州府训导。张杰，江都人。嘉善县训导。周天德，泰兴人。教授。詹尚友，高邮人。中顺天府乡试。范天衷，宝应人。教谕。张鉴，泰州人。任东昌府教授。崔槐。海门人。

四十年。胡铎，江都人。广信府训导。王世德，泰州人。任浮梁县训导。陈经，如皋人。漳浦训导。丛位，如皋人。郫县主簿。袁亨。通州人。

四十一年。尹瑜，江都人。王相，江都人。盛其逢，仪真人。戴矿，泰兴人。朱觉民，高邮人。徐铨，兴化人。吴师颜，宝应人。任进贤县教谕。方一纯，泰州人。训导。姚逊，通州人。任临江府通判。许必进。海门人。钱塘县主簿。

四十二年。栗镗，江都人。任抚州府学教授。李应旸[2]，江都人。有传。周岐，高邮人。

---

1 "州"，原本误作"水"，据《万历扬州府志》卷一五《人物志上》改。

2 "旸"，原本误作"阳"，据是志卷一八本传改。

凌梓。通州人。

四十三年。钱良臣，江都人。任高唐州学正。纪文光，江都人。广宁卫教授。黄承诗，仪真人。王一化，泰兴人。学录。吕应周，高邮人。陆律，兴化人。龙游训导。沈九思，宝应人。任曹县学教谕。董辂，泰州人。襄阳府教授。钱相，如皋人。张临。海门人。训导。

四十四年。冯世京，江都人。训导。陈闻韶，高邮人。陈苣，泰州人。张梓。通州人。寿光教谕。

四十五年。饶学道，江都人。汜水令。何铣，泰兴人。倪嗣昌，高邮人。王高，兴化人。训导。王道，宝应人。王聪，泰州人。朱装，如皋人。训导。许立，通州人。齐河训导。彭大翼。海门人。霱益州知州。

隆庆元年。盛履同，江都人。郝郊，江都人。选贡，任马湖府同知。李树敏，江都人，选贡。有传。王贞，高邮人。曹大韶。通州人。东平州判官。

二年。王一德，江都人。王孚嘉，江都人。盛稔，仪真人。登丙戌进士。曹守贵，泰兴人。学正。秦丹，高邮人。中应天乡试。晏日跻，兴化人。刘孟夏，宝应人。潜山教谕。徐寿昌，泰州人。任馆陶县主簿。李度，泰州人。恩贡，蓬莱县丞。许仁，如皋人。昌邑令。冒守愚，如皋人。恩贡，任德庆州知州。罗英，通州人。恩贡。陈鏮，通州人。安州判。李嘉种。海门人。

三年。马逢伯，江都人。滁州学正。顾汝椿，江都人。选贡，知县。陈第，泰兴人。高子明，高邮人。潘应诏，兴化人。赣州府推官。张晓，宝应人。永明令。郑浙，泰州人。王峰，通州人。张先登。海门人，材孙。龙南令。

四年。李云同，江都人。乐陵县教谕。杨藻，江都人。齐河县教谕。戴鹤龄，泰兴人。学正。陈相，兴化人。仲承嘉，宝应人。任宿松县教谕。刘启元，泰州人。宁州判。李廷净，如皋人。任繁昌县教谕。王勋，通州人。姚士聪，海门人。成咏。兴化人。泽州学正。

五年。罗鸾。江都人。宁陵县训导。

六年。周良儒，江都人。朱伟，江都人。张灯，江都人。补朱伟贡，任奉节县知县。成远，泰兴人。训导。陈尧，高邮人。邹仕，兴化人。东平州同知。王慎，宝应人。凤阳县教谕。陈淑，泰州人。武昌卫经历。冒承礼，如皋人。饶州府教授。江一山，通州人。任宁国府教授。李嘉禾。海门人。永福县教谕。

万历元年。陈近龙，江都人。周府教授。褚校，江都人。蒲州同知。周说，江都人。恩贡，任秀水县丞。张之翰，兴化人。知县。马恕，泰州人。孙逵，通州人。郎台，宝应人。许承裘,宝应人。任益府教授。成性。海门人。

二年。周元治,江都人。陈德新,江都人。容县令。何铠,泰兴人。尤克己,高邮人。李宪章,兴化人。潘培,宝应人。吴敏道,宝应人。有传。张爱,泰州人。陈汶,泰州人。恩贡。陈祥,如皋人。恩贡。刘应祥,如皋人。恩贡。丁照,通州人。袁性。海门人。

三年。彭一举,江都人。金华府经历。孙三省,通州人。何珈。泰兴人。

四年。谢鳌,江都人。张肖孙,江都人。中顺天府乡试。张乐,泰兴人。俞介,高邮人。顾应乾,兴化人。余姚县主簿。吴宇,宝应人。刘岩,泰州人。曹垣,如皋人。信丰知县。王畔,通州人。崔惟鲁。海门人。

五年。徐益,江都人。任虹县训导。戴邦,泰州人。江浦训导。宋尧化,通州人。万全。高邮人。

六年。徐震,江都人。亳州训导。黄承聘,江都人。任淮府纪善。万仞,高邮人。陈范,泰兴人。陆镐,兴化人。祁逢吉,宝应人。田有秋,泰州人。上犹令。薛应魁,如皋人。李廷槐。海门人,梦周子。交河知县。

七年。王泽。江都人。

八年。尹履亨,江都人。新喻县丞。朱希禹,江都人。有传。李涓,泰兴人。张守谦,高邮人。成其德,兴化人。刁梦麟,宝应人。任会昌县知县。华梁,泰州人。曹埙,如皋人。彭大同。海门人。叙州府推官。

九年。张率祖,江都人。沅州学正。金汝明,高邮人。章文斗。泰州人。定海县丞。

十年。阎九经,江都人。余姚训导,哭母丧明,不仕,卒。郑士英,江都人。李宰,泰兴人。陈瓒,泰兴人。训导。陆典,高邮人。徐栋,兴化人。范恒,宝应人。池州府教授。缪泷,泰州人。张勉学,如皋人。福清令。李嘉黍。海门人。景州学正。

十一年。满从谦。江都人。

十二年。蔡廷,江都人。丘隅,江都人。霑化训导。丁天相,泰兴人。学正。金汝器,高邮人。张典,兴化人。丁珠,宝应人。许凤鸣,泰州人。刘应奎,如皋人。安东训导。史鋿。海门人。新乡教谕。

十三年。阎治,江都人。苏卉,高邮人。曹文魁。泰州人。山阳县教谕。

十四年。龚良卿,江都人。唐虞佐,江都人。戴鎏,泰兴人。王坦,高邮人。房栋,兴化人。范暐,宝应人。陈采,泰州人。泾县教谕。张久袭,如皋人。袁守恒。海门人。

训导¹。

十五年。张云翰。江都人。颍上县教谕。

十六年。徐孔阳，江都人。镇江训导。徐枢，江都人。训导。吴必大，高邮人。傅范，兴化人。郑化中，宝应人。任平凉府通判。刘清，泰州人。浮梁训导。丛谌，如皋人。李世禄。海门人。常州府训导。

十七年。张焞，江都人。无锡县训导。张守正，高邮人。周嘉鱼。泰州人。训导。

十八年。史宗器，江都人。陆君弼，江都人。芮天宇，泰兴人。建昌令。李达，高邮人。舒守业，兴化人。丁寿，宝应人。松江府训导。杨廷芳，泰州人。任青浦县训导。苏民牧，如皋人。张世鉴。海门人。

十九年。胡希旦。江都人。

二十年。胡宁臣，江都人。孙世恩，江都人。选贡。芮饴孙，泰兴人。选贡。李自华，高邮人。中应天府乡试。邵宗尧，兴化人。选贡。冯应箕，宝应人。选贡。刘有光，泰州人。中顺天府乡试。胡天浩，如皋人。选贡。陈廷策，仪真人。中应天府乡试。徐柏，通州人。姜承德。海门人。选贡。

二十一年。黄卓然，江都人。景州训导。张行中，高邮人。陆逢原，宝应人。缪宗尧，泰州人。任无为州训导。冒梦龄。如皋人。

二十二年。古诗，江都人。宁国府训导。闵尚纲，江都人。成洁，泰兴人。训导。姚让，高邮人。陆凤韶，兴化人。张其纲，泰州人。训导。姜应元。海门人。苏州府训导。

二十三年。阎涝，江都人。桑惟藩，宝应人。选贡。李呈华，泰州人。马汴。如皋人。

二十四年。马一骏，江都人。选贡。栗应荐，江都人。周士鳌，泰兴人。孙承烈，高邮人。徐参两，兴化人。李之达。海门人，庭槐子。选贡。

二十五年。萧灼如，江都人。选贡。王培，高邮人。卢永安。泰州人。

二十六年。严师曾，江都人。王策，江都人。张栐，泰兴人。阮应芳，高邮人。杨守大，兴化人。张旻，宝应人。李廷芳，泰州人。王汝夔。海门人。

二十七年。范必登，江都人。刘弘宇。泰州人。选贡。

二十八年。曹炜，江都人。孙承仁，江都人。周思敬，泰兴人。吴钦德，高邮人。朱继尧，兴化人。仲言序，宝应人。韩守仁，泰州人。许廪，如皋人。史銮，海门人。

---

1 "导"，原本脱，据《万历扬州府志》卷一五《人物志上》补。

吴志行。仪真人。

二十九年。陈弘任,府学,江都。潘启元,仪真人。马承宗,通州人。刘继善,宝应人。

三十年。林应鸿,江都人。吴学行,仪真人。郭如石,宝应人。王三聘,通州人。李之乔,海门人。王应元。高邮人。

三十一年。李本坚,府。纪世科,泰州人。钱明轸,通州人。江帅尹,海门人。奚可召,海门人。陈南经。高邮人。

三十二年。叶逢时,府。李中节,仪真人。宋祖殷,泰州人。曹一夔,通州人。成友文,海门人。张守泰。高邮人。

三十三年。周应征,江都人。曹镃,通州人。孙惟孝。高邮人。

三十四年。高培,府。黄应美,仪真人。彭大化,海门人。詹文翼。高邮人。

三十五年。桑履直,府。葛弘道,泰州人。卢纯臣,通州人。周赓,江都人。周文焕。高邮人。

三十六年。鲁可教,府。卞薛,仪真人。许昌溁,宝应人。唐尧举,泰州人。黄逢展,通州人。李之盛,海门人。王芳,宝应人。王廷中。高邮人。

三十七年。高矩,府。曹昌顺,泰州人。沈几先。高邮人。

三十八年。杨美材,府。李栋,仪真人。孙世蕃,泰州人。王师益,通州人。崔允复,海门人。王继祖。高邮人。

三十九年。史在言,府。刘希周,泰州人。高应科。高邮人。

四十年。刘守,府。萧斗南,仪真人。刘弘学,泰州人。钱士俊,通州人。盛永傅,海门人。张一中。高邮人。

四十一年。樊士第,府。印尔寿。高邮人。

四十二年。孙承义,江都府学。叶阳春,仪真人。宫景隆,泰州人。王梅龄,通州人。成自然,海门人。毛一麟,高邮人。顾我名。江都人。

四十三年。陈绍益,府,江都人。郑应春,宝应人。朱纳夏,宝应人。任友贤,泰州人。凌鹏翼,通州人。殷之尹。高邮人。

四十四年。刘嗣元,府,江都人。汪高璋,仪真人。郎继恩,宝应人。顾梦麒,泰州人。钱选,通州人。李传春,海门人。杜极。高邮人。

四十五年。高位,府。朱应榷,江都人。江源海。高邮人。

四十六年。朱文绥,府,江都人。李坫,仪真人。陈文灼,宝应人。吴士文,泰州人。

江日升，通州人。周继曾，海门人。孙应毕。高邮人。

四十七年。周应昌，府，江都人。郑之麟，宝应人。程士进，通州人。黄启明，通州人。王晋之。高邮人。

四十八年。娄逢年，府。李得春，府。徐谧，仪真人。于应蛟，仪真人。王有光，宝应人。任天锡，兴化人。周世德，泰州人。钱良心，通州人。张志孝，海门人。李崇和。高邮人。

泰昌元年。林程，府。王道淑，仪真人。赵维藩，宝应人。汤梦祯，宝应人。凌荪，通州人。韩近阳，泰州人。金志立。高邮人。

天启元年。汤不疑，府。通州人。李时开，仪真人。王好察，宝应人。刘永泌[1]，宝应人。赵亃祚，兴化人。储元基，泰州人。吴晓，通州人。江中岩，通州人。张洪先，海门人。崔养珍，海门人。刘际春，泰州人。张承华。高邮人。

二年。王应第，府。李存祉，仪真人。王珩，兴化人。王佐，泰州人。翟元耀。高邮人。

三年。赵元吉，府。吴宗暮，宝应人。吴世琏，兴化人。李元遇，通州人。崔振先，海门人。陈有典。高邮人。

四年。吕尚炯，府。蒋方，仪真人。陆筬，泰州人。苏应元，通州人。唐本中。高邮人。

五年。王駉，泰州人。顾懋伦，通州人。崔养浩，海门人。陈九式。高邮人。

六年。吴世华，仪真人。周道具，泰州人。杜泾。高邮人。

七年。杨廷芳，通州人。潘洪度，海门人。蒋一麟。高邮人。

崇祯元年。罗干相，府。江都人。周蒭，府。江都人。倪可大，仪真人。侯宏先，仪真人。顾名义，泰州人。卢鸿传，如皋人。顾力行，通州人。张鹍鸣，通州人。李存性，海门人。陈梦日，泰州人。李之郁，海门人。薛希夔。高邮人。

二年。夏之璜，府。陆瑞麟，宝应人。王应麟，泰州人。刘灏，如皋人。保良遇，通州人。成至中。海门人。

三年。许大成，府。林毓秀，府。鲍尚友，仪真人。吴明卿，仪真人。宋应兆，江都人。强有为，泰州人。薛南金，如皋人。顾之璞，通州人。张令德。高邮人。

四年。丁之璞，府。江都人。汤尚仁，府。通州人。刘思哲，江都人。姚崇德，兴化人。苏文儶，如皋人。曹随鲤，通州人。施光祚，宝应人。彭取象，海门人。沈龙玺，兴化人。

1　"泌"，《嘉庆重修扬州府志》卷四一《选举志三》有注："拔贡。案：传作'永沁'。"

毛一骏,高邮人。杨希程。江都人。府。

五年。童登第,府。江都人。徐加铨,府。江都人。周说,江都人。卞时伸,仪真人。陈王业,泰州人。许昌绪,宝应人。刘昌运,如皋人。陈邂,通州人。陈有蕴。高邮人。

六年。纪尔志,府。江都人。陈以忠,江都人。解学皋,兴化人。沈基隆,泰州人。余志行,如皋人。马洛书,通州人。李奇达,海门人。易象晋。海门人。

七年。韩鼎新,府。江都人。卞继明,江都人。王之佐,宝应人。李坦,仪真人。顾天培,泰州人。王道行,如皋人。陈兆隆。高邮人。

八年。李茂华,府。江都人。杨廷璧,江都人。吴与齐,仪真人。吴元德,兴化人。陈王度,泰州人。陈继昌,泰州人。薛国传,如皋人。李星精,通州人。胡澄一,通州人。成弘志,海门人。吴宸诰,海门人。

九年。马启象,府。江都人。周之翰,江都人。殷克俊,仪真人。汤尚仁,宝应人。薛超宗,如皋人。王徽祚,通州人。薛梅芳。高邮人。

十年。王谷,府。江都人。郑名鼎,江都人。王三正,泰州人。钱体元,如皋人。张安寰,通州人。李德瑜,海门人。李信,兴化人。孙兆祥。高邮人。

十一年。谢君聘,府。江都人。张大礼,江都人。仲汝璧,宝应人。俞有安,仪真人。袁懋常,泰州人。缪九凤,如皋人。沈几哲。高邮人。

十二年。吴尧弼,府。江都人。黄珙,兴化人。吴一骥,如皋人。成梦光,通州人。徐起霖,通州人。吴鼎初,海门人。官伟镠。泰州人。己卯选贡。雍从孔。高邮人。

十三年。孙永年,府。高邮人。卞时强,仪真人。颜时度,宝应人。杨令誉,泰州人。冒襄,如皋人。李又白,通州人。陈时宜。高邮人。

十四年。车从轼,府。江都人。解学周,兴化人。张应征,泰州人。钱翼昌,通州人。成一耀,海门人。郁之葵,海门人。詹天表,高邮人。孔亦昭。江都人。

十五年。徐养性,府。江都人。郑之冕,仪真人。张廷揖,宝应人。周宰臣,泰州人。李兆星,海门人。陈慎。高邮人。

十六年。魏汝孝,兴化人。章佐圣,泰州人。史大智,通州人。成一玑,海门人。叶知本。高邮人。

十七年。叶弥广,府。江都人。洪之东,仪真人。邹士彦,宝应人。成明彦,宝应人。韩宗愈,宝应人。陈远,通州人。吴光弼,仪真人。李元白,通州人。张承烈。高邮人。

皇清岁贡

顺治二年。于道衍,江都选贡。吴道岸,江都人。卞时佑,仪真人。恩贡。卞日郅,仪真。岁贡。陆舜,泰州人。张绂良,泰州人。杨芳,泰州人。李名显,兴化人。薛兴宗,如皋人。刘愈炤,如皋人。姜承璜,通州人。崔思唯,海门人。陆宾旸,高邮人。成宪中,海门人。宁时需,汪士龙,王允让。宝应人。

三年。朱鼎,江都人。夏继忠,江都人。王玉辂,江都人。陈元鼎,泰州人。解诜,兴化人。冒超处,如皋人。瞿荐元,通州人。季国瑞,通州人。周之鼎。如皋人。

四年。陈凝祉,泰州人。恩选贡。任从龙,江都人。成一是,海门人。李拔卿,泰州人。翟善。高邮人。

五年。黄士学,仪真人。陈启贞,仪真人。傅应鸾,泰州人。徐焜,兴化人。朱卜周,兴化人。高官,江都人。瞿之秀,江都人。江日跻,通州人。张擢士,通州人。杜仁俊,江都人。丁允龄,如皋人。吴宗夏,宝应人。邹之璜。宝应人。

六年。胡正卿,高邮人。徐拱宸,泰州人。夏鼎臣,海门人。姚夔,海门人。拔贡。侯康民,海门。恩贡。张著。高邮人。

七年。王毅,江都人。潘性善,仪真人。李甡如,扬州人。张锡文,江都人。陈应文,泰州人。赵胤清,兴化人。宗振祚,如皋人。凌质,通州人。于有甲,仪真人。蔡尚廉。宝应人。

八年。谈震德,江都人。潘昌第,泰州人。宫昌宗,泰州人。选贡。阮维烈,泰州人。王孙绳,通州人。杨长芝,通州人。成弘辅,海门人。潘绍曾,海门人。盛于亮,海门人。选贡。王有容,宝应人。柏鹤鸣,高邮人。戴绳生。泰兴人。

九年。吴允宏,江都人。李长烨,扬州人。郑为旭,仪真人。张广,高邮人。刘元茂,仪真人。路登明,仪真人。孙咸亨,兴化人。吴元虞,兴化人。洪运开,如皋人。白葆元,通州人。马启河。江都人。

十年。曹显祖,江都人。范六美,江都人。宋懋功,泰州人。胡邦献,如皋人。易象履,海门人。陈学孟。高邮人。

十一年。吴绮,江都人。王贞宪,江都人。鲁东锜,江都人。程应虬,仪真人。郑为光,仪真人。顾士谟,泰州人。沈乔生,泰州人。徐哲,兴化人。徐熺,兴化人。苏世家,如皋人。瞿宠元,通州人。陈鼎元,通州人。杨天授,海门人。胥文儒,汪霍,宝应人。陈吾道,高邮人。戴清。泰兴人。

十二[1]年。蒋麟周,仪真人。吴体仁,如皋人。周士龙,通州人。史世菖,海门人。夏洪畴。高邮人。

十三年。郭茂英,江都人。史以徵,江都人。侯庭对,仪真人。陈允晟。泰州人。王允士,兴化人。宗家相,如皋人。刘邦仕,通州人。王旻任,宝应人。尤运昌。高邮人。

十四年。金怀玉,江都人。袁懋官,泰州人。许亮,如皋人。李峻升,通州人。夏洪基。高邮人。

十五年。李璘,江都人。倪懋官,江都人。王光裕,仪真人。孙郁,泰州人。杨龙惕,兴化人。江元驭,通州人。卢上品,宝应人。陈象曙。高邮人。

十六年。费益修,扬州人。陈镛。高邮人。

十七年。阎台生,扬州人。罗煌,江都人。徐尔陵,江都人。程元吉,仪真人。夏光彝,泰州人。吴元来,兴化人。冒俨然,如皋人。黄茂种,通州人。贾一骢,宝应人。陈五政。高邮人。

十八年。丁祚龙,江都人。王曰叟,江都人。朱天申,泰州人。徐吕,兴化人。夏光弼,泰州人。吴家修,如皋人。范国屏,通州人。白炜,通州人。陆世卿。高邮人。

康熙元年。刘大名,江都人。王熊,江都人。蒋廷章,仪真人。万英,仪真人。刘允思,泰州人。魏汝澹,兴化人。王奎光,通州人。张国纬,高邮人。施燮,江都人。成周璧,宝应。恩贡。陈三辅。宝应人。

二年。乔逢圣。扬州人。

寓贤

前代侨寓及任所属州邑者弗录,惟本朝寓居郡城者载之。

沈义。武成后卫籍。中正统顺天甲子乡试,戊辰进士,历官工部侍郎。

周斌。昌黎籍。中景泰顺天庚午乡试,辛未进士,历官湖广右布政。

茂彪。庆阳卫籍。中景泰陕西癸酉乡试,甲戌进士,历官按察司佥事。

高宗本。其先保定雄县人。有传。

张颐。太原卫籍。中顺天山西己卯乡试,庚辰进士,历官工部侍郎。

---

1 "二",原本误作"一",故与前之"十一"重复,据《道光重修仪征县志》卷二八《选举志》等改。

赵英 [1]。神武右卫籍。中成化顺天某科乡试,戊戌进士,历某官。

陈曦。北京锦衣卫籍。中弘治顺天己酉乡试,庚戌进士,历某官。

马昊。宁夏卫籍。中弘治陕西某科乡试,己未进士,历某官。

萧海。北京锦衣卫籍。中正德顺天丁卯乡试,戊辰进士,历某官。

严谨。山西蔚州卫籍。中正德本省某科乡试,戊辰进士,历某官。

郭允宁。义勇卫籍。中正德顺天庚午乡试,辛未进士,历某官。

蒋达。南京留守后卫籍。中正德某省某科乡试,戊辰进士,历某官。

楚书,宁夏卫籍。中正德陕西某科乡试,嘉靖癸未进士,历官都察院副都御史、巡抚宣大。

赵维垣。贵州永宁卫籍。中嘉靖某年云南乡试,壬辰进士,历某官。

张才。陕西西安府后卫籍。中嘉靖某年本省乡试,甲辰进士,历某官。

赵世奎。神武右卫籍。中嘉靖某年顺天乡试,甲辰进士,历某官。

邹应龙。陕西兰州人。有传。

张齐。长安人。有传。

阎炫。陕西长安人。尝补江都诸生,以试有司,不利,还故籍。中隆庆丁卯乡试,未仕,卒。

马豸。大司人。有传。

何城。榆林人。有传。

王思贤。陕西长安人。由商籍补宝应县诸生,中隆庆庚午乡试,除授高州推官,左迁,卒。

陈扬产。贵州籍。中隆庆庚午乡试,万历甲戌进士,除知浙江海宁县,调移湖广应城县。

陈纪。广东南雄府人,贵州籍。嘉靖甲子乡试,除知四川芦山县,历升刑部郎中、广西南宁知府。

支应瑞。江西进贤县人。中万历丙子乡试,丁丑进士,初除浙江慈溪知县,升辽东广宁通判。

罗汝芳。江西南城人。万历甲辰进士,云南副使。有传。

---

1 “英”,《万历扬州府志》卷一五《人物志上》作“瑛”。

扬州府志卷之十六

人物志中

名臣列传 一[1]

汉

刘瑜　刘熊　徐璆　臧旻　臧洪 陈容附

魏

徐宣　陈琳　陈矫 本骞

吴

吕岱　张纮

　　刘瑜，字季节，广陵人也。少好经学，尤善图谶、天文、历算之术。州郡礼请，不就。延熹八年，以太尉杨秉举贤良方正，至京师，瑜上书陈事言："中官比肩裂土，有乖开国承家之义；女嬖充积，生长六疾，第舍增多，穷极奇巧；州郡官自考事，奸情贿赂，皆为吏饵，民愁盗起，辄兴诛伐；又陛下以北辰之尊，私幸宦官之舍，因此暴纵，无所不容，宜远邪佞之人，放郑卫之声，则政致和平，德感祥风矣。"于是，特诏召瑜问灾咎之征，指事案经谶以对。帝竟不能用，拜为议郎。及帝崩，大将军窦武欲大诛宦官，乃引瑜为侍中，又以尹勋为尚书令，同谋画。及武败，瑜、勋并被诛，宦官悉焚瑜所上书，以为讹言。子琬，传瑜学，明占候，能著灾异。举方正，不行。

刘熊，字孟阳，广陵海西人。仕为酸枣令。按金石古文，称熊光武皇帝曾孙，广陵王之孙，俞乡侯平之季子。守约履勤，叡敦《五经》。既练州部，卷舒委蛇，赏善砺顽，勤恤民隐，贪宄革情，清修勤慕，德惠潜流，邕芳旁布。吏民爱之若慈母，畏之如神明，相与采摭谣言，刊之碑石焉。按：熊史传无考。

徐璆，字孟玉，广陵海西人。少博学，辟公府，举高第，稍迁荆州刺史。时董太后姊子张忠为南阳太守，因埶放滥，赃罪数亿。璆当之部，太后遣中常侍以忠属璆。璆对曰：“臣身为国，不敢闻命。”太后怒，遽征忠为司隶校尉，以相威临。璆至州，举奏忠赃余一亿，又奏五郡太守及属县有赃污者，悉征案罪，威风大行。中平元年，与中郎将朱隽击黄巾贼于宛，破之。张忠与诸阉宦构谤，璆遂以罪征。以破贼功，得免。再征，迁汝南太守，转东海相，所在化行。献帝迁许，以廷尉征，当诣京师，道为袁术所劫，欲授璆上公位。璆叹曰：“龚胜、鲍宣，独何人哉？守之必死。”术不敢逼。术死军破，璆得其传国玺，还许，上之，并送前所假汝南、东海二郡印绶。司徒赵温谓曰：“君遭大难，犹存此耶？”璆曰：“昔苏武困匈奴，不坠七尺之节，况此方寸印乎？”后拜太常，卒于官。

臧旻，广陵射阳人。有干事才。熹平元年，会稽妖贼许昭起兵句章，自称大将军，攻破城邑众以万数。上拜旻扬州刺史。旻率丹阳太守陈夤击昭，破之。昭复更屯结，旻进兵连战，破平之，获昭父子。迁旻为使匈奴中郎将。自匈奴还，太尉袁逢问西域诸国土，旻具言西域百余国大小、道里远近、人数多少、风土燥湿、山川草木、鸟兽异物名种，指陈甚悉。逢叹息曰：“虽班固作《西域传》，亡以加也。”后转长水校尉，终太原太守。

臧洪，字子源，旻之子也。年十五，以父功拜童子郎。洪体貌魁梧，有异姿。举孝廉，补即丘长。中平末，张超请为功曹。时董卓弑帝，图危社稷，洪劝超以诛除国贼，为天下倡义。超然之，乃约诸牧大会酸枣。将盟，更相辞让，咸推洪。洪乃摄衣升坛，操血而盟，词气慷慨，闻者无不激扬。时公孙瓒与刘虞有隙，超遣洪诣虞。至河间，值幽、冀交兵，行涂阻绝，因寓于袁绍。绍奇洪，以为东郡太守。时曹操围张超于雍丘，甚危急，超谓军吏曰：“今日之事，唯臧洪必来救我。”或曰：“袁曹方睦，洪为绍所用，恐不能败好远来。”超曰：“子源天下义士，终非背本者也。或见制强力，不相及耳。”洪始闻超围，乃徒跣号泣，从绍请兵，绍竟不听之。超城遂陷，张氏族灭，洪由是绝绍。绍兴兵围洪，历年不下,使陈琳以书譬洪。洪答曰:"昔晏婴不降志于白刃,南史不曲笔以求存,故身传图象,名垂后世。洪投命君亲,策名长久,夫复何言?"绍知洪无降意,增兵急攻城。城陷,执洪。绍盛帷幔,大会诸将,见洪,曰:"今日服未?"洪瞋目曰:"惜洪力劣,不能推刃为天下报仇,何谓服乎?"洪邑人陈容,少为诸生,亲慕洪,随为东郡丞,见洪当死,谓绍曰:"将军举大事,欲为天下除暴而先诛忠义,岂合天意?"绍惭,使人牵出,容顾曰:"仁义岂有常所?蹈之则为君子,背之则为小人。今日宁与臧洪同日死,不与将军同日生也!"遂俱见杀。在绍坐者,无不叹息,窃相谓曰:"如何一日杀二烈士!"先是,洪遣司马二人出,求救于吕布。比还,城已陷,皆赴敌死。

徐宣,字宝坚,广陵海西人也。魏祖操辟为司空掾属,迁齐郡太守,从到寿春。会马超乱,大军西征,太祖见官属曰:"今当远征,而此方未定,宜得清公大德以统镇之。"乃以宣为左护军,留统诸军。太祖崩,或言可易诸城守,用谯、沛人。宣厉声曰:"今者远近一统,人怀效节,何必谯、沛而沮宿卫者心?"文帝闻曰:"宣所谓社稷之臣也。"文帝践阼,转散骑常侍。从至广陵,六军乘舟,风浪暴起,帝船回倒。宣凌波而前,帝壮之,迁尚书。明帝即位,封津阳亭侯。桓范荐宣,谓:"仆射任重,莫宜宣者。"遂拜左仆射。车驾幸许昌,总统留事,帝还,主者奏呈文书。诏曰:"吾省与仆射何异?"竟不视。宣上疏陈威刑太过,又谏作宫殿穷尽民力,帝皆手诏嘉纳。青龙四年卒,遗令布衣疏巾,敛以时服。诏曰:"宣体履至实,直内方外,历仕三朝,公亮正色,可谓柱石臣也。"追赠车骑将军,谥贞侯。

陈琳,广陵人。前为何进主簿,进欲诛诸宦官,太后不听,进召四方猛将,并使引兵向京城,欲以劫恐太后。琳谏进曰:"《易》称'即鹿无虞',谚有'掩目捕雀',夫微物尚不可欺以得志,况国之大事,其可以诈立乎?今将军总皇威,握兵要,龙骧虎步,高下在心,以此行事,无异于鼓洪炉以燎毛发。但当速发雷霆,行权立断,违经合道,天人顺之,而反释其利器,更征于他。大兵合聚,强者为雄,所谓倒持干戈,授人以柄,必不成功,祇为乱阶。"进不纳其言,竟以取祸。琳避难冀州,袁绍使典文章。袁氏败,琳归魏祖。魏祖谓曰:"卿昔为本初移书,但可罪状孤而已,恶恶止其身,何乃上及父祖耶?"琳谢罪。魏祖爱其才而不咎,以为司空军谋祭酒,管记室。

陈矫,字季弼,广陵东阳人也。太守陈登请为功曹,深敬友矫。时广陵为孙权所围,登令矫求救于魏太祖。矫说太祖曰:"鄙郡虽小,形便之国也。若蒙救援,使为外藩,则吴人剉谋,徐方永安。未从之国,望风景附。崇德养威,此王业也。"太祖奇矫,欲留之。矫辞曰:"本国倒悬,奔走告急,纵无申胥之效,敢忘弘演之义乎?"乃遣兵赴救。后太祖辟矫为司空掾属,除魏郡西部都尉。曲周民父病,以牛祷,县结正弃市。矫曰:"此孝子也。"表赦之。迁魏郡太守。时系囚千数,至有历年,矫悉自览罪状,一时论决。及从征汉中,还为尚书。行前未到邺,太祖崩,群臣以为太子即位,当须诏命。矫曰:"王薨于外,天下惶惧。太子宜割哀即位,以系远近之望。且又爱子在侧,彼此生变,则社稷危矣。"即具官备礼,一日皆办。明旦,以皇后令,策太子即位。文帝曰:"陈季弼临大节,明略过人,信一时之俊杰也。"帝践阼,封高陵亭侯,迁尚书令。明帝尝卒至尚书门,矫跪问曰:"陛下欲何之?"帝曰:"欲案行文书耳。"矫曰:"此自臣职分。若臣不称其职,则请就黜退。陛下宜还。"帝惭,回车。其亮直如此。加侍中光禄大夫,迁司徒。卒,谥贞侯。子本嗣,历位郡守、九卿。本弟骞,咸熙中为车骑将军。本有统御之才,所在操纲领,能使群下自尽,不读法律而得廷尉之称,迁镇北将军,假节都督河北诸军事。骞字休渊,矫季子,少有度量,含垢匿瑕,后为晋佐命功臣,至太傅,封高平郡公,谥曰武。

吕岱,字定公,广陵海陵人也。避乱南渡,诣吴主权,召署录事,出补余姚长。时会稽贼吕合、秦狼等为乱,吴主以岱为督军校尉,与将军蒋钦等将兵讨之,遂擒合、狼,定五县。拜昭信中郎将,督孙茂等十将取长沙三郡。延康元年,代步骘为交州刺史。高凉贼帅乞降,又郁林夷贼攻围郡县,岱讨破之。讨桂阳贼王金,生缚金,斩获万余人。迁安南将军,封都乡侯。士徽逆,命岱督兵三千人袭击,破之,进封番禺侯。潘濬卒,岱代濬领荆州。会廖式作乱,诸郡搔扰。岱自表辄行,攻讨式,斩之,还镇武昌。岱清身奉公,所在可述。初在交州,历年不饷家,妻子困乏。吴主闻,以让群臣曰:"吕岱出身万里,为国勤事,家门内困而孤不早知,其责安在?"于是,加赐钱米布绢,岁有常限。始,岱亲近吴郡徐原,赐巾褠,与共言论,荐拔官至侍御史。原性忠壮,好直言,岱时有得失,原辄谏争,又公论之。或以告岱,岱叹曰:"是我所以贵德渊者也。"及原死,岱哭之甚哀,曰:"德渊,岱之益友。今不幸,岱于何闻过?"谈者美之。

年九十六卒,遗令殡以素棺疏布,葬送之制务从俭约。子凯嗣。

张纮,字子纲,广陵人。少游学京都,还本郡,举茂才,公府辟,皆不就,避难江东。孙策创业,遂委质焉。表为正议校尉,从讨丹阳。策身临行阵,纮谏曰:"夫主将乃筹谟之所自出,三军之所系命也,不宜轻脱,自敌小寇。"建安四年,策遣纮奉章至许宫,留为侍御史。少府孔融等皆与亲善。策薨,曹操欲因丧伐吴,纮谏以乘人之丧非义,不如因而厚之。操即表权为讨虏将军。操欲令纮辅权内附,出纮为会稽东部都尉。后权以纮为长史,从征合肥。权率轻骑挑敌,纮谏曰:"兵凶战危,此偏将之任,非主将所宜。"权纳纮言而止。明年,将复出军,纮劝权且隐息师,徒任贤使能,以待时变,又建议宜出都秣陵,权从之。令还吴迎家,道病卒。临困,授子靖留笺,以人主当求贤受谏,抑情损欲,以成仁覆之大。权省书流涕。所著诗、赋、铭、诔十余篇。

赞曰:东汉尚节义,观刘瑜感愤,击排阉宦;徐璆抗志,不面僭逆;洪虽偏节,蹈死不悔,可不谓侠烈丈夫者哉。吴、魏故多能臣,宣之忠公,矫之亮直,岱劳不伐,纮忠而雅,即三国人才邈焉寡俦矣。孔璋以章檄擅长,其谏何进毋征召外兵,而汉竟以此覆,庶几知天下大计,列之名臣亦无愧也。

晋
戴渊　戴邈　刘颂　高嵩

戴渊,字若思,广陵人。举孝廉,累转振威将军。以讨贼有功,赐爵秣陵侯。出为征西将军,都督兖豫幽冀雍并六州诸军事、假节,加散骑常侍。镇寿阳,与刘隗同出。帝亲幸其营,劳勉将士,临发祖饯,置酒赋诗,其见宠异如此。王敦举兵,诏渊还镇京都,进骠骑将军。石头失守,渊与诸军攻石头,王师败绩,乃率麾下百余人赴宫受诏,与百官公卿于石头见敦。敦问曰:"前日之战,有余力乎?"渊不谢而答曰:"岂敢有余,但力不足耳。"又曰:"吾此举动,天下以为何如?"渊曰:"见形者谓之逆,体诚者谓之忠。"敦笑曰:"卿可谓能言。"俄遣邓岳、缪垣收渊,遂遇害。渊素有重望,海内之士莫不痛惜。贼平,赠右光禄大夫、仪同三司,谥曰简。

戴邈，字望之，渊之弟。少好学，尤精《汉》《史》。[1]才不逮兄，而儒雅过之。弱冠举秀才，寻迁太子洗马，出补西阳内史。永嘉中，元帝版行邵陵内史、丞相军谘祭酒，出为征南军司。于时百凡草创，学校未立，邈上疏请兴礼乐，帝嘉纳焉。代刘隗为丹阳尹。王敦作逆，加左将军。及兄渊遇害，坐免官。敦诛后，拜尚书仆射。卒，赠卫将军，谥曰穆。

刘颂，字子雅，广陵人，汉厉王胥之后。司马昭辟为相府掾，奉使蜀。时蜀新平，民饥，颂表求赈贷，不待报而行，由是除名。武帝践祚，拜尚书三公郎，典科律，申冤讼。累迁中书侍郎。咸宁中，诏颂与散骑郎白衷巡抚荆、扬，以奉使称旨，转黄门郎。迁议郎，守廷尉。时尚书令史扈寅非罪下狱，诏使考竟。颂执据寅无罪白，出之，时人以比张释之。在职六年，号为详平。转河内太守，郡界多公主水碓，遏塞流水，转为浸害，颂表罢之，百姓获其便利。除淮南相，在官严整，多治绩。旧修芍陂，岁用数万人，豪强因得兼并，颂使大小戮力，计功受分，百姓称平惠焉。又上疏论律令事及复肉刑，为时论所美。卒，谥曰贞。

高嵩[2]，字茂琰，广陵人，悝之子。少好学，善史书。司空何充为扬州，引为主簿。举州秀才，除太学博士。初，悝封建昌伯，以纳妾致讼被黜。及悝卒，嵩自系廷尉讼冤，表疏数十上。帝哀之，为复其父爵。简文帝辅政，引为抚军司马。时桓温擅威，率众北伐，军次武昌，简文患之。嵩为作书，谕以祸福，温即还镇。哀帝好服食，嵩奏以为“非万乘所宜。陛下此事，实日月之一食也”。后以公事免，卒于家。

赞曰：戴渊勇毅，多权略，时之不竞，殒于逆敦之手，惜矣。邈敦儒雅，弗越典常；刘颂平反，抚民能惠；高嵩悾款纳忠，明于君亲之义：皆晋良也。南渡以后，江以北得四臣焉，而戴氏居二，兹宣尼所为叹才难乎？

宋

陈宪　吕安国

南齐

1　“《汉》《史》”，《晋书》卷六九《戴邈传》作“《史》《汉》”。

2　“嵩”，《晋书》卷七一《高崧传》作“崧”。下同。

荀伯玉

梁

吕僧珍

陈

杜僧明

隋

来护儿 子整

陈宪,广陵人。元嘉二十七年,虏主佛狸攻围县瓠,宪行汝南郡事,婴城自守。虏多作高楼,施弩以射城内,飞矢雨下,城中负户以汲。又毁佛图,取金像以为大钩,施之冲车端,以牵楼作虾蟆车以填堑。宪督励将士固女墙而战,贼死者尸与城等。

吕安国,广陵人。泰始二年,刘勔征殷琰于寿春,安国以建威将军为勔军副,抄断贼粮道,烧其运车,多所杀伤。琰众奔退,勔遣安国追之。先至寿春,众军继至。安国勋第一,封彭泽县男,未拜,改封钟武县男,加邑四百户。四年,改封湘乡侯,在朝以宿旧见遇。年六十四卒,谥肃侯。

荀伯玉,字弄璋,广陵人。齐高帝萧道成镇淮阴,时伯玉归身结事,为冠军刑狱参军。高帝为宋明帝所疑,被征为黄门郎,忧虑甚。伯玉劝以遣数十骑入魏界,安置标榜。魏果遣游骑数百履行界上。高帝以闻,遂留复本任。由是见亲待。时武帝在东宫,专断用事,任左右张景真,伯玉启上,收景真杀之。上嘉伯玉尽心,益见亲信,军国密事,多委使。时人为之语曰:"十敕五令,不如荀伯玉命。"

吕僧珍,字元瑜,世居广陵。建武二年,魏大举南侵,五道并进。武帝率师援义阳,僧珍从在军中。时长沙宣武王为凉州刺史,魏军围守连月,间谍不通,义阳与雍州路断。武帝欲遣使至襄阳,众惮,莫敢行。僧珍固请充使,单舸上道。既至襄阳,督遣援军,且获宣武王书而返,帝甚嘉之。时义兵起,武帝夜召僧珍及张弘策定议,乃会众发兵,以僧珍为辅国将军、步兵校尉,出入卧内,宣通意旨。师及郢城,僧珍率所领顿偃月垒,俄又进据骑城。郢州平,武帝进僧珍前锋大将军。军次江宁,东昏将李居士与众迎战,僧珍等要击,大破之,居士奔散,获器甲不可胜计。武帝受禅,以为冠军将军、前军司马,封平固侯,食邑千二百户。僧珍平心率下,不私亲戚。其旧宅前有督邮廨,乡人或劝徙廨以益其宅,僧珍怒曰:"督邮,官廨也,岂可徙之以益私宅?"卒年五十八,赠骠骑将军、开府仪同三司,给鼓吹侯如故,谥曰忠敬。

杜僧明,字弘照,广陵临泽人。卢安兴为广州刺史,时僧明与兄天合及周文育并为所启。安兴子雄讨交州,坐玩师,赐死。天合奋义,召众攻萧映,为陈高祖霸先所杀,奇僧明及文育,释之,仍引为主帅。侯景之乱,随高祖入援京师。高祖于始兴破兰裕,僧明为前锋,擒裕斩之。又与蔡路养战于南野,僧明马伤,高祖驰往救之,以所乘马授僧明。僧明乘马复进,众皆披靡,大败路养。高州刺史李迁仕又据大皋,入灂石,以逼高祖,僧明与文育等拒之,连战百余日,卒擒迁仕。侯景遣余庆等寇江南,高祖命僧明为前驱,所向克捷,表僧明为长史。及景平,以功除员外散骑常侍、明威将军、南兖州刺史,进爵为侯,增邑并前五百户。荆州陷,高祖使僧明率吴明彻随侯瑱西援,于江州病卒,年四十六,谥曰威。子晋嗣。

来护儿,字崇善,江都人。幼而卓诡,好奇节。初读《诗》,至"击鼓其镗,踊跃用兵""羔裘豹饰,孔武有力",舍书叹曰:"大丈夫当如是,安能区区久事陇亩耶?"群辈惊其言。贺若弼之镇寿州也,常令护儿为间谍,授大都督。平陈之役,护儿有功焉,进位上开府。从杨素击高智慧于浙江。贼据岸为营,亘百余里,船舰蔽江。素令护儿率数百轻舻径登江岸,直掩其营,破之,贼溃散。护儿追至泉州,智慧穷蹙,遁走闽、越。进位大将军,除泉州刺史。时盛道延拥兵作乱,护儿进击,破之。又破汪文进于黟、歙,进位柱国,赐爵黄县公,邑三千户。大业六年,从驾江都,赐物千段,令上先[1]人冢,宴父老,州里荣之。数岁,转右翊卫大将军。辽东之役,护儿率楼船,指沧海,入自浿水,去平壤六十里,与高丽相遇。进击,大破之,乘胜直造城下,破其郛郭。明年,又出沧海道,师次东莱。会杨玄感作逆,勒兵与宇文述等击破之。封荣国公,邑二千户。十年,又出师渡海,至卑奢城,高丽举国来战,大破之,斩首千余级。将趋平壤,高元震惧,遣使上表请降。寻有诏旋师,转左翊卫大将军、开府仪同三

司。长子楷,以父军功授散骑郎、朝散大夫。楷弟弘,仕至果毅郎、金紫光禄大夫。弘弟整,武贲郎将、右光禄大夫。宇文化及之乱,阖门死焉。唯少子恒、济获免。整骁勇,善抚士,讨击群盗,所向皆捷,贼甚惮之。为作歌曰:"长白山头百战场,十十五五把长枪。不畏官军千万众,只畏荣公第六郎。"

赞曰:陈宪诸人皆以决策克敌,有闻于时。其时,五代兵争之际,草昧宣力,鳞攀翼附,固其宜也。僧珍为梁室元勋,然能深自挹损,不以其私而干公议,可不谓人杰哉?

唐

来济 李邕 李廓 李磎 王播 王起 王式 王铎

来济,护儿少子也。宇文化及之难,济以幼得免,转侧流离,而笃志为文章。入唐,擢进士,累官同中书门下三品。高宗将以武氏为后,济切谏有曰:"王者立后,以承宗庙、母天下,宜择礼义名家、幽闲令淑者,副海内之望,称神祇之意。"初,武氏被宠,帝特号"宸妃"。济与韩瑗谏:"妃有常员,今别立号,不可。"武氏已立,不自安,乃谮言济等忠鲠,恐前经执奏,辄怀反侧,请加赏慰,而实衔之。帝示济等,济益惧。帝常从容问驭下所宜,济以省徭役为对。于时山东役丁[1]岁数万人,又议取庸偿雇[1],纷然繁扰,故济对及之。寻坐褚遂良,贬台州刺史。久之,徙庭州。龙朔二年,突厥入寇,济督兵拒之,谓其众曰:"吾常被刑网,蒙赦死,当以身塞责。"遂不介胄而驰贼,没焉。赠楚州刺史。济有《集》三十卷行于世。初,济与弟恒俱以学行见称,虞世南子昶无才术,居工作之司,及济与恒相次知政事,许敬宗叹曰:"士之登庸不系世业,履道则为衣冠,失术[2]则为匹庶。来护儿儿作相,虞世南儿作匠。"

李邕,字太[3]和,江都人,李善子也。少尝见李峤,自言"读书未遍,愿一见秘书",峤曰:"秘阁万卷,岂时日能习耶?"邕固请,乃假直秘书。未几,辞去。

---

1 "丁",原本误作"下";"雇",原本误作"顾",据《新唐书》卷一○五本传改。

2 "术",《太平御览》卷二百五《职官部三》作"绪"。

3 "太",《新唐书》卷二○二本传作"泰",其族侄李昂所撰《唐故北海郡太守赠秘书监江夏李公(邕)墓志铭》记为"太"。

峤试问奥篇隐帙，了辩如响，峤叹曰："子且名家！"武后朝，峤为内史，与张廷珪荐邕可任谏争，乃召拜左拾遗。御史中丞宋璟劾张昌宗等反状，武后不应，邕立阶下大言曰："璟所陈社稷大计，当听。"后色解，为可璟奏。及五王诛，坐善张柬之，出为南和令，贬富州司户参军。中宗时，召拜右台殿中侍御史，弹劾任职，人颇惮之，迁户部员外郎。玄宗即位，为御史中丞，左迁括州司马，起为陈州刺史。寻坐仇者告邕赃贷枉法，下狱当死。许昌男子孔璋上书白其冤，载《文苑》。得减死，贬遵化尉，流漳岭南。以从讨岭南贼有功，徙澧[1]州司马。开元中，起为括州刺史。复坐诬枉，且得罪，天子识其名，诏勿劾。后历淄、滑二州刺史。始，邕蚤有名，重义爱士，久斥外，不与士大夫接。及入朝，人传其眉目瓌异，阡陌聚观，后生望风内谒，门巷填溢。后以谄媚，出为汲郡、北海太守。天宝中，左骑卫参军柳勣有罪下狱，宰相李林甫素忌邕名盛，因傅以罪，诏郡杖杀之。代宗时，赠秘书监。邕为文长于碑颂，官虽累诎不进，而天下慕其名。卢藏用尝谓："邕如干将、莫邪，难与争锋，但虞伤缺耳。"

郧，字建侯，邕重孙也。建中中第进士，又以书判高等补秘书省正字。李怀光辟至幕府，累擢监察御史。怀光反河中，郧与母、妻陷焉。郧绐怀光以兄病，母欲往视，遣妻侍之。还洛后，刺贼虚实及所以取攻者白之朝，德宗手诏褒答。怀光问之，郧词气不挠，三军为感动，怀光不杀，囚之。及河中平，马燧破械致礼，表佐其府，以言不用，罢归洛中。召为吏部郎中。以宣慰使持节徐州，谕张建封乱卒，建封子愔上表谢罪，称兵马留后，郧以非诏命，削去乃受，还迁郎中。元和后，拜淮南节度使。王师讨蔡，郧以兵二万分壁郓境，赀饷不仰有司。后以承璀荐，召拜门下侍郎、同中书门下平章事。郧不喜由宦幸进，至京师，引疾固辞，改户部尚书，俄检校尚书左仆射，兼太子宾客，分司东都。以太子少傅致仕，卒赠太子少保，谥曰肃。

碣，字景望，郧之孙也。大中末，擢进士，累迁户部郎中，分司东都。劾奏内园使郝景全不法事，景全反摘碣奏犯顺宗嫌名，坐夺俸。碣上言："'因事告事，旁讼他人'者，咸通诏语也。礼，不讳嫌名；律，庙讳嫌名不坐。岂臣所引诏书而有司辄论奏？臣恐自今用格令者，委曲回避，旁缘为奸也。"诏不夺俸。

---

1 "澧"，原本误作"丰"，据《新唐书》卷二〇二本传改。

黄巢陷洛，磎挟尚书八印走河阳。时留守刘允章为贼胁，遣人就磎索印，拒不与。允章悟，亦不附贼。襄王之乱，转侧淮南，高骈受伪命，磎苦谏，不纳。入为翰林学士，辞职归。乾宁元年，召进礼部尚书、同中书门下平章事。崔昭纬素疾磎，讽刘崇鲁劾之，下迁太子少傅。复为李茂贞等所论，又罢为太子少保。上犹决[1]意，复用之。及王行瑜、韩建拥兵阙下，列磎罪，杀之都亭驿。行瑜诛，诏赠司徒，谥曰文。磎嗜学，家有书至万卷，世号"李书楼"。所著文章及注解诸书传甚多。按：磎传宜序次于后，以祖孙绍武，故附列焉。

王播，字明扬。其先太原人，父恕，为扬州仓曹参军，因家于江都之瓜洲，遂为江都人。与弟炎并举元和进士，播先补盩厔尉，以善治狱称。及为三原令，邑中豪犯法，未尝少贷，岁终课最。改京兆尹，时禁屯列畿内者，出入属鞬佩剑，奸人冒之以剽劫，又戚家驰猎近郊，播一切苛止之，盗贼无所匿，皆跳他郡。进刑部侍郎，领诸道盐铁转运使。帝讨淮西，急于馈饷，播引程异自副，异哀财用给军，得无乏。长庆初，召为刑部尚书，复领盐铁，进中书侍郎、同中书门下平章事，出为淮南节度使。在扬州，浚十里港以便漕引，后赖其利。太和元年，入拜左仆射，辅政，累封太原郡公。卒赠太尉，谥曰敬。

起，字举之，播之弟。擢进士，举贤良方正异等。元和末，累迁中书舍人。数上疏谏穆宗畋[2]游，拜礼部侍郎。复以户部尚书判度支。灵武、邠、宁多旷土，起奏为营田，以省馈挽。历河中节度使。方蝗旱，粟价腾踊，起下令家得储三十斛，斥其余以市，否者死。神策士怙势不从，寘于法。由是廥积咸出，民赖以生。授兵部尚书，以检校尚书右仆射为山南东道节度使。滨汉多塘堰，吏弗完治，起至部，先修复，与民约为水令，遂无凶年。俄以兵部尚书加皇太子侍读。文宗好古学，是时，郑覃以经术进，起以敦博显，帝数访逮时政。武宗时，命典贡举，进尚书左仆射，封魏郡公。凡四举士，皆知名，人服其鉴。擢山南西道节度使、同中书门下平章事。卒年八十八，赠太尉，谥文懿。起子龟，字大年。性高简，居永达里，林木穷僻，构半隐亭以自适。武帝知其名，以左拾遗召，不赴。崔玙观察宣歙，表为副，龟乐宛陵山水，从之。咸通中，历官浙东观察使。卒，赠工部尚书。子荛，力学，有文辞，以铎当国，不贡进士，终右司员外郎。

---

1 "决"，原本误作"注"，据《新唐书》卷一四六本传改。
2 "畋"，原本误作"略"，据《新唐书》卷一六七本传改。

式，起仲子也。举贤良方正，累迁殿中侍御史。大中中，为晋州刺史。会河曲大歉，民流徙，他州不纳，独式劳恤之，活数千人。时特峨胡亦饥，将入寇汾、浍，闻式严备，不敢逼境。徙安南都护。忠武戍卒与交趾惧式威，不自安，相率夜围城，合噪。式徐披甲，与家僮乘城，矢礌交发，叛者走。翌日，尽捕斩之。宁国剧贼仇甫乱，诏式讨贼。至京师，懿宗问方略，对曰："第假以兵，寇不足平也。"于是，诏益许、滑、淮南兵。闻贼用骑兵，乃阅所部，得吐蕃、回纥迁隶数百，发龙阪监牧马起用之，集土团诸儿为乡导，擒甫斩之。加检校右散骑常侍。咸通三年，徐州银刀军乱，徙式武宁节度使，诏许、滑兵得自随。视事三日[1]，悉诛乱兵。会诏降武宁为团练，罢归。终左金吾大将军。

铎，字昭范，式之子。会昌初，擢进士第，累迁右补阙、集贤殿直学士。咸通后，历中书舍人、礼部侍郎。十二年，由礼部尚书超拜司徒。寻以检校左仆射出为宣武节度使。乾初六年，贼破江陵，以铎为侍中、荆南节度使、诸道行营都统，以轻信李系，战辄溃退，居襄阳。于是，以高骈代之。及黄巢构乱，诛讨大计悉属骈，骈内幸多难，数偃蹇，而外逗挠。铎慷慨王室，流涕请行。乃以检校司徒、中书令为义成节度使，师三万壁螯屋，移檄天下。先是，诸将虽环贼，莫肯先。及铎檄至，号令殷然，士皆感愤，争欲破贼，故巢战数蹶。时宦人田令孜计贼必破，欲掩为己功，乃构铎于帝，罢为检校司徒，以义成节度使还屯。铎功垂就而夺于谗，然卒因其势困贼。后数月，复京师，策铎勋，居关中诸镇第一焉。

赞曰：来济以亡隋将家子奋为唐臣，谏触武氏，卒免胄而殁贼中，志可悲也。李邕、王播之后，咸有令德，世济其美。李氏多骨鲠，有大节；诸王皆起家文学，而勤王谋国之勋烂焉。士固不系世类，然以始基而后善述，亦焉可诬也哉？

南唐

李德诚　李建勋　何敬洙　徐铉铅附　**乔匡舜　潘祐**

李德诚，广陵人。事吴武王，常从征讨，积功为江南马步军使。与诸将围

---

1 "日"，原本误作"月"，据《新唐书》卷一六七本传改。

安仁义于润州,诸将每见仁义临城督战,必嫚骂之,德诚独否。及城破,仁义操弓矢坐城上,众莫敢近。德诚至,仁义忽顾曰:"汝见我独不失礼,吾以为汝功。"即掷弓矢就执。武王拜德诚润州刺史,累封王。卒,谥忠懿。

建勋,字致尧,德诚子也。少好学,工为诗文。家世将相,然常杜门不预事,所交皆寒素,裘马取具而已。出为抚州节度使。后召拜司空,称疾致仕,赐号"钟山公"。营别墅山中。先是,宋齐丘退居青阳,号"九华先生"。未几,一征而起,时论薄之。或谓建勋:"公欲复为九华先生耶?"建勋曰:"生平笑宋公出处,何至效之?"疾革,遗令曰:"时事如此,吾得归全,幸矣!勿封树立碑,贻他日毁斫之祸。"卒赠太保,谥曰靖。

何敬洙,广陵人。拜楚州团练使,尝私服游里巷,察民疾苦;有科调,辄先为经画,民不知劳。迁武昌军节度使。时周王进逵领师入江南境,部将潘叔嗣为先锋,取鄂州长山寨。元宗命敬洙清野作堡。敬洙格诏出城,除地为战场,曰:"敌至,乃与兵民俱死于此,丈夫岂能惴惴闭门自守耶?"会叔嗣自长山反袭朗州,进逵狼狈而去,人重其决。卒,谥威烈。

徐铉,字鼎臣,广陵人。十岁能属文,不妄游处。宋师围金陵,李煜遣铉朝京求缓兵,铉曰:"煜以小事大,如子事父,未有过失,奈何见伐?"帝曰:"尔谓父、子为两家,可乎?江南亦有何罪?但天下一家,卧榻之侧,岂容他人鼾睡耶?"后随煜至京师,太祖责之。铉曰:"臣事江南,国亡不能死,臣之罪也,不当问其他。"太祖叹曰:"忠臣也!"命坐,厚抚之,以为太子率更令。年七十六卒。有《文集》三十卷、《新定说文质疑论》《稽神论》。铉弟锴,字楚金,与兄相友睦。铉以直谏被逐,锴思念至于失心。其母请于李主曰:"法有兄弟罪及,愿令锴与铉俱贬,以缓其疾。"李主哀之,为召铉。锴尝著《说文解字韵谱》十卷,又有《说文解字系传》四十卷。

乔匡舜,字亚元,高邮人。弱冠能属文。仕南唐,为驾部郎中、知制诰,进中书舍人。周侵淮南,诸将屡败,元宗议亲率六军拒之。匡舜上疏极谏,上怒,流抚州。寻以老疾乞骸骨,后主悯其贫,给俸终身。卒,谥曰贞。

潘祐,广陵人。少贞介,为文瞻逸。仕南唐,为秘书省正字,迁中书舍人,改知制诰。祐论时政,无所回避。后主手札敦谕,祐七表不止,因请休官远去,乃徙祐专知国史。时江南衰削,祐上疏有云:"国家阴阴如日将暮。"又曰:"若不急图善政，国必亡。"后主恶之。又与时辈不协，因诬以他事劾祐。祐自刭，母及妻子徙饶州。

赞曰：南唐割据江淮，不与正统，李何俱以武力进用？徐铉周旋危国，不避艰险，亦各为其主也。舜贬祐僇，敌国方强，以二谏臣而不能容，李氏之不复振，宜矣。

名臣列传 二

宋 诸传俱以年代相次，独世家接武者不分年代，即序次本传之后。

崔希甫　杜镐　查道　陈知微　孙长卿　孙锡子洙　**吴及　张方平**

崔希甫，高邮人。有才略。沈承礼攻江南，始请为府判官。江南平，潘美荐于太宗。召见，拜太子中允，面赐金紫，知原州。召还，拜监察御史。凡朝廷更置诸道事务及指挥沿边将帅，多命希甫乘传处分，辄称上意，赐金带，仍命悬鱼，时号"重金御史"。子琮，擢进士第。

杜镐，字文周。其先世居杜陵，徙家扬子。镐好学，博贯经史。初仕江南，李氏国亡，仕宋。太宗即位，迁国子监丞、崇文检讨。适将祀南郊，彗出，宰相赵普以问。镐对曰："当祭而日食犹废，况谪见如此乎？"普言于上，从之。迁著佐，改太子赞善，历殿中丞国博，加秘校。是时，承平右文，镐以博学，数被礼遇，朝廷每有疑议，辄咨访焉。迁驾部员外郎，改直秘阁。会修《艺祖实录》，命镐检讨故事。景德中，修《册府元龟》。改司封，进拜谏议大夫、龙图直学士，赐袭衣金带，班枢密直学士下，时特置此职以处镐，儒者荣之。会帝以澶渊之盟为耻，王钦若劝帝封禅，且诈为天瑞。帝犹豫，问镐曰："古为'河出图，洛出书'，果何事耶？"镐不喻旨，应曰："此圣人以神道设教耳。"帝意乃决，命镐同详定东封仪注。由是，天书屡降。镐累官权判尚书省事、上柱国、京兆郡开国侯。年七十六，卒。镐博闻强记，朝廷每得异书，多召问，常手疏本末以上。士大夫有所著述，必访问，镐虽晚进末品，应答无倦。所居僻陋，仅蔽风雨。燕居多具醪馔，以待宾友。和易清素，士类重之。所著甚富，略载《文苑志》中。

查道，字湛然。其先徽人，奉母渡江，居如皋。少以孝闻，母病，思鳜羹，方冬不获,道泣祷,凿冰取之,得鳜尺许以进,母疾寻愈。端拱初,举进士,解褐为馆陶尉。曹彬镇徐州,辟为从事。淳化中,蜀寇叛,命道判遂州。有使两川者,以道治状闻,优诏嘉奖,迁秘书丞。知果州,时寇党何彦忠等尚依险自固,诏谕之,未下,咸请发兵殄之。道曰:"彼已惧罪,欲延命,须臾耳。"遂微服单骑,携数卒,直趋贼所。贼惊,悉持满外向。道神色自若,踞胡床而坐,谕以诏意。或识之曰:"郡守,仁者也,是宁害我?"贼相率投兵请罪,道悉给券,令归农。驿奏,赐玺书褒谕。咸平四年,代归出知宁州。会举贤良方正,李宗谔以道名闻,召拜左正言直史馆。六年,拜工部员外郎,充度支副使,赐金紫。有故人卒,质女于人,道为赎之嫁。士族荐绅间服其义。卒年六十有四。有《文集》二十卷。

陈知微,字希颜,高邮人。咸平五年,举进士,除将作监丞,通判歙州,累转京东转运副使。奏还东平监所侵民田六百八十家;又决古广济河,通运路;罢夹黄河,岁减夫役数万。召拜比部员外郎、知制诰。淮南饥,遣知微巡抚,所至按视储粮,察诸吏能否。使还,判吏部铨。又判司农寺,纠察在京刑狱。天禧二年,加玉清昭应宫判官。卒年五十六。录其子舜卿为太常寺奉礼郎。知微仪状甚伟,性沉厚,不务皦察。有《集》三十卷。子尧卿,大中祥符五年进士及第。

孙长卿,字次公,扬州人。以外王父朱巽荫为秘书省校书。天禧中,迁知楚州粮料院。郡仓积米五十万石,陈腐不可食,主吏不敢去,长卿为酌新旧易之,吏得免罪。倅河南府,天雨,军营坏,或言众将叛,洛中欢然。长卿驰往抚谕,推其魁恶一人诛之,众遂定。有诏汰三陵奉先卒,汰者群噪府下,长卿矫制使还,而疏不可汰之状,从之。知和州,有诉人杀其弟者,长卿问其赀,曰:"上产。""家几人?"曰:"惟此弟耳。"曰:"然则汝杀弟也。"鞫之,服,遂抵罪。提点益州路刑狱,历浙江荆淮发运使。岁漕米至八百万,或疑其多,长卿曰:"吾非欲事赢羡,以备饥岁耳。"改陕西转运使。逾年,之庆州。州据高亢,苦无水,长卿为凿百井,皆及泉。时泥罗川马岭栈道危险,乃访唐故术辟之,遂成通途。加集贤院学士、河东都转运使,拜龙图阁直学士,知定州。当得园利八十万,悉归之公帑。神宗时,转兵部侍郎。卒,诏中使护其丧归葬焉。

孙锡,字昌龄,广陵人。天圣二年进士,授巢县主簿,改镇江军节度推官,知杭州仁和县。抚众一以仁恕，籍取凶恶，戒以不改，必穷极案治，县人畏而爱之。以父丧去。三年，举充国子监直讲，改著作佐郎，迁开封府推官。当随尹奏事，仁宗问："大辟几何？"锡因奏开封重于编敕当改者数事，上以为然。于是，贵戚女使有奏谳，上薄其罪，付锡见决，曰："此人平恕，可任也。"道士赵清贶出入宰相庞籍家，受赇，御史以劾庞府治实，清贶自为庞不知也，清贶坐杖，配沙门岛，行两日死。御史又劾府希宰相旨，故杖杀清贶以灭口。仁宗亦疑之，乃悉罢知府、推判官，而以锡知太平州。初，清贶事独判官王砺勘决，锡不自辩也。未几，仁宗悟，罢者皆复，以锡提点淮南路刑狱。治淮南二年，活大辟十三人，考课为天下第一。召为三司户部判官，求知宣州，许之，特诏秩禄视转运使。至则召五县令，约以州所下书有不便封还，故县得自为政，而州无事。寻知舒州，发常平、广惠仓以活陈、许、汝、颍、蔡流人。及归，计口量远近给食遣去，去者率钱买香，焚之府门。初，提点刑狱恐聚流人为盗，又惜常平、广惠仓数牒止，锡不听；申以手书，又不听。佐属皆争言不可，锡行之自若。比代去，州人阗城门留之。官至尚书度支郎中，以老致仕。神宗即位，迁司封，赐金紫。卒年七十八。锡居官忠厚正直，生平未尝言利。老而贫，不以为悔。天下称其长者。有《文集》二十卷。

洙，字巨源，锡第四子也。少奇迈，十九擢进士第，补秀州法曹。丧母服除，调於潜令。举应制科，进策五十篇，陈政体明白剀切。韩琦读之，太息曰："痛哭流涕，极论天下事，今之贾谊也。"与苏轼、辙、李邦直同在荐列，再迁集贤校理、知太常礼院。治平中求言，洙应诏疏时弊要务十七事，后多施行。兼史馆检讨、同知谏院，乞增谏员，以广言路。凡有章奏，辄焚其稿，虽子弟不得闻。王安石主新法，多逐谏官御史，洙力求补外，知海州。方春旱，发运使调民浚漕渠以通盐舸，洙持之不下，三上疏，乞止其役。因旱蝗，祷于胸山，彻奠，大雨，蝗赴海死。寻干当三班院，同修起居注，进知制诰。先是，百官迁叙用一定之辞，洙建言："人臣进秩，事理各异，而同用一词。至或一门之内，数人拜恩，名体散殊，而格以一律。苟从简便，非所以畅王言、重命令也。"诏自今封赠补荫，每大礼一易，他皆随等撰定。元丰初，兼直学士院，迁翰林学士，才月余，得疾。时参知政事阙，帝将用洙，数遣中使、尚医劳问。竟卒，年四十九。帝临朝嗟惜，赙外赐钱五十万。洙博闻强识，明练典故，文辞典丽，有西汉风。

平居虽对亲狎无媒语。众方以丞辅期之,不幸早世,时人悯焉。

吴及,字几道,通州靖海人。年十七,第进士。为侯官尉,治狱多全活。提点刑狱,辟大理寺检法,累迁太常博士。是时,仁宗春秋高,无子,及上疏言:"肉刑之五,一曰宫,古人除之,重绝人之世。今宦官之家,竞求他子,剿绝人理,希求爵命。童幼何罪,陷于刀锯,因而夭死,未易悉数。臣愚以谓胎卵伤而凤凰不至,宦官多而继嗣未育也。"书奏,帝异其言,欲用为谏官,而及以父忧去。嘉祐三年,擢秘阁校理,改右正言。又上疏曰:"帝王之治,必敦骨肉。《诗》曰:'怀德维宁,宗子维城。'故同姓者,国家之屏;翰储副者,天下之根本。陛下以海宇之广,宗庙之重,而根本未立,四方无所系心,上下之忧,无大于此。谓宜发自圣断,择宗室子以备储副。以服属则莫如亲,以人望则莫如贤。既兼亲贤,然后优封爵以宠异之,选重厚朴茂之臣以教导之,听入侍禁中,示欲为后,使中外之人悚然瞻望,曰:'宫中有子矣。'陛下他日有嫡嗣,则异其恩礼,复令归邸,于理无嫌,于义为顺,弭觊觎之心,属天下之望,宗庙长久之策也。"明年,上用及言,罢内臣进养子。管勾登闻检院,条上十余事,多施行。奏论孙沔苛暴不法及庞藉轻动败衄,沔由此坐废。久之,迁右司谏、勾管国子监。在职数年,以劲正称。会谏官陈升之建议裁节班行补授,下两制、台谏官集议。主铁冶者,旧得补班行。至是,议罢之。既定稿,及与御史沈起增注兴国军磁湖铁冶如旧制。主磁湖冶者,大姓程叔良也。翰林学士胡宿等劾及与起职在台谏,而为程氏经营占锢恩例,请诏问状,皆引伏。及出为工部员外郎、知庐州,进户部、直昭文馆、知桂州。卒,录其弟齐为太庙斋郎。

张方平,字安道。其先宋人,徙扬州。方平颖悟绝人,凡书一阅,终身不忘。举贤良方正,论中书枢密院不可以不合,仁宗从之。元昊之叛,谋无定策,西师解严,方平有力焉。使契丹,北主闻其名,亲酌玉卮饮方平,顾左右曰:"有臣如此,佳哉!"骑而击毬于前,以所乘马为赠。自是,北使挟事至,上辄命方平馆之。为御史中丞,中外之事,知无不言。尝论河北榷盐,上大喜,命密撰手诏下之。河朔父老相率拜迎于澶州,为佛老会者七日,以报上恩。出镇西蜀。始,李顺以甲午岁叛,蜀人记之,至是方以为忧。会转运使摄守事,西南夷有邛部川首领者,妄言蛮贼侬智高在南诏将寇蜀,摄守大惊,移兵屯边郡,益调额外弓手,发民筑城,日夜不休,民大惊扰,争迁居,昏会不复以年,贱鬻谷帛,市金银,埋之地。朝廷闻之,发陕西步骑戍蜀,兵仗络驿于道。诏促方平行。方平言:"南诏去蜀二千余里,道崄不通,其间皆杂种不相役属,安能举大兵为智高寇我哉?此必妄也。臣当以静镇之。"道遇戍卒兵仗,辄遣还。入境,下令邛部川曰:"寇来,吾自当之。妄言者斩。"悉归屯兵,遣弓手,并罢城筑之役。会上元观灯,城门通夕不闭,蜀遂大安。已得邛部川之译人始为此谋者斩之,枭首境上,西南夷大震。英宗不豫,召方平赴福宁殿,上凭几不言,赐方平坐,出书一幅八字,曰"来日降诏,立皇太子"。方平抗声曰:"必颍王也。嫡长而贤,请书其名。"上力疾书,以付方平。方平后事神宗,论事益切,至于论用兵、起狱尤为恳恻,曰:"老臣且死,见先帝地下,有以藉口矣。"上为感动。永乐之败,上颇思其言。举苏辙中制科,世以为知人。卒,谥文定。

沈播铢,锡,度 **王惟熙**觌,俊乂 **吕溱** **周孟阳**秩,麟之 **孙觉** **孙览**

沈播,其先湖州武康人,父玉,以屯田郎中知真州军事,遂家焉。播以天圣二年进士起家,楚州司法参军,再调贵池簿佐,其令有声。尝摄铜陵县事,有兄弟争财,播为辩其曲直,卒感悟,让财同居。其去也,二县之人涕泣追送焉。循道守官,屡诎于时。年三十六,以疾卒于京师。四子,皆举进士。

铢,字子平,播之孙也。少从王介甫学,举进士第,授国子监直讲,改审官主簿。坐虞蕃事免归。时被罪者争自列,铢独不言。绍圣初,起为太学博士、秘书省正字、崇政殿说书,受旨编元祐臣僚章疏。以进讲拜司谏,改起居郎、中书舍人。俄引疾,以龙图阁侍制知宣州,卒。

锡,字子昭,铢之弟也。以王安礼任,为鄂州司户参军。崇宁初,为讲议司检讨。蔡京方铨次元符上书人,欲定罪,锡曰:"远方之士,未能知朝廷好恶,概罪之,恐非敦世励俗之道。"京不从。除卫尉丞,迁祠部员外郎,知婺州,入为左司员外郎,进太常少卿,拜兵部侍郎,以徽猷阁侍制知应天府。张怀素诛,朝廷疑其党有脱者,江淮间往往以诬告兴狱。锡至郡,有告者,按其妄,具疏于朝,由是他郡系者皆得释。历知海、泰、汝、宣四州。以通议大夫致仕,卒赠宣奉大夫。

度,字公雅,播曾孙也。绍兴间,令余干,政有善绩,以考功郎中除直秘阁,知平江府。乾道二年，召赴行在，上曰："甲申之岁，委卿守吴门。未几，治行昭著，果如朕料，可谓得人。"又询吴中岁事，度奏："臣初到郡，水歉艰食，荷陛下捐马料四万余石以赈之，全活甚众。"上曰："正赖良守措置。汉宣帝所谓'与我共理者，其唯良二千石'乎？"即以为中书门下省检正诸房公事。四年，又以直龙图阁知建宁府。是时，朱熹在崇安，为度属吏，创立社仓，均籴，度以钱六万缗助役，仓成，民赖之，熹为记其事。又知临安府，仕终兵部尚书。

王惟熙，字国和，如皋人。景祐元年进士，调盐城尉，谳州狱得情。擢大理寺详断官，持法坚正，奏案成，卿使易之，惟熙不从。卿置酒，召其属曰："王详断易其奏耶？"惟熙曰："否。"卿怒戒吏曰："王详断如是，不可与共事矣。"促奏罢之，一坐为恐。惟熙徐曰："事顾是否何如，罢非所恤，奏亦不报。"为审刑院详议官。泗州船兵来，坐盗米死，惟熙议以为米来远盗者非一日，如必其赃，于所贩之州即杀人多矣，覆之，免五人。侬智高反，掠岭南，诸州吏弃城者数十人，皆丽于法。惟熙议州所守者，城固兵足用也，岭南兵与城无足恃，奈何以常法置之死？上亦悯之，数十人者皆免。迁判大理寺，累官司封员外郎。嘉祐七年，卒。惟熙博览今古，天性平恕。虽为法官，专务原人情。有《文集》十五卷。

觌，字明叟，惟熙长子也。嘉祐四年，第进士。熙宁中，为编修三司删定官。觌不乐居职，求润州推官。二浙旱，郡遣吏视苗伤，吏承监司风旨，不敢多除税。觌受檄覆案，叹曰："旱势如是，民食已绝，倒廪赡之，犹惧不克济，尚可责以赋耶？"行数日，尽除之。监司怒，捃摭百出。会朝廷遣使赈贷，觌为言民间利病。使者喜，归荐之，除司农署主簿，转为丞。韩绛出颍昌，辟为签书判官，坐公误免。起为太仆丞，徙太常。哲宗立，吕公著、范纯仁荐其可大任，擢右正言，进司谏。疏论蔡确、章惇、韩缜、张璪朋邪害正，章数十上，相继斥去。又劾窜吕惠卿。朝论以大奸既黜，虑人情不安，将下诏慰释，且戒止言者。觌言："诚出于此，恐海内有识之士得以轻议朝廷。舜罪四凶而天下服，孔子诛少正卯而鲁国治。当是之时，不闻人情不安，亦不闻出命令以说其党也，诚为陛下惜之。"诸所疏论多大体。时朱光庭吁苏轼试馆职策问，吕陶辨其不然，遂起洛、蜀二党之议。觌言："轼辞不过失轻重之体耳。若悉考同异，深究嫌疑，则两岐遂分，党论滋炽。"帝深然之，置不问。寻改右司员外郎。未几，拜侍御史、右谏议大夫。坐论尚书右丞胡宗愈，出知润州，再知苏州，徙江淮发运使，入拜刑、户二部侍郎。绍圣初，以宝文阁直学士知成都府，地膏腴，无闲田以葬，觌索官地，表为墓田。疏治城渠，民德之，号"王公渠"。徽宗即位，召迁御史中丞。与当国者议不协，改为翰林学士。会日食，下诏，觌应制，有"惟德弗类，未足以当天心"之语，宰相恶之，乃力请外。以龙图阁学士再知润州，徙海州，罢主管太平观，遂安置临江军。觌清修简澹，人莫见其喜愠。持正论始终，再罢遣逐，不少变。无疾而卒，年六十八。有谏疏、杂文、内制若干卷。

俊乂，字尧明，觌从子也。游学京师，资用乏。或荐之童贯，欲厚聘之，拒不答。林灵素设讲席宝箓宫，诏两学选士问道。车驾将临视，司成以俊乂及曹伟应诏，俊乂辞。或曰："此显仕捷径也，不可失。"俊乂曰："使辞不获命，至亦不拜。倘见困辱，即以死继之。"逮至讲所，去御幄跬步，内侍呼姓名至再，俊乂但望幄致敬，不出；次呼曹伟，伟回顾，俊乂目之，亦不出。既罢，人皆为惧，俊乂处之恬然。以太学上舍选，奏名列下，徽宗亲程其文，擢为第一。蔡京邀使来见，曰："见我，左右史可立得。"俊乂不往，仅拜国子博士。居二年，乃得改太学博士。郓王谒先圣，有司议诸生门迎。俊乂曰："此岂可施于人臣哉？礼如见宰相足矣。"乃序立敦化堂下，及王至，犹辞不敢当。进吏部员外郎，迁右司员外郎。为王黼所恶，以直秘阁知岳州。卒年四十七。俊乂与李祁[1]友善，首建正论于宣和间，士大夫稍知分别正邪，两人力也。俊乂有《文集》《易说》各十卷。

吕溱，字济叔，扬州人。宝元中，举进士第一。通判亳州，直集贤院，同修起居注。出知徐、楚、舒三州，复修起居注。会侬智高寇岭南，诏奏邸毋得辄报。溱言："一方有警，使诸道闻之，共得为备。今欲人不知，何意也？"进知制诰，为翰林学士。疏论宰相陈执中奸邪，仁宗还其疏。溱曰："以口舌论人，是阴中大臣也。愿出以示执中，使得自辨。"未几，执中罢，溱亦以侍读学士知徐州，赐宴资善堂，遣使谕曰："此特为卿设，宜尽醉。"诏自今由经筵出者，视为例。徙成德军，时方开六塔河，宰相主其议。会地震，溱请罢之，以答天戒。与转运使李参不相能，参劾其借官曲作酒，以私货往河东贸易及违式。事下大理

---

1 "祁"，原本误作"祈"，据《宋史》卷三四四本传改。

议。溱实无是，外廷议纷然，谓溱罪当死。帝知其过轻，诏贬秩知和州，起知池州、江宁府，复集贤院学士，加龙图阁直学士，知开封府，改枢密直学士。卒年五十五，赠礼部侍郎。神宗悼念之，诏中书曰："溱立朝最孤，知事君之节，绝迹权贵，故中废十余年，人无言者。方擢领要剧，而奄忽沦亡，家贫子幼，必至狼狈。宜优给赙礼，官庇其葬，以励臣节。"敕其妇兄护丧归。

周孟阳，字春卿。其先成都人，曾祖敬述知泰州，遂家焉。敬述仕蜀，为膳部郎。及归宋，知江州，奏免诛逆命者二千人；作大冢庐山下，葬暴骸万余，多阴德。宝元中，孟阳第进士，教授、诸王府记室。英宗居藩邸，礼重之。会除知宗正寺，力辞，凡上十八表，皆孟阳为文。又从容陈古事以讽，英宗竦然起拜。及为皇子，愈坚卧不出。孟阳入见卧内，劝之曰："天子知太尉贤，参以天人之助，乃发德音。何坚拒如此？"英宗曰："非敢徼福，以避祸也。"孟阳曰："今已有此迹，设固辞不拜，使中人别有所奉，患宁免乎？"时中使趣召十辈，又命宗谔倾宫往请，不能动，及是，意乃决。帝即位，加直秘阁、同知太常礼院。数引对，访以时务。最后，召至隆儒殿，殿在迩英苑中，群臣未尝至。人疑且大用，帝亦谕以不次进擢。孟阳固称他人代己，乃迁集贤殿修撰、同判太常寺兼侍读。神宗初立，孟阳入奏事，帝望见哭，左右皆泣下。既而上疏，陈五事，言"祖宗之制，愿无轻改"，语极觊切。拜天章阁待制。卒年六十九。诏特官其婿及子孙二人。孟阳恬于仕进，自奉简约，有腴田数顷，尽与弟侄。其殁也，无以为葬。近臣以闻，两宫恻然，加赐。子孙累举进士，贵显世其家。

秩，字重实。与兄稛同举进士，历官有声。绍圣中，当国者革元祐政痛，以法绳下。时文彦博子及甫与刘唐私语，及时相有当族诛之语，雠卒告变，上遣朝臣覆实。命下，即以兵、防二家悉囚其子弟，召秩为京西转运使，俾推治之。当国者遣人谓秩还朝，当以大司寇相处。及奏对，哲宗面谕曰："彼欲尽诛大臣以下，将置朕何地？"秩到洛，察其实，无他，乃一时愤语讥议时相耳，即释禁防，招二家子慰谕之，具奏其语，原不及乘舆，非有异意，事乃寝，大忤时相意。仕终集贤殿修撰，赠徽猷阁待制。

麟之，字茂振，敬述四世孙也。少负迈才，策绍兴进士，以中博学宏词第一。教授宣州，不赴，授太学录，寻擢中书舍人，倅徽州。明年，召对，授著作兼礼部员外郎、翰林学士。使金，金主为殊礼，厚遗。还，兼吏部尚书，累官左朝奉大夫、同知枢密。自南渡后，北渝盟，适议遣使贺迁而重其行，乃复命麟之受诏。未陛辞，会天申节庆使至，持嫚书，且索两淮、襄、汉地，中外忿之。麟之因奏："北人意可卜，宜练甲申儆，使不当遣。"上曰："卿言是也。彼将割地，何以应之？"对曰："讲信之始，分封画圻，应有载书，愿出以示，请将自塞。"使者果无语。麟之又上疏极诤曰："臣闻事有必至，理有固然，昔日之和戎，今日之渝盟，不待上智而后知矣。若彼有速亡之形，我有恢复之冀，在陛下审处而应，臣当竭智毕力，赞成事几。使摇尾乞怜，复下穹庐之拜，臣窃耻之。"疏入，谪秘监，分司南京，居瑞州。孝宗立，复故官。麟之有疾，请复左中大夫。寻卒，年四十七。麟之学识弘富，为辞令得体。所著《海陵集》若干卷。

孙觉，字莘老，高邮人。少从胡瑗学，登进士第，调合肥主簿。嘉祐中，择名士编校昭文书籍，觉首选，进馆阁校勘。神宗即位，直集贤院，擢右正言。神宗将大革积弊，觉言："弊政固不可不革，革而当，其悔乃亡。"上深然之。会以疏论邵亢，贬通判越州，复右正言，徙知通州。熙宁二年，诏知谏院、同修起居注，知审官院。王安石早与觉善，骤引用之，将援以为助青苗法行。议者谓："《周官》泉府，民贷至息二十，而国用取具。"觉奏条其妄，曰："成周赊贷，特以备民缓急，不徒与也，故以国服为之息。然国服之息，说者不明。郑康成释经，乃以王莽计赢受息，无过岁什一为据，不应周公取息重于莽时，况载师所任地，漆林之征特重，所以抑末作也。今以农民乏绝，将补耕助敛，顾比末作而征之，可乎？国事取具，盖谓泉府所领，若市之不售，货之滞于民用，有买有予，并赊贷之法而举之。倘专取具于泉府，则冢宰九赋，将安用耶？圣世宜讲求先王之法，不当取疑文虚说以图治。"安石览奏，怒，适觉以事诣中书，安石以语动之，曰："不意学士亦如此。"始有逐觉意。会曾公亮言畿县散常平钱，有追呼抑配之扰，安石因请遣觉行视虚实。觉既受命，复奏言："如陈留一县，前后晓示，情愿请钱，卒无一人至者，故陈留不散一钱。以此见民实不愿与官中相交。所有望赐寝罢。"遂以觉为反覆，出知广德军，徙湖州。松江堤没，水为民患。觉易以石，高丈余，长百里，堤下化为良田。历知亳、扬、徐诸州，知应天府，入为太常少卿。哲宗即位，迁谏议大夫。时谏官、御史论事有限，毋许越职。觉请申《唐六典》及天禧诏书,凡发令奏事之未便,皆得奏陈。论宰相蔡确、韩缜进不以德,确自讼有功无罪,觉随所言折之,确竟去。缜白迁觉给事中,辞曰:"间者执政畏人议己,则迁官以饵之,愿与缜俱罢。"逾月,缜去。进吏部侍郎,领右选,改主左选[1]。擢御史中丞,数月,以疾请罢,除龙图阁学士兼侍讲,提举醴泉观,求舒州灵仙观以归。哲宗遣使存劳,赐白金五百两。卒年六十三。觉有德量,为王安石所逐。及安石退居钟山,觉枉[2]驾道旧,为从容累夕;迨其死,又作文以诔,谈者称之。绍圣中,以觉为元祐党人,追夺职。徽宗即位,复故。所著有《文集》《奏议》《春秋易[3]传》行于世。至今有奉祀生不绝云。

览,字傅师,觉之弟也。幼警悟,擢治平二年进士,知尉氏县。有屯将遇下虐,士卒谋因大阅杀之以叛。览闻之,驰往,士犹群语不顾,览呼谕之,曰:"将诚无状,然天子何负汝等,乃欲致族灭耶?"卒乃解散。神宗壮其才,以为司农主簿。舒亶判寺且兼谏院,欲引览自助,览拒之。亶怒,用帐籍违事劾览。出提点利州、湖南常平,改京西转运判官,入为右司员外郎。荆湖开疆,命往相其便。览言:"沅州所招溪洞百三十,宜从本郡随事要束,勿建官置戍以为民困。自诚州至融江口,可通西广盐,以省北道饷馈。"悉从之。为河东、河北转运副使,加直龙图阁,历知河中应天府、江淮发运使。进宝文阁待制,徙渭州。夏人入边,檄大将苗履御之,履称疾移告,立按正其罪,窜诸房陵,辕门肃然。召知开封府,至则拜户部侍郎。与蔡京论役法不合,以龙图阁直学士知太原。夏人据横山,并河为寨[4],秦、晋之路皆塞。览谋复取葭芦戍,阻险不得前。夏人数万屯境上,览下令吾兵少,须满五万。夏人闻而济师,览不为动,相持益久,忽令具糗粮,严兵械,曰:"敌至矣。"数日,果大入,奋击败之,遂城葭芦而还。策勋,加枢密直学士。览虽立边功,议论多触执政,屡遭绌削,历知河南、永兴,徙成都。辞不行,降为宝文阁待制。卒年五十九。赠开府仪同三司,谥文安。子㴗,由徽猷阁待制至北京留守。

---

1 "选",原本误作"迁",据《宋史》卷三四四本传改。

2 "枉",原本误作"往",据《宋史》卷三四四本传改。

3 "易",衍文。《宋史》卷三四四本传作《春秋传》。

4 "寨",原本误作"塞",据《宋史》卷三四四本传改。

乔执中　孙鼛　孙升　张汝贤　张汝明　刘大中　李正民直养

乔执中,字希圣,高邮临泽人也。父竦,字立之,以乡先生教授里中,从学者多以文行知名。执中初入大学,补《五经》讲书,五年不谒告。王安石见而器之,命子弟与之游。治平四年,擢进士,调须城主簿。王安石为政,引执中编修《熙宁条例》,选提举湖南常平。时章惇讨五溪,檄执中取大田、离子二峒。峒路险绝,期逼,执中但走一校谕其酋,即相率归命。徙转运判官,召为司农丞、提点开封县镇。诸县牧地,民耕岁久,议者将取之,当夷丘陵,伐桑柘,万家皆相聚泣。执中为请于朝,诏复予民。改提点京西北路刑狱。时河决,广武埽危甚,相聚莫敢登。执中不顾,立其上,众随之如蚁附,不日埽成。元祐初,为吏部郎中,迁起居郎,权给事中。有司以天下谳狱失出入者同坐,执中驳之曰:"先王重入而轻出,恤刑之至也。今一旦均之,恐法吏自是不复与生,非好生洽民之意也。"进中书舍人、给事中、刑部侍郎。绍圣初,上官均擿执中为吕大防所用,以宝文阁待制知郓州,京东西路安抚使。执中宽仁,屡典刑狱,雪活以百数。与秦孙齐名。梦神人畀以骑都尉,诘旦为客言之,少焉谈笑而逝,年六十三。

孙鼛,字叔静,钱塘人。父直言,徙江都。用父任,调武平尉,再调越州司法参军。赵抃荐其才,知偃师县。蒲中优人诡僧服隐民间,以不语惑众,相传有异法,奔辏其门。鼛按奸状,立伏辜。韩缜镇长安辟签书,或荐于朝,擢提举广东常平。徽宗初,召为屯田员外郎。鼛微时与蔡京善,常言:"蔡子,贵人。但才胜德,恐贻天下忧。"至是,京还朝,遇诸涂。京逆谓曰:"我若用于天子,愿助我。"鼛曰:"公诚谨守祖宗之法,以正论辅人主,示节俭以先百吏,而绝口不言兵,天下幸甚。鼛何为者?"京默然。京既相,出鼛提点刑狱。未几,入为少府少监、户部郎中。县官用度无艺,鼛与尚书僧孝广、侍郎许几共疏论之。当国者不乐,徙开封。以显谟阁待制知曹州,再徙郓州。邑人子为"草祭"之谣,指切蔡京。鼛以闻,京怒,使言者诬以他事,提举鸿庆宫。起知单州,遂致仕。靖康二年卒,年八十六。赠银青光禄大夫,谥通靖。鼛笃于行谊,在广东时,苏轼谪居惠州,极意与周旋。二子娶晁补之、黄庭坚女,党事起,家人危惧,蓍一无所顾。时论称之。

孙升，字君孚，高邮人。治平二年进士，签书泰州判官。哲宗立，为监察御史。朝廷更法令，逐奸邪，升多所建明。尝上疏曰："自二圣临御，登用正人，天下所谓忠信端良之士，豪杰俊伟之材，俱收并用，近世得贤之盛，未有如今日者。愿于耳目之臣，论议之际，置党附之疑，杜小人之隙；疑间一开，则言者不安其职，使循默之风炽，而壅蔽之患生，非朝廷之福也。"迁殿中侍御史。以梁焘事，出知济州。逾年，提点京西刑狱，复拜侍御史。论翰林承旨邓温伯草蔡确制，称其定策功比汉周勃，欺天负国，岂宜亲承密命？不报。以天章阁待制知应天府，改集贤院学士。绍圣初，翟思、张商英撼升过劲之，削职，知房州；又贬果州团练副使、汀州安置。卒年六十二。所著有《谈圃》。

张汝贤，字祖禹。世为庐陵人，徙居真州。第进士，初调赣县簿，召充刑部习学公事。官制行，以御史中丞荐除监察御史，治察事。善为章奏，语约而意至。元丰间，除侍御史。以言尚书左丞王安礼，与俱罢。元祐初，复为吏部郎。后使闽、粤，奏弛茶盐增价，而除其新额十之八，又以赦令蠲民所负官钱米五十余万，闽人德之。淮南饥，除直龙图阁，充江淮等路制置发运使。居岁余，以左司郎中召还。会有疾，道卒扬州。

汝明，字舜文，汝贤弟也。元祐中，登进士第，历卫真、江阴、宜黄、华阴四县主簿。母病疽，更数医不效，汝明刺血调药，傅之而愈。华阴修岳庙，费巨财窘，令以属汝明，民德其不扰，竞出力佐役，如期而成。他庙非典祀、妖巫凭以惑众者，悉毁之。滞州县者三[1]十年。大观中，召置学制局，充检阅文字，预考贡士，不说者诬以皆王氏学，诏究其事，得所为《去取录》。徽宗览之，曰："考校尽心，宁复有此？"特改宣教郎，擢监察御史。尝摄殿中侍御史，即日具疏劾政府市恩招权，以蔡京为首。且言："臣观京、卞共乳同胞，京中书执政，卞枢密秉兵，文武两权尽出其手，一旦不虞，措社稷于何地？"帝奖其介直。京颇惮之，徙司门员外郎，出通判宁化军。地界辽，文移数往来，汝明名触其讳，辽以檄暴于朝，坐责监寿州麻步场。遇赦，签书汉阳判官。田法行，受牒按境内。汝明使四隅日具官吏所至，而躬临阅实，虽雨雪不渝，吏

---

1 "三"，《宋史》卷三四八《张汝明传》作"二"。

不得通赙谢,而税均最。晚知岳州,属邑得古编钟,求上献。汝明曰:"天子命我以千里,惧不能仰承德意,敢越职以幸赏乎?"卒于官,年五十四。汝明事亲孝,尤精研象数,贯穿经史百家,所著有《易索书》《张子卮言》《大究经》。

刘大中,字立道,杨子人。父湜,政和间进士,分教处州,不乐仕进,自号"拙堂居士"。大中经明行修,大观中,赐上舍出身。时修史,极天下之选,得四人,倪若川、江藻、徐师仁,而大中与焉。绍兴三年,擢监察御史,宣谕江南东西路,斥罢奸恶,推善类,不避权势,归言泉司官吏之费岁三十万缗,请省官属从之。四年,迁右司谏。七年,以兵部侍郎知处州,戢吏抚民,所部肃然。初,民输秋租,恣下渔取无算,至是始令人户自概,吏不能扰。未几,召还。八年,除礼部尚书、参知政事。尝疏:"中原陷没,东南民死于兵火,其存者十无二三。奸臣虐用,诛求过数,丁盐绅绢最为疾苦,愚民宁杀子而不愿输,生女又多不举,乞守令满日以生齿增减为殿最。"是年,与丞相赵鼎合议,以为屈己和戎不可。秦桧怒,使御史萧振劾罢之。遂以资政殿学士、中大夫再知处州。以疾乞闲,提举临安洞霄宫。卒,葬白云山。大中在朝,言事切中时宜,至首议建储尤为恳切,高宗为之感悟,赐以御书陆机《文赋》。《括苍志》列贤守,自唐李邕至宋黄葆光十人,大中居其一。

李正民,扬州人。登政和二年进士第,中词学兼茂科,迁礼部郎官。建炎二年,除校书郎,累迁中书舍人。俄出为两浙、江西、湖南抚谕使。正民请:"依法具奏官吏能否,其民间事干州县,实系冤抑者,并听陈诉,即为申理。"从之。以奉使称职,除给事中、吏部侍郎,辞不拜。上赐诏曰:"朕惟孔门文学、政事别为二科,然西汉名臣列于九卿者,未尝不以儒术饰吏事也。卿文章典雅,直谅多闻,献纳之余,敏于从政。"乃擢天官之贰[1]年,专铨综之权。正民始就职。绍兴十三年,正民奏:"宣和以前,应知通、令、佐阶衔并带主管学事。自军兴以及[1],学校中辍。今和议既成,儒风复振,宣化承流,责在郡县,宜依旧结衔,以示圣朝偃武修文之意。"为江西路提点刑狱,仕至左朝散大夫充徽猷阁待制、平原县开国伯,卒。直养,字无害,正民之孙。绍熙中,荐摄华亭令。以当路荐为平湖令。

1　"及",《文献通考》卷六三《职官考十七》作"来"。

沿海多溺尸,乘潮以上暴露沙际,直养置冢瘗之。又知海盐县,建学校,作小学,择朱沆为之师,风俗一变。民为立去思碑。

李易　李衡　史正志　崔敦诗　牛大年　印应雷　印应飞

李易,字顺之,扬州人。好学多闻,以清素见称。高宗驻跸惟扬,策试进士。九月,御崇政殿,唱易为第一。易以上忧劳,辞闻喜宴,从之。授金书江阴军判官。会北军犯江阴至夏港,距城数里,守臣胡纺遣将拒敌,且谓易曰:"吾曹义当死城郭,君有母,宜亟避之。"易归,告其母蒋氏。母曰:"我去,则汝必无意坚守。死生当与汝同之。"闻者感泣。既而敌疑有备,引去。绍圣元年,为太常博士。孟庾、韩世忠辟易参谋,转工部员外郎,为太常少卿。自建炎维扬之变,宗正寺所掌四书曰《玉牒》、曰《仙源积庆图》、曰《宗藩庆系图》、曰《宗支属籍》,皆逸于江浒。至是,易请编次《玉牒》,从之。迁中书舍人,改直秘阁,知扬州。易以本贯辞,不许。官至敷文阁待制,提举江州太平观。以疾自请,卒于秀州。

李衡,字彦平,号乐庵,江都人。博学,工为文。入辟雍,登进士第,授吴江主簿。有部使者怙势作威,衡耻迎合,投劾于府而归。后知溧阳县,专以诚意化民。夏秋二税,以期榜县门,乡无吏迹,而输送先他邑。隆兴二年,北军犯淮堧,官沿江者多送孥归,衡独自浙右移家入县,民心大安。盗猬起旁境,而溧阳晏如也。转运使韩元吉等列上治状,进一秩,召入为监察御史、司封郎中、枢密院检详,出知温、婺、台三州。衡屡引年乞身,除秘阁修撰致仕。上思其朴忠,复召除侍御史。外戚张说以节度使掌兵柄,衡力疏其事,谓"不当以母后肺腑为人择官",廷净移时,改除起居郎。衡曰:"与其进而负于君,不若退而合于道。"章五上请老,上知不可夺,仍以秘阁修撰致仕。时给事中莫济不书敕,翰林周必大不草制,右正言王希吕亦与衡相继论奏,同时去,时为《四贤诗》以纪之。衡后定居昆山,结庐别墅,聚书逾万卷,自号"乐庵"。临殁,冠栉,翛然而逝。史论曰:"李衡进退雍容,几于闻道。"所著有《论语说》《易义海》诸书行世。

史正志,字志道,江都人。绍兴二十一年进士,授歙县尉。秩满,诣阙,上

《保治要略》八篇,丞相陈康伯荐于朝,除枢密院编修。又引孙权筑濡须坞故事,乞筑和州城垒及舒扬防守荆襄事宜。高宗视师江上,命扈从至镇江,又上《恢复要览》,凡五篇。车驾驻跸建康,正志言:"三国、六朝形势与今日不同,要当无事则都钱塘,有事则幸建康,以为东、西都。"诏下侍从、台谏集议,从之。寻除司农寺丞。孝宗即位,除度支员外郎。后因论左帑、南库、西库案名差互,忤时相,以散官谪永州。寻复原官。除右文殿修撰,知静江府,未赴而罢。赐爵文安县开国男,转朝议大夫。其后,归老姑苏,号"吴门老圃"。所著有《建康志》十卷,《菊谱》一卷。有《游朝阳岩》诸诗,清典可诵。

崔敦诗,字大雅,通州静海人。登绍兴末进士第,历任中书舍人,加侍讲,直学士院。上疏论风俗、任将、经筵、幸进、救灾五事,及州县掊克之弊。又请施行白鹿洞教规,以广崇儒重道之化。尚书韩彦古请建父世忠家庙,乞赐祭器,敦诗奏,谓:"中兴庙器,断自宸衷,宜略仿古制,命有司铸爵、勺各一赐之。余定当用之式绘图界之,俾自制以竹木。"从之。敦诗性谨愿,议论疏通知大体。直宿进讲,所陈必凯切。至造膝密启,家人不得觇其稿,上深器许之。吕伯恭编《文鉴》,后为人所赞,复令敦诗删定为制。词温润详雅,有《文集》《制稿奏议》若干卷。寓居常熟,卒赠大中大夫。兄敦礼,同举进士,俱为文宗。

牛大年,字隆叟,江都邵伯埭人。庆元二年进士,历仕州县,以廉敏称。通判真州,权知泰州。在郡缮铠甲,增料钱,以优恤郡兵。会大水,发帑赈民。及还朝,唯一僮荷橐而行。累迁工部侍郎,不拜。以集英殿修撰、提举太平兴国宫,上以其清苦,特除宝章阁待制,卒。大年性廉介寡欲,家无姬侍,一室清灯炯炯,未尝燃官烛也;宴会必却声乐。自海陵归,以余俸置义庄给诸贫族,无余财。所撰有《支山集》行世。

印应雷,通州静海人。嘉熙中进士,知和州。时北兵方阗庐、和,制置丘岳遣之出戍,应雷奋入,卒保和州。后知温州。初,州卒作乱,诏以处婺兵从应雷讨之。应雷辞,仅携一仆赴任,计设宴,贼来觇者,捕得其魁,斩之,余党悉散。开庆元年,诏应雷与黄梦桂赴都堂禀议,以应雷为军器监、淮西总领财赋兼江东转运判官。景定元年,直徽猷阁,知江州,节制蕲、黄、兴国三郡。咸淳六年,为两淮安抚制置使,知扬州。七年,以制置有功,进秩,宣劳官属将士皆得推恩。寻卒。应雷聪明英爽,每视事,目光如炬,左右不敢仰视。退则温然,和雅可亲。官至中奉大夫、兵部侍郎、兵马都总管、静海县开国伯,赠端明殿学士。

应飞,字德远,应雷之弟。第淳祐进士,初任朝奉郎,权知镇江军,擢监察御史,差判镇江,知鄂州。开庆初,元兵围鄂,都统张胜登城诱以纳降,元人信之,尽焚楼橹,一垒独存。应飞自外督兵来援,敌遂解去。承制,充宣抚司参谋官,除户部侍郎、淮东总领,知镇江。与兄相次,徙居常熟。卒,赠朝议大夫、龙图阁学士。

赞曰:扬名臣,自五代以前可纪者略矣。宋氏立国,崔、杜以江南旧臣,均被殊宠。镐博练典故,河洛一对,遂启矫诬,岂文学之臣短于持论乎?是后荐辟制科,诸彦蔚起,江北人才,于斯为盛。谏争则吴及、王觌、孙觉、刘大中,决策则张方平、周孟阳,理学则胡瑗、王居正,见《理学传》。平谳则王惟熙、孙锡、乔执中,独行则王俊乂、孙蕡,勘叛则孙览、印应雷,儒雅则崔敦诗、李衡,治民则查道、沈度。太上有立德,其次有立功,于彼诸贤,盖其庶矣。元代亦有殊才,不系于广陵者不得遍载。迄于明而彬彬可指,乃知才贤关于风气,不可强也。凡旧史所载,其浮蔓不伦者删之,不敢以意为之增入。若吴敏、张康国俱进繇蔡京,敏主和议,康国与摈元祐党籍,虽有他美,故亦略诸。窃取《春秋》厚绳贤者之义,其或一言一行偶合于道,未敢必信,以为名臣职。其详者,有邑乘在,兹无取焉耳。

扬州府志卷之十七

人物志中

名臣列传 三

明

汪广洋　李俨　翟善　陈晟　茅诵　朱昶

　　汪广洋，字朝宗，高邮人。通经能文，善篆隶大书，尤工诗歌。尝游太平，太祖渡江，召广洋入见，与语，大悦，留幕下，为元帅府令史，除照磨。己亥，立执法议理司，太祖以广洋、李胜端为执法官。朝政有失，执牌直谏，又名为都谏官。辛丑，迁江南行省都事，升郎中。甲辰，立中书省，改右司郎中，寻知骁骑卫事，常将军下赣州，广洋出参军事，遂守赣州，迁江西行省参政。洪武元年，开省山东，以广洋廉明持正，改山东，安辑有劳。是冬，召入中书，为参政。明年，出参政陕西。三年，丞相善长病，召入为左丞。时杨宪以山西参政先召入为右丞，恶广洋轧己，嗾侍御史刘炳劾之。太祖切责，斥还乡。宪意未已，又嗾炳劾广洋，谪海南。丞相奏宪诬大臣，肆为奸，太祖诛宪，召广洋还。是年冬，与刘基同日受封，封广洋护军忠勤伯，食禄三千六百[1]石，诰词比之子房、孔明。四年，善长致仕，以广洋为右丞相、参知政事。坐畏懦，斥为广东参政。逾年，召为左御史大夫。十年，复为左丞相，眷遇益厚。会占[2]城贡使至，不以时引见，太祖降敕切责执政，广洋惶惧。已御史中丞涂节言刘基死毒，广

1　"百"，《明实录·太祖实录》卷五八作"十"。

2　"占"，原本误作"古"，据《明史》卷三〇八《胡惟庸传》改。

洋宜知状。太祖召问，广洋对无之。太祖怒广洋朋党，又谪海南。舟至太平，再遣敕责广洋以沉湎、不事事。广洋益大惧，自缢死，洪武十二年也。明年，丞相惟庸坐罪死，遂诏天下，罢中书省，而峻请复立丞相之刑。广洋所著，有《凤池吟稿》八卷，为国初诗宗。

李俨，字民瞻，泰兴人。洪武元年，选充通赞官，转都督府断事。论辅治三计，遂升刑部侍郎。奉敕宣谕陕西，回朝，擢本部尚书。诏曰："刑部侍郎李俨，精勤通敏，事朕有年，比者进贰秋官，详于推谳。加嘉议大夫、刑部尚书。"是年，转户部尚书，赐一品服及金带，从奉天殿服出，命学士宋濂等送归第。又进陕西等处行中书省参知政事。卒于官，赐官谕祭，辍朝一日，御史大夫 [1] 汪广洋志其墓。

翟善，字敬甫 [2]，泰兴人。幼聪颖，十岁补邑诸生。洪武中，选入国子监，授吏部验封司主事，寻转员外郎。上察其可大任，超擢吏部侍郎，进尚书。是时，初罢丞相，以六部分政，吏部长百僚，善当重任。被顾问，每奏对皆称旨。上尝谕群臣曰："善虽年少，其宇量宏阔，他人不及也。"尝欲为善营第泰兴，善辞曰："江乡地隘，诚不忍夺人自益。且臣奉职无状，何敢费县官金钱？"其谦厚如此。善家故戍籍，上以善故，欲免之。善曰："今区宇乍宁，戍籍宜增，岂可以臣一人破例？"上曰："卿可谓社稷臣矣。"二十八年，以事贬知遵化县。

陈晟，字克昭，宝应人。幼刻意经史。洪武中，以能书荐入中书，与诰敕事，寻擢五军断事。有都督某犯法当死，逮廷审，上念其有功，欲释之，晟以初犯画一以奏，上怒，命兵部尚书茹常劾实奏。及茹复旨，与晟初鞫不异。上乃悦。一日，当奏狱，上收其奏牍，令晟背诵，晟条对如流。上曰："汝年少，特试汝于狱用心否耳。"升湖广按察司佥事。使日本回，有仇人发晟用私钱于彼易马，谪居山东。无何，上悟曰："彼以己物易马，何罪？"即召赴京，擢通政司经历。居母丧，服除，入为吏部考功司主事。九年，考绩，以年老乞归。居乡，足迹未尝涉城府，日惟课子孙，稼穑与编民无异。

茅诵，字大方 [3]，泰州人。洪武间，以儒士应辟，教授本邑。入觐，上召对，

---

1 "御史大夫"，原文作"御史大夫夫"，衍"夫"字。
2 "甫"，《明史》卷一三八《翟善传》作"夫"。
3 "方"，《明史》卷一四一《茅大芳传》作"芳"。

悦之,擢秦府长史,且勉以董仲舒相江都王事。诵感遇,自奋激辅导。逾年,秦国称治,因扁其堂曰"希董",方孝孺为之记。建文初,擢右副都御史兼吏部左侍郎。及靖难兵起,时驸马都尉梅殷总兵守淮南,诵贻诗劝殷,忠愤激烈,闻者壮之。文皇即位,逮诵赴京师,不屈死,年五十四。妻及子颙、顺童、道寿、文生并论死,二孙亦死狱中。所著有《希董集》五卷。

朱昶,字明通。少与茅诵齐名,与诵同选儒士,授本学训导。二十四年,召对称旨,赐宴鹤鸣楼,擢秦府纪善。寻升长史。永乐初,欲官之翰林,辞曰:"臣事先朝三十余年,筋力衰惫,无所裨益,愿如陶朱公,浮游江湖,疏太傅,乞骸田里耳。"上善其对,赐御书"资善堂"及白金文绮放归。

赞曰:秦置丞相,累世因之不变。然秦以前若总揆,衡宰之伦亦是也。明太祖不欲事权下移,自魏曹后,若广洋、宪、惟庸先后罪死,遂罢丞相,而堂廉截然远矣。国初右武,故诸臣在省中亦斤斤求自免,无所见其用,若冢宰贬为县令而已。建文重文学,乃多有为之死者,如茅诵辈,何多耶?

高毅　董璘　龚谦　徐宗　高铨　高涝　高澧　储巏　黄瓒

高毅,字世用,兴化人。永乐十三年,选翰林院庶吉士,授中书舍人。二十一年,改春坊司直郎。洪熙初,为翰林侍讲。正统元年,杨士奇荐毅学术醇正,充讲官,修实录。五年,升侍讲学士。十年,入内阁,升工部右侍郎兼前职。十四年,正统北征,毅居守,预立景皇帝诸大议。景泰初,进工部尚书兼翰林院学士。是年,也先数请使迎上皇,侵我上谷、云中急,廷议相顾忌,不能决。中书舍人赵荣毅然独请往,毅壮之,解金带赠。荣曰:"子,忠义人也。"上皇将至京,毅言奉迎礼宜厚。会有千户龚遂荣投匿书毅所,毅袖入朝传示,群公卿皆不敢出一言,言官疏闻。景帝不悦,诘匿名书从何所得?毅曰:"得自臣所。"遂荣恐累毅,自缚阙下,下诏狱,上亦不深罪遂荣。二年,进少保、东阁大学士。明年,废东宫为沂王,而立怀献为太子。毅悲愤不敢争,加太子太傅,毅亦不敢辞。五年,敕视南畿灾,寻还朝。七年,进少保谨身殿。裕陵复辟,内阁诸臣皆以罪放殛,惟毅以忠谨,故上曰:"毅在内阁,每议迎驾及南内事,辄左右朕,毅无他肠,可致仕。"既归田,杜门不接宾客。人有问及泰顺间事者,辄不应。官至弼傅,而家业萧然,敝庐瘠田,仅足衣食。身殁未几,子孙贫窭同编氓。其方毅端靖,廉洁无私,有古大臣之风。成化初兆,尚书夔言:"毅进退有道,始终不渝,宜加之赠谥。"赠太保,谥文义。

董璘,字德文,高邮人。父曰元善。璘少奇异,锐志学问,读书每至夜分,神倦即喷水激面,少间,复读如故,因以才学知名。中永乐丁酉应天乡试第二。明年,会试第一人,赐二甲进士第二,授翰林院编修。久之,以母老乞归养。母病,思鲫鱼。以非时不可得,即诣镇江,祷于神,命渔者举网,忽得二鲫鱼以归。乡里惊异,谓孝感所致云。母丧终,升翰林院修撰。与修《宣皇实录》成,赐白金文绮。尝一主浙江试,再会试同考官,咸称得人。璘尝疏言:"太常礼乐,不可以界异流,乞以己为其官。"王振见之,怒谓:"璘自求祀神,怀怨望,此必有主使者。"先是,学士刘球上疏:"请上自总乾纲。"语诋王振,疏中亦言太常官宜用儒臣。会璘疏入,马顺附振,喜曰:"此可并杀球矣。"遂酷考璘,诬服附会球,顺杀之狱中,斥罢璘。初,璘家居奉母十八年,以孝闻。时宰有久不归省者大恶之,每摈抑璘,不使进官,翰林三十年,仅一迁。竟以罪遣,卒于家。所著有《玉堂清余集》。孙承芳,有学行,以岁荐为崇德教官。

龚谦,字廷益,高邮人。正统戊辰进士,授监察御史。天顺北狩,谦首疏迎复、建储二事,直声振台中。巡盐两浙,奸蠹悉祛。旋清军湖广,得大体。都御史寇深记其名于署壁,移文他省清军者,俱以谦为式。其为时推重如此。未几,卒于官,人咸惜之。孙勋,以孝闻。曾孙元成,以乡荐任刑部员外郎。从曾孙绂,第进士。

徐宗,字叔本,通州人。景泰甲戌进士,授行人。会北人扰边,守将失利,帝命宗往视之。至则宣布威德,边遂无警。西南茶禁,严民盗贩,或至杀人,宗复奉命按视,因奏请疏通茶禁,以宪臣建节临之,遂著为令。时中贵人有赃污不法者,宗奏劾罢之。尝册封秦藩以女乐宴,宗力请撤去。吊楚王丧,馈赠甚厚,亦峻词却之。其耿介不阿类如此。擢南京职方员外郎,以性廉抗,与同舍郎不相能,遂致政归。年七十九,殁。家居,足迹不至公府,倘徉山水而已。

高铨,字宗选,江都人。成化己丑进士。始仕,年最少,或劝增年以就台谏,铨不可。归德有黄河退地千余顷,为藩王所据,上命中官与铨往按之。铨议还民,中官受王赂,以危言胁之,铨不为动,竟如其议。张秋河决,上治河十二议,从之。历巡抚保定,时有献民地为皇庄者,命勘实以闻,亦归其地于民。累官南京户部尚书。改卫士廪给折色,每月均给,著为令。铨温厚好礼,家居,虽乡里疏贱造谒者,必冠服延接。其为政,务持大体,有大臣风。卒,赐祭葬如礼。子泺,从子澐,俱第进士,为名臣。

泺,字颖之,铨之子也。第弘治己丑进士。泺内行纯偹,事父母以孝闻。逆瑾时罗织大臣,尝诬逮铨下诏狱,泺伏阙请以身代,疏词迫切,事得雪。正德末年,宸濠谋逆,阴赂逆珰,请添设护卫,泺抗疏,陈"祖宗法,无增设藩王护卫例,不可许"。且发其不轨事,事遂寝。后濠反,人服其先识焉。时大臣出治张秋决河,又讨江西流贼,久无功,泺并疏治河、讨贼之略,从之。仕至南京光禄寺少卿。

澐,字升之,铨从子。正德辛巳进士,授宁波府推官,摄郡事。会日本夷入贡构乱,澐以计平之。升户部主事员外郎,督粮通州。值边警,岁漕四百万石,俱全运。澐调度得宜,升郎中,寻知顺德府。时车驾幸承天,道出顺德,澐抵任甫及旬,区画供张悉称制,兼城沙河,工竣,升河南按察司副使。会河决睢州野鸡冈,奉敕治之。澐为凿孙继口,塞河二百二十五里以疏横流,复亶运口九十里。上遣兵部侍郎王以旂视其役,荐澐劳绩第一。明年,益发民浚三河未深者,河始东入于洪,国漕赖之。诏增俸一级,百姓肖象祀焉。所著有《南兖州集》《顺德府志》。

储巏,字静夫,泰州人。成化中,乡、会试俱第一,舞象举神童,授南京吏部主事,历文选郎中。尚书耿九畴知巏有公辅器,及转吏部尚书,调巏考功郎中。尝劾一官得实,九畴忽欲改评,巏不从,且云:"公所执,何异王介甫耶?"时两侍郎并坐省中,九畴大惭,良久曰:"我固知君,然非我莫能容也。"在考功出入三年,持正议,臧否不淆。尝荐丁玑、张吉、敖毓元、王纯、李文祥五人者可任谏职,科道官庞泮等以言事下狱,巏论救之。又上言,乞令史官纪注言动,如古左、右史。康陵初,升太仆卿。明年,佥都御史,总粮储南京,居恒无事,辑朝廷典故,欲有所条复。明年,入为户部侍郎。时逆瑾专权益甚,公卿奔走瑾前,巏愧愤,引疾求去。太学士东阳与巏善,得致仕。诏巏有才望,行且起,赐驰驿归。无何,瑾诛,诏起巏,仍户部左侍郎。瑾虽诛,诸佞幸继用事,巏益不乐。明年,又乞休去。七年,改南京户部,又改南京吏部,辞益力,寻卒。巏淳行清修,与物无竞而自守,介然不可夺,风度简雅,人皆慕之。谥文懿。荫子灏为国子生。所著有《柴墟文集》《骈野集》。

黄瓒,字公献,仪真人。成化甲辰进士,授南京户部主事,由郎中升四川参议、浙江参政,迁江西右布政。逆濠不法,诸司多受制,瓒独不为所挠,擢湖广左布政。时吏部疏外官治行五人,瓒在第一,赐宴礼部。转应天府尹,巡抚山东。藩臬以下,闻风振励,为减官费十之四五。武皇尝遣中使赏赐一品服、金带,瓒以无功请辞,进南京兵部右侍郎。时江彬扈从南行,属彬诞日,部寺俱往贺,瓒与侍郎何孟春独不与焉。嘉靖初,乞致仕。上仍赐以所辞衣带,复赐金绯。及归,隐身乡里,有过访者辄称谢不出。嘉靖甲午卒,朝廷遣官谕祭敕有司为营葬事。瓒自奉菲约,敝衣粝食如寒士,人称其狷似原宪、清似扬绾云。所著有《雪洲集》行于世。

赞曰:高文义当正统、景泰、天顺之际,所处者极难,用晦而明,以免于难,乃其心则纯臣也。董修撰疏,得行礼乐,其有兴乎?文懿矫矫,秉道嫉邪,黄尚书鲠介不回,于逆藩权帅无少屈。呜呼!中行吾不得而见,如二君子者可也。

马继祖　徐蕃　冒鸾　赵鹤　徐昂　张羽　胡献　周臣　王轨　叶相　杨果　盛仪

马继祖,字崇功,如皋人。弘治庚戌进士。初授博兴知县,宽厚爱民而敏于任事。岁饥,恳当道发粟赈贷,民赖全活者甚众。丁巳,擢南京监察御史,激厉风节,寮吏肃然。未几,疏乞养病归。素为逆瑾所恶,以病久,勒令致仕。居家孝友醇谨,简重不华。以《礼经》传授乡间,知名士多出其门。

徐蕃,字宣之,泰州人。弘治癸丑进士。乞终养归。后谒选,授南京吏科给事中,以疏论逆瑾,逮京师,被杖几死,放为民。瑾诛,起为江西参议,擢浙江提学副使。抑浮靡,崇尚理学。累官工部右侍郎、提督易州厂,以疾乞休。蕃性简澹,寡嗜好,居处服馔取给而已。见其子治第颇整,恚之。素无妾媵,其夫人为媵少女,备巾栉,蕃见而讶之,即日命具装遣还其家,乡人至今称焉。

冒鸾,字廷和,如皋人。年十六,举于乡。以进士授武库司主事,升郎中。淮扬种马故折色,时有议令征实马。鸾上疏争之,得免。刘瑾方横,其党守备南京,有奏讨马船者,鸾疏减其半抑之。升福建左参议,分建宁。大[1]茂山贼劫掠乡邑,鸾遣人谕以祸福,贼悉降。以母老,乞终养。母卒,亦以过哀不起。鸾澹于嗜好,家居十余年,竟日坐对图书,不问户以外事,乡人咸推重焉。

赵鹤,字叔鸣,江都之瓜洲人。少即厉志攻书,博极群籍。弘治丙辰,举进士,初授户部主事。精吏事,为尚书侣锺所知。岁壬戌,天下大祲,鹤代草上宽恤事宜,诏文武大臣会议,蠲诸不急,因著为例。升本部郎中,督永平、山海、蓟州粮草,兼视屯田,所条上边场急务十六事。又以征收豆草积久腐败,吏苦冤,军无实惠,奏请折价贮库,临时和籴,以给军需。其古北口等仓储不足以供游兵,请更番操练,有警调发,自是边储赖焉。正德初,升建昌知府、益府军校。有恣横虐民者,捕置之法,所治肃然。而逆阉瑾以尝规略不得,遂搜蓟州耗粮事,左迁南安同知。建昌民至遮道,涕泣留之。治南安时,所属县流贼窃发,鹤率兵捕之。渡河及半,贼要击之,兵溃被执。鹤呼曰:“宁杀我,无戕百姓。”贼询知鹤姓名,惊相谓曰:“赵东衡好官,不可害。”翼至大宅,列几筵罗拜,拥其马入梅关,百姓迎归,为欢呼载道。盖得人心如此。庚午,擢金华知府。俗好嚣讼,多溺女,鹤首禁之。久之,政化大行。选邑诸生俊者,为除舍给饩,督其文。以范文简、潘默成忠清绝代,则表其里居。而金文安家祀废二百年,访其十二世孙敏嗣之,且展其墓,立石封土焉。在郡疏请广折征、宽加派、备积贮诸事,人服其敢言。历二载,进山西提学副使。值外艰,不行。服阕,补山东。或以其约士过严,为蜚语谤之,即上疏乞致仕归。鹤居官二十年,无厚蓄。家居,以孝行称。性嗜学,好著述。守金华时,录东莱、仁山、北山、鲁斋、白云五先生遗书,为《正学编》,集金华诸大家文为《文统》及《文统拾遗》。所著有《书经注》《郡乘正要》《具区集》及奏稿若干篇。

徐昂,字文举,江都人。弘治丙辰进士,授兵科给事中。性明敏,刚正不诡。弘治中,屡疏陈治道及论边备,皆凿凿切时务。正德初,刘瑾引用其党马永成、谷大用等八人,共蛊惑上心,户尚书韩文抗疏,暴瑾罪恶数十事。瑾矫旨罢文职,昂疏言:“文历官年久,端谨素著,国家倚以为重。其所言皆是,不宜罢。”瑾复矫旨,并夺昂官,且令文冠带闲住。嘉靖初,恤录旧臣,起昂为广东右参

---

1 “大”,原本衍为“大大”,删一“大”字。

议。昂初无子，就王生相，生曰："君今年登第，但不宜子。"后在西安途中买一妾，询之，乃良家子，即焚券为择配偶焉。秩满，如京师，相者迎，谓曰："君相顿异，其似有阴德，有子矣。"后数岁，果育五子。

张羽，字凤举，泰兴人。举进士，以节介自励。初授淳安知县，有惠政。擢监察御史，劾刘瑾不法状。巡按云南，奏免开矿及中官怙势者。有贵官子横甚，羽执治之，遂出为保定知府。以母疾，乞归。荐起补邵武府，升河南按察司副使。与御史忤，即日弃官归。御史为请留，不能得。后以荐，起四川参政，未抵官一月，超升至河南布政使。寻复与抚按忤，乞致仕。羽历官三十年，家无长物。县官知其贫，为置负郭田二顷，固谢却不受。戒家人，无与乡人争利。居恒恂恂，人咸爱慕之。部使者荐，不起。有谓羽居官则秉道嫉邪，居家则杜门养重云。所著有《东田遗稿》二卷。

胡献，字时臣，兴化千户所人。弘治丙辰进士。廷对策，即直言时政，有云"高玄之殿崇立宫中，斋醮之坛建设内苑"，又云"政权尽归内使，大臣奉行文书"。尚书马文升读卷，为之叹服，选庶吉士。逾年，授广西道监察御史。甫十四日，会清宁宫灾，诏求直言。献直陈五事：其一，指文武官某某辈有交通太监李广求进者；其二，谓宜复祖宗经筵日讲，许陈时政得失，且常接儒臣，远宦竖，以涵养德性；其三，谓京、通二仓总督太监索收粮银钱，及役使斗级纳月钱，愿尽罢革，以苏运军之困；其四，谓总兵、坐营等官科京操军士月钱，宜禁之；其五，谓东厂校尉专为皇亲内臣报复私怨，如诬御史武衢、主事毛广，举朝皆知其冤，无有为之辨者。疏入，诏逮锦衣狱，谪兰山县丞。未行，改宜阳知县，升南京都察院经历。去之日，老幼遮泣，为立德政碑。擢广西按察司提学佥事，升福建提学副使。未至，以疾卒于官。同官为助丧，护妻子以归。稿葬三十年，贫无以葬。嘉靖御史胡植按江北，檄有司，为营冢焉。

周臣，字元弼，通州人。以进士授南京工部主事，寻改刑部。有大臣子坐法，诸司莫敢决，臣竟决之，坐是左迁蓟州同知。后以赞画军务功，升顺天府推官。时刘瑾党有犯法者，臣穷治不少贷。瑾诬以他事下狱，竟无所坐，以辩疏字画不谨，罚俸而已。正德二年六月，有投匿名疏数瑾罪恶者，瑾大怒，矫旨责朝臣五品以下廷跪。时方酷暑，臣愤甚，挺跪日中，遂死，人共悼之。嘉靖初，诏复其家。臣在蓟州时，诸军屯田尽没于豪家，军人久讼不得理，臣为复之，至今立祠祀焉。

　　王轼，字戴卿，江都人。弘治己未进士，授户部主事，监崇文门税、司礼太监萧敬家奴市猪，隐税，轼执而讯之，忽健卒数十拥夺去敬。以告尚书侣钟，钟笑曰："乳犊，宁知畏虎耶？"复榷税浒墅关。附敬者潜遣人伺其隙，三月无所得，以复敬。敬曰："此官为国家尽心，向者事亦其职也。"丙寅，护荣王之国，升员外郎。奉命视直隶、闽、浙仓库，所至严核。时刘瑾怙权，每使臣还，必以赂见，轼独不往。瑾怒，奏令锦衣科道复核。人咸为轼危之，卒亦无所加罪。已改工部员外郎，监遵化铁冶。瑾党致书，为薪灰[1]户请托旦恐以危言。轼不顾，将具疏劾之。会瑾败，事已，出为广西粮储参议，升山西左参政。治云中狱，事干宗室，一以平恕谳之。迁行太仆寺卿，历升山东左布政，入为顺天府尹。内官有迎进、大祀、神牲，需求无所得，令所经道路筑堤费不赀。轼奏其生事害民状，由是权珰惮焉。升右都御史巡抚。四川芒部土官陇寿、政支禄辈争官，雠杀劫害地方二十余年。轼檄兵征之，禽渠，率改其地为镇雄府。事闻，褒赏，进工部右侍郎，兼宪职如故。丁亥，入为户部右侍郎，寻转左会。有诏查畿内皇庄、勋戚庄田及牧马场租银，廷议推轼有风，力任其事，尽发诸侵没者。轼自四川还，陇政余党复肆掠。御史论轼无善后策，与致仕归。庚寅，兵部尚书李逊特疏荐之，诏以原职，总督仓场。遂请罢京、通二仓总督太监，积岁奸宄，根株悉拔；又上重开通惠河。皆国家大计，至今赖焉。会太仓草场灾，轼上疏自劾，且劝上修德以回天意。升南京右都御史，改南京户部尚书，又改兵部尚书，参赞机务，严饬江防守备，南畿晏然。年七十有四，上疏乞致仕，疏误用"享年"字，诏罢为民。旋奉旨复冠带家居。五年，卒。隆庆中，复旧职，谕祭二坛，仍命工部治葬事。轼性至孝，为诸生时，父病，思食柿，以非时不可得，遂终身不食柿。

　　叶相，字良臣，江都人。少甚贫，读书西方寺僧舍，时有鬼呼"叶侍郎"者。年二十一，领乡荐。越六年，登弘治壬戌进士。初司理金华，平狱均赋，郡[2]民戴之。署兰溪篆，会邑诸生唐龙以贫故，妻之父欲不予婚，相召龙试，甚器重

1　"灰"，当作"炭"。

2　"郡"，原本误作"即"，据《万历扬州府志》卷一七《人物志中》改。

之，为具妆奁，治区宅，以完其夫妇，龙德之甚深。行取，拜给事中。时逆瑾擅政，中外无敢言，相首疏劾瑾，又上建储及漕运、库藏等十余疏，皆剀切，识治体。寻历诸科都谏，因疏忤柄臣仇鸾，出参政贵州，转江西布政。已复，擢贵州巡抚。抚贵州时，会芒部构乱，相计平之，歼其渠酋。以闻，赐镪币，擢户部侍郎。寻以病予告。家居十年，无半扎及公府。起补刑部左侍郎，久不调。或讽以赂主爵者，相笑曰："有纳粟尚书耶？"相官侍郎时，所识拔士唐龙位已至尚书，寻以年至乞休，温旨留之，相辞益力，遂予致仕。既归，筑迂隐园以老。有司屡请宾饮，辞不赴，以七十三卒。赐谕葬祭，赠右副都御史，崇祀乡贤。子晓，以荫授南京中府都事，有廉干声，能文。相平生所著诗文甚富，未刻行于世。

杨果，字实夫，兴化人。弘治壬戌进士。告归省谒，选授户部主事。乞便养，改南，寻升南刑部员外郎。以执法称简，为吏部文选郎中。黜陟明允，请托不行，杨廉谓其门可罗雀云。升南京右通政，摄刑部事。凡三大谳，辟死罪无冤。改提督誊黄。闻宁濠变，上言九事，寻乞养归。嘉靖初，用言官荐，起南京太仆寺卿。陈马政便宜数事，从之。升太常寺卿，以乞养归。复起为南京户部侍郎，摄部事，以疾卒于官。果天性孝友，执亲丧，三年号泣不辍。历官南北，以母老不挈妻子，屡请告。所受业师四丧，皆为举之，且恤其孤。虽尝官清要而自处恬退，尝谓人曰："吾平生无所长，唯不识瑾、宁、彬三人，差自慰耳！"

盛仪，字德璋，江都人。弘治己丑进士，观吏部政。时刘瑾尝以事干部尚书，托仪为致书，仪拒不许，遂知名缙绅间。授礼部主事，改监察御史。时文体日靡，仪乃请崇尚濂洛之学，以挽士习。升山东按察副使，迁云南参政。察屯务，宿蠹以清。寻升湖广按察使。督修显陵，多所节省。入为太仆寺卿，立解马法，至今著为令。仪历官以清峻著名，及致仕归，橐无余赀，薄田敝庐仅自给。尤笃于孝友，兄弟白首相聚，怡怡如也。卒，祀乡贤祠。所著有《维扬志》二十卷，与赵鹤《郡乘正要》并行。

赞曰：当康陵时，逆珰口衔王命，戕朝士若草芥，而以言得罪者，维扬为最著。如宣之、元弼、文举诸君子，何烈烈耶！二尚书皆风裁屹然，为权阉所惮，淮南"气奋扬，履正含文"，《太康地记》。所从来矣。赵叔鸣之忠实，心能信于山峒剧贼，而不能已东士流谤。化椎劫之盗易，信矣哉！

姚继岩 景旸 凌相_{弟楷} 徐晋 俞敦 何棠 王纪 蒋山卿 张 瓘 崔桐 钱铎[1]

姚继岩,字元肖,通州人。正德初进士,授工部主事。丁外艰,服除,补刑部主事。为吏部尚书杨一清所知,擢吏部员外郎,以清简见称。会武宗南巡,继岩与文选郎张元承倡省院臣联章奏留甚力。上怒,元承谪外,余廷杖死者数十人。继岩幸不死,后为太常少卿。年四十三,卒。贫无以葬,有司为经纪其事。其为吏部久,当擢太常,继岩固让,起张元承。处之,人以为难。生平耿介不挠,有司念其贫,遗之江田。或欲为树表郡中,皆力却之。时椓户读书,为古文词。所著有《山海集》藏于家。

景旸,字伯时,仪真人。少颖敏,随父官广州。布政刘大夏见其文,大赏异之。举正德戊辰进士第二,授翰林编修。刘瑾方横凌轹,诸儒臣荐绅为之丧气,其见旸独严惮,旸亦不少降色。在经筵,必先夕斋沐,曰:"近天颜咫尺,不敢不敬也。"甲戌,同考试官,迁国子司业。以母老乞南,补改春坊左中允南京国子司业。往诸生多夤缘请托,旸禁止之,不悛者绳以法。自是,士习浸变。旸至性孝友,家廷蔼然,姊氏蚤寡,迎与母,俱视其子女无异己子。友人张贡约为婚姻,未几,贡死。旸曰:"礼聘虽未行,已心许之矣。"竟召其子妻之。旸又有女,以瞀废,其友潘准闻之,曰:"不可使伯时女不字,愿字吾子。"人两义之。旸与乡人蒋山卿、赵鹤、朱应登为古文诗词有声,称"江北四子"。所传有《前溪集》若干卷。

凌相,字忠甫,通州人。正德年进士。弱冠,授沂水知县。平役息讼,声大起。擢南京广西道御史,劾不职大臣数十人,尚书王琼亦在劾中,一时震肃。升广东兵备佥事。惠、潮剧贼李四子等据大峰嶂十四巢为乱,相督兵剿平之,赐金绮,升俸一级。迁辽东行太仆少卿,寻迁苑马寺卿。清核隐射,岁增牧马万计。兼摄分巡事,决大狱,豪右不敢夺。檄督修边城,有山负城,高,边外入驻,牧其上,得窥伺城中。相乃指麾散夷围山在城内,且谕以吾故地,与立券世

无相背。于是,险始为我所据。奏闻,赐金币,升俸一级。迁四川右布政使,以征芒部。督饷功,转云南左布政使,擢右副都御史,巡抚湖广。奏革镇守总兵,以苏民困。时有甘露、嘉禾之瑞,赐金币。预显陵,功成,复以例赐金币。居二年,请告归。寻卒,赐祭葬如礼。有《芹溪奏议》若干卷。相弟楷,亦以进士知名。

楷,字瑞甫。正德年进士,观兵部政。尚书刘大夏器之,授户部主事,出监兑江西。钩核无隐,岁增漕可万石。归,途遇盗,楷正衣冠,不为动。盗索舟中无有,去。性刚直不阿,尝有王府馈千金祈请,楷力却之。居丧哀毁逾礼。迁户部郎中。年三十七,卒。

徐晋,字文明,江都人。正德辛未进士,历任南京车驾司郎中。宦官刘瑾怙势肆横,晋以法绳之,不少贷。及宁濠反,留戒严。尚书刘宇参赞机务,知晋才,悉以军事委之。晋精心赞画,东南恃以无恐。会上南巡,驻跸南京,凡供亿悉取给驾部,晋从容悉办。幸帅江彬遍索赂诸府寺,晋不为动。人或为晋危之,卒亦无患。升青州知府,以劳遘疾卒。疾笃时,同官悯其贫,请入公堂羡锾若干营后事。晋谢曰:"吾恨不能如前辈马伯瞻清风高节,何至死变其守乎!"其生平趣慕如此,可尚也。

俞敦,字崇礼。正德辛未进士,初选翰林庶吉士,改刑科给事中。敦侃侃有直气,在谏垣,首劾辽、蜀抚臣及诸藩守臣不职者。时江彬阴图不轨,朝臣无敢言,敦独疏陈其逆状,不报。戊寅,奉特旨勘河南总兵张玺等不法事。其夕,梦巨人书示"天理人心"四字。后按玺等罪不冤,人金服焉。上特赐彩衣、银牌旌之。一时权幸如钱宁辈惮敦名,求与结纳,敦峻拒之。世宗即位,敦首疏四事曰:"去壅蔽,亲儒臣,立纪纲,惜名器。"上嘉纳。奉诏使安南,赐麒麟服。进都给事中,出知广西梧州府,卒。

何棠,字爱之,泰兴人。正德辛未进士,历官郎中。以谏武宗南巡,受廷杖。寻升广平知府,奏改官租驿马、减种马,民大便之。郡有大豪,为民害,棠擒治之,境内肃然。时乘舆数出,供赋繁甚,棠以广平地隘民贫,力请于当事者,乞宽之,遂得减半。嘉靖初,录谏南巡诸臣,加从三品俸。以疾告归,遂卒广平。民闻讣,悲泣走泰兴吊者数百人。

王纪,字理卿,泰州人。举正德辛未进士,初授江西进贤知县。时洞蛮姚源古者,恣杀掠为害甚剧,纪身抵其穴,讨平之。在邑三年,滞狱苛征,清革殆尽。进南京工科都给事中，首疏建皇储、谨大祀及边防时务，疏凡十余上。武宗南巡，纪屡疏请还。后为言者所中，谪浙江嘉善县丞，升武城知县。会滹沱河决，捍治有功，擢高唐州知州，凡十四月，以忧去，起补河间。未几，擢陕西佥事，以出赈积劳，卒于官。至今庙祀高唐。

蒋山卿，字子云，仪真人。以进士授工部主事。正德己卯，上南巡，与同官林大辂、何遵伏阙上疏谏。上震怒，杖几死，谪南京前府都事。嘉靖初，复原官，改刑部，历员外郎、郎中，升河南知府，改浔州，再改南宁。时思田土官岑猛倡乱，诏抚臣率师讨之。山卿督饷给军无匮乏，猛诛，降其众，山卿与有力焉。因请羡金万余，以十五代民租，余以赈饥。郡以兵后，民疲惫，山卿随事拊循，多赖之。升广西参政，时总督都御史林富知其才，方倚为重，寻以谗言罢。在南宁入觐，上地方利病事，言："思龙立县，不宜割属田州，导使携贰。移思恩而建府治于荒田，尤为失策。"又言："两广总兵率用侯伯，彼皆纨袴子弟，营求出镇，朘削无厌，宜选谋勇将臣充其任。"又言："广西夷多民少，右[1]江如柳庆诸州县，左江如桂林、平乐诸州县，皆城池圮塞，千里荒凉，徭贼得以出没其间。宜行抚按阅视，修筑城池，缮道途，置传舍，为一劳永逸之计。"其经略大概若此。及归，唯以诗酒、艺文自适。所著有《南泠集》《休园集》。

张纮，字鹄举，泰兴人。正德甲戌进士，初授礼部主事，升户部郎中。上疏谏武宗南巡，受杖阙下。嘉靖初，议大礼及大狱。皆极谏，复两受杖，直声震天下。谪知海盐县，有善政。既去，民为立碑祠祀焉。后督学湖广，所甄拔多为名臣。升陕西参政，进河南布政副都御史，巡抚延绥。疏论备边要略，凡三奏捷，斩首酋数百级。赐金币，进兵部侍郎。寻转户部，致仕。嘉靖乙卯，倭夷入犯。纮亟请于巡抚郑公晓城泰兴，土堑甫就，倭猝至，而后知城之利也。居家门无杂宾，不问户以外事。及闻朝政得失，辄为忧喜。河南布政张羽、监察御史张翀，皆纮同母兄也。羽别有传。

崔桐，字来凤，海门人。贡入南太学。正德丙子，乡试第一。明年，进士及第，授翰林院编修。谏武宗南巡，诏跪[2]午门外五日，廷杖夺俸。嘉靖初，录

1　"右"，原本误作"石"，据《万历扬州府志》卷一七《人物志中》改。

2　"跪"，原本误作"诡"，据《乾隆江南通志》卷一四五本传改。

谏南巡诸臣,加俸一级。三年,伏阙谏大礼,复逮诏狱,廷杖。明年,以《武宗实录》成,进侍读。六年,外补湖广参议,升按察司副使,提督学校。十年,升福建左参政。会有言桐督学时,考贡违新例,降浙江副使,调辰沅兵备,平长沙安化山寇。赐金币,迁南太仆少卿。十五年,补太常少卿,议薛文清瑄从祀孔子庙,不报。十九年,升正卿,掌国子祭酒事。诏议太子监国,仍抗疏不报。升南京礼部右侍郎,寻改礼部左侍郎。会推吏部,中飞语,致仕。桐清忠耿介,不苟狥荣进。尝自叙曰:"奉职太愚,自处太高,操持太执,语言太直。"又曰:"姜桂之性不受变于酸甜。"所言如其为人。尝著《东洲集》《续集》行于世。今其子孙甚蕃,代有文人。

钱铎,字振之,海门人。正德辛巳进士。嘉靖初,修《武庙实录》,铎分纂庐州、安庆诸府,称详核焉,授刑部山东司主事。甲申,谏大礼,杖阙下。丁亥,进四川司员外郎。勋戚有擅役黑窑厂官军者,铎鞫之。诸贵人为关说,悉弗听,按其家人数十辈,皆发编伍,权豪为之敛迹。尚书胡世宁谓铎为真法司云。出为肇庆知府,始改学校,倡文教,是科始有登第者。诸百兴革,无不悉当民情。已补郧阳,擢广西按察副使。备兵府江,乃设护兵造哨船,建营房数百,以居狼兵,生缚贼首梁明镜辈。于是,往来者称坦途焉。仍谕降荔浦、朦胧、三峒诸蛮,功最多。以性刚直取忌,遂中蜚语,罢。家居,笃于亲,故邑人称其长者。

赞曰:自有载籍以来,虣暴莫如秦皇,而茅焦等犹以死谏。国家凌轹儒臣,至正德间而极矣。南巡末年,叩阍极谏,受杖死者数十人,岂非祖宗培植士气?人心不死,直道未亡,有宁死而不敢负君上。后世天下于曩日利害何如哉?上下泄泄观望,以酿成极敝而不可为之势,求如秦廷一士焉不可得。谁摧士气,一至于此?余述姚元肖、何爱之、蒋子云、张鹄举、崔来凤诸君子传,为歔欷流涕云。

马坤　蒋应奎　曾铣　林春　桑乔　钱嵊　陈尧　沈良才　曹守贞

马坤,字顺卿,通州人。举嘉靖癸未进士,授户部主事,寻改兵部,历四司。会部署灾,廷杖,出为宁波府推官,移广州通判。坤方被罪出,众谓宜不怿然者,乃益励志节,修职事。宁波故多势族,坤持法严正,无敢干以私。复为南京刑部员外郎,迁郎中,升知汀州府,擢湖广副使。湖与川、贵三省接壤,苗寇发兵,连数岁,廷议遣重臣往视师,坤与参赞督府多用其策。贼平,升福建参政,转浙江按察使,进右布政。坤在浙最久,以端重简愍称职,升河南左布政使。河南多宗室,岁廪不继,或贫不能自衣食,辄恣行不义,富强恣兼并,或至骄横坏法。坤为申严约束,禄以时给,皆悦服。擢应天府尹,历大理寺卿、户部侍郎,擢南工部尚书。时倭夷寇海上,乃倡议为守御计,上平倭七事:相机宜,权利害,审战守,明职掌,练乡兵,慎调遣,豫粮饷。寻改南户部尚书,复改兵部。嘉靖末,兴土木,诸役边镇多事,日费巨万,计内帑殚竭。上召坤于西苑,问钱谷岁入几何?坤一一条对,前后所上三十三事,皆天下大计。上方向用坤,坤亦尽力思所以报称。会南京兵叛,杀部侍郎,言者以前任事连坤,乃致仕归家。居十一年,卒年七十七。坤存日,上赐玺书存问。殁,赠太子少保,谕祭及遣官营葬如故事。

蒋应奎,字文焕。先世故江都人,以永乐初戍大同,遂家焉。嘉靖乙酉,举山西乡试。丙戌,成进士,授工部主事,分司吕梁。升郎中,改营缮司。董九庙、慈庆、慈宁诸大工造成,赐银币,升太仆少卿。久之,升应天府尹。时镇田万亩荒,弗治税,悉征之里人。应奎亲往勘,为出金筑堤,召民开垦,成腴田,以免里人困累,至今便之。升都察院右副都御史,抚辽东。请发内帑修葺墙垣,土燥,工未可兴。会夜霖雨达曙,遂筑墙二百余里,仅四月工竣,省费万计。已奏宁远、开原之捷,升兵部右侍郎,协理京营戎政。壬子,归江都。应奎历宦三十年,操守澹如。比南还,行李萧然。性嗜学,手不释卷。语天下事,历历如指掌。盖清修鲠介,其天性也。乙丑卒,葬于江都县之马鞍山。

曾铣,字子重,江都县人。嘉靖己丑进士。授长乐知县,擢监察御史,巡按辽[1]东。会辽阳兵乱,窘辱抚臣,闭城拒命。事闻,下廷臣议,咸谓往年大同杀抚镇官,今兹效尤,不可不讨。铣上疏,请原宥之,以安边镇。上可其奏。铣即单骑往,谕以朝廷恩威。于是,叛者解散。铣密授将臣韩永庆等方略,不阅月,三城倡乱者率就缚,余按堵如故。奏报,升大理寺右寺丞,辽阳人为建祠祀之。已转左丞,擢右佥都御史,抚山东。壬寅秋,北边吉囊突入十八盘,

---

1　“辽”,原本误作“山”,据《明史》卷二〇四《曾铣传》改。

欲袭临清，遣小嗒儿觇道路。铣以临清天下咽喉，而州邑褊小，非万全计，乃奏筑新城为重镇。乙巳，进副都御史，巡抚山西，兼督雁门诸关。大修边墙，制火器为备，虏不敢窥西边者三年。丙午秋，近骑入陕西，督臣不能御，被逮。诏以铣善边事，移总督陕西三边。时十万骑，由宁夏突入。铣曰："拥众深入，当攻其所，必救。"令参将李珍率劲卒捣其巢穴，斩首百十余级，竿以示。北人果大惧，遁去。铣复计曰："外彝频年内侵，略无所创。今有急骤奔，不意我兵邀其前也。"即亲督将士由新安边外直趋定边击之。敌见大军至，相顾错愕，遂大溃，追斩首级一百八十，获畜马、军器无数。铣初不以捷闻，御史勘功上之，赐金币，加俸一级。铣感上知遇，益思自奋。时北人久据河套，为寇害无已。铣上疏请复套，使西北长无边患，疏甚恳切，载《文苑》。并条上方略十八事。上优诏答焉。于是，益治兵，攻捣其穴。敌大惊扰，稍移营渡河。时威宁侯仇鸾者，骄恣悖逆，阴泄事机。铣与抚按官劾奏鸾，诏械系鸾于狱中。会严嵩方谋倾阁臣夏言，言故主复河套议。鸾重赂嵩子世蕃及锦衣陆炳辈，构捏流言，从狱中飞章告变。上骇惑，遣缇绮收铣。嵩授意其党，罗织成狱，刑东市，天下冤之。自是，莫有言河套者矣。隆庆元年，诏恤录诸臣，给事中辛自修、御史王好问疏列铣志在立功，身罹重辟，天下知与不知，皆深痛悼。诏复铣兵部侍郎、副都御史，赠尚书，谥襄愍，赐祭葬如典。荫子汴、孙之省为国子生。

林春，字子仁，泰州千户所人。少孤力学，已受学于知州王臣、安丰王艮。其为文不事奇博，率发挥所自得。戊子，领乡荐。壬辰，举会试第一，选户部主事。已调礼部，又调吏部文选主事，迁文选员外郎。以母病瘫，遂谢病，归养三年，未尝以事干州郡；馈遗非礼者，却弗受。岁入弗能瞻口而好赒予，与乡人处，恂恂如故儒生也。母病愈，补稽勋郎中，调文选郎中。其为文选主事时，州守黩而虐，春言于部尚书，黜之。后赴官泊淮。淮守某以次谒诸过客，始及其舟，供帐又薄。后淮守以入觐考下，当远调，春独荐其廉靖，恳留之。其无远嫌怙势，大率类此。居选曹，忧勤甚，寻得疾卒。人怜惜之，金谓天丧善人。所著有《东城文集》行世。

桑乔，字子木，江都人。嘉靖辛卯，以《易》魁应天乡试。壬辰，举进士。授户部主事，督草场税，宿弊顿清。尚书梁材称其练达老成，吏部侍郎霍韬亦器重之。改授监察御史，按山西。时大同初定，浑源失守，边民被杀伤十有余万。乔躬行绝塞,掩骼埋胔,劾将臣鲁刚、季懋辈失机纵敌,宜正典刑,以泄边人之愤。其所按州邑,多被兵残破,乔上疏免其征赋,谓:"水旱之灾未遽至于杀人,然且蠲田租,今边民至全家无孑遗,或仅存一二,比于水旱之害远甚。若不亟停免征赋,恐人心解体,边方益无所恃。"疏凡三四上,竟得免。又疏谏止车驾,毋巡边,及添设应翔、灵丘将领、筹边方略等十余奏,皆军国至计。其爱边氓若赤子,行部所至,莫不怀焉。丁酉,得代还。适奉天殿灾,上陈时政,并劾礼部尚书严嵩、兵部尚书张瓒、户部尚书张云、工部尚书林廷㭎,诏罢云、廷㭎而留嵩、瓒。上方眷注嵩,而乔疏论之,且一疏连四大臣,直声振天下。于是,嵩大衔恨。己亥,上幸承天,疏请留,不允,扈从行在,改巡按顺天。会遭寒疾,危甚,疏乞骸骨归。嵩授指都御史王廷相令劾乔本不病,而托疾避难。廷相素重乔,不欲上,嵩曰:"上怒,且相及矣。"会经历李锌谮乔短,廷相遂奏论乔,逮赴诏狱,廷杖几死,谪戍九江。居戍所二十六年,不以私归展省。念母老,乃治庐,迎养母归江都。乔独居一室,左右唯图书,无妾媵,一仆供扫除汲爨而已。乔笃于伦理,重交谊。其学无所不窥,为文奇警。晚游匡庐,嗜玄旨及《易》占、大六壬数,得其微奥。尝曰:"穿壬透《易》,阴阳在掌握中。"所著有《庐山记事》,二十卷,《真诠》四卷,《诗文》二十卷。甲子,卒于戍。隆庆初,奉遗诏,赠光禄寺少卿。

钱嵘,字君望,通州人。嘉靖壬辰进士,授抚州府推官。铲奸锄蠹,详慎法比,郡县狱多所平反,称不冤。外艰,服阕,补永平。嵘念北人勇而少虑,轻抵法,多原宥之。岁祲,赈饥,令饥人散处旁近村落,以便分给,全活者数万人。擢浙江道监察御史,巡视居庸、紫荆、倒马、龙泉诸关,图上五事,皆合机宜。上可行之,边务大振。寻按广西,顺土俗,稍约以法,民安其不苛。时靖江王以僻远自恣,为奸民薮泽。嵘廉得其状,悉捕置法。王上书奏御史凌轹宗室。上下廷议,谓执法自御史,事不直王。命给事王国镇等往问状。王皇恐,乞罪。甲辰,出为建宁知府。躬节俭,汰冗费。海滨卫士苦粮饷,或议更漕法,嵘为疏止之,民称便。升广东按察副使。以平黎功,赐金币,加俸一级,升浙江参政。清金衢,严诸郡徭法,及豪猾诡漏不得行。竟以病归,卒。其为御史时,镇江岁调通州兵更番防御,疲于奔命,嵘移书当道,免之。又通州本江海斥卤,地不宜马,永乐间以六安州灾伤暂代,后为例,民岁费银万三千五百两,嶸慨然疏争之,下部议,得尚书张瓒覆奏,通州种马遂罢。州民立祠祀之,曰"钱公世德祠"。复得祀于学宫。

陈尧,字敬甫,通州人。少开敏,日强记千余言。嘉靖乙未,成进士,观工部政。时公卿议为献皇帝立庙于大内,世世勿迁,部尚书以语尧。上议,谓:"礼缘情而制于法。所谓勿迁者,德祖、太祖、太宗而三也。睿宗次孝宗,孝宗祧则亦宜祧,俟大祫则并出祭之是也。"部尚书不能用,然见器重矣。授工部主事,治清江浦。论白:"凿黄河上游,辟淮口以达清江。"卒如其议。进虞衡司员外郎,复进营缮司郎中。时治行宫巩华城,尧为监同舍郎,欲征商,尧力争之,罢勿征。比卒事,节省数十万缗。壬寅,出为台州知府。每谳决,率以情权法而行。有贵人子夺嫠妇田,尧论杖其舍人,归田嫠妇。贵人中尧蜚语,遂调南安府,迁长芦都转运使。会吏部尚书万镗表荐尧,擢广西参政,寻升贵州按察使。时三殿灾,役民采木,民大困,或亡走匿。尧画策为更代其役。御史奉诏采丹砂,及开永宁银池,尧力持毋罢民以奥上。或媚御史,献丹砂,御史持诧尧:"夜郎丹砂赤如血,信哉?"尧曰:"此百姓血,安得不赤?"御史大惭愤。会各迁去,乃已。已升云南右布政,寻移广西左布政。时靖江宗人无虑万指,诸降彝徙粤者子孙蕃衍,岁费金钱无算。尧约曰:"宗室非受册,不得食禄。诸属夷非嫡子,不得粟。著为令。"先后所裁省数十万计。庚申,进副都御史,巡抚四川。天全六番宣慰司死,二子争立,互相攻杀。尧移檄嫡长子承誉袭爵,遂解。滇酋凤继祖叛亡,入建昌,宪臣趣尧禽之。尧不听,曰:"建昌去昆明一水,而兵不渡,是嫁祸蜀也。困兽急之则斗,缓之一力士事耳。"居无何,继祖果自归。其持重不贪近利,皆此类也。进南京户部右侍郎,寻改工部兼副都御史,督漕河。时江淮大水,高邮湖岸善崩。尧画策树木实菱楗以代石,堤无坏。会河徙百二十里,而景恭王薨,自楚归葬,辎重千艘,及江南漕艘皆胶淤。尧大患之,遣水工探刁阳湖,得故漕道,自溃口入转而达湖陵,遂得通。改刑部右侍郎,当代,以母邵淑人老,疏乞骸骨,进左侍郎,罢免归。性好著书,有《梧冈集》《史衡八书》《遵圣录》凡数十篇。万历某年,卒,赐祭葬如故事。尧弟冠、完,完举乡荐。冠子大壮,山东参政;尧子大科,右都御史。

沈良才,泰州人。嘉靖乙未进士。改翰林院庶吉士,授兵科给事中,寻转工科左给事中。时卢纲、孙存互讦奏,才勘问,伸孙而抑卢,一切株连皆得释。

卢卒,正典刑。升吏科给事中。时尚书严嵩甫入阁,才疏列其奸状,不报。升南京大理寺右寺丞,寻进左少卿、都察院佥都御史,巡抚湖广,升兵部右侍郎。时岛夷南讧,议遣大臣讨之,难其人。嵩憾其尝议己,奏遣才,才毅然请往。会有命,遣他抚臣,不果行。丁巳,自陈嵩附会,以他事遂罢免。年六十三,卒。初,才为诸生时,富民刘钦请赈诸生之贤者,才独却之。李御史东嘉其节,为备礼冠婚,即以是年举于乡。

曹守贞,字子一,江都人。从吕祭酒柟究理学,时服其精醇。举嘉靖戊戌进士,授遂昌知县。遂昌在万山中,俗刁悍,守贞为惩其豪横者,风稍戢。邑故有采矿役,民苦虐甚,守贞条上其害于当道,闻于朝,竟罢采焉。庚子,入觐,同官有不便守贞者倾之,左迁晋州判官,檄摄赵州,寻移曲周知县,皆有惠政。升工部营缮司主事,榷荆州关税。时辽庶人暴恣虐视诸有司,守贞独持正不为挠。转虞衡司员外郎,升尚宝司丞。典司者为权相子世蕃,与议多不合,世蕃不能堪,谪山东转运判官,移饶州府同知。久之,擢南京户部郎中。尚书张舜臣集司属议沿革,守贞唯唯,诸司属难之。守贞曰:“部体与郡县不同,惟清静宁一,因之而已。”有顷,群小宣言部议军士粟布有所裁损,骄军大哄,约期为乱,尚书并司属计无出,以问守贞。守贞唯唯,乃移尺籍,大戒将士择时日核军实,稽诈冒给粮布,若不喻其意者,诸军士相顾愕,曰:“何传之缪耶?”事遂寝。其善持大体如此。出为平乐知府,录囚,得末减者数百人。寻乞休还里中,闭户读书,不预郡邑中事。即其家徭赋,不以干请。所著有《畸侔轩稿》《名贤懿德纪事》《震宇衷谭》《紫林杂记》《括冶记》诸书,藏于家。

赞曰:世庙以来多能臣,如马尚书之治钱谷,陈侍郎之驭属夷,钱御史之抑强藩,其著者也。林子仁古之善信,桑子木微罪永谴,皆未竟其用。曾襄愍功最钜,得祸最奇。贤者固不自爱其死,彼谗娼者亦独何心?边人至今以方宋岳武穆,悲夫!

李春芳　宗臣　张胆　顾廷对　张守中　章润

李春芳,字子实,兴化人。生而神颖,举嘉靖辛卯乡试。丁未,策进士第一人,授翰林院修撰。凡再充会试同考官及主乡试,多得士。上方综核名实,亲简词臣,命橐笔待诏斋宫,乃特旨召春芳入直,超迁翰林学士、太常少卿,赐一品绯衣,盖异数也。自后,恩遇日隆,由吏、礼二部左右侍郎,三迁至礼部尚书,加太子太保。时宗室繁衍,禄不继。春芳议清其冒滥制服,室妾媵母过度,其擅婚野合生者等于宗庶。上允行之,著为令,赐名《宗藩条例》。自是,流糜稍节。未几,敕参阁务、武英殿大学士,加官如故。嘉靖末,与大学士徐阶受顾命,事穆皇于谅闇,诛左道,录言官,诸新政多与议,中外翕然。会阶有事山陵,春芳入直,有旨重建凤翔楼。春芳言:"土木之费,终先皇世海内骚动。今朝政方新,宜与百姓更始,而侵寻大兴,天下谓何?"上改容谢之,终不复言营作事矣。又奏罢太仓羡金及缘造岁币、牙签、珍异,皆随奏随可。时台省上书言事,稍侵中贵人,咸乘间泣愬上前。上怒不测。春芳为言:"此辈实朴,中无他。"事得解。于是,蓟辽诸帅臣言:"沿边镇藩当要害,宜戍台以便防守。"好事者数持异议。春芳正色言:"台成之利,使北骑不得蹂躏我,何惜小费?"台卒成,至今赖之。其后,把汉那吉以势穷单骑来奔。把汉那吉者,俺达爱孙也。俺达愿归亡纳款,贡市称臣,赎其孙归。下朝议,争论不一。春芳曰:"人但知唐、宋和之失,而不知今日和之利。且汉、唐与约昏,今纳款称臣,于体统尊。昔制和在敌,今制和在我。彼以贡为名,我以货为市。计数十年之市,孰与一旦用兵之费?彼喜于得请,盟必坚。"于是从其议。自是,那吉受符策,拜王号,尽归吾遁俘,庙献而市戮之,一时称快,边邮安堵至今焉。春芳居恒恂谨言若不出口,至论国家大计多硕画。累侍经筵,修《实录》《大明会典》《永乐大典》。六年,考一品满,进少师,兼太子太师、柱国中极殿,正一品俸。以父母老,乞致仕归。章凡七上,乃得请。陛辞,上目送之。明年,上命礼部郎存问于家。以万历甲申卒,年七十五。赠太师,谥文定,祭葬礼有加。春芳长厚孝友,凡禄赐金币,悉分与诸弟,以悦其父母。子八人,荫中书舍者二,尚宝司丞者一。

宗臣,字子相,兴化人。童年就县中试,马令奇其文,延为子弟师。尝赠罚锾数十,谢不受。喜庄周、屈原、司马迁所为文,治举子业最著,试辄高等,有名诸生间。举嘉靖庚戌进士,授刑部主事,调吏部考功司主事。不乐华要,恒有思玄之志。上疏乞养病归,欲遍游览名山。客有劝为田园计者,笑谢之。吟咏百花洲上,将终身焉。已为当路者强起,补任北上县佐。有赆之百金,却不受,曰:"恤我乡中民,倍赇我矣。"升稽勋员外郎。会杨主事继盛论劾阁臣严嵩,以冤坐法死。臣率诸同舍郎郊外为文哭之,嵩不悦。丁巳春,外补福建参议。戊午夏,倭犯福州,城中戒严,抚臣阮鹗被逮以去,三司日议守城事,臣监西门。西门者,芋原、横塘、南台所取道也。先是,有司悉部勒诸父老子弟守陴,臣至,悉罢其老弱疾病者,简壮士严督守。会报寇至,六门咸闭,城外数十万人呼求入城。臣开西门,坐诘而入之。复檄召城外百里所蓄薪谷,悉徙之城中,不徙者纵火焚之,壮夫不肩薪谷者不得入。于是,城中薪谷日以万计。时有议毁城上屋以便击贼,臣笑曰:"兵不能雄之行间,雄之屋上哉?且雨浸城坏,奈何止不毁?"寇攻西门,臣多制火药中之,相戒不敢犯西门。未几,贼寇兴化,而先寇镇东者尚屯海上,适臣所部兵二千人自他郡入援,合抚臣兵数千,要击之,斩获殆尽,沉贼船数十于海中。是岁八月,泰宁报粤寇急,臣即檄延邵诸郡县兵夹剿,而身与数骑驰赴之,四面设卫,遏其冲突。贼由归化走粤,臣督数百骑径趋白莲,又付兵其丞簿守紫云台。贼逼永安,又蹴之永安,擒斩数十人,追至百里外。是役也,犯霜露,亲冒戈戟,算无遗策,为抚巡所倚仗独重。属乡试文武士,主提调。所撰海防二三策,悉合机宜,为海内传诵。己未,升按察司副使,提闽学。作八篇约士,俱以圣贤古豪杰为训,文教大振。竟以劳瘁得疾,庚申,卒于官。临终有三诗,书武夷止止庵中,自谓"谪仙人"。死十余日,巡按御史樊献科奉木主入名宦祠。闽士痛哭,至今犹能道之。臣才高气雄,博经术诗词,雄俊自喜。少与客论诗,不胜覆杯盂啮之。归而淫思竟日至喀血。郎时,与济南李攀龙、太仓王世贞、长兴徐中行、南海梁有誉、武昌吴国伦、临清谢榛称"中原七子",相为标异,人人竞慕之,而亦有忌之者。臣无子,有诗文集十五卷。

张胆,字惟慎,高邮人。嘉靖丙辰进士。为人端悫方正,不设城府,人自不敢干以私。为监察御史者六年,务存大体,不事搏击,而声望自著。巡京通仓时,劾锦衣督运官舍暴不职者,巨珰为请托,拒弗听;疏奉马政五事,戎政六事。又建言杜吏奸,广积储,所论列极利害。已奉命南京畿道刷卷,卒于官。胆性孝,少孤,嫡母尤抚之。初,巡按贵州,送嫡母归里。母途中疾卒,扶榇渡淮,风大作,邻舟多覆溺,胆抚棺痛哭吁天,欲自尽,顷刻波恬抵岸,人以为孝感云。所著有《尚书管见》若干卷。

顾廷对,字子俞,泰州人。嘉靖己未进士,授平湖知县。减驿马,复塘长,酌开河事宜,一时称便。擢监察御史,多所建白,不避豪贵。先是,宣德时以宣城奏虎伤马,暂派泰州寄牧千六百五十匹,为害甚久。弘治间,储巏为太仆,奏蠲马八百匹。及廷对视马政,奏变卖种马一半,乡人赖之。巡按江西时中邪咒,卒于家。

张守中,高邮人。嘉靖壬戌进士,授工部主事。奉命造重城,再修京庚,督工永陵,赐金币。改虞衡司郎中,分署遵化铁冶。恳治田数百亩,教以桔槔,岁得数百斛以给冶人,又城白冶以御外敌。上嘉奖之,升浙江按察司副使,饬温台兵。时屯海上,数月不得粮,众心汹汹。守中至,尽给之。岛夷矿贼不时窃发,守中计擒获其魁。巡按御史以不即上功奏之,于是调官贵阳。丹平苗夷叛,守中率诸路兵张左右翼攻之,斩获无算,巢穴荡平,督府上功第一。代督者以谗入中,以他事当再调。守中曰:"吾已投荒万里,犹不理人口耶?"遂投劾归。人士为扼腕。上嘉丹平功,赐金币于家。屡荐不起而卒。

章润,字实甫,江都人。伉爽,善属文,下笔数千言。举万历丁丑进士,授浙江安吉知州。州故确瘠,民多悍难治。润廉敏通达,因俗而导之,民以帖服。升刑部员外郎,先后奏谳、爰书,多平反,著《律例赘言》若干卷。是时,上命刑部侍郎丘橓往籍故太师张居正家,公卿议择才吏明于治狱者以属润。润决疑平法,不迎合,亦无所矫激。升江西瑞州知府。会岁饥,盗起,掠乡间,润禽捕其渠首,余悉逃出,境内以安。升四川按察副使,兵备松潘。松潘介西番,诸酋数反覆不常,润宣布威惠,镇压之。甫至,幕下骑士谋作乱,润廉得其主名,阴授方略,队率禽斩之,事遂定。其沈深有智计类此。后以劳瘁致疾,屡请告,不报。升广东右参政,卒于官。

赞曰:维扬三大相,臣忠勤翊运于国初,文义周旋于复辟,文定受遗于嘉隆,二百年来,后先相望,为先朝极盛。当世庙末,阁臣相轧如仇,文定独以度胜休,休有容以葆元气,卒使身名俱泰,有以也。宗子相哭扬椒山,于谏死见其大节,破粤寇而捍全城,见其壮略,所云殁而不朽,岂独文乎?兴邑志,列子相于《文士传》中,阐其大者。然或曰文士无用,有如子相,其人可为操瓠者张目矣。

明

李承式　范凤翼　李植　李思诚　马呈秀　郑茂华　史启元　朱家民
王纳谏　张伯鲸　姜士望　倪启祚　冒起宗　姚思孝　徐葆初　许直　宫
继兰　孙鼎　郑元勋　魏应嘉

国朝

王永吉　季开生

李承式,字敬甫,别号见衡。先云中人,成嘉靖丙辰进士。居官英敏,长
吏事,人不能欺。初令钱塘,膺循良荐,几四十余。牍以执法,忤醒使者,调令
深泽,击奸恶吏陈光宙,远近称神。式最习兵,为武选。时上封事八款,俱得
旨施行。因媒时忌,自请外,遂备兵榆林,一时旌旗、壁垒皆变,升陕西方伯。
以微疾思蓴鲈,家食五年。会朝鲜倭犯,式以边才起用,立军功甚剧。寻升福
建左布政,遂以引年乞休。致政后,惟污菜数顷以供饘粥,筑一室湖上,扁舟
来往,明农课读,足不一履城市,以寿考终。生子九人,登科甲者指数屈,详大
中丞李植传中。

范凤翼,字异羽。少噪文章,名于五琅。甫逾弱冠,即以□士授栾州,请
改教授,日召顺天诸生,督以文事,助教雍宫,馆下士多所成就。历官诸部,类
以部署精能,为大寮所推。领铨事时,遂以进贤嫉不肖过力,为飞语所嗾,拂
袖南归。结山茨社,与同人觞咏钟秀山,及阐明濂洛之学。至里中疾苦种种
不便者,辄力争罢之。熹庙登极,晋玺卿,又推大理,寻拜光禄,皆不就。学者
咸称曰"真隐先生"云。翼为诗文,主于阐发性灵,不为一切颇僻浮诡、钩棘
卤莽之习。于书法,无所不规仿。年八十一,以生辰集宾客,倏正襟危坐而逝。
所著有《勋卿集》行世。

李植,字汝培。其先大同人,父承式,官福建布政司,过扬,乐其风土,因
家焉。植弱冠登进士,选庶吉士,改某道御史。时江陵相新去位,内珰冯保贪
横凶愎,朝臣以目,卒无敢言保者。植独疏保十二大罪,乘间投匦。退朝,同
列稍传其事,至嚷汗反走。夜半,忽传旨逐保,司香籍其家至巨万,他珍称是。
上由是乃欲并籍江陵相。江陵以名法绳人,虽刚愎自恣,实不黩货,虽攻之者

咸知其冤,终莫敢为居正辨。植独谓故相居正爵可削,家不当籍,人益服其公,上亦以尽忠言事称之。黑峪之役,边臣以捷覆败,植巡关独以实闻,大忤辅枢,将中以危法,更遣他御史往勘,如植言,乃黜总督以下,忌者渐众。寻以争寿宫,降知州,迁南棘寺丞,历银台光禄卿。以金宪抚辽东,核军实,训士卒,未竟厥施而退。当是时,间阳强骑压境,号十五万,植以万五十人却之。归里廿载,延接儒士,考车阵精确,著然可用。为人虎形凤目,瞻顾炯若岩电,吐词弘畅,忠义凛然。同产九人,次杜,次柄,进士;次五楫,孝廉;次九枢,贤良。今曾孙宗孔、宗说,玄孙钥。科第之盛,为里绅最。

李思诚,字次卿[1],号碧海,兴化人,大学士文定公孙。万历戊戌进士,选庶吉士,升编修。因出沈辅一贯门,遂启门户之疑,外转福建屯盐道。时榷珰高寀以横暴激变,拥众入袁抚军署,劫之为质,诚挺身出,愿以身代抚军,抚军乃脱。历转浙江嘉湖道右布政,内转太仆寺卿,再擢至礼部尚书,加太子太保。时逆珰魏忠贤方用事,诚守正不阿,自知不免。夫人于氏,时家居,有言诚行入阁者,夫人正色曰:"宰相可为,而为于阉窃得志时,则可为而不可为。"未几,忠贤果移其私人崔呈秀赃,诬坐诚。初,崇祯为信王时,将择妃,妃例见礼部堂上官,方入,官审视,时周皇后与锦衣大堂许显纯女俱选,后家贫,显纯,故驸马子孙,贿嘱已遍,诚不从,以许女重亲,非旧制,毅然题后为正,显纯心衔之。至是,奉旨下其二仆于镇抚司,显纯乘机酷拷为诬词上,乃枷二仆于礼部门首,追诚赃三千两,削夺归。崇祯立,侍御杨维垣、吴尚默等交章奏雪,奉旨候起用,以崇祯三年卒。所著有《真懒斋集》。

马呈秀,字君实。先大同人,父凤以盐策占籍江都。凤伉直好义,尝拾遗金百镮,必求其人完之。弟豸载、寓贤、传凤,以布衣与齐名。呈秀早孤,孝友。嗜学,年十四,为《西成赋》《赠陈伯子序》,词旨高蔚,名宿异之。万历甲辰,举进士,未拜官,即疏终养,曰:"以华膴易膝下一日欢,非志也。"及除服,官大理,凡奏疏诸牍引经传法,当日称其有大儒风,同列辄悚服。知延安,善政不可条举。会徊贼阑入延境,亲督兵捕击,寇即解去,已擒其渠,遂平。秀治延五年,收复民几万户,垦荒田至数万亩,入其租,悉为民充逋赋。时尚书赵

---

1 "次卿",原本缺,据《嘉庆重修扬州府志》卷四七《人物志二》补。

彦尝称"汉循吏数人,率以一事著",呈秀实兼之。两任监司,廉正持大体。擒矿海剧盗数百,闽赖以安。后乡贤、名宦两地祀之。

郑茂华,字实符。先世籍八闽,累传录江都。华绝颖异,读书不履户外。弱冠,魁于乡,联捷,又魁于礼闱。居官清肃,多威望,有制变才,屡参藩臬。温处、惠湖之寇,辄望风不敢近。莞粤西度支数十年,不侵一缗。有以赎锾尝者,切责之。时靖藩争立,宗戚操戈,三司惶惧,华挺身谕以大义,立解其兵。天启间,珰焰如炽,所在以生祠贡谄媚,粤西独无。华之严正不阿、解散纷结类如此。崇祯初,举卓异,平台召对,特嘉其诚悃,命以提督军务,晋副都。会粤西土司阴谋起衅,华指授方略,歼其渠魁,诸土司之桀骜者,咸遵约束。考绩,晋通议太夫,荫一子。御书"天下清官"于屏。寻又命摄两广总督,念交趾不王不贡,非所以制远人,华抚以信义,却其私赂,交趾即望阙款服。既以病陈,乞致仕,温诏留者再。归里门,惟杜门危坐,绝交游,不以一字干公府,亦未尝一营田宅。其后裔为清白吏子孙,惟郑当之卒后,加赠正议大夫、兵部侍郎,广西崇祀名宦。

史启元,字芑卿,江都之邵埭人。登万历甲辰进士,授南户部,督淮闸,再督水兑,俱有声。寻移南吏部,请假省母,不待报径归,为忌者所中,家食久。天启初,起南祠祭,寻擢湖广按察副使,备兵衡永。会有岷藩之变,中使往勘,群宗益哗,启元至,以数语定岷封。又粤寇阑入楚,力任剿事,寇平,赐金。又是时石马塘异贼段花生钩连九连山铜鼓嶂贼,突陷岳州,势张甚,启元布方略,于广赣孔道设木兰、腊岭二关,募兵守之,贼不得奔逸,于是歼魁解从,境内获安。俸当迁,因被病引年,两台为之请,报可。先是,已拜参政,解组归林下,草疏毛褐,欣畅于文酒之间,恬如也。性嗜书,至老临池不辍,得其楮墨者咸宝之。卒年八十,郡祀乡贤。

朱家民,字天民。江都人,以祖征滇南军功,遂家曲靖。万历间登乙榜,知涪州。举卓异,转潮州,再移真定。举边才,改贵阳守。值安奢酋叛,省会城围,饷道绝,家民罗雀捕鼠,以死自誓,借援募兵,遂解黔围,收复残黎,一时疮痍顿起治,具以节次就备。丁外艰,夺情升副使监军,转廉使,奏请狱囚从未减,所属十府之狱皆空。寻官贵州左布政,任内节省银六万两,亲赍户部。以滇黔道险,江涛动为飘溺,乃飞絙镕铁,成桥一座,行者赖之。又于四省要界筑连云等城十一座,以御盗贼,修山路千余里,以便往来。崇祯庚辰,入觐召对,赐金帛,叙平黔功,加级俸。会推宣大巡抚,以年老乞休。著有《端俗约言》《薇省数要》《诗文》八卷,《全黔会计册》《修缮必览》诸书。子潮远,卓荦多奇略,工诗文,历仕福建都督,赠官一品。

魏应嘉,字示周[1],别号宾吾,兴化人。少为诸生,沉默寡营,不假色笑于人。为文攻苦,稍不惬旨,惨淡终夜不寐。万历甲辰登进士,居官有物望,擢兵垣。时疏争册立东宫,风力大著。弹经略熊延弼落职,后弼边事坏,朝廷谓其先事能言,诏复其官,累秩至兵部左侍郎。致政后,结茅却扫,毫不以私干当道,雅素衣冠,朴实仆从,常集亲谊故旧,饮酒高会。一日,语宾客曰:"行将与诸君分手矣。"乃自刻期,沐浴,具衣冠,西北向拜谒祖庙,端坐卒于外庭。

王纳谏,江都人。字圣俞,别号观涛。为学不骛人知,而时人亦少望其涯涘,惟里士张静槐、司李徐銮以第一人期之。癸卯,果以第一人冠南国。时陶望龄主试,王思任分校,皆淹博巨儒,故是科得人最盛,而谏又众士之最也。丁未,成进士,授行人,使荣藩,辞乐却馈,荣世子敬礼之。以疾假归二载。江北司官缺,人争趋营,冢宰曰:"吾知行人有下帷著书、不谒客、不干进者,王君谏可任也。"谏乃力疾赴任,五阅月历四司,疾益甚,复请告归里,匝月而逝。谏于书无所不读,兼该百代,本原《六经》,沉潜以极其深,游泳以研其几,滤滓取精,置肤存气,光明醇正,回易世风。纪载自《左》《国》《老》《庄》《管》《韩》《淮南》《苏文》各若干卷行世,丹铅所及,贵若尺璧。著作有《会心言》《初日斋文集》《四书翼注》《四书家训》《易经家训》诸书,一时习举子业者,家有其编。人宗其训识者,谓当是时邪说诬民,叛经背注,温陵之谬,害止愚蒙,至掇巍科,负显名号,称宗匠而蒙气,魔风窜伏楮墨,非砥之于始患,将滔汩一世,圣俞之于制科功,不在昌黎下云。子玉辂、玉藻,皆世其学,藻,癸未进士。

张伯鲸,字绳海,江都人。中万历丙辰进士,四任邑令,历久不调。甲子,预典试浙闱。后备兵榆林,晋巡抚,擢户部督饷侍郎,同郡襄经略杨嗣昌悉心办贼。寻转兵部,署尚书事,兼摄都察院右都御史。予告归家居,值顚顇之变,

---

1 "示周"二字,原本缺,据《咸丰兴化魏氏族谱》补。

鲸与夫人韩氏、冢媳郝氏俱及于难。鲸治行端亮，不设城府，平生笃于友谊，位枢要，犹拳拳布衣交。其子荫生，雅度，亦以长厚世其家，善诗文，不于闻达，以诸生老。

姜士望，字宗林，仪真人。父起周，蚤世方襁褓，母陈氏育之。甫就外传，以孝友闻。年十八，补弟子员。家素贫，以啜菽饮水尽欢，常以鸡豚不逮父为恨。万历乙卯举于乡，明年成进士，初授中秘，视本科篆，两殿舍有豪猾者，思负壑舟以阶通显，望必以察典律，虽多侧目，不少忌，时当路咸愿。望在铨曹，有金镜之誉。寻补稽勋迁验封，望曰："此要津也，实膻途，吾惧之。苟得新衔补满，两尊人再沾纶绰，吾卜筑隐矣。"其无一日忘亲如此。顷有疾，予告调治。时魏珰正祸人，望以义自持，不激不随。先是，崔呈秀尝巡按淮扬，望以部下不一通门状，崔衔之，欲中以祸，不能也。方望病，崔讽魏登其床视疾实，冀一籍其名以涂泾渭，望终不许。己、庚间返里，清约端恪，布袍蔬食，无异诸生时。尝悯仪邑冲繁，里民疲困，令马归马户，礼归六房，着为令。家所累田，自取瘠而以腴者奉兄，亲党寒士贷引不倦。无何，疾作而逝。望在朝守正不阿，居家孝友自勉，乡人至今称道勿绝云。

倪启祚，字允昌，号武双，江都人。少负逸才，豪旷与俗忤。为文如天马行空，不受羁縻。中己酉乡试，已未成进士，选翰林庶吉士第一，历官编修，同馆姚希孟、顾锡畴诸公皆北面敬事，馆师史继阶、韩爌甚厚重之。予告还里，珰祸正炽，媚珰者素与祚善，祚一字不相闻问，以故祸福两不及祚，可谓遯象之君子矣。家居放情诗酒，素善病，每微吟"颐颔何伤"之句。嗟乎，魏步兵却婚，以沉醉为妙用，祚于此得韬照之理焉！甲子，毅然起，欲上魏、崔奸状。无何，风疾作，遽逝。祚有忠君爱国之志而未竟，非夫！所著有《醒言集》《落花》诸诗篇行世，袁中道为之序。

冒起宗，字嵩少，籍如皋。自先世至宗，代有名人，指不胜屈，如东林公致中、永宗公基、有恒公政、廷和公鸾，尤其垂书传，名当时所最著云。宗天性耿介，读书深苦。崇祯初，登甲科，授行人。考选，授南考功，值掌内计，时惮其方正，遂出为兖西佥事。会豫贼窥河，宗监河上军，鼓励将士，与同寝食，山东义勇数千秣马裹粮，愿为宗效死力，以故贼不敢纵一骑潜渡。连丁内外艰，痛毁眚其目，手营墓土，时以纯孝称。服阕，备兵岭西，旋调湖南。郧襄间遭献贼屠毒,城虚无人,宗与左帅收拾余烬,以筑城、招抚两功受上赏。寻调宝庆,即拂衣归。后起宪副,督上江漕。寻乞休。时朝士争门户,宗持正不入,每谈国家事,慷慨激烈,泪下不能止。晚年精心梵典,卒于家。所著有《拙存堂诗文》数百卷,及《古今将相传》《拟陶》《集杜》《集唐》数十种行世。子襄,孝友、文章,能世其家,首对大廷,特用为司李,不就。

姚思孝,字永言,江都人。父之典,万历丁酉孝廉,丙辰,礼闱已入彀,因策语触忌复落,遂隐居不仕,尝语孝曰:"吾志,尔成焉可。"孝奉训,攻苦力学。崇祯丁卯举于乡,明年成进士,选翰林庶吉士,风裁奕奕。时相欲招附己,孝曰:"吾为朝廷臣,不为宰相私人也。"自是,时相衔之矣。散馆,得垣中,即首陈保固民心一疏,为国家根本计,有古大臣风。时辅臣夺情,公疏参。罢职返里,后量移冏寺。甲申,以素望拜大廷尉。会丁外艰,里居,惟布衣蔬食,闭户著书,不与户外一切事。素善病,至是加以忧劳,淹淹而逝。孝自历三垣,上八十余疏,皆辩奸黜佞,昌言正论,未尝一刻忘天下,而一身之祸福,非所计也。所著有《朴庵疏草》诸书,皆有裨名教云。

徐葆初,字元赤,江都人。初服庭训,能力学。崇祯癸酉,举于乡。明年,成进士。例应授北部,初以两亲年皆逾耋,远宦虑隔问视,告改南部,有以南冷于北讽者,初曰:"吾得俸入逮亲,朝夕膝下是矣,他何计?"乙亥,补南工部主事。寻以凤陵毁于寇,鸠工以缉,责任重,同官规避不前,大司空刘定国特疏监督,初闻命下,单车就道视事,身与工卒同甘苦,开铸给匠,照销给商,四方欢呼,木石不戒而集,未三载工竣。前此南北部估费四十余万,初至经营,费才及半,得羡二十余万。疏奏缴论功,擢工科给事。乙酉鼎革,都御史陈公、按御史宋公特疏题用,会以病不就。初之严取与知进退,大义炳如也。卒年六十有七。所著有《独啸堂诗存》《随笔》《杂俎》藏于家。子尔陵,闭户下帷,未四十即以廪贡治小筑,却扫著书,屡入闱不售,赍志以殒。

许直,字若鲁,如皋人。诸生,时拊膺以忠孝自厉。其父邦靖,家训亦不出忠孝两言。及直登进士,累官吏部文选司员外,邸第萧然,不纳选人一物,清风两袖,同官愧之。及甲申三月,闯逆逼京,君父蒙难。先是,直约僚佐戮力死守,不克济,乃以血书报家人,老亲幼子,计不复顾,曰:"吾至是可不愧吾父忠孝之语,俾吾子异日得称为忠义之裔,死无憾矣!"草绝命诗六章,遂投缳。时铨部殉国难者止直一人,江以北立死节者亦止直一人,直诚千古哉!国朝褒恤怀庙殉节诸臣,谥曰忠愍,春秋世祀,直良得死所云。

宫继兰,字贞吉,别号鹭邻。登崇祯丁丑进士。性至孝,尝言:"纲常伦理外,无复人品经济。"鬌龀时,举动一准先民。年十余,试童子科,拔冠军,为诸生,厚自厉,于学无所不究,以奔竞干进为耻。思诚熊公任扬兵备,倡正学,属兰异等,称为有体有用之学。万历戊午,登贤书,时两亲在堂,多所眷恋。又太翁文达公逝,益恸心风木,绝意浮名。丙子,保举初行,当事谓非兰,不克副牒其名。以闻,兰坚辞不受,勉赴公车,以丁丑成进士,筮工部都水司主政。官工部时,烽台重城,众皆退避,公立办,署理六科廊、提督夏镇、河道,洁己奉公,于凡职掌所系,欲行即行,无所顾瞻,尝言:"吾人有用精神,当为职掌尚用。"以是历差三年,钦赏纪录凡四见。出守兖府,申行保民四事,设法清宿欠二百三十万有奇,垂死之民,获以更生。值东抚被逮,欲借署兖东,谓开府可骤致,兰以母老请养,亟拂袖归。甲申变作,挈家栖濑上,啸咏南枝,垂二十年如一日。中道,起罗定兵备,不赴。后督抚按荐举起用,三四反,亦不赴。居乡闭门却扫,未尝以竿牍通请谒里中。倡讲学会,每疑义折衷,兰莫不内外洞晰,众叹为未闻。年八十,卒于家。子伟镠,癸未魁南宫,授检讨,屡荐举起用,亦移养归。孙昌宗,官内阁中书。诸孙九人,皆有声。公卒,两祀府州乡贤。外史氏曰:"忠孝之于人,大矣哉!余读公撰述,书有云'在家当为孝子,在国当为良臣',为能臣,为忠臣。由公历官观之,盖卓乎立朝之表表者矣!尚论者比于岁寒松柏,虽其位不配德,所施未竟,抑儒者所共宗云。"

孙鼎,字大宣,新斋其号也。先世由浙迁扬,家于江都之黄子湖,代有隐德。鼎性通敏,十岁以能文名。崇祯癸酉,奏贤书。丁丑,登甲,授大理评。时以刻磢绳下,少平反,鼎仁恕,力求平允,狱经所出入,无或冤。执改重其人,将属以铨曹,鼎曰:"予面冷肠热,言过直,不宜于铨。"卒不就。既典西川试,入闱时骤病双目,神以梦告曰:"若秉心无私,当相子得人,目何患?"诘旦,即平适如常所,拔士极一时之胜。既丁内艰,鼎亦寝老。乙酉后,不复仕,日集老兄弟叙天伦乐事,且悉分所有,不以私其子。年六十余,卒。子继登、继邈,读书有声,能克其家。

郑元勋,字超宗,原籍歙县。由扬州府学中甲子科第六名,中癸未科第三名。性至孝友,博学能文,倜傥抱大略,名重海内。居心无城府,荐举不令人知,面折人过,无所嫌忌。甲申,闻国变,谓扬州为东南保障,破家资训练,勉以忠孝,东南始有固志。时高杰分藩维扬,初至,扬民疑之,遂扃各阅,不得入撄,杰怒。勋单骑造杰营,谕以大义,词气刚直,杰心折,乃共约休解。时城内兵哗,遂及于难。先是,授勋兵部职方司主事,死三日而报至,阁部史可法白其冤,请恤,斩渠魁三人,疏中有"郑元勋调和兵民,又安桑梓,所以为百姓之心无所不至"等语。所著有《文娱初集》《二集》《左国类函》《瑶华集》《媚幽阁诗余》《省录》《影园文集》若干卷。

赞曰：君子蓬荜则隐居求志,得时则行道济时,立升平之代,展布四体,不负所学,以图吾君。宦成而返初服,身名俱泰,朝野荣之,则神庙诸绅盖庶几矣。嗣奸起内廷,不为寒蝉,輙斥仗马,四郊垒结,祸延钟簴,决志成仁,其亦所际之不幸乎？广陵如李中丞之击权珰,王铨部之广著述,许忠愍之死国难,其在诸名绅间,尤推祭酒焉。大都登朝服爵,其得自尽者学与守,不得自必者时与遇,若云学守不移时遇,唯命而无所迁,流退避于其间,则诸君子又悉有之矣。抚卷追慕,为之留连。

国朝

名臣列传

王永吉　季开生

王永吉,字修之,别号铁山,高邮人。族党间孝友之声最著。家素贫,力学,擅文章名。天启乙丑,联捷成进士得第。时邮之珠湖,有台阁影现之瑞,及文庙之钟鼓自鸣。初令福建大田,因治巫蛊官衙为祟。迁浙江仁和,击奸甚力,坐浮躁免官。既补江西饶州司理,有声。分校乡闱,号称得士。累官至总河,寻任蓟辽总督,治军府咄嗟办事。吉以恩信驭将士,虽世勋大帅,悉俛首听约束,不敢哗。怀庙时封疆多难,召对平台,天语旌为好汉,恩赉殊等。鼎革后,朝廷起用废臣,吉同江西熊文举、李元鼎、湖广赵开心被召入都,拜官,累疏陈时政甚悉,每疏入,輙可其奏,永着为令。晋秩至本兵,旋摄吏部冢宰,加内院办东阁事。先是,吉落职居里,里中利弊不可毛举,吉力争之,悉为区画得当,虽极劳怨,不避也。后卒于官,天子悯其劳悴,赐葬祭,谥文通,荫其子。

季开生,字天中,号冠月,泰兴人,吏部公寓庸之长子也。开英异清强,读书以寸计,而持躬恂恂,不以世禄之家鲜由礼。顺治己丑科成进士,选翰林,谓可大发中秘之藏,以快读书志。有顷,散馆,为兵科给事中。开在科岳岳怀方,人多畏之。先皇帝乙未年,开以建言落职。己亥正月,卒于迁所。□子,先皇帝念建言诸臣,复其原官,令舆榇归葬中土,并荫一子,入监读书。嗟乎,开激切陈词,惓惓忠爱,亦可谓遵奉诗书之训者矣!

赞曰:国家鼎运初新,弹冠而贺登朝者,十城俊义之士,赫然著声,允多人望,然正当隶籍通显,施设未竟,不得以剖厥之役量其功名,域其爵秩,虽深仰止,无容躐及也。谨志王文通、季给谏二公,以为嗣起者之领袖焉。

扬州府志卷之十八

人物志下

循良列传

宋

杨处厚　王几　时丹立　庄徽　钟离松　孙祺　李椿　田克悉

明

张曦　张文　马岱　王俨　范韶　储洵　陈言　叶观　马节　李梦
周　封原洁　袁滨　崔继　杨守诚　李应旸　张铠　朱希禹　李树敏　徐
子麟　宋应图　马一骏　萧灼如　李之逵　俞都美　阎汝梅

国朝

石玮　萧维城　张锡文　郭础[1]

宋

　　杨处厚,字纯甫,江都人,大理评事阅之子。以恩补郊社斋郎加秘书省校
书郎,不受。后召为婺州江浦县尉,均平徭役,邑人悦服。为永康军录事参军,
地控威、茂,守者皆武人,处厚虽参录军事,而兵民之政无所不预,守者赖以
治。卒于官。

　　王几,字彦成,江都人。初,除舒城令。以父忧,不赴。王安石知其才,荐
令长洲。县号难治,几平其政,弛张以时,权势欲侵挠之,执度不回。治声闻

1　"郭础",原本脱,据正文小传补。

京师,仕至大理丞。

时丹立,兴化人。元祐间,任高邮司理。莅政仁恕,民多德之。乡人以姓称所居曰"时堡"。秦少游挽诗,有"悬知青史上,又载一于公"之句。

庄徽,字彦猷,江都人。政和初,除两浙运副。二年,召还。历徽猷阁待制、知兴仁府,徙平江。郡豪朱勔被宠骄,视州县中贵人。缘勔而使者,冠盖相望,官吏无不倾身事之。徽独不少假借,勔辈亦畏惮之。时朝廷命官造乘舆服御于浙西,诸郡有旨,令徽与勔协管,寻诏罢。旁郡尚迁延观望,徽曰:"此天子盛德事,人臣当承奉之,何顾其他?"即日诏罢。在官六年,乞闲不允。久之,提举洞霄宫,卒。

钟离松,字其绍,真州人。绍兴十八年,登进士第。乾道间,以朝请郎知兴化军事。为人退然,自下治郡事,每穷日之力而继以火,驭吏牧民,并悦服。尝奏蠲民租,诏为尽除之。真士称良牧者,以松为首焉。

孙猷,字若谷,高邮人。隆兴元年进士,调繁昌尉。乾道六年秋,旱,摄邑事者悉以剩米献于郡,猷争之,不能得,乃请于郡,愿留米,依常平法减价出粜,以济饥民。自冬至春,民食不缺。又随所籴之地,就富室椿留。未几,县治火,仓库一空,延及居民,上下嗷嗷,猷乃发椿留米以赈,民甚戴之。

李椿,淳熙间以朝奉大夫试司农卿。时遴可知临安者,椿在议中。或谓:"其人少委曲。"帝曰:"朕正欲得如此人。"遂以司农卿兼临安府。视事三月,竟以梗权幸解去。所著有《登科小录》三卷,《姓类》一卷。

田克悉,字安叔。学问该博,为乡里所推。嘉定元年进士。初任松溪县主簿,秩满,试博学宏词科。寻监车辂院,崔与之帅扬,闻克悉才,甚敬礼之。及镇蜀,辟置幕府,多资其赞画。后知沔州,在任决疑狱,抑侥幸,节浮费,政绩甚著,百姓爱之。

明

张曦,字景芳,江都人。以例贡授攸县知县。其民暴而梗化,曦政令之外,一切导以躬行,久之帖服。尤注意徭役,不急者省罢之,民大称便。乞归数年,百姓追思,立生祠。居家崇俭素,夸侈之俗一变。人以陈实方之。

张文,字存简,泰州人。第进士,任比部郎。时奉命录囚,畿内多所平反。

有马平儿者,报父仇抵罪,文上疏谓:"君父之仇必报。"反复累百言,平儿遂得免死。升浙江按察副使,伸雪冤枉,全活亦众。平生自奉俭约,周人之急则罄所有,弗吝。尤嗜学不倦,有杂稿若干卷。

马岱,字伯瞻,江都人。成化丙戌进士。初任户部主事,会计详明。出知泉州府。泉民有数世不葬其亲者,岱至,以礼谕之。郡多尼僧,岱悉令婚配,风化大行。未几,以内艰去职,行李萧然。泉民依依不能舍,如去慈父。性刚峭,好面折人过,罔避权贵,人多严惮之,至今称其高节。

王俨,字士望,江都人。弘治己丑进士。生而简讷,不苟交与,笃学好修。初授光泽知县,公平清慎,深得民心。五年,擢南京刑部主事,升郎中。已而出守岳州,赋民等则皆手自品定,奸猾不得行,积誉如光泽时。

范韶,字时美,宝应人。捷身修洁,历宦,每载米之官,罢浙江参议归。出入东田,远迹公府,士论高之。

储洵,字平甫,泰州人,罐犹子。正德辛未进士。官兵部郎中,以谗左迁守沔阳。时郡多水患,疏请修江汉堤防,言甚剀切。童太史修《沔志》,载洵《良牧传》,称其《河防》一疏,万世之利,惜未之行也。迁台州同知,升福建按察司金事,巡漳南。漳旧多盗,洵设条约,督捕扑灭殆尽。以守正不能附时,遂致仕。编辑《革除录》,博采靖难诸臣,题其首曰"江河伏流"。及卒,门人私谥为贞文子。

陈言,字汝行,江都人。除枣强令,百姓称廉明。时权珰欲造桥衡水,枣强当助费巨万计,力议罢之。邑旱,徒跣祷神,俄雷雨大作,邑遂大稔。九年考满,迁处州府通判。枣强士民遮道泣送,为建生祠。

叶观,字国光,江都人。正德丁丑进士。初除刑部主事,转员外郎中,出守兴化。政尚宽惠,吏民无敢为奸。仙游数苦海寇,为建石城,民赖以安。行县,厨传费悉输官帑,以充公耗。升湖广宪副。未几,致仕还,囊中惟载图书数卷而已。观原姓楼氏,以高祖贤出后舅氏叶思铭,因其姓。子懋中,嘉靖壬戌进士,官刑部主事,始上疏复楼姓。

马节,字信卿,通州人,为上杭令。上杭故岩邑,多盗,难治。节治未逾年,盗贼屏迹,政声籍甚。先是,新分永定县,割上杭数里,邑中豪以田附新邑,遗其税粮,两邑雠讼数十年。节为勾稽核实,众始受赋定界,仍立券曰"解纷纪成"，俾世守焉。

李梦周，字希道，海门人。正德癸未进士，授江西宁都知县。宁都风犷而民嚣，号难治。周视其利病为兴革，不惜任怨。有后母诬子不孝者，力为昭雪，邑称神明。土俗好鬼，所谓五王庙尤异，岁市子女代牲，周火其庙，并毁诸淫祠，人以比西门豹、狄仁杰云。有势家横里中，周怒，置于理，籍所夺田若干亩，归之民。遂为中伤，纳印归。及卒，诸子鬻产以襄事。长子庭桂，举乡试；次子庭槐，交河知县。

封原洁，字一清，泰兴人。以岁贡授许州判，迁知荥阳，寻改河阴。历官三县，所至以廉明见称。郑州属邑编役不均，父老请于当道，愿得。封不待报，拥其车去。于是，一州六邑之役，悉出编定，群情帖然。未几，请疾归，送者遮道而泣，三州皆有生祠。

袁滨，字兴之，通州人。嘉靖庚子举于乡，选抚宁知县。抚宁乃边邑，且疲瘵，日提戈防寇。滨至，令休其老弱，择骁勇，积刍饷，以待卒变。又其俗近边，多桀黠，少年暴行墟舍，滨以法绳之。自是，野无私斗。顷之，寇入，召城外百姓使入城中，亲为指画拒敌状甚悉。亡何，寇遁去。滨以积劳，病五日死。抚宁家号巷哭，若失怙恃焉。

崔维，字淳甫，江都人。以岁荐举癸卯乡试，随牒清苑教谕，升令灵寿。灵寿民俗狡悍，多挠令政，不与辄中伤之，令多不及代，或调或罢去。维在灵寿，凡再考最，人士甚德之。擢倅山东莱州府。乞归，橐枵然。卧其故庐，库垣疏庑，饭脱粟，翛然竟日。郡邑大吏，多严事之。卒年八十七。南京吏部尚书刘公光济志其墓。

杨守诚，字惟一，江都人。举嘉靖丙午乡荐。始授南乐知县，迁河间府判，再迁益府审理，所至有能声。无何，致仕还。癸、甲间，倭讧闽、浙，苏、松皆被残破。守诚策其必犯扬州，与致仕副使何城力请于太守吴桂芳，筑扬州新城并瓜洲城御之，一时规制，多出守诚。所著《防秋纪行稿》《屯盐总议》诸书，行于世。

李应旸，字子新，江都人。以岁荐，授临邑教官。已迁龙游，再迁怀庆教授。时兴国吴国伦参知省藩，特器重之，超升南雄理官，分榷梅岭桥、沧洸两税，岁奏皆巨万，不自溺一钱，两台及郡太守更相叹羡。在郡三载，以疾乞致仕。归诸所,砥砺晚节更严。年七十八卒,月旦高之。

张铠,先中州人,屡徙家广陵。铠性恬退,耕读于江都之宜陵镇,遂占籍焉。严正为乡里所惮,有不率者畏为铠知。嘉靖间,江淮重饥,输粟千石赈济之,诏旌以官。有子沦,生肖孙,举万历丙子经魁,两令疲邑,号称难治,孙于上犹化其刁,于南平化其悍,寻擢都察院经历,转比部郎,升长沙府守,入循良传。所著有《史笔奇观》行世。

朱希禹,字砥中,江都人。万历庚辰,以贡入太学,选新昌县令。新昌俗刁悍,民桀骜难治。希禹不任笞掠,一以诚意化民。逾年,民大服。久之,以劳瘁致疾。百姓日候寝门之外,问安侍药,竟不起。卒之日,为之罢市。比丧归,为遮道负舆万余人。

李树敏,江都人。以选贡授嘉善丞。修筑海堤,民为立石。补安福丞,值均田,敏自治食具,出入阡陌间,不烦民一蔬。除夕,有馈肉者,家人误受之,业就鼎,挈出以还。其清介绝俗类如此。无何,卒于官。士民无不涕洟,吉郡守余某为作《贤侯传》,祠名宦焉。

丘觉民,字莘野,高邮人。由国子授常山县丞,民敦朴无伪,清介不刻,县令缺,代庖一载。申明剩夫银千八百两,请籴粟赈饥存活万余人,课盐例有羡,民尽蠲之。拊循惠爱,政简刑清。一载中,父老歌于途。上台廉其贤,荐升王府纪善。邑绅士怀其德,请祀名宦祠,载《常山志》中。子三人,谨厚能文,皆补州庠弟子。

宋应图,字羲龙,别号泰宇,高邮人。幼颖异,读书十行俱下,若宿识然,为文踔绝名世。弱冠,举于乡。乙未,登甲榜。会裁溢额,图与焉,揆府洪阳张公甚惜之。父病,废寝食,叩天愿身代,及丧而骨立矣,尝以未得一命荣亲为泣。因慨然曰:“苟能泽及生民,何官不可表见?倘邀圣恩仁粟,地上、地下咸有荣施。”遂谒选,授招远县令。莅则慈惠及人,清介守己,无滞牍,无冤狱,从未轻遣一隶、惊民鸡犬,而椎埋亡命视法罔贷。公退帷,于慈帏前奉色笑甘脆,他不计也。五年,报绩玺书下,图曰:“吾愿酬矣。”即挂冠归来,养亲教子,林壑优游。乡人有毛檄、潘舆之誉。两荐宾筵,年逾七十,无疾,焚香而逝,图其有道者欤?所著有《周易探微》《见闻漫志》《自训格言》《历朝诗选》《师盖堂文集》《环樾楼吟稿》藏于家。曾孙骧中,顺治丁酉科举人,有才名。

马一骏,字强吾,江都人。年二十余,选廪贡,令四川蜀安。初莅任,因前令阘茸,吏侵库帑逾万,署事者追比,株连几至邑无全家,家无全人,骏恻然悯之,窘无策。会台司察其能,委运松潘。例有公费二千余两,得归官橐,骏曰:"是可籍手矣。"盟诸神,俾侵吏以功赎罪,得羡金补库,积三年而侵帑报完,前吏因得减辟,株连悉除。直指多其廉能,以卓异入告,升和曲州守。去任之日,父老扳卧辕辙。后二十年,安人请于朝,得从祀名宦。在滇二年,念亲老,不欲以五斗易一日之养,遂乞归。郡太守五请乡饮宾,一时士绅钦其品望。

萧灼如,字茹一,江都人。由选贡授广东潮州府通判,职司粮务。潮民刁多逋赋,灼至,请于上,得疏理。岁饥,捐赈存活甚众。治遂有能声,巡按御史周应期命灼陪巡,诸疑难所至立决。时潮关有税务,兼命代理。灼设柜中庭,有则投其中,不问羡。两台益重其贤,膺特荐,灼曰:"吾治潮以劳得疾,幸不陨厥职足矣,敢更蜀望乎?"遂告养,乞休归来,潜心理学,参究龙溪、姚江之分合,更号"诚庵",得明善诚身之旨。所著有《礼减》《易贯》二书。有司荐宾筵,卒,崇祀乡贤。

李之达,字武东,海门人,徙家郡城,宋丞相廷芝后裔也。曾大父轼,为雷州别驾。大父梦周,明嘉靖癸未进士,授宁都知县,有奇绩。父廷槐,以明经授交河令,居官廉正,居家笃厚,人以比于万石君。达,其仲子也。达好读书,擅著作,尤工书法。万历癸卯,举于乡,因亲老就选,得云南巨津,达曰:"万里外布天子德泽,使百姓见所未见,亦学仕之验也。"遂之任,相其俗之所宜,兴革递举,与绅士讲学明道,俗大丕变。上官奇其材,一时摄绾五绶。滇俗善养蛊,蛊出,恒有夜光如流星,婴见遇之立毙,达缉养者,置之法,害遂止。盐井有福龙井,久闭,抚军骤欲开煎,达争曰:"增一时之课,有必困之商,久之额课必亏。"书六上,始寝,商甚称便。考成,升兴化府丞。达莅任,靖海盗,未半载,获巨盗船可数万石者。乡有绅为请宽政,达弗许,验治解上官,绅嘱上官释之。会有奸弁利嫂侄资巨万,上官授达旨逐嫂以资归弁,达不听,且严治弁。于是,中伤者伙矣。达戒家人治装,曰:"时事如此,我可久留哉?"决计归。家居自好,鬻诗文自给。天启间,附珰者囊金请达一言为重,达谢之。虽奇贫,义利之间不苟如此。所著有《北游草》《竹西倡和诗》《存庵集》十卷。子二：璘，明经，珣，文学，皆有文名。夫祖孙父子世为循良，其仁慈廉让，方之卓茂、刘宽奚愧？乃不得行其道，卒终于郡邑，吏士林每重惜焉。

俞都美，字士中，号赓虞，江都人。少清绰颖异，丰标玉举，为文英挺铿古，自为作家。由廪例入监，以次当首选，大力者耽前越，美力争曰："天威只尺，敢陨越以紊成宪？有吾舌在。"时已瞻风范不凡矣。既授安州别驾，州瘠而水，美钩之股之，堤之梁之。岁值饥，捐廉禄，糜枵腹。自是阳侯恬息，凋瘵又宁，州大治。荐摄定兴篆，至则剪珰翼，清解银，苞苴不行，竿牍冈通。熹庙保母客氏子弟狂焰灼人，以币交，美毁刺，笞其使，闻者食下。缙绅有寒未达，时姻盟者饰词，质得其情，乃曰："君厚乃衾，彼不贫矣，为发帑羡济以治昏礼焉。"豪胄以私中怨毒非辜，美毅然拂袖归来，草人蔬食，不干俗事，唯雪髯飘然，往来里道间，清介逼人而已。美居官不减长，孺林下宛似陶潜，郡邑人知其贤，特荐宾筵。年六十七而卒。

阎汝梅，字和阳，江都人，方伯公士选子也。梅姓[1]淳朴忠厚，大义凛然，初成进士，即书誓于门曰："一不嘱托害人，二不霸占田土，三不纵仆嚼民，四不开行罔利，五不优免船只。"授阳谷令，居官清慎，惟以宽恤民力为重。后擢刑部主事。先是，为孝廉时，值知府刘铎以诗触珰被逮，铎贫，缇骑窘索，人莫敢往，梅独省视。归，愤恨变质百余金以赠，不足，又启绅士及募，尚义者时有愿出金，不愿书名，梅哂曰："有不测独任之，奚虑焉？"其忠直盖天性然也。长子有章，以孝行著，气豪上，能文章，四方名士多愿交其人，称为"红螺先生"。所著有《说礼》《酒余草》《帝京篇》《断肉篇》行于世。

国朝

石玮，字雯丰，号武夷。先世自姑苏，徙扬之兴化。玮性孝友，勤于学，联捷举顺治初会魁，司理漳州。漳人德之，有石佛之颂。继奉檄摄府篆，值海艘环境上，匝岁不解，玮守拒，罗雀掘鼠不异睢阳，漳赖以安。旋以事去，漳城遂失守。时以玮在漳漳存，去漳漳破，为司理功。既补东昌，推不数月，升枢部

---

1 "姓"，当作"性"。

主政,尤严核有声。出知顺德,顺德人相庆曰:"吾土邻东昌,久稔侯治状,侯以德东昌者德吾土,幸矣!"未抵任,以积劳成病,卒京邸。顺德人奔迎者号哭而归,其系人心如此。

萧维城,字振伯,江都人,通判灼如子。由国学恩选授广东化州知州,州滨海环山,时有狼人乱,前守多被杀。城下车,抚恤残黎,未几,狼人反,至化,人惊惧。城单车往谕之,开布威德,示以诚,狼罗拜泣服而退,州人感恩立祠祀焉。时属邑石城缺正,奉委代理,化人遮道,扳车裂裳,寻升知广州府事。至则厉节振废,减刑恤狱,闻广故遗棺不葬者,城捐资置义冢,为瘗数千,广人佩而勒石纪德。随升布政司参议,以告老归。居乡恂谨自好,屡请宾饮不赴。年七十有七,卒。

张锡文,字康侯,江都人。自成童以及登仕,谦恭卑牧,一以柔节下物,娄师德其流亚也。少贫苦力学,渊静之极,木榻为穿。诸生时,试辄为一军冠。顺治领恩荐,补荣河令,惠政不可缕述,土人列之颂声。以考最,晋邠州守,未竟施,卒于官。文以失怙蚤,终身以不克显扬为恨,友爱昆季,依依天性,可为有兄弟者风。

郭础,字石公。原籍泾阳,先世治鹾于扬。由扬州府学生中顺治壬辰进士,授户部主事,初督临清仓铸,次司榷芜湖,转升顺德府知府。础至,即问民疾苦,给牛种,垦荒地,挑牛尾河三百余丈,民田、商贾甚利之。暇则勤士课,缮学宫,牺尊楹鼓,修饰咸备。期年,郡大治,至禁火夫杂派,不滥民间一粒,征于祷雨之誓词,其尤有功德于民。如郡之大陆泽,自神禹及今八千余年未有治者,民岁罹水患,会天旱,础及时筑堤,捐俸首倡,浚塞大郝、黄杨诸口,夏水安流,民居奠焉。究以劳瘁,卒于官,巷哭皆失声,曰:"天乎!侯教吾顺,有召之父,侯惠吾顺,有杜之母,今若此。"相要里炙提浆祭乎涂者,络绎百里,又立祠祀焉。础能诗文书画,人多重之。所著有《诗集》《画纪》诸书行世。

赞曰:广陵名臣有传矣,盖以得时通显籍甚,朝列者称焉。若夫治止郡邑而能实心惠下,所至民怀,所去见思,抑亦可为名臣,特遭逢别耳。自宋迄今,所纪载若而人,或内行修洁,或持法平恕,或清刚有拯肃之风,或化诲齐文翁之治,彼郡之良牧,亦此邦之典型乎?传之志册,俾后起君子无憾士元之才云。

附忠烈传

陈辅尧,字华山,江都人。生负英略,有才名。中万历戊子科乡试,上春官不第,赴选,授长宁县令。至则惠政廉声噪动两粤,摄博罗篆,廉益著。两台交荐,调归善长,博人公谒遮道,争欲借尧以为长。顷有旨,实授归善,兼摄长博。以一身往来三邑,无留牍,无冤狱,苟且不行,百废毕典。六年,报最,举天下治平第一,出守胶州五阅月,移贰永平,视刍辽左,经抚每忧饷匮,冀得廉干之才膺斯任,铨臣遂以尧往。天启改元,尧正督刍至辽,会难临,即死之。往在胶,有诗句云:“忠直从来期报国,迂疏此日勉匡时。”读此,则尧蠲生报国之志养之有素,非一时慷慨为也。事闻朝廷,赠官佥事,谥忠烈,荫一子,建祠崇祀,至今春秋不衰云。子梦乙,彰德别驾,耿介有父风。

王道隆,字萱生,江都人,祖籍澄江。执经于观涛王先生之门,为首座,学使者杨廷筠、熊廷弼皆翕然有伊川明道之目。天启甲子,领乡荐,署寿州谕,一以端谅型多士。牧山东滨州,人德其惠,虞芮之讼辄待谳于滨。会壬午冬,滨州以寇陷,隆慨慷不屈,被数创以死,眷属十余口无一存者。扶榇之日,士民哭送数十里外,立祠祀之。后杜公㳬,滨人也,本朝庚子为扬州兵宪,口称其明断若神君,节烈比睢阳,盖实录云。

高孝铉,字仲达,江都尚书公高铨孙也。举丁卯孝廉,初署丰邑教谕,既补信阳州守。莅任时,贼氛已满楚、豫,民又以荒旱尽化鸠形,铉虑其急而走险势,将胥民而贼乃竭装囊余,镪籴谷以延民喘,又昼夜备守御以制叵测。时监司王珵恣睢狼戾,辄更张铉所部署,突驱抚贼守埠,铉力争之,不得。未几,举火研垛夫,城大溃乱,铉率众巷战,不知贼首已踞道州堂上矣,缚铉逼之降,饵以富贵,铉瞋目嚼齿,抗声詈骂,遂加害。汝宁守壮其节,请之当路,旋奉旨赠秩,荫一子,入监读书。

倪可大,字简白,仪之朴湾里人。少刚正,有文名。以岁荐授霍丘训导,至则廷英誉之士,讲学明伦,谓:“儒者立身以忠孝为大,记诵词章之学所不道。”岁丁丑,闯逆东下急,守令黄日芳值考满,预以城守属大,大初不知也。顷贼果至,围霍城,城凋敝,素无精械,大慨然任之,即启符印,西北向再拜,酹酒誓师,亲擐甲,执桴鼓,督民壮千余人避实击虚,斩获贼首数百级。时北门当贼冲,大守之惜城内无火器,贼侦得实,次以巨炮,攻南门,城遂陷。先是,黄日芳闻警,已潜逸。至是,守南门教谕史士林又兔脱矣。贼头罗汝材、高如岳恨大之格杀其众也,并力趋北门,执大于元帝宫,大不屈,贼叱大,大亦叱贼,啮指血喷贼面,骂不绝口而死。夫人戴氏并未笄女,痛大死,皆自经,仆倪表伤主死,亦自缢,举家死者十有一人。寻贼退,抚按以事闻,追赠国子监学录。大英灵不泯,常昼见霍丘北门内外,土人异之,立祠祀焉。

郝景春,江都人,字际明,别号乃今。万历壬子,举《羲经》本房第一。凤慕杨忠愍为人,为序年谱,有"恨不同时"之语。令黄安甫三月,抗贼四十日,当事器之,调房陵。房久经贼,春呕心筹划,捍御无遗策。既献贼布营满郧,属介马入房,逼西关,春帅房人昼夜击贼,贼窘,给所弁守北门者,得开门入,春与仲子鸣鸾及其仆陈宜俱遇害。先是,鸾已出城远,闻父被执,号呼至父所,大哭,春以手画颈曰:"此下不甚痛。"鸾亦决计死。移时,贼来说,春父子遂大骂,死之。始,朝廷坚持抚议,春雪涕陈不可状甚悉,至八请援兵,泪尽继血,当事不一应,房果失守。朝廷始嘉其忠烈,赠太仆卿,建祠岁祭,荫其子明龙,入监读书。越二十年乙酉,春次女为兵部侍郎张公伯鲸冢媳,鲸同夫人韩氏俱及难,女曰:"吾父兄昔为国死,可缓须臾以污张氏门乎?"即自缢。外史曰:"郝之门,父死忠,子死孝,仆死义,女复援父兄死,贞烈哉!"

杨廷璧,字荆璞,江都人。以明经授舒城县教谕。贼张献忠攻舒城,璧分守西门。璧登陴语县令曰:"予职非守土,今日之事,义不可辞,万一不虞,张、许何不可为?"鼓励军士,严守三昼夜,矢石皆尽。贼潜退伏,士卒稍懈,贼猝至,城陷,执璧,奋不顾身,骂贼而死。子生员,名济之,殉父死。

赞曰:忠烈之于人大矣哉!而附于循良者何?盖士当承平,叨荣一命,得展厥施,何其幸也!若乃遭世末流,不获奏单车渤海之绩,而效骂贼常山之忠,又何苦也!虽然,不有君子,其何能国?彼其数子,英灵灏气,直与日月争光可矣。呜呼,有国家者,又何愿有此人也哉!

理学列传

宋
胡瑗　王居正　马永卿　孙侔

胡瑗，字翼之。先世京兆人，后为泰州如皋人。瑗少有气节，颛意经学，兼通历律之法。力贫，抚兄弟孤，爱义良厚。景祐中，范仲淹上书言瑗知古乐，召见论乐，拜试秘书省校书郎。康定初，元昊寇边，陕西帅臣辟为丹州推官，后移密州观察推官。丁父忧，举其族之亡于远者九丧归葬。服除，迁保宁军节度推官，治湖州州学。又召教授诸王宫，病辞免，遂以太子中舍致仕。改殿中丞，驿召会秘阁议乐。除大理评事，兼太常主簿，寻复解罢。岁余，授光禄寺丞、国子监直讲，仍与议乐。乐成，改大理寺丞，赐绯鱼。嘉祐元年，迁太子中允，充天章阁侍讲。既而疾不能朝，拜太常博士。还官政，从其子志康杭州节度推官以就养。四年六月六日，终于杭州，年六十有七。瑗孤进独立，不恤权贵，义以自信。时承用周乐，其声高，不合中和，太祖尝诏下一律而未遑制作，后命李照等修之。瑗初得对崇政殿，辨照等所修乐非是，诏令改作。未几，报罢。及会秘阁议，按《周礼》以正钟律，用上党黍列为九等，累其中者为尺，尺定而律成，验之比旧下一律，于是彻前乐而新之，用于郊庙。又令作《皇祐新乐图记》，布之天下。盖积二十年而后成，其间同议论皆贵官老儒，互相诋正，瑗未始恤之也。尤患隋唐以来，仕进尚文词而遗经业，苟趋禄利。及为苏、湖二州教授，严条约，以身先之，虽大暑，必公服终日，以见诸生。学徒千数，为文章皆传经义，必以理胜，信其师说，敦尚行实。后为太学，四方归之，庠舍不能容，旁拓步军居署广之。《五经》异论，弟子记其说，为《胡氏口义》。侍迩英讲，不以讳忌为避。既疾，上数遣中贵人就问安否。比去京，诸生诣阙下乞留者累日，公卿祖送都门甚盛。瑗虽老于训导，在丹州实与府事，建议更陈法，治兵器，开废地为营田，募土人为兵，给钱使自市劲马，渐以代东兵之不任战者，虽军校蕃酋、亭长厮役以事见，辄饮之酒，访备边利害，以资帅府。府多武人，初谓瑗徒能知古书，既观所为不以异已，又翕然称之。瑗事材而行笃，卒艰勤以没。所著《资圣集》十三卷,藏于家。

王居正,字刚中,号竹西,扬州人。嗜学,昼夜不息。熙宁中,王安石以《新经义》颁天下。其后,张、蔡更用事,概以王氏说律天下士。居正独非之,未尝肯作新进士语。流落不偶十余[1]年,党友劝居正少自贬。居正叹曰:"一第自有时,心之是非,可改耶?"举宣和三年进士第二,范宗尹力荐其直谅孝友,当今无辈,命对便殿,且条仁宗圣训十事以献,上甚说。抚州守言甘露降,图以闻。居正请却其图,勿纳。上方向规谏,居正次前世听纳事为《集谏》十五卷,以开广上意。诏以时务访群臣,居正献疏数千言,其论省费尤详。知婺州,贡罗主计者岁责输视崇宁五万匹,居正三上章,未报。计司督趋旁午,复手疏"五不可"以闻上,卒如其请,得减其半。转运使移供御炭、胡桃纹、鹁鸽色,居正论止之。居中书舍人,兼史馆修撰,言:"近习请托,进拟不自朝廷。"因录皇祐诏书以进,上皆嘉纳。救弊补阙,所还制敕甚众。其学根柢《六经》,深纯闳肆,以崇是辟非为己任。参稽隽艾,钩索圣蕴,黜王氏诐淫。龟山杨氏与居正会毗陵,出所著《三经义辨》示居正,曰:"吾举其端,子成吾志。"居正愈感励,首尾十年,为《毛诗辨学》十三卷、《诗辨学》二十卷、《周礼辨学》五卷、《辨学外集》一卷上之。又于帝前指陈安石释经无父无君者,帝作色曰:"是岂不害名教耶? 孟子辟邪说,正谓是矣。"先是,居正与秦桧善,桧为执政,论天下事甚锐,既相,所言皆不酬。居正嫉其诡,见帝曰:"请以所闻问桧。"桧衔之,出居正于外。其后,桧专国,居正请祠,言不及时事。客至,谈经订史而已。桧终忌之,讽中丞何铸劾居正为赵鼎汲引,欺世盗名,夺职凡十年。桧死,复故职。居正《辨学》,与龟山《义辨》皆列秘府。二书既行,天下不复言王氏学。其所著,又有《竹西集》十卷、《西垣集》五卷。

马永卿,字大年,高邮人,忠肃曾孙。大观元年进士。初赴永城县簿,往见刘元城。元城即问王巩安否,盖定国时居于邮也。永卿答曰:"王学士安。"元城因谓永卿可教,曰:"后生不称前辈字,此为知礼。"永卿自是日造其门求教焉。今永卿所撰《元城语录》中,元城与永卿问答多要论,其学之所至可知。官终左朝请大夫。

1　"十余",原本倒作"余十",据《宋史》卷三八一《王居正传》改。

孙侔，字少述。初名处，字正之，世吴兴人。父及，任尚书都官员外郎，简州倅，侔方四岁，从其母胡氏家扬州，母亲教之。侔虽幼，能力学，七岁能属文。既长，读书精识玄解，多所论撰。皇祐间，与临川王安石、南丰曾巩游，知名江淮间。侔内行峭洁，少许可，不妄嬉笑，所居人罕识其面，非其人造门弗见，虽比邻，不与之通。其诗文严劲简古，卓然一出于己。尝举进士不中，母疾，终身不求仕进。葬其亲苏州之阳山，庐墓终丧。久之，亲友劝复举进士，皆不听从。兄观往来南方，兄卒，客居吴门，徙吴兴丹阳，又徙真州。平日闭门读书，鼓瑟自嬉。体素羸，喜亲方书，治药饵。未尝传经教授，而学者闻其风旨，多所开悟。故相晏殊、知制诰唐询、刘敞[1]、钱公辅咸尊礼之。嘉祐中，诏以为试秘书省校书郎、扬州学教授，五辞，卒不赴。元丰三年，除通直郎，致仕，卒。有诗四千篇，杂文三百篇。兄观亦有学行，官至太常博士。

明

蒋宫　尧允恭　王艮　沈珠　许继　葛涧　何坚　韩贞　罗汝芳　刘有纶　张懋勋　孙世恩　李通　陈以忠　孙兆祥　宫景隆　徐心绎　王业弘

蒋宫，字伯雝，真州人。三岁丧母，哀毁如成人。五岁诵《孝经》《论语》《左氏春秋》。十岁，善属文，表章《庸》《孟》之书。居父丧，勺水不入口，毁瘠逾制。从学陈子山。子山方锐意释经，宫乃列诸家传疏得失以进，子山昇之，授以《诗》《书》《春秋》及诸文章大家，宫辄悟其旨。子山谓人曰："明敏若宫，虽汝南应世叔，不足多也。"自是博极群书，于制度沿革、阴阳历数之义，无所不通。元至正初登第。未几，丁祖艰，负祖母避地浙东，以荐授行枢密院管勾。服阕，授崇明州判官，摄州事有声。会明太祖划平封畛，宫乞归田，不许。部使荐宫才可备史馆，授翰林修撰。洪武纪元，擢开封府兰阳县丞。县当南北要冲，兵燹之余，寇贼充斥，居民存者十二三。宫广为召募，一年复业户五千余。弭灾捍患，掩骼埋胔，通商贩，理冤滞，安反侧，开学校，崇德义，邑用大治。

1　"敞"，原本误作"尚"，据《宋史》卷四五八本传改。

秩[1]满,朝京,以疾卒。

尧允恭,字克逊,海陵人。景定、咸淳两领乡荐。宋亡,专意经传,邃于《易》,深得性命之理。江浙行省两檄充濂溪东川书院长,允恭皆不赴。安贫乐善,学者多从游,自号"观物老人"。大司农燕公尝称其"古心绝俗,清气逼人"。有诗文二十卷。

王艮,初名银,逮事王阳明先生守仁,为更名艮,字汝止,别号心斋。所居里为安丰场,俗煮海为生,不事儒。艮生而颖异,隆准,广颡,长九尺。自弱岁颇从塾师受《大学章句》,而家窭甚,弗能竟学也。弱冠,父纪芳使治商,往来齐鲁间。已又业医,然皆弗竟。尝从过阙里,观孔子庙及诸大儒从祀,瞻注久之,太息曰:"是圣人者,可学而至邪?"同辈咸骇其言。乃归,取《孝经》《大学》《论语》日诵读,置书袖中,逢人质所疑义,有所得,必见之行。父役官府,晨起,以冷水盥。艮痛自责,遂请代父役,而晨昏定省礼益虔。居久之,忽有所悟,乃制古深衣服,冠五常冠,绦经摺笏,所至与人讲论道学。乡人始而骇,渐而信,久而浸与俱化焉。正德中,内官佛以上命捕鹰畋猎,过海上,所至骚动。艮躬诣其庭,谕以理义,佛矍然起敬,约共猎则与偕猎,因劝以请上旋跸,毋驰骋,以安天下。内官卒感悟,徙去。是时,阳明镇豫章,以道学为海内宗。艮从塾师黄文刚闻其语,乃辞,亲往谒。王持海滨生刺,踞上坐,与语良知及尧舜君民事业,大悦服,愿为弟子。已稍疑,则又即上坐,反覆论难数日,乃竟执弟子礼焉。阳明语人曰:"吾持万众禽宸濠,未尝动心,今日为此生心动矣。"艮益自任,乃制招摇车,将遍游天下,遂至京师。都人士聚观如堵,顾以艮言多出独解,与传注异,且冠服、车轮悉古制,咸目摄之。会阳明以书促还会稽,乃复游吴、越间。自是,益敛圭角,就夷坦,因百姓日用以发明良知之旨,而究极于身修而天下平。其言简易径截,不为枝叶,学者有所疑难,见艮,多不问而解。自大儒邹守益、湛若水、吕柟、欧阳德,咸尊重艮如阳明先生也。阳明卒于官,艮迎丧桐庐,营其家。艮年五十余,学益深造。门人董燧、徐樾等与四方诸来学者日众,而巡抚刘节、御史吴悌俱疏荐艮。御史陈让按维扬,访艮,以事阻,乃作诗呈艮,称"海滨伊传"云。亡何,艮寝病。夜有光,烛地达旦,

---

1　"秩",原本误作"拜",据《嘉庆重修扬州府志》卷四七《人物志二》改。

语门人曰："吾将逝乎？"犹力疾与门人论学不懈。诸子泣请后事，顾仲子璧曰："汝知学，吾何忧？"又回顾诸子曰："而兄知此学，吾又何忧？"无一语及他事。遂卒，年五十有八。门人为治丧，四方会葬者数百人。督学胡公植祀于乡贤，而麻城耿公定向复建专祠于吴陵书院，有司以春秋祭祀焉。是后，有江都沈珠、葛涧、何坚，仪真许继，兴化韩贞皆以正学名海内，惟涧所著有《国朝人物编》。

沈珠，字汝渊，江都人。中正德丙子乡试，卒业南雍，从祭酒增城湛公游，授体认天理之学，学渐进。俄令永新，颇著异政，升南京国子监丞。无何，解组归里。初，湛先生徒满四方，而珠为都讲。迨老益洞彻真体，其学遂显著，一时宗之，称"艾陵先生"。

许继，字崇志，仪真人。治蔡氏《尚书》学，举南畿乡贡。继少不羁，长乃折节务学，笃志圣贤之道。喜怒不形，举止凝重，见之者无问识不识，皆目为道学君子。是时，王阳明守仁、湛甘泉若水、魏庄渠校、王顺渠道方倡道东南，闻继所自立，并推重之。继居常闭户默坐，讲学言简理该，人莫能窥其际，自号曰"静斋"，世咸谓其宗陆氏学焉。嘉靖间，抚臣唐公龙、刘公节相继按部，必躬造其庐。年四十八，卒于京师。初，知县王暐考绩，时疏言于朝，称继经明行修，文学适用，有澹台灭明之守，而理学益精，有陈寔乡闾之化，而士望推重，乞加显擢，不报。竟不及仕以终。

葛涧，字子东。其先凤阳人，父钦始徙江都，家焉。钦以孝弟、力田称，嗜古书，构楼五楹，所藏书数千卷。至涧，益至万余卷。江淮称积书者，无如葛氏。涧博学有名理，坐卧楼中，手一编，寒暑不废。家人进食饮，不卒业不御。尝撰《明朝人物编》，始洪武，迄嘉靖，数十百卷，人为列传甚悉，识者谓其有史学。少从甘泉湛公游，德器深粹，时称高足。年七十余卒，友人私谥之曰正学先生。

何坚，字叔节，江都人，副使城之弟。坚笃古尚行，少补邑庠弟子。庚子，举乡试。久之，谒吏部，选授判临江府，督摄峡江。宽猛相济，县称治。会迁沈府审理，请老归，以修学著书为事。阖户不交当世，买田射阳，为沟洫，灌注流泄，以资旱潦，如古井田法。又援李阳推律，以分五音，制器候气，验律听声，传之世。又著《漕渠七议》，当世多采用之。始与兄城及仪真朱光山永年师事吕泾野先生，不与时相竞辩。及泾野逝，坚力持师说以破群议，世称"体道信义者,必曰何叔节"云。

韩贞,兴化人。世业陶,天性孝友,目不涉书史而心慕圣贤之学。闻安丰王艮子璧倡道海滨,往从之游。家贫,裹麦尘数升,俟诸生罢馔,则就其余爨煮食之。尝曰:"道在尧舜。尧舜只是孝弟。"遂躬行力践,言动不苟。尤善提奖后进,远近来学者数百人,渐磨成俗。有司馈遗,一切谢绝。家无儋石,稍余半菽,即分给贫乏,自处晏如也。督学耿公与论性学,大器重之,为作传。及卒,学者称为"乐吾先生"。

罗汝芳,字惟德,江西人,理学家尊称"近溪先生"。讲学扫除枝叶,从体仁上用工夫,成进士。曰:"吾学未信,未可以仕。"后历官惟力行所学,四方宗之。客海陵,因陪祀王心斋先生。

刘有纶,字耿邘。先山西人,以盐策籍江都。兄弟八人,登乙榜者三,纶为孝廉三十余年,安贫著书,潜心理学,布衣蔬食,从未以私事入公府。少讲学河津,远近负笈学者称"耿邘先生"。郡太守知其清贫,以未经案属纶处分,太守如其议,两造厚报纶,乃悉返其金帛不受。时叶台山相国、文文起宫詹、董思白宗伯、黄石斋太史无不诣其门,纶为抵掌,军国重要,九边要略,一一悉其端委。后欲疏荐膺异数,纶不受就县令,归闭门却扫,一以正心倡学为主。所著有《四书自言》《麟旨渡人津》《三忠诗文》《诚明绪言》《盐法条议》《雁字集》,及上叶相国论党祸诸书。至本朝,以理学崇祀乡贤。子梁嵩、梁桢,俱擅文章名,嵩于康熙甲辰成进士。

张懋勋,字尧光,江都人。事两亲色养兼至,定省温清,五十年如一日。性嗜学,贯穿百家,为诸生时,力以明道讲学为己任,步趋言论一循先矩,闺门家法肃若朝廷。生平宗师王阳明先生,键关兀坐者三十余年,洞彻理学宗旨。兵宪丰城熊尚文首重勋,喜曰:"斯道之托,非君其谁?"海内如邹南皋、邓文洁、周海门诸先辈佥为推服,辩难往复,恒数千言。有《二剑斋日编》及《四十无闻解》《五十无闻解》《心学正统》《文集》八卷行世。平日以"静也云定,动也川流"二语标示子弟尤为吃紧云。

孙世恩,江都人,家世以科第显。恩以选贡任知县,居恒宗事王阳明先生,故号"养明"。穷究理学,功本致知,集有《汇闻警心录》行世。子兆隆,登万历丙子贤书,为常山令。隆孝友性成,尝值母疾笃,吁天割股,煎汤以进,母猝曰："予心如有物,以手拉之而坠,病割然矣。"所割处了不知有痛楚,盖笃孝之异云。

李通,字伯经,江都人,宋大儒李乐庵先生后。通幼失怙,其于事亲从兄之道,自能身体力行。诸生时以言规行矩,坊表乡曲,居恒私淑王心斋先生,慨然以此道为己任,四方宗之,一时理学诸先达推其学为有渊源。癸亥岁,礼部征通纂修万历、泰昌两朝实录,书成入告,以特恩贡授广安二守。通以严气正性受知抚按,寻转参军,遽夷然赋松菊。时学宫鼎新,杨守矜式素望,式庐敦请,以为宾筵光。通去任,广州士民肖像立祠。通身逝,扬郡绅士公请崇祀。所著有诗文、杂记板行于世。

陈以忠,字恕先,江都人,贡士。初生室中,闻荷香两日不散。幼警敏,善读书,十八补弟子员。性端洁纯孝,析箸时尽以父产与弟,曰:"吾有砚田可耕也。"于是四方问字者甚众,精《大易》,尝曰:"六爻之义统于《大象》。"更为《六十四大象说》,如《坤》卦以"先迷后得主"为句、"利西南得朋"为句,注以"先迷后得"为句,公曰"《彖》曰:'后顺得常。''常'即主也。《文言》曰:'后得主而有常。'不必增'利'字"甚精,尝多如此类。黄汝亨见之,曰:"今之虞翻也。"时与祝世禄、杨起元诸公讲良知,谓:"知即明德,致知即明明德,良知之学,万古不易。"为人魁伟诚实,持身以敬为主,曰:"敬则欲寡,可以成仁;敬则心虚,可以益智;敬则气聚,可以生勇。"虽溽暑无倦容,常与王讷谏、倪启祚以古学相尚。为文宏深典博,一时场中皆尚轻浮,以故十试棘围[1]不遇。年六十四,卒。

孙兆祥,字省卿,高邮沛城村人。四岁,跪而受母衣,称孝童。九岁善属文,十三补弟子员。母疾弗瘳,刲股吁以身代,居丧庐墓三年,哀毁如初丧时。七诗京兆,不售。天启间,珰焰方炽,拷死东南正人,祥感而作《螽斯》之诗。崇祯丙戌春,以明经入对,流寇充斥凤陵,鼓楼毁,祥感而作《谯楼》之诗。子宗彝,成顺治丁亥进士。先是,丙子亦以恩拔入对,祥为篆"随处体认天理"六字印,令佩之,勉以居乡,立朝大节。是年卒,四方羡其有后而重惜不及其身以有为。祥粹于理学大旨,在合紫阳鹅湖之同异,以明善诚身为主。所著有《子

1　"围",当作"闱"。

臣心镜》五卷《唐诗集》《会心言己》，未刻诸书藏于家。宗彝清望，著于朝端，官至吏部。季子诸孙俱为孝廉、诸生，时卜其先泽未艾云。

宫景隆，字美中，号玉昆。事两亲竭力甘旨，不以贫为解。父七旬病瞀，百治罔效，昼夜泣祷，如是者十余年，倏尔复明，目光如电，人称其纯孝格天。姱修恬守，然诺不侵，毅然有担荷一世之意。博群书，精理学，阐宗有图，止修有铭，吾好有歌，并诗若干卷藏于家。万历间岁荐，不忍离亲入官。迨亲殁，风木抱痛，终其身隐遁而已。癸亥冬，不怿，梦中自挽，有"是处青山可藏骨，到来绿水总堪坏"之句。又一日，梦觉间，如至郑方水太史家，见大梁木，命仆舁回，斫一扁，颜曰"儿范堂"，遂卒。其寄志清流，委心任运，视死如归见一斑云。有司廉其行，请于学使，崇祀乡贤署。曾孙鸿泽，奉其祀。后丁丑，子继兰成进士，仕都水司，寻署员外郎，赠如其官。

徐心绎，字纯之，里中多称"金峨先生"。事父母以孝闻，父怡竹公，葬亲庐墓，左有白鸟巢于松楸之异，绎之孝类之。父师事王心斋先生，为理学第一座，绎师事王文成先生，其源渊理学又类之。攻苦读书，不事举子业，惟蚤暮讲学，究天人性命之理。怡竹公曾以倭蹢扬，后为郡太守理聘动资筹划，立捐三百金，以纾时急，绎又乐施，急病让夷之举不可缕指，一如父所为。怡竹公于贾客寄金，十七年后值遗孤来，言符合，出千金付之，封识如故，见者叹服。绎处心积虑，惟以可对天日为欺慊关头，怡竹公真能以还金事为后人式训式刑者矣。后子宗健，笃于交谊，其友以诬枉，罹大辟，健为力救之，得释其辜，义声满天下。外史曰："绎举贤良方正，绎之子宗麟登武榜，为游击将军，健次子元美售于乡，理学之有后，如是哉！"

王业弘，字元伯，仪真人。以例入监，潜心理学，以儒为宗。生平廓达而实谨厚，不好华侈，以脱粟饭自供而精凿以奉客，家温至巨万而布袍綦履，终身不厌。闻舟车所过名士，即礼而下之，问所学何得，以告则倾听焉。在城均蠲葺雍舍，见苤刍家有圮坏，迅往治之。其门以内则建家庙，崇春秋祀，抚孤幼，念友恭不谖，以故一乡皆称其善士。凡再与宾筵，课伯子复且，成进士；次复曾，胶庠有声；季复骥，武庠。

赞曰：理学之儒，至宋大振。广陵则有胡安定、王竹西、李乐庵，为世儒宗。而浑厚之气，湻涵汪濊，海滨始有王艮，师心自悟，见其大者，晚于致良知之学,精微而易简,守约而施博,抑何超然独诣也? 厥后沈、韩、葛、何斌斌继起,皆艮有以风之。越百余年,亦有罗惟德、刘耿邝以下九人,体认圆明,心宗独印,韩子所云"醇乎其醇"者也。说者曰理学多蓁于诸生俗学,语言文字之障大为可忧,不知薛文清、邓文洁、邹泗山独非其人耶?

文学列传

汉
徐淑
吴
范慎　闵鸿　华融　皇象　华谭
南宋
顾练
隋
曹宪
唐
上官仪　李善　王绍宗　李该
南唐
冯延巳
宋
崔公度　秦观　王昂　仲并　陈造

汉
徐淑,字伯进,广陵海西人。博雅好学,随父慎在京师,缵孟氏《易》《春秋》《公羊传》《礼记》《周书》,延接英俊,有壮志。举茂才,除渤海令,迁琅琊都尉。

吴
范慎,字孝敬,广陵人。性纯直,著论二十篇,名曰《矫非》。后为侍中,出补武昌左都督,治军严整。孙皓移都,甚惮之,诏曰:"慎勋德俱茂,朕所敬凭,宜登上公,以副众望。"凤凰三年,卒。

闵鸿,广陵人。与丹阳薛兼、纪瞻,吴郡顾荣,会稽贺循齐名,号为"五俊"。初,入洛,司空张华见而叹曰:"此南金也。"陆机、陆云奇之,曰:"此儿若非龙驹,当是凤雏。"有集二卷。

华融,字德蕋,广陵江都人。祖父避乱,居山阴蕋山下。时皇象亦寓居山阴,吴郡张温求就象学,欲得所舍。或告温曰:"蕋山下有华德蕋者,虽年少,美有令志,可舍也。"温遂止融家,朝夕谈讲。俄而温为选部尚书,乃擢融为太子庶子,遂知名显达。具《文士传》。

皇象,字休明,广陵江都人。幼工书,时有张子并、陈良甫能书,甫恨酉,并恨峻,象斟酌其间,甚得其妙,中国善书者,不能及也。象官至侍中、青州刺史。当时谓象"章草入神,八分隶入妙,篆入能"。建业有吴时《天发谶》及《吴大帝碑》,在江宁府,皆象书也。

华谭,字令思,融之仲子。期岁而孤。及长,好学不倦,爽慧有口辨,为邻里所重。扬州刺史周浚引为从事史。太康中,刺史举谭秀才。谭至洛阳,武帝亲策之。及览首对,遂五策之,时九州茂异对策无逮谭者。谭素以才学为东土所推,同郡刘颂时为廷尉,见之叹息曰:"不为乡里乃有如此才也!"久之,加散骑常侍。以疾辞,卒于家。谭博学多通,著书三十卷,名曰《辨道》,有文集二卷,《新论》十卷。

南宋

顾绅,广陵人。永初二年二月,驾幸延贤堂策试诸郡秀才,扬州顾绅、豫州殷朗所对称旨,并以为著作郎。

隋

曹宪,江都人。仕隋,为秘书学士,时推该博,于小学家尤邃。自汉杜陵、卫宏以后,古文亡绝,至宪复兴。炀帝令与诸儒撰《桂苑珠林[1]》,规正文字。

1　"林",《新唐书》卷一九八《曹宪传》作"丛"。

又注《广雅》，皆藏于秘书。贞观中，扬州刺史李袭誉荐之，以弘文馆学士召，不至，即家拜朝散大夫，当世荣之。太宗尝读书，有奇难字，辄遣使者问宪。宪具为音注，援验详复，帝咨赏之。居家，以梁昭明《文选》教授诸生，时同邑李善、公孙罗、魏模及模子景倩相继传授。于是，其学大行。卒年百余岁。

唐

上官仪，字游韶，陕西人。父弘，隋江都宫副监，因留家江都。大业末，弘为将军陈陵所杀。仪时尚幼，藏匿获免，因私度为沙门，涉猎经史，善属文。太宗闻其名，召授弘文馆直学士，累迁秘书郎。时太宗好属文，每遣仪视草诗，多令继和，凡有宴集，仪常与焉。俄又预撰《晋书》，转起居郎，加给赐帛。高宗即位，累迁秘书少监、西台侍郎。仪工五言诗，绮丽婉媚，既贵显，当时多有仿其体者，时人谓为"上官体"。后以梁王忠事，下狱死。中宗时，以子庭芝女为昭容，得追赠仪，为中书令，以礼改葬。

李善，江都人。方雅清素，有士君子之风。博学淹贯古今而不能属词，人号为"书簏"。显庆中，召补太子内率府录事参军、崇文馆直学士，兼沛王侍读。尝注《文选》，分为六十卷，表上之。赐绢百二十匹，诏藏秘阁。除潞王府记室参军，转秘书郎。乾封中，出为泾城令。坐与贺兰敏之善，配流姚州。遇赦还，居汴、郑间，以教授为业。诸生多自远方至，传其业，号"文选学"。善注《文选》，有初注、覆注、三四注者。其绝笔之本，皆释音训义，注解甚多。又撰《汉书辨惑》五十余卷，皆行于世。

王绍宗，字承烈，琅琊人，徙江都。少贫，嗜学，工草隶书，时以比虞世南、褚遂良。客居僧舍，佣书自给，凡三十余年。佣直足给即止，不取赢，人虽厚偿，辄拒不受。徐敬业起兵，以币召之，称疾不起。武后时，召补秘书少监，使侍皇太子。绍宗儒雅修饬，当时公卿莫不慕悦其风。

李该，字彦博，广陵人。学无不通，尤好地里图志。患其书多门，文词浩荡，由是会源流，考同异，勒成一家之说，作《地志图》。凡禹迹所穷，汉译所通，莫不备载。吕温藻翰精富一时，于流辈少所推尚，从该游独久，称其为博达之士。又尝序该《地志图》云。

南唐

冯延巳,字正中,一名延嗣,广陵人。以文雅称。起家授秘书郎,历官至左仆射、同平章事。卒年五十八,谥忠肃。延巳工诗,虽贵且老不废,识者谓有元和词人气格。

宋

崔公度,字伯易,希甫之孙也。闭户读书,尝作《太行山赋》,欧阳修题其后曰:"司马氏之流也。"韩魏公因荐其守道甚笃,文章雄奇赡逸。英宗召问,据经以对,欲擢馆阁。未几,特授彰德军节度推官、国子监直讲、秘书监起居郎,知海、颖、蔡、润、宣、通六州。尝撰《曲辕集》四十篇、诗赋百咏。官终朝散大夫、直龙图阁。卒葬淮南。

秦观,字少游,一字太虚,高邮人。少豪隽,慷慨溢于文词。举进士不中,强志盛气,读兵家书,与己意合。见苏轼于徐,为赋黄楼,轼以为有屈、宋才。又介其诗于王安石,安石亦谓清新似鲍、谢。轼勉以应举,为亲养,始登第。调临海县簿、蔡州教授。元祐初,轼以贤良方正荐于朝,除太学博士,校正秘书省书籍,迁正字,复兼国史院编修官。绍圣初,坐党籍,出通判杭州。以御史刘拯论其增损实录,贬监处州酒税。使者承风望旨,伺过失。既而无所得,诬以谒告写佛书为罪,削秩徙郴州。继编管横州,又徙雷州。徽宗立,复宣德郎,放还。至藤州,出游花光亭,为客道梦中长短句,索水欲饮,水至,笑视之而卒。先自作挽辞,其语哀甚,年五十三。有《淮海文集》四十卷及诗余行世。观长于议论,文藻而思深。弟觏,字少仪,元祐六年进士,工于诗,官至临安主簿。觌,字少章,亦能文。观子湛,字处度,亦以文名,仕为宣教郎,尝著《吕好问回天录》。

王昂,扬州人。少以文章知名。政和八年,徽宗策进士时,嘉王楷第一,昂次之。徽宗以亲王为嫌,易昂为首,除秘书省校书郎。高宗即位,除尚书工部员外郎,迁起居舍人、秘书少监。时御府颁降书籍四百九十二种,曾皎家藏书二千六百余卷,昂请分为经、史、子、集四库,委官校仇其脱误者,以别本参考。缴进,除徽猷阁待制,知台州,主管江州太平观。卒于家。

仲并,字弥性,江都人。绍兴壬子进士,授平江教授,改左承奉郎,历光禄寺丞,仕终朝请大夫、淮东安抚使参议。幼好学强记,每一展诵,终身不忘。其母尝屏所观书,几上惟台历一册。明旦默记,纤悉不误。并为文,虽闳肆不羁而关键实密。所集有《浮山集》十六卷行于世。

陈造,字唐卿,高邮人。年逾二十,直院崔大雅奇其才,劝以求仕。初调繁昌尉,及分教姑苏。范成大见其诗文,谓龚颐正曰:"唐卿亦高邮人,使遇欧、苏,盛名当不在少游下。"尚书尤袤得其骚辞杂著,手之不置,谓人曰:"吾自是有师法矣。"寻宰定海,及倅房陵,摄郡事,皆有最绩。晚年自号江湖长翁,有诗文杂著四十卷。

明

朱应登　方岑　朱永年　朱曰藩　宗名世　黄一正[1]　夏应芳　李长敷　苏光达

朱应登,字升之,宝应人也。童时即解声律,十五通经史百家言,下笔为文,驰骋横放,不可遏,著《申臆赋》以见志。年二十三,举进士。时北地李梦阳,信阳何景明,武功康海,姑苏徐祯卿、顾璘,济南边贡,仪封王廷相,湖州刘璘,迭倡古文辞,应登乃与并奋竞力,卓然以秦汉为法。诗则上准《风》《雅》,下采沈、宋,磅礴沈郁,聿兴一代之体。四方笃古之士,争向慕焉。执政者顾,不之喜,怒抑之。授南京户部主事,阴欲困之,顾留心钱谷,声崛起郎署间。升延平知府,问民疾苦,讲画疏剔,薄征减费,出郡顿苏。居无何,京口杨一清掌铨,收拔才望,遂擢陕西提学副使。先是,一清督学时,创正学书院,以萃诸生,应登拔秦士高等于其中,出所藏书,相与讲究,风教大行,所成就尤盛。开封守顾璘忤镇守太监廖意,为廖所诬,奏逮入京。应登上疏,力救之。疏往,会顾事已白,不果上。应登性高朗介直,不解假词色于人,时时失人意。尝在宴次赋诗,有客在侧,竟日不得交一言,故一时飞语自显贵腾起,恨不即置之穽。幸例调滇臬,寻升布政司参政。遂乞骸归,年五十,卒于家。其考律历,推运数,精思玄诣,诠极底奥,不但以文辞名世而已。今所传,仅有《凌溪集》

1　"黄一正",原本在"苏光达"后,据正文小传列于此。

十七卷。

方岑，字高伯，江都人。岑生而负秀才，善属文，博极六籍、五纬、子史、百氏之书。成嘉靖丙戌进士，授大理寺评事，升南京左寺正。逾年，出知杭州府。先是，海宁令某为巡按御史肺腑亲，引用巨猾六七人，相缘籍奸利，度丛民怨，乃佯逮诸巨猾下狱，夜使人盆杀。事发，宪臣下岑按验，俱有状，庭笞逐之。岑亦竟为御史阴中罢免。岑为文宏博，出入左氏、韩非、刘中垒诸家，诗宗初唐，虽稍伤绮靡而风骨不衰。然好用古文奇字，人多不辨，亦其癖也。平生撰著极博而草多散逸，行世者有《竹素斋集》几十卷。

朱永年，字仲开，仪真人。生而颖秀，双眸视不盈尺，于书无所不窥。十四岁，补邑诸生。每试辄冠多士，超贡南雍。从祭酒吕公柟游，究心理学，一时名藉甚。顾数奇，不第。谒选授光山令，以儒术润饰吏治，拊循惠爱，狱讼衰息。然性矫抗，不能脂韦。世宗宠方士陶仲文，以礼部加宫保，奉命之兴都监司，台使者皆先驱郊迎，永年夷然弗顾。既相见，又长揖不拜。陶大怒，驰疏劾永年，竟罢免。永年飘然而归，士民遮道涕洟，为祠名宦。归而杜门读书，益肆力于辞赋。所著有《朱仲子集》行于世，评者谓媲美何、李，与广陵七先生相伯仲焉。

朱曰藩，字子价，宝应人，应登子也。幼即好古文奇字，解音律，作诗卓荦不群。识关西李梦阳于京口、姑苏。顾璘见所赋诗，称赏不已。所著述，自为机轴，不落蹊径。成都杨慎为选其诗以传，且序之曰："射陂子之诗，挈然当于予心。可必名今传后，无疑也。"四十四始举嘉靖甲辰进士，为乌程令，宿蠹积害，爬梳靡遗。苕霅间有诗社，长兴刘麟免大司空归，曰藩政暇，则往从游倡和，竟日忘其身之为令也。无何，擢南京刑部主事。遭母忧，不赴。服阕，仍补南刑部，转兵部车驾司员外郎、礼部主客司郎中。留都事简，常闭户读书，而素工笔札，门外持缣素求词翰者不绝，得尺牍，辄藏为宝。居三年，升九江知府。新濂溪书院，以馆诸生二百余人，修饬毁废，倡举风化，民甚德之。辛酉，景王之国，曰藩病愈，犹从卧榻中调度，竟以是秋卒于官，囊惟俸积百金，仅足给丧，诸图籍充溢。平生诗文，有《山带阁集》三十卷，论者谓《成汤陵庙碑》《朱氏世录序》足称名家云。

宗臣世，字良弼，一字传岩，兴化人，江都籍，吏部考功司主事臣从弟也。

弱冠,试辄高等。以《易经》中万历戊子乡试,己丑焦竑榜进士,授国子监博士,迁工部营缮司主事。有才名,与同年陶望龄、董其昌以文章重,称一榜得人之盛。性孤介,不喜华要,居长安,闭户著书,澹如也。顷以病,上疏致仕归。晚年好游名山水,以渔钓咏歌自娱。归里后,敦睦乡党,置义田一顷,养宗族及亲戚贫无以栖者,婚嫁丧葬皆身任其事,人多感之。卒年七十九。以文学崇祀乡贤祠。著《发蒙史略》一卷、《含香堂文集》十卷。子七人,万化中己酉北直乡试,万年、万邦俱隐居不仕。少子灏,中癸未进士。孙元鼎、观、之瑾俱有文名。

　　黄一正,字定父,号见源,江都学贡监。正于书无所不读,为文雄卓典丽,棘试数奇,乃锐意为诗赋古文词,蜡屐负箧,遍游海内,过名山川辄有记,谒名公卿辄有文。玉叔陈廷尉好古多闻,称为畏友。凤洲王司寇秉人伦之鉴,一见正,曰:"博学宏辞,吾目中仅见定甫。"留之弇山园读书,角艺雅重之。子明昌,字阔然,十岁侍父,客分韵赋金山诗,有"孤岛擎飞鹜,狂澜压伏牛"之句,时见赏于蛟门相公,云:"此驹一瞬千里,虑泛驾,吾为之范。我驰驱,遂树之门墙。"弱冠,廪郡诸生,以例贡入太学,惊才绝艳,能读父书。行世书,若《五经坤传》《事物绀珠》《镜心亭集》《赋涛轩集》《余醽稿》皆正著,若《经史绪论》《诗经大旨》《骊珠编》《经世要言》《试论一集》,皆昌著。至今孙枢、彬皆为邑庠生,家风不坠云。

　　夏应芳,字玄成。中万历戊子科举人。五岁,曾落井,水深不溺,人奇之。长豪侠,喜客四方,游侠多归之。往来京师,名大震。礼闱尝以大器期公,寻以卷焚而罢。里有李打虎者,不孝母,芳使勇士缚归,邀母来坐上坐,芳亦坐,让曰:"汝不孝,乡人欲共诛。"遂抶之,打虎叩谢,并请罪于母。公曰:"汝能改,即孝子矣。"劝勉而去。其尚义多如此。后不上公车,筑园赋诗,与陆君弼同修前郡志,至今称史才云。年七十三,卒。

　　李长敷,字维凝,兴化人,宗伯碧海公冢子。少负才名,困诸生者二十余年,凡八战棘闱,一中副车,始获隽。为孝廉时,有言及关说公府者,辄面赤。一日,携同榜侄清谒昭阳令,观者啧啧,敷独顾清,怃然曰:"吾不喜而忧。盛满,道家所忌。且积德致福,今无乃福溢于德,故忧。"壬戌,一上公车,遂以病报罢。敷工临池,所著有《韵斋集》若干卷。子瀚,孙国宋,俱擅才名,试辄第一,亦如敷为诸生时。

苏光达,字观五。幼以孝闻,五岁失母,哀毁如成人,邻母悯其幼,或市羞脯啖之,拒不食。长嗜学,读书日以针为度。家故贫,知交藏书贷,读略尽。隆冬,体无完衣,至环走一室,跳踊以敌寒气,终不辍卷。暑夜,置足瓮中,披襟朗诵。或日已出,篝火犹燃。年十九,籍江都县学,寻食饩。每试高等,四方从游者,比之古苏文学云。性谐旷,至于忠孝大谊,辄凛凛树正论。独不喜竺氏说,尝谓:"若侪无父无君,与禽兽同道,又食人食,衣人衣,害视禽兽尤烈。"又谓:"尽性立命,圣学本明,奈何矜守寂灭以斩人道?"其辟异、端明正学多如此言。为文锐入精思,自为作者。七试棘闱,不遇,沈抑而死,年三十有八。著书甚富,易箦时,尚手持一编云。

国朝
车从轼　蒋善　李濂

国朝
车从轼,字五车,江都人。初为诸生,有时名,慷慨能任事,屡蹶棘闱,中副车,卒不售,以明经补姑孰训。在任,率为诸上台所倚重,奖为八面锋,寻将补大邑,令值姑孰。罹兵变,以守陴属轼,轼布方略,动中机要。兵燹之后,奉檄修文庙乐器,及补辑尊经阁所藏书,轼竭心力,为同列先。丙戌,再行乡试,代巡毛公重轼才,聘典武试,所拔多韬铃国士,一时推为得人。子鸣鸾,孙映明,俱邑诸生,有文名。

蒋善,字元长,江都人。善神明端肃,风仪修整。父三我先生,严厉难事,善承训唯谨。发未燥,甫出试,即冠军,学使者熊廷弼持其文曰:"此子定当大魁天下。"寻食饩郡庠,每试辄第一。文出抄传,震南北,选文家皆欲得善文,以增纸贵。崇祯丙子科,中经魁。家居闭户自守,草衣蔬食,虽贫,不以口腹累安邑,惟以邵子所演河洛为身律,尝曰:"吉凶悔吝,《易》以贡而肇之。"于身故进退、语嘿咸合《易》理焉。所著有《同庵史记[1]汇》十卷,《名

---

1 "记",衍文。

文征》，又旁通内典，注疏《楞严》《金刚》诸篇，以贫不能寿梓。年六十八，无疾端坐而卒。

李濂，字长源，府学生，明大中丞公植之孙，正奉大夫承式公之曾孙也。濂表伟岸，性端凝，素抱大略，警敏力学，冬炉夏扇几忘，不以家世华胄阴厥志。尝曰："古所称贤人君子，非有高远难行之事，唯克全夫天理民彝之正耳。吾生平为人、为文，大都率此。"子宗孔，既成进士，犹辞冠带，应举子试，拟之公孙弘既艾，治《春秋》，卒为贤相，亦何异哉？郡邑四荐宾筵，巡使者将欲以其名上闻，备史馆之征，无何，寝疾而逝。

赞曰：淮南故称材薮，贾傅、邹、枚扬《骚》《雅》于前，伯易、太虚导微波于后，人文秀杰之气，踵相联起，三朱以古文词颉顽北地成都，二黄、二李于吴郡竟陵，扬路分镳，可谓嘉丽藻之彬彬矣。或疑文士无用，然饰吏治黼大平，非人文不为功，诸君子或一见之施焉。若昧宝善之旨，则左史倚相不至今存可也。

戚畹列传

扬王者，扬州人也，姓陈，失其名。平生好施予，贫困者辄周之，未尝自以为德。宋季，从大将张世杰扈从祥兴帝驻南海。元至元己卯春，世杰与元兵战，败绩，多溺死。王乘舟，亦为风破，幸及岸，与同伍者叠石支釜，煮遗糇疗饥。既而食尽，同伍者闻髑髅山有死马，欲往割烹之。王未及行，疲极而睡，梦一白衣人谓王曰："慎勿食马肉。汝素多阴德，今夜舟来载汝矣。"既寤，未之信。又睡，梦如初时。夜将半，梦中彷佛如橹声，有衣紫衣者，以杖触之曰："舟至矣。"王惊寤，身已在舟上，见旧所事统领官，时已降元将，元将畏舟重，凡来附者辄弃掷水中。统领怜王，亟藏之舱板下，日取干糇及浆从板隙潜投饲之。居数日，元将知之，统领与王皆彷徨不自安。忽飓风吹舟，盘旋如转轮。元将大恐，统领绐告元将王有异术，白而出之。王仰天扣齿，俄而风涛恬息。元将喜饮食，王复厚赠之，遂得还扬州。久之，徙居盱眙津里镇，年九十而终。次女归仁祖，诞生太祖。及即位，追尊淳皇后，追封王为扬王。

尹清，其先华阴人，袭官扬州卫某职。洪武二十七年，选尚含山长公主，太祖妃高丽韩氏所生，以早失母，最为太祖所爱，赐予特盛。清授驸马都尉。卒，赠光禄大夫。

赵辉，字孟阳。其先宋宗室，扈从南渡，遂来江都。父和，府军后卫千户，征交趾殁，辉方七岁。长以荫官备宿卫。永乐时，尚太祖之宝庆公主，拜驸马都尉。

赞曰：维扬陈王，笃行阴隲。是生天人，潜龙自出。煌煌庙号，以永宁谥。尹赵世家，尚于帝女。玉叶分辉，簪缨济美。戚畹有传，光吾信史。

武勋列传

陈珪　顾成　蒋贵　曹义　仇钺

陈珪，泰州人。开国功，升百户，调燕山护卫。擒元乃儿不花，升副千户。靖难夺九门，雄郑功，升指挥。又坝上力战，升都指挥。大战杨村，升后军都佥事。洪武三十五年，论功，进都督同知，封奉天靖难推诚宣力武臣，特进荣禄大夫、柱国、太宁侯，食禄一千二百石，与世券。十七年薨，赠靖公，谥忠襄。子愉嗣，二十年坐法下狱死。庶兄子钟嗣，宣德五年薨。子灏嗣，七年薨，无子。弟瀛嗣，正统己巳扈驾北征，阵亡。弟泾嗣，成化八年薨。子恒嗣，弘治七年薨。子璇嗣，正德七年薨。子儒嗣，嘉靖十二年薨。子琏嗣薨，无子。弟瑞嗣薨，子良弼嗣。

顾成，江都人。容貌魁梧，膂力绝人，有胆略，善骑射，自文其身，夸异人。或谓成黔徒者，非也。充帐前亲兵，常擎盖侍太祖，出入忠谨无过。初授百户，从征，升金吾副千户宿卫，升指挥佥事。从平蜀，破贵州蛮，克普定，有功。从征云南，抚普定，断后，进都督佥事。充征南将军，镇贵州。征五开、六洞，破一百三十七寨，斩首三千级。建文初，召还。三年，进右都督。从盛庸北伐，至真定，战败被执。成祖解成缚，曰："吾且用汝。"遣至北平，佐世子居守。

洪武三十五年,论功,以左都督封镇远侯,食禄一千五百石,与世券,阶勋、号袭如泰宁。出镇贵州,申严号令,威信并行。讨抚诸蛮,捣台罗塞,斩叛酋普亮,灭其家,远近慑服。永乐十六年薨,年八十五。赠乾[1]国公,谥武毅。蛮中皆立祠祀之。成八子,长统,先授普定指挥使,为建文君所诛。孙兴祖嗣,宣德中坐交趾事下狱。正统十四年,从北征,失律,降都督同知。景泰三年,封伯,岁禄千石。天顺元年,复为侯,禄千三百石。七年,薨。孙淳嗣,成化九年薨,无子,弟溥嗣。溥初学国子,解文墨,尝总兵团营,挂平蛮将军印,镇湖广,擒贵苗伪王,通滇蜀道,还流移五千家,复烂土长官司,设都匀府,增禄二百石。溥清慎不奢,累膺重镇,贫如寒士。弘治十六年薨,英国公张懋为集布帛供敛事,谥襄恪。子仕隆嗣,尝为京营总兵,充漕运总兵,镇守淮安。嘉靖七年薨,赠太傅,谥荣靖。子寰嗣,亦出为漕运总兵,寻总督京营戎政。万历九年薨,无子,从子承光嗣。

蒋贵,江都人。父云,从太祖渡江。贵靖难初起小卒,累战功世[2]昌国卫指挥同知。又从征北边九龙口、大松岭,功升都指挥佥事,充参将。击番贼任昌,深入夺桥,斩关。进同知,镇守松潘。番彝再叛,讨平之。升都督佥事,充副总兵,尽平诸番。升总兵、平蛮将军,镇守。正统元年,升右都督总兵,讨戎王阿台,擒乃颜、剌忽、李罗等。三年,封定西伯,食禄千二百石,与世券。七年,征木麓川,功进侯,加禄三百石,与世券,阶勋如之。贵奋起卒伍,能与士卒同甘苦。凡出境讨贼,衣粮器仗身自囊负,不役一人。临阵冒险冲敌,敌皆披靡,子弟士卒率感激随之。虽目不识字,短于谋略,而天性朴直,士卒乐附,故所向有功,为一时名将。十四年薨,赠泾国公,谥武勇。孙[3]琬嗣,成化初充平羌将军,总兵甘肃,劾巡按御史罪状,曰:"台官岂书桓典耶?"八年,督南京操江,以长江控扼要害,南京根本重地,上言六事甚悉。十年,召入,充团营总兵。二十年,充平胡将军,出大同塞御彝,并统制宣府、山西诸军,觇虏入偏头关,斩获有功。时议徙雕鹗堡于滴水崖,琬曰:"独石八堡声势相首尾,滴水崖

---

1 "乾",《明史》卷一四四《顾成传》作"夏"。

2 "世",《明史》卷一五五本传作"至"。

3 "孙",《明史》卷一五五本传作"义子"。

卷十八 人物志下 467

远,难救援,不可徙。"二十三年薨,赠凉国公,谥武[1]毅。子骥嗣,正德四年薨。子墅嗣,嘉靖三年薨。子传[2]嗣,掌营府,三十四年薨。弟祐嗣,万历六年薨。子建元嗣。

曹义,仪真人。嗣父胜,官燕山指挥佥事。永乐中,从征出塞,至半壁山,有功。宣德初,江西梅花洞贼及施州卫剩惹洞蛮反,义往捕,俱抚平之。正统间,充辽东副总兵,与副将焦礼等屡有大功于白云山、开原、羊肠河等处,奏捷,充征东前将军、左都督。天顺元年,封奉天翊运宣力武臣,特进荣禄大夫、丰润伯,食禄一千二百石,与世券。四年薨,赠侯,谥庄武。孙振嗣,弘治二年薨。子恺嗣,嘉靖五年薨。子栋乞嗣,吏科驳义非开国靖难功,不得嗣。上竟与栋嗣,六年薨,无子。弟松又乞嗣,吏部言义以边将立功封伯,传三世,予夺请。上裁,竟亦得嗣,三十九年薨。子文炳嗣。

仇钺,江都人。世袭指挥同知,以功升指挥使,充宁夏游击将军,骁勇敢战。正德五年,安化王寘鐇与指挥何锦、周昂、丁广[3]等谋反,钺陷贼中。京师讹言钺亦从贼反,阁学士东阳独明其不然。钺入城,散其众,称病不出,阴约游兵壮士侯保勋、杨英诸兵至河上,从中发为内应。俄苍头书童没河潜入,见钺言:"诸兵至河上列营。"钺令人私谓贼何锦:"宜急出守渡口,防决河,遏东岸兵,勿使渡。"锦果出兵,周昂守城。钺又称病亟,昂来[4]问疾,钺犹坚卧呻吟言:"旦夕且死。"苍头卒起,捶杀昂,斩首。钺即披甲仗剑,跨马出门,一呼,诸游兵壮士皆至,遂入擒寘鐇,追锦,广及左右亲信从乱者,并械送京师伏诛。初,保勋与贼结姻,多疑其为内应,独东阳劝武宗用勋为参将,钺为副总兵,乃竟得其用也。钺封咸宁伯,食禄千石,与世券,充总兵宁夏。已平流贼刘六等称寇,畿辅、山东、河南诸州县皆为所残破,钺总兵败之于狼山海上,散其众。进封奉天翊运推诚宣力武臣,特进荣禄大夫、柱国,加禄二百石,与世券。十六年薨。孙鸾嗣,嘉靖三十二年为大将,怙恩通寇,死后磔尸,其子弃市,国除。

赞曰:汉文帝定诸吕,唐太宗鞭挞四彝,所用皆开国时宿将也。若靖难师,

1 "武",《明史》卷一五五本传作"敏"。
2 "传",《明史》卷一五五本传作"傅"。
3 "广",原本误作"庚",据《明史》卷一七五本传改。
4 "来",原本误作"求",据《明史》卷一七五本传、《乾隆江都县志》卷二四《仇钺传》改。

其秉钺者尽崛起行伍间,非有威望素著遂以长驱,而江淮无险。天之所授,非人力哉! 分茅班爵,带砺山河,传之子孙,为国亲臣,亦非幸也夫! 春秋讥世卿,然如泰宁、镇远、定西,其后各有以自振,可谓不愧负荷矣。

王鼎　朱显忠

王鼎,仪真人,赵忠养子。忠,国初渡江从征,有功,没于陈。鼎袭其职,复姓王,守太平。庚子闰五月丙辰,陈友谅以重兵猝犯太平,时城中守兵才三千,鼎与花云坚守。友谅攻城三日,不下,乃引巨舟泊城西南,士卒缘舟尾攀堞而登,城遂陷。鼎骂贼不屈,死之。追封太原郡侯,立忠臣祠于太平,命有司岁时祭祀。

朱显忠,如皋人。尝为张士诚将,守松江。国初,以城降,从征泽、潞、平、原等州有功,授濠梁卫指挥佥事。洪武四年,从颍川[1]侯傅友德克文州,显忠留守。伪夏平章丁世真诱合番寇数万来攻,显忠战却之。其伪元帅赵复与世真合,城中食尽,外援不至。部下将谓:“且弃城,徐图之,徒死此无益。”显忠厉声曰:“城守自将者事,与俱存亡耳,岂有怕死将军乎?”诘旦,攻围益急。显忠悉出兵,开东门拒战。世真复攻西门。日且暮,显忠被伤,裹疮决战,力不支,城破,为乱兵所杀。事闻,遣使吊祭,赠镇国将军、都指挥,乃厚恤其家。

赞曰:汉祖既定天下,而追录纪信功。当草昧宣力,神器未定,而能决然定志,死绥无却,非有所觊身后之恩泽而为也。王鼎坚守孤城,显忠裹疮力战,彼诚知所处死矣。太祖追念之,世世庙貌血食,有以也。

寓贤列传

高宗本,字茂卿。其先保定雄县人,洪武初,自凤阳占籍太仓之镇海卫。至宗本,始以儒起家,登景泰甲戌进士。授南京监察御史,巡视中都仓粮。时指挥某甲暴悍,侵渔官廪,即逮置之法,豪右望风敛迹。俄奉敕清理四川戎伍,

---

1　“川”,原误作“州”,据《明史》卷一二九《傅友德传》改。

廉其漏籍者四千六百有奇。及监军务，劾将军李果行师失律，果坐免。升河南按察司副使。寻以老，乞致政归，寓江都，复占籍为江都人，自号江淮逸叟。性颖而好学，尤习郡邑掌故。所著《维扬新志》简质而核，足称信笔。前后典是役者，皆不及也。

邹应龙，字云卿，陕西兰州人。其父贾扬州久之，为扬州人。初名贯，补郡诸生，还兰州，更今名。中嘉靖乙卯陕西乡试，登丙辰进士。由行人擢广西道御史，劾相严嵩及其子世蕃欺罔不臣事十余条。时嵩父子擅柄，虐焰赫然，言者辄死。应龙上疏后，青衣待罪朝房，众人共危之。世蕃出朝，盱衡大言曰："何物御史？不爱死而及余家事。"俄命下，嵩放还，世蕃谪戍。上嘉其忠，超拜通政司参议。一时朝宇肃清，中外臣民无不想望其风采。寻升副都御史，兼兵部左侍郎，出抚云南。至即疏黔国公沐朝弼不法事，夺其爵，袭子坐征。某洞叛獠，巡按御史劾其开衅远彝，罢官，还兰州，贫如诸生时。寻复原官，致仕卒。

张齐，字圣甫，长安人，原籍兴化。中陕西壬子乡试，己未进士。除真定府推官，以治行卓茂，召为户科给事中，升光禄寺丞。会太学士新郑高公罢政府，论者以齐为高取士，且见宠幸，并放还。先是，其父商扬州，生齐。后罢光禄，复还家扬州。晚年究心内典，稍稍习为诗歌。书法喜赵孟頫，亦得其梗概。为园城西，临水，杂莳花竹，居恒缁黄满座，或名流谈艺，竟日夕不倦。后以种射阳田，累失年，遂日贫，三徙其家，皆去华而就朴，齐处之怡然。

马矟，字伯直，大同人。父、兄皆商广陵，因留家。矟以嘉靖壬子中山西乡试，初授蓟州知州。州迫辇下，赋役繁重，民甚罢。矟煦煦拊循之，惟恐后。升镇江府同知，署丹阳篆。丹阳故有马嘶港，溉田数千顷有奇，久之淤。民庐其上，旱涝为沴。百姓数请，复为桀黠者所梗。矟力疏之，三月而功成，民大称便。擢南京户部员外郎，寻迁河南按察司佥事。治庐凤兵，兵政修饬。复相视徐邳河，知其势必南徙，条上防浚事宜，议未定。会丁内艰，还广陵。都御史翁大立力荐之朝，服未阕卒。

何城，字叔防。其先榆林人，以父炫贾，籍江都。嘉靖壬午，中陕西乡试。壬辰，成进士。选翰林庶吉士，寻改刑部主事。时外戚张以罪下吏，坐宽假，谪安州添注同知。安居卫下流,岁恒苦水,田不登,城白当道,请[1]筑堤防之,是后数有年,号曰"何公堤"。量移徽州同知,擢工部郎中。时方士陶仲文被宠幸,其徒多不法,城劾之,皆远戍。竟出为武昌知府。丙午上元夜,楚世子某弑逆,城闻变,趋白都御史,随上疏,移病不视事。世子知事露,遂与幸贾甘玉海谋为叛。城具羽书飞白巡按御史,先禽玉海,杖杀之,散其护卫兵。奏闻,世子竟抵法,戮其党二十余人,楚人称快。升山西按察副使,分巡冀南道。卒为甘党飞语所中,遂投劾归江都。会流贼师尚诏倡乱河南,城首创议筑外城,时多迁之。未几,倭彝犯扬州,城外荡然煨烬。于是,始议兴筑。筑甫毕,倭再至,辄望城引去,民得安堵,皆其力也。城与弟坚少游乡人吕祭酒楠,共砥砺,白首不衰。其子汝敬,鸿胪寺署丞。孙昌祚,善诗文,所著有《余皇[2]编》《雀桁咏》诸集。

赞曰:广陵,江淮善地,君子之至于斯,多寓籍焉。或以赀游贾,子孙重迁斥,买田宅,相系游黉序,久且为土著矣。如高茂卿以下诸君子,文章、事业赫然名世,亦为扬所借重也。新城之筑,利在百世,而倡议自何君始。呜呼!孰谓贤者无益于人国哉?

义烈列传

梁

来嶷。

唐

辛谠

宋

潘汝一　唐璟　沈攸　吴骏发　孙益　张琰　稽耸

明

成谐

1　"请",原误作"堤",据《万历扬州府志》卷一八《人物志下》改。
2　"皇",《嘉庆重修扬州府志》卷五三《人物志八》作"白"。

梁

来嶷，字德山，广陵人。幼有奇节。侯景陷台城，广陵太守祖皓在城中，将见杀。嶷乃说皓起兵讨逆，皓曰："仆所愿也，死且甘心。"为要勇士耿先等百余人袭杀景党董绍先。及皓败，嶷并兄弟子侄遇害者十六人。

唐

辛谠，太原尹云京之孙，寓居扬州，常慨然有济时之意。及庞勋反，攻杜慆于泗州。谠闻知，挐舟趋泗口，贯贼栅以入。慆素闻其名，握手与语，谠亦谓慆可共事。乃请还，与妻子诀，同慆生死。时贼张甚，众皆南走，独谠北行，复还泗。慆喜曰："围急，飞鸟不敢过，君乃冒白刃入危城，古人所不能也。"乃劝解白衣，被甲。贼将李圆焚淮口，谠复出求援。暮夜，逾淮坎岸以登，驰三十里，见戍将郭厚本告急。厚本乃付兵五百，慆亦出兵，表里攻贼，贼大败。复围城三月，事益危。谠再请乞兵淮南，与壮士徐珍十人持斧夜斩贼栅出，见节度使令狐绹，复诣浙西见王审权。审权亦许救之，合淮南兵五千，盐粟具备。方淮路梗，不得进。谠引兵决战，斩贼六百级，乃克，入城。慆表其功于朝，授监察御史。围凡十月乃解，卒全一州。初，谠求救也，过家十余度，未尝见妻子，得粮累二十万。谠子及兄子客广陵，托慆曰："使先人不乏祀，公惠也。"后以功第一，拜亳州刺史，徙曹、泗二州。乾符末，终淮南节度使。

宋

潘汝一，字古玉，海陵人。博贯经史，工为文。靖康初，徽宗南幸，童贯等劝渡杨子。汝一至江都，上书乞回銮，以慰天下。建炎间，闻许容摄州事，迎金兵于西郊，不食者数日。所亲强之，乃起。容欲作贺伪齐表，召之，不往。时金又命容择文士草檄，遽迫而遣之，汝一以死拒。金多取城中图书，或求其所著文以献。汝一指其箧曰："此岂可充鸡林庭币耶？"乡人高之。绍兴中，以进士久次得官，更历州县，卒。有《群玉府》《凤池集》二十卷。

唐璟，字用章，杨子东乡人。开禧间，完颜亮侵六合，遂寇仪真，将望维扬。时璟以民兵总辖亲率子弟及所部强壮断桥填堰，谋决陈公塘以拒之。是时，塘隶转运司,擅决水者罪死,众欲请之官。璟曰:"必待请,岂能及事?"于是,决其水,俾东与句城塘会接广陵城南,西连仪真,南际运河,北距冈陇平原旷野,不日而成巨浸。敌骑登焦家山,望而惊焉,竟不敢越以遁。于是百里内人民庐舍免于残毁者,璟力也。台府欲上其功,而璟以安居不仕为乐。郡守又以闻,将命之官,璟竟以疾不就。璟父霆,绍兴辛巳,尝领乡兵御敌马鞍山,获功补官。盖其忠义相传如此。

沈攸,字子宜,杨子人。建炎三年,邵青犯真州。时攸摄杨子簿,以状白府,乞以所纠土兵御之。未几,贼势张甚,攸挺身拒敌于北门,死之。

吴骏发,江都人。少游乡校,即有投笔之志。绍定间,逆全攻扬州,郡募良家子守御,骏发与其党应之。贼平,由白衣补将校。金兵入境,又以转战有功,累迁镇江右军统领。虏复据盱眙,大使贾似道遣兵攻之,骏发与偏裨为前锋,螘弧先登,勇气百倍。会金援兵至,骏发死之。似道以闻,赐恤典甚厚。

孙益,泰兴人。少豪侠。绍定中,李全犯扬州,游骑薄泰兴城下。县令王爝募人守御,益起从之。俄贼兵大至,益率众拒之,见贼势盛,且前且却。益厉声呼曰:"王令君募我来,将以护城邑也。今贼至城下,我辈不为一死,复何面目见令君乎?"遂身先赴敌,死之。同时,顾绪、顾珣俱战死。事闻朝廷,嘉其忠,赠益保义郎,绪、珣承节郎,各官其子一人。

张琰,字汝玉,广陵人。身七尺,修髯倜傥,有节概。宋末,补州牙兵。制置李庭芝溃围,南赴行在,元追及之,麾下鸟兽散,琰独斗死。琰能诗,多忠愤所发,见《谷音集》。

稽耸,高邮人,所居名稽家庄。当文丞相天祥见逐于真州,匍匐境上,得至耸庄,耸迎事于家,设供具,修礼甚谨,又资送至泰州,丞相遂得由通州航海达行在。后工部侍郎柳岳奉降表于元,道经其庄,耸愤岳卖国,遂杀之。程学士敏政尝称为义侠,有《吊稽庄词》。

明

成谐,字和仲,兴化人。少补邑诸生。倜傥负奇节,好佩刀剑。已得六壬遁甲奇数,尝自诧曰:"吾其立功异域乎?"久之,总督翁万达招置幕府,与王邦直俱。邦直者,河南诸生,骈胁,有膂力,善骑射。万达尝闻此两人贤,甚倚重焉。嘉靖乙巳秋,北边大举入寇,谐以铁裹门、鹁鸽峪系诸边要害,勒兵备之。敌从隍中突入,与邦直合战,歼其强半。敌愤恚,合左右部落数万人环七札围之。次日,矢石俱尽,援兵不至,谐、邦直俱战死。上闻其事,赠指挥佥事,荫一子,世袭百户,立祠于阳和,赐其额曰"奋忠"。谐时年才三十,配沈氏,封恭人,善属文,有节操。子嘉谋[1],袭世爵;嘉猷,邑诸生。所著有《斗野集》《海一览》《孙子阵法新说》《车战》诸篇行于世。

国朝

卜明元,字汝吉,江都人。负大志,喜游侠。初为抚院王公一品所知用未竟,寻隶经略内院洪公部,题授贵州平越司理。时黔版初入,遗氛未殄,有贼刘国禄以其地在必争,窥元善经理,以兵偪之,遂被获,不屈而死。乙酉夏,生员高孝缵入文庙自缢,汪应坤自缢。子铨,触石死。六月,邵伯诸生张映发投井死,生员刘庆远投江死,指挥高一麟殁死。

赞曰:夫布衣之侠,背公谊,死私党,君子犹或难之,况乎见义必为缓急,以身殉国家之急者哉?广陵自汉臧洪倡义讨逆,千载犹生,洪见《名臣传》。若来嶷之说祖皓,庶几近之。稽庄客羽翼文丞相于滨,死愤格杀卖国之辈,时之崩乱,意气乃在布衣间。呜呼,烈丈夫当如此矣!

隐逸列传 笃行附

汉

陈子回　颜方

吴

刘颖

晋

韩绩

唐

陈融

---

1 "谋",《嘉庆重修扬州府志》卷四九《人物志四》作"谟"。

宋

王令　王伯起　傅集　俞紫芝

明

成廷珪　王贞　张长年　杨寅　朱瑾　吴礼　陶成　盛英　周璠　王磐　王瑛　吴敏道　陆君弼[1]　汤有光

国朝

徐宗道　顾大信　邵潜　徐鼎勋

汉

陈子回、颜方者，广陵人也。王充《论衡·案书篇》所取天下士，同时者五人，班固、杨终、傅毅，其二即回、方也。称之曰：虽无篇章，文词斐炳。当今未显，使在百世之下，则子政、子云之党也。

吴

刘颖，广陵人。与严畯有旧，颖精学家巷。孙权闻征之，以疾不就。其弟略为零陵太守，卒于官。颖往赴丧，权知其诈病，急驿收录。畯亦驰语颖，使还谢。权怒废畯，而颖得免。

晋

韩绩，字兴齐，广陵人。其先避乱，居嘉兴。父建，仕吴至大鸿胪。绩少好文学，以潜退为操，布衣蔬食，不交当世，由是东土并宗敬焉。司徒王导闻其名，辟以为掾，不就。咸康末，会稽内史孔愉上疏荐之，诏以安车束帛征绩。尚书令诸葛恢奏绩名望犹轻，未宜备礼，于是诏拜博士。称老病不起，卒于家。

唐

陈融，广陵棠邑人。游不出乡，年七十二卒。贞元初，吕温寓居是邑，见乡人父子长幼各有伦序，叹曰："芳兰所生，其草皆香。美玉所积，其山有光。

1　"陆君弼"三字，原本脱，据正文小传补。

必有贤者生于是矣!"遂停车累日,周访故老,果曰:"尝有陈融孝慈仁信,乡人化之。今也则亡,清风犹在。"温慨然曰:"先生以纯德至行,沉落光辉。"乃披典校德,谥曰贞悔先生。

宋

王令,字逢原,广陵人。少负不世之才,年十数岁,昼从群儿戏,夜独诵书。贫无以自存,乃聚徒徙居高邮。王安石引与交,以其妻之姨妻之。尝作《论语孟子解义》。安石尝与书云:"始得足下之文,独爱足下之才。既而见足下衣刓履缺,坐而语,未尝及己之穷。退而询足下,终岁食不荤,不以铢忽妄售于人。世之自立如足下者有几?"后居江阴。卒年三十八,遂葬江阴。有《广陵集》十卷,《蒙求》一卷。

王伯起,字兴公,海陵人。父纶,为太常博士。当以恩得官,逊其弟。举进士不中,叹曰:"士不自重,与千百人旅进,坐轩庑下,献小艺,规合有司,可耻也!"于是闭门静处逾三十年,乡人多不识面。善诗歌,名著东南。州将部使荐诸朝,不起。仁宗、英宗俱赐粟帛。郡人王觌志其墓。

傅集,仪真人。以行义、文学为乡里推重。徽宗诏举八行部,刺史、郡守奏闻,屡请就道,集坚卧不行,时人高之。

俞紫芝,字秀老。其先金华人,徙家江都。少有高行,不娶。好浮屠氏学,所至翛然。工为诗,王安石居钟山,紫芝数与往还,尤爱重之。与其弟清老从黄庭坚游,黄所书《钓鱼船上谢三郎》一帖,石刻金山寺。鸡林每入贡,辄市模本数百以归,即紫芝词也。

明

成廷珪,字原常,兴化人。隐居府城,种竹数竿,因号"居竹"。养母甚孝,不求仕进。其所与游多尊显,未尝有所干。四方士之过淮,多主廷珪。元顺帝末,张翥在翰林,约廷珪往江南避兵。廷珪博学工诗,有《居竹轩集》若干卷。

王贞,字以道,江都人。元末避地吴中,张士诚授以德清教谕,坚辞不受。洪武初,归乡里,葺茅舍以居。

张长年,高邮人。元末,以文行名。国初,礼部主事刘庸举明经耆儒达于治体者,长年与徽州鲍恂、无锡余[1]注皆在举中,时年七十余。驿召至京,明祖见之,甚喜,赐顾问,命为东宫官,皆以老辞。上再三慰谕,长年固辞,乃放归田里。是时如皋人薛伦亦以刘庸荐,授万安县丞,以母老乞养归。伦通《春秋》,工诗。性恬澹,不见纷华。年八十五卒。

杨寅,江都人。府学生。永乐初,召书令字旗,高丈余,一挥称旨,赐金帛、鞍马,命署泰州,辞不受。后征入京,乃避地山西十年始归。尝有诗言志。见《胜概录》。

朱瑾,字楚琦,宝应人。通《尚书》《周礼》,为诗体韵遒逸,性嗜琴。畜有双鹤,乡人称为"琴鹤先生"。太学士费宏尝曰:"戴安道之流也。"景泰间,都御史王竑欲荐之,瑾闻,辄遁去。后与修《天顺实录》及《淮扬志》。赠遗俱不受。

吴礼,字中节,宝应人。奉母祁氏以孝称。四十贡入国子,念母老,不能去左右,乞罢归。授州判官,许以终养。人以唐何蕃疑之。母卒,不复仕,结庐蓼花庄,与朋旧吟啸竟日。所著有《蓼庄吟稿》。

陶成,字懋学,宝应人。少负才志,能五七言诗及篆隶书,又能画,作山水、花鸟、人物皆有古法,程学士敏政称之为才子,名骤起。尝自京师出居庸关,抵上谷、云中,访古战场。建节其地者,争延致之,敦以客礼。然成性疏爽,不可拘絷。其书、画、诗、词,人鲜能得之,至今多珍藏焉。

盛英,字世杰,海门人。刚介侗傥,不肯屈下人。卒业太学,有高世之志。谒选授县丞,不欲为斗粟折腰,遂投劾归。扁其轩曰"见一",终日读书、弹琴,或放鹤自娱,人称曰"见一先生"。

周璠,字子重,江都人。少为郡诸生,寻补入国子,谒选授惠安县主簿。璠故文士,不能其职,投劾归。初,璠与里中史起蛰、白应虚、李应旸[2]、葛涧并刻意古文词。及罢官,皆前后沦没,璠独偓蹇一室,著书自喜。其书多散逸,或为人乞去,存者惟《邗城子》二卷。

王磐,字鸿渐,高邮人。有隽才,好读书,洒落不凡,恶诸生之拘挛,弃之,

1 "余",《万历扬州府志》卷一八《人物志下》作"佘"。
2 "旸",原本误作"阳",据本志卷一八小传改。

纵情于山水、诗画间。尤善音律,度曲清洒。每风月佳胜,则丝竹觞咏,彻夜忘倦。性好楼居,构楼于城西僻地,坐卧其中,幅巾藜杖,飘然若神仙。一时名重海内,多愿与内交。所著有《西楼乐府》《野菜谱》《西楼律诗》等集。

王瑛,字伯珍,海门人。性严重,不苟取予。以太学生授府经历,不赴官。日惟灌园自给,暇则读书,因自号曰"野翁"。性强直,乐人之善,亦能面折人过,不少借颜色。时人为之语曰:"为善不终,莫逢野翁。"

吴敏道,字日南,宝应人。生有异才,为诸生时,邑人朱曰藩见其诗,异之,谓:"某求友于天下四十年,不意即在东家。"与为忘年友。名骤起,郡邑大夫皆宾礼之,后贡入国子。未几,焚巾服归,隐湖上。其乡人犯义者,常畏其知。有疑,辄就问之。有贾人被罪非实,为白理官,出之。其人函百金谢,力却之。其人因构亭征诗,名"却金亭"。有集数十卷,王世贞为之序。

陆君弼,字无从,江都人。为人同不害正,异不忤物,壮不争名,晚不失节。领岁荐,耽高隐不仕,日惟肆力古学,识伟才逸,有《风》《雅》之温厚和平、《楚骚》之凄清深至,有两京、六朝、唐、宋之雄浑精工,咸推老斫轮手,济南才子、弇州山人与一时领袖诗坛者,皆辟易从壁上观。兰溪相公以纂修国史荐充东阁较雠之役,寻坐他议中罢。旋以折简召,弼谢不往,惟报以诗,有"应劳丞相虚开阁,敢拟诸侯给办装"之句,其方轨如此。结淮南、竹西诸社名士辐辏,弼执其牛耳。所著不专一家,散布于隆、万文字间者数难更仆。隆庆改元,学使者檄纂世庙实录。万历癸卯,太守杨公洵属重修郡志。年八十有二,伸纸挥毫,有吐辄奇,无施不艳,至今后学共称"无从先生"云。

汤有光,字慈明。诸生,再试不售,遂弃去,以高尚自持,顾大司马养谦极爱重之,在蓟辽时解数千金为赠,光雅不好持筹,逾年金尽,司马亦再三赠,终不少留。后与范司勋凤翼为志年交,结山茨之社,招徕四方名人士,赋诗饮酒,风度甚豪,州大夫争相推引。善奕,尤善书。书法仿孙过庭,翰墨淋漓,人多宝爱。诗清新俊逸,有刻集行世。

国朝

徐宗道,字性之,江都人。性孤贵,家屡空。有守游楚、闽、燕、晋间,一时闻人读其诗文,愿交其人,不得。工乐府古诗,字摹欧信本,画法马远,尤精字学,籀、斯、甄、邔诸书,辩说最详。生平不多交,不怀刺,与里中大参陈曼仙、诸生张为韩、阮玉铉结南浦社,扬扢古今。以老卒,年七十有九。所著有《天文统原》《历代舆地图说》《宣圣世纪》《诗学辑要》《宫词一百首》《王氏梅花诗一百首》《金二戈传》《日用字书考》诸书行于世。

顾大信,字成之,号天目,兴化人。少称俊才,潇洒逸邵,虽不绝物为高,亦落落难合制义,宗守溪、鹤滩,晚近逢年,不及格不收弃去。为古文辞,于百家众说时有笺注考辩,如以《诗经》"访予落止"之"落",解《楚骚》"落英"之"落",谓"始开之菊方可餐",诸如此,即王逸、刘勰,有不折节心下者乎?尤工诗,笔床茶灶、幽忧拂抑中,吟哦不辍。所著有《茗炉随笔》《梦萱堂稿》《白门社刻》《梅菊新篇》《蚕响》《茶约》诸集行世,而强项难下,究甘贫老。年七十五,卒。

邵潜,字潜夫,通州人,寓居如皋。直而不伪,持气节,不屑下人。贫甚,无妻子、僮仆,卖文为活。著有诗集《循吏》《友谊》《引年》《志幻》《州乘资》等书行于世。邑令长山王公今、司李济南王公皆尝式其庐,署其门,寓公庐。又有产芝之瑞,年八十有四,犹手不释卷,真高隐者流。

徐鼎勋,字扩生,江都人,别号莲胎孺子。秉性正直,不事机械,里党推为古人。生平耻言财利,惟以诗歌自娱。所著成帙,旁及兵机,素学靡弗研究,尤工于医,惓惓以济人利物为念。晚年力参性宗,抱道而隐,超然尘俗之表,有匡庐十八贤遗风焉。其年六十九,卒。长子化民,辛卯举于乡,甘澹泊,绝请谒,慎交游,盖笃守君之训云。

赞曰:阮孝绪著《高隐传》,以言行超轶、名氏弗传者为上。回、方非《论衡》几无闻,所谓身既隐矣,安用文之? 广陵若张、薛却聘,杨寅避地尚已,其严周之伦耶? 嗣是如周子重、王鸿渐、陆无从、徐性之、邵潜夫诸子,志意修洁,咸有著述。读《邗城子》《正始堂》《西楼乐府》《宣圣世谱[1]》《州乘资》诸书,皆裨名教,关国政,不可谓非山林经济,岂颓然自放死心草木者哉? 余论断至此,未尝不慨想其为人。嗟乎,士之垂名宇宙,知不在区区显荣之间也!

---

1 "谱",本志《徐宗道传》作"纪"。

笃行传

陈东山,字鲁望,江都人。九岁失父,哀毁如成人。既长,慷慨多大节,其所亲尝寄千金,逾十数年死,山召其子,还之,封识如故。尝挟千金贾颖上,仆盗其半。事觉,株连数十家。山白官,罪止其仆,众得免偿,颖人德之。年八十七,卒于家。

顾瑶,字公玉,通州人。以博士弟子例入为国子生,工古文辞,善书。仗节好义于乡人。陈侍郎所闻杨继盛之变,相扼腕流涕,为位哭之。性好施予,人以急告,辄周之,出所有毋吝。所著有《行素园稿》及《字学考训》行于世。以子养谦贵,赠都察院右副都御史。

卢枫,字拱宸,通州人。少以《易》知名。以贡授泰安训[1],寻迁齐东教谕。部使者多荐之,以疾归。归未旬月,殁。殁之日,囊无一钱,至不能丧。枫孝友事异母兄椿如事父,从兄贫无嗣者殡其死,贫而能安,其君子之固穷者欤?子纯忠,能诗,亦继死,里人陈侍郎作《卢生传》;次子纯学,亦能诗。

贾宽,字朝用,扬州卫人。尝暮归,道拾遗金,守其人至而还之。其人强分其半,弗受,酬以鸡黍,亦弗受。里有死不能棺者,常倾橐助之;不给,仍质贷以佐,无所望报。

阎金,字体砺。其先关中人。父琮,为合肥主簿,满九载罢免,贫不能归,因占籍江都,遂为江都人。有子五人,皆治《礼经》。金任侠好义,重然诺。嘉靖戊午,倭躏畿辅,知府石茂华发民乘城,望见倭薄城,率股栗。当是时,西北诸贾人客扬州者数百,金召其豪,约共登陴。有郜某者善射,以大黄连射杀其渠魁。倭闻陴间多塞上人语,又识其矢,疑非边外劲弓不能发,遂宵遁去。境保无失者,本金招此贾人之力也,以是名闻江淮间。金起盐策,人负毋钱,每折券与之。久之,其孙士选、士聪、士选子汝梅皆以《礼经》魁乡举,登进士。

陆应期,字国贤。其先仪真人,永乐间有以罪戍大同者,遂家焉。至应期,挟盐策来贾两淮,复占籍江都。尝贾齐、鲁间,同舟者三四辈而不知舟人皆盗

---

1 "训"后疑脱"导"字。

也,数嫚骂之。应期性慈厚,时时推饮食相劳苦。顷之,盗发,拥应期坐树下,曰:"公长者,愿毋犯。"执同舟者,榜挞甚楚,尽劫其资。应期所出贷里人,人数负之,辄自燔其券,以是家益贫,叹曰:"太史公有言:能者辐辏,不能者瓦解。吾且休矣。"自是,不复言治生,而托豪酒自娱。年七十余,卒。子君弼,岁贡士,以古文诗词知名。时蛟门相公云:"江都诸生陆弼,闭户著书,不求闻达,堪与济南、弇州鼎峙天下者,无从一人而已。"万历癸卯,太守杨洵重修郡志,弼司笔札焉。

陈完,字名甫,通州人。颖敏绝人,读书过目不忘。嘉靖丙午,以诗魁于乡。痛母寡居,誓终养。母九十四岁终,完哀毁几不胜。绝意仕进,族党力劝之,乃授都察院都事,但一拜章服而已。所著有《皆春园集》《海沙论草》《崇理编》等集行于世。

陈冠,通州人。性孝友,居乡尤称谨厚。为侍郎尧之介弟。自守绝迹公门,乡评重之。以子大壮贵,封中书舍人,加封刑部陕西司员外郎,再加三品服色。寿九十四而卒。

顾承学,字思敏,镇远侯承光弟也。自少以孝友闻,修经业,补郡诸生。自处若寒士,常有泉石山林之思。喜宾客,重然诺,多所推让,郡中多其长者。与镇远兄弟故相依,承光奉朝请进,掌大汉将军,承学每思其兄,辄涕下。万历丙戌,省之京师,疏补锦衣卫勋卫。居半载,乞骸骨归。有司以故事具舆隶,谢不受。爱敬其兄,终身如一日,他人莫及。镇远常奉使南还,侍饮食必躬亲,病则身煮药进之。其笃于人伦如此。年六十六,卒。子大猷,袭父官。大猷能诗文,有声缙绅间。

李鹄,字骞伯,仪真人。试诸生,辄高等。好古文,博学洽闻。性至孝,居丧,筑庐墓旁,朝夕上食如生时,有白鹤、朱蛸之瑞。兄负贾人钱千缗,鬻产代偿之。及其收责昭阳之下里,逋者苦岁涝,请宽期,乃尽焚其券而归。年七十,有司请乡饮宾,一再应之。卒年八十有八。其子枳,举万历癸酉乡试,以文章名。鹄事具云杜李维桢志中。

凌节,字济甫,通州人,相弟也。性至孝。家贫,竭力以养。治博士业最勤,及亲殁,遂弃去,曰:"即使禄不逮亲,何用为?"躬耕隐处,悬双亲像,朝夕奉食。为人平易醇懿,与人无忤。尝于平桥得遗金,坐而俟之。忽有啼泣来者,廉是其人金,还之。至徐州,寓婺妇家,有女年及笄,向节乞钱。节怜其贫,予百文。已稍相昵近,节绝之,即时移寓去。年七十,郡大夫聘乡饮大宾。

沙龙,字戴旗,通州人。闭户读书,未尝识城市。与其弟鳌皓首,俱七十余,历子若孙,三世不析爨,即寸帛、斗粟共之。丁家渡口得遗金,龙访其人,还之。又寄布百余匹于舟,舟人夜被盗,次日诣龙,请以子女偿,却不受;以所操舟偿,亦却之。人以是高其义。

史起敬,字德聚,江都人。少从桑惟乔授《易》。以例入国子,授建昌府经历。曾破流贼,活俘民,有功,当擢用,即乞归。弟起聘,少孤。比长,析产,推身所积著中分之。每急人之困乏,里中号为长者。

郑之彦,号东里,扬州府学生,原籍歙县,为建文死难参政郑居贞、御史郑道同之后。自幼称孝童,汪伯玉司马器之,订忘年交。强敏博记,为文似苏端明,乡试两隽复失,以义声著江南。解纷排难,阴福人无算。里多讼,有司不能决者,待彦一言而平。一囚坐死狱,察其冤,言于刑部,谢廷谅为平反,终不使知。疏理鹾政,袁沧孺有功德于淮扬,中谗被系,力救之,竟有完誉。秉家政,五世同居,无间言,号义门。旅榇不能归者,置义冢。岁饥,命诸子捐米赈粥于天宁寺。所著有《占候象纬》《九镇海运诸图》《说宗伯》。姜逢元称其生平然诺无二言,闺合无二色,诸懿行详董其昌、陈继儒传志中。子孙相继成进士,人谓积德之报云。

宫永建,字克昌。性孝友,当丧父,家贫,从舅氏贷木,后偿半,而弟应偿之半尚虚,历五十年,病革,召子景隆亟取箧中书若衣代偿,且曰:"吾诒吾父安,宁计所负属谁耶?"父柩在堂,会岛彝入犯,民尽窜,子身居守,曰:"柩存与存,柩毁与毁耳。"时比间焚劫,家独免,金异为孝感。会景隆入泮,门人顾某持缗钱为馈,稔建贫,更倍之。及补约,顾殁矣,家人不复记忆,请辞曰:"若不受,当掘置塓左。"其践然诺多类是。弱冠既廪,屡试辄甲。适以弟不检,含沙者射及建,负冤莫雪,偶客有齿,岁荐者孙从傍曰:"向大父不蒙荄今者,首进贤矣。"即叱止,乃退语:"而忘而叔祖在坐耶?"惟恐弟踧踖,故云。后七旬,以勤读失明。逾十年,双瞳忽炯炯,异哉!建卒后八年,学使者闻于朝,命有司建特祠,崇祀泰山墩之阳。时孙大壮以万历戊午隽于乡,丁丑,改名继兰,成进士。壬午、癸未,曾孙伟镠联捷,魁南宫。至本朝,督学苏公铨捐俸,申饬署玄孙鸿序奉其祀。丁祭日，有司诣祠，奠如礼。督学李公嵩阳檄祀乡贤，又署玄孙承宗奉乡贤祀。督学张公能鳞又捐俸重葺，瞻拜仰止，扁其堂曰"儒行君子"。

桑履直，字日邻。万历间，例贡士。少孤，事母笃孝，母性奇严，微不豫色，则长跽终日，候霁乃起。娶胡氏，以疾来归，归三年死，犹处子，未尝有间。言家贫，止垄前瘠田，岁收麦菽数斛而已。后娶周氏，克勤俭，自春剥供朝餐，虽恒饥，不干外事。时埠外有隙地，里人嘱其请于官，而岁轮其缗以供膏火，直曰："莫非王土，敢为己有乎？"坚谢之。生平嗜学，制义外，擅古文词，工书画，凡扬金石之文皆出其手。又旁通天官、地理诸书，著述盈笥，独付剞劂，贫未能也。生四子，仲捷，字宇章，能读父书，家故贫，急治生为养，晨兴必请二亲，所嗜即远道为力致。又以父年老，出必随行左右，扶持以返就寝乃去。父死，事寡母三十余年，纯谨如一日。而爱诸兄弟，守先人敝庐，而以新筑舍析弟与居，此尤人所难者，里人咸啧啧以直为有子云。

乔岩，字维石，宝应之射湖人。为诸生时，耽《周易》性命之学，高隐不希闻达，广先人世累之德，多行仁义，姻睦之声，溢于族党。置义庄、义冢于其乡。岁大歉，邑人不饱半菽，岩喟然曰："人尚不谋朝夕，吾安事计子系？"遂大出所蓄，以赈奇荒，谷尽谋金，金尽谋贷，贷竭谋鬻其腴产，虽其家日就窘瘁，无倦色也。县大夫重其笃行，屡请宾筵，仅一赴。顺治丁酉，大中丞蔡公士英闻于朝，奉特旨赈米至千石，捐金至千金者准贡，岩尤逾数焉。

史宗显，字及达，汉溧阳侯裔孙，先世自四明徙江都，遂占籍。显知书，重行义，有山东亓克孝者，来官扬，显善，妻亡，子以哀毁亦亡，子妇抱夫木主自缢，亓甚贫，显为殡殓，择家园善地为立窆，命子孙世为守，岁岁代扫墓焉。又通州贡士杨孟坚者，亦善显，年五十止一子，除兴安判，次广陵，子猝死，伤几绝，不欲之官，显勉其行，以一婢赠之，冀生子以续其后。他日，显游崇川，孟坚已卒于官。其友孙梦杨相嘱曰："明日史公来，烦为我致谢。"孙访显于客舍，白其事。显之幽德，可谓通鬼神矣。显由恩贡为两浙运判，再迁福建理问，持法平允，全活甚多，闽人共尸祝之。卒年七十有二。今其子孙或升庠序，或掇科名，家世昌炽，人以为笃行之所致云。

宋朝相，号华阳，江都人。初习儒，以穷理为务。后改医，无贫富，悉心胗视,郡中赖痊活者甚众。天性孝友忠诚,训子有方,尝语子之儒曰:"吾家贫,竭力崇师教,汝非显荣是望,冀汝为大贤,以成吾志。"儒试不售,且慰且戒,谓:"进取之难如此,宜思天下寒士之苦,异日得志,慎毋狥私请妨贤者路。"甲申,亲党谋相邀结伴湖干,以贫不能远徙,又耻因口腹累人,但谕家人曰:"死生,命也,唯无亏清节耳。"乙酉卒,乡人至今慨慕善人云。子之儒,成大清顺治壬辰科进士,授江南卫辉府推官,遇覃恩,赠文林郎,如其官。

路登明,字羽圣。弱冠,称銮江隽才。负意气,重孝友,以顺治壬辰贡司训宛陵,寻补浏阳令。未几,以疾归。先是,天启间,伯兄云以江舟十余艘揽贾客,载多,为别舟人嫉。会有润州人杨天麟子买戚冈舟之留都,以谩藏致劫,殒其命。麟迹至,别舟人诬以中云,质于官,拷掠诬服,无赃私状。明肆力购捕冈,白云无罪。及缉冈,供皆麟物,檄他司覆勘,索重赂,明恃直不应,几为覆勘者所坐,褫其籍。云之子不忍明为父破其家,奔叩阍,不遂。既得两侠士雪其冤,明乃得复,始以岁荐除授云。外史曰:"明自毁其家以纾兄难,斗谷于菟之后,见此一人而已。"云死,明事嫂如母,诲侄如子。年七十,卒。

高邮处士尤佐,字良臣,明经尤运昌之祖也。幼治举子业,数不偶,尝云:"为文不本《六经》,立身不敦五伦,即取科名,耀乡里小儿,非二帝三王之道也。"年廿九,李氏妻早世,佐痛悼,不再娶,或劝之,曰:"吾有子,娶则笃伦之谓何?"鳏居七十三年,寿至一百二岁,身轻不杖,白发飘然。同里进士李应轸偕诸生公举义行,州守卢公璟、李公含乙旌表其门,屡请乡饮大宾。曾孙敏字廪生,古文词诗歌父子相倡和,又能习父九成宫书法,一时艺苑有询通之誉。

王应第,号二洲。年九十余,以德重于乡,典型在望,江都一人而已。司教山阳,多士以秦山北斗尊之。既归林下,喜招宾友故旧,款治以杯酒。积首藉余俸,辄为贷者通,不复偿,第亦置不问。居恒接年少辈,亦执礼甚恭。七十三,始举子,犹为毕其婚娶,及见其乳孙。饮宾筵十二次,至九十四,以无疾终。

朱义,字沂泉,江都太学生。少工举子业,慨然有济世志。志弗遂,乃始以为善于乡自励。当明季时,岁荐饥,道殣相望,又役繁民困,多罹于罪,义闵之,日为粥于路以饲尪羸,出米及衣襦以赈系囚,又时制棺器以给贫不能殓者。其务施济,类如此。尝渡杨子,见覆溺,因饬善水者具舢以待,今所号救生船,实自义始。其于族属贫者收之,婚嫁者资之,令毋失时,至今犹仿其遗意。乡邻有讼者,每为平曲直,息于官,且代输其赎,咸以为朱公断愈于官断云。卒时,年六十有八,犹恨弗获大行其志,嘱其子以善继。生七子,有声庠序者济。济四子维夔之子陶,中康熙癸卯科举人,其乡人交口称之,曰:"此怡泉为善之报也。"斯亦足以慨其为人矣。

赞曰:布衣韦带之士,事业不显于当年,而汲汲好行其德者,乡里所谓善人也。天之所助者顺,当吾世而食其报者,不乏矣。余既论次逸民,复采耳目所睹,记为《笃行传》,庶以风励善人。倘曰善无近名,必嘉遁而后正志,欲使人速知为善之利,何繇哉?

扬州府志卷之十九

人物志下

孝子列传

汉

董永，海陵人。即世传卖身以葬父者，今丁溪场永与父墓并存焉。邻壤西溪镇，有天女缫丝井。按：《后汉书》与此不同。

魏

刘宗武，广陵射阳村人。魏太武军至广陵，宗武母见害，遂蔬食终身。人号所居村为孝义里。

吴

盛彦，字翁子，广陵人。少有异才。母王氏疾失明，彦遂不应辟召，躬侍养母，食必自哺之。母病久，于婢使数棰挞，婢忿恨，伺彦出，取蛴螬炙饲之。母食，以为美，然疑其异，密藏以示彦。彦见之，抱母恸哭，绝而复苏。母目豁然即明，从此遂愈。彦仕吴，至中书侍郎。

晋

高悝，江都人。少孤，事母以孝闻。年十三，值岁饥，悝蔬食不厌，每致甘肥于母，抚幼弟友爱。寓居江州，刺史华轶辟为西曹书佐。及轶败，悝为匿其妻子。会赦，乃出。元帝以为参军，历位至丹阳尹、光禄大夫，封建昌伯。

蒋伍,宝应人。宋嘉定九年,母孙氏两目盲,伍自剜左目,和粥以进,母目顿明。县上其事,郡守秘阁应纯之赐予甚厚,诏表其居巷曰昭孝坊。

宋

严希孟,如皋沿海乡人。父文式先卒,事母平李氏尽孝。元祐三年,母病疟,医祷无验,希孟割股肉炊糜以进,母病遂瘳。乡人称曰"严孝子"云。

史声,如皋沿海乡人。登进士。始家贫,母先卒,日夜读书,暇则躬樵茅易以养父,自食粗粝,未尝至饱。及授官迎养,中途闻讣,即奔跣四日,至父尸处,哀恸几绝。扶柩还葬,结庐墓左,躬负土,培墓成垄如山。遇吊者,未尝与言,惟触地即哀而已。

朱寿昌,字康叔,扬州天长人,徙居高邮。以父巽恩试将作监主簿,累官知岳、阆等州。初,父巽守京兆,母刘氏方娠而出,出乃生寿昌。寿昌生数岁,归父家,母子不相闻者五十年。后寿昌行四方求之,不置饮食,罕御酒肉,言辄流涕,凡力所可致,无不为者。熙宁,弃官入秦,曰:"吾不见母,誓不返矣。"行次同州,得之。母子相持恸哭,感动行路。刘时年七十余,嫁党氏,有数子,悉迎以归。知府钱明逸以其事闻,诏还就官。由是,以孝闻天下。越数岁,母卒。寿昌居丧,几丧明。既葬,有白乌集墓上,抚同母弟妹益笃。邮人名其里曰"彰孝坊"。官至司农少卿。孙英,元丰进士。曾孙械,绍兴八年进士。

张熹,字立道,海陵人。事母至孝,赤芝生门。越七年,又产舍后竹间。前后凡十四本,光润如丹朱,扣之铿然有声。乃筑三秀堂。内阁刘既济为之记,蒋侍郎粲、毛筠州教书皆以诗颂其孝感。

丁天锡,如皋人。性沉静,有器识,博学能文。父先卒,奉母周氏至孝。有盗入其家,以兵胁母,锡曰:"宁杀我,所有藏箧任取之。"盗亦自惭,曰:"天不杀孝子。"于是母子俱得解。

钱湦,字申伯,如皋人,翰林学士勰之孙也。家贫,而丰于养母。居丧,哀毁骨立,庐墓三年。

顾昕,泰兴人。十岁丧父,事母至孝。以母疾,不茹荤者十年。每鸡鸣起,衣冠,率妻子诣母室,问所欲,五十年如一日。母老丧明,昕日夜号泣呼天,母目忽明,能秉烛缝纫。九十余卒。

吴汝明,仪真人,志兴子也。母尝疾,刲股以疗,有灵芝生堂侧。开禧间,北兵入境,他室庐皆焚荡,汝明室独完。兵后疫兴,其家独无恙,人皆指为孝行之报。嘉定间,郡守潘友文上其事,诏旌其门。

元

沈政,泰州人。端拱初,政父为屯田院衙官,凶暴无赖,使酒殴平人死。政中途见父恐慑,述其故,即号呼褫衣,就殴其尸。巡警者捕送官,狱具,怡然就死。闻者悲之。

明

孙质,高邮三垛人。事亲至孝。元末,避兵广陵。值张鉴兵乱,质度不能俱免,谓其妻曰:"不幸至此。使父母殒于兵,予则终天之恨。"遂弃妻子,负亲以逃奔苏州。二亲以寿终。洪武五年,还高邮。有司上其事,未及旌表,卒。会稽杨惟祯有传。

李茂,大名人,徙家江都。性笃孝。父兴寿,临卒,谓茂曰:"吾病且死,母老尔,善事之。"茂泣,奉母孟氏益谨。母尝病目失明,茂祷于泰安山,三年复明。又祝母寿,每夕吁天,乞捐己年益母。孟氏逾八十而殁。大德九年,县中灾延烧千余家。火及茂庐,风返而灭。事闻,旌表。

张起,海陵人。其父遭兵革,与母失散,昼夜悲泣。起,行求四方三十年,得之济阴。成廷珪赠之以诗。事与朱寿昌同。

王凤,字朝阳,宝应县人。少孤,事母至孝。母尝病头痛,凤朝夕揩拭脓秽,侍奉汤药。母竟弗起。凤时年十七,哀毁骨立。既葬,庐其墓。尝有盗夜入其庐,见凤容色忧戚,叹曰:"毋惊孝子!"以所盗他物遗之。墓上忽生松篁数株,日就丛茂,人以为孝感所致。后仕为山东平度州同知,有廉声。

张佛住,高邮人。母病笃,佛住割胁取肝以供馔,母病愈。有司上其事,旌之。

王凤,通州人。母邢氏病,凤尝出外,心忽惊,遂驰归。母疾剧,诸药不效,凤悲痛仆地,割股啖之,母疾竟愈。

赵岱,字谦中,兴化人。父病,岱取其中衣,躬自浣涤。母周氏,年九十,尝自制乐词,帅子弟歌舞,以侑其食。于兄弟尤友睦,恒共被服焉。宗族赖以全活者亦多。

周凤,字天瑞,仪真县学生。父负客钱,被讼狱中。凤乃作誓书,卖身佣值以偿。燕商苏荣怜之,为挥金偿客,得释。凤诣荣佣,弗许;又质以地宅,亦弗许,投其券而去。苏后被枉,凤力为辨之。及卒,为持服三年,抚爱其子如己出。

崔纯,海门人。性至孝。正统中,充邑庠生。将贡,以二亲老,乞终养,不复仕。父寝疾,躬亲汤药,日夕不倦。父殁,哀号墓所,因以丧明。

杨玺,字国珍,仪真人。不学而合古道,事其父,出入必告,晨夕定省,不懈寒暑,尤尽调摄之方。父有所适,必自迎归。既归,俟寝而后退。比其亡也,哀毁逾常。事母益笃于孝。玺尝贸易于市,日必三返视食,入厨,涤器。母或不悦,必请罪,母颜解而后起,人皆称曰"杨孝子"。

王辂,字商卿,江都人。成化二十年,因父英病笃,辂年十四,割股医治。正德十年,母徐氏老疾不起,辂复如前,俱获愈,秘不令人知。嘉靖十五年,其兄前尚书轼偶与客言及之,两学追论,共举于巡按御史苏丛,行县旌门未及,辂卒。

赵绅,浙江诸暨人,高邮学正礼让之子。礼让秩满,携绅入京。舟次武城河下,礼让失足坠水,绅随跃入水中以救。水急,舟驶,父子俱死。明日,得其二尸,绅犹手持父臂不脱。高邮翰林编修董璘上其事,旌之。

刘勋,通州人。年十四,祖景彝遘疾,诸药弗效,勋即割股为粥疗之,疾遂愈。逾岁,祖卒,勋每哭绝而复苏。居丧三年,不茹荤,不入寝室。人皆称其笃孝。

张黼,字元素,泰兴人。七岁,从父城宦京师,温清备至。及长归娶,至扬州。梦父病,惊悸不食,亟返舟北上。至则父卒于官矣,哭痛几绝。扶榇还,途中遇盗,见其柴毁,不忍犯而去。母棺在殡,西邻失火,黼伏棺恸哭,愿与俱焚,火亦遽息。渡江求铭,中流风骤起,三舟覆。黼仰天祈叩,风止,舟独全。岁饥,倾囊以活馁者。又值大疫,遇疫者六人卧道上,携归,置一室,疗之而愈。邻人穴其墙盗谷,黼觉之,与谷,令满负而去,竟不言其人。县令冼光上其事,诏表其门。妻何氏,佐黼为孝,年百岁,家有百岁堂,海内士人咸赋诗寿之,太学士李春芳为之序。

徐恩，江都西乡人。家世贫，业农，然内行纯备。兄弟数人以食指繁，析爨，恩独终养膝下。父患疡，侍药饵甚谨，日夜吮其患处。后复为盗获，伤重，恩奋勇手刃一人，盗遂披靡去。父死，母病痰，不饮食者月余，时暑月，恩伏床下，身为蚊蚤所嘬，无完肤。每晨焚香呼天。偶一老兵勾其门，暑著絮缯，肘后悬竹筒。问之，知贮药，乃恳为母乞。老兵解一粒予之，大仅如粟。母服，寻愈，人疑老兵仙者也。母竟以高寿终。当道奖之，称"徐孝子"。

苏虎，字瑞夫，泰兴人。蚤孤，家贫，行佣养母，所得饭辄裹其半遗母。母亡，如丁兰故事，貌木而事之，出必告，食必荐。虎病革，嘱其妻子曰："事吾母如吾在时。"至今犹朝夕上食。

姚山，如皋人。年甫十三，父病革，昼夜悲号，乃焚香祝天，割股肉作羹啖之，父疾愈。居常得异味，必怀归遗父。父素业屠，山跪哭谏，求易其业，父从之。比长，补邑庠弟子，孝德益至。居丧遵礼，言笑不苟。蚤卒，士林惜之。

徐铋，高邮人，徐济民之子。济民早逝，母刘氏遗腹生铋。母疾笃，铋祷天，请以身代。时暴雨如注，而香烬不灭，人咸异之。母疾寻愈。母出，铋必亲与僮仆扶舆，母亦安之。母卒，铋庐墓三年。一时缙绅咸赠之诗文。

夏赐，通州人，世以石工为业。母早亡，佣役以供其父。所役之家或有肴核，必怀以归。夏月清枕簟，冬月必致温暖。病侍汤药，衣不解带者逾岁。里中无少长，皆呼为"夏孝子"而不名。

白承宗，字厚之，通州人。八岁丧母，哀号不食。事继母如所生。父忽病瞽，医祷尽力，垂三十年不懈，尝以舌舐其目。父八十时，承宗置酒高会，上寿以娱亲，亲目忽开如故，人皆异之。有司上其事，部使者旌奖之。亲殁，复为庐墓三年。

王愆，江都人，郡诸生。七岁丧父，哀毁如成人。长，奉母苏承顺，奉养母病，带九月不解。侍母榻左二十余年，母寿百岁。比卒，容毁骨立，三年不荤酒。有司请为乡饮宾，辞不赴。御史陈某旌其门。

孙著，宝应人。父鸾，嗜饮酒，著常置钱于酒家，令恣其饮，不取值。父尝病中满，医云必须百虾蟆可愈。时冬月，著觅之野中，遂得百虾蟆。里人大异之。著曰："伤百命以生吾父，吾不忍也。"乃尽放之，自以股肉纳豚肚中。父食之，寻愈。知县李瓒遍白于当道，旌其门。

龚勣，字世臣，高邮人，御史谦之孙。九岁，母疾，隆冬思藕，勣祷于神，即求获之。长为庠生，贡入太学。一月，忽心动驰归，侍父五日而父卒。隐居不仕，以寿终。今祀乡贤祠。

严正，如皋人。父宦十五年，廉无所遗，又性好客，客至辄留饮，正时时质衣物治具，极欢而罢。父病，侍左右，衣不解带屡月。及殁，哀毁几殆。出必告遗像而行，至期，即风雨不敢失。母弟客死，间关百状，竟持其丧归，抚诸遗孤犹己子。前后有司皆表其门。

王隋，江都人。性孝友，操履端慎，不苟言笑。家稍裕，朝夕侍养，必致所嗜。兄早逝，有遗孤，收恤之。故人子范伟，贫不能婚丧，隋解粟助之。又数数出母钱给闾党疏属之困者，或不能还直，辄焚券。里中诵其孝义。

杨守业，江都人。事父槐、母张曲尽孝谨，张病，药饵必亲尝，衷衣而卧起者浃旬。后病日笃，诸医束手起。业惟日夜呼天号泣而已。张一夕忽愈，众以为诚孝所感。逾年，母殁，业哭擗踊绝者数四，家人救之苏。自是，勺水粒粟不入口，越旬而死。有司为旌其门曰"孝行"。此可谓死孝矣！

高之荣，秦邮人。自幼迄今，以孝行称于闾里。崇祯间，其父高其义染病革，荣割股疗之，立瘥。既事寡母，曲致色养，乡人风之。

林中馨、林中乔，江都儒士林章灿子。中馨、中乔值母以疫厉危笃，两子调视汤药，寝食俱废，既以参术不效，遂各剜其股，母病得苏。其父又染疫卧簀，两子计曰："子身，皆父母之身，幸脔吾肉可以活母，倘邀天可以活父，忍避寸铁乎？"遂引刀再试，父病亦获瘥。两子，真异孝也。各院道查验的实，编载宪纲。

李之瑀，为江都理学泗泉先生后。冲龄，凛父师教不逾尺寸。成童时，母萧氏病笃，瑀既祝天，愿以身代。次日，割股肉作羹进，其母立奏奇效。士民鸣之，道府验而异之，谓"稚子殊孝，原本天性，门闾可表也"。学使抚按各给扁额，于顺治五年载入宪纲。至今日，营甘旨，偕兄若弟色养堂上，人愉愉孺慕，惟惧稍拂其意。里左传之。

高邮故民刘梦举，恂谨醇善人也。幼年刲股，宗族称其孝，举曰："割身救亲，卖身葬亲，人子之当为。"秘不欲人知亲愈色养，终天年成礼。成礼，复好行德,完婚助葬,皆缓急人,怡怡推让,有姜、薛之风。巡按秦廉其善行,给粟布,旌赏。

阎士彦,江都甘棠里人。孝友出于天性,总角时,值其父病剧,念古有刲股疗亲者,遂引刀祝天曰:"苟活吾父,何恤吾身?"即脔其肉以羹进,父病得瘳。其母举子女多,素赢弱,士彦又断茹荤以资母冥福。里人以其事闻于郡县,因得以纯孝列宫墙,台司屡旌其门。士彦又慷慨尚义,忧人之急如疾痛在身,亲识贫者往往待以举火,施棺掩骼,虽洗橐为之无倦色。彦为人,盖孝子而多行仁义者也。殁既久,里中童叟感其德意者,至垂涕相向云。

丘雯,秦邮孺子也。母湛氏病危笃,雯忧之甚切,一夜,梦神语之曰:"汝勿忧母疾,能割自身肉啖之,可即愈。"随跃起,持刀拜神,割肘肉自烹奉母,母曰:"何物?"雯佯曰:"医人所治药羹也。"食之,果立愈。即康熙三年正月事也。

仪真儒士汪道宏,字有度,原歙县人。博洽醇谨,有道气。少失恃,事父定省中礼,常痛未见母为泣,父谓尔兄酷似母,即绘像祀之,岁时伏腊,莫不哭。及事继母,又以孝闻。父卒,卜吉于歙,躬奉灵辀归。先期,托所亲移母枢合葬。时冬大雪,迷山径,乃两枢一时并至,是非诚孝之感不至此。宗兄少司马伯玉汪道昆有"曾、闵"之称,信夫!年七十八,卒。所著有《杜律注》《市隐录》,集有《本草单方》。

王维庆,字裕昆,高邮人。性至孝,妻陈氏能从庆志,母徐病,陈刲股愈之。次年父病笃,不治,庆曰:"吾闻割股非孝,然吾妇行之获济,则伤体愈亲,不犹贤于己乎?"亦刲股愈之。前巡抚都御史李、督学御史熊上其事,编入宪纲,岁给米帛,奉旨旌奖。卒年九十。

孔孝子,名应试,高邮州南陵东村农夫也。崇祯甲戌,母施氏病,割股疗之愈。逾年再病,再割不愈,发愿然肉香十年,香然复愈。岁凡四然,皆剪肉和香爇之,胸前经创坟起者三十二处。壬午,孝子父好年八十,病疟不瘳,有人传抉冥官目辟之立止,孝子泣曰:"抉神目谓可驱疟鬼耳,吾有目取而代之,与其令鬼畏,不若令鬼怜也。"八月十五夜,焚香祝天占,抉左目,睛堕,有血丝缀之,长寸许,不可断,因竭力截之断,无多血,亦不甚大痛,煮汤以进,疟果愈。后邻老告其父,父痛甚,逾旬死。孝子哀号、不饮食者七日,躬负土营葬,奉母以养余年。同里杨先春为之传,御史杨仁愿旌其庐。

生员王伊濯,高邮人。读书安分,不问户外事,力行孝道。父死,祭葬咸规礼训。又推亲心,友爱兄弟,以坚御侮,此孝子可风也。

顾希颜,字学儒,通州人。少以名诸生入太学。父譆,为鄱阳簿,卒于官,颜号泣昼夜,奔讣至,以丧归由大江,风暴起,舟几覆,颜抱棺哭且搏颡,俄风止舟济,舟中人皆谓孝感所致。后为宁阳丞,忽心动,乃以间归省,其母果病,以至大故,一恸几绝。

孙庄,通州人,字尚廪。父炀,严不易事,庄委曲承顺。母病,庄三刲股,三愈之,尝雪夜思梨,庄越城抵市觅之,虽犯禁,弗恤也。母死,念父鳏,寝食与俱者四年,若未受室然。里人称之。

王化淳,字君厚,通州人。至性孝悌,诸生中所绝无者。父廷献谒选回道死,淳哀之甚,顾母在疆,饮血以安之。三少弟,母所笃爱,各授以肆,寻鹭产诸弟分异,恐伤母心,竟延与同居。年几五十,常设榻母侧,寝食与俱,岁不子舍。无何病,年六十卒。卒之日,犹对母呜咽,以弗克终养为恨云。

朱长康,字摩诘,通州人。崇祯庚午举人。祖玉汝,父当世,皆博学能文。先生读其书,不愧象贤,又能慎终追远,岁时及出入里闬必墓告,每试一艺,苟自得,必跪而痛之,虽老不废也。抚育犹子如己出,性耿介,取与不苟。五上公车不第,安贫乐道,一时有真孝廉之称。子焘,字绳其,为诸生,以孝友世其家。鼎革间,大兵临城,空国而避,焘独居守父丧不去,家贫绝火者五日,时论难之。

殷国瓛,字全叔,通州人,桂阳判尚声之叔子也。以父命从事武昌,途中闻桂阳兵变,至则城陷,而父已殉节。瓛治具发丧,州民哭而赴者日数千人,事已将讫,南归觐母,告慰于父之灵,一痛而殒。州民怜而葬之,表曰"殷孝子之墓"。

许石陛,字元文,如皋人。忠愍若鲁公为其兄,忠烈华山陈公为其舅,陛是训是刑,厚自刻厉,茹素三年,以报所生。及母笃病,剜股以进,母氏立瘳。在制,口不沾甘旨,耳不近丝竹,至祥禫如初,孝友殆由天性云。

陈申,泰兴人。母周氏病笃,申才八龄,奔驰购求药饵不效,呼天割股进母,经一夜,母得无恙。稍长,日依恋母帏,不求闻达,一切世务亦刊落不问,惟耽笔墨,其书法绘事在董太史、倪云林间。时人高之,谓其生有至性,身无俗韵,亦近代表表者。

孙诔，世籍高邮。生平朴貌古心，乡人称为独行君子。事二亲温清，无间冬夏，虽极寒素，甘脆日荐。后父撄寒疾，惶遽不知所为，割股以进，父得瘥可。继病疫，诔曰："身体发肤受之父母，以父母之身救我父母，即死，当无恨。"遂创右胁，出肝寸许饮父，父立有起色，不令家人知，惧伤父志。及创处因积劳难瘥，有神人诣其门，出紫色药傅患处，一二日即无恙，且遗以白镪为调治资。里中惊为笃孝所致，白之当事，验其瘢痕，以殊礼遇之。时督抚李三才敕州给额，揭旗赍金，以资孝养，锡之冠带，载入宪纲，有司岁以粟帛存问。事在万历中，因未登州志，特为采入今乘。

周之藩，字介卿，江都人。精于医。父病，剧治无效，藩刲股救之愈，养生送死，曲尽子谊，闾里以孝称。为人慈和长厚，以救人为心，凡贫窭就医，皆悉畛治，不以贫贱富贵二视之。年六十四，卒。

江都民张坦，幼年失父，哀毁如成人，葬祭咸中礼节。事寡母，教之正罔敢违，有时责之杖，亦莫不受。时孝行闻于里闬。后业成，遇年旱疫，又能出谷施药以活人，人皆称张莘野孝而能施云。

续孝子顺孙

以下皆载在宪纲，有司以孝子旌门，复其家。御史行部，岁给布粟。

苏应芳，府学生。胡易，崔一凤，考选儒士。华时叙，县学生。李承荫，指挥佥事。赵聚奎，府学生。魏尧民，王自强，胡涝，李相，汪有诰，华时中，苏眉钟，朱蕙，陈世雍，崔士言，宋朝臣，宋朝卿。俱江都人。万应征，李恂。俱仪真人。徐时春，周士章，许蓁。俱泰兴人。万中英，李荫，周溢，钱谊，孔学文，缪好直。俱泰州人。朱永寿，任材，王与立，任性，袁晟，禹万节，潘梦龙。俱兴化人。俞廷荐，俞廷彦，兄弟孝友。张庆衍，史先知，极贫，竭力奉亲，介然有守。程士珍，割股愈父生员程定生。张元弼，赵天泽，窬华锦，倪嘉会，彭以助，张文式，庠生。丁庚。俱江都人。徐文明，周文显，王国辅，孔贞选，王维亮，殷三友，经世伟，陈嘉试，赵文炳，殷汤达，白所志，徐光裕，钱尚志，詹钟吉，经一儒。俱仪真人。缪鈜，蒋乘龙，袁懋良，佘昌吉，徐彬生，许城，杨江。俱泰州人。符一善。泰兴人。解良弼。兴化人。郑之鸿，朱克明，刁悫，张拱化，颜恒，田继祖。俱宝应人。王履吉，孙士儁，周道徵。俱通州人。曾梦带。都宪后裔,纯孝可嘉。

节烈妇传 贤孝附

晋

华谭母,江都人。吴太子庶子融妻。融卒时,谭仅周岁,母年十八,守节鞠养,教以典学。后谭太康中举秀才,至洛阳,武帝五策之,一时秀异无逮谭者,官至秘书监,人以为母教焉。

露觔女,年代、姓氏俱莫考。偶有行役,与嫂俱,昏黑无所投止,道傍有耕夫舍,嫂止之,女坚不就。其地蚊巨如蝇,竟以是夕呒死舍外,其觔露焉。后人哀之,为立庙,宋米芾有碑文。见《文苑志》。明江都令欧阳蒸青联云:"蚊聚如小人能予君子以大节,觔露亦疑事要见烈妇之本心。"

唐

樊彦琛妻魏氏,江都人。彦琛病笃,属魏曰:"死生常道,幸养诸孤成立。若相从而死,非吾取也。"彦琛卒后,魏值徐敬业难,陷兵中。闻其知音律,令鼓筝,魏曰:"夫亡不死,而逼我管弦,祸由我发。"引刀斩其指。军伍欲强妻之,刃拟颈曰:"从我者,不死。"魏厉声曰:"狗盗乃欲辱人,速死,吾志也。"遂见害。

李邕妻温氏。邕为北海太守,坐法下狱,流岭南。温为邕请戍边自赎,曰:"邕少习文章,疾恶如仇,不容于众。频谪远方,削迹朝端,不啻十载。属国家有事泰山,法驾旋路,邕献牛酒,例蒙恩私。妾闻正人用则邪人忧,邕之祸端故自此始。且邕比任外官,卒无一毁,天意暂顾,罪祸旋生。邕初蒙讯责,便系牢户,水不入口者逾五日,气息奄奄,惟吏是听。事生吏口,迫邕手书。贷人蚕种,以为枉法;赤罗贡奉,指为奸赃。于时瓯使朝堂,手足严固,号天诉地,谁肯为闻?泣血去国,投骨荒裔,永无还期。妾愿使邕得充一卒,效力王事,膏涂朔边,骨粪沙壤,成邕夙心。"表入不省,而温之贤誉因以彰云。

庾府君妻徐氏,泰州人。夫殁,四子皆教之习儒,先业不坠。经明行修,以仁孝闻。徐卒,葬海陵之务本里,东海徐景洪撰墓志铭。

宋

李易母蒋氏。易以状元授金书江阴判官，会金人犯江阴，守臣胡纺谓易曰："吾曹义当死城守，君有母，宜迁避之。"易归，告其母。母曰："我去则汝必无坚守之志，死生当与汝共之。"闻者莫不感泣，益壮其志。既而敌疑有备，旋引去。

马元颖妻荣氏，朝列大夫愍之女也。幼读《孝经》《论语》，能通大义，事父母孝。长归元颖时，为将作监主簿。建炎二年，贼张遇寇仪真，荣奉其姑携二女走。适贼至，以兵胁之，不从。贼怒，伤其姑，又杀其乳媪。荣氏叱贼曰："天下岂有无义而存者？我虽妇人，不求苟免。"贼又杀其女，欲取以行。荣遂自刃其胁，厉声诟骂，贼遂杀之。其徒曰："杀义妇不祥。"数日，果为官军所败。晋陵邹柄为传，刻之石。

徐赓妻蔡氏。时赓为高邮宁乡主簿，病笃死。蔡市药服之，后二日亦死。秦观称其节行益奇，为烈妇传。

张氏女，高邮人。贼入城，知张氏有姿色，即其家，索之。女方匿复宇中，闻贼将害其父母，不得已，出拜贼。贼喜甚，即伏地呼其父母为丈人媪，而以女行。女佯从之，过河桥，竟投水死。

高氏妇，高邮人。常携其女，从夫[1]避乱，度不可俱全，乃入道傍舍，脱金缠臂与女，令夫携女疾行。夫挈女稍远，乃解纱自缢。贼至，焚其舍。夫抵真州，夜梦妇告曰："我已缢死矣。"

张仪妻姜氏，泰州人。年二十二，仪亡，孀居守节，寿六十五终。延祐六年，旌表其家，曰"贞节"。

毛惜惜，官妓也。端平二年，李全据高邮城叛，召惜惜佐酒。惜惜骂曰："汝本健儿，官家何负于汝而反？吾有死耳，不能为反贼行酒。"全以刃裂其口，立命脔之。骂至死不绝。后阃臣以闻于朝，特封英烈夫人，为立庙。

元

韦寅妻王氏蕙，高邮人。元末，城破。里中暴客乘乱掠寅家。寅被创仆地，

蕙匿薪中。盗发薪,见蕙。蕙恐污辱,乃绐贼曰:"下有金,慎勿尽取。"众争掘地,蕙脱,赴井死,时年二十四。其姑夏氏,府尹夏仲信之娣也,亦自坠。有女奴,始笄,见蕙与姑俱死,叹曰:"主妇俱尔,吾尚可后耶?"亦赴井死。郡人沈最尝记其家为"崇节堂"。

栾凤妻王素英,王国祥女也。凤知诸暨州,素英从焉。会将守总制谢再兴、方国珍潜约袭城,凤闻之,谓素英曰:"吾为国死固无恨,但念汝无所托。"素英曰:"君不幸遭变,我岂独生,当先死君前!"言毕,贼鼓噪入衙刺凤,素英以身蔽之,且骂曰:"汝辈负国,又杀忠臣乎?"贼俱杀之。州人窃其尸,葬于苎罗山。

盛彝纲妻张贞。幼适彝纲,事舅姑以孝闻。至正癸巳,贼寇泰州,妇为贼所得,犯之弗从。贼露刃惧之,声愈厉。贼知不可夺,割其左肱,筋骨尽露,骂不辍口,乃杀之。扬州儒学正廉思诚为撰《行状》。葬[1]先茔,翰林编修苏大年撰《墓志》。

赞曰:古之贤媛贞女,代不数人,要其内行纯粹,固可揭日月而行者乎?露勤女姓氏不显,至今过其祠者犹叹息不能去。元韦氏一门三节,千古美谭。毛惜惜虽所处微贱,能骂贼不屈至死。呜呼!虽烈丈夫,何以加哉?[2]

明

殷氏、周氏女,俱瓜洲人。靖难兵从瓜洲渡江,得二女,欲污之。二女目相许,乃抱持并赴水死。嘉靖某年,里人副使赵鹤奏记于邦,并赵淮妾立三烈女庙于废寺之隙。

高氏,郡学生戴和妻。和应永乐甲午乡试不中,还至城南,惭愤投水死。高氏誓不独生,戚执姑嫜慰解再[3]四,阳允之,后绐姑归宁,乃问和沉处,号叫数声,亦赴水死。闻者无不伤之。

姚氏,赵彦良妻。正统间,彦良被盗死江中。姚具衣冠,寻其死处招魂以葬。魂帛若有物缀其末,持不能起,人共异之。守节六十年而死,里人上其行。

---

1 "葬",原本误作正文。

2 "何以加哉",原本误作注文。

3 "再",原误作"在",据《万历扬州府志》卷一九《人物志下》改。

嘉靖四年,知府易瓒采之入郡志。

钟氏,周鸾妻。正德间,鸾溺死射阳湖。钟仓皇赴湖滢,长号竟日夕,尸忽浮出,遂获殓葬。时年二十九。能成其孤,年八十七卒。

嘉靖初,殷氏女许某氏子,未行,某氏子殁,遂投缳而死。夫家归其枢,合葬之。

王氏,年十九,归金珊。珊病,未合卺,三日卒。王矢志自守,年七十卒,犹处子焉。

沈氏,廖越妻,有妾冯氏、张氏。越卒三人,守节甚严。里中火将延及其家,邻妪请暂避之。三人曰:"死则共此室耳。"俄而火止。

郡学生胡生妇,农家女也,失其姓。嫁而亡宠于夫。夫死,舅姑父母数劝他适,不从,或詈骂之。一日,沉死于积水瓮中。

万历间,徐氏女许配淮安府庠生朱某,未行而朱卒。女成服于家,问其殡日,沐浴,缢死。朱氏归其枢,与夫合葬。

郑氏名其伦,嫁高邮州庠生崔士僎。嫁三日,而僎以暴疾卒。葬僎之前一日,郑栉沐更衣,夜半反户,缢死。时年二十一岁。

贵氏名本贤,江都人,生员贵枝侄女也。长适陈某,富家子,不善治生,数年贫无地,托食枝家。一日,陈谓氏曰:"吾将去汝,汝但另适。"氏默不应。次告枝曰:"女有夫如此,命也。腼颜事他人,不独非义,如命何?"遂一痛而死。枝鸣万历年,巡按卢旌之曰"贞烈"。

王氏,茱萸湾农民张彩妻。年二十九岁,夫死,誓守苦节。年七十五,卒。巡按史堇表其门。

苏氏,江都人,太学生汪恕侧室,生员汪鉴生母。性真挚,娴妇礼。恕病革,氏皇不知所出,遽引厨刀自割,刀利,自腕透臂下肉,负创甚楚,恕霍然,氏瞑然矣。华亭陈继儒传其事曰"义烈",信夫!

高邮黄氏,镇淮厢人。父璘,诸生,生女聪慧,年二十二,适儒陈九经,诞男甫逾周,九经病弗瘳。氏冀以身瘳之,乃虔祷于灶神,刲肱血和药以尝,疾小愈。既弗起,哀痛逾常人,期以身殉。翁勉以抚孤,稍稍平,然犹抱孤哭,昼夜不休。事继姑王极和顺,王病疡,痛楚甚,为抚摩湔拭,复刲肱肉煎汤饲之愈。久之,翁复病痢,暑月秽污难堪,亲捧掬不为嫌计。孤方十龄,翁或见背,弱息无依，于是更刳前肱并泪血以进，翁困瞀中知之，抚枕上，叩首以谢曰："汝为吾家三捐遗体，吾何以云报？"翁卒毙。於戏！氏以一妇人刲股者三，哭泣殡葬又无不中礼，宜乎其叔氏南营缮九锡，公谓其节孝两德，真足昭日月，质神明，不愧也！今其孙男赤以州廪生例应贡，乃耽隐不仕，世共仰其高风云。

陈氏，高邮州民陈听女，儒士徐调鼎字和赓之妻也。适鼎，生二子震、霖，鼎婴疾死，氏年甫二十有五，乃椎心痛哭几死者三，复泣念两雏茕茕在侧，誓守节以育之。徐故贫，氏织履勤绩，易薪谷，佐书声。震成能文，补州增生，共霖勤勤色养，常以不逮父为泣。州之绅士钦其母节子孝，公举之抚按道府，俱蒙旌奖，载在宪纲。年七十八，以寿终。

游氏，江都处士陈王宁之妻，廪生陈亦溦之母。宁死，氏断发自矢，抚孤成立。会镇兵临扬，夜举火哗然，氏谓："女不夜奔，况吾孀妇？"遂偕幼女溺死井中。始以守节，继以死节，洵属贞烈双全。

江都邵伯乡民李文元妻徐氏，其父兄以孝廉起家，闽政端肃，氏待字日，兢兢守姆教如奉严。待适李一载即孀，抱遗孤方匝月，家甚贫，应门至无三尺，且风雨霜雪日至其前，摇撼而摧挫之，氏屹如不动也。计夫殂以迄氏老死，历寒暑者六十余年存日，有司屡给扁旌其节。后其孙李能以诗书大其家，皆氏所抚孤遗泽也。

吕氏，江都民刘与期妻。幼刲股救亲，以孝闻。及适与期，婴疾早世，生两子俱婴孺，吕方艾泣，以未亡人自矢，孑然一身，奉姑养如其志，力抚两孤有成，茹荼啮蘗。年八十五，卒。

烈妇程氏，家江都，歙县人。年十六，归胡尚纲，事翁姑孝。崇祯辛未，纲染疫，妇刲股二片啖之，复呕出，竟不起。妇誓从地下，不食二日，然有孕，解者曰："若得男，不可延而夫嗣耶？"因复食，后生子，妇亦喜夫有后。癸酉，子复殇，氏谢翁姑，理前誓，复绝食。姑向之，泣曰："未亡人再嫁则当哭，此好事耳，何哭？向刲肉二片救夫，不可得，死后仍贴吾体以示全。"归至，不半月死。同里郑元化义之，赠以百金杪木，郑元勋上其事于直指入告，赐金建坊，旌异。

宗氏，江都人。年十七，为真州文学杜竟登继室，举一子葵芳，甫岁余，氏即称未亡人。家甚贫，因窘而投缳者再，顾呱呱者复生，惟日营缏纩以支晨夕，一母一子,形影相吊,如是者数十年。葵芳稍长,知母氏抚己悲辛万状,若志读书,为世知名。同舍生为请之,学使者嘉其节,载入宪纲。

韩氏,江都故民丁光复妻。复死,氏年二十四,痛夫早逝,誓守苦节五十载。幽怀每成瘵疾,寒灯独抚遗孤。年七十,卒。

高氏,儒士刘世统妻,江都生员刘含章母。适统二载,统逝,氏年甫十八,哀毁呕血,守节。无嗣,继含章为嗣,抚子励志,以成夫志。年八十,卒。士民闻之,巡按刘公、马公两题旌表。

江都顾氏,世胄家女,适诸生卢乔新。新惇笃乐善,时推长者,顾尤内赞其淳行。孀居后,课六子甚勤,粗衣粝食,为堂以下风,六子籍芹宫者四,登武榜者二。乙未,子廷蔺尤以武闱魁天下,慈训力也。寿八十余,知者犹叹其年不副德云。

江都贡士顾鸥民女,适诸生王晋。晋中道殂,顾守节三十余年,号霜泣雨,苦辛备茹,铅华粉泽,屏绝不施,惟日抚育诸子女,祈以成立,终未亡人事。翁姑姆妯间感其节义,交口贤之。闺阁之地,持行动绳古人,近世居孀,清肃端正,顾以外不多觏也。

朱坪妻曹氏,世籍江都大桥乡。坪好行隐德,尝持医方游村落邻舍间,访有奇疾者即与疗治,动奏殊效。其药饵所出,氏辄以簪珥佐之,阴赞其淳行,历久无怠志。坪既逝,曹益虔竺氏,戒茹蔬终身。后子姓日蕃,氏日勖以读书力稿,盖勉其不忘先世积善云。

江都节妇贺氏,夫早亡,有孙王二阳癸未年所生,甫三岁,氏孑然一身,携二阳避乱僻地,绝火食者弥月。后抚教二阳,课以诗书,寻令习其弓马,长为有用才。里人称为苦节之报。

张氏,太学生刘先甲妻。甲早逝,氏痛伤几陨者再,澹素贞操,铅华不御,抚孤成立,白首不渝而卒。子若孙皆有声庠序中。

方氏,明经方复初第五女,孝廉赵君谟妻,江都人。谟修伟倜傥,与弟君玺同举于乡,未仕卒,氏年二十八岁,遗二孤在襁褓,乃亲井臼纴绩以为抚瞻,事堂上耄姑,极尽孝道二十年。一日,有机警趣子时聪偕张媳徙居江阴,以全祖嗣,次子时化依依不忍去,氏泣谓曰:“吾四十余年,丸熊茹苦,不从汝父地下者,为汝等也。使天不绝赵,吾死何恨?肯弃捐坟墓庐舍而他适乎?”后果中机随整衣自缢,子妇留者同缢死。时称一门贞烈。后子归,泣诉于各宪,旌表之。提学宗公、巡按张公先后采入,告敕坊表氏里门。今孙有成,一名澂,字子淑,英年食饩,以诗文名于时,识者谓得大母之教云。

谭氏,郡明经费益修妻。修以狷守自厉,氏甘辟绩,乐与同清。值岁之灾,自誓以死,修与稚子力挽之,氏曰:"愿无生,虽割夫子爱,不恤也。"遂以井泥死。氏侄女谭三姑,儒士阮玉声妻,是日泣谓声曰:"翁姑双八十,可善为趋之。"亦入井死。

傅氏,江都李载阳妻也。事姑舅素以孝闻,遭患,窘之极,不即死以周旋。姑侧曰:"姑耄且失明,何忍甘一死,以流离中吾姑也?"迨势不能忍,乃泣叩姑前,遽入井死。呜呼! 一刻不死知恋姑,一刻去姑即赴死,氏诚审于权衡者哉?

江都庠士周廷德妻张氏,儒家女也。周素寒俭,氏以篝火针线佐夫夜读,得知名。中道夫殂,氏抚育茕茕数辈,亦咸以针工赡之。迨时不能支,又见三女入井,既曰:"吾得以从夫君游地下矣。"

润江钱氏女淑贤,随父述古家于扬,与外家卞氏女比邻,相得学绣,时相勉以节义。一日,慨然曰:"取贤决志,蚤死。"卞女亦然。

江都名儒丁半千女,小字景姒,针工外通经史,适文学薛友龙,举一子。逢时之厄,龙死,丁携子明远投眢井中,家人引之上,明远遂死,丁曰:"吾之缒而上者,为存薛氏孤也。孤去,吾何生?"复入井死。

瞿姑,江都贡士瞿之秀女也。瞿家教整峻,女夙佩之聘文学焦赓泰,未嫁兵至,请于父曰:"予处女也,玉石俱焚,将不免。"遂书一帖,置于怀,自缢。

郑氏,郡庠生吴尔成之妻,郑元勋元化侠如胞妹也。生平寡言笑,事翁姑能孝谨。甲申之年,氏奉姑避居吴门,贫苦万状。时元化侠如侨寓金陵,屡邀氏归宁,坚辞不赴,曰:"吾宁侍姑婿,同患难,忍独处安乐耶?"继回郡,投金鱼汪中没。

杨氏,郡文学曹复彬妻也。性严正,夏之日,彬中创仆,氏自誓死。长女蒨文年十四,趣母决计,次女蒨红年十二,请更衣死,氏止之,愿留幼者视彬,红不可,氏乃为三缳,次第缢。

江都节妇,自未有一门三节者,惟明季儒士李蓬娶宁氏,甫三月蓬死,宁即食贫苦守,蚕绩易炊,以奉堂上人,卒无二志。蓬弟庠士李芛妻王氏,从容不迫,死井泥中。芛弟庠士李芄妻彭氏,生一子,方襁褓,芄早世,彭泣守一孤,几忘寒暑,奈其时虽念子失怙,无计两全,情迫自刎,以老妪力救未死,至今喉司留一罅,尚艰吞咽,见者悯之。顺治五年,御史李公以"压锋冰"三字旌其家。

太学生史可学,其先秦中人,贾于扬,遂占籍江都。袭先世余荫,忼爽豪宕,不吝长物。立正副两配并张氏,事可学如左右手,户以内自不闻勃溪声。及可学早世,家寝落,两氏以青年贞苦节,共抚其所生,悉如己出,窭食衣风雪之夜,篝灯补缀,缏绩易炊,以饱燠诸子女。时漏下,两氏相向呜咽,自忍馁冻,弗恤也。历十数年,交相劝勉。孤渐晓事,益苦无借润处,老仆导以可学莫逆交,可共寒暄,往请,当有济,毋坐毙也,义当伯氏往。嫡以楚道远,有顾惜意,庶曰:"孺子乍亲,跋涉独行难。"即命仲氏与俱,两月归,果得故人力。自是,渐具薪水,两氏益以剪彩组绣续其匮乏。后诸子女各成婚嫁,无不从两氏泪枯指裂中出也。楚中郭士望备兵维扬,旌以双节,闾里颂之。越后,可学之孙大相、大儒哭辞其父曰:"母避海陵,有弟可依,父老谅无害。"遂同缢而死。济南阮亭王公李扬为之赞曰:"史氏京陵、东海并擅女宗,孤竹、西山同高士节,不独香奁增重,抑亦银管堪书,后有采风,所当上之庙廊,用旌幽隐,以厉风俗者也。"云云。

马氏,宋朝相妻。家贫,氏操作不倦,相夫侍少泉公养,以孝谨闻。生子二,遭逢锋镝,率子之儒妻张氏、次子之俊妻马氏避宅后小广,曰:"我为宋氏妇三十年,死分耳,独惜汝两媳,各有母家可去,以不舍我,故至此。"两媳共抱姑泣如雨下,连袂握手,齐赴河死。后之儒以国朝名进士赠母马氏、妻张氏俱孺人。

沈氏,医官宋朝柱之妻也。烽镝抢攘,闻夫失,欲自缢,虑不即死,遂开后门赴河。幼女十一岁,号痛曰:"一门皆死,我何处投生?"亦没水中。

张氏,江都人。幼纳姑母之子高魁,聘未嫁。一日,魁罹祸于郭门外,氏年才十三,至夫家终制,矢不他适。逾年,猝惊,氏抱夫木主自缚,呼家人纵火焚。未几,姑及其二小女一青衣俱赴火死。其翁高士遇亦跃入烈焰中。

江都里人赵宗普,宋濮安懿王之远裔也。年六十余,有八旬老母病笃,普刲股祝天,母寿延至八十八。长子庠士天泽,亦以母病濒危,割股回天,母立起,寿延古稀。后两孙启新、道立,亦如祖与父所为,捄父母于垂死。乡人语曰："若父祖以孝行载宪纲，当请之官。"两孙辞不受，曰："子职也，奚近名？"一日，闻警逼，家之诸妇若阮氏、叶氏、汤氏、卞氏俱投深水死。於戏！男累世以孝，妇一门全节，亦可以风。

邵允谦妻谢氏，幼遵母训，长娴节义。谦死惨痛，氏即蹈火自焚，巨焰不惧，允属贞烈。

江都贾逵妻王氏、妾林氏，俱幼年失夫。林举一子，两氏力保育之，一衾一榻，艰苦共历。子夭折，有遗孙，两氏又抚之有成。其犹子贾必成无疾忽殒，妻刘氏，年十九，抚遗孤日章，无异志。后日章读书，得以文学知名。里人以"一门三节"称之。

江都儒士沈梦麖妻蔡氏，适夫三岁即寡。子方举，惧弗克终，未亡人又疾风甚雨，氏备历之，坐集蓼者五十余年。孤沈洪礼，长益笃孝，尝药庐墓。为乡党所推明，督学以节孝入告，奉俞旨建坊，准洪礼入庠序，复其家。

孔氏，江都生员叶襄妻。氏蔷薇港人。姑卞氏病，氏昼夜侍汤药。姑逝，哀号不绝声，手制入殓衣达旦，一号而绝。宗人怜之，为纪其事。

朱氏，大桥镇监生汤德化妻。年十四，适化。姑逝，事翁敬养有礼。二十，遭化故，遗孩肇修甫四周，氏辄毁容，弗饰茹蔬，历艰抚之。镇故恶俗，丰必忌，弱必凌，氏甘心吞声，唯日望修成立，入庠序，而畴昔虐孤寡耽耽者不校焉。至今苦节年逾六十。孙彭年，于顺治庚子科举于乡；英年，隽才。里人咸称氏之德荫云。

马氏，国学生于应登妻，江都人。生四子二女，年二十九岁而登故。时遗孤俱幼，家业散落，氏操持茹淡，抚育婚嫁，其节弥苦，其烈弥彰。今年将大耋，诸子婿内外孙济济，咸负士林硕望，氏足称五福人瑞矣。

姜氏，萧文盛妻。盛死，家贫，姑旨再醮，氏泣曰："腹有孕，若女，吾死。若男，守节。"果男，历艰事姑，育遗承祧。子成，氏终允称苦节。

贞烈女潘氏，小字芝儿，江都唐村庄人。甲申，高兴平兵掠其地，芝儿年才十四，婉丽多姿容，避乱，行旷野中，健儿欲执而污之，氏毒詈以激兵怒，至以利刃劈其面，犹不舍，去近大河边，佯以兜鞋，遽投水死。呜呼烈哉！

高氏，仪真人。早丧父母，育于兄慧。里人钱信赘其家，生子二岁而信亡，高年二十四。慧欲夺嫁之，高泣，引刀断发，示决无他。慧不复敢言。其后，慧亦早丧,慧妻陈氏同心守节。正统间,旌为双节之门。

殷贞女淑寅者,仪真城南隅人。始生两月,父亡,母史改适,挟淑寅去,鞠之。长纳张氏子聘,性操严洁。未几,母死。张氏子未娶,病死,以年帖告讣。女促后母还寝,乃整容更衣,复以年帖剪为双蝶,簪笄上,示同归意,遂自缢死。时年十七。张氏子家舁枢,求合葬焉。

周祥妻张氏,仪真人。业农,事姑最孝。万历二十三年,姑病不起,张家贫,终日祝天,计无所出。偶一方士叩其门,闻其姑病,曰:"须人肝方可疗。"张密以刀从左胁下两割,仅得膜如絮。复以手探之,没腕而始得肝二寸许,出之,从容无少痛楚状。作羹以进,姑病遂瘳。有司上其事,为立扁表门。始疑方士盖神人云。

刘元英,刘应麟女。许字庠生李佳男继中,年甫十六,六礼未行。万历三十八年,继中病死,元英闻讣,涕泣绝水浆七日,自缢于寝室。按台颜公具题旌奖建坊。

柳氏,姜镇妻,吏部主事姜士望高祖母也。镇死,氏年二十一岁,誓守节,抚遗孤。后子名芳领乡荐,皆母之教育也。芳历官别驾、州牧,皆迎养于官。寿九十五,卒。

张氏,高尚珍妻。年二十,珍死,守节,抚孤成人。万历乙酉,子思时中乡试。孀居四十一载,享年六十九卒。

王氏,衣惟友妻,登州人,避兵寓仪真。友得疾死,氏生子甫六月,痛伤,即日投缳死。知县姜垛、孝廉吴缵姬念同乡经营后事,载回山东,家人述其夫妻同日生,同日死,患难同来,舁榇同归,亦罕事云。

田氏,李铁匠妻。有姿色,与夫甘贫敦节,虽蓬荜不窥户外。崇祯十七年五月初一日,高兵狼窜仪真,劫掠妇女无算,至妇家,窥色辄犯,毅然死拒,强拥上马,至城南关外独木桥,马不能渡,妇绐兵携手挈行,临中流急湍,妇用力曳兵,耸身赴水,与兵并没死。守埤官民无不堕泪。

顾氏,名善缘,仪真御史顾谦女。夫李溢死,氏年二十八岁,励志抚三幼子。年八十有九,卒。衍祚十世,胤孙百三十人,裔孙都指挥佥事犹龙,私谥曰贞寿。

陈氏,邑民陈细女,儒士林文鹏妻。鹏死,生子之翰方三岁,氏年二十,矢夭靡他，毁饰茹苦。有姑卧病五载，氏亲尝汤药，厕牏皆手涤不倦，闻者感叹之。翰中应天庚子科举人，直指姚镛等先后上其事，下礼部旌奖故儒士林文鹏妻陈氏贞节之门。

陈氏，太学生嘉禾公女，民部济公孙。幼淑家训，事继母以孝。闻适姜起周，三十而寡，苦节四十年。仲子士望成进士，比大夫立身若妇人守节，一时闻之，以为至言。望官吏部，敕命为安人。邹元标撰《贞节传》，焦竑撰《墓铭》。

蒋烈女，年十二，避贼兵乱投水，兵入水拉之，即以头撞刀，力拔刀以断左臂死。

杨烈女，泰兴人。许字程氏，未嫁而程之子死。丧过其门，烈女号恸不食者数日。父母劝之，谓："未嫁程而奚用自悲？"女曰："许程即程妇，宁论嫁不嫁乎？"悲益甚，虑为父母所夺，自缢死。与程合葬焉。

张氏，巡检李汶妻。嘉靖间，随汶之官濠村。三月而汶死，僮仆亦相继死。濠在万山中，家信断绝，张年二十七，室惟二婢，扶柩携孤，下十八滩，间关五千余里来归。力贫自养，抚其孤长大。后三十年，疾且笃，乃焚香告天，曰："未亡人之节，今日始毕。"言讫，遂瞑。

李氏，泰兴县生员刘应雷妻。应雷卧疾，李奉汤药，寝食俱废。疾既殆，誓以死殉。追卒，哭甚哀，自缢于寝室。家人觉而救之，不得死。乃绐家人曰："有嗣子相依，吾不死。"伯母以仲子嗣之，防守稍疏，竟缢死。

马烈女，马泰女，许字黄瑚。瑚家日贫，泰欲渝盟，女坚不从。未几，瑚暴亡。泰喜，谓女："志可夺矣。"女仰天长号。明日，更衣整容，缢于空室。知县高桂闻而过其家，为文祭其墓，上其事，旌表之。

邵善果，邵淇女，聘朱佶。佶家甚贫，一日，涉水死。善果闻之，自脱布衣，一包头，一令幼弟往就敛之。弟回报，善果闭门，整衣髻，缢死。府州为立烈女坊。

井边女，不知其名氏。嘉靖丁巳年，倭寇之变，被杀死井边，压以井栏。寇退，乡人收其尸。见下裳出脱处，针线绵密，不可解。知其死，以志不可夺也。

李氏，高邮张印妻。丁巳，倭变，寇倅至，北逃至九里，寇追及之，杀其父，且欲妻李氏。李氏谓其夫曰："汝速去，善养吾姑。吾无生理。"夫奔去，寇逼李行。李骂声不绝，寇磔杀之。

唐氏，兴化县人，陆复妾。时兵乱，挈家南走，遇贼欲污之。唐顾谓侄曰："汝叔陆同知，好人也。我岂可辱其名耶？"言讫，投清水塘而死。

刘氏女，兴化人，刘受女，聘生员吴作。将嫁，作得疾而死。刘氏闻而不食，欲自尽，家人防之甚密。一日，父适田所，遂投宅后河内而死。知县底蕴为立烈女祠于沧浪亭之侧。

马氏，兴化县人，王琼妻。年十九，琼疾，亟顾其父曰："马氏少艾，儿死，当速嫁之。"马闻其言，夜半遂潜自缢。后四日，琼亦死。嘉靖十二年，知县李世熙旌其门。

仲伯姬，兴化人，许聘王训。训卒，姬年十五，闻讣，哀毁不食，乘间自缢死。人谓其贞烈得之天性云。

殷氏，兴化人，适县民赵卿。期年，卿病，亟与诀曰："我死，汝更适人。"殷曰："我当先死明志。"遂自缢死。卿后六日亦死。有司以贞节表门。

王氏，兴化生员刘诏妻。年二十二，刘殁，遗腹生子凤雏。甫能食，即以托妯娌曰："此刘氏一脉，可善遇之。"遂绝粒死。今凤雏暨子启俱为邑庠生。

宗三女，兵马部女也，幼聘陈必尧。倭寇之变，陈遁死，女年始十八，遂守贞不字。巨家望族闻其贤，争欲委禽。会陈父母殁，女曰："吾示以所归，则众望绝矣。"女亲诣奔丧，痛哭成服而返，议婚者始缄口。守节四十年。有司上其事，敕赐建坊表之，仍复其家。

沈氏，兴化诸生成谐妻。谐挟奇略，以战死，赠指挥佥事。沈封恭人，时沈年二十九。养姑教子，八十一而终。沈通经史，赋诗属文，其祭成，有"平生志节，万古纲常"之句。痛成之死，遂阁笔绝吟。节烈萃于一门，世罕其俪。

翁氏，兴化孙本元妻。二十而孙死，乳男三月，弃而自经。知县程鸣伊亲诣奠之，以完节旌其门。

黄氏，兴化李华妻。华戍死，黄纺绩给姑。家人欲改嫁之，黄佯许，诣华冢，恸哭竟日而殒。高少保以烈妇表其墓。

丁氏，兴化陈藻妻。陈厉疾早世，丁以死殉，自经于枢侧。有司旌之。

刘氏，兴化生员罗万春妻。春卒，密置利刃枕中，家人觉而防之。一日，伺间遂自到枢侧。知县鲁应华旌其门。

朱氏，兴化陆卿妻。卿卒，止二女。甫嫁，叹曰："吾事已毕，死无遗恨矣。"

遂闭户自缢死。知县王三余旌之。

李氏名如芷,兴化人。监生王之麟妻,太师文定公女也。适八月,王卒于京邸,扶其枢归,以死自誓,遂不食卒。事闻,特建节孝坊以表,因合祀于双贞祠。

于氏,宝应王赐妻。年二十,适赐。二十五,夫死,守节不贰,蓬垢自毁,事姑徐氏,形影相依。姑病,于氏焚香祈天,愿以身代。其子岈从旁自刲其股,为羹以进,徐疾愈。知县李瓒闻于当道,表其门曰一门节孝。

张氏,宝应郑科妻。适郑仅十四日,郑死。张恸哭绝食,誓与同穴,公姑昼夜守之。葬郑之前九日,张以色丝自缢而死。有司上其事,抚按给银治葬祭焉。

黄氏名寿英,宝应黄惟信女,许聘朱文藩。年甫十六,文藩病卒,号恸几殒。遂夜整容,服素自缢死。知县耿随龙为建烈女祠于黎城镇。

顾氏名善全,泰州民顾文昱女。年十八,聘同郡邹氏子宝。未归,宝往戍,卒于边。父母舅姑劝之适人,女即断发自誓。弟本初,以次子行为之后。守节四十二年。比殁,行忧制,哀毁如礼,立纸灵祀之。邻有火灾,延焚者三四百家,其家亦烬,惟纸灵如故。众惊异,以为贞烈所感云。

顾氏,泰州人,归王日升。王性骏,不谙人道。甫月余,婴奇疾,蚤逝,顾犹处子也。贫无可依,乃迁母家守节,奁赀一无所取,日奉母周旋。母病笃,刲股肉进之,母病即愈。孝节表著,抚按屡旌其门。

向氏,海安镇人。年十六,许聘同镇朱舜。舜死,以讣来,其父将往奠之。女欲从行,父不可,因给其母与幼弟他出,即自缢死。时暑月,家贫,数日始殓,面色如生。比屋延烧,独越其庐。有司上其事,抚按致祭旌表。

周忏女,梁垛场人。年十六,许聘本场王与。未嫁,王病卒。女闻讣,即日投缳死。万历八年,建坊旌表。

李二女,拼茶场人。年十九,许聘缪时雍。雍卒,女闻讣,即欲从死。父母力劝谕之,涕泣不食。越六日,乘间缢死。事闻,旌表。

钱满儿,泰州钱碧女。年二十三,许聘梁垛场徐恩。未嫁,恩暴卒。女闻之,悲噎废食。家人曲为慰解,女矢死无它,潜自缢死。有司旌表其门。

葛氏,如皋生员张可学妻。张疾垂死,葛检其钗钏衣物,置一笥,付其姑,潜入别室缢死。姑启笥视之,殡殓之具悉备。张寻卒,两枢并举。闻者莫不悲叹，有司为表其墓，且祠祀焉。

陈氏，通州人，曾昶妻。昶溺死，陈悲恸几绝，怀纸钱投水死。遂合葬焉。

邵氏，通州人，陈尚忠妻。年二十九，尚忠殁，邵事姑孝，教诸孤若严师。尝夜篝灯事女红，以佐其勤读。后封淑人。自少至老，足不逾阈外。子三人：长曰尧，官侍郎；仲曰冠，封郎；季曰完，举孝廉。

孙氏，通州人，盛业妻。喜读烈女传。业死，孙年二十三，子一，甫二岁，剪发自经梁，以示必死。屡为家人救免，守节至六十岁终。

卢氏，其夫李姓，海门陈坝庄人。嘉靖中，徙常熟，倚豪民张岛居。岛见卢及女俱有容，遂诱其夫，沉之江，佯言被盗。既而卢知状，痛夫仇不得雪，欲自缢以殉。岛遣老媪与居，昼夜防之。少间，以妻弟议婚其女，乃议自妻卢，强委禽焉。卢窘愤，无脱计，绐老媪出户，阖门砺刃，先刺女。媪觉，急救之，乃自刎。岛召其妻弟，乘暮衰二尸焚之。岛族弟与岛素有郤，遥见岛宅中火光，阘门直入，佯为策曰："暮夜谁知者，胡为以火光惊人乎？"令作坎，瘗尸竹林中。后数年，巡按陈公蕙廉其事，发尸验之，岛与其妻弟始伏辜。常熟令罗君鸿立祠祀之，唐顺之为之记，如皋人亦祠祀焉。

沈氏，海门张楷妾。楷卒，子幼，嫡妻苦贫，欲改适。沈时年二十五，劝留，不从。其子牵衣大恸，沈泣抚之，曰："吾与尔俱死，无虑也。"乃昼夜纺绩，以供朝夕。少积数金，辄为嫡子荡费，愈力作不倦。年逾六十卒。嫡嫁妾守，亦奇事也。

周贞女，海门人。许字姜应期，未娶而姜卒，女年十七，闻讣即恸哭，易服，议奔夫丧。父兄不可，引刀自刭，救止。父知不可夺，乃送至姜门。承服三年，誓不归宁。姑性严急，委宛承顺十余年，姑卒，为应期立后。抚之，迄于成人。部使者旌其门曰"贞烈"。

洪氏，海门人，张仲辛妻。年十九，张染羸疾，将危，与洪诀。洪乃解指环贯夫指，而自留其一，曰："当如此环，生死不离也。"即自缢。后三日，仲辛乃卒。时万历乙未岁也。闾里申报台府，交旌其门。

皇清

孙氏，江都文学孙道升女，文学张酉山靖之妻也。道升古朴淹雅，教授里诸生,并授孙以《女孝经》《论语》诸书。及笄,归靖。翁姑严核,孙善事之无忤。靖以力田,不逢赍志以殁,遗两孤瑾、琬,皆幼稚。孙迎道升于家,课句读,每夕必较核其勤惰,程书不及额,即与杖。兴朝之初,孙媳颜甚摧,夙患鲜疡,甲士遂舍去。越夕,投井,顾不没,绲之起,孙曰:"大节不可以幸免。"堕井,复浮水上。适数甲士闻水声,知有人,窥曰:"军中俘少艾老秃,媪何为此?"又绲起之,遂免难。嗣后益教二子,俱以弱岁成名,瑾于癸卯奏贤书。呜呼,靖可为有子矣!

阎氏,罗维卿妻,江都方伯阎士选之女。二十而媚,家贫无子,返依母氏家。或劝其改操,毅然以死谢之。兄阎汝柏见其志坚,以幼子立为嗣,命名继节,成其志也。母子穷苦相依,吊形影营,衣食四十余年。一日微恙,忽大呼:"守旧方为好,节尽见荣华。"殁,年六十有七。

王氏,生员徐宗健妻。健父心绎先生,为理学名儒,训健严谨。健承父志,读书攻苦,婴疾死。王痛夫志未酬,遗孤甚幼,矢志诵《柏舟》之诗,训子继熊丸之躅三十五年,境历寒霜,心如皎月,允合旌典,载册生光。子元美,丁酉举于乡。

任氏,凌思贤妻。贤死,誓守苦节,泣血三年,殡葬成礼,后随自缢。义烈之声,里人称羡。

洪氏,太学生吴允良妻,江都廪生吴莲母。良在,无违中礼。良亡,忍死抚孤。三十年中,茹蘖衣鹑,机杼之声与诵读相伴,贤声过闾里。顺治戊子,提学苏公旌其门曰"苦节可风"。

高氏,江都人,李和妻。适和数载,和故。氏守节抚孤,贞同金石。家甚贫,以织纴易饔飧,荼苦伶仃,壮盛时已皤然白首,操作六十年如一日,孤灯素帷,燕雀增悲。闾里举其贞节,抚按具题,奉旨建坊,旌表其门。

苏光达妻汪氏,性通敏端严,寡言笑。光达死,属氏曰:"吾有志未就,今死,床头书数十本遗吾儿,儿长教之,庶几竟吾志。"氏泣许之。自是,独处一室三十年,足未尝越户限。家故贫,日为人佣纫,以其钱给薪米,积其余市楮笔,以教其子,操励勤苦,尝曰:"吾为苦竹矣,风霜所不辞也。"子宇既长,知属文,必授版,坐几侧,文成,取版视,一不中额,则涕泣罢食,尝冬夜程课,指触寒裂而血流,潜拭去,不令宇见,曰:"恐生儿倦心。"宇由是力学,名著江南北。时督学使商丘李公闻氏贤，欲旌之。氏闻之，切责子曰："汝自谓一诸生，遂可以旌母乎？以诸生旌吾，吾宁死不受旌。"其笃节如此。

李氏，江都高向明妻。适明甫三月即寡，遗腹生一子，家日窘瘁，日夕不能给饘粥。李乳遗腹子，毁容截发，以杜夺志者之口，历四十余年，冰蘗至老益峻。后子高官成立，李得厚食其报云。

叶贞妇，小字汝兼，郡大司徒相之云女孙也。妇生静而正，俭而礼，幼从王父学读《孝经》《列女传》歌、孝顺歌字，琅琅辄喜。父广为《葩经》宿士，常听讲《二南》诸篇，即晓大义。适文学李森早世，痛伤饮血定惨，遂誓之死靡他。夫无嗣，俟堂兄弟之子，合《礼经》家训之旨。媚帏外，非至戚不一见，数十年心土形木，泪泠泠不断也。精女红，赖此以给晨夕。翁柩未葬，其卜域下窆之费，皆平日龟手缏绕之所积，艰苦痛悼，有哭先翁入墓之句："念父老无子，长斋祈佛，释缓急无益之憾。针工至漏下不辍，售得直，日以佐父甘旨。"呜呼，妇得人道之所重矣！附贞妇诗："哭翁不哭丧多年，但哭吾翁忒罔然。结发裙钗归别室，趋庭儿子赴重泉。荒灵谁撮山头土，婺妇孤营墓上田。岁岁清明寒食候，望悬一陌纸金钱。"

张氏，金元生妻，江都人。元生卒，氏年二十，遗一子襁褓，氏泣血，誓守苦节。家故贫，以女红养舅姑，躬负土为夫营墓。伶仃五十载，抚孤成立，里人贤之。长孙有声，补邑弟子员。督学苏公旌奖其门。

温氏，萧维堃妻，江都人。年十八，堃卒，子方襁褓，父母劝之他适，不从。家甚贫，以十指为生，言不出门，足不逾阈，矢志抚孤，得以成立。年七十九，卒。督学石公旌表其门。

程氏，汪潜蛟妻，江都廪生汪洋之祖母。蛟死，氏年十九，被发号踊，水浆不入口三日，乳汁绝，遗孤方五月，以粉糜哺之，孤不咽，氏泣曰："氏不即死，望孤成人。今无乳，孤必死。孤死，不如妾先死。"撞头流血，乳遂涌出。五十年来，守节始终不渝，训子孙成立，妇道、母仪两不愧。提学胡公旌其门。

江都邵伯乡龚氏，年十七，适夫戴士龙。未几，龙遘危疾，氏辍食寝者弥月。夫逝，氏以公姑缺养，子女失怙，忍死守柏舟者五十余年卒。

苏氏，江都民张诚妻。夫徂，氏曰："失所天，义当死，痛夫累世单传，遗一孤，无母抚育，是斩张氏宗也。"忍死守节数十余年。苏且老，日以媚睦任恤勖其孤,孤亦恂恂服教,奉慈母如事严父。卒,为里巷推长者,后奉先朝直指旌氏节孝。其子士杰,亦县举乡耆。

孙氏,郡增广生朱绂妻。绂逝,孙苦节三十余年,纺绩教子,三子俱入庠序。孙病危笃,子朱夔、朱麟同日吁天,夔割一乳、麟剜一臂饮母,立愈。两子日夕依依,竭力以营甘脆,年几四十,贫不能娶,乡人感而称之。先是,绂曾割股救父应图,绂长子京亦割股救绂,至夔、麟,凡四见矣。纪其事者,为立“节孝合传”以传。

郑氏,江都邵伯乡人。适夫金世珍,成夫妇者仅弥月,珍即殂,氏年才及笄,内外咸欲夺其志,氏曰:“夫短折,未展亲养,吾代事堂上人。异日死,当无慭于藁砧。”及翁姑相继逝,氏引“礼,为人后”之文,致犹子为嗣,劬熊获者二十余年。子俊生得列黉序,母教严切,不异己生。氏曰:“吾可对地下人矣。”冰蘗之声,逾五十年益竣,有司旌之。

江都卞氏,丁昭朗妻。朗病死,氏年二十七,遗孤在抱。家贫,数米而炊,氏坚守苦节六十年,以织纺、课子业儒不替。

陆氏,故儒士张学周妻,廪生张中逵母。周死,守节五十年,今年近八十,绿发成丝,素心若练,守孤灯,茹荼自甘,教血胤成名有誉。采录郡乘,以俟旌扬。

王氏,黄恩赐妻。早岁称孀,坚操苦节。虽家世伶仃,遗孤茕独,而素心不改,清白无瑕五十年,如同初誓。宜采之郡志,以备旌扬。

叶氏,江都侍郎叶公相孙女。年十七,归徐立政,甫匝岁,举一子,即赋《柏舟》。家故儒素,氏以一天自誓,日夕周旋孀姑外,足不越阃限,臧获不交一言,戚党未接一面,茕茕抚孤,至于成立。四十余年,冰雪之操,姜桂之性,率如一日。合邑绅士请之官,为入郡志。

程氏,江都乡民姚旷吾妻。旷吾死,遗子三岁,氏年十九岁。守节抚子,生孙而子又死,氏又抚孙而孙又死,抚孙女出嫁。茕茕五十年,备历艰辛,此真苦节可风者也。年八十,依孙女婿终焉。

冯氏,江都庠士陈维世妻。氏出蒲坂,其父耀吾,家法最整肃,氏凛凛画尺寸焉。年十八,适维世,惟以篝灯相勖,才举子在襁褓,即称未亡人。或导以他适,氏峻拒之,曰:“二天即溘死,弗为也。”日抱遗孤并遗腹女,为键阖苦守,垂三十余年,清严之声溢于里。后孤康有声宫墙,亦氏守节之报云。时知府雷公采入郡志,旌其闾。

陈氏,江都诸生林朝用妻。朝用故寒士,氏一志居贫,无交谪声。年二十余,痛夫逝,泣抚诸幼孤,奉孀姑晨昏无失节。四子长,率母氏教,悉表表不堕先世业。年七十五,以节终。宪旌其家者再。

李氏,江都赵天禄妻。禄死,氏年二十,惨痛绝殡三日,誓死守节,形影茕茕,耄年终天,心同皎日。遗孤赵有仁既能成立,又纯孝无亏。提学苏公、石公屡为旌表。

苏氏,生员倪于俊妻。氏幼,有兄苏光达尝教以闺范诸书,素能通晓。俊死,氏泣不独生,从容投井而死。

贞女郑氏,家江都,歙县人,郑侠如次女。幼许字庠生程起善,父任江宁令,兄为光奉母携妹返新安。会起善以救父焚舟,溺富春江中,柩亦归里。女私矢守节,即解绮罗茹素,日饮泣,三年未尝言笑。无何,复回江都。父母心知其意,然苦节不忍听,女数自尽,家人救之。自是,病日剧,父母知其志不可夺,许归程守贞,女病立起。顺治丁亥,嫔于程门,为夫承服立嗣,谓妇职已尽,欲归新安拜墓,父母留之,不果行。至夫忌辰,女哭奠,哀毁绝粒而死,年甫十七。御史李公嵩阳题旌。

邵伯埭人殷其雷妻睢氏,夫下世,伤痛自盟,抚孤守节,有劗耳克面之坚。时孤甫三周,保抱,衣食拮据,苦历四十余年。子名企甲工笔墨,能振其家。巡按秦公给扁旌表,复命上闻。

王氏,江都朱应时妻。时亡,氏躃踊欲绝,因念上有公姑,下有遗孩,饮泣吞声,守节以尽妇道。六十年来,事上抚下,莫不由礼。子文玉,礼部考选儒士,请之,臬宪马给匾,旌门曰“寿母维贞”。

王氏,仪真人。婉娈之年,步珰不出户限。十五,适刘志德。夫早世,遗腹生一子,苦节育子成立。子举一孙,亦早世。氏伶仃抚弱孙,户庭风雨,悉以一身当之,今历年八十有二。先朝知府韩文镜、颜容暄相继表其劲节焉。

王氏,仪真生员路逢春妻。春无子,氏抚遗腹女,守节。女嫁,依女,女死,又依女之女,终不以贫窭隳其志。今年六十八,尚念春不释,真苦节也。

林贞女,仪真生员林声宏之女。年十八,许字广文于有甲之子纯嘏。嘏死,女常不乐,亦不形于口,病月余死。

刘氏,蒋得春妻,仪真廪生蒋应芳母也。春死,氏事耄姑抚子,苦节二十五年,卒年五十有四。关中秦所试赞"姑老耄,子襁褓,孝而慈养,兼教其大略"云。

泰兴庠士戴大圆妻曹氏,少奉内教,尺寸不渝。适大圆,甫数岁,举二子,即泣未亡。家窘甚,氏以麻枲妇功哺其孤,内外防范尤整肃,清白之声溢庭户。长子谱,氏令之读,果成名;次子评,氏令之耕,果足赡。一一部署,具丈夫才。垂六十余年,节苦而不堕其家,惟氏有之。

泰兴节妇李氏,孝廉李自强女,适生员戴人极,亦孝廉戴思敏媳也。氏未字,幼秉姆教。归戴,特著妇箴,居两世族间,自操井臼。及夫亡,氏力坚孀节。其门有三丧未举,家庙圮堕草莽,氏屏一切浮费,营办两大事。里党推其节且孝,能为才丈夫所难为。县有司为申请载志。

高邮龙氏,太学生宋一麟妻,生员宋继璟之母也。端淑性生,动中矩则。十七,适麟。三载,麟故,氏年二十,遗子璟甫一晬,哀痛绝粒,矢志靡他。氏辟纑,养病姑,守孤灯,抚弱子,六十年中,两耳闭塞,寸心灰土。年八十,卒。子孙成立,皆有文名。博士弟子然其事,已经载在宪纲。

烈妇向氏,高邮民居士骥妻。骥父丧,托孤于族人居轩。轩窥向有姿色,设计诱奸,向拒不从,致毙氏命。其父向崇德闻于官,轩几以贿脱。巡抚林公亲谳,檄扬司理王公覆按得实,轩伏辜弃市。朝廷赐金建坊,以表贞烈。

彭自起,高邮人,妻李氏,年二十岁即失藁砧,子方襁褓,堂有孀姑,家又不具隔宿舂。李誓不再适,日纺绩至瘅瘃,而堂上人不缺甘旨。姑逝,自殡及葬,悉出李指血所营办。拊孤育女,艰苦万状。岁饥兵乱,李处霜雪中,无渝色也。有司廉其状,屡旌其门。

彭氏,高邮人,唐毓和妻。和早世,遗二子,氏年十九,家寒子幼,矢志靡他,守孤灯,育二雏,发白心枯。五十六年来,既训子有成,更恩侄有义,年七十有五。院道各上台,屡表其棹楔。

彭氏,州民彭清之女。年十八,适沈锐。甫二年,锐溺死于行商,遗孤未满一岁。氏甘贫守节,艰苦无措中,犹事孀姑秉礼。今守节七十九年,寿登九十九岁。督学孙准入宪纲,照例给赏。

王氏,高邮州生员郭建韬妻。性婉淑,无忮遂。父母卧疾,韬亲尝药饵无效，氏毅然刲股救之。后先一辙，皆垂危而获安。

陈氏，高邮人，适沈光祚。祚家故贫，又值翁姑早逝，祚有两弟幼弱，氏厚抚之如翁姑。未几，光祚构危疾，氏蓬垢毁容，刲股以疗，不愈。时氏年甫十九，所遗孤翀仅一岁，即矢志靡他。家虽不能继饘粥，恒恬如也。历五十余年，贞苦节如一日。子翀与其孙晋，俱补诸生。寿八十五以终。

顾氏，高邮李瑚妻也。待字时，以女士称。适瑚未久，瑚中剧疾，氏至截发，赎参苓。瑚不起，氏泪血已枯，绝粒垂毙。或解以子女失怙，立孤为难。氏悟，稍进匀饮，乃泣为瑚营葬地，竭力女工以办饔飧，岁辄堕指裂肤，□者伤之。及两孤成立，子茂本亦能孝养，氏犹甘藜藿如昨，渐治数亩供饘粥。岁大旱，邻禾尽灾，氏田无恙，亦一异云。

陈氏，高邮廪生李品玉妻。归玉七载，玉早世，遗孤震方三月，氏二十七岁，毅然痛誓以抚幼承家为己任，孝堂上二白，丰修栗俭，乃身家饶。孤必危，氏保抱绸缪，蜇射虎耽，含酸饮泣以耐之资富，能守能训，以妇代子代夫。六十年来苦节，乡弟子举之上台，屡蒙旌表。子震，补州庠生。力学有文才，所交诸名公赠母诗歌成集，详翰林蒋超《序》中。

宗氏，兴化增广舒达儒妻。儒先中万历壬子科副榜，后应乙卯科乡试，舟覆大江，溺死，氏年二十三岁。家贫茹苦，矢心守节，奉姑抚孤，媳而代子，慈而兼严。督学御史李懋芳高其柏舟，旌奖其门，迄今五十余年，冰霜之志凛如也。子晋阳，孙嘉谟、嘉猷，世其家学，名奕胶庠。

兴化文学沈北辰妻杨氏，侍郎鸥溪公孙女。年二十三，夫死，遗二子俱幼。翁念家贫，媳尚幼，度不可守，氏毅然截发矢，曰："子死媳在，媳犹子也。父亡母存，母犹父也。事亲教子，未亡人分内事，何敢易吾志以辱吾夫乎？"坚守苦节四十余年。翁姑垂老，氏勤纫绩羞，甘旨未尝少失其意，翁姑相继殁，氏以一身后先卒厝，有前人负土之风。长子旭，失父才六龄耳，今已入黉序，有声誉，籍丸熊之力为多，乡人称之。邑侯屡上其事，旌其宅里，至今未艾云。

徐氏，兴化先贤宗公臣之孙媳。适夫宗植，二载见背，年甫二十，抱数月孤儿，自誓必死。一夕，阖门自缢，值姑救苏。亲怜慰备至，氏遂矢志守节。家素窘，饔飧不给，百折不回，纺绩给姑甘旨。姑年八十，染疾垂危，氏焚香告天，愿以身代。教子宗书，顺治丁酉科登乡荐，康熙甲辰科成进士。今年近七十,阖邑荣之,以为氏苦节之报。

邹氏,兴化郑迪妻。氏出儒门,笄年适郑。家甚贫,夤夜操作,以事媚姑。未几,迪殂,邹举两子,保抱护持,不遗余力,历风雨驰骤之变,氏甘如饴,两孤赖以不倾,守以成立渐大。郑氏之门,皆邹五十七年苦节力也。本朝直指秦公、督学李公给扁旌表,宪纲载之。

仲氏,宝应县廪生陆如冈妻;刘氏,生员陆陵妻。二生俱早世,二氏既无子嗣,又无叔伯,门祚衰薄,孤苦伶仃。二氏缏绩针工,为人纫衣缉履易食,祈寒暑雨,互相慰籍,苦节可贞。知县王公全春申详院道,于顺治十七年奉旨建坊,钦赐"双节之门"。

成氏,生员季秋寔妻。寔死,守节五年。后父母以其年少,讽以改操,妇不答,从容系缳而死。知县王公全春详院道,奉旨旌表。

刁氏,生员贾士亨妻。年二十,亨逝,守节五十余年。寿八十三,卒。二子皆诸生,有声。

陶氏,泰州人,国初乡饮大宾王相益之母也。夫文孝公中道下世,仲季两叔及妯娌亦卒,陶率相益与孤侄相说,孝养九旬太翁,甘旨尽志。会太翁足痪,且有结下疾,陶辄时跪翁侧伺其意指,每饭必亲引匕箸,或便则令儿侄捧持起卧,虽夜分未或离。令儿辈诵读榻前,己纴绩督之,数年如一日。翁殁,母子伯侄哀毁异常,人多感泣者。丧葬遵古礼,未尝以力为丰啬。后相益以明经授通判,改福建按察司经历,航海册封有功,封其母为太安人。相说成进士,官御史,迁宪副。陶年九十余,诸孙及从孙騆等九人皆列胶庠,騆先举于乡,子与宾筵,而母犹康寿者,今昔希觏,有之,自陶始。

李氏,泰州人,孙世华妻。华死,氏二十二岁,以节誓。或以二天劝之,氏破面示其无他,事媚姑,育幼子。姑病,割股活之。年七十五,卒。时以所余破面、割股血衣示子孙,远近皆闻,有异香随之。

张氏,吴允执妻。执傝居山东,复业于泰州。执得疾死,氏哭之哀,从容治殓。事后三日,自缢于夫侧。

俞氏,徽人吴二妻,侨居泰州海安镇。苦力勤家,因岁暮为债所困,乃饮鸩死,氏痛哭,其夫礼治丧具已,即余鸩一饮而尽。邻人怜之,敛药解救,氏终拒不纳,但嘱其夫曰:"若勿遽行,我当同往也。"阖郡感泣。

　　如皋诸生丁用世妻钱氏，未出室，曾割股以救父，人奇其孝。及适用世，屡岁值食贫，氏任井臼以养舅姑，孝尤备至。既舅姑相继殒，用世亦殁，氏茹荼立节，晨昏风雪，未尝一干人，惟老仆丁顺赁春负刍以给。仆妇张氏，于主父疾革之日，辞其夫，朝夕依主母二十年。丁酉，钱亦卒，一堂四柩，俱未举。张氏以所生女嫁人，得资十余金，尽葬其棺。七日后，张寻卒。里人至今哀之。先是，乡绅曹鼎臣曾请于官，直指秦公奏给钱氏仆妇米帛有差，以旌其节义。

　　如皋忠愍公许直女，字顾士抡。抡疾革，母家欲缓其婚期，女叹曰："夫疾且革矣，女奚待？"即归士抡，侍汤药。抡逾月，卒，舅姑亦殂，氏求伯氏子谦为嗣。顾原饶值，许归时悉荡尽，女为立后无遗力。甲申，闻父直殉国难，北向再拜，号泣成疾，寻含痛而死。外史氏曰："父节殉国，女节殉夫，父死于忠，女死于孝，可以传。"

　　陈氏，通州人，孔文杰妻。杰不立，曾要氏与彼狎者同饮，氏怒骂耻之，即自缢死，时年三十二。陈之父储，诸生也，早世，误适文杰，诗书渐染，宜有此女之洁烈云。

　　杨氏，通州民王霁妻。年十八，霁病瘵，氏亲调药饵，甚艰辛。霁竟不起而死，氏悲恸绝而苏者再，誓抚孤守节，力女红奉舅姑甘旨。家虽蓬户，不出限，终身不复归宁。年七十二，卒。所司上其事于朝，给资建坊以表其节。

　　王氏，通州民沈士翱妻。年十七，归士翱。二十而举子逢时，二十三而士翱从父贾于吴，耗父之母钱于娼家，父怒，杖杀之，弃其尸而返。氏不知也，日望其返者且三年，已知其死，辄欲死。会姑李病，且子甫四岁，姑乃以子属之曰："好为吾抚此子，吾目乃瞑。"氏时才二十五岁耳。继姑李憎氏母子，诱之更适者百端，尝以淫乐图置氏所，使见之，竟不为动，则又窘之者百端，月给粞麦数斗，俾自磨食，氏即自磨食，终不肯更继李者。张待氏稍宽，然窘亦如故。已娶妇抱子，舅始殁，张更适人，而氏志行未尝少衰。年五十有三，卒。后二十四年，巡按御史零陵刘公兴秀旌其门曰"矢志一天"云。

　　刘氏，通州士人丁奇遇妻。生而端静，娴于女仪，事父母至孝。十七，归丁。丁世有隐德，至是始读书，氏谋绩以佐其勤。逾年，生一女。丁就业焦山，疾遽作，遂殁。氏闻而哭，几不生，时怀中孕七月矣。姑怜而止之，不得，则危言以动之，曰："我与翁岂能割一日之爱而已？于哭死者不可复生，哭且死，无宁止哭。且我两人老,未有后,或者夭悔祸,而遗腹举子以延吾丁氏宗,实赖之,又焉用哭?"于是氏咽然不敢出声,卸铅华,茹荼苦三月而坐草儿英。英露头角,翁姑喜且悲,氏则禁悲而喜。自后经营家务,备曲折、馨委蛇焉。子渐长,翁姑渐衰,晨起上堂,躬亲下食,夜则篝灯,丸熊以立义方,他如内外大小,靡不敦之以媚睦,处之以严正。里中大家争誉之。儿既娶,且生子,补学官弟子员,人谓丁后克昌,非母氏功不至此。所司屡旌之,尚未上其事于朝,不无望于采风者。

右传所列,节孝最著者。乃若终身守节,冰玉无瑕,与从容慷慨者,非有轩轾,特事既雷同,词辄重复,今第列其姓氏,用垂不泯,于稽其详,有州邑之信史在,若以爱憎为去取,灵爽昭布,其谁敢欺? 惟贤士大夫谅之矣。

青年寡居、白首全节者,江都有管贤妻阙氏,管哲妻马氏,顺义典史刘得妻左氏,薛宽继妻牛氏,周炼妻陈氏,金銮妻褚氏,生员章鉴妻李氏,蔡嫌妻姜氏,其孙蔡金妻蒋氏,生员许鳌妻周贞卿,周鸾妻钟氏,刘全妻陈氏,任铭妻丘氏,李辁妻陈氏,其弟李铠妻杨氏,铠侄彦章妻周氏,生员张玠妻袁氏,扬州卫舍人刘杲妻张氏,丘仪妻李氏,王轼妾郭氏,扬州卫舍人王锦妻陈氏,火钺妻叶贞淑,太学生纪世懋妻张氏,千户罗爵妻王氏,嘉靖,倭变,爵战死,氏抚孤守节。卞时彦妻李氏,费益新妻张氏,商人张国统妻刘氏,张国纲妻刘氏,生员潘之伊妻王氏,仲珰之妻黄氏,王士美妻曹氏,赵可受妻萧氏,李念松妻十氏,陈志道妻宁氏,严继舜妻卞氏,仇三捷妻戴氏,生员何攀龙妻彭氏,蒋廷荐妻孔氏,生员蒋香妻顾氏,兵部后裔。孙氏,生员李正开妻。徐光成妻张氏,鸿胪寺序班刘子颜妻杨氏,生员刘国观妻娄氏,刎死。刘氏,殷铬妻。赵氏,殷大武妻。生员卞尔篪妻程氏,生员俞燮妻沈氏,徐汝信妻姚氏,儒士张祥妻刘氏,井达妻王氏,周氏,何其仁妻。生员刘师晏妻贾氏,张瑶妻杜氏,生员高第妻严氏,太学生俞采继妻周氏并妾火氏,万廷璋妻曹氏,尚书王轼子玉妻葛氏,文玉蚤死,葛氏悲恸五月亦死。孙鹤妻[1]沈氏,胡宗洛妻李氏,宗洛溺死,李氏亦忧悴死。卞景妻高氏,尚书铨之从孙。经历张应麟继妻盛氏,太仆盛仪侄女。黄震妻高氏,生员杨炫妻王氏,刘琮妻涂氏。

仪真有曹三妻关氏,张二妻蒋氏,徐观妻郑氏,李三妻萧氏,张成妻商氏,

---

1 "妻",原本衍一"妻"字,据文义删。

王子忠妻张氏，张彦明妻孙氏，殷成妻徐氏，成选征交趾死。赠通议大夫、都御史黄士贤妻□氏，妙真高尚珍妻张氏，张嘉亨妻夏氏，万焕妻张氏，太学生王维藩妻张氏，李廷用妻陈氏，侯诏妻高氏，谢朝恩妻刘氏，邓之谧妻白氏，陈士仁妻刘氏，贡士陈元吉母。生员白绘龙妻高氏，李赓妻薛氏，兵道手书"茹蘖纫茅"四字旌门。盛可畏妻张氏，赤贫，守节。指挥白应元妻鲍氏，陈文道继室傅氏，乡宾陈国相之母，盛京乡试陈启贞祖母。刘学圣妻黄氏，生员朱邦藩妻侯氏，刘明通妻陈氏，张应选妻赵氏，刘志德妻王氏，生员李桂女、刘钦相妻李氏，生员王国本妻胡氏，生员王任之母李氏。

泰兴有张均妻丁氏，太学生张述继妻李氏、其孙妇亦李氏，张标妻席氏，生员张思明之妻丁氏。夫死守节。丁天辰之女。

高邮则有刘聚妻戚氏，陈寿妻邵氏，卜英妻华氏，张贵妻于氏，郭儒妻陈氏，吴京妻陈氏，生员詹尚妻房氏，戴恩妻徐氏并妾萧氏，陈夔妻徐氏，钱缯妻张氏，夏显妻李氏，贡士张经继妻尤氏并妾石氏，御史张胆母。詹常妻吴氏，镇抚李旺妻王淑惠，姚志仁妻丁氏，徐调鼎妻陈氏，俱宪纲。毕氏，管于昌之妻。

兴化有唐公孙妻林氏，许保妻景氏，李镇妻沈氏，王思诚妻张氏，徐礼妻袁氏，李宣妻吴氏，宣将葬，吴氏临穴恸哭而死。孙璲妻陈氏，知州王暄妻朱氏，暄卒于官，朱恸哭七日卒。任琦妻俞氏，刘浩妻陆氏，魏立妻戴氏，姚秀妻卞氏，舒守训妻王氏，姜遇贤妻陆氏，生员宋鸣凤妻徐氏，吴邦闻妻钟氏，沈一豸妻赵氏，龚廷茂妻钱氏。

宝应有余朝宗妻张氏，杜桓妻许氏，冀□妻郑氏，仲弗妻张氏，许津妻王氏，张勋妻杜氏，柏键妻范氏，生员王性妻姚氏，王预妻郭氏，姜祐妻张氏，周臣妻刁氏，郑应妻杨氏，卞化妻张氏，太学生卢怀珍妻戴氏，韩昌嗣妻胡氏，闵桥妻陈氏，张仍妻梁氏，房登禄妻吴氏。

泰州有李岩妻陈氏，朱斌妻刘氏，陈贵妻窦氏，何永明妻沈氏，王本妻赵氏，胡铠妻顾氏，千户熊纲妾王氏，太学生刘启贤妻储氏，生员陆应昌妻沈氏，侍郎沈良才女。崔邦仁妻王氏，生员顾廷问妻王氏，翟贤妻徐氏，生员李国柱妻阮氏，生员沈行可妻李氏，杭周妾李氏，缪逯妾万氏，缪廷桂妻徐氏，吴浈妻孙氏、杨氏，缪好文妻陈氏，庠生田有大妻王氏，乡饮宾田士龙母。于应鳌妻戚氏，生员沈元美妻孙氏，生员袁懋年妻李氏，许扬震妻周氏，儒士季千之妻吴氏，王翼虞妻高氏,庠生吴应芳妻张氏,生员陈成祉妻黄氏,割股疗母。

宝应相于成妻王氏,儒童张继鼐妻郭氏,朱文耀妻仲氏,奉旨建坊。乔可贞妻徐氏、生氏,王世仁妻潘氏,刁恒妻张氏,武举钮逢年妻童氏,死于四月。王尚文妻韩氏,范尔念妻成氏。[1]

如皋有朱汉云妻顾氏,石润妻许氏,许汉妻章氏,生员张锐妻许氏,邑吏李清妻胡氏,章植妻胡守贞,胡柱妻石氏,张玺妻石氏,丛梓妻许氏,卢果妻王氏,王熙妻陈氏,陈芝妻何氏,刘岐生妻[2]纪氏,邓业妻陆氏。

通州有徐士良妻刘氏,王行素妻许氏,沈伯七妻陈氏,窦居德妻潘氏,邵七五妻鲍氏,校尉褚谅妻戴氏,孙昕妻尹氏,姜纶妻张氏,姚敬妻任氏,陈纲妻郑氏,胡智妻昝氏,生员王经妻孙氏,生员马式妻张氏,高寿妻钱氏,太学生凌旻妻马氏,顺天府推官周臣妻陈氏并妾祁氏,凌枋妻朱氏,邢衢妻姜氏,陈策妻凌氏,生员徐坦妻孙氏,生员吴芥妻孔氏,张翀妻徐氏,生员陈邃妻李氏,戴嘉爵妻钱氏,徐学名妻钱氏,丁奇遇妻刘氏。

海门有潘毂树妻张氏,崔发妻徐氏,姚仲源妻邵氏,生员孙祚妻许氏,殷洪妻陈氏,李文学妻许氏,张大本妻潘氏,给事潘庸之女。杨廉妻钱氏,翟恭妻许氏,李承祖妻曹氏,盛廉妻谢氏,生员李文翰妻周氏,生员李琴妻尹氏,冯瑄妻陈氏,史茂妻李氏,太学生徐斀妻崔氏,钱蕙妻许氏,张玘妻史氏,生员梁栋妻崔氏,生员王哲妾殷氏,潘云鸾妻陆氏,陆金妻蔡氏,生员李重妻江氏,生员王应夏妻张氏,太学生成廪妻季氏,生员彭大为妻周氏,生员张应龙妻胡氏,成珮妻陆氏,王尚纯妻陈氏,张璘生妻彭氏,王效曾妻朱氏,蒋心忠妻蔡氏,吴北唐妻李氏,崔明经妻王氏,举人季士骏妻吴氏。

又,孝女有宝应按察使仲本女仲氏,通州周实女周氏,俱割股疗母。江都医官孙必迁女孙孟姬,割股疗父。孝妇有兴化彭俊妻萧氏,泰州缪好文妻陈氏,俱割股疗姑。其遗于采摭者,未能悉云。

赞曰:世言江淮水国,其风或相习为靡。乃彼烈妇、贞女所在,可家扬户表,毋论皓首婺居,即不庙见成妇,甫受字而以身殉同穴者,亦多有之,亦可以

---

1 是段文字,当置于前"宝应"一段中。
2 "妻"字,原本脱,据文例补。

观王教极盛之征矣。夫美不书，书不详，操觚者无所逃罪。抑闻之君子昭昭者人知之，冥冥者神鉴之，苟天衷自尽，则幽显奚算焉。士大夫明于典故及博搜幽隐者，广而辑之，亦旷世一事也。

宗氏，大桥镇朱万昌妻。昌早不禄，氏年二十五，以节誓，抚教两遗孤读书。家虽饶，能甘布帛菽粟，无逾法。子旗，中武举，有韬略。

扬州府志卷之二十

风物志

昔称"扬一",甲于益都。华实[1]之产,九土为腴。谣俗喜好,杂沓云殊。时移物换,或变古初。作《风物志》。

风俗

冠服

三加礼,士大夫家间有行者,然亦不能备礼。郡城五方都会,所裹巾帻,意制相诡.市肆所鬻,有晋唐巾、紫薇巾、逍遥巾、东坡巾、种种不一。至于游客贾郎、宦族子弟,往往危冠侧注,樊然莫辨。至本朝功令颁有定式,乃翕然齐一焉。士大夫舆服多崇俭约,虽贵官膴仕,出入乘小肩舆,平居服色,每厌鲜华。民间则多不衷,男子或衣红紫,厮养卒使袴袜绮缟,屡禁不止。闺阁斗巧妆,镂金玉为首饰,杂以明珠翠羽,被服绮绣,衵衣纯采,在郡城仪真尤甚,高、宝以北则渐朴矣。

婚媾

江北婚礼,率妇家送女自归。独宝应委禽、亲迎犹存古风,嫁女妆奁从厚,然或侈汰无节。合卺之夕,骈族聚观喧哗,俗云"馂房",又曰"馂郎",惟郡城有之。沿海细民,多割襟指腹为婚,迨后消长,辄交恶,甚至讼讦。余大率

---

1 "实",原本作"室",据《万历扬州府志》卷二〇《风物志》改。

与各处同。

扬俗商贾所聚，里猾射利，多买贫家稚女稍有姿态者容饰之，教以歌舞、书画诸技，厚赂媒妁，以诱嫁四方富贾游宦，获利至数百缗。俗呼“养瘦马”。后贫家转相仿效，至所生女亦辄受值，远嫁海内。仕贾买妾，率称扬州，麕至而蝇聚，填塞衢市。或为媒妁所绐，误入乐籍不少。风俗污蔑，可为太息。按：瘦马之养，前志已叹其风俗污蔑，至明末更甚，上台屡禁，奈不悛何。往见里中某某者惯为此事，讳言“瘦马”，名为“收拾”。串通媒灼，伪充游宦，多是水户鬻贩。嗟乎，若辈不十年，其中壶嫆乱子孙灭没不可言矣！

国朝巡按秦公世桢、知府萧公琯严禁，勒石于小东门瓮城，不有止。今太守雷公应元痛行惩革，官媒、囮户稍稍敛迹，亦正理风化之一端也。

丧祭

扬俗丧礼，士大夫家或用司马及考亭家礼，独大小敛制迥殊。遇七多作佛事，朝祖之夕，亲友醵钱为宴，伎乐杂遝，名曰“伴夜”。尤为拂经丧车，裂彩为盖，刍灵明器象人，而丹旐彩翣，照耀衢路。闻之父老，为儿时所未尝睹。无火化、水葬，虽至贫人，亦有抔土，其封树表志，随其官职为之祭。唯缙绅家间有家庙，亦弗尽制。民庶多从寝堂设龛祏奉之，亲尽不祧。虽曰违礼，庶几存厚。

《海门志》：士大夫居亲丧，虽二十七月服阕，犹白巾表袍，以终三年。按：此或父或母，若有一在堂，则不可行。

燕会

涉江以北，宴会珍错之盛，扬州为最。民间或延贵客，陈列方丈，伎乐杂陈，珍羞百味，无敢草略。或一筵辄费数金，自迩物力殚屈，渐不如前，荐绅雅会，颇从简澹矣。宾礼拜揖，俱上左。

扬州饮食华侈，制度精巧，市肆百品，夸视江表，市脯有白沦肉、熝炕鸡鸭汤，饼有温淘、冷淘，或用诸肉杂河豚、虾、鳝为之，又有春茧粦粦饼、雪花薄脆、果餡餢飳、粽子、粢粉丸、馄饨、炙糕、一捻酥、麻叶子、剪花糖诸类，皆以扬、仪为胜。酿多雪酒，疑即宋云液、琼花露遗制，今不能佳，惟高邮五加皮酒盛称，官府或多作土仪赠遗,间闲累甚。秦邮近日又行真乙酒一种,郡城酒家多效之。

元日

扬州元日,长幼贺岁与各处略同。间换桃符,多用新红笺书春联悬贴,户户有之。闺人作彩胜相赠,纤丽工巧,他处莫及。

元夕

自唐开元时,称天下元夕灯火,广陵为盛。比来殊觉寥然,唯通州廛市繁嚣星桥,火树较盛他处。郡城游观,多萃于新城小东门,自十三至十八夜,衢市架松为棚,缀彩幔流苏,悬灯其下,少年弦索行游,漏尽不休。十六夜,俗谓"鼠纳",妇爆秫米作花,遍置屋罅间。女伴盛妆出游,俗谓"走桥"。各坊坐贾炫斗诡异,远近村镇相传入市观灯,街巷填溢,自相踩践。官为严禁,亦不得止。则知唐人之传不谬也。间有鬼判、龙灯杂遝交衢,轻薄小儿每以竞胜起争成讼,尤为当禁。

除夕及元宵,每夜爆㷝震荡,彻旦不休。而高邮州火炮制作淫巧,尤为糜费,或数百为团,或径尺为筒,远近争诧为奇,以至馈送纷纭,索取叠至。

立春

官僚迎春东郊,如常仪,不载。乃郡城率用铺行结办彩亭,优伶前导。又用彩制为采菱船,以教坊女奏乐其中,近于戏狎,此为小异。

清明

前后三五日,郡人士女靓容冶服,游集胜地,陆行踏青,舟行游湖。郡城、高、宝皆然。以扬州西有蜀冈诸胜,好事者载酒,挟声伎,溯城濠,达槐子河诸处,游玩纵乐,俗亦曰"游西湖"。是日晴明,郡人罢市,出游西郊,充斥壶榼,络绎于道。

扬俗墓祭以不过清明为度。然郡城或至十月朔重复拜扫,泰兴以霜降扫墓,他州县或不尽尔。

端午

是日解粽,儿女佩丹符,臂系五色丝,即续命缕也。泛酒,用菖蒲、丹砂、雄黄,近或作雄黄丹砂杯相赠。妇女以葵、榴、艾叶杂花簪髻,午则弃之,残英满道。他州县无龙舟竞渡,独仪真、瓜洲为盛,江都、兴化近亦有之。迩来瓜洲残坏,江都独盛,城南河岸士女观者如堵,贸易之人为之罢市。

七夕

俗传天孙渡河,小儿女旦起看彩云,或为乞巧、瓜果之宴。是月望日祀,先荐新谷,民间或赴寺院作盂兰盆会,晚于水陆散放荷灯。

中秋

夜设瓜果、饼饵祀月,罗儿女拜之,不问阴晴。作月饼相遗者甚众。

重阳

俗相馈用糕,在扬州者以糖肉秫面杂揉为之,视古麻葛糕侈俭不同矣。市鬻糕,上作面羊,标以彩幡,供小儿嬉戏。登高把菊而饮,至倾城市,惟泰州、如皋不尔。旧事有茱萸佩囊,今郡城无之。询土人,亦不知。

冬至

前一夕,设牲醴祀先。往年民间亦罢市称贺,迩来渐省,相贺者惟官僚士夫,独泰兴犹仍旧俗。

除夕

俗用饧饼、红豆秫饭祀灶,阖门集少长群坐,饮分岁酒,设松盆火爆竹,或达曙不寐,谓之"守岁"。

俗习

四民自士、农、工、贾而外,惟牙侩最多,俗云"经纪",皆官为给帖。凡鱼、盐、豆、谷、觅车船、雇骡马之类,非经纪关说则不得行。常值之外,另与用钱。

扬州瓜、仪经纪,不可万数。陆海都会,人烟浩穰,游手众多,总难穷诘,至牙侩假借衿绅名色以罔市利。

质库无土著人,土著人为之即十年不赎,不许易质物,乃令新安诸贾擅其利,坐得子钱,诚不可解。近皆四方之人为之贱质短期,穷民缓急不能堪也。

俗尚鬼,好巫觋,庙祠祈祷偶应,即远近男女崇奉,烧香祭赛无虚日。甚至竖旗杆求福,多至千数。

兴化丁溪、草堰之间有坟焉,呼张王墓,相传张士诚父。沿海民灶咸以正月望前聚祷,因而彼此格斗,或斗胜,则一年大利。即至死伤,毋许告讦。近有司严禁并捕其倡首者法,风稍殄。

方言

汉扬子云所载《方言》,在江淮之间者:爱曰怜。只曰颗,或曰睦。盛曰泡。眄曰眮,或曰睩。坚曰鐕。骂奴曰臧,骂婢曰获。鸡头曰芡。快曰逞。屁曰㷉。杀曰虔。代曰侹。禅衣谓之襫,古谓之深衣。襜褕谓之襌褣。污襦谓之襧蔽。膝谓之袆,或谓之祓。裈谓之松。鍑谓之锜,或谓之镂。畚筥之属谓之甾。金谓之枼。刈钩谓之铫,或谓之锅。薄[1]谓之苗,或谓之麹。槌谓之祖,其横谓之栚胡,以悬栚谓之缳,或谓之环生。而聋谓之筲。强曰弹。㥂貌谓之狭[2]。矛谓之鏮。箭谓之镞。舟谓之荐,方舟谓之濆,舸舟谓之浮梁。楫谓之桡,或谓之棹,所以引棹谓之桨,所以悬棹谓之缉,所以刺船谓之篙。维舟谓之鼎,首谓之阁间,或谓之艑艖,后曰舳,舳,刺水也。伪谓之仡。草曰茟。视谓之眙,或谓之视。凡相候谓之占,占犹瞻也。蛥蚗谓之蛉蛚,或谓之蜈蛚,或谓之蜓蚞。蜻蜹谓之蟋蟀,或谓之蜇。蜻蛉谓之蝀蚚。鼁蟊谓之龜鼀,或谓之蝎蝓,蝎蝓者,侏儒语之转也。饧谓之糖,凡饴谓之饧。冢谓之丘[3],小者谓之塿,大者谓之丘[4],凡坟而无封谓之墓,所以墓谓之墲[5]。按古字典奥,今江淮间不能悉

---

1 "薄",原本误作"簿",据《方言》卷五改。

2 "狭",原本误作"骎",据《方言》卷八改。

3 "丘",原本误作"廿",据《方言》卷一三改。

4 "丘",原本误作"廿",据《方言》卷一三改。

5 "墲",原本误作"抚",据《方言》卷一三改。

解,姑纪之,以资辩质。

今方言,处所谓高头、无为、没得,不谨为攫掉,不洁为龌龊,不慧为呆,假寐为盹,觑视为睄,厕为坑,庭为天井,额为业楼,颔为颊腮,膝为波罗,胫为孤拐,虹霓为杠,电为闪,小儿为芽子,乳妇为妳子,蓐医为姥姥,蝙蝠为别伏,乌鸦为老呱,寒蝉为遮留,蚯蚓为曲鳝。又口吃为急子,猫为毛,雁为案,咸为寒,鞋为孩,蟹为海,则音之转也。其类不可殚记,姑识其略。

赞曰:风俗淳漓,大者已先载郡县中,兹特民间冠婚常礼及四时节序,为风土所习见者载之,间巷委琐与他境或不尽同。奢俭之变,亦略可观。至如《輶轩方言》,今昔迥异,有存而未泯者,亦先民之遗乎？惜夫闻不能详,俟宏览博闻者正焉。

物产

货品。有铜镜,唐于扬子江心铸铜镜,宋尚入贡,今无。盐,出通州、泰州、兴化、如皋、海门。鹻,出泰兴、如皋。硝,出泰兴。晒白夏布,绵绸,生绢,草布,出江都。单布袜,出江都、仪真。莞席、蒲鞋,出泰州。苎布,麻帨,剪刀,出通州。宋扬州贡苎布,今无。海错。出通州、海门。

酒品。有云液,琼花露,平山堂,凝香堂,淮海堂,皆宋旧品,具《宝祐维扬志》。今有雪酒,酿自郝氏。菖蒲酒,佛手柑酒,羊羔酒,琼珠酒,酿自诸富贾家。以上皆出江都。生春酒,出仪真。五加皮酒,出高邮。四方称之,号淮南名酒。三白酒,出通州。白酒。各州县皆有。用草麹三日可成,味极甘美。少入水,曰水白酒。冬月煮过窨之,曰腊白酒。酿法自新安。

谷。有黄穇,乌节,《唐书·地理志》:"扬州贡黄穇米,乌节米。"大、小香班籼,及水赤籼,小白籼,龙爪籼,六月籼,齐梅籼,芦杆籼,叶里籼,麻觔籼,大鹅籼,扬州山田多宜籼,故籼称早稻。始占城有此种。宋大中祥符五年,闻其耐旱,遣使求其种二万斛,分给江淮间。漕司令民择田高者艺焉,因名占稻。白壳,白芒,早白,晚白,晚黄,赤须,黑支,焦黄,乌口,大红芒,小红芒,下马看,六月白,鹭鹚白,了田青,救饥公,绠子笼,下欢,潮水白,拖犁归,深水红,梅里黄,吊杀鸡,张公赤,磊块赤,山骨仑,鹤脚乌,马尾赤,泰州红,又名海陵红。按《汉书》扬州有"桃花米",即此种。紫红芒,雀不知,观音白,以上皆粳类。其种尚多,不能尽载。赶陈,羊脂,燕口,羊须,秋红,橘皮,乌焦,麻觔,虎皮,猪鬃,粉皮,秋风,雀不觉。以上皆秫[1]属。

麦。有䵝麦,晚麦,淮麦,短杆。以上皆大麦,《毛诗》谓"麰也"。宜为饭,又可为酢,其糵可为饧。春麦,短管,赤须,芦麦,北麦。以上皆小麦,《毛诗》谓"秣也"。又荞麦。秋始成。

菽。有大黄,大青,大紫,大黑,大褐,鸭卵青,白扁,黑扁,白小赤,小小红,豇豆,楼子菉,摘角菉,鹌鹑斑,赤江,白江,摘角江,青豌,白豌,白眼,紫眼,羊眼,雁来枯,炒社黄,半夏黄,佛指。淮南王以豆为乳脂、为酥。今称豆腐,遂遍天下,不知滥觞淮南也。

黍。有粳黍,糯黍。

稷。孙炎曰:"稷,粟也。"有杭粟,糯粟,金钗,婆不来,铁落索,狗尾附。

苽。或作菰蒋,草也。高、宝、兴诸湖多有之,叶如蔗荻,梗有首者谓之菰蒋。秋生米,名雕胡。宋玉云:"炊雕胡之饭。"汉太液池中皆雕胡。杜甫诗"波漂菰米沉云黑"是也。

枲。有丝苘,苎麻。其织为绢,为䌷,为布,为帨。有黄草,亦可织为布。又有胡麻。大宛种也。道家以为饭。江淮间多植之园圃为玩,不能成畦。俗云必夫妇同种则生而茂。盛唐江淮士人有罪戍者,代妻寄诗云:"胡麻好种无人种,底事归时郎未归。"葛稚川云:"胡麻中一叶两荚者名巨胜。"

蔬。有薯蓣,俗名山药。《北户录》曰:"储也。"为面饼绝宜人,味极芳美。百合蒜,《博物志》:"江淮间百合根大而味甘,南地者微苦。盖芋、牛蒡、决明之类也。"芋,俗呼芋苗,大为魁,小为子,卓王孙所谓蹲鸱也。菘,俗谓之台菜。《本草》:"扬州菘菜,叶圆而大,有毛,啖之无滓,绝胜他土,所谓白菘也。"又有牛肚菘,味尤苦。蔓,陆玑《草木疏》曰:"芜青也,又名蔓青。诸葛亮所至,令军士种焉。以初出甲可生啖,叶舒可煮食。久居滋长,冬有根,可剐而食也。蜀人呼诸葛菜,扬州亦然。"葵,甘滑为百菜长。《左传》:"葵犹能卫其足。"以葵心随日光所转,辄低覆其根,似智也。曹子建曰:"若葵藿之倾叶,太阳虽不为之回光,向之者诚也。"今人误为秋葵花,王弇州咏黄葵花亦尔,皆未深考也。荬首,荬儿菜,藻,蓴,荇,芹,楚葵有水旱二种,三月作英,可菹。出仪真者,长数尺,味独佳。蒲芽,槐芽,椿芽,豆芽,盐策,藕苗,茨条,芥,《方言》曰:"苏,芥草也,江淮之间谓之苏。"有青紫、白荏、鸡爪数种,生四

---

1 "秫",原作"林",据《万历扬州府志》卷二〇《风物志》改。

月者名春不老。苋，有红、白、紫三种。又马齿苋。麦菌蕈，生木上，细者曰天花蕈，亦名木耳。石上者曰石耳。苦荬菜，苣也。《毛诗》："薄言采苣。" 俗呼芸苔菜。《晋安帝纪》曰："义熙二年，有苦荬菜生扬州。"《中兴书》曰："草妖也。" 是后，岁岁征伐，民人多苦。苦荬者，买苦也。《吴志》曰："菜高四尺，厚三寸，形如琵琶，两边生叶。孙皓以为乎虑。" 莙荙菜，又名甜菜。萝卜，又名菜菔，有黄、白二种。萵苣，韭葱，薤，大蒜，葫，一年为独，蒜，二年成大蒜，苗、叶、根、子似葫而细，则小蒜也。胡荽，俗呼芫荽。西方书名兴渠，以为熟食发淫，生食增恚，故绝不食。与上五种为荤菜。生菜，藤菜，滑菜，白菜，波棱菜，《北户录》："婆罗国献棱菜，火熟之，能益食味。菜以国名。" 刀豆，襄荷，蕺菜，《本草》："扬州蕺菜味辛温，多食，令人气喘。" 荠，《月令》："苈草也。" 茼蒿，蒌蒿，香蒿，斜蒿，地耳，一名地踏菜，状如木耳，故名。又见高邮王西楼《野菜谱》者三十余种，不悉载。笋。笙笋，淡笋，象竹笋，燕来笋。笙笋出仪真，长三四尺，味微苦。僧赞宁《笋谱》亦具苦竹笋，具竹品。

瓜。有西瓜，产兴化余东者佳，邵平所种，有五色子母瓜，今其子孙家杨子瓜洲者尚众。《学圃杂疏》以为金主征西域，得之。洪皓自燕中携归，故以"西"名。王瓜，一名土瓜。《月令》："四月，王瓜生。" 黄瓜，原名胡瓜，北人避石勒讳，称黄瓜。有白瓜，似王瓜而白黄，差后。甜瓜，苦瓜，南瓜，叶叶瓜，丝瓜，冬瓜，香瓜，壶卢，俗名葫芦，有数种。明宝应朱太守曰《藩家园种壶》诗曰："春柳半含黄，春鸠屋上啼。弱苗何日引，长柄得谁携？瓟落非无用，鸱夷爱滑稽。挥锄不觉倦，新月在楼西。" 瓠子，《本草》："瓠正苦有毒，叶可为茹。"《诗》曰："幡幡瓠叶，采之烹之。" 今人知食者鲜。茄子，《大业杂记》曰："炀帝改茄子曰昆仑紫瓜。" 因系之瓜属。黄独。俗呼黄精，误。

果。有莲子，藕，芡，《方言》："淮泗之间谓鸡头曰芡。" 菱，《武陵记》云："两角曰菱，四角、三角曰芰。"《图经》有嫩皮而紫色者曰浮菱，江淮人曝其子以为米，可以当粮。桃，种类甚多，惟沙桃佳，实如鹅卵大，味极甘，肉与核离。出江都东沙诸处，因名。宝应朱九江有《谢人饷沙桃》诗曰："沙桃风味动江乡，每近中元辄寄将。供奉似君才不忝，汉庭早晚识东方。" 李，扬州有麦李，绝佳，出槐子桥汪家园，与麦同熟，因名。肉厚而甘脆，亦与核离。其后子孙伐为薪，佳果遂绝。梅，杏，石榴，枣，梨，《酉阳杂俎》："扬州淮口出夏梨。" 柿，椑，似柿而青黑，生江淮南，所谓"梁侯乌椑"之柿也。栗，樱桃，木瓜，鸡拱子，凫茨，俗名荸荠，以凫好食而名。《汉书》作"符訾"，颜之推云："凫茨，今去黑皮以为粉作汤饼，甚光滑。"《东观汉记》："王莽末，江淮之间枯旱，民多饿，群入野泽，掘凫茨而食之。" 林檎，来禽也。俗名花红。《齐民要术》曰："林檎，堪为面。" 木瓜，茨菰，楑，櫵，似梨而色黄。《述异记》又有香栝子,小于榶梓而相似,北方所无。江淮南人至北,见榶梓,以为栝子。谓此也。核桃,银杏,葡萄,松子,枇杷,落花生。《高邮志》名地果,又名无花果,以不花而实也。即滴花生[1]。

草。有苢,白华已沤曰苢,未沤曰野苢。《诗》曰"白华苢兮"是也。芦,荻,苇,茭,茅,《管仲》曰:"江淮间一茅三脊,所以为蒲。"蒲,菖蒲,荃也。一名荪。一种有脊如剑;一种节甚密,生石上,名石菖蒲,又名昌歜。文王嗜之。莎,萍,蓼,藻,蘩,艾,蓬,苈,蒿,莞,落梨,乌渠,稜古,凤尾草,生高邮东门月城上。虎耳草,宋艮岳有八方草,凤尾、虎耳,其二也。吉祥草,佛指甲,蒺藜,薜荔。在屋曰昔邪,在墙曰垣衣。《山鬼》:"被薜荔兮带女萝。"淡竹叶,菉也。《毛诗》:"绿竹猗猗。""绿"与"菉"同。一名王刍。又"终朝采绿,不盈一掬",此也。

木。有杨柳,《春秋元命包》:"扬州厥土下湿,多生杨柳。人多以杨柳并言,不知杨叶圆而上举,柳叶长而下垂。春初,园池间垂丝缕缕者,柳也。"《战国策》[2]亦曰:"柳柔脆易生与杨[3]类。"则二木不同可知。隋开邗沟入江,渠旁筑御道,树以杨柳,谓之"隋堤"。唐罗隐诗:"夹道依依千里遥,路人回首认隋朝。春风未惜繁华意,犹费工夫长柳条。"扶芳,《大业杂记》:"炀帝在江都,吴郡送扶芳二百树,其树蔓生缠绕他树,叶圆而厚,凌冬不衰。夏月取其叶,微火炙使香,煮以饮,深碧色,香甚美,令人不渴。"白杨,青杨,黄杨,桑,柘,榆,槐,栋,松,柏,桧,扬州法云寺旧为谢安宅,有双桧,安所手植。唐刘禹锡诗:"双桧苍然古貌奇,含烟吐雾郁参差。晚依禅客当金殿,初对将军映画旗。龙象界中成宝盖,鸳鸯瓦上出高枝。长明灯是前朝焰,曾照青青年少时。"樗,栎,椿,枫,棘,椒,桐,梓,櫻,栟榈其皮为绳,可覆屋。苦楝,白楝,谷,陆玑《草木疏》:"幽州谓之谷桑,或曰楮桑,荆、扬谓之谷。"皂荚,亦名皂角,扬州有皂角林,在瓜洲。宋刘锜破敌处。石楠,橡,出高邮河院寺。冬青,女贞。椐,枸,橘,茱萸,《风土记》曰:"茱萸,椒也。"《说文》:"椒似茱萸,出淮南。"茶。《寰宇记》云:"蜀冈有茶园,其香味如蒙顶。"所产用贡上。旧有时会堂、春贡亭,皆造茶所,今皆废。

花。琼[4]花,详载《古迹》。芍药,扬州古以芍药擅名。宋有圃在禅智寺前,又有芍药厅,向子固有芍药坛,刘攽著《谱花》,凡三十二种,以冠群芳为首。其后王观、孔仲武、艾丑各有谱,观之,种如攽,而益以御衣黄等八种。仲武之种三十有二,丑之种二十有四,皆首御衣黄。《绍

---

1 "花生",原本作"生花",据《万历扬州府志》卷二〇《风物志》改。
2 其下引文,当出自《埤雅》,《战国策》无此文。
3 "杨"后脱"同"字。
4 依本卷行文体例,"琼"前疑脱"有"字。

熙广陵志》种亦三十二，而首御爱红。其品具，各谱不可殚记。南海欧大任《芍药圃》诗曰："万垛锦云新，天涯赠美人。谁知江上色，却掩洛阳春。"牡丹，绣球，一叶百蕊，一蕊八英，如簇球然，故名。红者曰山丹，白者名粉绣球，即聚八仙花，今误为琼花者。李东阳《观扬州察院八仙花》诗曰："春风不见广陵花，忽到行台御史家。九曲阑干随月转，两行环佩倚空斜。品题自称仙为骨，摇落空知岁有华。莫遣风霜浪催折，高技须待楚江槎。"紫荆，蔷薇，鸡冠，有红白，有球子、掌片、缨络，矮者名波师鸡冠。木香，夜合，一名合欢，又名青裳。嵇康尝种之舍前。木堇，笑靥，郁李，粉团，金沙，石竹，棣棠，海棠，品类甚多，曰西府，曰铁梗，曰垂丝。又有秋海棠，秋时始花，丛生，而色最媚。玉蝴蝶，玉兰，一名迎春花，以花早而名。欧训导大任《扬州王氏园观玉兰》诗云："素艳何年出苎罗，西园春色过江多。汉滨欲赠风前佩，洛浦曾凌月下波。翠羽忽惊梅蕚梦，琼花犹听竹西歌。洗妆更有持觞客，芳草天涯奈尔何。"菊，种亦近年为繁，土人多从洛中移佳本，园师有鬻于市者。安石榴，来自安石国，因名。有黄、白、深浅红数种。海仙，木犀，山茶，单瓣，大者曰日丹瓣，重叠差小者曰宝珠。新罗国多海红，即浅红山茶也。苏子瞻《扬州梵行禅院山茶》诗："山茶相对阿谁栽，细雨无人我独来。说似与渠渠不会，烂红如火雪中开。"辛夷，一名木华。唐皮日休《扬州看辛夷花》诗："腊前千朵亚芳丛，细腻偏胜素捣功。蟆首不言披晓雪，麝脐无主任东风。一枝扫地成瑶圃，几树参庭是蕊宫。应为当时天女服，至今犹未放全红。"芙蓉，荷花，有红、白二种，高邮、邵伯诸湖最多，至数十里不断。孟城黄琼《采莲》诗："苍烟漠漠董家潭，绿树阴阴白水湾。十里锦香看不断，西风明月棹歌还。"人家盆池所种者，有重台莲，千叶四面镜。有黄荷，花色白微黄，《弥陀经注》所谓"俱物头花"也。碧桃，金凤，蔞粟，水仙，山丹，玫瑰，萱花，梅，种类颇多，以绿萼玉蝶为胜。又腊梅，深冬开，以色酷似密脾，故名。亦有狗蝇、磬口二种，而磬口佳，花多宿叶，结实如垂铃，尖长寸余，又如大桃奴，子在其中。扬州有梅花阁，以何逊得名。逊有《法曹廨舍梅花》诗："兔苑标物序，惊时最是梅。冲寒当路发，映雪拟寒开。枝横却月观，花绕凌风台。知应早零落，故逐上春来。"瑞香，葵，有荆葵、戎葵、秋葵、免黄，今人误为葵菜者也。紫薇，俗名百日红。有红薇、白薇、翠薇，独无黄者。羞天莲，鹿葱，金林擒，木兰，石塔寺有木兰院，唐王播寄食处。播有诗："二十年前此地游，木兰花发院新修。如今重到经行处，树老无花僧白头。"雁来红，即后庭花。龙瓜，金盏，蝴蝶花，长春花，玉屑，珍珠，黄雀，玉簪，金丝桃，旱金莲，到线红，剪春罗，剪秋罗，金莲宝相，夜落金钱，白者为夜落银花。金灯，金钱，《北户录》云："来自毗尸沙国。"栀子花，一名玉楼春，有山栀、水栀，单叶、千叶，俗云即西域薝卜花，或曰非也。薝卜，金色，花小而香。栀子花白。结香，虞美人花，旋覆花。俗名滴滴金。

竹。有淡竹，苦竹，晋戴凯之《竹谱注》："苦竹有白、有紫，而味苦。"《图经》曰："苦竹，一种出江淮，肉厚而叶长阔。笋微有苦味，俗呼甜苦笋，食品所最贵。"筀竹，象牙竹，笋似象牙，故名。文竹，觔竹，象芦竹，戴凯之《竹谱》"有竹象芦，因以为名"注："此竹肤是[1]芦，出扬州东垂诸郡"，又云"可以为篾"。斑竹，又名湘妃竹。慈竹，僧赞宁《笋谱》："其竹内实而节疏，性弱可代藤，形紧而细，一丛数竿。笋不外迸，然不堪食。蕲、黄间名丛竹。近来扬州多植之窗户。"槟榔竹，具杜台卿《淮赋》。白竹，赞宁《笋谱》："连州抱腹山多生此竹。"扬州其移本也。紫竹，人家庭心多苞丛而生，中实，其色沉紫可爱。水竹，赞宁《笋谱》："生水中，其笋随水深浅以成节，若深一丈，则笋出水面为一节。"出黔南管内。江淮所移，渐失其实。凤尾竹，马镫竹，簟竹，节密。诞竹，节疏。燕来竹，弓竹，戴凯之《竹谱》："弓竹如藤，其节郁曲，生多卧土，立则依木。"注："出扬州东垂诸山中。"

药。有天南星，《本草》："古虎掌也。"苦参，一名昆仑草。柴胡，五加皮，一名文章草。谯周《异物志·文章草》赞曰："文章作酒，能成其味，以金买草，不言其贵。"即五加皮酒，今高邮造者佳。紫葛，《日华子》云："紫葛种，此藤生者。"天麻，前胡，益母草，《尔雅》"萑"，茺蔚。《毛诗》："中谷有萑。"花有红、白，红胜。槐角子，旧志：出高邮三皇庙者佳。三棱，车前子，芣苢。紫苏，出高邮军者佳。老鸦眼睛，《本草》："出高邮军。"蒟蒻，《本草》："扬州有蒻头。"海艾，《本草》："扬州海艾，人鲜知之。"庵闾子，白芨，青箱子，一名昆仑草。蒲黄，马鞭草，节生紫花，如马鞭节，因名。蛇床子，《尔雅》："一名盱。"《通典》："扬州贡蛇床子，蛇床仁。"黄连，杜若，《广雅》曰楚蘅，或以为即杜蘅，非也。香附子，《本草》："莎草香附子，其根也。"白前，狶莶草，即火枚草，有毒，出高邮军者佳。木通，通草，《尔雅》通莞木。吴茱萸，马兜铃，夏枯草，鹤虱，红花，《本草》：红蓝花，扬州红花色最艳，亦堪作胭脂。芍药根，有赤、白二种。女贞实，一名狗骨木。以上凡三十二种，《本草》《图经》皆云出淮南者胜。芫花，蜀桑根。萎蕤，玉竹根，亦名地节。泽兰，地黄，地榆，天花粉，谷精草，刘寄奴，即大叶蒿子。吴蓝，大蓝根。菖蒲，《本草》："一寸九节者良。"生扬州者皆大根，名剑春草，不堪服食。地黄，天门冬，颠勒草，根类百部。《山海经》曰："蘱，冬也。"麦门冬，形如裸麦，护门草也。一名百灵草。茵陈蒿，菠薐，冬瓜子，薏苡仁，

---

1 "是"，戴凯之《竹谱》作"似"。

兔丝子，《尔雅》"唐蒙"，《毛诗》："爰采蒙[1]矣"。俗名金线藤。《通典》："出扬州者佳。"苦荬苈，萝卜子，金银花，将军子，马拦头，甘菊花，远志，叶为小草。《世说新语》："郝隆曰：'入则为远志，出则为小草。'"以讽谢安。其花曰大青。羊蹄根，陶隐居云："秃菜也。"又名遂。《毛诗》："言采其蓫。"五叶藤，苍耳，三赖子，薯蓣，秦、楚名玉延。薄荷，荆芥，芎䓖，《博物志》："苗曰江蓠，根曰蘼芜[2]。"即文无也。亦名当归。古人相招，则以文无。何首乌，有赤、白二种，赤为雄，白为雌，一名夜交藤。出高邮神居山上者佳。青蒿子，白柳根，云南枝，亦名青木香。瓜蒌，根、子二种皆入药，亦名括蒌。《唐书·地理志》："扬州有括蒌粉。"枸杞子，俗名甜菜，有红、黄二种，其根为地骨皮。商陆根，《金门岁节》云："裴度除夜叹老，迨晓不寐，炉中数朵商陆火。"王不留行，亦名麦蓝子。楮实，辛夷，玄参，重台草根。蓟根，二种，大蓟名虎蓟，小蓟名貓蓟。细辛，白芷，《楚词》曰："药"，注，药[3]，白芷也。"茴香，一名蘹香子。瞿麦，牛蒡子，桑白皮，旋覆花，虎杖根，泽漆，根曰大戟。《图经》："淮南出者茎圆，高三四尺，苗如百合。"即泽漆也。半夏，山慈菇，蒲公英，俗名黄花地丁。蒺藜子，三白草，海鳔鮹，土牛膝，《图经》："江淮有之，然不及怀州为真。"白头蚯蚓，《本草》："出蕃厘观后土祠者入药。"龙胆草，一名陵游。玄精石，出各盐场。马芹子，似蒔萝，褐色。泰州所出多。鳢肠草。即旱莲草。以上凡六十七种，《本草》谓在处有之，江淮不得专其胜也。

羽虫。有鹤，鹄也，出吕四场者，脚有龟文。鹳，一名黑尻，善旋飞。江淮人谓鹳旋飞为鹳井。鸠，有斑鸠、鹁鸠之类。《方言》："自关而东谓之鸼。"戴胜，陆佃云："即布谷，俗名郭公。"鵙，一名伯劳。乌，万历初，其鸟百千群自官河南顾家坟树飞来，集钞关运司二厅脊，噪逾时而去。今不复来矣。燕，有二种：越燕小而多声，好巢人家门楣；胡燕差大，好巢两榱间。鸬鹚，天鹅，蜡嘴，画眉，百舌，溪鹙，即今秃鹙[4]，俗名青鹤。鹭鸶，一名春锄。鸡鹈，一名鸫。《周礼·职方氏》："扬州其畜宜鸟兽。"先儒谓鸟，孔雀、鸡鹈之属。盖鹈虽微禽，毛羽可尚，故得与孔雀同称也。翠鸟，鹬。鸿雁，鸼，鹊，鹩，鹰，通州旧志：八九月间自海上飞来，止于狼山。鹎鶋，音侃旦。俗呼寒号虫。《方言》："自关而东谓之城旦。"雉，今名野鸡。《尔雅》："江淮而南青质，五色皆备成章曰雉。"鹳鹆，鸳鸯，啄木，子规，雀，好栖人屋宇，

1　"蒙"，《诗经·鄘风·桑中》作"唐"。

2　"蘼芜"，《博物志》作"芎䓖"。

3　"药"，原本误作"香"，据《楚辞·湘夫人》王逸注改。

4　"即今秃鹙"四字，原本误作正文。

一名瓦雀。鹅，鸭，《尸子》曰："野鸭为凫，家鸭为鹜。"野鸭出泰州佳，家鸭江湖间养者百千为群，高邮、泰州极多。生子多者不暇伏，以牛矢姁而出焉。未孚者曰蛋，土人盐藏之，以售四方，都下尤重之。《汉书》："江都易王故姬李阳华，其姑为冯大力妻。阳华老后归冯喜，斗鸭凿池畜之，名斗鸭池。"鸡，《方言》："陈、楚之间谓之鶬鸱。"高邮博支有巨鸡，高四五尺，与人斗。土人以守户。《尔雅》谓之鶬鸡。卢兹，黑色，能入水取鱼。江淮之间渔者养数十百头，日可得鱼数十斤。属玉，鷦鷯，一名桃虫。黄鹂，《方言》："创鴂[1]。"李太白扬州《白田马[2]上闻莺》诗："黄鹂啄紫椹，五月鸣桑枝。我行不记日，误作阳春时。蚕老客未归，白田以缫丝。驱马又前去，扪心空自悲。"鹌鹑，章鸡，花鸡，出通州，秋日来自东海外，大者名麻鸡。黄雀，出通州海门者曰海鸽，扬州差大，与江南产者皆不同。花鸥，十二红，白头翁，叫天，鷯鸪，白鸥，鹭。雪姑，鸥，鹗，鸹鸧，喜鹊，即四喜。练雀。

毛虫。有虎，边海间有之。《方言》："江淮之间谓之李耳。"注："虎食物，值耳即止，以触其讳也。"马，驴，骡，牛，《风俗通》曰："牛乃耕农之本，百姓所养，为用最大，国家之为强弱也。"《礼》："诸侯无故不杀牛，以大畜重之。"《淮南子》曰："杀牛，必亡之数。"许慎曰："谷者，民之命。牛植谷，故王法禁杀。杀之者诛，故曰'必亡之数'也。"羊，犬，《说文》："狗之有悬蹄者曰犬。"其种三：守犬，食犬，田犬。豕，《方言》："吴扬之间谓之猪。"其子曰豚，槛及蓐曰槽。麀，獐，麇也，老而牙见，江淮人谓之牙獐。麋，鼠，其畜多寿，江淮人谓之老鼠。黄鼠郎，狼，《兴化志》："岁旱，来自海东。田家多树束草，疑之，则不敢近。"狐，貛，狸，《方言》："即貔。江淮之间谓之狸。"貉，獭，兔，猫。

倮虫。有蜂，种凡三：黑蜂、黄蜂并蛊。有毒，螫人。蜜蜂为良。蚼蠮，伊威，一名鼠负。负作妇，非。壁虎，以善缘壁名。即守宫也，一名蝘蜓。扬人谓之壁虎。蛴螬，蝙蝠，《方言》："自关而东谓之服翼。"蟫，蠹鱼。螳螂，蝼蛄，俗名土狗。蚋，虱，蚤，蚊，《说文》："楚谓之蚊。《夏小正》曰'白鸟'。"孑孓[3]，一名蜎蠉。污水中小虫，其行一曲一直。蚊有豹脚者，其所化也。蝇，种亦三：苍蝇、青蝇、麻蝇。蜣螂，崔豹《古今注》曰"转丸"。蜉蝣，渠略，《方言》作"渠螱"。蟪蛄，《尔雅》曰："胡蝉，似蝉而小者曰寒螀。《夏小正》：'五月蟪蛄鸣，七月寒蜩鸣。'"蚨蛆，《尔雅》："蝮属[4]，淮南人呼蛆。"蛆音恶，最有毒。络纬，莎鸡，扬人呼纺

1　"鴂"，原本误作"劇"，据《方言》卷八改。

2　"田马"，原本倒作"马田"，据《李太白全集》卷二四改。

3　"孓"，原本误作"子"，据文意改。

4　"属"，原本误作"鳫"，据《尔雅注疏》卷十改。

缉婆。蚱蜢，螽斯。蜻蜓，《方言注》："淮南人呼蟧蚴。"蚰蜒，《方言》："自关而东谓之入耳。以能入人耳也。"蜈蚣，一名蝍蛆。罩罩，《尔雅》："有土罩罩，在地结网者；草罩罩，络蔓草间。"又蟏蛸长踦，俗名喜子，亦其类也。蟋蟀，蛬也，一名蜻蛚。《尔雅翼》："淮南则云蟋蟀。"蚯蚓，白项者，出琼花观后土祠后。夏夜于草底鸣，曰歌女。蛱蝶，萤虾蟆，似虾蟆而背青，绿者曰青蛙，江淮人食之，名水鸡。其子曰科斗。蚁，子曰蚳，飞蚁曰蚍。蝇虎，蛓，毛蠹，似蚕而短，背有毛，能螫人，俗名扬瘌。瘌，音辣。《楚词·九思》："蛓缘兮我衣。"叩头虫，《异苑》曰："小虫，形色如豆，祝以叩头，辄如稽颡。"百则百，千则千，江淮人呼捣碓虫。螟，螣，蟊，贼，四虫，蝗类也。《尔雅》："食苗曰螟，食叶曰螣，食根曰蟊，食节曰贼。"泥。其虫土色，形常凝然如醉，触之蠕然。李白诗"笑杀山翁醉似泥"是也。扬人名土鳖。

鳞属。有鲟鳇，大者数百斤，江海所产，间至瓜洲，土人以为鲊。鲋，鳠鲴，一名白颊。鲭，《图经》："出江湖间，北部所无，南人多以作鲊。"庚韵，音征，即"五侯鲭"是也。鲢，有青、白二种。鲹，鲇，鲔，鲂，今名鳊鱼。鲩，鲫，一名鲋。鳡，黄颊，鱼身，大能飞扬。人以为鳡鱼当之，非也。黄鳡鱼，大不满尺。鲤，鳟，鲌，鰫，狭薄而长须，一名刀鱼。通州多，味腥而美，曰海鰫。鳢，俗名乌鱼。鳜，鳗，鲑，鲡，鲳，鲻，石首，一名鳆，俗名黄鱼。南人菱而食之曰鲞。银鱼，一名王余。出高邮者差大，通州者小而美过之。又名脍残鱼。白鲦，形狭而长若条然。即《庄子》"鲦鱼"，江淮之间谓之间谓之鳊鱼。乌贼鱼，万震《海物异名记》曰："乌贼八足，集足在口，缩啄在腹，其名乌贼，噏波噀墨，迷射水匿。"针口，小而肥美。出通州者佳。比目，或以为王余，非也。《尔雅翼》："比目鱼，东海所出。"燕尾，沙钉，梅头，狮口，河豚，鲵鱼也。大者河豚，小者班鱼。肝有毒，出海者尤甚。扬人往年绝不食，近始染指。《货殖传》"鲐鮆千石"，鲐即河豚。闰鱼。闰年自海出，骨可为桥。如皋不滨海，己亥从江岸得一鱼，可数千斤。

介属。有鼋，鼍，《晋安海物记》云："鼍鸣如桴鼓，江淮之间谓鼋鸣为鼍鼓。"龟，鳖，蝤蛑，一名簠蟹。大者长尺余，能与虎斗。蟛蜞，蟹之小者。俗呼彭越，误也。三月出于海，土人以盐藏，货之。蛏，有毛蛏、竹蛏二种。蛤，紫绿者佳。海滨人亦盐以为酱。通州近时以甜糟藏之，极甘美，江南所重。蠃，作螺。《史记·货殖传》："楚、越之地，果隋蠃蛤不待贾而足，是以江淮以南无冻饿之人，亦无千金之家。"《魏书》："自遭荒乱，卒乏粮谷，袁术在江淮，取蠃蛤[1]，民人相食，州部萧条。"车螯，大蛤也。土蚨，出吴祐场者肥而少泥，不减宁波产。其他

1　"蠃蛤"，《三国志》卷一《魏志·武帝纪》注作"蒲蠃"。

名泥蠃。蛎,海蛳,蚌,大者长三、五寸,又大者为蜃[1],小者为蚬。石蚨,俗名龟脚。江淹《蚨赋》曰:"石蚨,一名紫蠶蚨,蛤类也。春而发花,有足翼者。"王维《送元中丞转运江淮》诗:"去问珠官俗,来经石蚨春。"虾,种类甚多,土人或盐以为酱,或腊以为米。名小白者美。大者长数寸,谓之对虾。鲎,形如便,面色青黑,十二足悉在腹下。其子如粟。海人取以为酱,闽、浙亦皆重之。壳可为冠,屈以为杓,鑯釜辄尽,尾可为小如意。蛇,生东海上,形正白,濛濛如沫,又如凝血,广数尺,方圆,无肠腹头目。以虾为目,两虾附其下,泛水如飞。一名水母。《江赋》所谓"水母虾目"。蚳,即虷。长一寸,广二分,大者二三寸。《说文》:"汉律,会稽郡贡蚳酱。"今海人亦与车螯盐为酱。蠩,《尔雅》:"江淮间蚌长而狭者曰蠩。"蟾诸,《尔雅》曰:"似虾蟆居陆地,淮南谓之去蚊。"蜮。陆玑《毛诗疏》云:"蜮,短狐,一名射工。如龟,三足,江淮水皆有之。见水中人影,含沙射之,其人辄病。又名射影。"

论曰:《周官》:"扬州宜稻。"因详疏之,抑扬人以为命也。乃蔡谟渡江,误食螃蜞,濒死。谢尚以为"读《尔雅》不熟",则物产不容无纪。然惟产扬州者弗厌详核,与他土同者仅标其名。若曰鼧鼠駃牙,以资麈谈,何敢哉?

---

1 "蜃",原本误作"唇",据文意改。

扬州府志卷之二十一

古迹志

　　增悲萤苑，或哀井干。逝者如斯，沧桑代变。割据荒淫，欻忽云散。陈迹存焉，取备殷鉴。作《古迹志》。

故城　在府治者以世代相次，余依各州县序次

春秋吴邗沟城

　　按，杜预《左传注》："吴将伐齐，北霸中国，自广陵城东南筑邗城，城下掘深沟，谓之邗沟。"[1] 城在县北四里蜀冈上。欧大任诗："何年扬子江，直过山阳渎。千秋霸气孤，渺渺中原目。"陆弼诗："一代雄图改，千秋故堞迷。江淮流不尽，落日草萋萋。"其后，楚王熊槐筑金城。

汉吴王濞城

　　《水经注》："高帝十一年，吴王濞所都，周十四里半。"[2] 魏黄初六年，文帝征吴，登广陵故城，临江观兵，赋诗而还，即此城。诗见《文苑》。

晋新城

　　宁康十年，太保谢安出镇广陵，筑城邵伯埭，名新城。欧大任诗："谢公镇广陵，甘棠人勿剪。君见东山云，何似邵伯堰。"今堰存城废。

1　是文引自《水经注》，且"邗沟"作"韩江"。《左传》卷五八《哀公九年》杜预注无此文。
2　是文引自《汉书》卷二八《地理志》。《水经注》卷三《淮水注》无此文。

芜城

高宗本志云即邗沟城。岁久荒芜,宋鲍照作《芜城赋》伤之,遂称芜城。赵鹤《郡乘》又谓芜城为刘宋时城。按,照《赋》自注"登广陵城作",当时汉、吴、晋城俱名广陵,照所《赋》或居其一耳。《赋》载《文苑》。明欧大任诗:"邹阳一洒泪,书在竟谁看。落日荒城草,西风井径寒。"邵正魁诗:"城头古堞摧,城下新芜聚。风凄落日黄,魂断参军赋。"

宋广陵大城

建炎三年,知府郭埈以旧城势卑,为敌袭瞰,请即遗址增筑。今城东、北二门,故址尚存。北濠,即今柴河,其上城基培堘可寻;南濠,即运河,今云蔡家山者,相传即其南角楼也。东门在东水关内,嘉靖中筑新城,居民请撤其址,悉为民廛。

宝祐城

在今城北七里大仪乡,周回千七百丈。遗隍、断堑,隐约可寻。宋宝祐中,敕大使贾似道筑。诏谓"包平山而瞰雷塘"者,此也。又筑新、宝二城相连,名曰夹城。以上俱在府治江都。

仪真 左安城

在县西二十里。宋治平中,建左安城王庙。元城王子建《记略》云:其地饶,山有池相属。旁一崇丘曰左安城,盖棠邑孔道。意全楚时战守之地,惜史氏不得悉书。庙之神甚灵,水旱祷必应云。

宝应 金牛城

县东十五里孝义乡。宋熙宁间,王将军筑。高三丈许,土色正黄,形如牛,故云"金牛"。

石鳖城

县西八十里。隋时为石鳖县,故有城址。《寰宇记》以为石鳖山,引《郡国志》"山有石鳖游",因以为名。山下有城,相传晋将军邓艾所筑。今验其处,无山有城,盖传误也。晋荀羡镇淮阴,屯田于东阳之石鳖。《通典》云:山阳重镇守险,有平阳石鳖,田谷丰饶,盖历代屯田之地。

按:城池历代建置,已见郡县志中。然自《芜城》一赋,万古酸辛,登广陵者,必询故国所在,即颓基荒址,国[1]纪载所不废矣。至于里耳所传,漫无故实,或世远而文不足征,吾无取焉耳。

宫殿

汉显阳殿

《前汉书》:广陵王胥置酒显阳殿,召太子霸及子女董訾、胡生等夜饮,鼓瑟歌舞,左右更涕泣。

章台宫

《前汉书》:江都王建游章台宫,令四女子乘小船,建以足踏覆其船,四人皆溺,二人死。又,游雷波,使郎二人乘小船入波中。船覆,两郎溺,攀船,乍见乍没。建临观大笑。雷波,注云"雷陂",疑即今雷塘。但故宫莫知其处。

隋宫

在城西七里大仪乡。大业元年,敕长史王弘大修江都宫。旧有内殿宫门遗址,有西宫在大内,西北宫在茱萸湾,临江宫在杨子津。又有归雁宫、回流宫、九里宫、松林宫、大雷宫、小雷宫、枫林宫、春草宫、九华宫、光汾宫、杨子宫。详见宋《宝祐志》、赵鹤《郡乘》。杜牧之诗:"龙舟东下事成空,蔓草凄凄满故宫。亡国亡家为颜色,露桃犹自恨春风。"宋苏大年诗:"雷塘春雨绿波浓,古冢寒烟蔓草空。斜日欲沉山色近,行人无处问隋宫。"余载《文苑》。

---

1 "国",《万历扬州府志》卷二一《古迹志》作"固"。

凝晖殿

《大业杂记》云：在杨子津临江宫内。大业七[1]年春二月，帝幸临江宫，百僚集凝晖殿，醕戏为乐数日，时羽葆初成，霜戈、花氅、羽饰、龙旂，横街塞陌二十余里，辉翳云日。前代羽卫，无盛此时。

成象殿

大业二年，帝御成象殿，元会设燎于江都门。后宇文化及之乱，遇害于中。

水精殿

按，《中华古今注》：炀帝于江都置水晶殿，令宫人戴通天百叶冠子，插瑟瑟细朵，皆垂珠翠，披紫罗帔，把半月雉尾扇子，靸瑞鸠头履，谓之飞仙。

宋徽宗行宫

靖康元年二月，徽宗至扬，诣章武殿殿在建隆寺内，祀太祖。详见《寺观》。行香。士民遮道，乞驻跸。时已定议南渡，乃留后妃、诸王扬州。金人师退，宇文粹中诣行宫称贺。辛酉，回銮，至扬州，幸山光寺。

高宗行宫

建炎元[2]年十月丁巳朔，高宗幸淮甸。戊午，隆祐太后至扬州，入城，驻于州治。名州之正衙曰"车驾巡幸驻跸"之门。

崇政殿

建炎二年八月，高宗在扬州，策诸郡奏名进士于崇政殿。

泰州 永宁宫

在泰州城内。伪唐李昇六年，迁扬行密子孙于海陵，号其居曰永宁宫，严

---

1 "七"，今本《大业杂记》作"二"。
2 "元"，原本作"九"，据《万历扬州府志》卷二一《古迹志》改。

兵守之,绝不通人。久之,男女自为匹偶。周世宗征淮南,诏抚扬氏子孙。李景闻之,遣人尽杀其族。周先锋都部署刘重进得其玉砚、玛瑙碗以献。旧址在谯楼之北,相传谯楼乃其宫阙门也。后即其址筑子城,为州治。

楼阁

晋甲仗楼

晋谢安建,在新城。唐张籍诗:"谢氏起新楼,西临城角头。图功百仗丽,藏署五兵修。缔构榱甍固,虚明户槛幽。鱼龙卷旗帜,霜雪积戈矛。暑雨煸蒸隔,凉风宴笑留。城高形出没,山静气清悠。睥睨斜光彻,阑干宿霭浮。芊芊粳稻色,脉脉苑溪流。郡化王丞相,诗成沈隐侯。居兹良得景,殊胜岘山游。"

梁文选楼

《大业拾遗记》有梁昭明太子文选楼,炀帝尝幸焉。相传今太平桥北旌忠寺,乃其故址。王观《扬州赋》:"帝子久去兮,空文选之楼。"徐桂诗:"诠文感遗墟,书成人忽去。为问鲁宣尼,删《诗》复何处?"今襄阳亦有文选楼,京口、常熟各有读书台。《江都志》辩昭明早逝,何能遍历吴、楚? 或以人为地重而假借之也。国朝顺治八年,住持戒僧慧觉募化重建楼五大楹,中龛文昌帝君,下祀太子像,楼阁崔嵬,焕然伟观,大学士钱谦益识石刻砌于楼墙下,督学御史李嵩阳有碑记。

隋迷楼

按,《迷楼记》:炀帝时,浙人项昇进图本,因按图建楼。楼成,帝幸之,曰:"使真仙游此,亦当自迷。"因名迷楼。又云:后帝幸江都,唐公提兵入京,太宗见迷楼,叹曰:"此皆百姓膏血所为。"命焚之,经月火不绝。《南部烟花录》又云:即《大业拾遗记》。炀帝于扬州作迷楼,以极娱乐。上安四宝帐:一曰散春愁,二曰醉忘归,三曰夜含光,四曰延秋月。按,二书俱唐人编次,据《迷楼记》当在长安,《烟花录》所载,《江都志》辩其伪妄。然杜牧诗似非无据。宋李纲赋序云:"帝作迷楼于江都,钟鼓嫔嫱不移而具。"鲜于侁亦云"意炀帝荒淫无度,仿长安旧制为之",不尽诬矣。相传城西北七里,是其故址。杜牧之诗："炀帝雷塘上,迷藏有旧楼。谁家歌水调,明月满扬州。"欧大任诗："琼枝十二楼,玉镜三千户。伤心巩树春,花落雷塘路。"徐桂[1]："金屋贮婵娟,琼楼何窈窕。芟尽六宫花,秋风长寒蓼。"陆君弼诗："清平桥左曲池西,今日真仙路不迷。一自绮罗灰劫后,白云荒草共禅栖。"余载《文苑》。

彭城阁

《大业杂记注》云:旧为彭城村,炀帝因以名阁。先是,开皇末有泥彭城口之谣。宇文化及之乱,帝果遇害阁中。《隋书》言温室,或阁内有温室也。隋时又有玄珠阁,在杨子宫内。

凤凰楼

在广北乡凤凰池之侧。《十道志》云隋炀帝建。今扬州有凤凰桥。

唐迎仙楼

淮南节度使高骈所筑。其党吕用之始以神仙好楼居,请于廨邸跨河为迎仙楼。斤斧之声,昼夜不绝。费数万缗,半岁方就。自成至败,竟不一游。扃锔俨然,以至灰烬。罗隐诗："鸾音鹤信杳难回,凤驾龙车早晚来。仙境是谁知处所?人间空自造楼台。"

延和阁

亦高骈建,在大厅之西。凡七间,高八丈,皆饰以金玉,绮窗绣户,殆非人工。每日焚名香,祈降王母。及师铎乱,人有登之者,于藻井垂莲之上见二十八字,云："延和高阁上干云,小语犹疑太上闻。烧尽降真无一事,开门迎得毕将军。"乃罗隐诗也。

宋卷书楼

高宗驻跸扬州,以提点刑狱公廨为尚书省礼部,在西北隅卷书楼下。程

---

1 依文例,"桂"后疑脱"诗"字。

俱寓直,有诗。

骑鹤楼

在府东北大街。《太平广记》云:昔有四人,各言所愿,甲曰"愿多财",乙曰"愿为扬州守",丙曰"愿为仙",丁曰"愿腰缠十万贯,骑鹤上扬州"。宋时,建楼。兵火,废荡无存。

摘星楼

在城西七里,观音阁之东阜。旧志云即迷楼故址。贾似道筑宝祐城,建楼城上,扁曰"三城胜处"。规址亢爽,江南北一目可尽。后有摘星亭、摘星台,皆其处也。绍圣二年,晁补之坐修故摘星楼,不覆实支省钱,降通判应天府。摘星亭在东北隅,后建平楼三楹,名曰鉴楼,探花崔桐有诗云:"大明天地清如水,仍改迷楼作鉴楼。"

皆春楼

在府东北,开明桥西。旧名大安楼,宝祐间贾似道重建,更今名。宋时,又有庆丰楼、佳丽楼、凉楼、中和楼、镇淮楼,俱毁无存。

云山阁

《宝祐志》:陈升之建云山阁于城之西北隅,后吕公著尝宴其上。秦观撰《中秋乐语》。岁久倾圮。

元瞻云楼

在大东门外,即童平章衙。镇南王父阿只建。

明月楼

《语林》:元扬州富民赵氏好客,有明月楼,一时题咏甚多。赵子昂过扬州,主人求作楣帖,题云:"春风阆苑三千客,明月扬州第一楼。"主人喜甚,撤酒器为赠。

按,扬州相传有东阁,一云梅花阁,取杜子美《和裴迪》诗"东阁官梅动诗兴,还如何逊在扬州"之句。杨用修《丹铅录》云:所谓"东阁官梅",乃新津之地。子美以裴迪逢早梅作诗,故引何逊比之,非扬州有东阁也。又云:逊集无《扬州梅花》诗,但有《蚤梅》诗。宋人假子瞻名作《杜诗注》云:逊作扬州法曹,廨舍有梅一株,吟咏其下。后居洛思之,请再任扬州。值梅花盛开,相对彷徨终日。按逊本传,未尝为扬州法曹。是时,南北分裂,洛阳,魏地,逊为梁臣,何得"后居洛阳"?又得"请再任"乎?据用修辩东阁不在扬州,及逊不为扬州法曹,足破宋注之谬。但《早梅》诗不属扬州,则杜诗"逊在扬州"句不应传妄,别题作"扬州法曹廨舍见梅花",或偶一经过,不必自为法曹也。且风台、月观,明用扬州事,若因注讹妄而并疑其诗目,则太泥矣。以上俱府治、江都。

仪真 杨子江楼

唐置转运使时建。孙逊有诗。宋庆元间,郡守吴洪因楼圮废,再建于鉴远亭北,更名颜江楼。逊诗见《文苑》。

烟雨奇观楼

吴机诗序谓:"江山一景,实仪真胜概,因作此楼。盖取叶石林'半空烟雨'之句。"

中和楼

嘉定中,知州吴机建。下列屋五十楹[1],南望大江,北瞰运河。枕河作水阁曰"吸川",今废。

泰兴 敕书楼

宋元丰四年建,以藏诏令。今废,碑记犹存。

高邮 淮春楼

宋郡守赵不惭建。陈造诗有"西山爽气珠帘外,北海芳樽锦瑟傍"句。

---

1 "楹"字原缺,据《万历扬州府志》卷二一《古迹志》补。

多宝楼

在州北门外太平街西。商贾云集,竞售珍诡。今存桥,名宝楼桥。

泰州 起云楼

在州治西岳祠后泰山之上。山高六丈,楼四丈。宝庆三年,守陈垓建,取杜甫"西岳云峰起"之句。俯瞰方洲,远睇金、焦,为淮东杰观。今废。

谯楼

州治南。旧传杨行密子孙所居;一云荆罕儒为团练使,周世宗赐以鼓角、门戟,遂建鼓角楼于上。淳熙中,守万钟重建,龙图[1]学士韩元吉为之记。

望京楼

宋咸平中,曾致尧建。曾诗有"雨[2]过风生槛,潮来岸浸楼""浦遥帆片小,村迥笛声孤",景象可见。

清风阁

旧治内。自五代时叠石为山,翼以两径,为登陟之阶,中为滑石峻屋,台上有阁,名"清风"。王介甫诗:"飞甍孤起下州墙,胜势峥嵘压四方。远引江山来控带,平看鹰隼去飞翔。高蝉聒耳何妨静,赤日焦心不废凉。况是使君无一事,日陪宾从此飞觞。"

通州 海山楼

在州治南。宋大观中,知州朱彦建,楼三级,扁曰"海山远眺"。陈博古诗有"门外海涛翻铁骑,槛前山背拥金鳌"之句。

1　"图",原本误作"国",据《万历扬州府志》卷二一《古迹志》改。

2　"雨",原本误作"两",据《全宋诗》卷四八四《望京楼》改。

台观 亭附

汉吴王濞钓台
《大观图经》云：在扬州城北十二里。

孔融台
李文饶赋：广陵东南，有颜太师犹子宅，即孔北海故台。

南宋弩台
一名吴公台，在郡西北四里。宋沈庆之攻竟陵王，筑弩台以射城中，故名。后陈吴明彻围北齐刺史敬子猷于东广州，增筑之，亦以射乘堞之士。高十丈，周回二百步，一名鸡台。唐刘长卿有《吴公台诗》。见《文苑》。明张萱诗："脉脉高台月，悠悠故国心。初烟扶岸上，片雨隔溪深。往事随芳草，秋风生远林。南朝一沟水，鸣咽到如今。"徐桂诗："弩埋台亦荒，耕人出鱼服。道是古战场，莎草多如镞。"

风亭月观
刘宋徐谌之为南兖州刺史，以广陵城北多陂津，水物丰盛，乃建风亭、月观、吹台、琴台，竹木繁茂，花药成行，招集文士，尽游观之适。何逊《题扬州梅花诗》："枝横却月观，花绕陵[1]风台。"意即用谌之事耳。

隋月观
《拾遗记》：大业十年，炀帝至江都，命殿脚女李绛仙等使备月观行宫。后帝月夜尝幸之，时烟景晴明，左右皆寝，帝凭萧妃肩，说东宫时事。帝曰："往年曾效刘孝绰为《离忆》诗，妃记之否？"妃即念云："忆来时，欲来刚不来。卸妆仍索伴，解佩更相催。博山思结梦，沉水未成灰"；"忆起时，投签初报晓。

---

1 "陵"，本志卷二〇《风物志》作"凌"。

被惹香熏残,枕隐金钗袅。笑观上林中,除却司晨鸟。"帝曰:"日月遄迈,今已几年事矣。"

炀帝钓台

大业七年,帝宴临江宫,升钓台。《大业杂记》云:帝初筑钓台,运石者驾舟至江东岸山下取石,垒构为台基。忽有大石如牛,自山顶飞下,直入舟内,如人安置,舟无损伤。

斗鸡台

不知其处。杜牧之《扬州》诗:"春草斗鸡台。"又赵嘏《广陵道中》诗云:"斗鸡台边花照尘。"《大业拾遗记》:炀帝于吴公宅斗鸡台下,恍惚与陈后主遇。或其处也。

戏马台

《后山诗话》:广陵有戏马台,其下有路,号"玉钩斜"。《桂苑丛谈》作"戏马亭"。隋时又有春江亭、澄月亭、悬镜亭,俱在扬子宫。木兰亭在九曲池。

唐水亭

独孤及有水亭在扬州,时泛舟望月,宴集赋诗。后徐知诰镇扬州,每夜引宋齐丘于水亭,独置火炉,相向坐,不言,以灰画为字,随即灭去,人莫知所谋。

赏心亭

咸通中,李蔚镇淮海,于戏马台西连玉钩斜道葺亭,曰"赏心",以为胜游之地。苏子瞻诗"路出玉钩芳草合",即其地也。《春明退朝录》云:唐成都有散花楼,河中有薰风楼、绿莎厅,扬州有赏心亭,润州有千岩亭,并当时胜迹。今皆易其名,不复见矣。

宋昆丘台

在禅智寺侧。欧阳修所筑,取鲍照《赋》"轴以昆冈",故名。欧诗"访古高台半已倾",则昆丘旧有台,公特修筑之耳。欧大任诗:"地轴横昆冈,上有百尺台。天边桐柏水,西向城头来。"

云山观

先是,唐元和中,李夷简于城之西南建亭,曰"玉钩"。淳熙中,郑兴裔撤玉钩亭,增大之,命名"云山观"。后废。宝祐二年,贾似道镇淮之五年,复云山观于小金山。初,教场倚山之右,因徙置州治北,以便日阅,而云山观之规始不相病。自州宅之东,历缭墙入,可百步,有二亭,东曰"翠阴",西曰"雪芗"。北有淮南道院,后为两庑,通竹西精舍。有小阜曰"梅坡",上葺茅为亭,曰"诗兴坡"。东北隅有亭,曰"友山",循曲径而东望,飞檐雕槛,缥缈高阜之巅,是为云山观。即环碧亭旧址。乃于池上为露桥以度。桥北翼以亭,曰"依绿"。南有小亭对立,曰"弦风"、曰"箫月"。又百余步,始蹑危级而登云山。东望海陵,西望天长,南揖金、焦,北眺淮、楚。其下为沼,深广可舟。山之趾二亭,曰"濠赏"、曰"剡兴"。钓矶在其南,砌台在其北。水之外为长堤,朱栏相映,夹以垂柳。阁之南为面山亭,东曰"留春"、曰"好音",其西曰"玉钩"、曰"驻屐"。观之直北,画栋层出者,为淮海堂。其东巨竹森然,亭其间者,曰"对鹤"。又东有道院,曰"半闲"。堂后,为复道而升,与云山并峙,可以眺远者为"平野堂"。即观稼旧址。每春日卉木竞发,游观者不禁,春尽乃止。

竹西亭

《宝祐志》:亭遗址在官河北岸、禅智寺前。取唐杜牧之诗"谁知竹西路,歌吹是扬州",因以名亭。向子固易为歌吹亭。经绍兴兵火,周淙重建,复旧名。今圮废。

波光亭

旧名九曲,在九曲池。乾道中,周淙重建,以波光亭扁揭之。后池塞亭废。庆元五年,郭杲命工浚池,引诸塘水注之,建亭其上。又筑风台、月榭,东西对峙,缭以柳阴,为一时观。

无双亭

旧在后土殿西。前植琼花，欧阳永叔建亭，谓"天下无双"也。绍兴中，郑兴裔移创殿前。今亭犹存。亭北筑白石台，移植八仙花代之。琼花，今无复种，详见《遗事》。

斗野亭

旧在邵伯镇梵行院之侧。按《舆地志》，扬州于天文属斗分野，亭名取此。黄庭坚诗云："惟斗天司南，其下百渎倾。""盘礴淮海间，风烟浸十城。"后郑兴裔移造于城内广济桥南。亭久废，基址无存。

四柏亭

元丰中，邹浩教授扬州，著《四柏赋》，序云："广陵学官厅，旧为夫子庙"，"庭植四柏，皆凛凛合抱。"今莫究其所。淳熙中，重建学宫，教授彭方仍植四柏于厅事后，李迪扁堂之东曰"景邹"。宋时，又有春贡亭、美泉亭、借山亭、竹心亭、高麓亭、劝耕亭、四望亭、蠹云亭、羽挥亭，不备录，录其著者。

仪真　东巡台

魏主丕以舟师击吴，登广陵故城，临江观兵，筑东巡台于城子山上，立马赋诗而还。一名赋诗台。

白沙亭

旧在白沙洲上，唐韦应物有《白沙亭逢吴叟歌》。宋嘉定间，方信儒移于注目亭故址。

鸾鹤亭

宋大中祥符六年，太史言建安宫西山有王气，可铸圣像，诏转运使丁谓即其地铸之，有青鸾、白鹤、景云盘绕炉冶之上。后即其地建仪真观，立青鸾、白鹤二亭，升建安军为真州。

高邮 **文游台**

在高邮州城东一里。宋苏轼过高邮,与州人孙觉、王巩、秦观载酒论文此台之上。时守以群贤毕集,扁曰"文游"。李伯时为图画,以章胜事。应公武重修,有记。国朝郡司理王公士禛、守吴公之俊重新之,王公有记,载《文苑》。

天壁亭

在新城多宝楼桥西。秦少游诗:"吾乡如覆盂,城据杨楚脊。环倚万顷湖,粘天四无壁。"因以"天壁"名亭。

兴化 **玄武台**

旧海子池北有台,名玄武,下瞰海子。元詹士龙读书处,又名读书台。为昭阳十二景之一。

泰州 **浮香亭**

相传在旧治内藕花洲之后,宋茂陵御书也。有古梅诗,秦太虚所赋。旧有小亭,刻秦诗墙间。绍定元年,守陈垓撤旧亭,大书宸扁其上,刻秦太虚、苏东坡、颍滨、参寥诗于石。

通州 **三会亭**

在狼山上。宋初,提刑薛球、知州臧师颜、通判吴天常皆故人,偶会于此,因名。

右纪台、亭,江都颇详,他州县甚略。盖亭榭结构不难,圮毁亦易,创者一时留连风景,固不必传,且宋以后不胜书矣。惟是名贤遗迹及关郡县胜概者,姑为标纪。其事涉幻妄,若鹿女台、炼丹台之类,已附见《方外志》中,不复载。

堂院

隋流珠堂

在隋宫西院。

宋平山堂

欧阳永叔守扬州时,于大明寺前创平山堂。负堂而望江南诸山,历历在檐楹间,山与堂平,故名。每政暇,辄往游,啸咏竟日而返。刘敞《登平山堂寄欧阳内翰》诗:"芜城此地远人寰,尽借江南万叠山。水气横浮飞鸟外,岚光平堕酒杯间。主人留客来何暮,游子消愁醉不还。无限秋风桂枝老,淮王仙去可能攀。"赵汸《平山堂次韵》:"虚堂眇平冈,积翠凌天半。仿佛识瑶台,熹微窥玉案。颇疑巨灵力,划削非一旦。森森古树齐,奕奕朝霞烂。地近巇易陟,水清莲不蔓。莺啼午梦残,客至琴声断。胜境契冲襟,雅怀知弗畔。翛然忘物我,钜肯存崖岸。马迹遍幽燕,华颠乐村闲。居夷非矫曲,悼[1]猛得前算。巇险世所趋,真淳日凋散。跬步祝安危,片言几理乱。苟能领斯会,未觉身为患。嘉谋谅贻厥,岂曰夸殊观。"赵诗古雅,有六朝人风。宋王安石有诗云:"淮岑口对朱栏出,江岫晴分碧瓦齐。"郡人太守曹守贞题匾"古平山堂",御史彭端吾题为"六一高踪",郡守吴秀有歌,补载《文苑》。今惜乎为僧改作殿宇,后之选胜者亟为复古可也。

谷林堂

在大明寺。元祐中,苏轼知扬州时建。苏诗:"深谷下窈窕,高林合扶疏。"因以名堂。

四并堂

韩琦于州治后建堂,曰"四并",壮丽极一时。后庆元中,赵巩以杏花村重建堂,取韩公旧名扁之。后以兵事倥偬,废而不葺,如柳径、菊坡、静境皆无复存。

时会堂

在蜀冈上。宋造贡茶之所。今废。

---

1 "悼",原本作"掉",据《东山存稿》卷一改。

高邮 **瞻衮堂**

在州治后,据城为之。以张魏公曾憩于此,后人思之建堂,取周公东人"有衮衣兮"之义。

泰州 **文会堂**

在州旧治内。宋天圣间,滕子京为郡从事建,与范希文、富彦国、胡翼之、周春卿唱和其中。今废。

通州 **读书堂**

州治东北八十里,景德寺之东廊。天圣中,富郑公以父任随侍读书,与胡侍讲、周待制相友善。时范文正与滕待制子京俱官海陵,待三人甚厚,谓"皆公辅器也"。后韩子苍亦尝寓此读书。

泰州 **淮东道院**

在旧治内大厅之东。以海陵地僻少讼,初名道院。宋左丞陆佃为守,谢表云:"飞蚊渐少,颇无泽国之风;过客甚稀,至有'道院'之号。"乾道五年,守张子颜重建。嘉定七年,守李珙始加"淮东"二字。

旧贡院

泰州南山寺西。宋绍圣四年,守陆佃建,有凤池、朝阳、守雌亭、鸥阁、雏庵共六十二处。绍定二年,守陈垓开二池,曰凤、凰。池阁前为长堤,东植华表。今废。

通州 **贡院**

淳熙中,知州蒋雍建于州东,自风云路入,在今壮武营。嘉定中,迁于州西紫薇旧宅。久之,废。后贡院附南徐,或寓海陵。宝祐中,暂试于总虚廊。咸淳四年,知州冯弼改建于郡之蔬圃,王应凤有记。

故宅

汉董仲舒宅

在大东门外，今盐运司是也。仲舒为江都王相，居此。内有井，号"董井"。井上有亭、有碑，翰林学士吴郡金问为记。陆炳诗："董相千年宅，寒泉澹古井。辘轳已无声，寂寞悲断绠。"赵瞻奎诗："一代高贤宅，惟余井甃存。晚风吹蔓草，犹似未窥园。"

晋谢安宅

晋宁康三年，谢安镇广陵，所居宅在大东门外。安尝植双桧于庭，唐时犹存。宋改为法云寺，今在运司前。徐桂诗："广陵在镇时，分陕甘棠泽。以彼千年思，保兹五亩宅。"

北齐高欢宅

高欢从葛荣徙居并州，抵扬州，邑人庞苍鹰止团焦中，苍鹰母每见团焦上赤气赫然烛天。又苍鹰尝夜欲入，有青衣拔刀叱曰："何故触主[1]？"言讫不见。始以为异，密觇之，唯见赤蛇蟠床上，乃益惊异。因杀牛分肉，厚以相奉。苍鹰母求以欢为义子。及得志，以其宅为第，号南宅。虽门巷开广，堂宇崇丽，其本所住团焦，以石垩涂之，留而不毁。至文宣时，遂为宫。

淳于棼宅

在城北十里。世传棼家广陵，宅南有古槐一株。棼梦槐安国王邀入穴中，娶其女金枝公主，命守南柯郡。及觉，乃一古槐耳。按，梦语似出寓言，然相传广陵旧事，存之，以资麈谈。

1　"主"，《北齐书》卷一《高纪第一》作"王"。

唐崔秘监宅

温庭[1]筠有《过扬州崔秘监旧宅》诗:"昔年曾识范安成,松竹风姿鹤性情。唯向旧山留月色,偶闻幽涧似琴声。乘舟觅吏经舆县,为酒求官得步兵。玉柄寂寥谈客散,却寻池阁泪纵横。"

王播宅

宋志江都地图有唐王播宅,在江中瓜洲上。播归,游瓜洲故居,有《感旧》诗。

宋袁可钧宅

可钧,蜀人,随孟昶入朝,宋太祖授以洪[2]卫将军,赐宅于江都。今莫考其处。

高邮 朱寿昌宅

在高邮城内西街彰孝坊。寿昌事母至孝,见《孝子传》。

堤苑

隋堤

大业初,隋开邗沟入江。渠广四十步,旁筑御道,树以杨柳,谓之"隋堤"。自长安至江都,置离宫四十余所,遣黄门侍郎王弘等往江南造龙舟及杂船数万艘。八月,帝至江都,龙舟四重,高四十五丈,长二百尺。上重有白殿、正殿、朝台;中二重有百二十房,皆饰以金玉;下重内侍处之。皇后乘翔龙舟,制度差小。别有浮景九艘,三重,皆水殿也。余千艘,后宫、诸王、公主、百官、僧尼、道士、番客乘之。共用挽士八万余人,皆以锦绣为袍。卫兵所乘,又数千艘。舳舻相接,二百余里,骑兵翊两岸。所过州县,五百里皆令献食。多者一舟至百舁,极水陆珍奇。后宫餍饫,将发之际,竟弃埋之。唐白居易有《隋堤柳》诗,见《文苑》。刘禹锡诗:"杨子江头烟景迷,隋家宫阙拂金堤。嵯峨犹有当时

1　"庭",原本误作"廷",据《新唐书》卷九一本传改。
2　"洪",原本误作"共",据《古今图书集成》卷七六四《扬州府部汇考》改。

色,半蘸波中水鸟栖。"明朱曰藩诗:"兴道里前杨柳新,萧娘攀望独伤神。怜侬正好留侬住,若个殢他遭个春。红颊忍抛妆罢泪,翠蛾常带睡余鬟。龙舟风起花如雪,三月扬州梦里身。"何昌祚诗:"寂寞隋家柳,含烟千万枝。繁华不可问,春色尚当时。"按,昌祚与其父典容在隆、万间擅有诗名。

隋苑

旧志:在县西北九里大仪乡。一名上林苑,又名西苑。杜牧之诗"红霞一抹广陵春"是也。陆君弼《江都新志》云:"按《通鉴》,大业元年五月,于长安筑西苑,周二百里。其内为海,周十里,为方丈、蓬莱、瀛州诸山,高百余尺。台观宫殿,罗络山丘。上好以月夜从宫女数千骑游西苑,作《清夜游曲》,于马上奏之。"此与《隋书》合。又《海山记》十六院,皆上自制名。又凿五湖,湖中积土石为山,构亭殿于上,环绕澄碧,皆穷极人间华丽。按诸书,西苑皆在长安,今江都亦有隋苑,岂效长安为之乎?然江都仅三里,长安周二百里,大小不侔矣。方孝标诗:"不作南游事已非,况催水殿逐鸾旗。官家自爱扬州战,士死空怀辽左归。玉树曲残芳树发,杨花歌罢李花飞。千年陵谷同驹隙,离黍无劳怆夕晖。"

萤苑

旧志:在隋苑东南三里。《江都新志》云:考《隋书》,大业十一年,帝至东都。十二年五月壬午,上于景华宫征求萤火,得数斛,夜出游山放之,光遍岩谷。至七月甲子,复幸江都宫。《隋书》所记如此,则放萤苑不在江都,明矣。《新志》所辨有据,然隋皇穷奢极侈,何所不有?唐世去隋未远,杜牧之"秋风放萤苑,春日斗鸡台"之句,未必传讹,大较谓江都仿效长安差为近耳。欧大任诗:"玉辇宵游处,山萤万点飞。后庭方熠耀,不照锦帆归。"顾大猷诗:"六龙罢夜游,云昏西苑膋。唯余荒草间,熠熠飞丹鸟。"按,大猷为明镇远侯勋卫,有儒将风矩。方孝标诗:"君王游事急清宵,不爱传灯出汉朝。自摘流星移露草,手分明月散山椒。悬珠影近求涧少,化烛光微借焰遥。但恐从行却战马,虚疑磷火罢征辽。"

唐郡圃

开元间,扬州太守园中有杏数十株,时张大宴,立馆曰"争春"。

宋县圃

《宝祐志》:在县治内董公堂之西,有堂曰清昼,盖效郡圃为之。其详莫传。

芍药圃

扬州古以芍药擅天下。圃地在禅智寺前,有芍药厅,向子固造;芍药坛,郭杲造。欧大任诗:"万朵锦云新,天涯赠美人。谁知江上色,却掩洛阳春。"方孝标诗:"奇葩不向洛阳开,想共南辕六代来。地近竹西歌吹绕,种分花谱色香栽。曾将四朵酬名相,更有群芳冠赋才。忽忆燕都三月路,年年觞咏只丰台。"

茶园

《寰宇记》:蜀冈有茶园,其茶香,味如蒙顶。所产用贡,上有时会堂、春贡亭,皆造茶所也。《苕[1]溪渔隐》云:考陆羽《茶经》,不云扬州有茶,惟毛文锡《茶谱》云:扬州禅智寺,隋之故宫,寺枕蜀冈,其茶味如蒙顶。但不知入贡起于何时耳。

壶春园

《宝祐志》:东酒库在大市之东。一名壶春园。内有佳丽楼,称郡胜处。

万花园

端平三年,制使赵葵即堡城武绛军统制衙为之。

仪真 东园

皇祐四年,发运使施昌言、许元,判官马遵继,因得州监军废管地百余亩,

---

1 "苕",原本误作"箸",据宋人胡仔《苕溪渔隐丛话》书名改。

为园。既成,图园之略,请欧阳修为记,蔡襄书。襄珍其书,不立名姓,尝语人曰:"吾用颜笔作褚体,故其字遒媚异常。"后人因名园记为"二[1]绝"。靖康兵火,园废。嘉定初,运判林拱辰、郡守潘友文再刻园记,复澄虚阁、清谧堂、共乐堂,寻废。宝庆初,权漕上官癸酉复于翼城上增土为台而鼎新之,制置使赵善湘题扁,今废。

高邮 众乐园

在州郡圃。宋守杨蟠作园,有堂曰时燕、丰瑞,阁曰摇辉、玉水,台曰华胥,亭曰明珠、四香、序贤,庵曰尘外、迷春。蟠自为记,且系之诗。

如皋 芙蓉园

在县南一里。四围皆深渠,内有方池、土台。至秋,芙蓉盛开。今泯其迹。

如皋 万花园

县治东三里。元淮南王世子游玩之所,堂植万花。今为冒氏茔。

附: 偕乐园

在新城广储门外。万历二十年,秀水吴公秀守扬州,浚河积土,为土山,山前稍树以梅,俗遂呼为梅花岭。岭之前有楼、有台、有池,东西列以公署,为诸州县期会所憩,太守统名之曰"偕乐园"。每佳晨韶景,士女游观者,轮蹄摩击无虚日。当道命撤毁之,仅存堂与楼,为诸生讲业之所,名曰崇雅书院。江都、兴化二署尚留,余悉鞠为蔬圃矣。

池井 附桥梁、泉、浦

汉董井

在两淮运司厅后。少师杨士奇有记。张萱诗:"大道久沦替,蔓草纷蒙

---

1 "二",《隆庆仪真县志》卷二《名迹考》作"三"。

茸[1]。董生绍典刑,白日行太空。凤德无乃衰,而生元光中。薄宦羁王官,岂不思冥鸿? 挟策抗天人,何以取三公? 微言振千古,荒井空孤桐。抚之有余思,落月啼秋蛩。愿言载麟笔,慷慨齐高踪。"相传,董井上时有朱衣象笏者隐现其处,疑即大儒之神不泯也。

蜀井

在城东北蜀冈上禅智寺侧,其泉脉通蜀江。相传,有僧洗钵蜀江,失之,从井浮出。僧游扬,识之。清王士禛诗:"西望峨嵋雪,高寒万里心。蜀冈汲春水,犹是峡中音。"

玉勾井

在蕃釐观后。相传,有黄冠持画轴见帅守,画中字皆云章鸟篆,不可识。帅守使人尾之,乃入后土祠井中。因缒狱囚下视之,见一洞,署"玉勾洞天"。复使入,则水漫不可寻矣。明天启间,泉上有亭尚存。今废。

隋九曲池

在城北七里。炀帝尝建木兰亭于池上,作《水调》九曲,每游幸时按之。今在蜀江麓。《宝祐志》:帝欲幸江都,命乐府撰《水调》,有曰"新声变"。《水调》凄切,遗九曲。第五遍五言,调声最凄苦。唐白乐天诗云:"五言一遍最辛勤,调少情多似有因。不会当时翻曲意,此时肠断为何人?"又《语林》云:《水调河传》,即翻调《安公子曲》,炀帝将幸江都宫时所制。乐人王令言妙解音律,会其子当从往江都,忽于户外弹琵琶,作翻调《安公子曲》。令言时卧室中,惊起,问其子曰:"此曲兴自早晚?"其子曰:"顷来有之。"令言歔欷流涕,谓其子曰:"汝慎无往,帝必不返。曲宫声往而不返,宫者君也,吾是以知之。"帝果于江都遇害。

---

1 "茸",原本误作"茸",据张萱《广陵董井怀古》诗改。

磨剑池

《宝祐志》：隋铸钱监在磨剑池之西。

二十四桥

在府旧城。隋置，并以城门、坊市为名。后韩令坤筑州城，分布阡陌，别立桥梁，遂令二十四桥存废莫考，访古者怅焉。方孝标诗："隋置城坊廿[1]四津，舆梁久逐市朝尘。街衢星落韩兵监，山水风流杜舍人。仿佛箜篌谁卜夜，凄其杨柳不胜春。红栏雀舫当关路，何处清飙转白蘋。"宗元鼎诗："莫向扬州看逝津，繁华千古旧堤春。当时月亦怜天子，此夕桥还忆美人。萤苑只今荒草细，鸡台空见野棠新。谁知破碣欹流水，犹吊隋皇泪拭巾。"

万岁桥

亦隋置，今不可考。唐李益有诗。

第五泉

在城西北大明寺前。张又新《煎茶水品》："扬州大明寺井第五。"见欧阳修《大明水记》。宗元鼎诗："石甃荒苔合，遗踪古寺前。辘轳悬暮景，碑碣倚秋天。位置何常定，流传亦偶然。繁华今不见，无恙独清泉。"

公路浦

伏滔《北征记》云：广陵西一里水名公路浦，袁术自九江来，奔袁谭于下邳，经此，因名。

舆浦

《寰宇记》云：舆浦，潮汐往来，尝浊，一朝忽清，太守范邈表以为瑞。

---

1 "廿"，原本误作"二十"，据方孝标《纯斋诗选》卷一五改。

前浦

宋王弘表略云："闻广陵前浦，榛芜已久，近复开除，清源弘邃，含明内鉴，象以数至，瑞以类应。"以上三浦，皆莫考其地。

仪真 胥浦

在县西十里甘露乡。其源自铜山西南，流入于江。旧志相传为伍员解剑渡江故处，旧有子胥祠。

泰州 长洲泽

刘昭注：长洲泽多麋。《博物记》曰：千麋成群，掘食草根，其处成泥，名曰麋畯。民人随此畯种稻，不耕而获，其收百倍。又，沿海洲上有草名蔛[1]，其实食之如大麦。秋冬敛获，名曰自然谷，或曰禹余粮。相闻海边人说，泰州沿海洲上芦苇无际，群麋迅走，人欲捕之，虽麚不获。盖常两两并负其子而行。蔛草，今亦有之。所谓长洲泽者，沿海洲上皆是。桑田之变，莫详其实。

如皋 连珠池

在如皋县西北二十里。一派几池，相接如连珠。宋元祐间，严希孟与耆逸游乐于此，有诗云："小桥过南浦，夹道桑榆绿。水绕若连珠，时有菱荷馥。"

度军井

在县治西十里许，地名圣井栏。虽浅，泉常不竭。汲且竭，击其栏，泉溢出。岳飞经略通、泰，领兵过此，数千人饮之不竭，因名为度军井。元淮南王闻其异，取栏置之庭中，击之无验，随送还。至今人呼"圣井栏头"。

海门 鱼骨桥

在旧海门县礼安乡东北。每闰岁，东海出此鱼，乘潮而上，潮落则涸于沙，但所涸无方，亦不常得也。乡人取其二腮骨作桥，长一丈八尺余。至正中，坍

---

1 "蔛"，原本误作"节"，据下文"蔛草"改。

入江。万历戊戌,随沙涨起,吕四场民获之。今廖令复建儒学前,色黝黑,有铁钉痕,毫无朽蠹。盖数百年物,既坍复涨,亦奇事也。

古冢

盘古冢

《大观图经》云:在江都县西四十里。上有盘古庙,其像披发,席地而坐,盖出成都周公礼殿画像也。按《路史》:洪荒之世,相传长淮之间有巨神出焉,驾六蜚羊,次人皇氏而君天下。盘古之名,岂谓此耶? 今土人呼为盘古山。

汉厉王胥冢

《宝祐志》云:在东武乡,即今甘泉山。《郡国志》云:广陵厉王冢,岁旱鸣鼓绕之,辄致云雨。

江都王建冢

《幽明录》云:"广陵有冢,相传为汉江都王建之墓。"

孔融墓

广陵有高士坊,为融表也。相传融墓在其侧。

张辽墓

在大仪乡。辽南伐,殁于军,留葬此。

褚澄、萧广墓

齐褚澄有《遗书》,多言修养及医药事,刻石十八片以为椁,时清太二年,题曰"有齐褚澄所归"。后为萧广所得,遗命子渊复为椁。渊用石一片,刻叙其上,葬广于广陵城北三十五里陈源桥。久之,亦被发,书传于世。

隋炀帝墓

在城西北十五里雷塘侧。大业十三年,帝在江都,为宇文化及所弑。萧后与宫人撤床箦为棺,葬于西院。后右卫将军陈稜守江都,求得帝枢,略备仪卫,改葬吴公台下,时唐武德元年也。高祖平河南之后,复移葬雷塘。子齐王暕、赵王杲、燕王倓,一时被害,俱葬雷塘,莫考其处。贞观二十二年,萧后卒,太宗诏复其位号,使护丧至江都,与炀帝合葬。《武功志》亦有炀帝冢,然帝弑江都,当以雷塘为的。扬州宗元鼎《过炀帝冢》诗:"帝业兴衰世几重,风流犹自惜遗踪。但求死看扬州月,不愿生归驾六龙。"又《叹为宇文化及所弑》诗:"玳宴蛮弦曲未低,昏昏已自梦金闺。可怜化及持兵入,何不登楼使贼迷?"

隋景王冢

在东兴乡,炀帝子也。

玉钩斜

一名宫人斜,在吴公台下,隋炀帝葬宫人处。唐窦巩《宫人斜》诗:"离宫路远北原斜,生死深恩不到家。云雨今归何处去,黄鹂飞上野棠花。"明张士行诗:"右屯将军猛于虎,十二离宫罢歌舞。宫中佳丽三千人,半作玉钩斜上土。秋风萧萧秋雨寒,翠襦零落金钿残。岂知后来好事者,重构华亭宿草间。亭前往来车马集,鱼龙烂熳无人识。闲街屈律玉环分,香径萦纡宝钗出。游人歌舞暮不归,青山落日争光辉。香魂寂寞无招处,化作鸳鸯陌上飞。只今往事皆沉没,空见原头土花碧。耕夫拾得凤凰簪,犹是萧娘在时物。野棠花开春日西,蝴蝶双飞莺乱啼。道傍芳草年年合,常与行人送马蹄。"桑豸诗:"平原芳草七香车,结珮鸣珰学内家。诚向宫人斜上望,春风一树野棠花。"

唐皇甫将军弦墓

羊士谔撰弦墓志云以婺州参军窆于江都之郊原,今莫究其地。

宋绾墓

万历间,浚沙河,其下得败舟,有墓石志:绾,广平人,以唐太和二年暴卒于江都县会同坊私第。次年,殡于江阳县弦歌坊之平原里。

朱将军瑾墓

瑾在唐为兖州刺史。朱温攻之,瑾奔杨行密,大破梁兵。后以杀徐知诰灭族。瑾名重江淮,人畏之。其死也,尸之广陵北门,路人私共瘗之。是时,人多病疟,皆取其坟上土,以水服之,辄愈。更益新土,增成高冢。后改葬雷塘。

宋丛冢

宋志:绍兴辛巳,金人犯瓜洲,忠勇之士殁于锋镝,迁人厄于践蹂,遗尸暴露江次。绍兴三十二年,知扬州向子固令收葬之,名曰丛冢。后为江水冲啮。淳熙二年,知州吴企中收得遗骸三百三十副,迁瘗旌忠庙侧,榜曰"丛冢",命僧守之。

七姬墓

潘元绍为江浙行省左丞,至正间委身张士诚。有姬七人,其翟氏者江都人,卞氏者海陵人。元绍将战,知不免,召诸姬谓曰:"我有不测,若等将安之?"一姬前曰:"主公遇妾厚,终无二心,请及君见而死。"遂趋入室,自经死。六人者亦皆相继死。元绍哀而瘗诸后圃,号七姬墓。浔阳张羽作《七姬权厝[1]志》。

仪真 浣沙女冯氏墓

在仪真西四十里鸡留山之南。

杨行密墓

在杨子县西七十里。伪吴杨行密子溥僭号,改元乾真,追尊行密为武皇帝,墓号兴陵。

1　"厝",原本误作"历",据文意改。厉鹗《樊榭山房集》卷六有《题七姬权厝志拓本》。

颜王墓

旧志:在七都,去县西五里,曰颜王村[1]。墓前有碣,字尽磨灭,世代莫考。今墓为人盗发。

水丘先生墓

在北山壮观亭西。水丘善医,史失其名。

莲花垛

安仁乡有姑、嫂刈稻,姑溺嫂援,俱死,并瘗沟傍。忽生莲花数朵,居人异之。启其棺,花茎皆从口出。今双冢尚存。

泰兴 妃子墓

宋南渡,有宫嫔从迁,卒于此。葬处久淹没,今莫可考。

兴化 昭阳墓

在昭阳山下。

铁棺垛

在县南法华废寺西。有铁棺长九尺二寸,前后狭。相传,宋建炎间,薛庆常遣其徒撼之,中有物相触,作铿然声。以铁锤击数百,不损。鼓鞴镕之,不液,乃止。

仲二舍人墓

在长安乡。仲氏死于乱军中,宋太祖以银装首葬之,为疑冢十余处。今址尚存。

---

1 "村",原本误作"材",据《隆庆仪真县志》卷二《名迹考》改。

宝应 袁术墓

在县治南三百步。墓门有碑，镌汉时衣冠人物，甚工。今碑亦不存。

陈琳墓

在射阳村，去县治六十里。唐温庭筠有《过陈琳墓》诗。见《文苑》。

泰州 董永墓

在西溪场，亦有永父墓。

小儿冢

州治东，有坟数十。宋江南初主李氏，本徐温养子，及僭号，迁徐氏于海陵。中主嗣位，用宋齐丘谋，无男女少长，皆杀之，葬此。

如皋 贾大夫墓

在县治东南二里许。今不知所在。

茅司徒墓

在县治西北隅一里许。耕者尝见其藏，辄掩之，谓其犹悬窆焉。

通州 金应墓

文天祥记云："应以笔札[1]往来吾门二十年，性烈而知义。去年，从予勤王，授江南西路兵马都监。予之北行也，人情莫不观望，僚从皆散，惟应上下相随，更历险阻。至通州，住十余日，忽伏枕，命医三四，热病增剧，气绝。予哭之痛。其敛也，以随身衣服。翌日，葬西门雪窖边，不敢求备者。边城无主，恐贻身后之祸。异时遇便，取其骨，归葬庐陵，而后死者之目可闭也。伤哉！伤哉！为赋二诗，焚其墓前。"

1　"札"，原本误作"扎"，据文天祥《文山集》卷一八《哭金路分应》改。

海门 **吴妃冢**

唐史：景福、天祐间，淮南节度使杨行密为吴王，子渥继之。此冢疑即其妃也。吴陵巡司得名亦以此。

附历代名贤冢墓

江都：陈光禄亚墓、在同轨乡。尉迟将军恭墓、在永贞乡。吕侍读文仲墓、在县东十里。陈秘书郎良墓、在兴宁乡。聱隅先生墓、在杨子桥。王丞相播墓、在官河刘氏竹园东南隅。张枢密康国墓、在东兴乡。秦端明定墓、在西山秦家庄。孙龙图觉墓、在善应乡。王俊乂墓、在善应乡。陈忠肃公瓘墓、在扬州西山。张夫人墓、宋广平先生配，在弦歌里。赵夫人墓、宋安定先生配，在嘉宁乡。秦九女墓、在城西北三十里，今名九里涧。明朝夏国公墓、在官河东岸。永乐十三年，葬镇远侯顾成。定西侯墓、在金匮山。谕葬刑部左侍郎叶相墓、在北门外，濒河。谕葬南京光禄卿安金墓、在城西十里。谕葬南京兵部尚书王轼墓。在城西十五里。谕葬太子太保、南京户部尚书高铨墓，在县西七里。曾襄愍公墓、在城西金匮山。郑烈妇墓。在城南新河口。

仪真：柳耆卿墓、在县西七里。户部侍郎杨汲墓、在陈公塘。礼部侍郎王琪墓、尚书屯田郎中沈玉墓、在甘露乡。兵部侍郎沈锡墓、在黄池北山。谏议大夫王贯之墓、在杨子县万宁乡。司封郎中孙锡墓、在怀民乡北原。右领军卫将军王乙墓、在蜀冈后。屯田郎中刘牧墓、在蜀冈西。真州司法参军杜涣墓、在州城北。天章阁待制许元墓、在州甘露乡。海陵主簿许平墓、在城北十五里。少宰吴敏墓、在北山原。提点淮南刑狱公事丘嵩墓、在杨子二都。统制丘进墓、在杨子县八都。朝议郎张汝贤墓、在陈公塘西。朝议大夫石丕墓、在甘露乡石家山[1]。左班殿直袁康墓、处士征集墓、杜氏墓、在花家山。宣尉使珊竹介墓、在城西北。明贞妇郭氏墓。在西沙清水潭上。明兵部尚书单安仁墓。在旧江口。清谕葬太子太保、吏部尚书文通公王永吉墓。在踟躇寺。

泰兴：孝子顾昕[2]墓、在黄桥。朝散郎潘及甫墓、在口岸。尚书李俨墓。在姜溪河西。

---

1 "石家山"，原本倒作"石山家"，据《隆庆仪真县志》卷二《名迹考》乙正。

2 "昕"，原本误作"昕"，据本志卷二《郡县志下》改。

高邮：相公墓、丞相汪广洋坟也，在城西十五里。陈安抚造墓、在新安西村。赵万户墓、在清水潭。乔公竦墓、在临泽镇。孙龙图学士正臣墓、在焦里村。英烈夫人墓、在南门城内。巴剌太师墓、在城西三十里。万钧墓、在城东村里。都指挥使王观墓、在车逻镇河西。邵烈女墓。在小北门外。

兴化：樊将军墓、在平墓铺西。省元朱省三墓、在平望铺。左丞张麒墓、在范公祠东。尚书成琎墓、在五里亭。少保高文义公墓、在平望铺东。刘烈女墓。在县治南。

宝应：东海侯陈文墓、在县治东北。梁尚书道祐墓、在永明寺西北三里。冀京兆墓、在县治东北五里。仲节妇墓。在陈文墓西。

泰州：查丞相墓、在州治东三十里。晏殊墓、州治东北一里许大宁阡之原，恭人康氏祔焉。储文懿公墓、林会元墓。在冯店椿。

如皋：吕岱墓、在县东南六十里。岱孙，吴大司马。胡节推墓、在县南十里。安定先生墓、在祖茔侧。王龙图墓、在县治南集贤桥左。陈解元墓。在县南。

通州：元查将军墓，在西门外。明刑部尚书李敬墓，在西门外。太常寺少卿姚继岩墓，狼山。谕葬都御史凌相墓，西门外大港南。谕葬太子太保、南京户部尚书马坤墓、西门外铁钱河。谕葬刑部左侍郎陈尧墓、西门外盐仓坝。夏李子墓。南门外转水泓。

传疑

《抱朴子》云："吴景帝时，戍将于广陵掘诸冢，取版以治城，所坏甚多。后[1]发一大冢，内有重阁，户扇皆枢转可开闭，四周为徼[2]道通车，其高可以乘马。又铸铜为人数十枚，长五尺，皆大冠朱衣，执剑列侍灵座，皆刻铜人背后石壁，言殿中将军，或言侍郎、常侍。似王公之冢[3]。破其棺，棺中有人，发已班白，衣冠鲜明，面体如生人。棺中云母厚尺许，以白玉璧三[4]十枚藉尸。兵人辈共举出死人，以倚冢壁。有玉长一尺许，形似冬瓜，从死人怀中透出堕地。两耳及鼻孔中皆有黄金如枣许大。"

1　"后"，葛洪《抱朴子·内篇》附录《佚文》作"复"。
2　"徼"，原本误作"激"，据《三国志·吴·孙休传》注引《抱朴子》改。
3　"冢"，原本误作"家"，据《三国志·吴·孙休传》注引《抱朴子》改。
4　"三"，原本误作"二"，据《三国志·吴·孙休传》注引《抱朴子》改。

骆宾王墓。正德九年，通州曹某者凿靛池于城东黄泥口，忽得古冢，题石曰"骆宾王之墓"。启棺，见一人，衣冠如新，少顷即灭。曹惊讶，随封以土，取其石而归。籍籍闻诸人，有欲觉之者。曹惧，乃碎其石。世传宾王落发，遍[1]游诸名山，何以章服俨然？岂嗣圣物革后，宥而弗罪，复逃于释耶？

遗物

铁镬

府城北门外铁镬六口，南门外四口，各高四尺，厚四寸五分，周围一丈七尺，可容二三十石。不知何代何人所铸，皆半没入土。露土外者，光莹不锈，如磨琢然。相传元镇南王府故物，或又谓出隋宫，皆不可考。按，梁筑浮山堰成而数溃，或言蛟龙能乘风雨破堰，其性恶铁，乃铸铁器、凿镬数千万斤，沉之扬州，岂即此耶？镇江甘露寺亦有大铁镬，俗传梁武帝铸以饭僧者。苏文忠有"萧公古铁镬"之句，疑与扬州同，亦不知是否。

玉玺

《邺城新记》曰：北齐尚书辛术镇广陵，获历代传国玺，送之邺。文襄以玺告大庙。即秦之所制，而孙盛所谓真蓝田璞也。其玺方四寸，纽交螭龙，玺文秦相李斯书，文曰"受命于天，既寿永昌"，一角缺。自汉传之魏晋。及梁侯景作乱，将以自随，命其侍中赵思贤掌之，曰："我若败，以玺沉江，勿令吴儿复得也。"思贤有二马，一以负金，一以负玺。及京口，遇贼，将渡江，而负金之马为贼所执，负玺者跃而登舟，得至北岸。路复逢贼，遂弃草中。既至广陵，以告郭元建。建求得之，遂付辛术，送于邺云。又《北史》言：齐天保三年夏四月壬申，东南道行台辛术于广陵送传国八玺。而马温止记秦汉所传一玺，其言似出傅会，或取其一玺载之耳。右出崔太史铣《郾德志》注。

---

1 "遍"，原本误作"偏"，据朱国桢《涌幢小品》卷六《骆宾王冢》改。

兰亭石刻

王右军"兰亭五字损本"，宋大观中薛嗣昌进御府，置宣和殿。靖康之乱，金人悉取他宝玩以行，而石刻独留。宗泽时为留守，入见之，取以驰进。高宗时驻跸扬州，日置左右。未几，敌骑奄至，车驾仓皇南渡，御用诸物尽弃之，独瘗兰亭石刻而去。后命扬帅向子固访发，竟不获。至明朝宣德四年，扬州某寺僧舍发地，得二石，乃兰亭旧刻。两淮转运使金华何士英命工截齐合之为一，前所存者十八行，止"犹不"二字；后存者十行，起"能不"二字。明年，士英致仕，遂携归金华。《挥麈录》无"独瘗兰亭石刻而去"八字。祭酒胡俨记云：时金人以毡裹车，载之而去，而僧舍掘地，何士英携归，又似实有所据。然余究心兰亭多年，止见五字损本一拓，卒未见截齐合一者。甚矣，兰亭如聚讼，殆难问耶？一云"湍流带右天"五字，又云"湍流带左右"五字。

琼花

扬州蕃釐观，即汉后土祠，成帝延元二年建。郊祀诗："媪神蕃釐。"北祠后土，故以为名。祠前旧有琼花一株，相传天下无种。宋欧阳永叔守扬州，作无双亭，以侈其事。政和间，赐今额，俗名琼花观。《齐东野语》云：琼花惟扬州后土祠有之，绝类聚八仙，但色微黄而香甚。宋仁宗庆历间，尝移植禁苑。淳熙中，寿皇又移之南内。皆逾年而枯，并送还扬州，敷荣如故。《广陵遗事》又谓琼花有三异：凡花皆落，琼花则随风而销，一异也；以水煎叶服之，可已厉疫，二异也；一岁花叶东西稀密，而境内稼事丰歉随之，三异也。绍兴辛巳，金主亮揭本而去，小者剪而除之，花顿萎悴。未几，故株傍复出三蘖。老道士金大宁日加培护，久之畅茂婆娑，不异昔时。至至元十三年，偶枯死，其种遂绝。三十三年，道士金丙瑞以聚八仙花代之。后人或以唐昌观玉蕊花混之。陆弼《江都新志》考据已详，不具载。扬州宗元鼎诗云："观里红阑花乱吹，蓝田烟暖玉生时。六宫争贴枝头锦，不敌扬州第一枝。"相传，隋炀帝时已有此花矣。

瓷瓶

扬州开元寺尝发地，得二瓷瓶，白质，小口，肤理极细，一书"内府"，一书"会庆馆"，疑是隋宫旧名。

唐八角碑记

杜佑为扬州察访使,景云三年改为处置使,题名"八角石柱",见存宝城兴教寺内。先是,久没于水池中。至成化十六年旱,池涸复出。今石无矣。

昌字钱

唐武宗会昌年铸开元钱,废天下佛像。扬州节度使李绅以废寺铜铸钱,皆"昌"字,以表年号。

宋漏铭

庆历六年五月某日,扬州新作莲花漏,知军州事韩琦为铭曰:"天运虽大,信则不渝。智者善作,器乃冥符。以漏考辰,始乎渴乌。以箭定刻,发乎金徒。覆视晷景,弗差毫铢。节候既正,鼓钟以乎。昼访尔治,夜安尔居。政则不怠,鉴哉挈壶。"

元宝

银锭上字号"扬州元宝",乃至元十三年元兵平宋,回至扬州,丞相伯颜号令搜检将士行李,所[1]得撒花字,销铸作锭,每重五十两。归朝,献纳世祖,大会王孙、国戚,从而颁赐。或用货卖,是以民间有此锭也。

仪真 石磨铁碾

在陈公塘。旧志云:后汉广陵太守陈登筑塘所遗物。宋元时犹存。

江心镜

唐淮南道真州以五月午日江心铸镜入贡。白居易诗曰:"百炼镜,镕范非常规,日辰处所灵且奇。江心波上舟中铸,五月五日日午时。琼粉金膏磨镕已,化为一片秋潭水。镜成将献蓬莱宫,钿函金匣锁几重。人间臣等不合用,背有五爪飞天龙。人人呼为天子镜,我有一言闻太宗。太宗尝以人为镜,鉴

---

1 "所",原本误为"折",据陶宗仪《辍耕录》卷三〇《银锭字号》改。

古鉴今不鉴容。四海安危居掌内，百王理乱悬心中。乃知天子别有镜，不是扬州百炼铜。"

兴化 古剑

古志：兴化平望湖中有冈阜，乡人掘之，得古墓中一剑，屈之则首尾相就，去手复直，出则铮铮有声，刃利断金。开禧中，统兵官高大捷以他物易之，曰："此古绕指柔也。"

泰州 高丽鼓

泰州治东北西溪镇西四里七十步圣果院内，即伪唐保大中随海潮漂至鼓也。范文正公有诗："千年人已化，三昧语空传。唐世碑犹在，高丽鼓半穿。"

花镜

唐元和末，海陵夏侯乙庭前生百合花，大于常品数倍。因发其下，得甓匣，十三重，各匣一镜。第七者光不铦[1]，照日，光环一丈。其余规铜而已。

高邮 藕剑

唐大历中，高邮民张存以踏藕为业。尝于坡中见旱藕，大如臂，极力掘之，深二丈，大至合抱，似不可穷，乃断之，中得一剑，长二尺，色青，无刃。存不知，宝郡人有知者，以束薪易获焉。其藕无丝。

遗事

春秋渔丈人

丈人不知何许人，《吴越春秋》《越绝编》皆载之，盖贤而隐于渔者也。初，伍员亡楚，自郑奔吴，走棠邑，南驰至江上，而楚之追亡者且踵其后。丈人适舟于江涘，员见丈人，呼曰："来渡我。"丈人心知之，乃歌而往过之，曰："日昭

1　"铦"，《酉阳杂俎》卷六《器奇》作"蚀"。

昭,寝以施,与子期甫芦之碕。"员闻丈人歌,即从丈人之芦碕。俄而日入,丈人复歌曰:"心中目施,子可渡河,何为不出?"舟至,即引入。舟半江,员仰谓丈人曰:"子姓为谁? 还,得报子之厚德。"丈人曰:"纵荆邦之贼者,我也;报荆邦之仇者,子也。两而不仁,何相问姓名为?"员解佩剑以予丈人,曰:"吾先人之剑,直百金,请以予子。"丈人曰:"吾闻荆王有令于国:'得伍员者,购之千金。'吾何以百金之剑为?"乃发其箪饭,清其壶浆而食,曰:"亟食而去。"员曰:"诺。"食已而去,顾谓丈人曰:"掩尔壶浆,毋令之露。"丈人曰:"诺。"员行,即沉舟自刭而死,明无泄也。员由此得东奔入吴。旧志载胥浦为解剑津,有子胥祠。隆庆中,以丈人并祀云。

唐江都王画马

江都王绪,霍王轨之子,善画鞍马。老杜诗:"国初已来画鞍马,神妙独数江都王。"

广陵观灯

《幽怪录》云:"开元十八年正月望日,帝谓叶天师曰:'今夕何处最丽?'对曰:'广陵。'帝曰:'何术以观之?'师曰:'可。'俄而虹桥起殿前,板阁架虚,栏楯若画。帝步而上,太真、高力士及乐官数人从行,步步渐高,顷到广陵寺观,陈设之盛,灯火之光,照灼基殿。士女鲜丽,皆仰面曰:'仙人现于五色云中。'帝大悦,敕伶官奏《霓裳羽衣》一曲。后数日,广陵果奏云。"

陆羽辨水

温庭筠《采茶[1]录》云:"唐代宗朝,李季节刺湖州,至维扬,逢陆鸿渐。抵扬子驿,将食,李曰:'陆君别茶闻,扬子南泠水又殊绝,今者二妙千载一遇。'命军士深入南泠,陆洁[2]器以俟。俄而水至,陆以杓扬水曰:'江则江矣,非南泠,似临岸者。'使者曰:'某棹[3]舟深入,见者累百,敢有绐乎?'陆不言,既而倾诸盆,至

1　"茶",原本误作"荼"。

2　"洁",原本误作"利",据《采茶录》改。

3　"棹",原本误作"掉",据《采茶录》改。

半。陆遽止，又以杓扬之曰：'自此南泠者矣。'使者蹶然驰白：'某自南泠赍至岸，舟荡，覆过半。惧责，稍挹岸水增之。处士之鉴，神鉴也，其敢隐焉？'"

南唐纸务

南唐于扬州置纸务，尝求纸工于蜀中。唐主好蜀纸，既得蜀工，使行境内，惟六合之水与蜀同，遂于扬州置务，守臣岁贡，时六合正属扬州也。

杨一益二

《宝祐志》云："唐世，盐铁转运使在扬州，尽干利权，商贾如织，故谚称'杨一益二'，谓天下之盛，扬为一而蜀次之也。"杜牧之有"春风十里珠帘"之句，张祜诗云："十里长街市井连，月明桥上看神仙。人生只合扬州死，禅智山光好墓田。"王建诗云："夜市千灯照碧云，高楼红袖客纷纷。如今不似时平日，犹自笙歌彻晓闻。"徐凝诗云："萧娘脸下难胜泪，桃叶眉头易得愁。天下三分明月夜，二分无赖是扬州。"其盛可知。自毕师铎、孙儒之乱，荡为丘墟。扬行密复葺之，稍成壮藩，又毁于显德。先朝迄今历三百余年，盛衰不齐，又丁改革，扬人复业方新，凋敝未起，言之真可酸鼻也。

江梦孙息怪

江都大厅，相传云阴有鬼物所据。前令长升之者，必为瓦所掷，遗患不常，皆相承居小厅莅事。江梦孙闻之，常愤其说。无何，自秘书郎出宰是邑。下车之日，升正厅受贺讫，向夜具香案，端笏当中而坐。明日，如常理事，蔑尔无闻。自始来，至终考，莫睹怪异。后之为政者，皆饮其惠焉。

李仙哲子孙

李仙哲，真州人，任本州刺史。生男、女六十九人，缘江十余里，第宅相连，妾媵、子分处其中。仙哲鸣笳导从，往来其间。子孙参见，或忘其年名，披簿以审之。汉陆贾、唐郭子仪子孙之盛，亦未能或之先也。

韩公捧天

韩公稚珪知泰州时,卧疾数日,冥无所知。倏然而苏,语左右曰:"适梦以手捧天者再。不觉惊寤。"其后授[1]英宗于藩邸,翼神宗于春宫,捧天之祥,已兆于此。

金带围

花之名天下者,洛阳牡丹、广陵芍药耳。红萼而黄腰,号金带围,有时而出,则城中当有宰相。韩魏公守广陵日,一出四枝,公当其一,选客具乐以赏之。是时,王岐公为倅,王荆公为属,皆在选,而阙其一。及暮,南水门报陈大博来,亟使召之,乃秀公也。明日酒半折花,歌以插之。其后,四公皆为首相。

王琪大明寺诗

晏元献公赴杭州,道过惟扬,憩大明寺,瞑目徐行,使侍吏诵壁间诗板,戒其勿言爵里、姓名,终篇者无几。又俾别诵一诗,徐问之,江都尉王琪诗也。诗见《文苑》。召至同饭,又同步游池上。时春晚,已有落花,晏云:"每得句书墙壁间,或弥年未尝强对,且如'无可奈何花落去',至今未能对。"王应声曰:"似曾相识燕归来。"自此辟置,荐馆职,遂跻侍从。

元郝经雁帛书

宋濂跋云:"霜落风高恣所如,归期回首是春初。上林天子援弓缴,穷海累臣有帛书。中统十[2]五年九月放雁,获者勿杀。国信大使郝经书于真州忠勇军营新馆。"右郝文忠公帛书,五十九字,博二寸,高五寸,背有陵川郝氏印,方一寸,文透于面,可辨识。盖中统元年,元世祖欲告即位,定和议于宋,授经翰林侍讲学士,佩金虎符,充[3]国信使以行。宋相贾似道拘留仪真,不遣。至

---

1 "授",孔平仲《谈苑》卷四作"援"。
2 "十",原本误作"弋",据宋濂《宋学士集》卷一二《题郝伯常帛书后》改。
3 "充",原本误作"克",据宋濂《宋学士文集》卷一二《题郝伯常帛书后》改。

元十一年下诏伐宋，问[1]执行人之罪[2]。时经在仪真一十五载，以音问久不通，乃用蜡丸帛书亲系雁足，祝之北飞。十二月丙辰，伯颜南征之师竟渡大江。似道惧，命总管段祐送经归国。虞人始获雁于汴梁金明池。宋亡，帛书为安丰教授王时中所得。延祐中，集贤学士郭贯奏于朝，敕中使取之。"陶九成《辍耕录》亦载其事。

　　按：广陵遗事，如《宝祐志》、明初志所载，多杂幽怪不经，如《酉阳杂俎》《夷坚志》所录，皆入志中以寓言，为真识者病焉。至于诗话、谐谑，无关盛事，连篇累牍，尤觉芜累。兹特采故实有据者数条，里耳传讹，悉所删削，然亦未始不可以解颐也。

1　"问"，原本误作"同"，据宋濂《宋学士集》卷一二《题郝伯常帛书后》改。
2　"罪"，原本误作"故"，据宋濂《宋学士文集》卷一二《题郝伯常帛书后》改。

扬州府志卷之二十二

历代志

宣尼载笔，经止获麟。大义数十，炳若参辰。孰云稗史，敢与斯文？阙疑传信，以俟后人。作《历代志》。

周

敬王二十四年秋，吴城邗沟。《春秋·哀公九年》：吴夫差将霸中国，乃筑城广陵，下穿沟，东北通射阳湖，西北至末口，谓之邗沟。江淮自是始通。

元王三年冬十一月，於越灭吴，尽取吴故地。越王勾践既灭吴，乃以兵北渡淮，与齐、晋诸侯会于徐州，致贡于周王。王赐勾践祚，命为伯。越兵横行江淮间，东诸侯毕贺，号称霸王。

烈王三十五年，楚灭越，吴、越地尽入于楚。

秦

始皇二十八年，帝东巡，上邹峄山，封泰山，遂登琅邪，渡淮浮江，至南郡[1]而还。

二世元年，楚人陈胜起兵于蕲，称楚王，遣邵平徇广陵。邵平，广陵人，为楚徇广陵，未下。会陈王败，平渡江，矫陈王令，拜项梁为上柱国。梁将兵八千人西击秦。

---

1 "郡"，原本误作"都"，据《史记》卷六《秦始皇本纪第六》改。

汉

高帝六年庚子，立从兄贾为荆王，分封淮东五十三县。贾，高皇帝从父子。击临江王共尉[1]有功，封荆王。后黥布反，东击荆，贾战败，走富陵，为布军所杀。

景帝三年丁亥，吴王濞反。太尉周亚夫破吴军，濞亡走越，越乃杀之。

徙汝南王非为江都王，治故吴国。吴、楚反时，非年十五，有才气，上书自请击吴。帝赐非将军印击吴。吴已破，徙王江都。非好气力，治宫馆，招四方豪杰，骄奢甚。二十七年，薨。子建嗣，坐谋反自杀，国除。

武帝元狩六年[2]甲子夏四月，立子胥为广陵王。

元丰元年夏四月，诏免江淮租赋。诏曰：朕巡荆扬，辑江淮物，会大海气，所幸县毋出今年租赋，赐鳏寡孤独者帛，贫穷者粟。

宣帝五凤四年，广陵王胥坐祝诅自杀。子绍嗣。

光武建武三年秋七月，遣兵狥江东，扬州平。

明帝永平十年，广陵王荆有罪自杀。荆性刻急隐害。光武崩，荆哭不哀，作飞书，方底[3]，谋为逆。帝不问，徙封荆广陵。之国，尝呼相工谓曰："我貌类先帝。"使巫祭祀祝诅。有司举奏，请诛之。荆自杀。帝怜之，封荆子元寿为广陵侯。

顺帝阳嘉元年，扬州贼章河等作乱，杀长史。

冲帝永嘉元年，广陵张婴据郡反。冬十一月，都督滕抚进击婴，破斩之。

质帝本初元年春，诏赈恤九江、广陵二郡。诏曰：九江、广陵二郡，数罹寇害，残夷最甚。生者失其资业，死者委尸原野。方春戒节，赈济乏厄，掩骼埋胔之时。其调比郡见谷，出廪[4]穷弱，收葬枯骸，务加埋恤，以称朕意。"

献帝初平元年，广陵太守张超会关东州郡，起兵讨董卓。用功曹臧洪策，见《洪传》。

兴平元年，孙策渡江，居江都。

二年冬十月，陶谦以笮融为下邳相。曹操击破陶谦。融走广陵，杀太守赵昱，放兵大掠。刺史刘繇讨之，融败走死。

---

1 "尉"，原本误作"慰"，据《万历扬州府志》卷二二《历代志》改。

2 "年"，原本无，据上下文补。

3 "方底"，《后汉书》卷四二《光武十王列传》作"封以方底"。

4 "出廪"，原本倒作"廪出"，据《后汉书》卷六《孝顺孝冲孝质帝纪》乙正。

建安元年,刘备东取广陵。

十八年,曹操徙滨江郡县民,皆东渡江。

后汉

帝禅建兴二年秋八月,魏主丕以舟师击吴,临江而还。

魏置淮南北屯田,广漕渠。

延禧十六年,吴师围魏新城。扬州牙门将张特固守,不能拔。

晋

武帝太康十年,徙皇子允为淮南王,都督扬、江二州诸军事,立孙遹为广陵王。

惠帝元年秋八月,立广陵王遹为太子。

永康元年,义郎周玘等起兵攻石冰,推前吴兴太守顾秘都督扬州九郡事。

永兴元年,广陵度支陈敏及周玘击石冰于建康,斩之,扬、徐二州平,以敏为广陵相。

怀帝永嘉元年,陈敏叛据江东。顾荣、周玘杀敏以降。敏据江东,晋臣顾荣等伪从之。华谭闻之,乃遗荣书曰:一旦征东劲[1]卒,耀武历阳,飞桥越横江之津,泛舟度瓜步之渚,威震丹阳,擒贼建业,而诸公何颜见中州之士耶? 于是,荣斩敏,江东遂平。

愍帝建兴元年,左丞相睿遣世子绍镇广陵。

元帝建武元年,封子裒为琅邪王,奉恭王后,镇广陵。

大兴四年夏五月,免扬州僮客,以备征役。

明帝太宁二年六月,加司徒王导大都督、扬州刺史,督诸司讨王敦。

以郗鉴都督扬州八郡军事。

成帝成康元年,郗鉴使广陵相陈光将兵入卫。

帝奕太和四年冬十一月,大司马桓温徙镇广陵。温发南兖州民筑广陵城。时征役既频,加之疾病,死者十四五,百姓嗟怨。

孝武帝宁康三年秋七月,以桓冲为徐州刺史,谢安领扬州牧。冲以安素有

---

1 "东劲",原本误作"车警",据《晋书》卷一〇〇《陈敏传》改。

重望,以扬州让之,自求出外。

以谢玄镇广陵。玄募骁勇之士,得彭城刘牢之等数人。以牢之为参军,领精锐为前锋,战无不捷,时号北府兵,敌人畏之。

四年五月,秦兵陷盱眙,进围三阿,谢玄连战,败走之。

八年冬十一月,谢石、谢玄等大破秦兵于淝水,杀其将符融。秦王坚走还长安。先是,玄遣广陵相刘牢之帅精兵五千渡洛涧,击梁成军,大破,斩之。于是,石等水陆继进。

十年,太保谢安出镇广陵,筑新城。

安帝隆安四年六月,孙恩寇丹徒,刘裕击破之。恩北走,陷广陵。

三年春二月,桓玄以桓弘镇广陵。孟昶杀桓弘,据其郡。

义熙四年春正月,刘裕自为扬州牧、录尚书事。

宋

武帝永初元年,檀道济出镇广陵,监淮南诸军。

三年,魏遣司空奚斥督诸将击宋,取青、兖诸郡。宋遣南兖州刺史檀道济救之。

文帝元嘉二十七年,魏人侵宋,使中书郎鲁秀出广陵,所过残灭,城邑望风奔溃。

二十八年春正月,魏师还。魏主大会群臣于瓜步,掠居民,焚庐舍而去。

宋主命广陵太守刘怀之烧城府尽,帅其民渡江。令民遭寇者,蠲其租调。魏人破南兖等六州,杀掠不可胜计,土地无余,春燕归巢于林木。

大明三年夏四月,宋竟陵王诞反广陵,宋主遣兵讨之。秋七月,宋克广陵,诞伏[1]诛。广陵城中,士民无大小,宋主悉命杀之。沈庆之请自五尺以下全之,女子为军赏,犹杀三千余口。

明帝泰始四年秋七月,以萧道成为南兖州刺史。

齐主宝卷永元二年春正月,齐豫州刺史裴叔业以寿阳叛降于魏。魏遣司徒彭城王勰领扬州刺史,镇之。

1　"伏",原本误作"代",据《万历扬州府志》卷二二改。

秋八月,齐攻魏寿阳。魏人击败之,遂取淮南地,以王肃[1]为扬州刺史。

梁

武帝天监十三年冬,筑淮堰。发徐、扬率二十户取五丁以筑之。

大通元年冬十月,梁将湛僧智、夏侯夔围魏广陵,克之。

三年冬,魏南兖州人执刺史刘世明以降于梁,梁遣归魏。

大清三年夏,侯景陷梁广陵。

简文帝大宝元年,侯景陷广陵,杀梁祖皓,屠其城。

世祖承圣元年二月,梁王僧辩遣陈霸先将兵向广陵,击败侯景。景亡走吴。

秋七月,梁陈霸先围广陵,不克,引还。江北民从霸先济江者万数。

三年春,陈霸先侵齐,自丹阳济江,围广陵。

陈

高祖太建五年秋七月,陈败齐师,克巴州、山阳、广陵等处。

十一年冬十月,周行军元帅韦孝宽侵陈,克寿阳及广陵。

隋

文帝开皇七年二月,开扬州山阳渎。

八年冬十月,隋以晋王广为淮南行省尚书令、行军元帅,帅师伐陈,命吴州总管贺若弼出广陵。

炀帝大业元年春二月,开通济渠,引汴水,开邗沟。

八月,帝如江都。

二年夏四月,帝发江都,还东京。

六年二月,帝如江都,以王世充领江都宫监。帝数幸江都,世充能伺候颜色,雕饰池台,奏献珍物,由是有宠。

七年春二月,帝自将击高丽。敕河南、淮南、江南造戎车五万乘,江、淮以南民夫及船运黎阳及洛口诸仓米,舳舻千里,往还常数十万人,昼夜不绝,死者相枕,天下骚动。

---

1 "肃",原本误作"萧",据《魏书》卷六三《王肃传》改。

命虎牙郎将赵六儿将兵万人,屯杨子,以备南贼。时吴郡朱燮、晋陵管崇兵起故也。崇遣将陆岭破六儿营,收其器械军资,众至十万。

杜伏威起兵,掠江淮。

十一年,诏江都更造龙舟。

东海李子通据海陵。

十二年秋七月,帝如江都,命越王侗留守。杀谏者任宗、崔民象、王爱仁。帝至江都,江都郡丞王世充献铜镜、屏风,迁通守;历阳郡丞赵元楷献异味,迁江都郡丞。王世充密为帝简阅江淮间美女献之。

遣光禄大夫陈稜击李子通等,败之。

九月,以江都妇女配将士。

恭帝侗皇泰元年三月,隋宇文化及弑炀帝于江都,立秦王浩。

唐

高祖武德二年,隋东海、北海、东平、须昌、淮南诸郡皆降于唐。

李子通称吴帝于江都。

高宗总章二年夏四月,徙高丽户于江淮诸州。

中宗嗣圣元年,英公李敬业起兵扬州,太后遣将军李孝逸击之。

玄宗开元二十二年五月,以裴耀卿为江淮、河南转运使,置河口输场。

天宝十五年,永王璘反。上皇遣淮南节度使高适讨之。

肃宗上元元年冬十一月,江淮都统刘展反。敕平卢兵马使田神功讨之。

宝应元年四月,楚州得宝,改州为宝应。

代宗广德元年,淮南节度使陈少游请本道税钱每千增二百,从之,诏他道皆增。

德宗兴元元年五月,江淮节度使韩滉遣使贡献。时京师荒歉,滉贡彩缯四十担、米百艘。京中米斗五百钱,滉米至,减五之四。

贞元八年九月,减江淮运米,令京兆边镇和籴。

二十一年八月,遣使宣慰江淮。

宪宗元和三年秋七月,淮南节度使王锷入朝。锷厚进奉赂宦官,求平章事,以白居易言而止。

六年初,置淮颍水运使。

敬宗宝历元年,江淮盐铁使王播进羡余绢五万匹。

武宗会昌五年春,杀江都令吴湘。

僖宗乾符三年冬十月,王仙芝寇淮南诸州。

六年冬十月,以高骈为淮南节度使。

广明元年,黄巢渡江,高骈称疾不战。

光启三年夏四月,淮南将毕师铎等发兵讨吕用之,克扬州。用之亡师,师铎执高骈,幽之。

宣州观察使秦彦入扬州,庐州刺史杨行密引兵攻之。

秦彦杀高骈。

刺史杨行密克扬州。

秦宗权遣孙儒攻扬州,屠高邮。

闰月,杨行密斩吕用之。

文德元年夏四月,孙儒袭扬州,陷之,自称节度使。杨行密将奔海陵,袁袭劝归庐州,从之。

昭宗景福元年六月,杨行密击孙儒,斩之,遂归扬州。先是,扬州富庶甲天下,人称“扬一益二”。及秦、毕、孙、杨兵火之余,江淮之间,东西千里扫地尽矣。

秋八月,以杨行密为淮南节度使。

昭宣帝天祐二年十月,朱全忠击淮南不利。

十一月,吴王杨行密卒,子渥代为淮南节度使。

四年春正月,淮南牙将张颢、徐温作乱。

唐天祐五年戊辰,淮南张颢、徐温弑节度使杨渥。温复攻颢,杀之。

淮南将吏推杨隆演为节度使。

己巳年,淮南徐温自领昇州刺史。

庚午年二月,岐王承制加杨隆演嗣吴王。

吴徐温出镇润州,留子知训江都辅政。

丙子年二月,吴将马谦等起兵,诛徐知训,不克而死。

戊寅年,吴副都院朱瑾杀都军使徐知训,瑾自杀。吴以徐知诰为淮南行军副使,辅政。

辛卯年，吴以中书令徐知诰镇金陵，徐景通为司徒，留江都辅政。

十一月，吴徐知诰召其子景通还金陵，留景迁江都辅政。

吴加徐知诰大元帅，封齐王，加殊礼。

丁酉年，吴徐知诰[1]称帝，国号唐，奉吴主为让皇。

辛卯，唐迁故吴杨氏之族于泰州。

唐主如江都。

周

世宗显德三年丙辰，周主遣韩令坤将兵袭唐扬州，取之。

唐灭故吴主杨氏之族。

周取唐泰州。

夏四月，唐兵复取泰州，进攻扬州。

周韩令坤败唐兵于扬州，擒其将陆孟俊，杀之。

四年，周主进兵，取扬、泰州，破唐人于銮江口。

五年，周主于迎銮镇击唐兵，破之。

宋

太祖建隆元年冬十一月，周淮南节度使李重进谋起兵拒宋，宋主自将击之，重进自焚死。

唐主遣子朝宋主于扬州。宋主令诸军习战舰于迎銮镇，唐主大恐，遣子来朝。

仁宗皇祐二年闰十月，诏太子中舍致仕胡瑗定嘉乐。瑗，如皋人。

高宗靖康二年，元祐太后如扬州。

建炎元年冬十月，帝如扬州。

二年八月甲戌，上策进士于崇政殿。庚寅，上御崇政殿，赐进士李易等四百五十一人及第出身。时川、陕、河北、京东正奏名进士一百四人，以道梗不能赴，皆即家赐第，特奏名张鸿举已下至五等皆许调官。丁酉，赐新及第进士钱千七百缗为集期会。自是以为故事。

---

1 "诰"，原本误作"训"，据《新五代史》卷六二《南唐世家第二》改。

三年春正月,金粘没喝入淮泗,分万人趋扬州。

二月,诏刘光世将兵阻淮以拒金,光世兵溃走还。金人陷天长军,帝驰至瓜洲,奔镇江。是日,金将马五帅五百骑驰入扬州城下,追至杨子桥。太常少卿取九庙神主行,亡太祖神主于道。金人焚扬州而去。

江淮制置使吕颐浩遣陈彦渡江袭金余兵,复扬州。盗薛庆据高邮,张浚谕降之。

江淮统制岳飞败金兵于广德。

韩世忠邀击金兀术于江中,大败之。兀术走建康,复引兵袭,世忠败绩,兀术遂趋江北。世忠以八千人拒兀术十万之[1]众,凡四十八日,金人自是不敢复渡江。

绍兴元年春正月,以张俊为江淮招讨使,岳飞副之。三月,武功大夫张荣击败金兵于兴化,挞懒北遁,以荣知泰州。

夏四月,刘光世复楚州。五月,光世使都统制王德袭扬州,擒郭仲威,送行在,斩之。时仲威谋据淮南,以通刘豫。

三年十月,诏韩世忠进屯扬州。

韩世忠大败金兵于大仪,追至淮而还。

三十一年六月,以刘锜为江淮浙西制置使,屯扬州。金人渡淮,刘锜进军楚州以拒之。

刘锜将王权军溃于昭关,锜引还扬州。金主亮入庐州。

金兵陷扬州,刘锜遣兵拒于皂角林,大败之。

金兵侵瓜洲,叶义问使中军统制刘汜御之,败绩,义问走建康。

虞允文败金军于采石,金主亮趋扬州。

刘锜罢,以成闵、李显忠、吴镇为两淮、荆湖三路招讨使。

金主亮为其下所杀于瓜洲龟山寺。

十二月,成闵、李显忠收复两淮州军。

孝宗隆兴二年秋,撤两淮边备。汤思退急欲和好也。

诏王之望劳师江上。闰月,金兵逼扬州。

五年春正月,措置两淮屯田。

---

1 "之",原本误作"十",据《万历扬州府志》卷二二《历代志》改。

宁宗开禧二年冬十月,金仆散揆陷安丰军。

金人陷真州,寇六合。知扬州郭倪遣兵救之,败绩。倪弃扬州走。

理宗宝庆三年五月,以李全为彰化、保康节度使,京东镇抚使,全不受。罢知扬州翟朝宗。全籴麦,舟过盐城,知扬州翟朝宗嗾尉兵夺之。全怒,以捕盗为名,水陆数万径捣盐城,戍将陈益、楼疆,知县陈过皆遁。全入城据之,以状白于朝,故有是命。

绍定三年十二月,李全寇扬州,节制镇江。滁州军马赵范、赵葵会师,击败之。

四年正月,赵范、赵葵大败李全于扬州城下。全走,死新塘。事闻,加范淮东安抚使、葵淮东提刑。

端平三年十一月,蒙古将察罕逼真州,知州丘岳败之。

淳祐二年七月,蒙古兵渡淮,入扬、滁、和州。

十月,蒙古兵陷通州,屠其民。

五年七月,蒙古察罕会张柔,掠淮西,至扬州而去。

景定元年七月,蒙古使翰林侍读学士郝经来修和,贾似道幽之真州。

度宗咸淳十年,元史天泽、伯颜大举渡江。诏天下勤王,制置使李庭芝遣兵入援。

九月,元刘整以博罗欢趋淮西,由东道取扬州。

帝㬎德祐元年春正月,以汪立信为江淮招讨使,募兵御元,卒于军。

孙虎臣、夏贵之师溃于江上,贾似道奔扬州。元尽陷江淮州军。贾似道至扬州,檄列郡如海上迎驾。

三月,元阿术分兵驻扬州。

四月,元阿术兵真、扬州,李庭芝遣守将苗再成、姜才帅兵御之,败绩。

十二月,遣柳岳如元求封,行至高邮,民稽耸杀之。

二年三月,丞相文天祥使元军,被执。自镇江亡入真州,制置使李庭芝疑之[1],遂浮海如温州。

元伯颜入临安,以帝及皇太后全氏、福王与芮等北去,至瓜洲,李庭芝使姜才将兵夜捣元军,不克。

1　“之”,原本误作“芝”,据文意改。

五月,召李庭芝为右丞相,姜才为保康军承宣使。

七月,李庭芝、姜才赴召。至泰州,扬州守将朱焕、泰州裨将孙贵等皆降于元。庭芝、才死之,淮东尽陷。

八月,元军入真州,苗再成死之。

元

世祖二十一年,封皇子脱欢为镇南王。

泰定帝三年,封诸王,帖木儿不花为镇南王,镇扬州。其子孛罗不花袭封。

顺帝至正十三年五月,泰州张士诚兵起,据高邮,自称诚王。知府李齐死之。

十四年六月,张士诚攻扬州,达识帖睦迩败。

十五年夏五月,明太祖遣帐前先锋赵德胜击取仪真。

冬十月,左相国徐达、平章事常遇春率兵取淮东泰州。

丙申春三月,徐达、常遇春克高邮。

丁酉夏五月,江淮分院副使张鉴、金院何文政率兵攻泰兴,克之。

八月,明太祖阅军于大通江,遂命大元帅缪大亨、元帅耿再成率师攻扬州,克之。统军元帅张明鉴置淮海翼元帅府,命德林同大亨守之。

元守臣以真州降,以周之贵知州事。十五年,已取真州。至是,守臣复以州降者,盖既取而元人复之,至是乃降耳。

戊戌春,以常遇春为江南行省都督马步水军大元帅,旋师淮东。

乙巳年十月,左相国徐达、平章事常遇春合兵攻张士诚军,败之。贼退屯新城。闰十月,大军攻入之,俘获伪官夏思恭等。是年,以大都督府经历陈灌总制真州军事。

吴三年十二月,宋主韩林儿卒于瓜步。

吴四年九月,明太祖兵克平江,执吴王张士诚以归。

明

太祖洪武元年夏四月,敕有司清江淮水滨故道。舟师入淮,遂如江淮,谒孔子庙,幸学。

七年,倭寇海上,命靖海侯吴祯率沿海卫兵备之,获倭人船送京师。

十八年四月,汤和城海上备倭。

建文四年,靖难兵至扬州,守将崇刚、监察御史王彬死之,兵次仪。

成祖永乐二年,倭犯通州。

初开海漕,转饷京师。会海溢,成祖命平江伯陈瑄以四十万卒修之,起海门,历通州,至盐城八百里。

宪宗成化五年三月,盐贼钱厚作乱,称江海上公。备倭都督佥事董宽禽之。

武宗七年秋七月,蓟盗刘七、齐彦明等浮江东下舟狼山港。总督都御史陆完提兵征之,贼为海潮所没。详见《兵防志》。

十四年六月,宁王宸濠叛。八月,下诏南征,驻跸江都。

十五年闰八月,自南京班师,驻跸江都。戊午,发扬州。八月丁酉,旋跸,发龙江。辛丑,至仪真。壬寅,渔于江口。次日,如瓜洲,避雨民家,夕宿望江楼。癸卯,自瓜洲济江,登金山,遂如镇江。庚戌,发镇江。壬子,复宿望江楼。癸丑,至扬州。

世宗嘉靖七年,朝鲜人遇风,飘至通州。讯之,乃其国主试官。作诗云:"白浪滔滔上接空,布帆十幅不禁风。此身若葬江鱼腹,万里孤臣一梦中。"又曰:"迹殊溺海唐王渤,事异投江楚屈平。"

三十三年,倭犯江北。

三月,倭入掘港,犯如皋。主簿阎士奇率乡兵迎敌于曹家庄,击败之。

四月,倭困通州城。参将解明道守却之。时乡民义勇曹鼎者,勇力过人,手执竹枪数杆,迭掷杀倭。常以一身横枙倭,冲杀倭数十人,令之不得追杀奔逃者,所全活以数千计。屡战辄胜,倭最惮之。后卒死于倭。东南乡兵战功,鼎为第一,至今通人祠祀焉。

倭屯掘港肆掠,守备张寿松、杨缙先后御之,败绩。

五月,倭犯如皋,主簿阎士奇率乡兵迎至东陈镇,败之。已又犯县治,值颍州甲兵至,击败之。

城如皋、海门、泰兴、瓜洲。巡抚郑晓建议,请城濒江海冲要处,以备倭也。

三十四年四月,倭犯海门,知县赵卿率兵败之。

五月,参将乔基等击倭于吕四场,败之。基与都指挥张恒、通州同知印案统兵夹击,获功中多协从平民。

三十五年四月,千、百户戚继爵等提兵戍通州狼山,遇倭,死之。

扬州卫千户洪岱、文昌龄领军至通州,遇倭,死之。

倭薄扬州城，都指挥张恒、千户罗大爵、曾沂御之于教场，兵溃，死之。时倭一从瓜洲入，一从新港入，一从通州入。一日，报倭至蔷薇港，人不知信。次日，又报倭至霍家桥，奔逃者争渡河，不得，将沿河北走。又遇北路倭至，被杀及溺死者数千人，四散放火杀掠。卫官张恒等怆惶领兵，列营教场中。倭忽吹号，挥众围杀，我兵溃败，恒等俱死于围中。倭乘胜追败兵，出辕门，遇戴家楼。上集山陕善射盐客乱射之，倭始退去。

五月，倭犯瓜洲，民夫击走之。时抬盐脚夫百人，见倭，即用杠奋击。倭不能当，各弃刀仗逃走，伤倭颇多。上官因目为脚兵。

倭复犯扬州府，同知朱衰等死之。倭复至扬，衰与高邮卫经历晏锐率千户贾勇、应袭男恩及官兵出城，渡河东御之。忽被倭众一拥前来，杀散官兵，将衰与锐掳至井巷口被害。至今，巷口立双忠祠祀之。

无为州同知齐恩与倭战于圖山之北江中，死之。恩，陕西隆德县人。祖敏，知四川蒲江县，杀贼有功，与二子俱死于贼。恩荫入国子监，授序班，历迁无为同知。倭犯上流，奉檄即率子孙叔侄兄弟凡二十人，领兵赴敌。乘胜逐北，误中倭计，次子齐嵩等四人得脱，恩与长男尚文、孙童叔、仲实、弟宝荣、侄友良及大卿力战不屈，俱死于倭。

副使马慎追倭于狼山，败之。都指挥邓城又败之。增建扬州东关城成。

三十六年四月，倭攻海门县，应袭百户俞宪章死之。

倭入宝应县。倭见扬州东关及瓜洲俱设添城堡，不得肆掠，乃从高邮至宝应县。县旧无城，焚掠殆尽，后始建城。

六月，副使于德昌、参将王介、刘显击泗洲倭，破之。倭遁出海，追至安东庙湾，又败之。

三十八年四月，倭犯海门，通州副总兵邓城败绩。时狼山新设置总兵，舟师、兵器未备，所募浙兵多未经战。倭突泊海门杨树港。邓城一战，折兵四百余名。城兵迤逦倭尾，莫敢撄其锋。

倭犯丁堰，毛兵败绩，千户王良、吕忠战没，参将丘升击却之。

倭犯如皋城，丘升背城击败之。邓城再战，败绩。升复追击，败之。

倭犯卢家场，千户汪时中击却之。

参将胡宗义与倭战于海安，兵溃，千户赵世勋、镇抚韩彻死之。

六月，副使刘景韶统兵追倭于刘庄场等处，尽歼之。参将丘升战殁。

八月，巡抚都御史李遂督副总兵刘显、曹克新等击倭于白驹场，大破之，倭悉平。

三十九年正月,巡抚都御史唐顺之阅兵海上,城海安镇。

盗劫泰兴县库,杀人。诏夺知县梁栋等俸。时御倭浙兵,事宁散还,相聚为盗。

穆宗隆庆三年,河水溢,宝应湖堤崩坏。河道都御史翁大立绘十二图以献。

神宗万历二十五年[1],开府城南新河。

二十六年,通州筑新城。

二十七年,设巡抚都御史,驻泰州。

遣内官鲁保榷两淮盐,驻扬州。

遣内官暨禄榷沿河商税,建署于仪真。

二十八年,开宝应越河成。

遣南京守备邢隆税沿江洲田。

三十五年,泰州巡抚都御史仍归并淮安漕抚。

四十五年,差户部郎中疏理盐法,驻扬州。

四十八年,遣内宫胡、刘查盘运库。

怀宗崇祯十一年,遣内官杨显名理盐务,驻扬州。

十七年,以兵盐道加衔为盐抚。

国朝

顺治三年,设巡抚都御史,驻泰州。

四年,设户部侍郎,督理淮、浙盐务,驻扬州。

十六年,停差巡盐御史。

海氛犯扬州,掠通、泰,至瓜、仪。

设都督,镇守扬州。

十七年,平近海沿江洲田,徙洲民内住。

今上皇帝二年,敕江南驿传道兼理兵盐,驻仪真。

三年,南河工部吴公炜开湾头里、仙女庙越河成。

右纪历代,或见正史,或杂见稗官,皆据事直书,非有义例,姑以补志中之

---

1 "年",原本无,据《万历扬州府志》卷二二《历代志》补。

所阙遗耳。其用某人为某官,已著《秩官传》中,兹不复赘。

附灾异纪

历代志纪人事也,若夫氛祲灾沴,何代蔑有?而维扬海啸、江溢,尤时特甚。旧志兼纪象纬,余以天道既远,以分野度数而遥,系事应于一郡,瞽史所谭,未足深信。或以《春秋》书日食为例,彼实一王之史,而郡县编年之体不与焉。兹特志民间所疾苦及祥异最著者,附于历代之后,稽往察来,于以修备修救,亦长民者所宜念乎?作《灾异考》。

汉景帝五年,江都暴风从西方来,坏城十二丈。

晋武帝咸宁元年五月,广陵大风,折木坏屋千余家。四年秋七月,扬郡大水,伤稼。太康四年秋七月,大水。五年秋,霖雨,暴水伤稼。六年六月,木连理生广陵海西。是年冬十二月,震电,封愍怀太子为广陵王。太康中,望气者云广陵有天子气,故封。

惠帝元年、二年,大水。五年夏五月,大水;六月,大水。六年夏五月,大水。八年秋,大水。永熙元年秋八月,扬州大水。

愍帝建兴元年,扬州大旱。

元帝大兴二年夏五月,蝗食麦禾。建武元年六月,扬州旱。

哀帝兴宁元年夏四月,扬州地震,湖溢。

孝武太元五年六月,扬州大水。

安帝元兴二年春,江夜暴涨,漂没居人。

义熙五年九月己丑,广陵雨雹。六年五月壬申,大风吹扬州射堂倒坏。大元十年四月,谢安出镇广陵,始发石头,金鼓无故自破。此木沴金之异也。月余,以疾还而薨。十二年四月,广陵高平阁嵩家雌鸡生无右翅。京房《易占》曰:"君用妇人言,则鸡生妖。"是时,主相并用尼媪之言,宠赐过厚,故妖象见焉。

宋文帝元嘉十年十二月,营城县民成公会之于广陵高邮界获白獐、白麀以献。十二年夏六月,扬州诸郡大水,运徐、南兖谷赈之。十五年七月壬申,山阳师齐获白兔于南兖州,刺史以闻。十八年六月,甘露降于广陵孟玉秀树,刺史以闻。十九年五月,山阳张休宗获白獐,又海陵获白乌,州刺史俱以献;是年八月壬子,扬州后池二莲合花;九月戊申,广陵石梁涧中出石钟九口,大小行次,引列南向,州刺史以献;是年,南兖州旱。二十年,再旱。二十一年,白燕见广陵。二十五年,白鹿见广陵;是年五月,广陵舆县大浦流清,有龙自湖升天。二十七年,童谣"魏主死"。魏主引兵南下,进次瓜步,饮马于江。童谣曰:"胡马饮江水,佛狸死卯年。"又谣曰:"刍车北来如穿雉,不意虏马饮江水。虏主北归石济死,虏欲渡江天不徙。"魏主引去未久,遂死。二十八年七月戊戌,嘉禾生广陵邵伯埭,南兖州刺史以闻。

孝武孝建三年六月,白獐见广陵。大明元年,竟陵王诞迁镇广陵,灾变。入城之日,冲风暴起,扬尘昼晦。又,中夜有赤光照室,见者莫不怪愕。城陷之日,云雾晦暝,白虹临北门,亘属城内。二年三月,白雉雌雄各一见海陵。三年三月辛卯,白鹿见广陵新市;是年五月十九日夜,有流星大如斗,杆尾长十余丈,从西北来,坠广陵城内。

南齐武帝建元元年九月,甘露降淮南郡桃、石榴二树,有司奏。永明十一年,广陵获白獐。

梁武帝普通元年秋七月,江溢。梁季,侯景作乱,江南连岁旱荒,江扬尤甚,百姓流亡。入山谷、江湖,采草根、木叶、菱芡而食之,所在皆尽,死者蔽野。富室无食,皆鸟面鹄形,衣罗绮,怀金玉,俯伏床帷,待命听终。千里皆绝烟,人迹罕见,白骨聚如丘陇。

陈文帝太建十一年正月丁酉,有龙见于南兖州永宁楼侧池中。十四年秋,江水赤如血,自方州东至海。

炀帝大业十三年,江都宫城诸殿屋鸱尾上铁索为乌鸟衔拔,自淮及江东西数百里,绝水无鱼。明年,帝遇害。是年五月辛卯夜,有流星如瓮,坠于江都;九月,江都五日并见;十一月,有石自江浮入于杨子津,有大星坠于江都,未及地而南,磨拂竹木皆有光,飞至吴郡,遂堕地。时刘元进举兵据吴郡,见而恶之,令掘地,得一石,径丈余。未几,元进败死。

十四年三月,帝在江都,蜀王秀因于右骁勇营,暴风吹尘,昼晦。秀谓防者曰:"吾生平以来,未见斯变。亡国之祸,应在旦夕。"其夕,宇文化及、司马德戡、裴虔通反。义宁二[1]年,江都官厩马[2]旬日内无故而死,至数百匹。

---

1 "二",《隋书》卷二三《五行志下》作"元"。
2 "马",原本误作"司",据《隋书》卷二三《五行志下》改。

唐太宗贞观八年秋七月,江淮大水。

武后光宅元年丁酉,曲赦扬、楚二州。垂拱元年秋九月,淮南地生毛。或白或苍,长者尺余,遍居人床下,扬州尤甚。大如马鬣,焚之,臭如燎毛。占曰:"兵起,民不安。"太极元年秋七月,扬州地震。

玄宗开元三年,有熊昼入扬州城。七年闰七月,扬州奏一角兽见。九年秋七月丙辰,扬州暴风雨,发屋拔木。十四年秋,大风自东北来,海涛没瓜步。十九年四月,扬州奏穞稻生二百一十五顷,穞稻,自生稻也。再熟稻一千八百顷。天宝十年,广陵大风。

肃宗上元二年秋,大饥,有鼋出于扬州城门上。节度使邓景山以问族弟珽,珽对曰:"鼋,介物也。失所次,金不从革之象,其有兵乎?"未几,有刘展之乱。

代宗大历二年,淮南水灾。上元二年九月,江淮大饥。

德宗建中三年秋,江淮讹言。有毛人食其心,人情大恐。贞元二年夏六月,扬州江溢。三年春三月,扬州大水;夏五月,江溢。四年夏四月,淮南地生毛。六年,大旱,井泉竭,人渴死;是年,疫。七年,旱。八年,江淮大水。害稼,溺死人,漂没城廓、庐舍。

宪宗元和三年,旱。四年正月壬午,免淮南今岁税;秋,淮南旱。六年,淮南水旱。七年,上命速蠲其租;七年,扬州旱。九年秋,淮南大水,害稼。

穆宗长庆二年,扬州饥。五年夏,蝗。

文帝太和四年十一月,扬州海陵火。七年秋,扬州大水,害稼。八年三月,扬州火,燔民舍千区;十月,市火,复燔民舍数千区。开成元年六月,扬州民齐明家马生角。长一寸三分。二年夏,旱,运河竭;十二月,市火,燔民舍数千家。三年,螟蝗害稼。四年夏,江溢,大水害稼。五年夏,螟蝗害稼。六年,饥。九年,蝗,民饥。

宣宗大中六年夏,饥,海陵、高邮民于官河中漉得异米,号"圣米"。九年,以旱遣使巡抚淮南,减上供馈运,蠲逋租,又罢淮南冬至、元日常贡,以代下户租税。

僖宗乾符六年二月,泰州管内四县生圣米,大如芡实。大中五年,淮南饥。九年秋,旱,饥民多流亡,遣使巡抚淮南,减上供馈运,蠲逋租,节度使杜悰荒于游宴,上闻之,罢悰,以崔铉代。十二年,大水。光启元年,扬州府署门屋自坏。故隋之行台门也，规制宏丽。二年九月，有大星陨于扬州府署延和阁前，有声如雷，光炎烛地；是年冬十一月，阴晦雨雪，至明年二月不解；是年，蝗，扬州雨鱼，又有白气，头黑如发，自东南入于扬州城，又淮南蝗自西来。行而不飞，浮水，缘城入扬州府署，竹树幢节如剪，幡帜画像皆啮去其首，扑不能止。旬日，自相食尽。三年，扬州大饥，米斗万钱；是年，高骈为淮南节度使，有二雉雏府署。占者曰："军府将空。"骈恶之。后毕师铎入扬州，杀骈。

昭宗大顺二年春，大饥，是后大疫。天福六年九月，黄河流入扬州河。兖州刺史奏：河水东流，阔七十里，水势南流，入沂河及扬州河。

五代周世宗显德六年，淮南饥，世宗命以米贷之。显德中，淮南江亭有龙跃于水中。

宋太祖建隆元年，真州有龙异。三年，扬州饥，遣使赈贷。乾德二年夏四月，扬州杨子等县潮水害民田；是年五月，扬州暴风，坏军营舍百区；七月，泰州潮水复涨，坏居民庐舍数百区，牛畜死者甚众。三年六月，扬州暴风，坏军营及城上敌棚；是年七月，泰州潮溢，损盐城县民田禾。开宝八年，扬州顺化军卒俞钊妻产三男。九年，杨子县民妻生男，类西域僧。毛被体半寸余，面长，顶高，乌肩，眉毛粗密，近发际有余毛两道，软长。眉、唇红，耳厚，鼻大。至三岁，画图以献。

太宗太平兴国四年，泰州雨水害稼。雍熙二年冬十二月，江水冰。淳化三年冬十二月，建安军城西火，燔民舍、官廨等殆尽。五年，民饥。

真宗咸平元年，旱。景德元年，饥。二年，复饥。大中祥符，诏江淮发运司岁留上供米五千石，以备饥年；元年，高邮军民王言妻产四男。四年，饥；夏六月，大水。五年，饥。六年秋七月，江水溢，坏官私庐舍。七年，饥。九年秋七月，蝗。天禧元年春二月，蝗；夏六月，大风吹蝗入江，或抱草木僵死。乾兴元年，水灾。

仁宗天圣二年，大水漂溺民居。杨子尉胡宿曰："拯溺，吾职也。"即率公私舟以济，活数千人。四年秋九月，江淮军州雨水，坏民庐舍。五年三月，泰州地震。六年秋七月，真、扬江水溢，坏官私庐舍。明道元年，饥。二年，复饥。宝元四年春，旱蝗。庆历四年春，旱，三月，遣内侍诣淮南祠庙祈雨。皇祐三年秋八月，淮、浙饥；是年十二月，泰州获白兔。嘉祐六年秋七月，淮南淫雨为灾。

神宗熙宁六年，饥。七年，自春至夏，久旱；九月，复旱。八年秋八月，旱、饥。元丰四年春,大水;秋七月甲午夜,静海县大风雨。漂荡沿江官私庐舍二千七百三十六楹,损田木。七年,地藏寺殿牡丹一茎五色。

哲宗元祐元年,扬州水、旱。八年秋八月,淮南水。绍圣元年,淮南军禾一本九穗。即今兴化县。

徽宗崇宁元年夏,蝗。大观二年,大旱,自夏六月不雨,至冬十月。政和元年,淮南旱。五年六月,泰州军获白兔。六年,扬州通判蒙安存恤所属泰州、高邮流民,诏褒美之。重和元年夏,大水,民流移漂溺者众,遣使赈之。宣和元年秋,旱。五年,饥。六年,发运使卢宗原开真州靖安河,有异蛇。

高宗建炎二年夏六月,蝗。三年,高宗在扬州,二月辛亥早朝,有禽翠羽飞鸣行殿三匝,一再止于宰相汪伯彦朝冠。绍兴元年,饥。二年夏五月,真、扬旱。三年夏,大旱、疫。四年七月,兴化县风激海涛,没田庐;是年春,淮水溢,中有赤气如凝血。七年春二月,真、扬州大旱。十一年,饥,令通商移粟。十二年秋,旱。十八年,饥。二十七年,大水。二十八年秋九月,大风、水。三十二年夏六月,蝗;秋八月,乏食,令发米以赈。

孝宗隆兴二年秋七月,霖雨,坏广陵田,伤稼,民饥,诏赈之。乾道元年正月,泰州火,燔民舍几尽。二年冬,真州六合县武锋军垒火。三年秋八月,霖雨,禾粟多腐。五年夏、秋,旱,蠲江淮等路。绍兴二十七年至乾道二年,终拖欠内藏库岁额钱共八十七万五千三百缗有奇。七年春,旱。淳熙二年秋,真州旱甚,有螟害,民饥甚,诏赈以长平米,弛赋通商。三年夏五月,积雨损禾麦,民饥。七月,淮甸大蝗,真、扬、泰州窖扑五千斛,余郡或日捕数十车,群飞绝[1]江。四年,真州大疫。五年,淮南旱,有事于山川群望;八月,通、泰、高邮黑鼠食禾既,岁大饥。六年冬,通、泰、高邮军大饥,人食草木。七年,民饥。八年,旱;是年正月,扬州火。九年秋七月,淮南大蝗害稼,令所在捕除。十年夏,旱,旧蝗遗育害稼。是时,蝗在地者为秃鹙所食,飞者以翼击死,诏禁捕鹙。十五年夏,淮甸大雨,淮水溢,庐、濠、楚、安丰、高邮军皆流民室,坏田稼。十六年三月,扬州桑生瓜,樱桃生茄;夏五月,霖雨。

光宗绍熙二年夏五月,真州旱;七月,高邮蝗,至于泰州。三年,扬州饥,

---

1 "绝",原本误作"绝",据《万历扬州府志》卷二二《历代志》改。

令出粟十万石以赈。四年六月丙申，遣留正赈江浙、两淮、荆湖被水贫民；秋七月，漕廨东池及东园并产瑞莲。五年八月，扬州献白兔。侍御史章颖劾守臣钱之望以孽为瑞。

宁宗庆元元年春正月丁巳，蠲两淮租税，民饥。五年，大水。六年，扬州乏食，命守令赈之。开禧二年，饥。三年，水。嘉定元年，淮南大饥，民流徙江浙者百万人，诏发廪米二十万石、钱一百万缗，命江浙制置使赈之。先是，开僖开边，淮南残于兵火，农久失业，米斗二千，殍死者十三四，炮人、马肉、马粪中以食。二年春，两淮大饥，斗米钱数千，人刲道殣食尽，发瘗胔以继，诏发廪赈施，令州郡置粥院为糜以活之；是年，诏两浙、淮南、江东路荒歉诸州收养遗弃小儿。三年，城市及田野数处产芝。六年，乏食。八年春，真、扬旱甚夏；四月，蝗食禾苗、山林草木皆尽。十一年，旱，无麦苗，人饥。十六年夏五月，霖雨，大水，江淮无麦禾。十七年，真州乏食，令通商劝分。嘉泰元年，赈两淮诸路，旱，仍蠲其赋。二年，知扬州张岩弛米麦绝江之禁。

理宗开庆元年，知扬州杜庶以扬城大火、民庐焚毁，赈恤甚厚。绍定四年，扬州水，州北三十二里招贤乡有凤凰来仪，因名其地曰"凤凰林"。淳祐二年五月，蝗。景定五年，自春二月不雨，至夏六月。六年六月，江淮飞蝗蔽空，集食禾豆。八年，城南杨子桥开福寺大士殿基产芝三茎。大者广八寸，色间紫赤。宝祐四年春正月，泰兴县城南常村民家生芝草，一本分三茎。秀色，九叶，长一尺四寸，其色赤紫。

度宗咸淳元年春二月二日，真州火；二十五日丑刻，火；午刻，复火。二年夏六月，大雨，震电。九年十一月辛卯黎明，有虎出扬州市，尾色微黑。

德祐二年正月，扬州饥；三月，扬州谷价腾踊，民相食；是年正月戊辰，宝应县民折薪中，有"天大下赵"四字，献之。置制使李庭芝赏之以钱五千。文天祥诗序："予至真，苗守再成为予言，近有樵人破一树，树中有生成四字，曰[1]'天太下赵'，亟取木视之，果然。木一丈二尺围，其字青而深，半树解扬州，半树留真州。四字燎然，不可磨也。"二年十一月甲辰，诏淮西四郡水旱，去年屯田未输之租勿征。

元世祖至元十七年，扬州高邮郡饥。十八年，扬州火，发米七百八十三石

---

1 "曰"，原本误作"四"，据《万历扬州府志》卷二二《历代志》改。

赈被灾之家;是年四月,通、泰、崇明等州饥。十九年,真州大水。二十二年,高邮大水,伤人民,坏庐舍。二十九年,扬州大水。

成宗元贞三年夏六月,真州大水。大德二年七月,江水暴风大溢,高四五丈;是年,两淮属县蝗。三年,扬州旱,饥。四年,宝应县民孙奕妻朱氏一产三男。五年七月戊戌朔,扬州昼晦,风起东北,雨雹,江溢,漂没庐舍,民多溺死;是年八月,江都、兴化县蝗。六年秋八月,真州蝗。八年,扬州饥。九年,通、泰州静海县蝗;是年七月,泰兴县水;八月,真州饥。十一年六月,静海县水。

武宗至大元年,江淮等郡大饥。

仁宗皇庆二年八月,海溢。延祐元年,真州扬子县火。二年,杨子县火,发米减价以赈。六年四月,扬州火,燔官民舍一万三千三百余区。

英宗至治元年,江都、泰兴县蝗。二年四月,扬州、真州火。三年,扬州江都县火,燔四百七十余家;是年,扬州属县饥。

泰定帝泰定二年,高邮、兴化水。四年,扬州大风,海溢。

文宗天历元年六月,静海县雨水害稼。二年,兴化县、宝应县水没民田,真州饥。三年,扬州郡饥;是年五月,江都、泰兴县水。至顺四年夏六月,江淮旱,饥。

顺帝元统元年夏,两淮大饥。至元二年,灵芝产于江都县南,一本九茎;是年八月甲戌朔,高邮州、宝应县大雨雹。是时,淮、浙皆旱,惟此地濒河,田禾可刈,悉为雹所害,凡田之旱者无一雹及之。至正元年,扬州路崇明、通、泰等州海潮涌溢,溺死一千六百余人。二年八月,兴化县水,杨子江一夕涸。舟楫皆阁于涂中,露有钱货无数,盖是从来覆舟之遗物也。人争取之,潮至辄走,潮退复然。亦有走不及而淹死者。如是累日,江复安流。识者曰:"此江啸也。"其后,果先失江南。九年夏五月,泰兴县张村麒麟出。村民箠死之,县尹冯写为图。十二年,江淮芦荻多为旗枪人马之状,节间折开,有红军,成"天下太平"四字。十五年,江淮间群鼠拥集如山,过江东,望四川而去。十七年,扬州城中屋址遍生白菜。大者重十五斤,小者亦不下八九斤。十九年,通州雨雹害稼。二十年,通州旱。

明洪武二十二年七月,海潮涨溢,坏捍海堰,漂溺吕四等场盐丁三万余口。二十五年,扬州旱。

宣德元年,江都县太和乡获白兔。五年,扬州岁歉,民多流殍,命户部侍郎曹江赈之。

正统二年，扬州所属并运司盐场各奏水旱等灾，命巡抚南直隶工部右侍郎周忱巡视赈济。三年，本府灾伤，免田租五千石。五年，扬州大旱，命户部主事邹来学赈之。七年，兴化等县水旱。九年，江潮泛涨，漂溺江都等县一千七百余人；是年，兴化、泰兴二县复大水伤稼。十一年，江都县上方寺产芝一本。十四年，泰州等处水灾，免田租八万九千九百余石。

景泰五年五月，扬州大雪，竹木多冻死；七月，复大雪，冰三尺，海边水亦冻结，草木萎死，又大水，民饥，免田租。六年，扬州水，免田租；是年，江水泛涨，差官赍香帛祭文，遣巡抚都御史王竑祭于江神。七年，扬州旱蝗，命巡抚都御史王竑祭祷江海山川之神及设法以赈之。

天顺元年，扬州水灾，命巡抚都御史王俭赈之。四年，高邮等处水。

成化元年，扬州水灾，命都御史吴理赈之，免税粮五千石。二年，扬州奏水、旱二灾，命右佥都御史吴琛赈之。三年七月[1]，海潮溢涨，坏捍海堰至六十九处，漂溺盐丁二百四十七人，命左都御史林聪赈之。六年秋至七年春，扬州大旱，运河竭。八年春，扬州大旱，命工部侍郎王恕祭祷于山川等神；是年秋七月，大雨，海潮亦涨，坏没各场盐仓及盐军民垣屋。九年，伍佑场沙沟寨获白兔。十年，高邮等处水。十三年，泰兴县蟹伤田禾，命户部郎中谷琰赈之。十四年，高邮等处水。十六年，扬州旱[2]，有蝗从东北来，蔽空翳日；是年秋八月，仪真县黄氏井中，火光高数丈。十七年，如皋县大饥，人相食。二十年秋至二十三年冬，扬州大旱。

弘治元年五月，扬州风潮，漂没民居四百余家。二年，江都县致仕知府马岱宅产紫芝一本。十一年，运司厅前古槐上鸟产百雏；毛羽鲜洁，红喙红尾，驯扰可爱。是年，诏减来岁田租之半。十四年春至十六年秋，扬州大旱且疫，命南京吏部左侍郎王华赈之。十六年夏，宝应县大旱。十七年，江都县民刁穆田产瑞麦；是年，仪真县、如皋县饥。十八年，扬州大旱，飞蝗蔽天，食田禾尽；是年九月十三日，如皋县地震。

1　"月"，原本误作"年"，据《万历扬州府志》卷二二《历代志》改。
2　"旱"，原本误作"捍"，据《万历扬州府志》卷二二《历代志》改。

正德元年正月朔,扬州河水冰;皆树木花卉之状,民器皿内冰合有成牡丹形者。是年,仪真县旱,高邮州大旱。三年,扬州旱,飞蝗蔽天,食田禾尽;夏,复大水,坏河堤六十余丈,没民庐舍,雷击郡学崇文阁四柱;冬,寒甚,高邮州河冰,结成花卉之状。四年冬,亦如之。六年正月朔,宝应县昼晦;夏六月,大水,湖决,通州雨,海潮泛溢伤禾;是年,如皋县有嘉禾。一本百茎者,一本三十余茎者。七年七月十八日,通州等处大风雨,海潮泛溢,漂没房屋,溺死男妇三千余口;是年,仪真县火,燔民居数百家。八年,扬州五月不雨,至于秋七月;是年春三月,仪真县月宫庵桂树生华。九年,扬州旱。十年四月二十日,通州有龙起。自西北风雨暴至,砂石蔽空,掣摧本州礼房并架阁库、军器库及坏民居四百余间。十一年,通州霪雨伤禾;是年,雷击泰兴县文庙东柱。十二年,扬州大水,禾麦无遗。十三年五月,扬州大水,无麦,命免是年被灾夏税、秋粮,及拨漕运米一万石赈之;是年三月,高邮州雨雹。十四年,扬州大风拔木,江海溢数丈,漂没庐舍,民多溺死。十五年,仪真县雨雹;是年,如皋县水。

嘉靖元年七月二十五日,扬州大风雨,江潮涌涨。淹死男妇一千七百四十五口。二年正月至六月,不雨,旱,禾稿死;七月,霪雨不止,晚禾无收,民饥,免税粮一万石;是年,江都县甘泉山葛氏茔域产红紫白五色芝十余本;是年,大水冲决泰州、江都、海门等处河堤,漂没田庐,岁大饥,民相食,疫作,命南京兵部右侍郎席书赈之,免嘉靖三年租三万石。四年,扬州水,仪真县大疫,地动。五年,扬州旱。七年夏,旱,蝗蝻生,秋大水,上命减免米、折马价、减夫役、留操军以恤之;是年,宝应县射阳湖二龙见。知县闻人诠虑湖为患,奏开越河,试筑纪工,方类地祇举事,二龙戏水射阳,鳞角毕露,众惧而寝工。时四面皆大雨,独不及工所,咸称其异。八年,扬州水;秋七月,飞蝗蔽空,积地厚数寸,通州海门县雨黄丹,禾稼不登,命减免米、折马价、减夫役、留操军以恤之。九年秋七月,蝗,冬雷。十年夏,蝗蝻生。十一年夏,扬州属县奏水灾;是年秋,仪真县城南下天火[1]如斗,燔民居、官民舟,男女焚死者数十人。十二年春,扬州霪雨伤麦,霾沙屡作,蝗蝻遍起,命宽赋税以恤之。十三年春,仪真县民邓氏宅产芝,一本三苞。十四年,江淮大旱,飞蝗蔽天,命赈济折马价以恤之,仍发仓贮稻五万一千九百五十五

---

1 “火”,原本误作“水”,据《万历扬州府志》卷二二《历代志》改。

石以赈。十五年夏,泰州、兴化、仪真县旱,秋,霪雨不止,水没田禾,命免税粮七万八千四百五十五石有奇,恤之。十八年秋闰七月初三日,海潮涨溢,高二丈余,溺死民灶男妇二万九千余人,命留余盐银五万两及免税粮九万七千石有奇,发仓贮稻三万七千四十四石赈恤之。十九年夏,扬州旱,蝗自北而来,伤田禾,秋,复大水,命免粮九万八千六百余石。二十年,高邮、泰州、江都、泰兴、兴化、宝应、如皋县水、旱,命免税粮七万一千七百石有奇,发仓贮稻五千赈之;是年九月,如皋县雨冰。二十一年四月,江都县雨雹;是年七月,蜀冈禅智寺产灵芝九茎。二十二年,如皋雷击文庙,火光射地,仪真县雾连日。至未时不解,气腥臭逐人。二十三年,宝应旱,蝗。二十四年、二十五年,泰州、兴化俱无禾。二十六年,高邮大有秋。二十八年,泰州大水。三十年、三十一年,淮堤决,宝应下河田民庐漂荡,丁堰镇地产细毛,长二三寸。三十三年,通州城北戍铺自焚。三十四年、三十五年,仪、高、宝、通、泰俱大水,庐舍漂没,命赈之。三十六年,仪真产白芝。三十七年,宝应决湖堤;七月,江都黑、白二龙斗。起西南,折而东向,大风,昼晦星见,所过折树拔屋,坏县文庙西南角暨两人庑庙门,民家器什、窗扉及津渡木梁,舞空如蝶,百余里外始坠。九年,兴化庆云见,照池沿栏如锦绮。是冬,遂兴建城之役。高邮大水,饥。三十九年三月,高邮菊有花,泰兴饥,如皋民食草木。四十年、四十一年,高、宝大水,决河堤。四十三年,通州民家牛生三首。

隆庆元年,泰州大稔,泰兴麦秀三岐。二年,高邮、通州、如皋等处地震。三年,高、宝、通、泰、兴化、如皋、泰兴俱大水,海潮大溢,高二丈余。城中平地行舟,淹死人民无算,说者以为自有水患以来,未有若此之甚者。四年,通州、如皋、泰州蝱食禾。五年、六年,泰州饥,通州民家牛身有文字。

万历元年,泰州大稔。二年,通、泰、高邮、兴化、如皋、泰兴风雨异常,江潮漂没人民无数;是年,通州七月青鸾数十栖狼山。皆为僧人所杀。三年,泰、通、如皋、泰兴皆大风,坏木伤禾。五年,宝应大水决堤。六年,泰州、泰兴、如皋水冰,大水。八年,泰兴麦穗数岐,获不及半。九年,泰兴大风,拔木坏屋。十年七月十四日,大风拔木;江翻海倒,数百年古木拔去,不知所之。十月十二日,大风坏漕舟民船千余艘。十一年闰二月二十八日,泰州、宝应雨雹如鸡子,杀飞鸟无数;是年夏,旱,大蝗,有秃鹙、海鸽飞而食之。十三年十月初六日夜,地震。

十四年,宝应大雨,水决湖堤,县田尽没。十五年、十六年,通州、宝应、如皋大疫。十七年、十八年,蝗旱相仍,斗米百五十钱。二十一年,扬州兴化漕堤决。二十三年、二十四年,扬州各属大水,有赈。二十五年,通、泰、如皋水啸,泰州天雨粟、雨毛。二十六年,各州县俱大雨,伤麦无收。二十七年,如皋县南焦家庄产紫芝二本,高尺余。三十九年,扬州太白昼见。四十五年,扬州高邮、宝应、泰州、兴化飞蝗蔽天,三日不绝,秋无收。四十六年,扬州夜见白气亘天,自东北至西北。

天启元年,天宁寺乌鸦巢出白鸦,红嘴,距扬州伪言选妃、民间婚嫁尽夜不绝月余。三年十二月二十四日,扬州地震如雷,倒民间屋舍。六年,通州地震,自乾至巽动数次。七年,州雷震,狼山宝塔五层皆坏。九年三月,扬州下红砂;是年夏,无麦。

崇祯元年,通州兵于狼山港口得鱼,作人言曰:"我游戏至此,奈何困我?"众掷杀之。六年,扬州、通州旱。七年,通州太白经天二十日,十二月,雷。九年,通州陨星,声如雷,气热如火。十年,扬州大疫,民多死,死即烂坏,生尸虫,不能入棺。十一年,扬州八蜡庙大树大雨中自火焚,通州大旱;通州十二月有日,色青,数千百,与日相摩。十三四年,扬州飞蝗蔽天,行人路塞,草木竹树叶皆尽。十四年,大旱,荒,斗米四钱,民掘蜀冈下黄土如面食,呼曰"观音粉"。十五年,扬州两树头冰。十六年,扬州大风,坏府学前牌坊;是年,鹳去。先是,府正堂春学官脊皆有鹳作巢,自后不至。十五年五月十四日,泰州大雹,击穿屋舍斗门,牛被击死。

国朝顺治二年正月,扬州大雪,有一足迹行屋舍积雪中,各处俱遍。七年,扬州大旱,寸草不生。八年,如皋大旱。十八年,大雨雹坏麦。十一年,扬州有龙亘天,鳞甲皆见。十六年,扬州下河大水。

康熙二年四月,扬州四月大雨雹,平地盈尺,有大如斗者,坏民舍无数,二麦无收;秋,复大旱,通州有飞虫满天,声如涛涌,天明,得其坠地者,形味臭恶,每集草场,草即枯死。三年十一月四日,大雷,雨电雹,夜深,星月皎然,气如初夏,□□□然。

扬州府志卷之二十三

方外志 [1]

象教西流,化人东骛。有跋陀罗,译经双树。亦有真如,髣髴神遇。宇宙大矣,孰测其故? 作《方外志》。

寺观

江都

天宁禅寺。世传柳毅舍宅为寺,寺有柳长者像。又传寺在东晋时为谢安墅。义熙十四年,梵僧佛驮跋陀罗译经于此,时右卫将军褚叔度特请安墅为寺,号广陵福地。今在新城拱辰门外。宋孚禅师在寺,闻鼓角声悟道,作颂曰:"三十年前未遇时,一声鼓角一声悲。如今枕底无闲梦,大小梅花一任吹。"

法云寺。在大东门外,为谢安种桧故宅。详见《古迹》。明天启年,住僧永轩、永辅,运同谭天相修。国朝顺治九年,住僧性珏、化,耆民贵秉纯重修。康熙二年,住僧佛旸募化,袁士奇、桑永龄建观音殿。

石塔禅寺。《宝祐志》云,寺旧为蒙因显庆禅院,本慧照寺。唐乾元中,为木兰院。王播题《饭后钟》诗,即此寺也。开成间 [2] 年,建石塔,葬古佛舍利,因改慧照为石塔,旧在西门外。嘉熙间,移创城治浮山观之西。今在城内者名石塔,在城西者仍名慧照。寺久颓废,崇祯丙子,兵备道郑二阳重修,有记。

旌忠教寺。府治东南。相传即昭明太子文选楼遗址。陈大建间,僧颉公改为寂照院,

1　原稿作"方外志上",据原目和正文改。
2　"间",《万历扬州府志》卷二三《方外志上》作"三"。

僧智噪说法。宋隆兴间，改功德院，崇祀忠武王岳飞。咸淳间，赐今名。元至治，千峰建殿。明景泰年，慧钦修。隆庆间，法玉修。国朝康熙三年，僧慧觉募修。

兴教禅寺。在大东门外琼花观之南。宋淳化间，僧智恢建。永乐间，僧深信建千佛阁。国朝顺治五年，住持僧性明募修，有郡守王公宇春清地归寺碑文。康熙元年，性明、站闻募修山门，有翰林御史□为光题额，高士吴迥篆隶，性明亦有书名。

建隆禅寺。《宝祐志》云：旧在城西二十里西华台。按，宋《燕翼贻谋录》云：太祖亲征李重进，以御营建寺，所御之榻留焉。后僧徒其建一殿，申严崇奉，名彰武殿，且请降御容，民庶瞻仰。真宗命翰林画工图写，严卫而往，仍赐供具。景德二年，命中使前往奉安。遇朔望，州郡率官寮朝礼。王禹偁、郭正俱为之记。建炎初，寺废。嘉熙三年，更创于城之寿宁街，今天宁寺后。宝祐间，贾似道镇扬州，复新彰武殿，因重葺其寺。

大明寺。在县西北五里，即古栖灵寺，又曰西寺。以其在隋宫西，故名。寺枕蜀冈，旧有塔。《大观图经》云：隋文帝仁寿元年，以诞辰诏海内清净处立塔二[1]十所，此其一也。"后以毁废。唐李白、高适、刘长卿俱有登栖灵塔诗，见《文苑志》。又白居易同刘禹锡登栖灵塔诗："半月腾腾在广陵，何楼何塔不同登。共怜勍力犹堪在，上到栖灵第九层。"刘禹锡诗："步步相携不觉难，九层云外倚栏干。忽然笑语半天上，无限游人举眼看。"崇祯壬午年，有堪舆倪凝碧于旧栖灵塔遗址处立一大木杆，云："竖此，科甲日盛。"后每宾兴隽者多至十余名，少亦七八名，颇甲三吴。国朝康熙二年，僧德南建天王、地藏二殿。

铁佛寺。本杨行密故宅。光孝间，以其宅为院，名光孝院。后传僧伽尝现于此，释徒所谓显化第二处也。宋建隆间，铸铁佛，因名。殿后有双桧，是宋元间物，上竦无枝，取其皮爇之，香如沉香。宋韩魏公会僚友诗："寺枕隋家废苑边，登高还此会僚贤。凭栏莫赋悲秋事，胜撷黄花送酒船。"又云："谁言秋色不如春，及到重阳景自新。随分笙歌行乐处，菊花萸子更宜人。"

上方禅智寺。按，《宝祐志》云：旧在江都县北五里，本隋炀帝故宫，即北方寺。寺侧有蜀井，前有月明桥。又按，国朝魏尚书骥《上方寺碑记》云：炀帝尝梦夜游兜率天宫，听弥勒佛说法，既寤，遂以离宫施为寺。魏《记》在洪武间，记寺迹甚详。万历四年，淮运司崔孔昕重修寺，兵部侍郎顾养谦复为《记》，魏碑遂废，诸僧断为砌石矣。国朝鼎革，山门廊庑尽成瓦砾，止一殿一僧岿然。顺治十七年，商人汪灌募众重建。寺山门据蜀冈上，天气清朗，南徐诸山苍然在望。唐刘长卿《禅智寺怀演知上人》诗："绝巘东林寺，高僧惠远公。买园隋苑下，持钵楚

1　"二"，《万历扬州府志》卷二三《方外志上》作"三"。

城中。斗极于灯近,烟波万井通。远山低月殿,寒水露花宫。绀宇焚香静,沧州接雾空。雁来秋色里,霞起早潮东。飞锡今何在,苍生待发蒙。白云翻送客,庭树自辞风。舍筏追开士,回舟曙钓翁。平生江海意,惟与白鸥同。"杜牧之诗:"雨过一蝉噪,飘萧松桂秋。青苔满阶砌,白鸟故迟留。暮霭生深树,斜阳下小楼。谁知竹西路,歌吹满扬州。"阮玉铉诗:"秋阜何朝寺,寻幽说土方。客多怀往昔,僧只影凄凉。藓没梁碑像,藤翳蜀井床。荒台人散后,古殿闭斜阳。"

宝胜寺。在县南扬子桥,唐贞观间建,后为江水坍没。扬州卫指挥李铠、僧太虚迁于城东三里,归并棘林寺。陈献章诗:"巢许夔龙不两能,江湖去住任腾腾。他乡今夜扬州月,春阁高歌宝胜僧。药气氤氲窗下枕,香烟缭绕佛前灯。道人本是罗浮客,梦入飞云第一层。"

山光寺。按《宝祐志》,即今胜果寺,在湾头镇,前临漕河。大业年间建寺,为炀帝北宫。帝尝筮得"山火贲"卦,恶之,因以宫为寺名。山火,后名山光。有院九,今并废。唐张祜诗:"人生只合扬州死,禅智山光好墓田。"宋王观诗:"不须谈《贲》卦,兴废古今同。"即此。宋天禧间,改为胜果寺。僧请旧额,更建于县东南第三[1]港沙河岸侧,乃今所名山光者也。今俱归并寿安寺。宋宋庠《季秋晓出题山光寺》诗云:"旦夕人间喧,泛舟北城曲。十里望禅刹,飘若尘外躅。是日秋雨高,清辉澹晨旭。林风唱残蜩,泽稗下饥鹒。野实迎霜黄,川芜傲霜绿。循涯得微径,舍楫步幽麓。佛宇讶靓深,僧庐互重复。山气导真想,天香洗烦欲。咨余秉微尚,丘壑反初服。失计蹈尘嚣,虚名玷缨縠。妄排金马门,谬草紫泥牍。温省专慎辞,中阶佑调悚。器偏固自倾,綆短良难续。何言一麾出,尚参九州牧。恩深无后疵,颜觍有余恶。孔训惩惮改,羲爻许频复。愒来清净区,冀脱泥涂辱。醉象或可调,藩羝悔前触。万缘自我空,至道非外勖。聊谨三载期,吾得事楼伏。"

西方禅寺。府治西北隅。唐永贞年,僧智完建。

寿安教寺。在府东南旧马监巷。宋景德间建。元至正,德宁修。明正统,净宝修。嘉靖,德恩重修。国朝康熙三年,住持僧如著募化重建。著能榜书,城内凡有题额,皆出著笔,年八十七,犹写擘窠字如飞。

清凉讲寺。在府南善应乡。唐大历间建。

惠照教寺。在县北三里大仪乡。唐景隆间建。

南来观音寺。在小东门外旧城。南宋景德间建。

圆通禅寺。在县东北二里官河西岸,即北来寺。宋乾道间建。

1　"三",《万历扬州府志》卷二三《方外志上》作"二"。

广福寺。在县东三里第二港。元大德重建。

救生教寺。在县东三里第二港。隋大业四年建,宋治平间重建。

观音教寺。有二:一在府治西,元大德十年建;一在县东六十里归仁乡,亦元大德间建。府治西者,顺治十七年,住持元得募化重建大殿,后有广嗣楼五间。

法海禅寺。在县西北三里善应乡。元至元间建。国朝顺治间,赵有成创建转轮塔于傍,有石刻碑记。

观音禅寺。在县西北大仪乡。元至元间建。高宗本志云即古摘星亭故址,俗传为迷楼旧址。江都陆君弼辨之颇详,见《古迹》。明嘉靖间,光禄火坤重建后殿。

释迦教院。即宝公寺,在县东北邵伯镇。宋元祐年建。

天王教寺。在县南杨子桥西。唐贞观间建。

法华寺。在县东北邵伯镇,即来鹤寺也。隋大业三年建。相传寺有铜钟,重千斤,苏轼为之铭。赵有成有联云:“面面湖光,水绕溪桥堤绕寺;层层帆影,舟依村市塔依林。”

梵行教寺。在邵伯镇。晋宁康三年建,嘉靖八年赐额。宋苏子瞻有《梵行禅院山茶》诗:“山茶相对阿谁裁,细雨无人我独来。说似与渠渠不会,烂红如火雪中开。”

西方禅寺。在瓜洲十四坊,旧迹久废。嘉靖十四年,住持海洋重创。

棘林寺。在瓜洲镇新坝。宋咸淳间建。

投子教寺。在宜陵镇。宋开宝年。投子禅师有《语录》传世。

北兴教寺。在县西北废堡城内。宋宝祐间建。唐景云三年,杜佑为扬州处置使,题名“八角石柱”,留寺内,后没于水池中。成化十六年旱,池涸复出,好事者多摩拓以传,损蚀者过半矣。

北寿安寺。在县西北三里大仪乡阮家庄。宋绍兴间建。

嵩山寺。在县南瓜洲镇。宋端平间建。

甘泉山寺。在县西甘泉山,一名慧照寺。唐开成年建。

文峰寺。在城二里官河南岸。万历十年,知府虞公德华[1]建浮图于此,住持真玉因并建寺,俱以文峰名。南京兵部侍郎王世贞为之记。国朝顺治七年,署盐法道吴公允昇捐资,着令住持寂乾照蕃重[2]。

---

1 “华”,《万历扬州府志》卷二三《方外志上》作“烨”。
2 挖补本“重”后有“修”字,且为一行,无下文“文昌宫”及注。

文昌宫。在府东新桥。崇祯丙子,兵道郑公二阳修建。国朝康熙三年,诸生车鸣鸾、许承宜募建,有记。

礼拜寺。在府东太平桥北大街。宋德祐元年,西域僧补好丁游方至此创建。

开元寺。在府城东五十里,宋朝建,田氏香火。国朝顺治十八年,迁建于傅李桥。

蕃釐观。即古后土祠。旧产琼花一株,详见《古迹》。观后有井,道流谓下有玉钩洞天,因名玉钩井。汉元延二年建祠,宋政和间赐金额。万历二十年,郡守吴公秀创玉皇阁于三清殿后,当旧后土祠遗址。

碧霞元君行祠。在东水阁运河东岸。嘉靖四十三年建。

浮山观。在县西。宋嘉泰建,即夏禹王庙。高宋本志作浮山道院。国朝康熙三年,僧海玺重修。

明真观。在东南隅寿安寺东。元壬戌年建。

祐圣观。凡二:一在大东门外运司巷内,洪武八年建;一在邵伯镇,元至正间建。

玄妙观。在城东南。仅存遗址。

玄真道院。在县南瓜洲镇。宋咸淳五年建。

真武庙。一在大东门外,二在北门外。

三官庙。小东门外。正统间建。

玄帝观。在小东门里。宋皇庆年间建。顺治三年,住持陈林恺重修。

武安王庙。即关帝庙。一在北门内,一在盐院东,一在小东门瓮城内,独此香火最盛。盐院东者,内殿墙有三绝碑。

神医庙。府东南太平桥下,即华大王庙。

司徒庙。在县西北平山堂西。宗元鼎诗:"降监道不昧,感通属至理。诸君试静坐,听吾言亹亹。广陵有灵神,司徒君茅氏。茅君生六朝,世乱居于[1]此。寄迹与蒋吴,共结为兄弟。慷慨喜畋猎,义气重闾里。山中老媪贤,五人孝如子。是时多虎患,白日踞于市。一朝畋猎归,家已失其母。必为虎所啗,奋力捕山阜。入穴尽杀之,自是除虎祸。土人思其德,刺史立庙祀。隋封为司徒,侯爵光樽俎。迨至宋绍定,李全乱复起。卜于神不吉,跋扈将庙毁。全败走新塘,众杀裂腋体。叛贼不忠徒,明神赐速死。能保此疆界,以为宋室有。赵范新其庙,丹节焕淮海。赐额曰英显,表其功烈美。后复加王号,考自宝祐始。理宗年号,其庙在蜀冈。至今千年矣。

1　"于",原文误作"千",据《雍正江都县志》卷一一《祠祀志》改。

正气肃乾坤,威灵降福祉。东城有行宫,仪范亦济济。从来建午月,献牲陈酒醴。四时亦不绝,钟鼓动祝史。所贵在寅清,岂徒在簠簋。为境除祸灾,为时顺风雨。士民遇急难,默祷即为解。生平有实验,非仅为虚拟。忆昔堕盗舟,耽耽疾相视。脱我于危涂,终免咥虎尾。斋戒谢仁慈,俚词综源委。聊备史官求,敢去大稚比。"

晏公庙。府城东水关之东。

东陵圣母庙。在县东蔡家庄。东汉时建,元大德五年重建。

五圣庙。在府城南。

二郎庙。在府城大东门外街北巷内。

仙女庙。在县东北三十里。

曹王庙。在城东五十里,祀宋曹将军彬,内有银杏树,七人合抱。

大王庙。在县东北七里,运河岸侧。国朝康熙二年,运同杨公士炬捐资创建,僧普化司香火,大参陈公卓有碑记。

陈总管庙。祀陈公允忠。公,江都人,元未为总管,死难于江中。至明嘉靖倭警,大显灵异,土人神之,为立庙于姚家沙大岸。康熙元年,因徙洲民,庙遂废,坟墓至今存。

福缘庵。在县南运河岸侧。明崇祯间,僧明道创建。国朝顺治十八年,匡山僧重建慧光阁。

净慧园。在县南门外西南。初系商人席某园址。国朝顺治年间,僧照吉来扬募此,建禅堂。康熙二年,盐御史张公问政,知府雷公应元捐资新建大殿。

善庆庵。在县南门外三里。明万历间,僧寂楞建。崇祯年,僧道莲修。康熙二年,延善权寺僧静斯说法。

天宝观。在南门外运河东。万历十六年建。

乾元观。在南门外运河东岸。

护国庵。在县东关外河岸侧。明崇祯八年,僧建。

福田庵。在南门外九龙桥。崇祯年间,僧建。

育婴堂。在小东门外内城河岸侧。扬之贫家,多弃婴儿不顾,居民蔡琏募里中好善者积金,雇乳妇收养,月粮岁布咸于此堂分给之。

安定书院。在府治东北雍熙巷大街。国朝巡盐御史胡公文学创建。内有欧阳文忠公碑记,并各盐御史德政传记。

范公祠。在府治南门外官河岸侧,内祀大司马范公镆。明正德年间进士,任扬州两淮运使,商民感戴,奉旨建祠于此。又建一祠于平山堂,嗣因倾颓。国朝顺治十六年,奉宪归并本祠。今守祠,范承桃司马五世孙也。

双忠祠。在府治西门大街,内祀高公邦佐、陈公辅尧。国朝顺治年间重修。

运司南圈门。在旧圈门外。楼房两重,路通教场,商民甚便,依然如旧。国朝康熙元年,商人方鼎新、万吉等捐资奉建。

社学。每房三间,社生教本坊蒙童。大东门内一处;南门内一处;北门一处;西门一处,今改马房;小东门一处,在府西观寺门前,今为寺拓地收入。常住新城,四散各坊。其各乡镇亦有,今不可考。

火星庙。在新城徐宁巷内三铺。先是,本坊多火灾,邑人曾钺感荧惑入梦,就己基地捐资兴建,屡著灵显,不复回禄,一坊赖之。旁庑设木主祀祖,世守不替。钺曾孙述孔生平孝友笃行,飨祖祀神,更极诚敬,历年七十五岁,无疾坐逝。兵宪东滨杜公湸题"本仁照孝"旌之。

万寿禅寺。即地藏庵,在新城蜿虹桥。明万历间建。嗣鲁监请颁《藏经》,敕今名。住僧然显募修。

杨家庙。在府治西,内祀元杨公敬一。

太平寺。在城南杨子桥。唐贞观间建。明嘉靖间,圆早修。国朝康熙元年,僧性亮修。

东隐庵。在新城兴教寺旁。

宝树林。国朝康熙元年,僧建。

广徽庵。在新城蒋家桥。住僧寂隆修。明崇祯间,性融建。

东岳庙。在新城洗马桥。

宝胜寺。在杨子桥。万历修。国朝康熙二年,僧寂顺修。

仪真

天宁万寿禅寺。在县治东南澄江桥西。始自唐景龙三年,泗州僧建佛塔七级,创永和庵于塔后。宋崇宁中,赐名报恩光孝禅寺。政和中,改天宁禅院。后有楞枷庵,苏子瞻尝于此写经,故名。西有井,名慧日泉。南渡后,迭经兵火,寺、塔俱毁。明朝洪武、永乐、嘉靖间重修,增饰重门,岿然丛林之胜。天启三年,道人王道成募修宝塔。顺治十五年,众盐商重修殿塔。

乾明寺。本唐大云请雨寺,宋改今名。旧有星居院十所,有石浮图。宣和中,更为神霄宫。后移寺城北隅。乾道间,守张郯奏赐禅额。

长芦崇福禅院。濒大江。宋天圣初,诏仪真守陈杲与发运使张纶、方仲旬即真州长芦江口建寺,真宗遣内侍赍出御物金器七千计助之。凡费兵粮四万缗、钱三十万,五年始落成,敕龙图学士李淑撰碑。章献太后时,岁度僧七人,令[1]置小舟上下,以救沉覆之患。

资福寺。在县东。宋政和间建,系旧儒学。

崇因永庆寺。在县北五里。宋靖康元年建。

方山梵天寺。在县西方山上。梁天监三年建。

禅惠寺。旧志:在县北二十里。汉广陵太守陈登建。

禅证寺。在横山。梁天监中,号太子寺。世传昭明读书堂,唐咸通中建。

地藏寺。在新城汊河北。宋建炎间,僧肇淮海创建。明洪武中重建。盖水村幽间之处。

山光寺。在县东前十五里。淳祐间建。

西方寺。在县东二十里。淳祐初建。

隆觉寺。在县东三十里朴树湾运河北。淳祐间建。

水月寺。在蛾眉山。

寿宁寺。在三都。有太仆寺,马场庄。

法义禅院。在灵岩山。唐号灵岩寺,宋治平中更今名。

长生观。在县东十里河北。皇庆间建。

仪真观。县西十里。宋大中祥符七年建。

火星观。在县治东。国朝康熙年,僧尔玉重修。

通真万寿官。在县东南十五里。元大德十一年建。

梁文孝皇帝庙。在县城南,即昭明祠。

左安成王庙。在县西二十里,地名左安。宋治平年建。

九江王庙。在县西二十五里。洪武年建。

惠泽龙王庙。旧在潮闸东,熙宁中建。

九龙将军庙。在临江河口。成化间建,今废。

晏公庙。在县南二里。洪武年建。

萧公庙。在钥匙河滨。洪武初建,祀水神,舟人多祷之。

广惠庙。在县西三里胥浦桥。宋绍熙建。

古镇明王庙。旧志:在义城村。唐咸通间,岁旱,六合康令以身祷雨,跨白马,入江死。

---

1 “令”,原本误作“合”,据《万历扬州府志》卷二三《方外志上》改。

雨遂沾足,岁大稔。邑人因立庙,今废。

白龙庙。在腊山上。

五龙庙。在陈公塘上。

落帆将军庙。在县西六十里。宋郡守吴机建。

清元真君庙。在县东十里。嘉定间,运判费培建。

真武庙。在县南。洪武四年建。

都天庙。在县北十三里。宣德九年修。

五台庵。在县东门外。万历年间,僧如珠建。

泰兴

广福院教寺。在县东南。唐光化年建。

庆云禅寺。在县南门外。宋咸平二年建。

延佑观。在县东南。唐永徽年建。

万寿观。在县东南。唐开元年建。

徐偃王庙。在李家巷。

东平献王庙。在马店。宋天圣年建。

岳王庙。在口岸。明洪武元年建。

东岳泰山行宫。在庆云寺后。明嘉靖年建。

伏虎禅师殿。在莲子荡。

河口龙王庙。在新河口。明天顺年建。

高邮

天王禅寺。在州北宋城。宋淳熙间建。

乾明教寺。在州中市桥西北。宋淳熙间建。

永兴禅寺。在界首镇。宋淳熙间建。

承天大梵讲寺。在州北新城。元至元间建。

光福教寺。在三垛镇。宋淳熙间建。

华严寺。在州南三里焦里村。

安乐教寺。在州东九十里临泽镇。

张墩寺。在州西四十里塘下村。

醴泉寺。在州治西南。

悟空寺。在州西六十里。

罗汉寺。在州治北。

宝庆寺。在三垛镇南。

河院寺。在州治西南湖滨。

光孝禅寺。在旧城西南，有断塔。

五百罗汉院。在州南焦里村。

常住院。在州东临泽镇。

玄妙观。在州南市桥东。

白鹤观。即后土夫人庙。

祐圣观。崇宁观。上真观。东岳行宫。在州东北新城。

碧霞行宫。在城北三里。明嘉靖年建。

康泽庙。俗云耿七公庙，在湖中。相传东平梁山泊人，殁，著灵异，乡人祀之，水旱祷辄应。

兴化

定慈禅寺。在县治西。唐开化间建。

东广福教寺。在县治东北。唐元和间建。

西宝严教寺。在县治西。唐大顺间建。

时思讲寺。在县治东门外。宋庆历间建。

木塔寺。在县治东乡，有古黄梅一株，以东西盛衰兆上下河丰歉。

地藏寺。在南门外。

崇福寺。在县东七十里。唐太和间建。

乾明寺。在县北。唐乾道间建。

罗汉寺。在县东七十里。唐元和间建。

开元观。在县大街。唐开元年建。

四圣观。在县治大街。

玉虚观。在县治南门。

三清观。在县治西门外。

三闾大夫庙。在县治南门外。

山子庙。西门外,祀楚将昭阳。去城三里有墓。

姜太公庙。在县东北四十五里,旧名钓鱼庙。

宝应

齐兴寺。县治西八十里。唐保太四年建,宋乾德四年赐额。内有梁武帝读书台。

真如寺。在县治南一百步。唐开元中建,事迹见后。

观音寺。在县治西二十里。

宁国教寺。在县治东。唐贞观十一年建。

唐兴寺。在宁国教寺西。唐元和五年建。

灵芝寺。在孝义乡。宋绍定癸巳年,因产芝建。

兰亭禅院。在县治东南王野乡。宋元祐中建。

护国院。在县治西南侯村乡。唐保大年建。

蚬蠍院。在县治东北永宁乡。唐太和八年建,有塔高二丈余。

甫里院。在县治西南七十里侯村乡。唐天祐四年建。屹立湖中,望之如孤屿,可登眺。老衲相传云:水溢,则寺浮。

天宫慈院。在县治东南六十里三阿乡。宋政和年建。

龙竿院。在县治东三阿乡。唐名文殊院。大历十年,有竹成龙形,改赐金额。

玄妙观。在县治东南国教寺西。

东岳庙。在忠祐桥东南。宋绍熙元年兵毁,明洪武五年重建。一在吕家潭。

崇真庙。在县治东一里。洪武六年建。

龙女庙。在县治西南三十里范光湖口。宋政和六年建。

炳灵公庙。在县治南孝义乡。皇庆二年建。

甘罗庙。在江平庄。

金龙四大王庙。在弘济河北闸东。明万历二十一年,居民募建。

碧霞宫。明嘉靖四十五年建,殿宇弘厂,为江淮巨观。

董公祠。在县治西顺义乡,俗呼为董永庙。

泰州

万寿报恩光孝禅寺。州治西北隅。晋义熙间建,政和元年改名天宁万寿,赐田五千亩。

南山教寺。州治南。唐乾符三年建。

开化禅寺。即今北山寺,在州城北二里。唐宝历元年建。旧有浮图,崇二百尺。建炎、绍兴毁于兵。今北山寺是也。寺后井水自蜀泉来,甘洌殊常。

常乐教寺。在州治东门外。唐大中年间建。

广福教寺。在州治东海安镇。宋景定年间建。

东广福教寺。在州治东北西溪镇。唐贞观年间建。

西广福教寺。州治东北。

景德教寺。在州治东[1]北茅山。宋景德间建。

岱岳教寺。在州治东姜堰镇。宋致和年间建。

广因寺院。州治西北六十里。

迎福寺院。州治北三十里。

妙庵寺院。州治北十八里。佛景嗣贵真秀[2]。

三昧寺院。在台东场。

护国教院。州治东北八十里。宋乾道三年建。

回车教院。州治东七十里。周显德间建。

寿圣教院。在拼茶场。宋咸淳间建。

千佛教院。州治东北五十里。宋咸淳间建。

胜因教院。州治东南三十五里。宋嘉禧间建。

旌忠教院。州治北七十五里。宋建炎间建。

地藏教院。州治北二十五里。宋乾符间建。

宝福教院。州治东北七十里。宋嘉定间建。

大圣教院。罗浮东。景泰间建。

释迦教院。州治东姜堰镇。万历间建。

仙源万寿宫。州治东南,本乐真观。梁大同元年,以乐子长故宅为观,在乐真桥。唐大中年间移建。崇宁中,广其规,屋至五百区,内有皇甫真人炼丹井,水甚甘美。

1　“东”,原本误作“孔”,据《万历扬州府志》卷二三《方外志上》改。

2　“秀”,原本误作“委”,据《万历扬州府志》卷二三《方外志上》改。

大隐观。州治南,谯楼西南。宋建炎间建。

佑圣观。州治北,新城东。明洪武年建。

乐真观。州治西门内。

祐生祠。州治西南隅。

五龙王庙。州治南门外,海春馆西。宋熙宁六年建。

卢将军庙。州坡北,开化院西。与王屋禅师同自蜀来,唐宝历中建。

如皋

广福寺。县治西。唐贞观间建。

中禅教寺。县治河北。唐大中间建。

定慧教寺。县治东南。宋天禧间建。

慧明寺。县治西场镇。

谷清寺。县治沿海乡。

海明寺。县治丁堰镇。

明禧教寺。县治江宁乡。

宝庆教寺。县治江宁乡。

伏海寺。县治北。万历丙子间建,内有藏经阁。

玉皇殿。在县北厢,于顺治十四年,善人徐启元新建,系恩贡徐勃父。

大圣教院。县治赤岸乡。

三溪教院。县治沿海乡。

通真道院。县治丁堰镇。

灵应道院。县治石庄镇北。

灵威观。县治河北。宋政和元年建。

迕王庙。在县治丰利场。

天妃庙。在县治西场镇。

通州

天宁禅寺。州治西北。唐咸通间建。

狼山广教禅寺。州治南十八里,当狼山之阳,下瞰扬子江。唐总章二年建。

兴国禅寺。南门外东,一名东寺。宋乾道二年建。洪武十四年,僧智仁重建。

兴化教寺。州治南,澄江门外。宋乾道年建。

广惠寺。凡二:一在利河镇,一在西成乡,俱唐咸通中建。

法宝寺。在白蒲镇。

开福寺。在便仓城西二里。

丰利寺。在州治西北四十里。

玄妙观。州治东南。宋天宝年建。

玄武观。本州便场东十里,小武当山之巅。

籍仙观。在州治南澄江门外。周显德间建。

水云庵。在钟秀山西。

淨居庵。在钟秀山东。

文峰塔千佛寺。在东门。

大圣祠。州治东南。宋太平兴国五年建。

关王庙。在总镇府东。

灵观庙。州县西北。宋开庆间建。

天王庙。州治西南。宋太平兴国[1]五年建。

龙华禅院。在州东门。

海门

西禅寺。旧坍废,迁于今县治西。

开福寺。会圣寺。又名会胜禅院。

法轮寺。在吕四场。

修真观。县治西南。

貎貔庙。县治南三里。邑人以能捍御灾眚,特祀之。

关王庙。在县治南。

文峰塔。在县东南隅。万历四十二年建。

巽峰。在东门城楼南。明崇祯十一年建。

---

1 "国",原本脱,据《万历扬州府志》卷二三《方外志上》补。

异僧传

晋

佛驮跋陀罗,西域梵僧也。华言觉贤,释迦种姓。南来扬州,择地止天宁寺。觉贤能通华言,席地趺坐,翻译《华严经》。时有两青蛇从井中出,变形青衣童子供事,因立为伽蓝主。永初二年,宋主闻其名,欲迎致之。觉贤遂遁去,不知所之。

南宋

竺惠庆,广陵人。经行修明。元嘉十二年,荆扬大水,惠庆将入庐山,舟忽遇风,几覆,庆端坐自若,少顷达岸。沙际之人,遥见其舟,迎飙截流,如数十人牵挽者,咸称为圣僧云。

隋

法喜,南海郡人。形容短丑,岭表人相传已三百余岁,与人言祸福多奇中。大业二年,炀帝幸江都,迎来杨子宫内安置。是时,宫内造一堂新成,法喜忽升堂,惊走下阶,云:“几压杀我。”其日中夜,大雨,堂崩,压杀数十人。又于宫内环走,索羊头。帝闻而恶之,命锁一室。卫士奏法喜在市内漫行,帝遣长史王弘验之,室内惟袈裟覆一丛白骨,帝始信非常人,敕勿惊。日暮,还室内,或语或笑。乃脱锁,令出之。无何,现身有疾,令人铺火炙,半身皆焦烂,遂终葬于香山寺。见《大业杂记》。

唐

法响,扬州海陵县葛冈人,姓李氏。年十六,依栖霞寺恭禅师诵《法华经》,多异行。隋末,还故里。时海宁、宁海二县多猛虎,响为置锡制之。俄群虎悉至,以杖遍叩其胫,为说智者法,皆弭耳柔伏。响谓大众曰:“吾当送之天台。”遂起锡渡江,由是群虎绝迹。唐初,还江北,以县南有山曰小孤,遂创建寺以居。贞观四年,忽起浴净发,语僧徒曰:“吾殁,葬于山之西南。”言毕而终。弟子即其地建塔奉焉，得其石臼，正可容身。

举直禅师，唐懿宗子、僖宗弟。杖锡游扬州，以太平仓基地亟请于朝，诏以其地为镇国禅院，居之，仍赐号"举直"。后葬于院隅，立浮图五级。元丰末，发藏及隧，得函，枢全，骨不解，联若钩锁。俄见舍利发异光，人惊异之。

从审，江都禅智寺僧。日诵经数万余言。咸通中，受戒于燕台奉福寺。天下名山胜迹，无不游览。晚归淮甸，推为僧首。贞明中殁，颜貌如生。僧徒火之，获舍利三十颗。

灵识和尚，本姓赵，天水人。生而聪明，婴孩有异，弱岁不乐浮华。十五削发，二十受具。一悟真乘，趺[1]坐一床，身不偃卧。贞元十六年，于扬州江阳县向善寺示寂。博陵崔膺述《塔铭》云："云生虚空，行无所止。偶过为雨，施泽则已。群生既苏，昏醉醒起。乃顺大化，反真太始。点化黎甿，哀倾都市。人妄悲伤，我无生死。示身于世，如沤浮水。起灭相寻，夭寿一矣。塔开九原，法流千祀。后人闻风，仰德于此。"

大师佛，贞元中客广陵，居孝感寺。质甚陋，衣缊茧裘，盛暑不易，虮虱聚其上。又性狂悖，日与少年斗殴，人称其有神力。一老僧诃止之，师骂曰："蝇蚋徒嗜腥膻尔，安能知龙鹤之心哉？"老僧不能难。一日，自外来归，入室闭户。有于门隙视者，见师坐于席，有光自眉端发，晃然照一室。观者奇之，具告群僧，相率而拜。及启户，则已逝矣。号为"大师佛"。

智真禅师，姓柳氏，受戒于扬州华林寺。初，谒恽禅师，恽问曰："何所而至？"真曰："至无所至，来无所来。"恽默然，真亦自悟。后值武宗澄汰沙门，真以二偈示众云："明月分形处处新，白衣宁坠解空人。难言在俗妨修道，金粟曾为长者身"；"忍仙林下坐禅时，曾被歌王割截支。说我圣朝无此事，只今休道亦何悲。"咸通六年，于龟山跏趺而逝。敕谥"归寂"，真身至今犹存。

昙影禅师，俗姓潘，广陵人。游方，造三祖室，省契，复还故里。无涉世，志不为机缘语句，以希时名。后寓高邮，示寂。里人建塔于天王院。

---

1 "趺"，原本误作"跌"，据文意改。

宋

昭庆禅师，俗姓林，泉州晋江人。凡三住道场，最后居广陵之建隆寺。所得法广大微妙。其为人说法，或以经论，或以庄老，或卜筮方药，种种俗谛随根器大小示之。自唐以来，禅家盛行者，唯虚门、临济两宗。是时，虚门苗裔分据大刹，相望于淮浙间。临济之后，自江以北，惟庆一人。虚门徒或不以为然，庆闻而笑曰："此吾所以为临济宗也。"后止高邮醴泉寺。一日，召诸禅者，以偈二首示之。明日饭后，奄然归寂。其徒智勤等奉灵骨归建隆，起塔葬焉。高邮秦观为之铭。

戒禅师，住扬州石塔。东坡赴登文，戒公往迓之，东坡曰："吾欲一见石塔，以行速不及也。"戒起立曰："这着是砖浮图耶？"坡曰："有缝奈何？"戒曰："若无缝，争解容得法界蝼蚁。"及坡镇维扬，戒欲归西湖，强留焉。有云："渡口船回，依旧青山之色；秋来雨过，一新钟鼓之音。"

道彝，扬州天宁寺僧。专戒行，博通内典，与少师姚广孝友善。永乐中，奉使日本，卒于其国。临终，作偈曰："来不为多，去不为少。六十六年，一了便了。"

赞曰：释氏以无相为体，不住为用，其教博大深渺，荐绅先生难言之。《华严》译自晋代，褚叔度至请谢傅别墅为寺，是后林刹相望，异人间出，示现隐显，有难思议。或云浮屠氏善幻，然于去来得丧之际，洞然明白，与流浪生死者固有间矣。兹述自觉贤以来十有三人，粗表宗风，不嫌漏万。若诗僧、伎艺、数术，均非丛林所宜，别见之《方技》中。盖人虽方外，教自明宗，君子所以恶夫庞也。

仙人传

汉

朱璜，广陵人。少病毒瘕，遇睢山道士阮丘，曰："卿除腹中三尸，可授以真人之业。"璜谢曰："当为君作仆。"遂与药七物，曰："日服九丸。"一日，病下如肝脾者数斗。越数旬，肥健，心意开朗。又授《黄庭经》，使之日诵三过。乃同丘入浮阳山。后八十年，复见故处，白发尽黑，至武帝末犹存。

东陵圣母,海陵人。适杜氏,师刘纲学仙术。夫不之信,告官系狱。顷之,圣母已从窗中飞出,众人望之,转高入云中。于是立庙祀之,每著灵验。常有一青鸟集祀所,人有遗失,则飞坠盗物之处,以是广陵道不拾遗。《汉书·郡国志》:"广陵有东陵亭。"《博物记》曰:"女子杜姜,左道通神。县以为妖,闭狱桎梏。卒变形,莫知所极。以状上,因以其处为庙,号曰东陵圣母祠。"

乐子长,泰州人。道成,白日飞升。今乐真桥,乃其遗迹,当时号为乐真人。梁昭明太子与邵陵王纶游至泰州,以乐子长[1]故宅为观。

晋

老姥,广陵人。元帝时,每旦提一茗器往市,人竞买之,自旦至夕,其器不减,所得钱散路傍乞人。人异之。州法曹执之狱中。至夜,老姥从狱中携茗器飞出,不知所之。

王冶,泰州人。隐居天目山,陶隐居云"地钵福地",即此。修灵宝法,炼丹存神。历宋、齐、梁百余年,功成行满,有双童召冶,群仙导引,步虚清乐之音,四比皆闻,白日飞升。山有二井,封镝极密,乃藏灵宝、符杖、履水袜、隐形帽于左丹井。梁昭明太子闻冶升举,同邵陵王诣山致礼焉。

王鹿女者,亦在泰州。王冶居天目山时,有五色鹿产一女于山左草莽间,闻啼声往视之,见鹿乳焉。冶挈养于庵,至七岁,为筑鹿女台居之。冶飞升后,女欲南渡,邑人饯之横浦,云:"后百年复来。"履江水西去。景云二年十一月,山忽鸣,声闻远近。会敕遣天台山女道士王妙行行天下名山大川、洞天福地,投金龙玉璧。王妙行,即鹿女,计百年矣。

南齐

亘公,寓居高邮州西南土山,炼丹施药。后仙去,人因名其山曰神居山。其山至今产何首乌及诸药五十余品。

---

1 "乐子长",原本作"乐长子",据《万历扬州府志》卷二三《方外志上》及上下文改。

东齐

郗道光,高邮人。与其女居州西南迎仙桥井旁炼丹。丹成,光与女皆仙去。后人名其井曰玉女井,桥曰通仙桥。蒋之奇诗:"郗家女子已仙去,尚有故井存通衢。"

唐

李珏,广陵人。以贩籴为业,每斗求利两文,以资父母。有籴者,即授以升斗,俾自量。丞相李珏节制淮南,梦入洞府,见石壁金书姓名,内有"李珏"字,方喜,忽二仙童云:"此乃江阳部民李珏耳。"卒年百余岁。

宋

徐守信,泰州人,号神翁。居天庆观,遇异人,授神仙之术,言吉凶祸福如影响。徽宗尝召入朝,言事多验。高宗时为藩王,叩以后事,与之诗曰:"牡蛎滩头一艇横,夕阳西下待潮生。与君不负登临约,同上金鳌背上行。"后高宗避金兵入海,为浅所滞,待晚潮后行。上问:"此何处?"曰:"牡蛎滩也。"遂登岸,问曰:"此何山?"曰:"金鳌山也。"因思神翁语,乃屏去警跸,易衣入临济寺,见此诗新书于壁,墨迹未干,始知翁为异人。

颜笔仙,高邮州人。少落魄江湖。建炎初,鬻笔遇仙,日售笔十则止。会转运使见之,问曰:"能饮否?"曰:"可饮一斗。"饮毕,长揖而去,遗所携笔篮于舟中。俾左右取还之,尽力莫能举。凡得其笔者,剖视管中,必有一诗,或纪其破毁岁月及人祸福、姓名,无不验,故以"笔仙"称之。年九十二,一日积苇庭中,坐其上,自举火焚之。人见烈焰中,乘火云飞升而去。

周恪,字执礼,泰州人,工部侍郎敬述五世孙。元祐初,再举进士不第,郁郁不得志。一日,忽悟《老子》"谷"禅语,取儒衣焚之。自是,人以为狂。能前知休咎,始异之。宣和中,屡召不起,谢使者曰:"吾太平衰末之人也。"蔡京奉书,临而噍之,赐号"守静处士"。

唐甘弼,海陵人。为小吏,廉恪,无他技。一日晨出,若有所遇者,忽裂巾毁屦,亵语裸裎,家人以为狂。发语于休咎,人始稍就占讯,喜怒语默无不验。张荣来据城,闻其神异,执于大雪中露坐。方数尺独无雪,发肤略不沾润。乃积雪丈余,穿洞穴埋其中,弥日出之,怡然也。后潜抱薪自焚于隙屋,有田夫中途遇之,问:"先生安往?"曰:"吾归也。"入城,既自焚矣。葬向林原。岁余,有盐商见于江西,而蜀人亦见之于青城云。

燕幻,通州人,不治生产。一日,醉卧城南桥上,忽云雾四起,与神人遇。由是,浪迹江湖。后结庵于军山之巅,筑丹台,置丹垆药灶于侧。晚至洪州,无疾而逝。举棺将焚,觉轻甚,启视之,惟草履存焉。至今名其桥曰望仙。

魏景,字同叟,高邮人。身长六尺,骨如削石,瞳子碧色,有光。尝卖缯于市,遇华山元翁,从授炼丹、铸剑、长生之术,著书万余言,论神仙事,号太冲子。颇解属文,亦工[1]诗,凡阴阳、煅炼、医药之技,无所不精,而能自讳其术,以故世莫知焉。

元先生,宋熙宁间人。游兴化,馆于鬻金贾氏。会邑宰嗔其金色下,先生掘地炽炭,置金其中,即成绝色。运神术数,能为人起死。一日,谓贾曰:"吾将去,能从我游乎?"言讫,设一苇席,坐溪上,泛泛然不知所往。

孚惠先生,不知何许人。元季,自浔阳寿圣观来游仪真。时邑多疫疠,先生以道术治之辄愈。民甚德之,因建通真万寿宫为祠。其徒雷希复传其道法,多利济于人。

明

柴默庵,寓兴化西城隈潭水边,踞坐朗吟曰:"少于施主少抄提,野鹤孤云自在飞。有水有山还着我,莫教尘土污霞衣。"吟毕,升腾而去。邑人立庙,以存遗址。

赞曰:班固有言,神仙者,以保性命之真,而游于方外者也。然或非学而致,观朱瑛诸人灵变莫测,至人显化,谁谓无有?李道纯倡全真之教,缙绅学士喜谭之,如桑子木、朱升之皆酷嗜玄旨,子木自云遇仙,然亦竟无所成。夫世名、方外两者,乌得兼有之哉?

---

1 "工",原本误作"王",据《万历扬州府志》卷二三《方外志上》改。

神异传

汉

蒋子文，广陵人。尝自谓："骨青，死当为神。"汉末为秣陵尉，逐盗至钟山下。贼击伤额，因解绶缚之，有顷而亡。吴先主初，其故吏见子文于道，乘白马，执白羽扇，侍从如平生。见者急走，子文追，谓之曰："上帝以我正直，命为此土神，可宣告百姓，为吾立祠。"吴主乃封为中都侯，加印绶，立庙，改钟山为蒋山，累著灵异。今广陵亦有祠，名白马庙。宋开禧丙寅，金人犯境，小校戚椿挟兵叛，中夜闻南溪中甲马声。椿窃视，见一人毡笠白马，如将校状，十数人隔溪而去。贼疑援[1]兵，遂宵遁。明初，居人尝见其塑马背有萍，每踪迹之，见小校浴马于津。永乐中，加封为"忠烈武顺昭灵嘉祐王"，载祀典。

南朝

茅胜，如皋人。世乱，居扬州，与许、祝、蒋、吴结为兄弟，好畋猎。其地多虎，人数罹其害。一日，山溪旁见一老妪，五人请归，以母事之。及猎，回不见其母。五人曰："必为虎所唉。"共奋力捕之。俄有虎迎伏，遂共杀之。自是，地无虎患。五人殁，人思其德，为之立庙。隋追封司徒，加侯爵。宋绍定辛卯，李全寇扬州，祷于神，不吉，剖割神像。全寻败，走新塘，众杀之，解其肢体，人以为神之报也。贼平，赵范等新其庙，奏赐庙额曰"英灵"。贾似道镇扬州，复请加王号焉。按《梁书·王琳传》，琳破侯景有功，后与陈将吴明彻战败，杀之。琳故将朱瑒求其首，有扬州茅胜等五人密送之，葬于邺，即五神也。

唐

真如，姓李氏，嫁于贺若氏，舍俗为尼，号真如。家于巩县孝义桥，行高洁。天宝元年七月七日，真如于精舍户外盥濯间，忽有五色云气自东而来，云中引

---

1 "援"，原本误作"授"，据《万历扬州府志》卷二三《方外志上》改。

手,不见其形,徐以囊授真如,曰:"宝之[1]。慎勿言也。"真如谨守,不敢失。天宝末,禄山作乱,中原鼎沸,衣冠南走,真如展转流寓于楚州安宜县。肃宗元年建子月十八日夜,真如所居,忽见二人,皂衣,引真如东南行,可五六十步,值一城。楼观严饰,兵卫鲜肃。皂衣者指之曰:"化城也。"有楼殿。一人衣碧衣,戴宝冠,号天帝。有二十余人,衣冠亦如之,呼为诸天。坐,命真如进,既而诸天相谓曰:"下界丧乱,杀戮过多。腥秽之气,达于诸天。莫若以神宝压之。"一天曰:"当用第三宝。"又一天曰:"今沴气方盛,秽毒凝固,第三宝不足以胜,须以第二宝授之。"天帝曰:"然。"因出宝授真如,曰:"汝往,令刺史崔侁进达于天子。"复谓真如曰:"前所授汝小囊有宝五段,人臣可得见。今者八宝,唯王者所宜见。慎勿易也。"乃具以宝名及所用之法授真如。已而复令皂衣者送之。翌日,真如诣县。摄令王滔之以状闻州,州得滔之状。会刺史将行,县以状示从事卢恒曰:"安宜县有妖尼,亟往讯之。"恒至县,召[2]真如,欲加以法。真如曰:"上帝有命,谁敢废堕?且宝非人力所到,又何疑焉?"乃以囊中五宝示恒。其一曰"玄黄天符",形如笏,长可八寸余,阔三寸,上圆下方,近圆有孔,黄玉也,色比蒸粟,泽若凝脂,辟人间兵疫病气。其二曰"玉鸡",毛文悉备,白玉也,王者以孝理天下则见。其三曰"谷璧",白玉也,径五六寸,其文粟粒自生,无异雕镂之状。王者得之,则五谷丰稔。其四曰"王母玉环",二枚,亦白玉也,径六寸,好倍于肉。王者得之,能令外国归服。其玉色光彩溢发,特异于常。卢恒曰:"玉,信玉矣,安知宝乎?"真如乃悉出宝盘,向日照之,其光皆射日,仰望不知光之所极。恒与县吏同视,咸异之。翌日,侁至,恒白于侁。侁覆验无异,具事由报节度使崔圆。圆征真如诣府,欲历视之。真如曰:"不可。"圆固强之,真如不得已,又出八宝。一曰"如意宝珠",其形正圆,大如鸡卵,光色莹彻,置之堂中,光如满月。其二曰"红靺鞨",大如巨粟,赤烂若朱樱,视之可应手而碎,触则坚重不可破。其三曰"琅玕珠",二枚,长一寸二分。其四曰"玉玦",形如环,四分缺一,径可五六寸。其五曰"玉印",大如半手,其文如鹿陷之印,中著物则形见。其六曰"皇后采桑钩",长五六

---

1 "之",原本误作"曰",据《唐宝记》、《太平广记》卷四〇四《宝五》改。

2 "召",原本误作"名",据《万历扬州府志》卷二三《方外志上》改。

寸，其细如筋，屈其末，似金银，又类熟铜。其七曰"雷公石斧"，二枚，形长四寸，阔一寸，无孔，腻如青玉。八宝置之日中，则白气连天；措诸阴室，则烛耀如月。其所厌胜之法，真如皆秘，不可知。伀乃遣卢恒随真如上献。时史朝义方围宋州，又南陷申州，淮河道绝，遂取江路而上，抵南[1]山入关，以建巳月十三日达京。时肃宗寝疾方甚，视宝，促召代宗，谓曰："汝自楚王为皇太子，今上天赐宝，获于楚州，天许汝也，宜保爱之。"代宗拜受赐。以得宝故，改为宝应元年，改县名安宜为宝应。号真如为"宝和"，宠锡有加。自是，兵革渐偃，年谷丰登，封域之内，几至小康，宝应之脸符也。真如所居得宝地，河壖高敞，境物润茂。后六合县尉崔程所居两堂之间。相传云西域胡人过其傍者，莫不望其处而瞻礼焉。

赞曰：志怪之书，君子弗道。至如八宝之事，唐用纪年，非幻而无征者也。蒋忠烈、五司徒，皆生而节侠，殁为明神，能为民御灾捍患，然亦异矣。人情狃于习见，耳目之外诧为乌有。段成式云：及怪及戏，何侵于儒？惟是昧者信之，或至狂惑失性，古人绝地天通，盖谓是乎？

技术传

医
汉
吴普，广陵人。得华佗青囊之传，疗病多奇验。年九十余，手集华佗方书十卷。
宋
杜嬰，字大醇，仪真人。好读书，为人旷达而精于医。王安石尝云："与杜君语，久而不厌。"
元
王仲明，江都人。善医。相廉希宪疾，世祖诏仲明医之。仲明未即行，士大夫强之曰："君能起廉相，是惠及天下也。"仲明促行，进药立愈。世祖欲与

1　"南"，《唐宝记》作"商"。

之官,辞不就。

滑寿,字伯仁,仪真人。性警敏,习儒书,日记千余言。京口王居中客医仪真,寿往叩之,得《素问》《难经》之旨,业日益进。著述甚多。人争延致,以决生死。名籍甚吴、楚间,在淮曰滑寿,在吴曰伯仁,在鄞越曰撄宁生。

明

陈君佐,江都人。善方脉。洪武初,任御医。永乐时,弃官,着黄冠,市药武当山中,以《易》卜人吉凶,多奇中。卒,葬山中石穴内。

张荣,字伯仁,常山人,家如皋。以医名,以疾请疗者无虚晷。刀圭所投,其应如响。时时施药,不责报。嘉靖中,倭至,军中大疫,荣为投剂,悉起,人称为张神医。

周从鲁,高邮人。方脉精绝,诊病能决生死早暮。其治疗,多他巧法,不专攻以汤剂。邮人敬之如神,痊活者甚众。性疏财,医虽盛行,其家恒萧如也。教人治五加皮酒去湿疾,至今尚之。从鲁死,其术不传。

卜

三国

赵达,广陵人。吴广武中,魏军大举侵江南,吴主诣广陵,召[1]达筮之。达布算曰:"吴衰在庚子,今魏无能为也。"问其候远近,曰:"后五十年。"吴主笑曰:"朕忧当身,不及孙也。"至期,皓果亡国。

宋

荆大声,高邮人。以善卜入太史局灵台郎[2]。绍兴中,洪迈北使,大声随行。至盱眙,见大星去月三寸,荆曰:"此木星也。"迈问其兆,曰:"当有易主之象。"至临淮,见月外有晕五色,曰:"太阴极盛,非太阳之利。"未越月,高宗果逊位。乾道二年,见前星右有小星,曰:"慎为东宫祸。"又三年,指轩星之侧客星曰:"非中宫利也。"已而其言皆验。

---

1 "召",原本误作"名",据《万历扬州府志》卷二三《方外志上》改。
2 "郎",原本误作"即",据《万历扬州府志》卷二三《方外志上》改。

相

宋

妙应方,相法入神。高宗驻维扬,张魏公俊居台院,应方馆其家。一日,归自外,云:"适见城中人有死气者什七八,不应如是之众。此必金兵至之兆,宜早劝上渡江。"张素神其术,因入奏,上意犹欲观灯。未几,粘罕至,翠峰车驾亟行城中,死者果无数。

明

张鉴,高邮人。永乐时进士。为诸生时,有训导董光者,善相,尝以五色丝线悬月中试,人人莫能辨,惟鉴别之。董以鉴目有神,遂授鉴术,以相法名。言人贵贱生死,无不验。江湘有三举子问相,鉴熟视良久,曰:"一伙进士。"既去,鉴谓人曰:"吾谓伙者,火也。是当有火厄。"已而春闱灾,三人竟不返。见农家子方六七龄,即曰:"此子终当发科第,为执法官,乃葛光、庭萱也。"后果登进士,为御史。

数

僧德音,建隆寺僧。精数学。尝有叩门者,僧呼曰:"东邻某借锄,执出。"与之开门,果然。一日,方饭,有人问其父疾,曰:"当即愈。"饭毕,又有人问,曰:"淹久不瘳。"有顷,又一人问疾,闻厨中涤器声,曰:"噫,死矣!"已而皆如其言。其徒询其故,曰:"始吾方饭,饭则生理,知当生。既饭,则渐去食,知其淹久。涤器,则入柜。柜,棺象也。以是知其死矣。"

画

唐

江都王绪,霍王元轨之子。善画鞍马。老杜诗:"国初以来画鞍马,神妙独数江都王。"

宋

曹仁熙,善画水,古今无及。米芾《画史》云:"高邮壁水,乃曹仁熙笔,中一笔长丈余,水势从北分去。世所宝惜。"张表臣有观高邮寺壁水诗。

陈偕,高邮人。家故饶财,偕与弟。独喜学画,其后技日以进,家日以窘,遂以为业。东坡最爱其画雁，赠之以诗云："君从何处看，得此无人态。"又云："作书问陈子，晓景画苕雪。"

陆仲仁，高邮人。精于绘事，尝画王右军、支道林、许远仁三高图献晁以道。张表臣题诗于后，有云："已有云气翳凤麟，六百余岁无斯民。想像璧月何当亲，虎头摩诘俱沉沦。谁其画者陆仲仁，远绍乃祖高无伦。"以道叹曰："后世视陆生不知当为何等人耶？"

艺

宋

桑景舒，皇祐五年进士。善听百物音知灾福，尤精于音律。尝制《虞美人曲》，对虞美人草鼓之，草辄动摇不已。今其曲行于世。

赞曰：百家众技，各有所长，然维扬可纪者止于此，亦寥寥矣。国初，医者又有仪真蒋用文，殁赠谥；高邮吴钺，正德间官至通政使，其术未必能精，而用自致通显，斯不亦异哉？

章文斗曰：余伏读《明一统志》，括方舆郡县，纤巨毕载，至仙释、方伎，犹缀之末简者何？将毋博综丛委，张皇渺逗，即街谭巷说亦得类附，用成王道之无外乎。维扬介在南北，其间播越侨居者不一，轶事奇觏，何代蔑有？志郡乘之后，命曰"方外"，用意微矣。盖方以内，古今后王、君公、牧伯所与，斯人共理，方以外或存而不论，或论而不议，亦何害其为全书也哉？况夫曲终奏雅，讽一儆百，即异教尚取节焉。而门墙之外，麾而进之，是又反经兴世者之机权也。

扬州府志卷之二十四

文苑志上

董惟宗经,功利是黜。盛矣邹枚,霞驳云霈。作者代兴,斌斌可述。撷彼春华,贲兹缃帙。作《文苑志》。

经类

《周易义略》一卷、《周易学记》一卷,唐江都李含光撰。《易传》十卷,宋如皋胡瑗撰,门人倪天隐纂。《周易口义》十卷、《易系辞说卦》三卷,俱胡瑗撰。《易索大究经》十三卷,宋真州张汝明撰。《周易新义》二卷,国子直讲仪真沈季长撰。《易义海撮要》十卷,房审权编《义海》百卷,侍御史江都李衡删削十卷。《易说》,卷亡,李衡撰。《易说》十卷,海陵周秩撰。《周易说》十卷,高邮乔执中撰。《易观书》二卷,江都李椿撰。《周易传》十卷,高邮孙觉撰。《易说》十卷,如皋王俊义撰。《周易外传》八十卷、《太极演》二十卷,元仪真寓贤郝经撰。《易太象说》二卷,明侍郎相州崔铣撰,江都徐行刻。《周易训测》,尚书增城湛若水撰,江都葛润刊。《尚书全解》二十八卷、《洪范解》一卷,宋胡瑗撰。《尚书辨学》十三卷,江都王居正撰。《书解》十三卷《书义口述》一卷,俱孙觉撰。《尚书集议》,明高邮黄谏撰。《诗讲义》十卷,宋乔执中撰。《诗上讲义》,真州沈季长撰。《诗下传》[1] 二十卷,《宋史·志》。龙图待制沈铢撰。《毛诗辨学》二十卷,王[2] 居正撰。《毛诗郑笺》二十卷,明扬州运判屠本畯纂疏,江都贡士陆君弼校。《诗大指》十卷,海门张自新撰。《春秋要义》三十卷《春秋口义》五卷,

---

1　"《诗下传》",《宋史》卷二〇二《艺文志一》作《诗传》。
2　"王",原本误作"玉"。下同。

宋胡瑗撰。《春秋经社》六卷、《春秋经解》十五卷、《春秋尊王》、《春秋学纂》十二卷,并孙觉撰。《春秋本义》十二卷,王居正撰。《春秋国语》十卷《左氏训注》十三卷、《公羊集解》十四卷、《穀梁传解》十四卷、《春秋后国语》十卷,并晋广陵相孔衍撰。《春秋外传》八十一卷、《内章句音义》八卷、《制作本原》十卷、《比类条目》十二卷、《三传衷》五十卷、《列国序论》一卷,并元寓贤郝经撰。《春秋集说》,明兰阳丞蒋宫撰。《春秋正传》,湛若水撰,江都卞莱刊。《春秋萃薮录》二十卷,武康令海门彭大翱撰。《春秋疏义》,通州丁钺著。《周礼讲义》,宋沈季长撰。《周礼辨学》五卷、《辨学外集》一卷,王居正撰。《礼记解》七十卷,宋扬州教授马希孟撰。《礼记摘注》五卷、《礼记摘讲》三十卷,俱明新泰令如皋李上林撰。《二礼经传测》,湛若水撰,卞莱刊。《丧服总类》、《冕弁冠服考》,元仪真寓贤张塈撰。《吉凶书仪》二卷,胡瑗撰。《四经归极》,张塈撰。《五经注解》,宋宝应汤炳龙撰。《五经就正录》,明兴化宗周撰。《五经正解》,如皋张榜撰。《孝经口义》,张塈撰。《论语解》十卷,《宋史·志》。沈季长撰。《论语说》十卷,广陵王令撰。《论语说》,胡瑗撰。《论语说》,李衡撰。《竹西论语感发》十卷,王居正撰。《论语大意》二十卷,海陵卞圜撰。《论语注》一卷,高邮寓贤宗正丞、王巩撰。《学庸训测》,湛若水撰,葛涧刊。《中庸传》一卷,胡瑗撰。《中庸义》一卷,乔执中撰。《中庸讲义》一卷,明仪真侍郎黄瓒撰。《中庸一助》,兴化宗翔撰。《孟子讲义》五卷,宋王令撰。《孟子疑》十四卷,王居正撰。《四书传》,汤炳龙撰。《四书就正录》《中说》,俱宗周撰。《四书正解》,张榜撰。《经传类义》二十卷。侍郎海门崔桐撰。《四书翼注》,江都王纳谏著。《易经家训》,江都孙承义著。《易拟》,江都张锡文纂著。《易经阐庸》,通州孝廉姜山斗著。《麟经秘旨》,海门李之达著。《心学正统》八卷。江都张懋勋著。

附

《汉尚书》十卷、《汉春秋》十卷、《后汉尚书》六卷、《后汉春秋》六卷、《魏尚书》十四卷、《魏春秋》九卷,并唐广陵相孔衍撰。《献帝春秋》。吴广陵袁晔撰。

史类

《汉书辨惑》三十卷,唐江都李善撰。《续后汉书》百三十卷,元郝经撰。自序略曰："晋平阳侯相陈寿,故汉吏也。汉亡事晋,作《三国志》,以曹氏继汉,而不予昭烈,称之曰蜀,鄙为偏霸僭伪。于是统体不正,大义不明,紊其纲维,故称号论议,皆失其正。习凿齿著《汉晋春秋》,裴松之注《三国》异同,用力虽勤,而亦不能更正统体。宋司马温公作《通鉴》,始更蜀曰汉,仍以魏纪事。至朱晦庵作《通鉴纲目》,黜魏而以章武之元继汉,统体始正矣。然而本史正文,犹用寿书。经尝闻缙绅先生,谓寿书必当改作,窃有志焉,事梗不果。中统元年,召经特[1]使宋,告以登位,通好弭兵。宋人馆留仪真,不令进退,抱节无为,乃破稿发凡,起汉终晋[2],以终寿书。作表、纪、传、录、序、赞,据《二汉》《三国》《晋书》,遂作正史。以裴注之异同,《通鉴》之去取,《纲目》之义例,参校刊定,归于详实,以昭烈纂承汉统,魏、吴为僭伪。十三年冬十月,书成。年表一卷,帝纪二卷,列传七十九卷,录八卷,共九十卷,别为一百三十卷,曰《续后汉书》。奋昭烈之幽光,揭孔明之盛心,袪操、丕之鬼蜮,破懿、昭之城府。明道术,辨奸邪,表风节,核正伪,传之义理,征之典则,而原于道德。千载之蔽,一旦廓然矣。"《史法》十卷,宋真州王伯刍撰。《通鉴书法》,郝经撰。《通鉴要览》六十卷,宋通州崔敦诗撰。《纲目发微》三十卷,明扬州王峰撰。《十九史目》[3]二卷,《宋史·志》,龙图待制杜镐撰。《写宣》十卷,唐江都王起撰。《地图志》,江都李该撰。《方舆记》一百三十卷,南唐校书郎广陵徐锴撰。《古今国典》百十二卷,徐锴撰。《历代年谱》一卷、《岁时广记》百二十卷,徐锴撰。《唐职林》三十卷、《元和朋党录》一卷,宋惟扬马永锡撰。《铸钱故事》一卷,王应麟云,咸平二年杜镐承诏所撰者,录前代书史铸钱故事,分五门。《孝行录》三卷、《贤惠录》三卷,并京兆胡讷撰。《贤惠》录列女也。《民表录》三卷,亦胡讷撰,录循吏也。天圣中,偕《贤惠录》上之。《孝行录》一卷,刘子仁为张毅撰。《孝节录》《樵史补遗》,并高邮秦约撰。《嘉祐驿令》三卷、《禄令》十卷、《史馆书目》二卷,并江都张文定公方平撰。《崇宁改修法度》二十卷[4],《宋史·志》,徽猷阁待制沈锡撰。《政和大理人贡录》一卷,右迪功郎周邦撰。《吴丞相手录》一卷,少宰真州吴敏撰。陈氏曰记靖康初元事。《回天录》一卷,宣教郎秦湛撰。记吕好问围城中事。《己酉航海记》一卷,江都李正民撰。《金谷园记》一卷,唐李邕撰。《江南录》十卷,南唐徐铉等撰。《续成都古今集记》二十二卷,宋王居正撰。《建康志》十卷,扬州史正志传。《寿春

1　"召",《续后汉书·序》作"诏";"特",《续后汉书·序》作"持节"。
2　"晋",原本误作"目",据《万历扬州府志》卷二四《文苑志上》改。
3　《十九史目》,《宋史》卷二〇四《艺文志三》作"十九代史目"。
4　"二十卷",《宋史》卷二〇四《艺文志三》作"十卷"。

杂志》一卷,马永锡撰。《续庐山记》四卷,南康守广陵马玕录山中碑记之文。《鸡林志》三十卷,刑部尚书江都王云编。崇宁中,云使高丽,辑其会见之礼、聘问之词,类分为八门。《行人志》,郝经撰。《阙里通载》,张翋撰。《东宫录》四卷,明兵部侍郎仪真黄瓒为都御史巡抚山东时撰。《荆扬迁代记》一卷,梁任昉撰。《大业拾遗记》一卷,唐师古撰。载隋炀帝宫中秘事及幸江都事。《大业杂记》十卷,唐杜宝撰。江都事多载其中。《扬州记》,唐曹宪撰。《邗沟要略》九卷,记杨行密据淮南事。《维扬过江录》一卷,宋尚书左丞叶梦得撰。《淮南路图经》九十卷,李昉撰。《扬州图经》,大观间江都尉刘彦惇著。《宝祐维扬志》三十六卷,《广陵志》十一卷,宋郑少微撰。[1]《扬州府志》十五卷,国初洪武间修,不著姓氏,中有王云、陈良、史正志等传,盖尝见《宝祐志》者。《维扬新志》十二卷,成化间副使江都寓贤高宗本撰。《郡乘正要》八十卷,嘉靖间副使江都赵鹤撰。《嘉靖维扬志》二十卷,太仆卿江都盛仪修。《扬州府志》,万历二十六年,知府杨洵修,邑贡生陆君弼纂。《高邮志》三卷,《宋史·志》,孙祖仪撰。《高邮志》十卷、《图经》四卷,旧志云宋教授鲁颖秀、孙祖仪[2]撰。《高邮志》三卷,成化初学正余姚孙珩撰,户部照磨邑人龚显同修。《高邮志》十二卷,隆庆间知州丰城范惟恭修。《泰州新志》八卷,正德间知州金廷瑞修。《泰州志》十二卷,万历间定海丞州人章文斗撰。《淮南通州志》十卷,宋孙昭先撰。《楚州图经》二卷,教授雪川吴莘撰。《吴陵志》三十五卷,淳熙王寅修。《国朝通州志》三种,永乐中知州严敦大修,景泰中知州孙徽修。弘治中二卷,训导施纪修。《嘉靖通州志》三种,庚寅,知州钟汪聘莆田乡贡士林颖修,凡六卷;甲寅,御史黄国用聘平谷令州人丁铁修,凡四卷;己未,知州喻南岳、李汝杜聘诸生钱峰、江一山等修,凡八卷。《万历通州新志》八卷,丙子,知州林云程聘鄞山人沈明臣修。《江都志》四卷,知县张宁聘邑贡士陆君弼纂。《真州志》七卷,《宋史·志》,州守韩樌令博士蒋佑编。《仪真新志》二十二卷,嘉定间,郡守吴机令扬子县尹丁宗魏、州学正薛洪、刘云所修。宝庆间,录事参军张端义重补。《永乐仪真志》七卷,教谕胡彦成辑。《嘉靖仪真志》六十四卷,邑孝廉张榘撰,知县杨仲孙刊。《隆庆仪真志》十四卷,知县申嘉瑞等修。《泰兴志》四卷,嘉靖初,知县朱篪,训导杨琦、彭源撰。《泰兴志》十卷,万历壬午,知县高桂修。《泰兴志》四卷,万历戊戌,知县陈继畴聘吴王穉登修。《兴化志》九卷,邑人陆西星纂。《宝

---

1 "十一卷",《宋史》卷二〇四《艺文志三》作"十二卷","微"作"魏"。
2 "仪",《宋史》卷二〇四《艺文志三》作"义"。

应志略》六卷,嘉靖间,知县闻人诠撰。《宝应志》十二卷,万历甲午,知县陈煃修,邑人吴敏道纂。《如皋志》六卷,教谕陈源清创于嘉靖丙申,邑人严怡辑。《如皋志》十卷,嘉靖庚申,知县董蒙吉修。《如皋志》十四卷,万历庚子,知县张星修。《海门志遗稿》,邑人尹玺撰。《海门志》六卷,邑人崔桐撰,知县吴宗元刊。《两淮运司志》八卷,御史史载德命训导郑仲达等撰。《盐政志》十卷,御史朱廷直、运使史绅、教授陈克昌等修。《两淮盐法志》十二卷,御史杨选延江都史起蛰、仪真张榘二孝廉纂。《盐法便宜》,都御史耿九畴撰。《漕河通志》,王端毅公恕巡河时撰。《漕政举要录》,都御史邵宝撰。《南巡纪事》,巡盐御史戴金撰。《维扬关志》五卷,主事焦希程撰。《维扬人物志》八卷,仪真黄瓒撰,张榘编校。《维扬人物续志》十二卷,张榘撰。《盘江铁桥志》六卷,贵州左布政江都朱家民著并造。《维扬正祀录》六卷,嘉靖初,御史张珩、太守易瓒等纂。《仪真名宦乡贤志》三卷,张御史珩命学谕蔡奇等编。《通州名宦乡贤考》,州孝廉顾磐撰。《道学传》二十卷,唐江都李含光撰。《广陵烈士传》一卷,《唐志》云华鬲撰。《广陵耆旧传》,陆若弼撰。《十先生传》二卷,明工部郎中、前江都训导南海欧大任撰。《李文毅公传》一卷,高邮黄谏撰。《维扬胜概录》三[1]十八卷,宋江都孙蔓撰。《青阳忠节附录》二卷,国初吴陵张毅撰。《登科记》十五卷,南唐徐锴撰。《中兴登科小录》三卷,宋张汝明撰。《国朝人物编》,江都葛涧辑。《当代名臣录》,通州姚继崔撰。《史衡》六卷,侍郎通州陈尧撰。《孝贞录》,泰兴张金撰。《左国腴》。江都王纳谏纂。

子类

《春秋繁露》,汉江都王相董仲舒撰。《刘氏正论》,魏侍中广陵刘廙撰。《矫非论》二十篇,吴太尉广陵范慎撰。《辨道论》三十卷、《新论》十卷,并广陵华谭撰。《褚氏遗书》,齐褚澄撰,江都葛钦刊。《意林》,唐马总撰,仪真县刊。《质论》一卷,南唐广陵徐铉撰。《闲静治本论》五卷、《将论》五卷,宋知枢密院广陵张岩撰。《政论》三十篇,龙图学士、知滑州通州施昌言撰。《要论》一卷,维扬李易撰。《鬻子注》一卷,如皋王观撰。《天鬻子》,王观撰。《懒真子》五卷,维扬马永卿撰。《褒恤杂录》三卷,《宋史·志》,翰林学士孙洙撰。《张子卮言》,真州张汝明撰,郡守洪兴祖录,上于朝,称其《卮

言》前后书穷极理致,远追扬雄、王通之述作。《典说》一卷,朝请大夫、知扬州事阆中鲜于
侁撰。《安定先生言行录》二卷,门人太学博士钱塘关注编。《安定言行记》,曾孙涤记。
《读安定书日抄》一卷,宋慈溪黄震编。《乐庵语录》五卷,江都李衡著,门人龚昱编。
《元城语录》三卷,右朝散郎维扬马永卿编。《遵道录》,湛若水撰,王惟贤刊。《格物通》
《二业合一训》《雍语》,并湛若水撰,江都葛涧刊。《经史入门》《引谷蒙训》,俱元
张翌撰。《删注三子》,郝经撰。《亢仓子音释》一卷,明高邮黄谏撰。《虚舟子》一
卷,通州陈尧撰。《纪行录》八卷,仪真黄瓒传。《志愚录》,海门崔桐撰。《真诠》三卷,
江都桑惟乔撰。《泰定养生主论》,如皋冒鸾刊。《正学编》十卷,江都赵鹤编。《南华
副墨》《方壶外史》。俱兴化山人陆西星撰。

集类

《淮南王集》一卷、《淮南王赋》八十二篇、《淮南王群臣赋》四十四篇、《淮
南歌诗》四篇,并《汉书·艺文志》。《陈孔璋集》十卷,魏司空军谋祭酒广陵陈琳撰。《张
纮集》二卷,吴长史张子纲撰。《盛彦集》五卷,吴中书侍郎广陵盛翁子撰。《闵鸿集》
二卷,晋征士广陵闵鸿撰。《刘颂集》三卷、《奏书》一卷,晋淮南相广陵刘贞公颂撰。《华
谭集》三卷,晋散骑常侍华令思撰。《高嵩奏事》五卷,晋抚军司马广陵高茂琰撰。《刘
毅集》三卷,光禄大夫刘毅撰。《刘颖集》十卷、《刘讦集》一卷,玄真处士刘玄度撰。
《戴逯集》五卷,晋丹阳令广陵戴穆公望之撰。《来济集》三十卷,唐中书令、庭州刺史江都
来济撰。《上官仪集》三十卷,西台侍郎江都上官游韶撰。《曹宪集》三十卷、《文选
音义》二卷,唐朝散大夫江都曹宪撰。《文选注》六十卷、《文选音义》十卷,沛王府
参军江都公孙罗撰。《文选辨惑》十卷、《文选注》六十卷,《五臣同异》十卷,并崇
贤馆直学士江都李善撰。《李邕集》七十卷,邕,善之子,北海太守。《王起集》百二十卷、
《注宝图赞》一卷、《王氏五位图》十卷、《五运图》一卷、《大中新兴诗格》一卷、
《文场秀句》一卷,俱太尉江都王文懿公举之撰。《南燕染翰集》十卷,中书令江都王
昭范铎撰。《李磎制集》四卷、《表疏》一卷,宰相江都李文公景望撰。《台阁集》五卷,
广陵李嘉佑诗也。《凤策联华》三卷,淮南从事顾云撰。《淮海寓言》七卷,扬州寓贤
余杭罗隐撰。《李建勋集》二十卷,南唐司空李靖公致尧撰。《李建勋诗》二卷《拟谣》
十卷、《桂香诗》一卷,并南唐中书舍人高邮乔贞公匡舜撰。《高骈诗集》一卷,陈氏曰:

唐淮南节度使高骈撰。《徐常侍集》三十卷,晁氏曰:南唐徐铉撰。《杂古文赋》一卷,徐铉撰,许洞编。《翰林酬唱集》一卷,徐铉、汤悦等撰。《潘佑荣阳集》十卷,南唐知制诰广陵潘佑撰。《阳春录》一卷,南唐仆射广陵冯忠肃延巳撰。《资圣集》十三卷,宋待制如皋胡文昭公瑗撰。《王惟熙文集》十五卷,宋司封员外郎如皋王国撰。《王觌文集》五十卷、《内制》三十卷、《谏疏》三十卷、《奏议》三十卷,龙图学士如皋王觌撰。《府元志》《扬州赋》,大理寺丞知江都如皋王观撰。《王俊义文集》十卷,直秘阁、知岳州如皋王俊义撰。《乐庵文集》,起居郎江都李衡撰。《竹西集》十卷、《西垣集》五卷,中书舍人江都王居正撰。《集谏》十五卷,王居正撰。《乐全先生集》四十卷、《玉堂集》二十卷,扬州张文定公方平撰。《支山集》,宗正少卿江都牛大年撰。《乘桴集》,江西提刑江都李正民撰。《秘丞集》,秘书丞江都陈良翰撰。《陈著作集》,著作郎陈景撰。《广陵集》二十卷,扬州布衣王令撰。《浮山集》十六卷,朝请大夫江都仲并撰。《青云集》三十卷,刑部尚书江都王云撰。《大隐文集》三十卷、《保治要略》八篇、《戆语恢复要览》五篇,文安县男、知庐州江都史正志撰。《清晖阁诗》一卷,史正志创阁于金陵,僚属皆赋诗。《李问集》一卷,陈氏曰:国子博士广陵李问撰。《满执中诗集》,知万寿县广陵满执中撰。《俞紫芝诗》一卷,维扬俞秀老撰。《咏史诗》三百篇,王伯刍撰。《乐府集》十卷,扬州权知岳州米寿昌撰。寿昌,天长人,徙居高邮。《孙莘老文集》四十卷、《外集》十卷、《记室杂稿》三卷、《奏议》十卷,龙图阁学士高邮孙觉撰。《孙待制文集》三十卷、《奏议》二十卷,觉之弟、宝文阁待制文安公览撰。《古律诗赋》十五卷,宝文阁待制、知郓州高邮乔执中撰。《秦少游淮海集》三十卷、《淮海闲居集》十卷、《淮海诗余》一卷,秘书省正字、宣德郎高邮秦观撰。《樵海诗集》,秦约撰。《杂文碑志》十卷,乔执中撰。《马永逸文集》二十卷、《中梅传》,寿州教授高邮马永逸撰。《马永修文集》,永逸兄、通判建昌军永修撰。《曲辕先生集》《感山赋》一卷、《诗赋百咏》,朝散大夫、直龙图阁高邮崔公度撰。《陈唐卿诗文杂注》四十卷、《芹宫讲古》三卷、《长短句》三卷,房陵倅高邮陈造撰。《陈知微集》三十卷,知制诰高邮陈知微撰。《四美集》四卷、《纪行诗》一卷,高邮王颙撰。《清虚先生文集》若干卷、《诗集》一卷,高郎寓贤王巩撰。《吴兴诗集》一卷,孙觉辑。《君臣赓载集》三十卷,《宋史·志》,杜镐撰。《孙司封文集》二十卷,郎中真州孙锡撰,《宋史·志》作"十二卷"。《褒题集》三十卷,《宋史·志》,孙洙撰。《经纬集》十四卷,孙洙撰,《宋史·志》作"十五卷"。《贤良进策》十卷,孙洙撰。《张侍御文集》三十八卷,真州张汝明撰。

《张承议文集》,张汝贤撰。《奏议集》,汝贤撰。盖为御史及转运时所上者。《沈龙图文集》十卷,《宋史·志》,待制沈铢撰。《沈徽猷文集》十二卷,《宋史·志》,待制沈锡撰。《杜待制文集》十卷、《奏议》十二卷,福建提举杜杞撰。《三径老人砥砆集》十二卷,杜杞撰。《杜少府诗集》,驾部员外郎、少府监杜植撰。《杜通直文集》,右通直郎、赠中大夫杜铎撰。《杜尚书文集》,吏部尚书杜杲撰。《杜秘书诗集》,校书郎杜炤撰。《杜东文集》,进士东[1]撰。《杜末文集》,《吴丞相奏议》,少宰吴敏撰。《刘参政奏议》,礼部尚书、参知政事刘大中撰。《孙处士诗文集》,孙侔撰。《徐处士集》,徐仲坚撰。《征处士诗集》,仪直[2]征集撰。《凤池集》十卷,《群玉府》十卷,海陵进士潘汝一撰。《查龙图集》二十卷,工部员外郎、度支副使海陵查道撰。《观物老人集》二十卷,海陵贡士尧允恭撰。《周秩文集》十卷,京西转运使、集贤殿修撰海陵周秩撰。《海陵集》三十二卷,吏部尚书、同知枢密院海陵周麟之撰。《芎林诗集》,海陵贡士陈膺撰。《唐山集》一卷、《后集》三卷,海陵卜圜撰。《崔敦诗文集》三十卷、《内外制稿》三十二卷、《制海》十编、《奏议总要》五卷,侍讲直学士院通州崔敦诗撰。《钱德钧诗集》,通州钱解元鼎撰。《潘朝散文集》三十卷,左朝散郎泰兴潘及甫撰。《漫塘诗集》《语录》,俱宋真州司法参军金坛刘宰撰。《宗忠简公文集》五卷,京东留守宗泽撰,江都赵鹤编。《指南录》一卷,宋丞相文忠烈公天祥撰。自仪真入扬州高邮、通、泰,纪行所作诗,自为序。《邵茂诚诗集》《丘民诗集》,元河南行省郎中广陵丘民撰。《睢景臣词》一卷,元大德间维杨睢景臣撰。《存悔斋稿》,元江浙提举高邮龚璛撰。《居竹轩诗集》四卷,元兴化成廷珪撰。《北村诗集》,元宝应汤炳龙撰。《牛处士诗集》,元牛野夫撰。《南薰诗集》三卷,《唐史·志》,杨子寓贤窦常撰。《张季直诗》一卷,《唐史·志》,杨子寓贤张南史撰。《仇彦文诗》一卷,宋真州寓贤仇博撰。《淮阴课稿》《导江文集》,俱元真州寓贤张立撰。《一王雅》《原古录》《甲子集》《陵川文集》三十九卷、《和陶诗》三卷,俱元寓贤泽州郝经撰。《翠屏集》四卷,元寓贤古田张以宁撰。《野堂集》。元弘文学士扬州寓贤贺庸撰。

---

1 "东"前疑脱"杜"字。

2 "直",当作"真"。

补

《扬州集》三卷,宋扬州教授马希孟辑。《扬州后集》,宋扬州学正江都陈洪范撰,郡人牛大年序。《淮南百咏》一卷,宋陈嵩编。《壮观类编》,《宋志》云:集刘焘、杨万里、米芾等作。南宋《鲍明远诗集》,元《杨铁崖集》、《晞发集》,并御史冯允中刻于扬州。《栎轩诗文集》一百卷,国初翰林修撰、兰阳丞仪真蒋宫撰。《茅中丞希董集》五卷,副都御史泰兴茅诵撰。《朱长史雪江集》三卷,秦府长史泰兴朱昶撰。《凤池吟稿》八卷,右丞相、忠勤伯高邮汪广洋撰。《静学斋集》六卷,太医院判仪真蒋用文撰。《南兖州集》,副使江都高濇撰。《竹素斋集》,杭州守江都方岑撰。《南皋文集》,御史江都桑维乔撰。《防秋纪行稿》《屯盐总议》,河间判江都杨守诚撰。《紫泉文集》二十卷,江都马骍撰。《芳树斋集》四卷,江都贡士陆君弼撰。《张益斋集》,钧州同知仪真张昶撰。《七处士诗集》十卷,封刑部员外郎蒋镱、逸民臧恕、黄顼、殷和、杨俊、李侃、顾昂七人皆能诗,与张昶结社倡和甚富,通得十卷。《雪洲集》十二卷、《雪洲续集》四卷,兵都侍郎仪真黄瓒撰。《前溪文集》十四卷,中允仪真景旸撰。《南泠集》二十卷,广西左参政蒋山卿撰。《檗谷集》,都御史王大用撰。《北湄集》四卷、《彩凤联飞集》一卷,俱郎中王大化撰。《具区文集》,山东提学副使江都赵鹤撰。《省庵文集》,湖广按察副使江都叶观撰。《东园集》,仪真张沂撰。《候鸣集》,荣府长史仪真蒋承恩撰。《兰坡集》六卷、《使南录》一卷,翰林学士广州府判高邮黄谏撰。《友石亭集》二卷,右都御名高邮陈玉撰。《玉堂清余集》,翰林修撰高邮董璘撰。《育斋诗集》二十卷,太子太傅兴化高文义公毂撰。《颐光集》,礼部员外郎兴化陆颙撰。《陆伯阳诗集》、《续古乐章》,俱颙之兄楚府伴读陆闿撰。《李文定公集》,少师兴化李文定公春芳撰。《心安集》,副使兴化胡献撰。《子相集》,提学副使兴化宗臣撰。《养心斋集》,兴化沈靖撰。《雨田集》,沈霈撰。《管窥集》,刘玠撰。《六治集》,南雄府节推潘应诏撰。《从吾集》,贡士陆律撰。《西野集》,王中孚撰。《文田摘稿》,成咏撰。《陆氏诗粹》,进士陆期范辑。《菜庵文集》五十卷,御史宝应高昭撰。《朱凌溪集》,云南参政宝应朱应登撰。《山带阁集》,应登子、九江府太守朱曰藩撰。《竹西集》,御史宝应张稷撰。《吴曰南集》,宝应吴敏道撰。《松岩辄录》十五卷《龟城德政集》四卷,泰兴李云宗撰。《皇华集》一卷,中书舍人张珹撰。《西庄遗稿》四卷,张珹撰。《东田遗稿》二卷,河南布政泰兴张羽撰。《南溪遗稿》二卷,羽之弟、户部侍郎张穗撰。《南雍录》,泰兴吴阅撰。《西涧遗稿》,张某撰。《柴墟文集》十五卷,南京吏部侍郎泰州储文懿公瓘撰。《张存简杂稿》，浙江副使泰州张文撰。《林东城集》四卷，文选郎中泰州林春撰。《王心斋遗稿》，泰州王艮撰。《薛叔道文集》，万安丞如皋薛伦撰。《冒得庵诗集》一卷，福建参议如皋冒鸾撰。《柏斋先生集》，工部侍郎如皋何文定公塘撰。《孙淮海集》，刑部尚书如皋孙应鳌撰。《石溪先生集》，堂邑王教授如皋严怡撰。《斗野遗文》二卷，遂昌丞如皋曹相撰。《梧冈文集》、《梧冈诗集》三卷、《梧冈续集》五卷、《八书》一卷、《贵阳行纪》一卷、《西巡录》一卷、《大观楼漫录》一卷、《东园日录》、《哀玉集》一卷，俱刑部侍郎通州陈尧撰。《纪事杂咏》一卷、《问政集》三卷、《悯黎咏》一卷、《赋役详照》四卷，俱参政通州钱𪩘撰。《邵先生遗稿》、《梦菊集》，俱陕西参政通州邵棠撰。《海涯集》十卷，乡进士通州顾磐撰。《三余雅会》、《石渚奏议》四卷、《石渚遗稿》八卷，俱户部尚书通州马坤撰。《闲居雅咏》、《观史一班》、《汗漫小集》、《宫词倡和》，俱封御史通州黄应玄撰。《芹溪奏议》，副都御史通州凌相撰。《海山集》，太常少卿通州姚继岩撰。《古今学要》，平茔令通州姚继崖撰。《龟田遗稿》，户部郎中通州凌楷撰。《竹素园稿》、《竹素园续稿》，赠都御史通州顾瑶撰。《金陵稿》，太学顾瑫撰。《黄氏家传录》四卷、《十三疏》、《天祐录》，御史黄河撰。《过庭录》，平谷令丁铁撰。《白狼山人稿》二卷，齐东教谕卢枫著。《海居集》、《行乐集》、《浮槎集》、《倚剑集》，葛增著。《双莲阁集》，教授江一山著。《玉芝楼稿》，光禄署丞曹大同撰。《斠䎷精舍手抄苏䓕杂言》、《阐幽录》，教谕张梓撰。《嘉平集》一卷、《禅栖集》一卷、《青阳馆集》二卷，陈大震撰。《卢子孝集》，山人卢纯忠撰。《卢子明集》二十五卷，卢纯学撰。《发蒙史略》一卷，万历己丑进士扬州宗名世著。《縠音集》二卷，凌坦著。《东洲文集》二十卷、《东洲续集》十卷，海门侍郎崔桐著。《醯鸡集》，海门御史李开撰。《放鹇堂集》、《铜宫傲吏集》、《皆春楼稿》各二卷，海门武康令彭大翔著。《北海遗稿》二卷，贡士张成著。《沧浪集》三十卷、《希范集》二卷，训导张材著。《鄞城漫草》四卷、《菉竹园草》八卷，龙南知县海门张先登撰。《龙剑集》四卷，韶州府判海门崔槐撰。《邛城子》二卷，江都周璠著。《复斋稿》、《江淮杂稿》，河南副使江都寓贤高宗本撰。《蛟川三赋》，泰州贡士章文斗撰。《明广陵诗》五十六卷，卢纯学辑。《芙蓉诗集》二十卷，江都宗元鼎著。《长啸轩诗稿》，钜野令通州陈纯撰。《静乐得言集》七卷，户部照磨仪真黄襄撰。《广文选》，御史陈蕙刻。《湛甘泉全集》，江都人增刊。《督府奏议》二卷，巡抚淮扬唐龙撰。《漕抚奏议》，都御史马卿撰。《军门节制》、《督府经略》，俱都御史李遂撰。《江北奏议》，巡盐御史张九功刊。《守扬疏议》，扬州守吴桂芳撰。《便草集》，主事徐观澜撰。《括冶记》一卷、《名贤记事》一卷，明太守江都曹守贞辑。《杨大洪集》，巡盐御史李赞元刻。《二妙集》，《卧游录》、《玉壶冰》，高邮李士彬刊。《修吾诗》《抚淮小草》，俱都御史李三才撰。《文娱一集》、《二集》，江都会魁郑元勋汇刻。《古学一斑》，通州范国禄著。《宋文》，盐御史李赞元纂刊。《风动石集》八卷，镇守福建都督江都朱潮远著。《文献通考钞》二十四卷、《续文献通考钞》三十卷，江都史以甲纂刻。《宣尼世纪》。江都徐宗道著。

类书

　　《桂苑珠丛》一百卷，隋江都曹宪与诸葛颖同撰。《博雅》十卷、《文字指归》四卷，俱曹宪撰。《江都集礼》一百二十卷，隋晋王杨广为扬州总管，镇江都，广命博士潘徽等撰。《江都集礼图》五十卷，亦炀帝命诸儒为之者。《明良集》百卷，宋淮南转运使李虚己撰。《异苑》十卷，宋给事广陵刘敬叔撰。《两汉完隽待问稿》二十卷、《艺苑会材》三十卷、《提纲旁览》十卷，俱明海门崔桐撰。《艺林华烛》一百六十卷，通州曹大同撰。《类林探赜》一百一十卷，通州江一夔、卢纯学同纂。《山堂肆考》二百四十卷，霑益知州海门彭大翼辑。《艺圃撷华》。兴化宗周辑。

杂类

　　《尔雅音》二卷、《广雅音》四卷，俱隋曹宪撰。《广韵要略》一卷，唐李邕撰。《说文解字》三十卷，南唐广陵徐铉校定，明通州陈大科刊。《说文解字韵谱》十卷、《说文解字系传》四十卷、《说文解字通释》十卷，俱铉之弟徐锴撰。《兰亭博议》十五卷，宋淮海桑世昌撰。《法帖通解》一卷，秦观撰。《监韵五编》，宋通州崔敦诗撰。《会意分音大广篇韵》十卷，景泰中，维扬布衣欧清撰。清，字本源，精于字学。当时，夷人入贡，闻其名，必造其庐。《碎金撮要》一卷、《切韵心法秘要》一卷、《四声等字注》一卷，并欧清撰。《大小篆隶书》、《月令通纂》、《考古正文》，明高邮黄谏撰。《宋仁宗乐书注》一卷，宋扬州张方平撰。《景祐乐府奏议》一卷、《皇祐乐府奏议》一卷，并如皋胡瑗撰。《皇祐乐图记》三卷，胡瑗、阮逸同撰。《投壶经》一卷，唐江都上官仪奉敕删定。《射书》十五卷，徐锴、欧阳陌同撰。《射议》一卷，王越石撰。《养蚕经》

一卷,刘安撰。《蚕书》一卷,秦观撰。《二十四气中星日月宿度》一卷,宋判太史局荆大声述。《玉衡贞观》十二卷,元郝经撰。《武学规矩》一卷,宋胡瑗撰。《西楼乐府》、《野菜谱》,俱高邮王磐撰。《维扬芍药谱》,宋刘攽、王观、孔武、仲艾丑著,各一卷,附录一卷,俱江都曹守贞辑。《琼花集》五卷,守贞父曹璘辑。《农桑撮要》,仪真令李文瀚刻。《墨池编》,御史李时成刊。《百战奇法》,指挥李淮刻。《登坛必究》,副总兵王鸣鹤辑。《古小学》,葛涧刊。《小学韵语》,卞莱刻。《文公训蒙绝句》,仪真分司刊。《家礼节要》,御史朱廷立刊。《洗冤集录》,御吏刘隅刊。《大明官制》,御史焦琏刊。《维扬乡约》,御史洪垣刻。《萧公乡约训》,汉阳萧良誉撰,海门令廖自伸刊,江一夔校。《律吕考正》、《图书测言》,俱兴化潘应诏撰。《华佗方》十卷,吴普录,《唐志》作“《集华氏药方》”。《本草》六卷,魏广陵吴普撰。《本草音义》二卷,李含光撰。《德安堂方书》一百卷,宋贡士海陵尧允恭撰。《本事方》十卷,维扬许叔微撰。《难经本义》二卷、《十四经络发挥》三卷,并滑寿撰,宋濂、吕复有序。《本草集要》,御史朱廷立刊。《原病式》,御史李信刊。《素问》,御史吴悌刊。《医学运气考正》,兴化潘弼著。《儒门医学便览》,兴化解桢著。《宦邸便方》,兴化李齐芳辑。《医学大成》七卷、《伤寒统会》七卷、《医说补遗》一卷、《药性赋》一卷,通州冯鸾著。《七政历》,江都郝道行刊。《百一新判》,通州胡介著。《乐府源流》,通州吴邦奇著。《北户录补注》四卷,江都陆君弼撰。《会心言》,江都王纳谏著。《医学便方》,江都樊贞卿篆刻。《四本堂座右编》二十四卷。镇守福建都督江都朱潮远辑。

赞曰:广陵自汉淮南招致游士竞奋于文辞,至隋炀帝幸江都,聚书至三十七万卷。宇文之变,散落殆尽。故唐开元后,特命拾遗苗发等为江淮括图书使,以收录之。如李礇藏书万余卷,号“李书楼”,今不惟悉亡其书,即欲一识其篇目,不可得矣。自汉迄唐,若董相《繁露》诸篇,巍然灵光。有宋至今,作者日盛,翼经证史,家怀铅椠,别集子汇,亦几充栋,隶之四库,烂然星列,斯亦江淮之巨观已。逝者如斯,微言易坠,家藏镂版,久而磨灭,或脱稿藏笥,无复副本,美者未必传,传者未必存,不亦惜乎? 兹录惟广陵人士所著述,若制典颁行诸书达之天下,非兹郡所有,故略焉弗载。尤恨耳目所际者狭,好古君子倘博搜旁求,无滋散逸,庶几羽陵汲冢,有时复出,置之学官,使群士彬彬博雅,且以备异时金匮石室之求,岂不懿欤? 若夫百家曲说,无关风雅,作者自苦,亦不得以繁琐故遗之,故附之杂类,来者有作,更续所未备,固野史氏所乐闻也。旧志所载诸书篇目,或刊刻于郡城,或杂出于州邑,烂然诚一代荣观也。兵燹之后,枣梨之藏府治者,蓬断烟销,不可复识,博览之士,搜猎无从,临文叹嗟,在所不免。然海内流传,不无存之邺架,名人强记,或且贮之腹笥,故府遗名,不敢恝置。况他邑烽火未撄,板帙必多存者,故备识之,以俟将来。至于近今诸家亦有剞劂,然仅登其数种,润色志林。他如风云月露之音、蛙鼓蝉笙之奏,鲜实裨于名教,不敢妄列郡乘,以恣滥觞。

扬州府志卷之二十五

文苑志下

赋

芜城赋

鲍照 字明道,宋东海人。临海王参军。

泲迤平原,南驰苍梧涨海,北走紫塞雁门。柂以漕渠,轴以崑岗。重江复关之隩,四会五达之庄。当昔全盛之时,车挂辖,人驾肩。廛闬扑地,歌吹沸天。孳货盐田,铲利铜山。才力雄富,士马精研。故能侈秦法,佚周令,划崇墉,刳濬洫,图修世以休命。是以板筑雉堞之殷,井干烽橹之勤。格高五岳,袤广三坟。崒若断岸,矗似长云。制磁石以御冲,糊赪壤以飞文。观基扃之固护,将万祀而一君。出入三代,五百余载,竟瓜剖而豆分。泽葵依井,荒葛胃涂。坛罗虺蜮,阶斗麏鼯。木[1]魅山鬼,野鼠城狐。风嗥雨啸,昏见晨趋。饥鹰厉吻,寒鸱吓雏。伏虣藏虎,乳血餐肤。崩榛塞路,峥嵘古馗。白杨早落,寒草前衰。棱棱霜气,蔌蔌风威。孤蓬自振,惊沙坐飞。灌莽杳而无际,丛薄纷其相依。通池既已夷,峻隅又以颓。直视千里外,唯见起黄埃。凝思寂听,心伤已摧。若夫藻扃黼帐,歌台舞阁之基;璇渊碧树,弋林钓渚之馆,吴蔡齐秦之声,鱼龙爵马之玩。皆熏歇烬灭,光沉响绝。东都妙姬,南国丽人。蕙心纨质,玉貌绛唇。莫不埋魂幽石,委骨穷尘。岂忆同辇之愉乐,离宫之苦辛哉?天道如何,吞恨者多。抽琴命操,为芜城之歌。歌曰:边风急兮城上寒,井陉灭兮丘陇残。

---

1 "木",原本误作"未",据《鲍明远集》卷一改。

千龄兮万代,共尽兮何言。

迷楼赋

李纲　字伯纪,邵武人。右仆射。

炀帝作迷楼于江都,钟鼓、嫔嫱不移而具,迄今旧址存焉。因读杜牧之《阿房宫赋》,感其事,作赋以吊之。其词曰:

隋室方隆,削平万国,侈心一开,弗安厥宅。凿为汴渠,导河之流,曲折千里,放于淮陬。凤盖霓旌,锦帆龙舟,决意东幸,江都是游。穷奢肆欲,乃建迷楼,维楼之制,众巧所聚。凌烟摘星,飞云宿雾,玉柱金楣,千门万户。复道连绵,洞房回互,翠华戾止,杳不知其何所。于是选夫燕赵之女,吴越之姬,明眸皓齿,丰颊秀眉,娥媌曼睩,窈窕融怡。被阿锡,曳齐纨,粉白黛绿,鸣佩锵环者充轫乎其间。列笙虡,罗钟鼓,吐清歌,呈妙舞,以乐之。桃李妍芳,耀新妆也。蕙兰芬馥,泛天香也。云舒霞卷,绣袿裳也。燕语莺啼,舌笙簧也。振木飞尘,歌声扬也。回风流雪,舞袖翔也。雷霆间作,金奏锵也。日日荐玉食,旦旦献玉衣。随意所往,恩幸则移。昼夜寒暑,高下东西,漠然不分,茫然不知。矧群臣之贤否,庶政之是非,生民之利病,天下之安危?盗贼斥乎寰宇,锋镝及乎宫闱。身死人手,虽悔何追?呜呼噫嘻!方其禽陈后主,戮张丽华,诛三佞人,以谢天下,一何壮也!及其师丧远征,祸肇玄感,荒淫不返,卒以弑殒,又何惫也!芜城之侧,故址犹存。狐兔之所窟穴,鼪鼯之所呻吟。霜露梗莽,风凄日曛。过而览者,莫不踌躇而悲辛。与夫琼室丧夏及鹿台亡商,吴之姑苏,秦之阿房,足以致乱于当年而垂戒于万世者,盖同出于一辙也。我作斯赋,以吊千古之非,而为后来者说也。

珠湖赋

崔公度　字伯易,高邮人。直龙图阁。

高邮西北有湖,名甓社。近岁夜见大珠,其光烛天。尝问诸渔,皆言或遇于他湖中。有窃谋之者,则风辄引船而去,终莫能至。赋曰:

万物之精,上为列星。其在下者,因物而成形。故在天下之伟宝,不妄其所托。托物之主,实内钟乎神灵。吾尝临东海,旅南溟,泛江淮之汤汤,济岳阳之洞庭，观其溶液衍裕，盖天地之委藏，秘怪恍惚，蛟虬峥嵘，岂世人之敢指名哉？若乃云梦震泽，浮梁合浦，兽潜宫亭，神见牛渚。直湘沅以南浮，怀泾渭而北顾。导东而成沧浪，激西而为滟滪。延平诞奇，汉皋殊遇。率传载之杂出，为异物之所处。或设限于藩服，或效琛于王府。铄高邮之经治，裂扬州之故部。有湖隶旁，将三千所。大或万顷，小亦千亩。迤逦兮联络，参错兮骈布。由卑以自处，倾十数州之羡沃。穷山大野，溪谷原薮。昼夜走险，越千里而来赴者，盖不知其几千百处。压东西之淡漫，势滮潏而无涯。鱼则鳏鲤鳊鳜鲵鲢鳡鲹，鸟则鹁鸪凫鹭䴘鹈鸿鹙。羃若烟海，会如泥沙。虫螺蟹若鰕蛤，卉菱茨而荷华。水不数舟，陆无算车。灌溉乎民田，漕引乎国家。夹堞长陂，程水壤之固护；饬官命属，厌功利之纷拏。迨夫地脉泉源，孰为要遮？潜合阴附，应淮海之嵰岈，微风翻澜，矧其甚耶？其或骇怒决溢，堤防之所不加，泆溎千里，农民播溺，宛转流离而不相救，又况其庐舍之与桑麻。噫，是亦涉者之庞观矣！瑰祥恢怪，庶几乎托焉。间乃省贡书，考图编，所陈者特盘飧之微。固不闻有把握之贵，为当世之所传。发咏乎川珍，翱翔乎水边。爰有芦人渔子，相语而来前曰：先生之念者货也。若夫川泽之精理则不然，不宝于人，独宝于天。今此有夜光之珠，产于深渊。我意其神，先生辩旃。其始也，天和景晴，湖波夜平。烟冉冉以肆收，万籁息而无声。则是珠也，凛气将之，若海月之升，含彩吐耀，周隅皆明。呀绀石而为宫，被绿苔以垂缨。挹奔星之光芒，吸沆瀣之精英。木散影兮扶疏，草露实兮红青。林鸟惊而移枝，群犬愕而争鸣。于是印人徐呼，上流俱起。抚鸿罥以先趋，领罾笱之已试。连徽挺扐，洒网扶枻。嗟虽鉴其眉睫，疑未晓其机器。方诡智之渐张，果造形而已逝。而况伏见靡时，欵彼倏此。与蛟龙之为朋，会风雨而作卫。彼能三足而在簖，鳖九肋而充馈。汉蛟鲊之青骨，郑鼋美之异味。勃牛悦水而黄夺，泽马玩绳而足踬。犀狎偶而解角，翠因媒而折翅。江使被执于行役，巨鱼为腊于贪饵。文贝瑇瑁，出祸其肠腹；金华玉英，坐穷于淘缀。蜎蠋胎寒，熠耀自喜。状绝意于遐引，适足杀其躯而已矣。是故号数选者，我固谓之货也，能不为珠之笑耶？予曰：呜呼噫嘻，信乎言也！既明且哲，则大雅君子者耶！不常所居，择利害而去就者耶！用以晦明，知在己者耶？色斯举矣，学孔子之徒者耶！薄泥涂而不辱，不耻下贱者耶！川不涸，岸不枯，有德乡里者耶！久之不闻，其遁世者耶！既而复曰：呜呼噫嘻，照魏王之乘耶！烛隋侯之室耶！谓上币耶！饰冠冕而佩耶！客有闻者，亦瞿然而兴曰：呜呼噫嘻！吾闻诸石室之书云，王者得之，长有天下，四彝宾服。然则得之者或非其心，独王者之心耶！

双楼赋　有叙。

吴道南

　　先是，州门之左钟鼓楼，有竖[1]矣。昔人闻更漏而知政，盖其重也。第东顾黉宫，尚缺环抱。家君来守，乃首文事。于是配一楼于学左，仍新旧竖。益增而崇之，形势嵯峨，风气郁勃，奕奕人文，俄然耸观。已道南请告南旋，属家君请致，维舟湖畔，乘兴登游，抚景凭栏，深幸家君之有斯举也，因为《双楼赋》。

　　睇斗分于扬甸，昈秦邮其奥区。亶心膂之故郡，通嗌吭于两都。倚长天而耸壁，纡众流其安盂。纵浩观于海若，想胜业于文儒。粤精华之郁郁，胥膏泽其需敷。地以人而贞吉，鼎与革其时俱。先斯州治，坦彼通衢。丽谯创而势巩，更漏明而化舒。睠胶庠于左址，缺拱抱于东隅。贵虎变而龙见，忌金旺而木虚。允惟并构，斯乃丕图。风气环而屹若，文明赍于奂如。是将协亨嘉以基定，泄泰征之苞符。家君出守，德邻不孤。风高悬榻之彦，行寡由径之夫。首文事其振起，占胜概以踟蹰。既自公而多暇，爰及时而可书。于是揽寅僚兮环观，偕学博兮龟卜。测阴阳以日圭，物土方乎地轴。陶者善埴，匠者善木。涂盖攸暨，丹漆有续。命执斫其工师，考落成其程督。骞左势以高冲，展右偏而增筑。奠盘石兮鳌戴，缭周墉兮鳞簇。森绣柱兮云标，兀画栋兮龙蠹。矫层檐兮翚飞，亘连甍兮蜥属。轩窗疏兮璁珑，屏槛回兮蜿曲。豁瓷洞其小天，架云梯其高足。肃重门之鞬鞻，示周行之轨躅。洒藻翰于扁题，树风声于司牧。讶双柱于龙门，怳二室于嵩岳。醒闉阇兮鼓钟，敏俊髦兮械朴。洄地设而天施，咸子来其神速。尔其空澄紫翠，气敛纷游。漏阳华于昼敞，澹孤清于夕流。腾祥光于合璧，贯精采于双虹。手星辰其可摘，步霄汉以虚游。俯井烟之悠缈，缅山河之绸缪。吴楚之风光半入，徐淮之景色全收。江海之奔涛在望，祖陵之佳气长浮。耸嵯峨而增胜，挹灵秀以垂庥。

1　"竖"，《嘉庆重修扬州府志》卷三四《古迹志四》作"树"。

若乃文游峙东北之陬,神居奠西南之浒。泻丹井之寒泉,萦邗沟之烟树。珠罢社其时辉,灯灵祠而夜吐。霁雪浪于森湖,曙月华乎仙浦。总奇幻之错呈,壮兹楼之钜楚。石干参兮棂星,金波湛兮泮潴。杏葶绚而春融,荷香蔼而夏午。魁柄揭兮运旋,衮瞻峻兮物睹。鸣鹳[1]鹤兮九重,跃龙鱼兮化雨。骈佳丽于文楼,郁葱茏于殷序。象日月其并悬,际风云而朋举。数有兆于先开,功岂云乎小补?实藉手以酬报,靡觊心于歌舞。我来自北,启处不遑,至止于斯,色笑载扬。家大人欲返初服,余小子获系归航。缘休沐而省觐,且游览以徜徉。披州图兮绣错,阅圣坛兮纮张。恢灵奖兮一陟,乘虚御兮初阳。屏舆从其勿饬,独馆甥之在旁。昑晴空于远水,回鸟影于波光。瞥浮云之倏忽,顺大化于苍茫。抚山川兮具美,眷才情兮欲狂。仰高标于秦孙,寄雅况于苏王。虽纷吾之寡韵,亦聊引以捧觞。乃飞墨雾,乃拂毫霜。借鳣兆而漫兴,雕虫技以成章。纳遐瞩其门闼,括奇探以缥囊。欹菁莪之浮酦,荫茇憩其成行。归去来兮各一方,溯回游兮宛中央。人生贵适,主德难忘。家君有怀于畎亩,余忍遽卜其行藏。倘登兹楼而再玩,偕我君子,瞻天于阆苑;暨兹耆耉,观日于扶桑。

隋宫赋

汪洋 字千顷,江都人。

试览遗都,妩妩荒原。丛丘累错,灌莽芊绵。遐周四极,心怆睁酸。痛殷墟之《黍离》,忆鲁殿之岿然。考黄图之禁籞,迷蔓草兮寒烟。询苍离与野宿,庶彷佛摭其言焉。云世远而代更,迭纷夸而递传。亘修堤以对截,实象魏之双悬。蹑鳞坂之陂陀,断古甓于颓垣。旁临九曲,藻荇沦涟。辘轳罢汲,凄凉井智。突矗迷楼,蜀冈之巅。慨当日之侈构,谓即可以迷仙。悲玉钩之幽沉,葬罗绮与钗钿。眺雷塘之巨浸,波混溇而际天。指萤苑与鸡台,辅芜城之西偏。列崇阜之延袤,皆离宫之废阡。每岁岁而耕耘,获金龟与古钱。悼陵谷之几墟,犹大业以纪年。是皆土著之臆习,乌睹上世之愚贤。予因感怃,抚心茫然。追维全盛,四海肇兴。先皇搏俭,亿兆底宁。处富必骄,持满

---

1 "鹳",原本误作"观",据《嘉庆重修扬州府志》卷三四《古迹志四》改。

则盈。鲜皋夔以翊赞，遂淫佚于丕承。既辱师于辽漠，复黩武于边庭。耻污蔑于伦常，服幽絷于天刑。疏息壤以引汴流，挂锦帆而幸广陵。于是琼宫云蔚，丹阙霞蒸。金釭夜照，烛龙晓升。穷千门兮万户，竭土木之精英。阿房井干，莫之与京。遴率土之殊色，充嫔御于掖庭。脂弃水而成腻，香结雾而常凝。呈歌进舞，考鼓铿钟。恒思傍辇，咸愿当熊。望至尊之一顾，终老死而未逢。举六合以自奉，尚不足于侈衷。一旦烟尘四起，土崩瓦析。精丧志昏，顾影汲汲。鸩毒晏安，变生肘腋。彼镜中之头项，悬仗下之锋镝。天厌独夫，宇文肆逆。身膏草野，国化荆棘。审两朝之治乱，能不致慨于今昔。遗马鬣之一抔，增吊古之不息。蜀冈嵯峨，寒塘自波。树萧森而环卫，流呜咽而鸣珂。吊落日之山鬼，吹阴风之女萝。貚貐啼逐，狐兔奔过。蛙翻水调之曲，鸟唱木兰之歌。林叶酣霜，缀侈心于彩树；野花竞笑，钟芳魂于翠娥。碧磷带雨而愈明，飞萤饱露而滋多。似甲煎之常焚，照夜宴于山阿。忆昔春阳，袅袅垂杨。金堤燕巧，紫陌莺狂。拂辇路而条柔，扑羽盖而花香。值上苑之春明，助眉痕于晓妆。今惟憔悴，凋零道傍。鸥宿树而凄号，蝉抱叶而悲凉。孤癭岁结，冷魅宵防。哀农人兮樵子，日斧斤以见戕。叹野水之无情，会流入于宫墙。啮枯槎于崩岸，漂断苇兮浮蒋。楚云悠悠，取鉴迷楼。难消狂恨，常含古愁。不见珠帘兮画栋，但闻鸟雀之啾啾。驱牛羊而向夕，横牧笛于清秋。望翠华之不返，悼来者之追游。读苔碑兮薜碣，莫不宣丑而扬羞。吴山逶迤，列岫参差。送亡国已千载，惟苍翠而不移。月穿荒冢，岂同珠襦。玉柙之地，风号僵木。如吟稽颡，接踵之诗。当日御沟之凫雁，化为桔橰之污池。缅想衮衣与玉食，散作烟梗兮云丝。伊昔朝班之剑珮，祗余禾黍之迷离。嗟一代之竹帛，付秋末兮春犁。别有离宫络绎，荣芋竹西。曾奉御幄以宸游，今为梵刹与禅栖。瞻金仙之烜赫，俨法驾而受厘。睹幡幢之飘举，讶卤簿之葳蕤。呗寂山空，宛似肃朝之候钟；鸣谷应恒，如待漏之时信。尘世之泡幻，等昆明之劫灰。彼秦宫兮汉畤，虽异辙而同归。恶颛蒙其何识，敢载笔以敷词。心独感兹兴废，遂申臆以补悲。

玉涓泉赋 有序

余庚 如皋人。

吾邑中禅寺,创自唐大中,以逮于今,盖称古刹云。邑乘中载寺有玉涓泉、隐玉斋施食也,皆数百年故迹也。池今尚存,汪洋空阔,荡人胸臆。隐玉斋为宋曾文昭公读书处,不知所在。玉涓泉不第,旧井无禽,竟亦空传其名耳。顷有雨,沙弥以争地致讼,指为玉涓泉故址。果掘之而得数井焉,当亦近是。阖邑奇之,乐为重潴。邵潜夫作诗首倡,予因依韵为和,爰撰一赋,窃效糠粃,敢徼诸君子为玄晏乎?癸未孟夏浴佛日。

礼崇五祀,制共八家。乾文应宿,地脉流华。肇自伯益,耕凿渐加。浪沸盐藻,厥名匪一。金风云火,需用靡奢。玉羊现土精之兆,瑶蛙休缺甃之涯。女多丽色,人恒羡乎绿珠;年享高龄,世每重其丹砂。彭祖遗西楚之旧宅,柳毅谐良耦之孔嘉。坐观者嗤所见之不广,抱瓮者谓机事之堪嗟。咤壶公灵祈致蟹,笑子阳尊大为蛙。乃若感生桐叶,禁落桃花。留宾投辖,酿酒烹茶。维东阿之祛烦除秽,繄寒冰之浮李沈瓜。井之致用,其事最广。略陈蠡测,良足为夸。玉涓泉者,中禅寺之眢井也。寺旧为黉序,嗣改梵宫。自南唐迄明,盖于今几历有千禩矣。古寺萧萧兮僧寮寂寂,甘泉先竭兮井渫不食。逖观往牒兮徒滋太息,芯苔相讦兮虞芮交质,蓁莽蒙密兮惝恍恍惚尔。乃荷锄负钟,奔趋是亟。指地寻源,穿壤浚穴。未及九仞之深,遂获四井之迹。遗甓零落,泉脉腾沸。惊平津之再合,俨联珠而贯璧。爰见濡濡汩汩,淳淳湜湜。新故虽殊,甘芬不易。倾邑来观,老幼毕集。不假辘轳,罂罍竞觅。将乃覆以银床,题以佳额。雕亭画楯,镌文伐石。金瓶与素绠相牵,玉槛偕球栏并饰。寒浆冽而敷润,太阴协而沄潏。漱芳洁者饮金茎之沆瀣,沾肝脾者饫仙洞之玉液。符纪载所传闻,贻来兹之利益。试问中泠与惠山兮不知谁为堪敌,粤稽龙焙与惠通兮想亦差可相匹。因而遐思兮钓台之十九,更追念兮醉翁之六一。仿佛兮智果之参寥,依稀兮大鉴之卓锡。任名泉之错出兮,讵让井而避席。美哉斯举,诚复古之奇观,群心所共怿也!重曰:维玄黄之既剖兮,乃穿坤而浚泽。钧待给而表灵兮,何或通而或塞。慨鸿渐之遐逝兮,混淄渑而致感。知数极之必反兮,事更久而变历。信世运之推迁兮,易苍黄于瞬息。睹细物之翻覆兮,悟人理之叵测。蠲有情者之酷焰兮,请试尝井露之涓滴。

后芜城赋 拟鲍明远并序

陈邦桢

《后芜城赋》者,后乎临海王子顼时昭之所赋而赋也。芜城者,吴王濞之故都也。吴王濞之故都其芜焉,何也?濞于此焉,逆而始芜矣。惟顼亦有今将之心将无又即于芜焉,昭故借以讽之也。然则前乎此城而芜焉者,不芜而芜者也。后乎此城而芜焉者,芜而不芜者也。余为昭更赋其不芜者,拟之曰:

涉芒甸于禹服,疆周索于古邘。列九鼎于风鼍,缀淮海之墉垣。织川原于掌指,挫流峙于毫端。营区噢于皇居,拔大皁而巑岏。罗卉服于岛屿,浮粮舶于袭湍。粤凿渎而北通,岂汪芒以自缄。览相观于牛度,皖箱服以经分。鉴澄氛于河斗,启阊阖而横陈。郁风云之攸萃,瞩日月之端门。物上腴之土膏,职筱荡与瑶琨埒。贡金之三品,错织贝之奇珍。亘文虹之径野,顾惊心而动魄。揽斯文之在兹,自雷奔而电掣。逸东陵于塍畖,发瓜华而五色。综季弼之科章,欲案行其何摄。迅镞矢于弦端,尚霍然其愈疾。逮东部之构榴,尤见尊为雄伯。而况摩霄凌云之气,似续而无穷。雕龙吐凤之声,走飞而若接。岂非坤灵之所钟献最首蔚为人杰者乎?至其都会之聚,形胜之延。南临江浒,北溯悬川。东拂扶桑之曙,西连岍蜀之渊。七峰比而峯嶂,嵌岩起乎甘泉。呀九曲之泓池,瞰木兰兮涓涓。望雷陂而罢钓,进舆浦而骈舽。轴昆冈而逦弛,睇鸾鹤而翩跹。吞曲江之洪涛,奔南山于绮筵。五马方渡而龙飞,赤岸嘶骢而破烟。若乃卉檀层纷而散藻边实,离历以增羞。珍禽噪引于苑林,水族仓困而时修。篷薄编连于扈业,贿廛箘载于轩辖。盐田挟策于东莱,梁杭露积于西畴。士女落鬓而承袿,冠盖蝉联而驷骖。沈浸乎文章之奥府,熠耀乎人物之先游。其秀苗,则有芍药赠诒而围金不易,楳华绽烂而官阁重芳。萍实中流而映日,艾蒮照景于涉江。撷蘼芜于兰渚,丛丹蕊于顷筐。拾美人之香草,多蒩封而药房。采江篱于蘅皋,纫杜若于帷缠。蕃厘手种而琼莩滋,延年名鞠而阴赢长。其特著,则有皋禽夜啸于澄秋,白雁知霜而送候。乾鹊选风而避岁,莺鹓忧贤而梦遘。鲸鲵发响于蒲牢,鹏鹍横翼于锦昼。龙唉五花而潜泳,鲖生千岁而骧骤。冠凫韫石于锐颅,鸾音夜飞而穰奏。其森挺,则有檀栾陆海而朱书,青牛伏龟而佐七。宵炕尽聂之奇,峄阳悬溪之异。河柽独摇而笼烟,海榴缤纷而吐爆。发烂若奇光之瓶,酿味居仙药之次。

胆之以十笏之笼,含之以麦英之渍。木奴课价于百绢,璇星散彩于十户。其服牵,则有白民古黄之足,青毛雷首之奇。参军头白而载恶,主簿跪乳而髯须。子蜺戴玉而千祀,鹊卢秉利而斯批。金根龙首而衔轭,玳瑁紫辒于荣英。雀鹬游涌而洄翔,梁丽停伫而犹夷。碧玉黄金之辇,绛绡缯锦之维。其宝袭,则有扬迈紫磨之父,朱提白镣之母。阳珠照世而凤衔,方诸荣符而龙吐。玉瓮不汲而自盈,赤亥能飞而蚨注。明光夹斗帐之辉,藻火缝连烟之户。荐紫罗于百和,方织文而空布。所以康庄贯利,鞭度敕门。介思之次,百货披纷。二男五女,意气轻翻。御高扬趾,锦绮昕昏。好神仙方术,知读丹经而炼气,不知城虽坚而孰守?剑有锋而谁利?鼓八公之操愿,生毛羽而上揭。不知瑶光虽过于北斗,神骏须臾而待驶。何况先畴播获之不图,规榘高曾而可弃。不如端躬至德之基,缉续熙明之绪。花熳桂岩之帷,草奏枚公之谛。人百尺而超于楼,化单车而感其诣。鉴扬杓于泠源,勒棠阴于召埭。琴羽沸其徽音,箫鼓陈其新缔。廓前圣之灵文,以永奠元嘉之善治。

后芜城赋

李滢

原夫斗野攸分,楚甸载辟。襟带江淮,控引蛮貊。轻扬纪于《职方》,岿称于史册。其盛衰得失之故,见于齐梁以前者,明远之赋言之详矣。隋氏代兴,南北混一。炀帝篡夺,志在淫佚。乃凿汴渠,爰达江国。锦帆龙舟,千里蔽塞。辽左丧师,江都是即。罔念疮痍,敢号饥溺。项昇献制,遂造迷楼。金楹玉柱,蓬岛丹丘。齐云落星不足比,临春结绮未堪侔。吴姬越女,皓齿明眸。服则鲛绡火浣,食则海错山羞。朝吟蛱蝶,暮弹箜篌。花作剪彩之戏,曲名清夜之游。大业之末,四海怨叛。歌吹成空,干戈瞀乱。焰吐凌风之台,草荒郤月之观。愁鸥啸夫玉钩,飞鸢啄夫金弹。李唐御宇,重镇肇兴。盐铁转运,俱治广陵。高樯巨舰,画鹢彤旌。逮于中叶,殷盛日增。青枫拂乎曲巷,绿屿映乎雕甍。纤腰间夫长袖,玉佩杂夫繁缨。香霭芙蓉之帐,花围云母之屏。管弦达旦兮别院,灯火不夜兮层城。扬一益二,夸美汗青。安史煽祸,五季嗣作。舞榭凄凉,歌台寂寞。高阳之间,兵燹相错。青磷火兮迎仙之楼,碧土花兮延和之阁。嗣宋室之开基,号富完而安乐。倏中叶之播迁,遽沦陷夫河洛。忆靖康之驻跸,暨完颜之肆虐。飞驳碎兮绮罗,箭镞丛兮帘箔。湾头之哨马几过,制置之孤军被缚。遗骸零乱于丘墟,战血漂流于城郭。千载闻之,涕泪为落。明兴宁宴,近三百年。大农资漕渠之飞輓,县官赖盐笑之贸迁。轮蹄辐辏,商贾喧阗。朱楼十二,粉黛三千。春花旖旎,秋草芊眠。流苏昼掩,水沉宵燃。缔新欢而密勿,怀往眷而缠绵。至于水涌皓月,山衔断云。修禊竞渡,士女缤纷。嗣法曹之逸响,赓枚叟之雄文。忆曩日之繁盛,每梦绕于兰薰。启祯之末,寇盗四起。燕都不守,强藩至止。兵日骄淫,民尽疿痏。蹇蹇史公,尽瘁国事。铁骑骤驰,雉堞倏毁。碧血溅于川原,红颜沦于边鄙。至于今日荒烟遍野,旅谷盈庭。鸡台之绿蚁谁泛,萤苑之青莎自生。岂非樵苏所酸鼻,词客所伤情哉!爰为歌曰:江海灌注,古维扬兮。龙舟凤舸,侈隋炀兮。玉箫水调,流风长兮。烬灭烟销,日凄凉兮。狐鸟夜号,告不祥兮。忠贞沦没,民流亡兮。抗怀千载,徒茫茫兮。

谣谚

广陵谣 颂汉广陵太守陆稠也。
解结理烦,我国陆君。

扬州谚
扬州独步,王文度。后来出人,欸嘉宾。

范公谣 颂明转运范鏓也。
盐政奚废公未逢,盐政奚兴逢我公。
范来早,我人饱。范来迟,我人饥。

拯溺谣 颂扬子尉胡宿。
可怜洪水正滔滔,民被漂流憯莫逃。不是当年扬子尉,几人鱼鳖逐波涛。

刘堤谣 成化间,颂兴化令刘廷瓒也。

东捍海兮维范公,西护塘兮刘之功。海不扬兮塘不涸,民乐其中兮岁恒有丰。

箴

扬州牧箴

扬雄

矫矫扬州,江汉之浒。彭蠡既潴,阳鸟攸处。橘柚羽贝,瑶琨筱荡。闽越北垠,沉湘攸往。犷矣淮夷,蠢兹荆蛮。翩翩昭王,南征不旋。人咸颠于垤,莫颠于山。咸跌于污,莫跌于川。明哲不云我昭,童蒙不云我昏。汤武圣而师伊吕,桀纣悖而诛逢干。盖迩不可不察,远不可不亲。靡有孝而逆父,罔有义而忘君。太伯[1]逊位,基吴绍类。夫差一误,太伯无祚。周室不匡,勾践入霸。当周之隆,越裳重译。春秋之末,侯甸[2]叛逆。元首不可不思,股肱不可不挛。尧崇屡省,舜盛钦谋。牧臣司扬,敢告执筹。

铭

石帆铭

宋 鲍照

应风剖流,息石横波。下淁地纽,上猎星罗。吐湘引汉,翕蠡吞沱。西历岷冢,北泻淮河。眇森弘蔼,积广连深。沦天测际,亘海穷阴。云族未起,风柯不吟。崩涛山坠,郁浪雷沉。在昔鸿荒,刊启源陆。表里民邦,经纬岛[3]服。瞻贞视晦,坎水巽木。乃剡乃铲,既刿既斫。飞深浮远,巢潭馆谷。涉川之利,谓易则难。临渊之戒,曰危乃安。泊潜轻济,宜表勤言。穆我戒逐,留御不还。徒悲猿鹄,空驾沧烟。君子彼想,祇心载惕。林简松栝,水探龙鹬。觇气涉潮,投祭涵璧。揆检舍图,命辰定历。二崤虎口,周王凤趋。九折羊肠,汉恶电驱。

---

1 "太伯",《扬子云集》卷六作"大作"。下同。

2 "甸",原本误作"旬",据《扬子云集》卷六改。

3 "岛",《鲍明远集》卷一作"鸟"

潜鳞浮翼,争景乘虚。衡石赪鼋,帝子察殂。青山断河,后父沉躯。川吏掌津,
敢告访途。

杂著

七发 观涛

枚乘

客曰:"将以八月之望,与诸侯远方交游兄弟,并往观涛乎广陵之曲江。
至则未见涛之形也,徒观水力之所到,则恤然足以骇矣。观其所驾轶者,所擢
拔者,所扬汩者,所温汾者,所涤汔者,虽有心略辞给,固未能缕形其所由然
也。怳兮忽兮,聊兮慓兮,混汩汩兮,忽兮慌兮,俶兮傥兮,浩汍漾兮,慌旷旷
兮。秉意乎南山,通望乎东海。虹洞兮苍天,极虑乎崖涘。流揽无穷,归神日母。
汩乘流而下降兮,或不知其所止。或纷纭其流折兮,忽缪往而不来。临朱汜
而远逝兮,中虚烦而益怠。莫离散而发曙兮,内存心而自持。于是澡概胸中,
洒练五藏,澹澉手足,颊濯发齿。揄弃恬怠,输写澒浊,兮[1]决狐疑,发皇耳目。
当是之时,虽有淹病滞疾,犹将伸伛起躄,发瞽披聋而观望之也。况直眇小烦
懑,醒酲病酒之徒哉! 故曰:发蒙解惑,不足以言也。"

太子曰:"善。然则涛何气哉?"

客曰:"不记也。然闻于师曰:似神而非者三:疾雷闻百里;江水逆流,
海水上朝;山出内云,日夜不止。衍溢漂疾,波涌而涛起。其始起也,洪淋淋
焉,若白鹭之下翔。其少进也,浩浩凯凯,如素车白马帷盖之张。其波涌而云
乱,扰扰焉如三军腾装。其旁作而奔起也,飘飘焉如轻车之勒兵。六驾蛟龙,
附从太白。纯驰浩蜺,前后骆驿。颙颙卬卬,据据疆疆,莘莘将将。壁垒重
坚,沓杂似军行。訇隐匈磕,轧盘涌裔,原不可当。观其两旁,则滂渤怫郁,阂
漠感突,上系下律,有似勇壮之卒,突怒而无畏。蹈壁冲津,穷曲随隈,逾岸出
堭[2]。遇者死,当者坏。初发乎或围之津涯,荄轸谷分。回翔青蘋,冲枚檀柏[3]。
弭节伍子之山,通厉骨母之场,凌赤岸,篲扶桑,横奔似雷行,诚奋厥武,如振
如怒,沌沌浑浑,状如奔马。混混庯庯,声如雷鼓。发怒庢沓,清升逾跇,侯波

1　"兮",《枚叔集·七发》作"分"。

2　"堭",《枚叔集·七发》作"追"。

3　"柏",《枚叔集·七发》作"桓"。

奋振,合战于藉藉之口。鸟不及飞,鱼不及回,兽不及走。纷纷翼翼,波涌云乱,荡取南山,背击北岸。覆亏丘陵,平夷西畔。险险戏戏,崩坏陂池,决胜乃罢。沔汩潺湲,披扬流洒。横暴之极,鱼鳖失势,颠倒偃侧,沈沈湲湲,蒲伏连延也。神物[1]怪疑,不可胜言。直使人踣焉,洞阂凄怆焉。此天下怪异诡观也,太子能疆起观之乎?"

大子曰:"仆病未能也。"

扬州府志卷之二十六

文苑志

古乐府

鹜食蝗

冯兰　余姚人,江西按察司副使。

扬州属县蝗在地,为鹜所食,飞者以翼击死,诏禁捕鹜。

秃鹜秃鹜,胡不食鱼?胡不食蚁?念我民穷击蝗死,死蝗食尽苗复苏,慎勿捕尔长尔雏。

鼠渡江 万历丁巳

徐宗道

鼠渡江,何漫漫,千万衔尾乘波澜,公行白昼田庐间,谁其致此多奸顽?物畏所天猫制鼠,猫职弗供罪堪数。厥性徒狼貌徒虎,但食膏梁不司逋,流毒遗灾遍江浒。

诗

至广陵于马上作 《外编》云《广陵观兵》。

魏文帝

《魏志》:黄初六年十月,行幸广陵故城,临江观兵,戍卒十余万,旌旗数百里,帝于马上为诗。

观兵临江水,水流何汤汤。戈矛成山林,玄甲耀日光。猛将怀暴怒,腾气正纵横。谁云江水广,一苇可以航。不战屈人虏,戢兵称贤良。古公宅岐邑,实始剪有商。孟献营虎牢,郑人惧稽颡。充国务耕植,先零自破亡。兴农淮泗间,筑室都徐方。量宜运权略,六军咸悦康。岂如东山诗,悠悠多忧伤。

过铜山掘黄精

鲍照

土肪闷中经,水芝韬内策。宝饵缓童年,命药驻衰历。矧蓄终古情,重拾烟雾迹。羊角栖断云,桅口流险石。铜溪昼成森,乳窦夜涓滴。既类风门磴,复象天井壁。蹀蹀寒叶离,瀸瀸秋水积。松色随野深,月雾依草白。空守江海思,岂愧梁郑客。得仁古无怨,顺道今何惜。

广陵岸北送使

徐铿 字子坚,武威人。梁参军。

行人引去节,送客舣归舻。归是观涛处,仍为郊赠衢。汀洲浪已息,邗江路不纡。亭嘶背枥马,樯转向风乌。海上春云杂,天际晚帆孤。杂舟对零雨,别渚望飞凫。定知能下泪,非但一杨朱。

扬州法曹梅花盛开

何逊 字仲言,东海郯人。梁水部郎。

兔园摽物序,惊时最是梅。冲霜当路发,映雪拟寒开。枝横却月观,花绕凌风台。知应早零落,故逐上春来。

江都夏

隋炀帝

黄梅雨细麦秋轻,枫树萧萧江水平。飞楼绮观轩若惊,风簟罗帏当夏清。菱潭落日双凫舫,绿水红妆两摇漾。还似扶桑碧海上,谁能空歌采莲唱。

江都宫乐歌

扬州旧处可淹留,台榭高明复好游。风亭芳树回早夏,长皋麦陇送余秋。渌潭桂楫浮青雀,果下金鞍跃紫骝。绿觞素蚁流霞饮,长袖清歌乐戏州。

泛龙舟

舳舻千里泛归舟,言旋旧镇下扬州。借问扬州在何处?淮南江北海西头。六辔聊停御百丈,暂罢开山歌棹讴。讵似江东掌间地,独自称言鉴里游。

和炀帝江都夏

虞茂

长洲茂苑朝夕池,映日含风结细漪。坐当伏槛红莲披,雕轩洞户青薠吹。轻幌芳烟郁金馥,绮檐花箪桃李枝。兰苕翡翠但相逐,桂树鸳鸯恒并宿。

奉和晚日杨子江应教

柳誓

大江都会所,长洲有旧名。西流控岷蜀,东泛迩蓬瀛。未睹纤罗动,先听远涛声。溶濛云色应,浃叠浪花生。欲知暮雨歇,当观飞旆轻。

奉寄章十侍御时初罢梓州刺史陈川留后将复赴朝廷

杜甫 字子美,襄阳人。工部员外郎。

淮海维扬一俊人,金章紫绶照青春。指挥能事回天地,训练强兵动鬼神。湘西不得归关羽,河内尤宜借寇恂。朝觐从容问幽侧,勿云江汉有垂纶。

之广陵宿常二南郭幽居

李白 字太白,蜀人。翰林供奉。

绿水接柴门,有如桃花源。忘忧或假草,满院罗丛萱。暝色湖上来,微雨飞南轩。故人宿茅宇,夕鸟栖杨园。还惜诗酒别,深为江海言。明朝广陵道,独忆此倾樽。

题瓜洲新河饯族叔舍人贲

齐公凿新河,万古流不绝。丰功利生人,天地同朽灭。两桥对双阁,芳树有行列。爱此如甘棠,谁云敢攀折。吴关倚北固,天险自兹设。海水落斗门,潮平见沙汭。我行送季父,弭棹徒流悦。杨花满江来,疑是龙山雪。惜此林下兴,怆为山阳别。瞻望清路尘,归来空寂灭。

赠徐安宜

白田见楚老,歌咏徐安宜。制锦不择地,操刀良在兹。清风动百里,惠化闻京师。浮人若云归,耕种满郊岐。川光净麦垄,日色明桑枝。讼息但长啸,宾来或解颐。青橙拂户牖,白水流园池。游子滞安邑,怀恩未忍辞。翳君独桃李,岁晚托深期。

秋日登扬州栖灵塔

宝塔凌苍苍,登攀览四荒。顶高元气合,标出海云长。万象分空界,三天接画梁。水摇金刹影,日动火珠光。鸟拂琼帘度,霞连绣拱张。目随征路断,心逐去帆扬。露浩梧楸白,霞摧橘柚黄。玉毫如可见,于此照迷方。

宿庐江寄广陵旧游

孟浩然　襄阳人。

山暝听猿愁,苍江急夜流。风鸣两岸叶,月照一孤舟。建德非吾土,维扬忆旧游。还将两行泪,遥寄海西头。

登栖灵塔

高适　字达夫,渤海人。

淮南富登临,兹塔信奇最。直上造云端,凭虚纳天籁。迥然碧海西,独立飞鸟外。始知高兴尽,适与赏心会。连山黯吴门,乔木吞楚塞。城池满窗下,物象归掌内。远思驻江帆,暮情结春霭。轩车疑蠢动,造化资大块。何必了无身,然后知所退。

客广陵

王昌龄　字少伯,江陵人。

楼头广陵近,九月在南徐。秋色明海县,寒烟生里闾。夜帆归楚客,昨日渡江书。为问易名叟,垂纶不见鱼。

送扬州王司马

岑参　邓州人。

君家旧淮水,水上到扬州。海树青官舍,江云黑郡楼。东南随去鸟,人更待行舟。为报吾兄道,如今已白头。

扬子江楼

孙逖　博州武水人。

扬子何年邑,雄开作楚关。江连二妃渚,云近八公山。驿道青枫外,人烟绿屿间。晚来潮正满,数处落帆还。

泊扬子岸

祖咏　洛阳人。

才入维扬郡,乡关北路遥。林藏初霁雨,风退欲归潮。江火明沙岸,云帆碍浦桥。客衣今日薄,寒气近来饶。

送高邮税使刘入都

尝闻积归思,昨夜复兼秋。乡路京华远,王程江水流。吴歌喧两岸,楚客醉孤舟。渐觉潮初上,凄凉多暮愁。

扬州寄诸子

裴夷直

千里隔烟波,孤舟宿何处。遥思耿不眠,淮南夜风雨。

暮秋扬子江寄孟浩然

刘眘虚 江东人。

木叶纷纷下,东南日烟霜。林山晚相向,天海空青苍。暝色况复久,秋声亦何长。孤舟兼微月,独夜仍越乡。寒笛对京口,故人在襄阳。永思劳今夕,江汉遥相望。

琴歌扬州送别

李颀 洛阳人。

主人有酒欢今夕,请奏鸣琴广陵客。月照城头乌半飞,霜凄高树风入衣。铜炉花烛独增辉,初弹绿水后楚妃。一声似动物皆静,四座无言星欲稀。清淮秦使千余里,敢告云山从此始。

冬夜宿扬州开元寺烈公房送侍御之江东

刘长卿 字文房,河间人。

迁客投吴越,穷阴淮海凝。中原驰困兽,万里接饥鹰。寂寂莲宇下,爱君心自弘。空堂来霜气,永夜明青灯。此去尔何恨,近名予未能。炉峰若便道,为访东林僧。

送子婿往扬州

渡口发梅花,山中动泉脉。芜城春草生,君作扬州客。

渡扬子江

丁仙芝 润州曲阿人。

桂楫中流望,空波两岸明。林开扬子驿,山出润州城。海静边阴净,江寒朔吹生。更闻枫叶下,淅沥度秋声。

送皇甫冉往安宜

李嘉祐 字从一,广陵人。

江皋尽日惟烟水,君向白田何日归。楚地兼葭惟海迥,隋朝杨柳映堤稀。

津楼故市生荒草,山馆空城闭落晖。若问行人与征战,使君双泪定沾衣。

过扬州

韩翃[1] 字君正,南阳人。

满郭是春光,街衢土亦香。竹风轻履舄,花露腻衣裳。谷鸟鸣还艳,山夫到亦狂。可怜游滞地,炀帝国销亡。

江北风光嫩,淮南胜景多。市廛持烛入,邻里漾船过。有地皆栽竹,无家不养鹅。春风荡城郭,满耳是笙歌。

盐商妇

白居易 字乐天,下邽人。刑部尚书。

盐商妇,多金帛,不事田园与蚕绩。南北东西不失家,风水为乡船作宅。本是扬州小家女,嫁得江西大商客。绿鬟溜去金钗多,玉腕肥来银钏窄。前呼苍头后叱婢,问尔因何得如此。婿作盐商十五年,不属州县属天子。每年盐利入官时,少入官家多入私。官家利薄私家厚,盐铁尚书远不知。何况江头鱼米贱,红鲙黄橙香稻饭。饱食浓妆倚舵楼,两片红腮花欲绽。盐商妇,何幸嫁盐商。终朝美饮食,终岁好衣裳。好衣美食有来处,汝须惭愧桑弘羊。桑弘羊,死已久,不独汉时今亦有。

隋堤柳

隋堤柳,岁久年深尽衰朽。风飒飒兮雨萧萧,三株两株汴河口。老枝病叶愁煞人,曾经大业年中春。大业年中炀天子,种柳成行傍流水。西自黄河东接淮,绿影一千三百里。大业末年春暮月,柳色如烟絮如雪。南幸江都恣佚游,应将此树荫龙舟。紫髯郎将护锦缆,青蛾御女直妆楼。海内财力此时竭,舟中歌笑何日休。上荒下困势不久,宗社之危如缀旒。炀天子,自言欢乐殊无极,岂知明年正朔归武德。炀天子,自言福祚垂无穷,岂知明年皇子封酅

1　是诗篇名及作者有误。此处所录为姚合《扬州春词三首》之第二、第三首。又,"翊"字误,当作"翃"。韩翃,字君平,然韩翃无《过扬州》诗,其《送崔秀才赴上元兼省叔父》第二首言及"扬州":"淮山轻露湿,江树狂风扫。楚县九酝酽,扬州百花好。"

公。龙舟未入彭城阁,义旗已入长安宫。萧墙祸生事大变,晏驾不得归秦中。土坟数尺何处葬,吴公台下多悲风。二百年来汴河路,露草冰烟朝复暮。后王何以鉴前王,请看隋家亡国树。

题河边枯柳

王泠然

隋家天子忆扬州,厌坐深宫傍海游。穿地凿山通御路,鸣笳叠鼓泛春流。流从巩北河汾口,直到淮南种官柳。功成力尽人旋亡,运谢年移树空有。当时彩女侍君王,帐殿旌门对柳行。青叶交垂连幔色,白花飞散染衣香。今日摧残何用道,数里曾无一株好。驿骑江帆损更多,山精鬼魅藏应老。凉秋九月露为霜,日夜孤舟入帝乡。河畔时时闻落木,客中无个不沾裳。

杨柳枝

刘禹锡 字梦得,中山人。礼部尚书。

杨子江头烟景迷,隋家宫树拂金堤。嵯峨犹有当时色,半蘸波中水鸟栖。

禅智寺

张祜[1] 字永吉,南阳人。

宝殿依山险,临虚势若吞。画檐齐木末,香砌压云根。远景窗中岫,孤烟竹里村。凭高聊一望,乡思隔吴门。

芜城

李端 赵州人。

昔人登此地,丘陇已前悲。今日又非昔,春风能几时。风吹城上树,草没城边路。城里月明时,精灵自来去。

---

1 "祜",原本误作"祐",据《新唐书》卷六〇《艺文志四》改。

扬州怀古

李益　字君虞，陇西姑臧人。

故国歌钟地，长桥车马尘。彭城阁边柳，偏似不胜春。

扬州早雁

江上三千雁，年年过故宫。可怜江上月，偏照断根蓬。

将游罗浮山登广陵楞伽台别羽客

李群玉　字文山，澧州人。

清远登高台，晃朗纵览历。濯泉唤仙风，于此荡灵魄。冷光邀远日，百里见海色。送云归蓬壶，望鹤灭秋碧。波澜收日气，天宇回澄寂。百越落掌中，十洲点空白。身居飞鸟上，口咏玄元籍。飘如出尘笼，想望吹箫客。冥冥人间世，歌笑不足惜。劫来罗浮颠，披云炼琼液。谢公云岑兴，可以蹑高迹。吾将抱瑶琴，绝境纵所适。

经炀帝行宫

刘沧

此地曾经翠辇过，浮云流水竟如何。香销南国美人尽，怨入东风芳草多。残柳宫前空露叶，夕阳江上浩烟波。行人遥起广陵思，古渡月明闻棹歌。

隋宫二首

鲍溶　字德源。

御街行路客，行路悲春风。野老几代人，犹耕炀帝宫。零落池台势，高低禾黍中。

柳塘烟起日西斜，竹浦风回雁弄沙。炀帝春游古城在，坏宫芳草满人家。

咏法云寺双桧

温庭筠　字飞卿，并州祁人。方城尉。

晋朝名辈此离群，想对浓阴去住分。题处向寻王内史，画时应是顾将军。

长廊夜静声疑雨,古殿秋深影似云。一下南台别人世,晚泉清籁更谁闻。

过陈琳墓

曾于青史见遗文,今日飘零过古坟。词客有灵应识我,霸才无主始怜君。石麟埋没藏秋草,铜雀荒凉锁暮云。莫怪临风倍惆怅,欲将书剑学从军。

寄扬州韩绰判官

杜牧 字牧之,京兆人。

青山隐隐水迢迢,秋尽江南草木凋。二十四桥明月夜,玉人何处教吹箫。

禅智寺

雨过一蝉噪,飘萧松桂秋。青苔满阶砌,白鸟故迟留。暮霭生深树,斜阳下小楼。谁知竹西路,歌吹是扬州。

隋宫

李商隐 字义山,怀州人。

紫泉宫殿锁烟霞,欲取芜城作帝家。玉玺不缘归日角,锦帆应是到天涯。于今腐草无萤火,终古垂杨有暮鸦。地下若逢陈后主,岂宜重问后庭花。

过扬州

韦庄 字端己,京兆人。

当年人未识干戈,处处青楼夜夜歌。花发洞中春日永,月明江上好风多。淮王去后无鸡犬,炀帝归来葬绮罗。二十四桥俱寂寞,绿杨摧折旧官河。

广陵

蔡襄 字述古,侯官人。枢密直学士。

广陵归路叹飞蓬,怀古伤离向此中。前世翻波那复问,十年弹指已成空。楼头画角催残日,城上寒鸦噪晚风。井径萧条人不见,又随潮信过江东。

九曲池

王琪 字君玉,舒人。江都簿。

越调谁家曲,当年亦九成。哀音已亡国,废沼尚留名。仪凤终沉影,鸣蛙祇沸声。凄凉不可问,落日下芜城。

答刘发运见寄

欧阳修 字永叔,庐陵人。初守扬,历参知政事。

琼花芍药世无伦,偶不题诗便怨人。曾向无双亭下醉,自知不负广陵春。

春清明前二日同印师游尚方寺观鲁公书

苏轼

新苗未没鹤,老叶初翳蝉。绿渠浸麻水,白板烧松烟。笑窥有红颊,醉卧皆华颠。家家机杼鸣,处处梨枣悬。野无佩犊子,府有骑鹤仙。观风峤南使,出相山东贤。渡江吊危石,过岭酌贪泉。与君步徙倚,望彼修连娟。愿及南枝谢,早随北雁翩。归来春酒冻,共看山樱然。

山光寺

米芾

竹园山径晚风清,又入山光寺里行。一一过僧谈旧话,迟迟绕壁认题名。仙来石畔怀灰劫,鹤语池边劝后生。三十年间成底事,空叨闲禄是身荣。

平山堂

苏辙 字子由,轼之弟。门下侍郎。

堂上平看江上山,晴光千里对凭栏。海门仅可一二数,云梦犹吞八九宽。檐外小棠阴蔽芾,壁间遗墨涕泛澜。人亡坐觉风流尽,遗构仍须子细观。

云间阁

鲜于侁 字子骏,阆州人。太常少卿。

飞观蹑高垒,隐然星斗间。公休一登临,坐见江南山。昏旦杳霭中,苍苍如可攀。云藏紫霄外,舒卷心自闲。余本麋鹿群,簪缨玷朝班。誓将栖绝境,终日面潺湲。

还自广陵

秦观 字少游,高邮人。国史院编修。

南北悠悠三十年,谢公遗埭故依然。欲论旧事无人共,卧听钟鱼古寺边。

和上官伟长芜城晚眺

严羽 字仪卿,樵川人。

平芜古堞暮萧条,归思凭高黯未消。京口寒烟鸦外灭,历阳秋色雁边遥。晴江木落长疑雨,暗浦风多欲上潮。惆怅此时频极目,江南江北路迢迢。

发高沙

文天祥 字宋瑞,庐陵人。右丞相。

晓发高沙卧一航,平沙漠漠水茫茫。舟人为指荒烟岸,南北今年几战场。

卖鱼湾

风起千湾浪,潮生万顷沙。春红堆蟹子,晚白结盐花。故国何时讯,扁舟到处家。狼山青两点,极目是天涯。

隋故宫行

元好问 字裕之,秀容人。金左司员外郎。

渭川杨柳先得春,二月莺啼百啭新。长春宫中千树锦,暖日晴云思煞人。君王半醉唱吴歌,绛仙起舞蹙翠蛾。吴儿谩说曾行乐,三十六宫能几多。千秋万古金银阙,海没三山一毫发。繁华梦觉人不知,留得寒螀泣秋月。

瓜洲

陈孚 字刚中,临海人。台州路总管。

烟际系孤舟,芦花满棹秋。江空双雁迥,天阔一星流。急鼓西津渡,残灯北固楼。商人茅店下,沽酒话扬州。

过射阳湖杂咏

萨都剌　字天锡,雁门人。闽宪知事。

飘萧树梢风,淅沥湖上雨。不见打鱼人,菰蒲雁相语。

秋风吹白波,秋雨鸣败荷。平湖三十里,过客感秋多。

雨湿鼓声重,风匀湖面平。官船南北去,帆影挂新晴。

霜落大湖浅,渔人悬破罾。此时生计别,小艇卖秋菱。

萤苑曲

张翥　字仲举,晋宁人。翰林学士承旨。

杨花吹春一千里,兽舰如云锦帆起。咸洛山河真帝都,君王自爱扬州死。军装小队皆美人,画龙鞯污金麒麟。香风摇荡夜游处,二十四桥珠翠尘。骑行不用烧红烛,万点飞萤照川谷。金钗歌度苑中来,宝帐香迷楼上宿。醉魂贪作花月荒,肯信剑戟生宫墙。斓斑苔合洗秋露,尚疑怨血凝晶光。至今落日行人路,鬼火孤明隔烟雾。腐草无情亦有情,年年为照雷塘墓。

江山风月亭　在瓜洲东南,元扬州路总管熊汉卿别墅,丞相张翥题诗,赵子昂书。今孝廉熊敏慧家。

风起西津断客艘,熊家亭子独凭高。云移岛影沉江树,雨带龙腥出海涛。开辟自天留壮观,登临惟我老英豪。放舟拟就金山宿,一夜清寒袭锦袍。

雷塘

苏大年　字昌龄,以字行,扬州人。

吴公台下雷塘路,锦缆牙樯行乐处。当年玉树后庭花,梦里相逢惜春暮。君不见东家西家人未归,落花满地蝴蝶飞。

长桥

绿阴高树映清潭,一舸夷犹酒半酣。最爱西城城下路,长桥烟雨似江南。

二[1]月过范水

储巏 字静夫,泰州人。南京吏部侍郎。

好风贪利涉,半日隔秦邮。杂鸟鸣芳甸,闲花占远洲。酒从今雨饮,春及故乡游。老大空縻禄,湖西欲系舟。

夜过邵伯湖

李东阳 字宾之,长沙人。柱国少师。

苍苍雾连空,冉冉月堕水。飘飘双鬓风,恍惚无定止。轻帆不用楫,惊浪常在耳。江湖日浩荡,行役方未已。羁怀正愁绝,况乃中夜起。

游资福寺

景旸 字伯时,仪真人。国子司业。

江城入长夏,物色碧空同。溪静浮兰桨,林深暗绮栊。燕归僧舍雨,幡动石坛风。久住惭玄度,相依有远公。

江亭秋思

西风溪上倚危楼,日夜涛声只送秋。空说化龙东渡后,几闻饮马北江头。寒花自欲依人老,山鸟何须唤客愁。望极苍梧云不返,只教湘竹泪长留。

平山堂

文徵明 字徵仲,姑苏人。翰林待诏。

平山堂上草芊绵,学士文章五百年。往事难追嘉祐迹,闲情聊试大明泉。隔江秀色千峰雨,落日平林万井烟。最是登临易生感,归心遥落片帆[2]前。

丙申岁归省感故里入江

崔桐 字来凤,海门人。南京礼部侍郎。

十年乡梦白云涯,归日残墟欲泛槎。野哭有人悲税役,春农无地种桑麻。

---

1 "二",《万历扬州府志》卷二六《文苑志下》作"三"。

2 "帆",原本误作"汎(泛)",据《甫田集》卷一一改。

鱼龙水阔通层汉,雁鹜烟深影断沙。心折可堪回皓首,啸歌沽酒醉渔家。

法海寺

桑乔 字子木,江都人。御史。

野寺滨寒水,山僧卧白云。鸟啼花竹杳,日出曙烟分。宝筏迷方渡,金经贝叶文。西郊天宇豁,山势欲纠纷。

宝应湖

王世贞

波摇匹练界长空,天阔千帆处处风。入雾楼台先暝黑,隔林枫叶后霜红。长天漠漠水淙淙,鼓吹中流引画舣。南人过此看不足,北人即怕莫推窗。

隋宫

梁有誉

李花歌罢益凄其,正是君王纵乐时。夜月辽魂哀铁骑,春风淮柳拂珠旗。斗边蛇起妖谁识,帐里雕来事可悲。千载故基何处觅,杜鹃啼上野棠枝。

藻井雕甍驻彩霞,锦帆一去已无家。凄凉夜月楼前舞,零落春风仗外花。残烧绕原碑卧草,夕阳依岸柳藏鸦。可怜河水滔滔逝,不识人间有岁华。

芜城

吴国伦

隋堤高阁俯邗沟,载酒歌同赋客游。树里钟声山寺午,檐前雨色海门秋。离宫花鸟俱陈迹,辇道风沙自古丘。二十四桥何处是,且乘明月醉扬州。

迷楼

张萱

广陵佳丽帝王州,凤舸龙舆几度游。往事最怜隋大业,东来天子幸迷楼。迷楼缥缈垂杨市,飞栋浮甍三十里。千门万户纷蔽亏,碧海扶桑宛相似。不数崇霞馆,莫拟阿房宫。琅玕饰榱题,翡翠雕帘栊。银台碧树杳何许,宝础奇花路几重。曲曲朱阑金瞰蜿,沉沉绮障玉盘龙。盘龙瞰蜿吹香雾,飞入迷楼不知处。阁道氤氲白昼昏,惟有春风自来去。春风烂熳春日然,不及迷楼春更妍[1]。但愿[2]朱颜倾一国,却忘玉树怨当年。水调裁淫魄,集羽谱旋娟。铜龙烧烛腻,金虎蠥红嫣。万斛荧荧高照夜,银河倒卷楼头泻。酣香帐底花正眠,含情已望迷楼下。征书夜夜下昭阳,紫髯郎将促新妆。民间有女不敢嫁,娥眉宛转侍君王。君王歌舞美韶华,扫天红粉凌朝霞。坐垂蚕睫犹嫌影,妆对芙蓉不让花。乌铜屏射云烟袅,珊瑚枕坠金钗小。月下初乘任意车,楼头欲却司晨鸟。爇尽名香恨转痴,司晨鸟去莫教啼。怜憨笑傍司花女,索伴娇嗔来梦儿。皓齿明眸斗媚妩,背依顾影调鹦鹉。呼来如恨亦如羞,妆底迷云亦迷雨。迷雨暮还暮,迷云朝复朝。娟娟望春月,脉脉听春潮。春月春潮怜故国,一片迷魂归未得。鬼声夜半哭潮头,迷楼白日无颜色。吴公台下草萧疏,回首迷楼春易徂。为问彭城数尺帛,何如三十六封书。古来成败皆如此,朝霜秋叶东流水。君莫悲南河[3]杨,君莫歌北地李。独怜歌舞嘘作烟,血光万丈连天紫。山阳渎口悲风起,白日欲裂黄云死。我今醉唱迷楼歌,雄剑酸嘶奈若何。木落邗沟生白波,吁嗟乎!啼蛄吊月络纬织。野燐昼舞狐起立,泽葵秋老红兰泣。君不见咸阳古道傍,残碑寂寞苔钱蚀。

隋宫

欧大任

龙舸忘归几岁华,六军飞挽万方嗟。辽阳鼓角沧波远,巩洛山河落日斜。水调杨花歌九曲,江游萤火散千家。芜城莫引中原目,衰柳残堤宿暮鸦。

萤苑

玉辇宵游处,山萤万点飞。后庭方熠耀,不照锦帆归。

1　“妍”,原本误作“研”,据《西园存稿》卷三《七言古风一》改。

2　“愿”,原本误作“见”,据《西园存稿》卷三《七言古风一》改。

3　“南河”,原本倒作“河南”,据《西园存稿》卷三《七言古风一》改。

三月晦日登狼山

沈明臣

蔓荬惊全落,樱桃荐已残。共怜春色尽,来此一盘桓。山海何雄据,乾坤一大观。任意曾钓不? 吾意选长竿。

拱极台

宗臣

高台此日眺中原,台上空惊夜色繁。人在千峰明月里,天垂列宿紫薇尊。秋衣薜荔真吾计,早岁渔樵亦主恩。即拟寻仙向五岳,烽烟犹自滞江门。

寄李柱史赈恤

吕夔　永丰人。仪真工部分司。

拭泪看扬土,民穷数在天。若非移晋粟,何以胜汤年? 鬻子宁论价,当春不种田。路人闻偶语,还得绣衣怜。

狼山

卢枫

春尽山中少客来,风帆沙鸟净纤埃。晴云带雨飞丹阁,短屐寻诗破绿苔。梧竹分阴凉石榻,鱼龙吹浪溅江杯。地逢胜处须拼醉,十里垂杨信马回。

狼山

卢纯忠

海气昼冥冥,禅关万木青。轻云飞上界,空翠落虚庭。山阁留人坐,江风吹客醒。东南形胜地,兵甲几时宁。

重游五山

陆弼

青山十里向平芜,系马还同旧酒徒。沧海直衔双峡去,浮云忽送一峰孤。衣裳霞气常来往,楼阁春阴半有无。此日蛰龙方欲起,谁从颔下得骊珠?

李明戴东园瑞竹

屠隆

贤侯一夕赋丘樊,解组归来三径存。自爱篔筜生有节,还同芝草出无根。数竿便拟潇湘浦,万个何论淇澳园。夜夜月明看凤下,年年春雨长龙孙。

题腾蛟阁

申时行

峥嵘杰阁倚江皋,鳌极孤撑蜃气高。曙色遥分沧海日,秋声长挟广陵涛。窗中雾雨含飞动,槛外风雷起怒号。万仞宫墙元在望,天门骧首待时髦。

贞女庙

陆弼

古庙无名氏,萧条湖水滨。露筋空往事,雪涕自行人。山雾罗巾薄,庭花玉貌新。南宫词不愧,独与表贞珉。

登文游台感旧

沈起鹤

落魄登台记昔年,到来风物共凄然。溪边有客哦诗立,柳外何人醉酒眠。一望水云连野屿,万重烟树拥遥天。通津桥上闲游处,却忆尧夫叹杜鹃。

广陵别友

叶向高

浮生底事最堪愁,畏路驰驱易白头。两度相逢重九日,一经离别又三秋。菊当有酒花偏媚,身到无官梦亦休。后会登高何处是,年年回首忆邗沟。

海陵道中不寐作

范凤翼

昔我言迈,兼葭苍苍。今我遄征,木落空霜。迹滞魂窘,昼短夜长。群动既息,一精往还。合眼千里,宜其江山。离离在目,丘陇则荒。我心匪石,云何弗伤。展转不寐，日出高冈。

琼花观

方拱乾

蕃釐观创在隋前，谁遣琼花大业传。自是君王耽国色，遂教草木窃神仙。玉钩夜冷雷塘月，金蕊香销阆苑天。何似舜陵松柏树，菁葱霜雪尚年年。

繇广陵之任江南抚景有怀

罗森 号约斋，大兴人。大参总邮鹾，观察维扬。

莺啼燕乳淮南路，殷红浅碧看无数。暖风拂拂卷征旗，箫鼓楼船天半坐。一畏简书忘路难，星波晓雾冲邗关。士雅整鞭还击楫，皇华何计为民宽。广陵赢得风流誉，章台迷楼在何处？三千殿脚掩钩斜，堤柳年年遍飞絮。《禹贡》东南每告劳，污莱轻去竞锥刀。丈夫读书报圣主，拟绘流民轸石壕。

自銮江出阅修战舰

桐柏风涛天际来，图呈王会洵雄哉。艨艟阵列蛟鼍静，睥睨云屯虎豹猜。水气醮禽通剑渡，山容宜客拱书台。绸缪尤重繁华地，雨倌星槎知几回。

檄维扬所部设厂赈饥

君相忧劳策救荒，臣邻输粟尽恩光。堪怜千里莺花郡，二鬴犹艰羵首羊。其一。

地连黔楚困天吴，问岁知民恙有无。耐可乘槎牛斗会，鸠形自献郑监图。其二。

谁实应求牧与刍，可堪菜色满通都。日销百斛苏沟瘠，烝粒宁教更屑榆。其三。

翳桑箪食笑区区，贞惠当年饘粥殊。宜奉皇仁成浩荡，江淮南北遍螺蛛。其四。

之海阳谒张大中丞

甲子晴云启十洲，劳臣远上望京楼。捧天相业征先梦，韩魏公在海陵时事。冲圣官家乐载讴。苏长公在维扬时事。气潇无传市起虿，机忘欲狎水中鸥。春深漫咏王孙草，画角声声识壮犹。

平山堂

方孝标 侍读学士。

醉翁亭上梅花古，滑伯州边画舫轻。自昔文人欢胜地，况逢治世复专城。莺催万柳当歌早，江送郡山入酒平。安得后身重至此，更收丘壑到檐楹。

竹西亭

方亨咸 御史。

竹西遗址官河北，歌吹诗传纪胜游。自遘雷塘尘起后，重悲大业草迎秋。披荆鬼火侵碑路，种柳军书点驿楼。不遇兰桡歌越调，无人知是古扬州。

客广陵赠阮晋林太希

方孝标

君家兄弟草书古，孝友能忘贫贱苦。陈留挥翰旧诗书，广陵把袂新风雨。自是君堪隐者流，即今环堵寄林丘。愧我才非杜工部，褰裳肯为草堂留。

芍药圃

倪启祚 翰林。

佳地生名花，绝胜洛阳陌。春风金带围，应有当年客。

广陵平山步月

唐显悦

堂上看山山与平，山头吸月溃江城。辞条片叶落不落，顺水数帆行未行。隋苑埋尘唯露草，邗沟秋老想涛声。玉钩斜畔雷塘路，往事凄凉不忍评。

大观楼

杨廷麟

澹荡鼋梁远,栖迟尚此邦。楚州桥影净,海国蜃心降。忠信闻鱼鳖,牢愁动蜿庞。寒招犹爽客,吹梦涉胥江。

踏青真州东郊

袁宏道

一里一停帜,摇摇驻青雾。歌长牙板温,酒响觥筹度。雪尽露山身,沙平吞水步。涧冷涩春泉,牙香吐枯树。

刳肝祠

郑元勋

每到村前凭吊深,阳刚偏不没柔阴。烹肝岂羡三牲养,刳腹能全七窍心。锡命自天崇孝志,专祠从地表徽音。乡人就义非无感,倪广文亦其乡人,死巢县贼难。千古同推烈士衿。

蜀冈

锦江富春色,五色烂天章。历历数千里,秋深到此冈。

梅花岭

高台民自力,治行表吴公。春信何偏早,寒梅气已融。

梅花岭怀古

王士禛

梅花岭外夕阳时,步屧重来有所思。异代衣冠余蔓草,千年伏腊只荒祠。芜城落日人烟杳,瓜步清秋戍角悲。萧瑟西风松柏树,春来犹发向南枝。

平山堂别客

周亮工

直北踪无定,淮南路未通。寒沙迷古驿,浊酒纪春风。岭客新呼酒,吴儿学挽弓。台前人影乱,何处盼飞鸿。

广陵留别汪舟次

颇畏汪家仲,雄文逼老夫。须眉看将相,酒食认屠沽。再见心无负,由来论不殊。吾衰欣有托,肯怅客舟孤。

过海陵春雨草堂客

髯公小筑古银湾,槛外时看鸥鹭还。半亩自欣春雨足,百年独爱草堂闲。空余几隐称南郭,未有文移自北山。一过岭头十六载,闻君岁岁户常关。

董公祠

王士禛

董公祠庙已荒凉,凭吊西京意倍伤。漫以园陵劳主父,只将经术奉骄王。时逢明主身空老,志在春秋道正长。我自爱传《繁露》学,玉杯曾问广川乡。

谢公宅

方孝标

太傅安闲靖寇兵,几年分陕出双旌。棠花蔽芾留遗老,桧树婆娑荫古城。废寺鼓钟何代迹,乱山烟雨六朝清。巢林旧是草堂燕,犹入乌衣识老名。

董公宅

董公昔作江都相,凿井为堂此地居。蔓草庙庭惟俎豆,蓬庐今丰一诗书。神仙天子开边日,贵戚将军榷利初。环堵几编《繁露》在,真诠益显岁寒余。

玉钩斜

红颜自合委荒丘,粉黛何悲土一抔。纵使黄陵偕石椁,岂殊青冢葬银钩。

思深赐盒空劳拜,色在征辽宁久留。独恨蛾眉逢若帝,也随长夜共长秋。

九曲池

方亨咸

新声才奏木兰阴,帝后潜持紫玉临。止欲九重欢殿脚,那知五遍失宫心。莲花旌舞当中字,来梦儿翻水调音。废沼只因鼓吹久,至今犹听乱蛙吟。

大明寺

王士禛

平山堂外柳如烟,古寺同寻第五泉。风静钟声临岸曲,雨晴山色隔江天。雷塘有径生春草,板渚无波作墓田。惆怅隋唐一弹指,不如初地老栖禅。

平山堂作

广陵城北早春时,寂寂东风柳未垂。不见欧公游赏地,荒亭片石使人悲。偶来折柳向平山,几树柔条未忍攀。一种轻黄江水上,依依曾照昔人颜。

上方寺访坡公石刻诗次韵并跋

昔出蜀冈道,黄叶鸣秋蝉。今来上方寺,绿萼破春烟。坦步宝带侧,延眺隋城颠。古刹龙象寂,残碣蛛丝悬。缅思峨嵋人,文采真神仙。赠诗日南使,宾佐皆豪贤。邈然竟终古,潄墨留春泉。老笔欲飞动,妙态殊便娟。空堂响人语,怖鸽飞聊翩。后游慨今昔,凭吊当固然。

右大苏先生送李孝博使岭表诗,凡十韵。碑在上方寺,断仆已久,铁笛道人犹及见其墨泽,谓风骨过颜、柳,不在一时二蔡下。予辛丑初春维舟竹西别墅,步往上方,寻此石所在,拂拭出之,摩娑三叹,如与公晤言、酬唱于当日,而信杨公之言不虚也。归舟,取元韵次之,并刻石断碑之侧云。

赠如皋孝子许元文

吴世忒

孤柏青霜见后时,纲常草草孰维持。文思吾邑人犹昨,忠孝君家事独奇。

每见杀身酬国士,还惊剜肉救孀慈。白头自愧偷生老,养竹长林重所思。

露筋庙

徐鼎勋

邵伯之西湖水澈,湖阴修竹挺孤节。竹林深处露筋祠,露筋贞女传芳烈。嫂姑相偎黄昏行,归路茫茫何所歇。水乡草郁夜蛟多,盘空利吻如云结。嫂投田舍苟潜身,姑持清白宁身灭。我今恭谒仰摹拟,如冰之清如霜洁。当时若作男子身,精血化为骂贼舌。呜呼露筋之女,容虽玉而心则铁!真可诛奸谀于既死,补纲常之或缺。

露筋祠

王士禛

放舟湖上水,舣楫女郎祠。往迹行人说,清风古牒垂。画衣生积藓,荒径飒灵旗。丛竹香蘋路,依稀近九疑。

又绝句

明羽明珰共俨然,湖云祠树碧于烟。行人系缆月初堕,门外野风开白莲。露筋祠前水拍村,平湖水暖生兰荪。灵风斜日画旗卷,时有神鸦归庙门。

高邮雨泊

寒雨秦邮夜泊船,南湖新涨水连天。风流不见秦淮海,寂寞人间五百年。

宝应

画舫垂杨千万丝,淮南江北断肠时。谁堪此夜青天月,碧草浓烟宿射陂。

瓜洲道中

垂杨垂柳拂关河,白舫朱楼映逝波。春雨芜城寒浪静,夕阳京口暮山多。雷塘事去空禾黍,萤苑人稀罢绮罗。欲向江头频望远,不堪洒泪石城歌。

广陵别友之南安

赵开雍

西江尽处极南天,说到王程倍黯然。拙宦敢言官禄薄,殊方亦是主恩偏。
滩从十八经奇险,路隔三千涉大川。纵有岭梅烦驿使,迢迢里道倩谁传。

蜀冈

孙枝蔚

行处烟花异昔闻,冈头极目有晴云。炎天忽想峨眉雪,高冢都非炀帝坟。
作客爱看西去马,荡舟休畏北来军。同游半是江南叟,只尺青山对夕曛。

邗江吊古

郑星

寒云漠漠古邗沟,明月依然上渡头。樯影几帆连峡雨,潮声百里入江愁。
津人夜济南行马,商女朝归北去舟。濯濯荒堤烟柳尽,不堪岐路问扬州。

禅智寺怀古

曹复彬

露井风椽破薜门,隋家当日旧承恩。千年名胜五回首,一代繁华独怆魂。
道上官羊游女尽,佛前野菜老僧存。登临莫送江南目,无数青山落泪痕。

二十四桥

朱潮远

二十四桥何处是,月明花影在山堂。沿堤柳色欺鹦鹉,一曲箫声下凤凰。
大业楼台开窈窕,雷塘景物尚凄凉。年来也到桥头望,疏堞江湾正夕阳。

露觔庙

赵景福

血肉千年等化尘,贞标烈性古无伦。世间吮喃是蛟蚋,到此幽芳让烈真。
丛竹萧森唯有节,一身检点只无觔。当年嫂氏如相伴,庙祀同看在水滨。

艾陵湖秋兴

俞竹

云薄风清变古今,稻粱秋满气萧森。唐虞何代悬瓢隐,天地存余出世心。邗路直依淮水尽,吴山高接楚江深。何当溪壑经时改,桑院柴门落晚阴。

迷楼怀古

王士禛

东都无复翠华游,樵牧千年识废丘。锦缆销沉余落照,垂杨憔悴覆寒流。只今清梵留空宇,自昔迷藏有旧楼。回首秾华尽黄土,断烟渺渺见邗沟。

凫舫鸡台蔓草荒,偶寻故迹一沾裳。绮罗何处空隋苑,风景依然在蜀冈。桃叶陈兵犹旦暮,杨花听曲益凄凉。景阳宫畔胭脂井,江北江南总断肠。

第五泉

西忆峨眉雪,高寒万里心。蜀冈汲春水,犹是峡中音。

登观音阁吊迷楼故址

史大成

观音高阁平山顶,昔日迷楼隋大家。马上徒传清夜曲,宫人何处玉钩斜。夕阳寂莫依青草,春柳菁葱想翠华。此地荒凉人莫惜,陈都曾有后庭花。

文选楼怀古

王士禛

何处登临起暮愁,萧梁人代几悠悠。心悲宝志诗中语,泪洒维摩江上楼。玄圃风流人已尽,芜城日落草先秋。销沉故迹遗书在,佛火寒钟对暝流。

文选楼

宗观

苍茫云树故城秋,孤客凭高太子楼。时事南朝艰晋魏,风流戊夜许曹刘。隔江隐隐青山没,废寺荒荒白日收。怪得游人踪迹少,隋家箫鼓在邗沟。

邗沟新柳堂赠宗定九

龚鼎孳

垂杨垂柳古邗沟,三月烟花动客愁。谁问灵和前殿事,青青留得旧风流。

真州汪园

张锡文

江流寂寂几潆回,半堵依然风景偎。黄石已移游子席,青松犹待故人来。亭云有句天难问,花落无声径悉埋。苍橘一株留秀色,模糊忆取读书台。

文峰塔

黄云鹄

塔控邗流外,霄登不自禁。窗虚蟾窟近,槛阔斗杓沉。面面开文运,层层透梵音。茫然疑出世,不受片尘侵。

迷楼

吴绮

当年问古怆同游,今日看诗忆故丘。彩楣笙歌荒陇断,玉钩花草暗泉流。隋唐旧事云千堞,今古闲愁雨一楼。为报子山休作赋,谁家风景剩铜沟。

前题

宗元鼎

楼阁前朝绕翠华,夜醋香帐绮云斜。几年歌吹龙舟曲,六代风流帝子家。绿鬓好看垂玉拨,乌屏曾记乱银霞。如今野草常烘影,不见当初迎辇花。

斗鸭池

垂老宫中出,犹娱斗鸭池。不知淖姬辈,年少复何为?

鸳鸯塘

鸳鸯塘上水,秋雨浴鸳鸯。博得采菱女,朝朝弄画航。

杨子津

高霞

自昔临流近,今时去岸遥。钟鸣浮玉渺,云甃海门高。地塞鱼龙窟,天连鹳鹤巢。变迁陵谷意,无复赋观涛。

广陵城南浮屠

范国禄

浮屠高百尺,万艘此朝宗。城郭增佳丽,衣冠快景从。嵌空临古道,倒影驻来龙。日落西山暮,河阴耸客悰。

仪真天宁寺

灯火分茶市,山门晚不扃。饮虹桥漱玉,筛月树摇星。凉气滋苔篆,流光度草萤。夜深翘塔影,划破一天青。

隋堤柳和王阮亭韵

邹祗谟

吴王当日筑芜城,隋帝风流万树生。浮彩宫中晴絮散,影纹院里浪花平。剩来系马高低树,恰得流莺上下声。莫待行人扳折尽,玉钩斜畔可忘情。

文选楼怀古和王阮亭韵

肠断当年帝子愁,落花葇草思悠悠。牙签初校千人集,玉树群登百尺楼。飞盖宝车经日暮,隐囊纱帽入新秋。只今我亦兰陵客,凭吊遗踪泪欲流。

前题

何明彝

维摩胜地逼诸天,清梵犹疑睿藻传。鹤驾不缘仙箓召,龙光争失帝星前。当年战伐空淮海,此日登临几变迁。尚有危楼肃遗范,流风千祀景岿然。

扬州别诸友

何元英

诗酒为缘结素盟,半年花下听啼莺。如今话别邗江水,好俟鱼书到玉京。

露劝祠

曾懋蔚

有女有女行踟蹰,矢心不向田家宿。草际茕茕一身独,可怜蚁聚嘬其肉。吮膏啮血恣狼毒,须臾肤剥筋如暴。冰肌玉骨横沟渎,身可死兮不可辱。土人本性无回曲,如姑如嫂皆知哭。构庙水涯几椽屋,清霜冷雨环修竹。我携蒲鞭作州牧,薄将簠簋酹醽醁。惭愧纷纷众巾帼,学嫂学姑随所欲。表扬节烈垂简牍,借以维风厉顽俗。

登文游台

层构岿然累百秋,登台此日续文游。为寻苏碣披丰草,欲访秦碑陟古丘。淮海文章垂姓字,眉阳翰墨擅风流。莺声槛外如相约,伐木丁丁是应求。

文游台怀古

王士禛

文选楼空花可怜,文游台废水如烟。昔人何处成今古,风景无心一惘然。鸟啼花落几经春,步屟风流迹已陈。五百年来如梦里,却从今日认前身。野水浓花百尺台,淮南风物使心哀。藤州阳羡人俱尽,惆怅扶筇我独来。

胭脂井

桑豸

妆罢隋宫正晓时,春流一线弃残脂。银床玉槛今消尽,犹有饥禽一过窥。

禅智寺

禅智余名在,登临正暮秋。闲田众草窃,古殿一僧留。短碣埋黄土,谈经感白头。萧条归路晚,落日对孤舟。

安江门城楼

赵有成

岷江之水接邗沟,面面青山镇海流。虚槛暮延千里月,层檐晓对万峰秋。
关河贡赋驰南驿,荆楚峰烟靖上游。盛代不忘增保障,共期春色醉高楼。

上方寺

江帆千里寺门横,石井流泉自蜀生。胜地已随兵火变,荒原依旧水云平。
三山烟草斜阳路,六代笙歌夜月情。无数牛羊眠断陇,西南画角起高城。

琼花观

席教事

不爱君王宠,玉颜杖下倾。只今荒观里,犹负昔时名。

真州道中

王士禛

返棹在船头,新月出船尾。玉沙何粼粼,清晖满葭苇。
河汉有风露,夜凉川上秋。幽人揽明月,一棹下清流。
芜城西望人烟远,秋风斜日蝉声晚。青草迷离野渡横,行人指点隋家苑。

真州南郭

真州城南天下稀,人家终日在清晖。长桥渔浦晚潮落,曲港丛祠水鹤飞。
新月初黄映江出,远山一碧遂船归。白沙洲上楼台静,好与提壶坐翠微。

登大观楼

如练江光照素秋,增城缥缈见飞楼。披襟欲揽三山色,濯足真看万里流。
帆出云中开岛屿,人从鹤背俯沧洲。冷然竟日能忘返,蜡屐何妨续胜游。
白蘋洲上望南徐,高阁如霞切太虚。江左名流能坐啸,玉京仙子好楼居。
吴王城郭秋风里,楚塞帆樯落日余。更向夜凉弹宝瑟,三山空翠满衣裾。

赋得隋堤柳

邗沟南望是金城，更指隋堤百感生。撩乱飞花春日晚，凄迷江曲候潮平。弩台雨过连莎影，水殿秋来起雁声。犹为君王镇憔悴，大堤如雪不胜情。

山光寺

舟过山光寺，西风柳渐凋。隋宫零落尽，秋日水迢迢。

秦邮曲

盂湖萧萧风色秋，神鸦竞食啸渔舟。夜半湖心明月上，还疑神女弄珠游。今年孟冬河水干，万夫奋锸聚河干。行河使者黄符下，敢道无衣风雪寒。

泰州五十韵诗

王孙驷

淮甸推名郡，舆图号海阳。地隅江北左，分野斗中央。周季归吴国，秦时并楚疆。历朝仍旧典，版籍隶维扬。人物多淳朴，乡风靡暴强。生民资食货，恒产在农桑。厥土涂泥沃，维田稼穑良。防虞修铠仗，保障固金汤。界地分三镇，居民列五乡。四千郡牧厩，十二灶亭场。鼓角将军宅，琴书太守堂。月台澄兔影，子城上。文庙协奎光。泮水鱼龙化，崇台凤鸟翔。凤凰台。弦歌从养正，堂。霄汉望呈祥。黄卷崇文阁，青毡进德房。斋。岳山云起阵，泰山上起云楼。禅刹树侵廊。光孝寺。雨露三槐润，堂。天风八桂香。丛桂天香。金兰桥最古，梁昭明太子事。丹井水非常。万寿宫内。皇甫真人药，一块气丸。姑苏道士姜。道士寓观，以姜治疾。状元坊表市，大宁桥左。太子港通庠。郡学。演武临经武，经武桥教场演武亭。宸章贮典章。宸章阁在郡庠。方洲书院静，安定祠。古砌诏亭荒。宣诏亭。帚竹神翁墓，环刀孝子坊。袁道济，孝子也。五贤碑剥落，堂。双节卷琳琅。何氏双节堂。问政亭。知无讼，堂。颁春亭。喜玩芳。堂。七星仙井列，千佛画楼妆。天宁寺内。喜雨蓬莱对，观风觇衍傍。堂。台门花匝道，精舍柳围塘。柳塘精舍在州治内。月蕊排雕槛，星楼傍绿杨。浮香梅月晓，亭。瀛碧竹风凉。堂。景范清涟屿，清涟横舟。迎麾启凤冈。亭。会心谈道德，同乐讲虞唐。俱堂。归鹤林埋剑，亭。回龙岸舣舫。庙。前人皆鸑鷟，后进总圭璋。负郭招贤路，门。通衢务本厢。院。谯楼壶滴月,钟簴杵敲霜。驼岭悬旌纛,庙。鱼行闸控庄。罗浮随长落,灵济独轩昂。庙。真武新城观,清溪小市梁。淤溪征敛所,姜堰备储仓。艖舫多商贾,农家足税粮。岚浮天目近,山。堤接晏溪长。瘗角泉当洞,缲丝井映床。鹿台曾乳女,鸾驭已辞郎。捍海烟堤柳,范公堤。生祠月砌堂。祀张发运。功勋侯伯贵,文献世家昌。玉粒长腰米,金鳞宿项鲂。莼香鰕腐滑,橙熟蟹脂黄。何幸生斯土,相逢盍尽觞。诗人与骚客,游览共徜徉。

泰州西湖春雨

殿山连郭小西湖,一镜澄然落影孤。日日寒波浴鸥鹭,年年春雨长菰蒲。精忠上仰将军岳,正学前依教授胡。为爱幽遐隔城市,结茆邻并著《潜夫》。

古邦行

陈邦桢

丽日光曛遍古邗,竹西歌吹停骈骖。谷隐莫知恩自出,陇耕云雨塍俱酣。鱼鳏尽可成龙服,马肥尤不碍原蚕。兰畹有九蕙畮百,仙木华萼舒且函。吹人春风使人暖,洒人春雨使人甘。老者酿稻买余醉,少者垂纶见所寄。水干作业喜遗鲲,生事萹畚厌天稚。更有博士工诗书,环向槁门较声义。葛鞿草袜过田里,童叟田间说刺史。郡中在昔婴金戈,铁马冲车满天是。不嗟亡屋嗟累俘,痛尽诸君暨吾子。自从刺史临翘轩,日月悠长老生齿。草卉贲茗文人机,乳化原田和百矛。鹤归有家鹃有姓,城郭依然百花映。惊魂妥帖即寿考,耆定天心在民命。箫笙沸出新波澜,大坐君侯听仁政。趣指简要毋烦猥,摄剂刚柔集嘉庆。讲礼绵蕞优叔孙,肄马郊坰瘳去病。芹宫誉髦烝诜诜,道德文章如积薪。当今四方尚多故,宜与英俊为比邻。顾我后车有曾闵,掩我前尘无杂宾。非关饮食教诲德,一经拔识皆鲜新。天下岂少二千石,不知我公得士能知人。韩公琦,欧公修,我公今日真其述。手可扪天并捧日,门前桃李嘶骅骝。此际花时簪芍药,宁同骖青鸾,驾白鹤,直匹锦缠头。安得百枝金带围遍插,天下贤士飘飘仙乎联镳阆风与瀛洲。

石塔寺

蒋方

有寺藏黄叶,无人破白云。僧闲初结社,禅寂独稀群。石塔光长炯,金沙路迥分。一灯相对久,寒日了忘曛。

题邗沟新柳堂赠宗定九

刘梁嵩

绿映横斜一草亭,伊人高蹈此谈经。相逢欲作先生传,独寤应占处士星。入眼浅深藏鸟影,寄怀浓淡属鸿冥。上林青琐知谁似,爱尔柴门柳自扃。

修复双烈祠 宝应,祀汉臧洪、陈容。

王士禛

炎德既销歇,羌戎乱神京。洛阳泣铜狄,日望关东兵。黄巾未歼灭,黑山势纵衡。淮南有布衣,思扶社稷倾。进说广陵守,慷慨酸枣盟。袁张乖末路,同袍戈矛生。磊落东郡长,凄凉东郡丞。掘鼠飧诸将,白日照忠贞。一时两烈士,意气夺幽并。我来安宜县,怀古缅仪刑。空祠出蝙蝠,枯木飞鼯鼪。苻花被寒渚,秋藓翳由楹。有司罢俎豆,居人荐莼羹。断碑重拂拭,欹檐理茅荆。三叹陈记室,空传千载名。子源与孔璋生同里。臧有答陈琳书,词严义正。

小市桥

宗元鼎

丰乐名存酒库荒,隋家遗迹宝城傍。河桥尚忆繁华夜,小市春灯煮百羊。

壶春园

佳丽楼传大市东,壶春园内落花红。欲寻名迹不知处,多少啼鸦古树中。

扬州早雁

黄云

酒市灯桥夜,星河顿觉秋。一声来柳外,数点过楼头。团扇临风掩,缔衣怯露愁。随阳惟恐后,不为稻粱谋。

莲花池

宗元鼎

中宵凭槛意凄其,楼上星河宛四垂。五月香风来菡萏,安江门外有莲池。

淳于棼宅

寂寞高槐向日晡,城边谁宅姓淳于。世人尽是南柯梦,犹自区区问有无。

蜀冈茶

禅智曾闻芍药圃,扬州原不载《茶经》。寺边一带空烟草,好事犹谈春贡亭。

太平桥

席教事

畴昔吹箫爱绮罗,太平人唱太平歌。朝来复见迎春仗,想起珠帘桥上多。

孔融台

宗元鼎

北海声名久益彰,谁知台宅竟荒凉。后人亦重前贤迹,街市何无高士坊。

隋堤

许承家

只有长条拂径多,东风吹絮奈愁何。从来花癖堪垂史,今日枝头又踏歌。低影隋河怜屈折,高眠吴苑任蹉跎。题诗独许空青断,不让桃红隔岸过。

禹王庙

杜濬

广陵神禹庙,突兀隔招提。树色虽相似,钟声自不齐。冠裳维率土,江海带浯溪。欲识平成烈,春莺傍客啼。

第五泉

在山泉水清,碧甃背芜城。寺近从僧汲,栏高有客行。素瓷传入眼,孤月照含情。甲乙翻多事,应嫌第五名。

隋堤

王节

六朝烟月玉钩斜,功德山前夹道花。携酒却从堤上望,莺声燕语说繁华。

九曲池

隋家弦管动人愁,莲子花香簇小舟。画桨[1]一枝篇一幅,红儿绿女绣扬州。

文游台

李滢

湖水盈盈甓社隈,朅来怀古一登台。绿郊细草天风度,远浦轻舟夕照回。万里烽烟连朔漠,前朝冠盖总尘埃。不堪异代凄凉后,披发行吟破碧苔。

康泽庙

三十六湖烟霭清,湖中古庙傍盂城。天边荠树依微见,水上晴岚一望明。镇日鱼龙吹雪浪,只今雁鹜唼香粳。神灯再见知何日,渔火星星又自生。

维扬书院光岳楼同朱宁文赋呈醛台姜真源先生

程邃

中原朱生赋光岳,风云变化称卓荦。方酣醮笔广陵涛,八极溟溟天邈邈。试问谁开明月楼?高秋清夜拥弦讴。发挥璧合梁伯子,犹龙曲蘖推龙头。延年五君岂阙略,欲咏山公笔为阁。真源先生真巨源,不克名之虚其作。少年中国彼颜兮,步趋鲁叟而酬酢。义熙明哲沉醉人,通身至痛饮有神。得失废兴只如此,嗟嗟野马纷埃尘。有客堂中客聚散,百折不挠廉立汉。南皋屋下

---

1 "桨",原本误作"浆",据《嘉庆重修扬州府志》卷八《山川志》改。

念邹阳,功罪何伤好恶乱。吾膺礼遇乐吾饥,如对慈亲不忍欺。杜门杜口洽公化,飞仁扬义未全非。千钟百觚占神福,实时一杯亦已足。欲富四海身擅贫,矢扩天枢掀地轴。维期百度美兴除,人在醇醪空毁誉。夺孝难容笃所居,居摄自公乘素车。忧峤忧戎尤凿凿,不死大药需狂药。江表将相沦悴徒,两袖冰风静回薄。道著黄童白叟心,鹄不日浴凌霜明。近代江陵堪继业,救时焉得即阿衡。骞宵散星如雪落,朱梁典则诚精约。世运空言还可铎,雅颂斯归先讽托。

扬州早雁

王尊

秋气来初爽,云间早雁音。夕飞如趁月,霜落可怜心。乍入竹西路,还栖邗水阴。玉关多少客,归思苦难禁。

扬州早雁

刘梁桢

暗惊秋思起徘徊,历历遥怜自北来。千里阵连晴树黯,一行声过晚烟开。感深凉雨吴公宅,愁绝垂杨帝子台。从此衡阳渐迢递,几人对月首重回。

蜀井

赵有成

蜀泉原是隋宫地,古寺云深鸟乱啼。井内流泉仍自涌,汲来清冽供招提。

随堤柳

堤上青青柳,丝丝带雨娇。不能回锦缆,犹自系隋朝。

法云寺双桧

贵秉纯

种桧当年胜迹奇,垂条擢干势参差。细缊瑞气飞黄鹤,翁郁苍颜暎绣旗。词客留题多寓景,禅人习静借栖枝。太元烽火投鞭日,双节清操耐岁时。

法云寺双桧

佛旸

禅宫双树久凋荣,文靖祠堂未变更。南渡才华高白雪,东山出处系苍生。于今别墅余春草,当日长廊自雨声。王谢风流浑不减,铜驼金谷几人行。

露劬祠

李滢

贞女遗祠官道傍,祠边烟柳浸微茫。扬州水调空明月,古渡残碑自夕阳。极浦凫鹭夸皓洁,秋风荷芰送清香。可怜萧飒陂塘地,惜惜芳踪亦在望。

神居山

神山景物接秦邮,此日登临到上头。气霁高空双塔露,水涵洲渚片帆收。西来牧竖吹残角,南去飞鸢啄玉钩。更踏蒿莱问丹井,荒丘曾有谢公游。

扬州府志卷之二十七

文苑志

文

封广陵王策

汉武帝 元狩六年

维六年四月乙巳,皇帝使御史大夫汤庙立子胥为广陵王,曰:於戏,小子胥,受兹赤社! 朕承祖考,维稽古建尔国家,封于南土,世为汉藩辅。古人有言曰:"大江之南,五湖之间,其人轻心。扬州保疆,三代要服,不及以政。"於戏! 悉尔心,战战兢兢,乃惠乃顺,毋侗好佚,毋迩宵人,维法维则。《书》云:"臣不作福,不作威[1],靡有后羞。"於戏,保国艾民,可不敬与! 王其戒之。

幸扬州诏

宋太祖 建隆元年

朕以叛臣负国,凶党婴城,劳将帅以征行,救生灵之涂炭。重念蒙犯霜露,跋涉山川,将亲视于抚巡,须暂离于京阙。朕取今月内幸扬州,凡所供须,务令省约,方期靖乱,无至劳人。余依征泽潞,诏书从事。

---

1 "臣不作福,不作威",《史记》卷六〇《三王世家第三十》作"臣不作威,不作福"。

宽恤扬州诏

宋太祖

王者伐罪吊民,戡难既清于氛祲;班师振旅,推恩宜及于幽明。朕亲御六军,已平孤垒。念丁民之力役,冒矢石以捐躯。或军民曾被于胁从,或部曲尚怀于反侧。俾遂来苏之望,爰行在宥之恩,应扬州城下役夫内有死于矢石者,人给绢三匹,仍复其家三年,长吏倍加安抚。尸骸暴露者,仍令使臣收瘗。城内军人及李重进元随军家口骨肉,并无犯罪。逃亡者听于所在首身,押来赴阙。

戒谕两淮守令恤农诏

宋孝宗

朕观周宣之治,还定安集,而劬劳、矜寡、离散之民,咸安其居。中兴之业,人到于今称之。朕初承基绪,兢兢业业,以计安天下。深惟两淮之间,疮痍未平,民力大屈,流移交集,转为氓隶,乃眷北顾,用震悼于厥心。间者大上皇帝数申饬守令,怀辑疲瘵,督趣农桑,蠲赋省徭,以佐百姓之急。临遣左右侍从之臣,分行疆场;复调旁郡耕牛,振业新附。所以加惠元元者,视周宣有光焉。朕临政愿治,仰遵慈训,夙夜不敢忘。而边籴翔贵,生齿益落。自占版籍者,裁计二三;侨居浮寄,无所系心。劝之勤而应之怠,其咎安在?岂下吏未能奉称,而尽地力之教不先与?将豪夺暴抑与?东作争而害农者蕃与?夫两淮,吾所重也。异日沃野上腴为天下最,今乃侪于荒远雕弊之区,几不为郡,长民者独安取此?继自今其悉乃心,销沮游末,力穑惇本,以称安集之意。有能帅先垦辟为诸郡倡者,部使者上其名,以差受宠;若纵弛怠傲不如吾诏者,亦纠劾以闻。时则有显,罚不可逭。朕言维服,尚听毋忽。

英宗赐大学士高穀归田敕 天顺元年

卿以智识文学,执经事朕,恭慎小心,积有岁年。今朕复正大位,图任经筵旧臣,以缉熙圣学,以寅亮天工。而卿以老疾,恳乞休致。然投老之请虽未至于引年,而怀旧之私,实有切于朕意。惟功成身退乃天之道,故特赐允,以遂卿情。复遣敕谕意,并赐白金楮币、金织袭衣,仍给驿舟,送卿还乡。之[1]归也,日与亲戚故旧徜徉丘园,展契阔之深怀,道朝廷之盛事。清风高致,足以厉廉而革贪;盛德雅望,足以敦化而善俗。则卿亦永有终誉焉。故敕。

大学士李春芳归田敕 隆庆元年

卿以诚心笃行、渊学宏才,叠擢廷魁,致身侍从,雅望久孚于士论,芳声丕振于辞林。遂受简先皇,荐登纶阁,夙夜秉在公之节,谟猷殚入告之勤。迨朕嗣服之初,尤极倚毗之重,眷惟耆德,晋首台垣。卿乃志切协恭,诚存体国,不动声色,量休休而有容;矢竭股肱,心翼翼而匪懈。启沃之忱弥笃,忠实之念弗渝。朕方赖平章,共图治理,顷以亲老微疾,累疏乞闲。慰谕虽频,情词益恳,特从所请,用遂雅情。兹赐卿驰传,遣官护行;有司岁给舆隶八人,月馈官廪六石,以副朕优眷辅臣至意。於戏! 由状元为执政,冯京不愧乎科名;以宰相而养亲,王溥见荣于当世。古称盛事,今乃兼之。卿其勉加餐食,调护精神,展至乐于家庭,发英华于著述,俾国人皆有所矜式,而天下系以为重轻,岂惟卿垂无疆之闻,而国家亦永有光哉! 故谕。

陈事书

刘瑜 字季节,广陵人。侍中。

臣瑜自念东国鄙陋,得以丰沛枝胤,被蒙复除,不给卒伍。故太尉杨秉知臣窃窥典籍,猥见显举,诚冀臣愚直,有补万一。而秉忠谟不遂,命先朝露。臣在下土,听闻歌谣,骄臣虐政之事,远近呼嗟之音,窃为辛楚泣血涟洳。幸得引录,备答圣问,泄写至情,不敢庸回。诚愿陛下且以须臾之虑,览今往之事,人何为咨嗟,天曷为动变。

盖诸侯之位,上法四七,垂文炳耀,关之盛衰者也。今中官邪孽,比肩裂土,皆竞立胤嗣,继体传爵,或乞子疏属,或买儿市道,殆乖开国承家之义。

古者天子一娶九女,娣侄有序,《河图》授嗣,正在九房。今女嬖令色,充积闺帏,皆当盛其玩饰,冗食空宫,营散精神,生长六疾。此国之费也,生之伤

---

1 “之”前脱“卿”字。

也。且天地之性，阴阳正纪，隔其道，则水旱为并。《诗》有云："五日为期，六日不詹。"怨旷作歌，仲尼所录。况从幼至长，幽藏殁身。又常侍、黄门亦广妻娶，怨毒之气，结成妖眚。行路之言，官略人女，取而复置，转相惊惧。孰不悉然，无缘空生此谤。邹衍匹夫，杞氏匹妇，尚有城崩霜陨之异，况乃群辈咨怨，能无感乎？

昔秦作阿房，国多刑人。今第舍增多，穷极奇巧；掘山攻石，不避时令。促以严刑，威以正法，民无罪而覆入之，民有田而覆夺之。州郡官府，各自考事，奸情赇赂，皆为吏饵。民愁郁结，起入贼党。官辄兴兵，诛讨其罪。贫困之民，或有卖其首级以要酬赏，父兄相伐残身，妻孥相视分裂。穷之如彼，伐之如此，岂不痛哉？

又陛下以北辰之尊，神器之宝，而微行近习之家，私幸宦者之舍，宾客市买，熏灼道路，因此暴纵，无所不容。今三公在位，皆博达道艺，而各正诸己，莫或匡益者，非不智也，畏死罚也。惟陛下设置七臣，以广谏道，及开东序金縢史官之书，从尧舜禹汤文武致兴之道，远佞邪之人，放郑卫之声，则政致和平，德感祥风矣。臣悾悾推情，言不足采，惧以触忤，征营慴悸。

救李邕疏

孔璋　广陵人。

明主举能而舍过，取才而弃行，烈士抗节，勇者不避死，故晋用林父不以过，汉任陈平不以行，禽息殒身不祈生，北郭碎首不爱死。向若林父诛、陈平死、百里不用、晏婴见逐，是晋无赤狄之土、汉无天子之尊、秦不疆、齐不霸矣。伏见陈州刺史邕，刚毅忠烈，难不苟免。往者折二张之角，挫韦氏之锋，虽身受谪屈而奸谋沮解，即邕有功于国。且邕所能者，拯孤恤穷，救乏赒患，家无私聚。今坐赃下吏，死在旦夕。臣闻生无益于国者，不若杀身以明贤。臣愿以六尺之躯膏铁钺，以代邕死。臣与邕生平不款曲，臣知有邕，邕不知有臣，臣不逮邕明矣。夫知贤而举，仁也；任人之患，义也。获二善以死，臣又何求？伏惟陛下宽邕之死，使率德改行。与林父、曲逆之功，臣得瞑目；附禽息、北郭之迹，大愿毕矣。惟明主图之。臣闻士为知己者死，臣不为死者所知而甘之死者，非特惜邕贤，亦能助陛下矜能之慈。

为臣母砥节甘龄乞赐旌表疏

李清 兴化人。兵科。

臣一芥草茅,仰荷皇上洪恩,赐臣同进士出身,自揣此生罔知所报。然圣朝有未旌之节义,竟付烟沉;臣母有备茹之艰辛,甘同影灭,则下负亲,且上负主矣。臣敢不沥血哀鸣,为皇上陈之?

臣母姜氏,系原任参政先臣姜士昌季女,适臣父长祺。臣父凤婴屡疾,以屡试未售,苦志下帷,抑郁以没。时臣母年二十六,臣兄甫七龄,臣甫五龄耳,痛死怜生,寝餐俱废,绝而复苏者再。幸臣祖母宛转曲解,指二子泣曰:"是茕茕弱息,相依为命,今岂尔死日耶?"臣母始蹶然起,强加一箸餐,然形毁骨立,与死为邻。每至岁时伏腊,未尝不泪尽而继以血也。其心矢松柏而节砥冰霜者,盖三十余年于兹矣。至其抚育臣兄弟也,含荼度日,掬泪洗面,备极艰楚。晨鸡暮钟,必为劝课,每指臣父读残之帙、凭余之几以示臣兄弟,辄呜咽泪下。

夫以两孤儿伶仃之躯,而睹一孀母荼蘼之状,此臣所以中夜仿徨,窃愧吁天之无阶也。今幸厕名廷对之末,臣且感且泣,幸臣母表扬有日矣。伏读《大明会典》:凡民间寡妇三十岁以前夫亡守志,五十岁以后不改节者,许令旌表。今臣母苦节,正与例合,乞皇上特准旌表,容臣遵新例备赀建坊,则不独臣母子凭借宠荣,而凡为寡妇、孤儿者激劝感奋,诵皇仁于亿万年矣。

唐淮南节度行军司马厅壁记

李翰 赞皇人,翰林学士。

司马,盖武之官号。《周官》:大司马掌王之六军,将皆命卿。诸侯大国三军,次国二军,小国一军,将亦命卿。军有司马,见于古矣。周衰,惟晋秉礼尊主,屡因大蒐,以正三军。鄢陵之役,韩厥为司马;鸡泽之会,魏绛为司马。绛将新军,张老代之。盖今之行军司马,出于周制矣。秦罢侯,铄天下之兵,列郡不复有军,司马繇此废矣。汉制:将军不常置,四夷背诞,则命将征之。赵充国以司马从二师,班超以军司马从窦固,讨不庭皆其职也。自魏至周,南北分王,建置不同。时方战争,众军恒设,凡将军仗节镇仍开府者,以将军开府居刺史者,皆有其官,随将废置。隋开皇混一天下,省罢众军,司马之官不专武军,废为州吏员矣。国家修唐虞大国之化,庭周汉不宾之俗,边虽有防,亦不久设。将出于内谓之使,佐其职者谓之行军司马。行军司马之职,弼戎政,掌武事,居常习蒐狩之礼,有役申战阵之法。凡军攻[1]战之备列于器械者,辨其贤才;凡军材食之用颁于卒乘者,均其赐予。合其军书契之要,比其军符籍之伍,赏罚得议,号令得闻,三军以其声气行之。职虽主武,盖文职也。旧制,朱[2]衣、铜印、墨绶;开元故事,多选台郎为之。淮南节度行军司马尚书、户部郎中兼侍御史王公,以经邦纬俗之材,佐淮夷方面之寄,敦诗书阅礼之本,当节府大贤之举。政协乎邦要,虑通乎事微,奉中权之旗鼓,戒群师之铙镯。师律既和,军容至肃。淮南之府,有功王室,身佩侯印,将门良家,藩国贵重,以礼缓之则恭;淮南之众,有吴、楚锐士,赵、韩劲卒,奇才剑客,猿臂虬须,以恩抚之则顺;淮南之地,提封千里,征令百役,税以足食,赋以足兵,以宽征之则安;淮南之冲,南走闽、越,北通幽、朔,关梁不闭,朝聘相望,以欢交之则同。自韦公统戎旅暨王公翼戎行,威加于大,则将不骄;惠及于细,则兵不惰;减役轻敛,则人不恫;待宾省礼,则境不危。堂堂然混一体以为力,雄雄然鼓众心以为气。封疆之外,隐于敌国;封疆之内,不知有军。古人悬权于上而下自定,置器于平而物自安者,用是也。兹所谓销患于未形,制危于未萌。伐谋之功,大于积甲山齐;致心之术,强于虎贲百物。彼善师不阵,未战先[3]胜,却军于谈笑之际,折冲于尊俎之间,今古一时也。夫举善而行其教,大则四海服,小则邦国宁。舜举皋陶,蛮狄率职,帝王之事也。秦任百里奚,巴戎致贡[4],诸侯之举也。国侨为政,乃子皮之功;晋侯勤王,信魏绛之力。任贤用善,合契同德,盛府有焉。翰获庇于有礼之俗,遂安于无虞之地,书绩示后,岂特命乎?扬州本大都督府,亲王属中,长史理人,有府号而无兵甲。至德初,范阳[5]难作,始以长史为节度,而有行军司马。古者敬其事则命以始,乃自初置,列叙之于壁云。

1　“攻”,原本误作“政”,据《全唐文》卷四三〇《淮南节度行军司马厅壁记》改。

2　“朱”,原本误作“未”,据《全唐文》卷四三〇《淮南节度行军司马厅壁记》改。

3　“先”,原本误作“充”,据《全唐文》卷四三〇《淮南节度行军司马厅壁记》改。

4　“贡”,原本误作“贵”,据《全唐文》卷四三〇《淮南节度行军司马厅壁记》改。

5　“范阳”,《全唐文》卷四三〇《淮南节度行军司马厅壁记》作“羯胡”。

真州东园记

欧阳修

真为州，当东南之水[1]会，故为江淮、两浙、荆湖发运使之治所。龙图阁直学士施君正臣、侍御史许君子春之为使也，得监察御史里行马君仲涂为其判官。三人者乐其相得之欢，而因其暇日，得州之监军废营以作东园，而日往游焉。

岁秋八月，子春以其职事走京师，图其所谓东园者来以示予曰："园之广百亩，流水横其前，清池浸其右，高台起其北。台，吾望以拂云之亭；池，吾俯以清虚之阁；水，吾泛以画舫之舟。敞其中以为清宴之台，辟其后以为射宾之圃。芙蕖芰荷之的历，幽兰白芷之芬芳，与夫佳花美木列植而交荫，此前日之苍烟白露而荆棘也。高甍巨桷，水光日景动摇而下上；其宽闲深靓，可以答远响而生清风，此前日之颓垣断堑而荒墟也。嘉时令节，州人士女啸歌而管弦，此前日之晦冥风雨、鼪鼯鸟兽之嗥音也。吾于是信有力焉。凡图之所载，盖其一二之略也。若乃升于高以望江山之远近，嬉于水而逐鱼鸟之浮沉，其物象意趣、登临之乐，览者各自得焉。凡工之所不能画者，吾亦不能言也。其为我书其大概焉。"又曰："真，天下之冲也。四方之宾客往来者，吾与之共乐于此，岂独私吾三人者哉？然而池台日益以新，草树日益以茂，四方之士无日而不来，而吾三人者有时而皆去也，岂不眷眷于是哉？不为之记，则后孰知其自吾三人者始也？"

予以谓三君子材贤足以相济，而又协于其职，知所后先，使上下给足，而东南六路之人无辛苦愁怨之声，然后休其余闲，又与四方之贤士大夫共乐于此，是皆可嘉也，乃为书之。

大明寺水记

欧阳修

世传陆羽《茶经》，其论水云：山水上，江水次，井水下。又云：山水，乳泉、石池漫流者上，瀑涌湍漱勿食，食久令人有颈疾。江水，取去人远者。井，汲多者。其说止于此，而未尝品第天下之水味也。至张又新为《煎茶水记》，

---

1 "水"，原本误作"外"，据《欧阳文忠公文集·居士集》卷四〇《真州东园记》改。

始云刘伯刍谓水之宜茶者有七等,又载羽为李秀卿论水次第有二十种。今考二说,与羽《茶经》皆不合。谓山水上,乳泉、石池又上,江水次,而井水下。伯刍以杨子江为第一,惠山石泉为第二,虎丘石井第三,丹阳寺井等四,扬州大明寺井第五,而松江第六,淮水第七,与羽说皆相反。秀卿所说二十水:庐山康王谷水第一,无锡惠山石泉第二,蕲州兰溪石下水第三,扇子峡虾蟆口水第四,虎丘寺井水第五,庐山招贤寺下方桥潭水第六,扬子江南泠水第七,洪州西山瀑布第八,桐柏淮源第九,庐山龙池山顶水第十,丹阳寺井第十一,扬州大明寺井第十二,汉江中泠水第十三,玉虚洞香溪水第十四,武关西水第十五,松江水第十六,天台千丈瀑布水第十七,郴州圆泉第十八,严陵滩水第十九,雪水第二十。如虾蟆口水、西山瀑布、天台千丈瀑布,皆戒人勿食,食之生疾,其余江水居山水上,井水居江水上,皆与羽《经》相反,疑羽不当二说以自异,使诚羽说,何足信也? 得非又新妄附益之邪? 其述羽辩南泠岸下水,怪诞甚妄也。水味有美恶而已,欲求天下之水一二而次第之者,妄说也。故其为说,前后不同如此。然此井,为水之美者也。羽之论水,恶淳浸而喜泉源,故井取汲者; 江虽长,然泉水杂聚,故次山水。惟此说近物理云。

罗君生祠记

秦观

罗君之为江都,以诚心为主,耻言钩距惠文之事。凡民有讼,曲直径决于前,不以属吏诖误。若小过,辄诲谕遣去。视鳏寡孤独之有失其所者,如己致焉。黎明视事,入夜犹不已。或讥其大劳,君曰:“与其委成于吏,民有不尽之情,孰若劳己之耳目哉?”居数月,政化大行。民知其长者,不忍欺绐之,讼者益少。君乃出行诸郊,所过召其耆老,问以疾苦及所愿欲,而不得者为罢行之。始复大石湖,改名元丰,广袤数百步,溉田千有余顷。是岁大穰,亩收皆倍。于是远近自陈愿复陂塘沟渠之利者相属,君一切听许,亲至其地,与之经始,筑大堤以却潮之患,疏潦水而注诸江。凡水利之兴复者五十有五,溉田六千顷,而桑之以课[1]种者亦八十五万有奇。徙其治于东南爽垲之地,为屋数百楹,

---

1　“课”,原本误作“颗”,据《淮海集》卷三八《罗君生祠堂记》改。

以其赢材新驿堠亭馆之在境者。又颇出私钱营致药剂,以给疾病之民,所愈至不可胜计。岁或干溢,有祷群祠,雨旸辄应如响,世益谓神其享之。岁满代去,其民思之不置,乃聚而谋曰:"我民之德罗君至矣,顾无以自效。闻古有召伯者,善治民,民追思之,至不忍伐其所憩之棠。又有谢公者,亦其流也。尝于斯城北筑埭,后人因名其埭曰'召埭',今埭实在江都之北境。盍即其地请画罗君之像而祠之,以慰吾民?"且曰:"使罗君之名与召、谢共传而不朽,不亦可乎?"众曰:"善。"于是即召伯之东法华佛寺,置生祠焉。

罗君名适,字正之,台州宁海[1]人。学术有本末,通于世务,风节凛然,国士也。尝再被召见,皆以不合罢归。其莅官行己,所可书者甚多。书在江都者,以为生祠记云。

平山堂记

沈括

扬州常节制淮南十一郡之地。自淮南之西,大江之东,南至五岭蜀汉,十一路百州之迁徙贸易之人往还皆出其下。舟车南北,日夜灌输京师者,居天下之七。虽选帅常用重人,而四方宾客之至者,语言面目不相谁何,终日环坐满堂,而太守应决一府之事自若,往往亦不暇尽举其职。不然,大败不可复支。虽力足以自信,始皆不能近谓之可治,卒亦必出于甚劳,然后能善其职。故凡州之燕赏享劳,太守之所游处起居,率皆有常处,不能以意有所拣择,以为宾客之欢。前守令参政欧阳公为扬州,始为平山堂于北冈之上,时引客过之,皆天下豪隽有名之士。后之人乐慕而来者,不在于堂榭之间,而以其为欧阳公之所为也。繇是平山之名盛闻天下。嘉祐八年,直史馆丹阳刁公自工部郎中领府事,去欧阳公之时财十七[2]年,而平山仅若有存者,皆朽烂剥漫,不可支撑。公至逾年之后,悉撤而新之。凡工驭廪饩材稿之费,调用若干,皆公默记素定。一日指授其处所,以为堂之壮丽者,无一物不足。又即其庭中,以为行春之台。昔之乐闻平山之名而来者,今又将登此以博望遐观,其清凉高爽

---

1 "宁海",原本误作"海宁",据《淮海集》卷三八《罗君生祠堂记》改。

2 "十七",原本误作"七十",据《长兴集》卷二一《扬州重修平山堂记》乙正。

有不可以语传者也。扬为天下四方之冲,夕至乎此者,朝不知其往;朝至乎此者,夕不知其往。民视其上,若通道大途。相值偶语,一不快其意,则远近摇摇谤喧,纷不可解。公于此时,能使威令德泽洽于人心,政事大小无一物之失,而寄乐于山川草木虚闲旷快之境。人知得此足以为乐,而不知其致此之为难也。后之人登是堂,思公之所以乐,将有指碑以告者也。

重修扬州府儒学记

庞一德

扬州儒学,因宋元旧址而加饰焉。大修于宣德,而毁于嘉靖。后二十年间,缮葺者三。至万历十五年,守王云鹭再修,则费缗钱以千计矣。未几,而两庑就圮。徂岁仲秋,守土之吏率僚属、师生有事于先师,修常秩也。礼未成而庙毁,斋房、学舍相次颓塌,生徒皇皇,无所登降。守吏不遑宁处,狥于邦人。维扬大国,四方所观。季子来聘,爰自邗沟。仲舒大儒,江都作相,流风犹在,若斯之烜奕也。而学宫一旦剪然弗治,以辱先圣之神灵,无所于栖,即博士、诸生能怙于弛业,守典在此邦,其何以坐堂皇而临吏民之上乎?日夜畴咨,料度经费,非数千缗不可属。上下告匮,无所取办,相与忧之。直指使者乔公来董龆政,视学之日,慨然太息,悉索经赋,得羡金若干,曰:"是可[1]捐也。"即檄郡鸠工,以三千一百七十两有奇为助。守与吏民及博士、诸生皆大喜。公实妥安神灵而大造人士,令下吏得逃其罚,其敢忘公赐!乃以公命,遴三老之干力而慕义者,得朱枋等四人使管其事。征匹以指计,征材以度计,征瓦石以数计,征铁丹垩以斤计,各若干。遂其年季冬肇工,先庙,次庑,次斋舍,次号舍,次乡贤祠。诸以楹计,庙五,庑二十八,斋舍三十二,号舍二十八,乡贤祠三,皆从始创。自堂而门,而经阁,而籖亭,而启圣、名宦祠,则大饬,其旧欀敝者搬,栋桡者易,垣倾者筑,路秽者辟。华楋广术,言言翼翼,以至豆笾、簠簋、钟磬、琴瑟之伦,无不焕然,信数百年来未有之观矣。

守君与余尝共[2]事,留曹述其事,请继焉。余观《禹贡》序列九州,画江以

1　"可",原本误作"何",据《万历扬州府志》卷二七《文苑志下》改。

2　"共",原本误作"芺",据《万历扬州府志》卷二七《文苑志下》改。

南,率皆扬境。要以吴、越、闽、粤,僻在遐陬,有如缀旒。惟广陵襟带南北,一大都会,与神州参重。迨汉而吴王钱山煮海,富甲天下,扬遂以饶名,后世因之以为脂国。中辱于隋炀,残于高骈,秽于金元,经此几厄,而扬乃大困,诗书俎豆之业阙如多矣。然至宋而有安定先生,能修洙泗遗教,以训其生徒,率开一代文明之治。其为扬重,乃在此也。明见,高皇帝起自濠梁,咫尺沐。列圣噢咻,拟于神皋噢壤,即三辅列郡,不敢雁行。四方商贾,奔走辐辏,待命于盐策,歌钟列鼎,击筑吹竽,相望闾里。而章缝之士,雍容弦诵于繁华都冶之中,以取巍科,登皙席,卓然自表见者,后先常不乏人,较之宋,无不啻倍蓰,固亦千载极盛之时已。士生今日,宜何如矜奋? 昔在江都,"正谊""以道"二言,儒林诵说,几劳经训。其后盐铁议兴,文学与大夫反复辩论累千万言,不少挫折。此其人皆闻江都之风而兴起者,诸士奋迹胶庠,奉大廷之对,行有日矣。高则为江都,次则为文学,以无忝于尔乡之安安,毋使吴、越、闽、粤为扬裔壤者,人文反出其上。而尔扬都会之区,贤材之薮,顾以盐策掩名,并负国家丰芑之思,而称在事者所以作新劝相之意矣。夫汉大夫争盐铁,今使者明先王之道秉节之励士,计功谋利之谈不出于口,尚又有反翁吴公之留为之师帅,于以广薪蘸而辟周行,固将使道化增隆而表章逊烈矣。然则兹举也,微独扬士以风四方可也。役始于万历三十二年十二月念六日,成而落之则次年十一月十六日也。使者名应甲,字汝俊,猗氏人,壬辰进士;同事者海防兵备副使张鸣鹗,字荐甫,钱塘人,己丑进士;知府朱锦,字反彀,余姚人;同知王一之,字希鲁,肃宁人;姚善,字子乐,浮梁人,俱壬辰进士。通判孙谋,字文华,余姚人,乡进士;推官吴一杖,字德舆,淳安人;知县刘是,字去非,南昌人,俱辛丑进士。

宗贞女生祠碑记

李思诚

自古侈谈节义者,多出于士君子而诎于妇人、女子,至沉沉白日、寂寂素心又多出于妇人,而未闻出于女子。乃吾里之称宗贞女者何? 贞女之称"贞"也,志守也。虽仅一言之成,不敢渝也。然而称"宗"也,志所出也。虽有百年之誓,不及从也。盖贞女为吾兴之乡人,父菶,执金吾,母王氏,生子,早死。三女贞,最幼。方五龄,许聘陈氏子必尧。至年十八,而有岛彝之变,蹂躏淮

南,趋秦邮,必尧时读书邮之天王寺。彝纵火燔寺,竟烬死。夫必尧与女甫系
缨,凡牢卺之谊漠然,未就即转而他从,未有非之者。乃号恸崩摧,誓以死殉。
时父蓣已没,独王母在,雪涕而语之曰:"吾与汝相依为命。汝死,吾亦死耳。"
始稍稍进匕箸,为勉起。久之,陈父母怜其意,与王母复合议,将改适之。女
曰:"吾徒以有老母在,故缓须臾耳。奈何一旦议及此,岂吾难一死哉?"察其
意皜皜焉,懔于烈石,有耳可截、目可剔、盟不可更要之志。自是,两家父母无
复敢言婚事矣。未几,陈之父母继卒,以俗例论,与必尧未成夫,则与父母犹
未成舅姑也,乃为衰麻奔奠,一如舅姑礼。

越数年,有羽士振衣曳履,朅来吾乡,云:"吾陈必尧也。"乡之人旧与熟
者趋而征其容仪,即优孟之学叔敖、周昉之貌赵郎,未必刻划,乃尔果必尧也。
问以畴昔之事,缕缕陈说不爽。必尧小指缺一尖,验之亦然,则又必尧也。独
女不为动,曰:"吾心如石井水,破栏不起矣。即陈郎何为?宁以陈郎死而知
我心,无以陈郎生而易我节,彼何处男子而敢渎媟冒之耶?"羽士闻知,咨嗟
而去,留念珠、击鱼,趣其入道,曰:"吾亦翩翩五湖矣,夫以未施容臭、未奉繁
帨之舅姑而为之成礼,此礼古未有也。古人虑有难为者,故不制也。而女为
之,其有舅姑所以有夫也。而以同姓字同音容之丈夫,则又不为之屈节,总之
自彝烟一炽,此心已与必尧俱灰。念白印之真骨,则舅姑不忘;虑黄犊之赝名,
则丈夫可绝。是虽不事陈郎而所以报陈郎者至矣。"嗣是,含秋霜,被皓月,
百年如一日,布衣淡食,朝夕勤女红,修甘毳,以奉母。母亡,而襄事成礼,时
年三十三矣。

女之同堂姊适予伯父,早逝,继伯母仲氏收恤宗氏,反厚其家,而迎女僦
居城中。乃其性蘗茶如饴,藩篱逾峻,即邑中闺媛有慕之而愿一识其面者,曰:
"吾女也,不敢轻往来。"至姻戚怜而问遗,亦不苟受,曰:"百年粗粝,半菽而
足。"其芳洁类如此。比年五十四岁,观风者循令甲以闻于朝,下礼部议,覆
云:"白头室女,自古少闻。青年不字,于今罕见。"亟下有司,为建楔、复丁、
给粟帛如例,而一时匆遽,用庳西坊为易一名当之。会邑侯梁公来,谓贞女不
字,在黉序非便,乃移植所居里。浃岁,而直指康公来,廉得其事,异之,下檄
发赎锾,为治第云。女老矣,使及身而见之,自念而慰藉云:吾苦节有今日,
邑之士若女见女之芳华而羞世之污辱,相感而矜奋,云彼苦节而有今日,业已

晚矣。其亟议创，毋吝小费为？于是买民间地一区，庀材鸠工，不数旬而落成。有寝，有堂，有庑，有门，复移坊，表之曰"宗贞女第"，悉如康公檄，而征言于予。嗟嗟妇人之称节难矣，而女子尤难！如陈孝妇之致旱，宋伯姬之赴火，楚夫人之沉水，其节烈高奇、烨昱往闻者，皆以妇人，而女中无闻焉。盖妇人举案、画眉欢然，岁月峻守，固其天性，而犹介于情。女子深闺秘阁，邈矣河山，其于情何有而一裁于义？比其粹白坚忍之操，虽无低昂而不敢谓其非，尤难也。当移居之日，梁邑侯制冠服肩舆，鼓乐前导迎，阖邑之士若女奔赴而往观者，市为之罢，室为之空，皆心艳之而叹其晚，则斯事也，在旷世为奇节，在今日为盛举，其关系岂渺小哉？是可以风也已。

重修宗子相祠记

李思诚

古人之制为祀典也，法施于民则祀之，能御大菑则祀之，能捍大患则祀之。法之例不一，而倘立言以垂不朽，遒文丽藻炰奕当年者，亦法之属也。至于藩垣之事，戎马之场，烽火烟飞，百姓寄命，惴惴焉如燕巢幕上，而有能运帷中之策，使其民妇子获全煦哺无恙者，其为捍御多矣。凡此者，皆祀列也。若吾乡先达宗子相之于闽也，以其曾为少参学政于斯也则祀。而其祀也，则以其友人徐子与之后为按察时而与其百姓共立之也，则得并祀。自余移官至登乌石之崖，瞻拜宇下，为之瞿然有感焉。

子相，故铨部贵曹也。子与，亦比部上选。相与为莫逆交，结诗社于京师，有建安七子之风。而时宰横甚，无不摧下，公等独以气于之不说也，迁之使出，谓文士多阘茸不事事，因而治之，陆平原、潘安仁皆不令终可侯也。于是子相以参议去，子与以守去，而皆得闽。闽时有岛彝之患，腥风四起，钲鼓不绝。二公适以剧间来摄时宰，闻而笑曰："吾固知竖子之必毙也。生平但解吴歈楚讴，安知羽檄间事耶？吾固不毙之笔锋而毙之贼锋矣。"而子与守汀，封疆之外非其任也；子相为监司，例当为遮要逻守攻冲防击之事。时会城势迫，贼蹭福清，烽火几及门，六门皆闭不启，城外人环而呼者，泪如鹃子。相独曰："是所谓缄縢扃鐍也，盗至，担而走耳，彼城下之老者且填壑，而稚子舞槊上矣。"遂自以其两门不闭，纵之入，且令其入者非肩谷不得入。于是城外之父老子弟皆猬集而走西门，城外之积亦复如山，是以城守凡五旬，斗米不增一钱而安然保聚矣。时宰闻其事，更不悦也。不得已，与以闽学政，子与犹为汀守。嗟乎！二公者几不免时宰哉！

夫结社为诗文意气风上，不过胸中肮脏无所栖托，一向此中淘洗，何事必欲屈辱之？而所以屈辱之者不过二事：夺其贵秩，付以外迁，一事也；挠其文思诗情，与以簿书戎马，二事也。夫才子之气，上薄虹霓，下凌日月，即处之蓬蒿之下、榆柳之中，犹椟龙烛而跨天衢也，此固不足难矣。而莫耶长刃，婴之者断，何事足折其斧斯？丞相弘疾汲黯也，困以右内史界而官事不废；虞诩获罪于邓大将军，为朝歌令而盗贼治。使文人才子翰墨之外又多一政事之声，不得谓奏长杨、赋鹦鹉者止能弄其笔端，而天下不在书生也。是固二公之才不凡，而时宰之为计者及拙也。予以木天旧人一移官于此，感逐客之不殊，叹流风之可溯，为之矍然起曰：以其树名骚坛，风雅再作，可谓法施于民矣。以其运筹帷幄，溟海息氛，室家父子恃以有生，可谓御大菑、捍大患矣。故为之鼎其祠，题其楔，重勒其文。

抱琴堂记

王士禛　山东新城人。扬州司理。

余既作屧提斋之二年，复稍葺澹薄宁静堂之东偏亭三楹，以为退食燕息之所。落成，适有遗余元人唐子华《抱琴图》者，因以名之。子华名棣，吴兴人，与赵文敏相先后风流，照映于苕雪湖山之间。今此图风俗萧疏清远，而高夐片石屹立，红树萧然，松栝不多，具林壑之气。客有幅巾抱琴行歌林下，若无意于世者，殆非高明之士不能作。余友曹秋岳、周栎园两少农饮于斯，展图而披之，动色咨叹，以为唐君真迹亡疑也。亭不数笏，绳床茶灶之属粗具，杂置图书枪碗。亭前隙地，稍植梧桐、甘蕉、修竹。夏雨初过，苔色交翠。余每束带折腰之余，偃息此亭，便如散发茂林之下，濯足清溪之涘，忘其地之近，而身在市朝阛阓之间也。嵇中散云："众器之中，琴德最优。"夫荫玄云流惠风，弦以园客之丝，徽以钟山之玉，而无伯牙挥手，钟期听声。嗟夫，嗟夫！终宁抱吾琴焉而已，是亦名吾亭之意也。遂书以为记。

维扬郡城南文昌阁碑

孙矿 余姚人。南刑部尚书。

淮海惟扬州,振江上游,淮泗下流。束湖于漕,运艘是由。越城而南,里修有三。如矢的是趋,厥气弗含。祝融为灾,文教罔培。士习用赜,狐疑相猜。惟二十三年,岁在端蒙协洽,士议于黉,巷语相答。乃鸣于邑,于郡于台。谋无不谐,鸠功度财。版锸子来,匪防是曲。惟水贵曲,迁指巽维。委蛇还縠,乃经坤道,抱于离腹。千步有余,折入饷渠。远导岭源,百流皆输。激行无恙,维堤之障。比于砥柱,郡城是向。从众之谋,作阁其上。十载乃成,厥观用壮。飞甍翼翼,方庭殖殖。望之屹屹,即之秩秩。绘屏于楹,有灿六星。去铸去雕,不貌以形。左右双亭,维阁之肱。琅玕凌风,雨丛青青。南为大池,芙蕖播清。横旦小堤,因旧河形。最后筑堰,堰上构三亭。夹以垣墙,截以杉栅。对植名花,纵横成列。春琼炫日,秋丹迎月。或浮锦浪,或傲寒雪。烂熳庭际,吐芬扬烈。东峙浮屠,耸秀成隅。西祠文相,正气是扶。如揖如承,不谋而符。其北堤湾,日飞万舳。直郡之南,当阁之前。方石鳞次,厥构以竖。鲲旋之潘,止水为涟。非为游观,其胜适然。郭首障渠,作阁者朱。前后相成,有造兹区。其政拊摩,其教恬愉。化乎人和,膏泽滂濡。朱衣楚楚,青衿维旅。颂德无穷,传经比宇。勒兹石文,置于水浒。垂千亿年,仰止有所。

重修梅花岭记

朱锦 余姚人。扬州知府。

扬州旧有土山二,一在南门外西隅,一在新城广储门之北岸。万历二十年,吾乡秀水吴公守扬州时,浚河积土,筑而成者也。因斥买民田若干亩,治为园,环山树以梅花,俗遂呼"梅花岭"。岭之前,有楼,有堂,有池台亭榭,中间杂莳花树,以寄游观。东西翼以诸州邑公署,为诸州邑长期会之寓,曰会馆,统署其门曰偕乐园,自为记记之。寻为当道檄废,仅存其堂与楼,为诸生讲业之所。久之,并荒废,惟堂与楼仅存,而阑楯桄庸半毁之。风雨鸟鼠,花树多供游人采折,亭榭池台鞠为鹿场獭穴矣。

丙申,内待鲁公奉敕出理两淮盐政,驻节扬州,以觞客,数过其地,低回伤之,因次第为修葺其堂与楼各五楹,仍其故构而易蠹撤朽,增以髹彩丹垩,烂然改观。及旧署多不雅驯，合署其堂曰"讲德楼"，曰"官梅"，园之门曰"漱芳"。楼之背，池可数亩，复拓浚之。创亭于腹，圆盖重楣，盘旋矫峻而洞其下，以往来儵鱼，署曰"濠想"。南北为露桥以度，木石居半。度处各树之坊，南曰"颒漪"，北曰"延碧"。东西甃以石堤，际池杂种芙蓉、菱茨，覆堤以垂柳，间植桃李、木芙蓉诸卉。花时，雕绘满眼，能友游者应接不暇。度桥之北为平台，雕石为阑，方广数丈许，石磴径而上，可二十级。级尽，得亭三楣，踞岭巅。旧有梅花若干株，而新增以绿萼、玉蝶诸品，冬春之交，不飔而馥，惹人襟袖。亭四周磨甓为短垣，户其中楣。凭而眺，江南诸山历历。栖檐下视楼，所受尤胜，余颜之曰"罗浮古雪"，亦易旧署也。左右对峙二小亭，左曰"吴亭"，中书秀水公偕乐园旧记，右曰"武亭"，书旧江都令武公维扬纪事，皆不欲忘旧也。循岭而东，有隙地若干弓，可梧可竹，计创亭其上，今未及也。又诸会馆既废，岭之东西犹存二署，今改江都署，祠曾襄愍公，仍为缭垣隔之，所以严俎豆而杜嚣喧，非外之也。斯皆鲁公所补葺，视昔秀水公费益不赀，皆取之罚锾；不给，继以俸橐。

是役也，经始于万历三十二年孟春月中元日，于次年十二月八日落成。不佞守土者，属纪其事而碑焉。时郡丞王公一之、姚公善，倅孙公谋、孙公铉，司理吴公一栻，署转运使杜公伸，分司朱公星耀、阎公期寿、龚公云从、李公骥骢，皆地方共事者，例得载之记。不佞按宝祐旧志，岭址去小金山不数百武，宋熙宁间丞相陈升之判扬州，创阁于子城上，曰"云山阁"。吕公著、郑兴[1]裔相系为守，增而大之，易阁曰观。其后迫边事寝废。宝祐初，贾大师出镇淮，乃复云山观于小金山，规制益宏敞，不翅跨有岭址矣。

夫云山兴废，去三百余年，复有兹构，兴废略同，其地与人又同，不佞不能无古今兴废之慨焉。鲁公曰："窃闻之，宇宙，传舍也；人与物，过客也。是故自其变者而观之，有古今则不能无兴废，去来往复犹转环然，何有了终？自其不变者而观之，今犹古也，废犹兴也，俍得而俍失焉。惟静者以无待之幻遇之而已，其大者恃文章家言以垂弗朽。故虽幽如兰亭，秀如辋川，千载而后，徒问之烟莽象狐之区耳。不有逸少、摩诘何以永其名胜？是皆以不变者而观之

1　"兴"，原本误作"与"，据本志卷一、卷九改。

役,能无觊以名公片言以寄永永乎?"不佞嘿喑,谢不敢当,而三叹内侍公为达者言。不佞欣有托焉,故合所闻于熙宁、宝祐者并记之。

重修恭爱庙记

孙佺

汉建安中,广陵太守陈侯登,字元龙,居郡有异政,沈勇内决,总众多威略。侯所治,当东南之凑[1],土俗劲剽,物产蕃夥。方是时,皇纲弛绝,乱臣相与犯上,天下纷扰,雄豪并起。袁、曹虎视许、邺,昭烈拔迹小沛,吕布暴桀下邳,桓王经略江表。侯镇是邦,挺然自固,武力既宣,疆埸[2]不惊,法修教浃,人趋厥务,稚老鳏寡,愉愉嬉嬉。侯以休暇,行城之西二十里,浚源为塘,用救旱饥。有萑有苇,龟浮鱼游,民资以饶溉浸田畴,稻粳丰衍,勤本足食,庐井恭而爱焉。名传于今,以褒厥庙,寅寅虔事,四时报飨,殆将千载而莫敢忘。古之所谓有功者得其所以济民,则怀悦当时,遗后世无穷之泽,此为政者所劝勉也。宋兴,大中祥符六年,始析唐之白沙镇,附以二县,置真州,为江淮制置发运治所,而塘实在其地。岁用灌注长河,增浅宣淤,淳然流通,漕转弗乏,其利弥广矣。于是官输民贾,物货粟帛,四方使客,千艘万舳,雷动而云集。故于淮之南,为州最剧。熙宁五年,太常少卿、陈留罗道济极,尚书度支郎、中河南皮宪臣公弼为之使,慨然追侯之功治,愈久而利,视祠之不严,命加完饰,使里俗益知侯之德远不可忘[3]而显章之,以信于后,且请余文而记焉。

重建大观楼记

刘藻 瓜洲分府。辽东人。

瓜洲,镇也,然有城,知斯城之为要地。瓜城之东南西北,皆具楼橹也,然东南隅别有楼名"大观",知斯楼之为胜地。余以庚子岁奉命来扬,分守兹镇。值兵燹之余,城已颓圮崩圮。询楼所在,则仅存故址而已。缘城非郡邑,岁修无额设,故艰于上请,或请多弗应。以故前此虽知为急务,咸叹息而去。余至

---

1 "凑",原本误作"臻",据《隆庆仪真县志》卷一四《恭爱王庙记》改。

2 "埸",原本误作"场",据《隆庆仪真县志》卷一四《恭爱王庙记》改。

3 "忘",原本误作"急",据《隆庆仪真县志》卷一四《恭爱王庙记》改。

是,方中请议修,会大司马中丞林公、备兵使者杜公临江,周城阅视,则诧曰:"此要地也,为南北一线之咽,岂直两淮门户,曷不坚尔城?"于是具题扬属捐俸修理。余蒙委董是役,以孟春之吉鸠工,迄今孟夏竣事。城坚完而江防之形势乃备,因谋还斯城之旧观,则莫若大观楼者。盖长江万里,如带如萦,其上则三山巍峨,龙虎之所蟠踞也;其下则三江浩瀚,奔涛赴海,日月之所吞吐沐浴也。当前润城诸山,屏立笋茁,相就如几案间物,以至烟岚晴霞之变现,风涛之汹淢,云树之出没,其胜无不毕萃。思昔人作筹边楼,图山川道里于壁,孰若斯楼之不假图绘,指点形势已在目前?或阅楼船,试战士,坐论之顷,于以消鲸波而致海晏,盖不独恣其游览、吟风醉月而已也。余初以城工之艰其上请也,未计大观楼之费,特自捐俸金为厅三楹,厅前作小卷三楹,盖未能建层楼也。崇其台以为之基,其规模高阔略与旧等,凡名流题咏汇置于壁。以语镇之绅衿耆老,咸悦曰:"能如是,是亦足成胜地矣!"因镵石而为之记。

重修文游台记

王士禛 山东人。扬州司理。

古来风流文采、魁梧奇杰之士,其在当时,或不遇或遇矣。而以名高而取忌、守道而丛谤,至不得一日安其身于庙堂之上。甚者播迁江湖岭峤之间,而坎壈以老死。然数千百年后,学士大夫读其书,思慕其为人,至于其所尝游眺憩息之地,必且披榛棘,访碑志,往往为之流连感激,太息凭吊于荒烟断霭之中,岂其遇之有幸有不幸欤?抑丰于此则歉于彼?天道之乘除固然欤?昔苏长公生宋盛时,以文章名动天下,试馆阁,为侍从之臣,洊列大藩,天子至以宰相器之,不可谓不遇矣。然终以直道见尤。谢景温、李定、舒亶之属,继肆其弹射,卒至流离惠州、儋耳穷海绝峤之滨,不究其用,为天下惜,至并其所为文章亦禁锢之,何其不幸也!考公平生踪迹,多在江淮,又尝与孙莘老、秦少游、王定国辈游处最善。而孙、秦二君子者皆高邮人,故邮乐得公而显。而文游台在城东北里许,即公与三君子所尝游眺者也。宋淳熙中,王诇茸之;嘉泰中,吴铸重新之。其兴废之迹大略见于应公武、王元凯二记。自明正德迄今康熙,又二百余年矣。余以顺治十七年四月来莅广陵,文书之暇,多泛小舠往来三十六湖之上,因登是台而吊之,嗟其颓废荒落,谋诸州守吴君及州之士大夫，思所以修葺而振起之者。会吴君秩满，擢蜀之龙安守以去。继之者闽海曾君，余复告之，而曾君又以忧归。继之者铁岭李君，余告之如初。盖始辛丑，迄甲辰，阅四岁三守而台之工以成，余因是慨然有感也。方公泊三君子以直道不见容于世，放迹湖海，登是台以啸咏，发舒其无聊不平之气，亦偶然耳！岂尝计及数百年之后斯台之存殁，与后之人为之太息凭吊，感激而流连者耶？余生后公且五六百载，犹得登斯台、拜公祠宇，恨不及四公当日同其游眺登临之乐，而亲聆其音旨。《诗》曰："高山仰止，景行行止。"斯台也，亦后之"高山景行"也。自宋及今，阅五六百载，所谓金壬者，其人与骨皆已朽，而斯台巍然，公之风流照映于无穷，然则公不可谓不幸也。公尝作《太息》一篇，送少游之弟少章，有感于孔北海之论盛孝章也，其言曰：英伟奇逸之士，不容于世俗久矣。虽然，自今观之，孔北海、盛孝章犹在世，而向之讥评者与草木同腐。嗟乎！昔之视古，不犹今之视昔乎？台在泰山庙后，有楼有亭，皆可以望远。登其上，则长湖淼漫，风帆杳霭，稻塍柳陌，绣错而棋布。于高秋密雪之时尤宜，楼与亭皆不自名，而从台者，存古也。

登文游台歌

玻璨江上谪仙人，东来万里辞峨岷。熙宁元丰不得意，翩然戏弄淮南春。龙图学士忤权要，祥符宰相余王孙。黄楼一赋轶屈宋，无双国士推犊秦。四公相逢向淮海，酒酣耳热气益振。珠湖三十六陂泽，高台下瞰何璘珣。锦绣诗篇照天地，与台光景相鲜新。云烟过眼一飞鸟，黄河曲注江东奔。人民城郭半迁改，此台屹立当湖滨。惠州儋耳垂万死，后生望古伤吟魂。何人请籍元祐党，至今沘颖惭安民。岂如斯台好名字，永绝狐鼠芟荆榛。我来游眺岁几度，溪毛明信古所敦。远帆如鸟树如荠，湖光云雾相摩吞。严冬沆瀣但一气，大雪片片铺龙鳞。酹公一语公莫嗔，作诗一笑君应闻。末即坡公题太白像语。

瓜洲重建大观楼记

王士禛

自荀中郎镇京口，登北固以望三山，发缥缈凌云之叹。闻其语，想见其地，而思褰裳濡足者多矣。所谓凌云亭者，在北固多景楼侧，地既隔隘，又倾圮不治,余尝登而叹惜之。若瓜洲城南隅之有大观楼,旧矣。顺治十六年,海逆入犯,毁于火。康熙元年,防江郡丞刘君以江海多事,奉开府监司檄,修治城堞,增治楼橹斥堠,因慨然规楼旧址,经营重创,三月而毕役,宏丽高明,倍于畴昔。既落成,俾余记之。窃尝考诸传记,润州当天下劲兵处,由金陵左顾则武昌、九江,右顾则京口,自汉末以来,皆为豪杰之所必争,兵家所谓如率然。首尾相应,天下有事,各屯重兵,相为犄角,而京口尤当南北馆毂,襟江带海,号称北府。故守金陵必先京口,譬藩篱之卫堂奥也。扬、润相距不五十里,片帆可达,而瓜洲扼其冲,隐然为重镇。旧设操江都御史行台,又设江防分府而治,近且开都督府,增督镇三营兵将屯守其地,与京口都统大军相望为声援。故守京口必先瓜镇,譬手足之扞头目也。己亥之岁,海氛昼炽,润州不守,瓜镇继陷。艨艟艉�12之属,由崇明、孟河以至金陵、皖口、黄梅之间,所在蜂屯,扬帆往来,如门庭然,罔或一矢加遗者。赖王猷允塞,督府协力,师武臣用命,旬月之间,恢复京口、瓜、仪诸城,余孽宵遁,江海复宁。然犹厪主上宵旰之忧,赫然斯怒,特命重臣帅八旗禁旅星驰电扫,以奠南服,其所安全者固大,而其为震惊亦已多矣。向使得如君数辈,分布江南北,修城堞,治楼橹,严斥堠,凡所为绸缪阴雨者无或不至,长江天堑,寇能飞渡乎哉! 今海上无事,江淮间号称小息,而君独殷然为苞桑之虑,又以其余重建斯楼,以为宴游啸咏之地,其功德固足多,而其风流尤足志也。嗟乎! 当军兴旁午之际,羽檄交驰,虽有江山之胜、风日之佳,游观眺听之美,宾佐僚属,相顾忧悒,若不终日,又安能肆其心志,而发舒于歌诗文章之间? 今日战守备具,海波不扬,余与君以暇日登斯楼也,俯江流,望南徐,北指广陵,西眺建康,三山秀色如可揽结,五洲之势若指诸掌,不亦可乐而忘其忧乎? 余先成七言诗二章,君与监司杜公继作,各锓诸石以纪岁月兴废之由。杜公讳溇,丁亥进士,山东滨州人。君讳藻,辽东盖州人。

朴巢记

冒襄

雉皋古龙游河畔,有朴树瘝生,偃盖如螭,回环似珥,上覆菌云,下横珊铁,枝叶笠垂。外敞内阒。余惭鸠拙,倦飞息影,借巢傍干,三面斗折,皆层溪浅渚，韬溜澹滟，㽔巢左通小桥，冲风耐雪，袅度他枝，枝杪为台，如秋棠花，可月可渔，俱叠以冰纹片石。昔张功甫作架霄亭于四古松间，悬以铁絚，风月之夜，与客梯登，自谓飘飘云表。此巢不絚不梯，空游满树，想际真人，神往邃古，更为旷绝。巢成，即从树名，余尤爱其朴也。

蜀道闲上人寻第一泉记

宗元鼎　扬州人，字定九。

广陵第五泉在城西北平山堂下，盖唐张又新、刘伯刍所品定也。客作维扬游者，无不过而访焉。至第一泉，则无问之者，泉殆有幸、有不幸耶？

泉在城东北蜀冈上禅智寺内，其泉脉通蜀江。相传齐梁时有僧洗钵蜀江，漂去，自井浮出。僧后游扬州，识之，故初名蜀井。及宋苏氏东坡官扬州，游禅智寺，尝其水味清冽，因命舆人汲第五泉与蜀井泉并权量之，第五泉较之稍重，遂题蜀井曰第一泉。及寺倾圮，泉遂沉于残碑蔓草之间。嗟乎，天下英雄才士沦落不偶者多矣！宁第兹泉哉？

峨眉道闲上人，名于诗者也。有逸致，每奇踪旧迹湮没不彰者，必从而表扬之。顺治乙未蜡月九日，偕其徒寻第一泉故迹。道公出东城，踄昆冈，破霜冒寒而往，迷失大道，越小涧，泥潦没鞋，布袜尽湿。入山，见荒苔白日，廊庑尽坏，山僧饿病，仅存余息，因作诗有云："日中僵卧未曾炊，形同病鹤风中立。"殊为警绝，破殿侧，第一泉依然在焉。与僧徒拾野薪半束，作火烘袜履，历访三绝诸碑、月明桥、竹西亭遗址，烹茗啸咏，仍命童子汲泉担回。晚归，过余，述其游状。余曰："是不可无记。"

夫此井初不知为蜀井也，亦不知为第一泉也，自蜀僧洗钵失之，从井得之，然后有蜀井之名。自蜀东坡任扬州，较水之轻重，然后有第一泉之名。泉至今几于沉晦矣。自蜀道公访之，然后有寻第一泉之人。是兹泉固始终于蜀者也。虽然泉名蜀井，天安得不生蜀人以护持之哉？他日，三蜀人当与蜀井并传千古矣。

露筋庙碑

米芾　字元章，吴人。礼部员外郎。

天地之间，虽大体阳况君子，阴比小人，而五行交相为功[1]，各有正位。其庞杂者亦交处于阴阳之间。盖乱臣贼子之所禀，妇人女子之所羞，虽其粉饰一时，班域圣贤，明未即察，而阴谴亦不旋踵，则泽国之女，嚼肤露筋，不就有帏之子。氏不显于一时，祠方揭于千古。庸夫庸妇之所传称，有如昨日。是幽显之所共信，而古今不可得而议者。然则伯夷、叔齐之节，不必俟圣人万世所自知，明矣。绍圣元年十月，中岳外史米芾东归，过其下，刻石赞曰：王化焕猗盛江汉，叔运煽猗人伦乱。一德彦[2]猗昭世典，情莫转猗天质善。楚泽缅猗云木偃，炜斯囷猗日星建。

张侯祠堂颂

范仲淹

生祠，民报德也。制置公本汝颖之奇，以文武事朝廷，为勋臣于四方。而尝战守秦塞，制胜非一。招降属寇，全活甚众。抚南彝以乂远俗，使北疆以寻太信。光华之命，所向凝绩。天禧中，国家以盐铁馈运之计重于东南，命公领之，于兹八年。公夙夜不懈，阙政咸举。初，淮浙之间，盐民告困，海利云剥。公请振崇、泰、楚三郡亭人，岁增课数十万石。兴杭、秀、海三郡盐场，岁入课四十万石。又常、苏、秀间太湖涨溢，害于甫田，公请导入于海，复租六十万石。白沙郡大江之北，有湾数里，风涛为险，舟楫不利，公于是开长芦西河以济之。又高邮之北，漕渠屡决，阻我粮道，破我农亩，公于是作堤二百里，旁置石限，平其增损，以均灌漕焉。惟兹海陵，古有潮堰，旧功弗葺，惊波荐至，盐其稼穑，偃其桑梓。此邦之人，极乎其否。公坚请修复，乃兴[3]厥功。横议嚣然，仅使中废。公又与转运使胡公再列其状，朝廷可之，仍许兼领是郡，以观厥成。起基于天圣五载之秋，毕工于六载之春。既而捍其大灾，蠲其宿负，期月之内，民有复业躬诸田者共一千六百户，将归其租者又三千余户。抚之育之，以简

1　"功"，原本误作"公"，据《宝晋英光集》卷七改。

2　"彦"，原本误作"产"，据《宝晋英光集》卷七改。

3　"乃兴"，原本脱，据《范文正集》卷六《泰州张侯祠堂颂》补。

以爱,优优其政,洽于民心。于是,请肃公之仪,以奉于祠,期子孙之不忘也。秉笔者故作颂焉:

我公雄杰,经制楚越。鉴洞毛发,诚揭日月。建利除孽,代天工发。海陵嗷嗷,古防弗牢。万顷良膏,岁凶于涛。民焉呼号,不粒而逃。公闻憪怛,乃按乃察。草奏屡达,狂议四遏。心过金铁,对天不夺。宸听既聪,宰谋既同。展矣胡公,协力谐忠。兵民交充,兴防之功。盘盘偃偃,百里而远。云蠹不散,山亘不断。如天作限,奠万家产。朝以公贤,兼于蕃宣。伤者我全,疾者我痊。逋亡几千,岁复于田。公义不爽,欲报弥广。建牙裂壤,将有攸往。众图画像,以永瞻仰。列星之精,列岳之灵。仪焉停停,神焉荧荧。居千百年,此邦镇宁。既宁既聚,涛莫我苦[1]。比比牖户,鳞鳞场圃。而公而竖,于歌于舞。天子穆清,诸侯经营。民兮乐从,谷兮丰盈。作为颂声,告于神明。

仪真通江水闸记

胡宿

记曰:夫权以济事,智在利人。邓训改石臼之河,前史谓有阴德;谢傅筑新城之埭,后人比之甘棠。猗忠利之在时,邈今昔而同贯。江汉纪于南国,设地险而称雄;舟楫济乎巨川,前民用而为急。若乃疏岩险之道,通利涉之津,息肩乎风波之民,尽力于沟洫之义,则建安水闸之制,其利溥哉!国家神基万年,天宇一统。海隅日出,具为帝臣。域中地大,莫匪王土。文轸所薄,赋舆攸共。自江之南,宝藏是出。有羽[2]书金璆之贡,兼汉官盐铁之利。齿角羽毛之所产,资粮扉屦之所入,固已府无虚用[3],而国有余财。维迎銮之奥区,乃濒江之剧郡。宝势横野,压楚地之三千;大浸稽天,吞云梦之八九。南逾五岭,远浮三湘,西自巴峡之津,东洎瓯闽之域,泾涂咸出,列壤为雄。据会要而观来[4],大聚四方之俗;操奇货而游市,号为万商之渊。淳化中,始建外台,并置大使,领山海经画之重,督星火期会之严。九赋敛财,日以商夫功利;万艘衔

---

1 "苦",原本误作"若",据《范文正集》卷六《泰州张侯祠堂颂》改。
2 "羽",《文恭集》卷三五《真州水闸记》作"禹"。
3 "用",原本误作"月",据《文恭集》卷三五《真州水闸记》改。
4 "来",原本误作"水",据《文恭集》卷三五《真州水闸记》改。

尾，岁乃实于京师。先是水漕之所经，颇厌牛埭之弗便。江形习下，河势踞高，斗绝一方，壁立九仞。每岁木叶秋脱，天根夕见，七泽收潦，当涸水之有初；万里连樯，自上流而并至。将乘高堰之险，必俟灵潮之来。浅涸贻忧，引挽甚苦。守卒达旦而不寐，严鼓终夜而有声。人相告劳，官不暇给。乾兴中，侍禁陶侯鉴寅奉辟命，掌临岸局。盘结必剖，精干有余。将划革于旧方，特起发于新意。按历长河之曲，行营大江之湄。经始二闸之谋，关白一台之长。时制置发运使、工部方公仲旬，文思使张公纶，咸以硕望，注于上心。秉牙筹而笼货财，握金节而宣命令。乐闻经画，肇敏戎功。爰黈益于章程，旋条析[1]于经费，移属本郡，调急治具。时太守都官曾公乾度，前倅职方王公汝能，咸秉心勤瘁，协志赞襄。诸贤好谋而成，众材不戒而备。因其别浦，建为外闸。畚美石以垫其下，筑疆堤以御其冲。横木周施，双柱特起。深如睡骊之窟，壮若登龙之津。引方舰而往来，随平潮而上下。巨防既闭，盘涡内盈。珠岸浸而不枯，犀舟引而无滞。用力寝少，见功益多。即其北偏，别为内闸。凿河开奥，制水立防。瞰下泽而迥深，截横流而中断。月魄所向，潮势随大，上连漕渠，平若置埶。湍无以悍其激，地不能露其险。木门呀开，羽楫飞渡。不由旧埭，便即中河。憧憧斯来，沾沾相喜。商旅息滞淫之叹，公私无怀迫之劳。岁省之费甚少，邦储之运益办。自天圣纪号三年之冬，庀徒皆作。越明年孟夏，僝工大毕。材用所给，取于城守之余；力役所资，辍于篙工之暇。坏土不夺于稼地，秋毫咸出于县官。未几，制置二公秉命[2]珪、觐崿阙，表其功状，刻写规模。由东途以进观，自中宸而简在。复降温诏，奖勤略，且有天旨，申谕郡将，饬其必葺，贻于无穷。噫！建隆之元，王涂日辟，五土反乎正色，天下号为重开。控于南邦，兹为北道。总揽众职，更历群公。求民之瘼则多，此川之阻未达。岂汉阴抱瓮，耻用于机心，将溱水脱车，未周于病涉，承弊达变，踵[3]在今乎？是宜标舆地之图，书大事之策，作镇奥壤，垂法永年。俾神灵而支持，与天壤而相弊可矣。

1　"析"，原本误作"折"，据《文恭集》卷三五《真州水闸记》改。

2　"命"，原本误作"仰"，据《文恭集》卷三五《真州水闸记》改。

3　"踵"，原本误作"钟"，据《文恭集》卷三五《真州水闸记》改。

靖安河记

吴聿[1]

江出岷山导峡，与荆、湘、沅、澧众流至洞庭，积为巨浸，合沔水，经浔阳东，邀彭泽，别为九道，会为中江。东北至南徐为北江，入于海。惟中江自湖口合流而下，奔放荡潏，吐吞日月。山或矶之，则势益悍怒触舞。大艑兀若转梗至其广处，旷数百里，断岸相望，仅指一发。而舳舻上下，中流遇风，则四顾渺然，亡所隐避。自金陵抵白沙，其尤者为乐官山、李家漾至急流浊[2]港口，凡十八处，虽平时号称老风波而玩险阻者，至是鲜不袖手以听命于阳侯奇相之徒[3]，则厥载之覆，不足怪也。然东南漕计，岁失于此者什二三，亦不赀矣，是宜仁人君子体国忧民者之所轸虑于斯焉。宣和六年秋九月，今发运使、徽猷阁待制卢公[4]访其利病，得古漕河于[5]靖安镇之下阙口，此当循故道发淤淀而疏凿其壅，以取径导于清沙之夹。由是出小江，趋北岸，穿[6]坍月港，緜港尾越北小江，入仪真新河，以抵于城下。使往来之人，高枕安流八十余里，以易大江百有五十里之险绝，实为万世之利。亟上其事，宸笔可之。越十一月丙辰，鸠工庀众，用缗钱几万，斛米五千[7]，率不取于他司，郡县以不扰，阅二十有一日而休。役发构，鲍侯真倅、齐侯实督临之，皆能体公之诚而尽心于此。然则，其成之敏也固宜。始役之兴也，扬子、六合、上元分治其所临之地，而扬子所治功什八九，而溃岸溢沙，几圮前绩。邑令惧焉，乃躬致醮禳之事，且祷于神。俄有异蛇见于筵间，鳞彩绚错，以示其祥。于是，役不淹时，讫就厥绪。已而六合邑官亦踵修其事，复有神物蜿蜒而出，金碧相鲜，历盘馔，饮卮酒，观者为之动心骇目。比决坝而纳流于河也，则皆委蛇而化。吁其异哉！夫唯公故能不屈于人，惟正故能罔愆于神，惟诚故能获相于天。观公之建置也，初欲沮其议者终不得害其功，而司险之神复不能以阴坑其成。至于严醮之夕，羽流上

1　"吴聿"，原本误作"胡宿"，据张铉《至正金陵新志》卷五下载《靖安河记略》及文末称名改。
2　"浊"，原本误作"独"，据《隆庆仪真县志》卷一四改。
3　"徒"，原本误作"徙"，据《隆庆仪真县志》卷一四改。
4　"公"，原本脱，据《隆庆仪真县志》卷一四补。
5　"于"，原本脱，据《隆庆仪真县志》卷一四补。
6　"穿"，原本误作"川"，据《隆庆仪真县志》卷一四改。
7　"千"，原本误作"十"，据《隆庆仪真县志》卷一四改。

章,报语谆谆[1]天意昭格,而卒获其相,谓非公正而诚,吾不知其可也。

聿也自公之经始至于讫事,皆所目睹而叹仰之者。且家于江湖之上,将以身蒙其利而无言以记,可乎?谨书其本末,刻之乐石,以永公之名于无穷。后之君子,有以体国忧民为心,而欲追公之高躅者,亦将有考于斯文。岁在乙巳六月望,聿[2]记。

希董堂记

方孝孺

禄位高乎人者,可以耀一时,而不足以传百世。道德备乎身者,可以传千古,而不足以贵当时。有志之士,将安所[3]取则哉?吾之所受于天者,推之可以泽天下,垂之可以法无穷,非特可徼利达也。使富贵而事功昭乎时,福泽加乎民,君子固有[4]取焉。苟徒禄位而已矣,则君子奚取乎?汉儒为公卿者多矣,公孙弘之宠禄终身,韦贤之父子相继,孔光、胡广之寿考,皆当时所称颂,以为善保富贵者。千载之后,虽庸人皆知轻贱之。

董仲舒在武帝时,最为不遇,屡遭摈斥,不得立朝廷,而周旋藩国,以仁义道德匡正之,至今尊其学术,以为圣贤之徒。士之善尚友者,每喜引以自望。则夫人之真可贵者,果安在哉?世方汲汲于后世之所贱,而不汲汲于后世之所慕,非甚惑与?

若秦府长史茅侯大方,其所谓善尚友者与?茅侯为淮南学者师,考绩入朝,天子召对,悦之,擢为大国辅臣,且勉以董子辅相之业,赐赉期待者甚宠。侯感隆遇,惧无以称圣天子眷知之恩,谏诤弥纶,得大臣体。未逾年,秦国称治,因大书揭其堂曰"希董",以彰圣训,且著其志云。

茅侯为人惇大和雅,不亢不谄,其于正谊明道之言深有得焉,盖闻董子之风而兴起者。然董子不为人主[5]所知,其出事藩国多遇骄王,故匡直为甚难。

---

1 "谆谆",原本脱一"谆"字,据《隆庆仪真县志》卷一四补。
2 "聿",原本误作"笔",据《隆庆仪真县志》卷一四改。
3 "所",原本脱,据《逊志斋集》卷一五《希董堂记》补。
4 "有",原本脱,据《逊志斋集》卷一五《希董堂记》补。
5 原文"人主"后衍"知",据《逊志斋集》卷一五《希董堂记》删。

今茅侯之仕也，天子嘉其能，贤王重其德，从容规讽，内外推服，其所遇过董子远矣。虽然，刘向称董子伊、吕不能过，盖惜其不得尽行其道也。使董子得大位，其可慕者，岂不愈多哉？盖禄位者，小人得之，则弥贵而弥辱；贤者处之，则弥贵而弥光。贤者非以位而贵也，道施于人，被其泽者众，故其誉闻益贤也。今茅侯以盛年逢盛时，志意伟然，才气杰然，焉知其位不过于董子哉？得董子所不得之位，而欲行董子所欲行之道，使天下后世有慕焉，则侯为善学古人而不负圣天子之训矣。

扬州府新置学田记

邹守益

嘉靖己丑，两厓朱君廷立以御史按治于扬。始至，曰："於乎！扬俗尚侈，蠹之自商始！我其申饬于商，无或华居室、美衣服、盛宴会，以眩民视听，违者有常刑。"时陶君俨为扬州守，延而议曰："扬俗尚侈，变之自士始。惟我与子匡翼于庶士，曰冠曰婚，曰丧曰祭，咸率训典，以立民准。"既越时，陶守复于两厓曰："惟商畏威，惟士克由礼，惟公之休，惟士有困乏，欲趋礼而枙。请得以赎罪金，市田于学。凡郡邑诸生弗能婚、弗能葬、弗能给，及学官之廉而贫者，咸议所以佐之。"两厓曰："嘻！富而约之，贫而弗能肋，是教弗溥也。维子与我协赞其宜，以溥兹教。"陶守退而属其寮郝君守正、白君镒，相度原隰，核沃避硗，务永其利。扬之民卞玹割田百亩以为义倡，就其旁买田二百四十亩，合三百四十亩，以输于学。会黄君国用量移推郡事，叹曰："教之弗明，狱用滋丰，盍昭兹义典，俾久而孚？"乃与教授陈君克昌酌其佃种、出纳之宜，无或市恩，无或敛怨，无或启奸，勒诸碑阴，以范来者。东廓子守益曰："《书》不云乎：'资富能训，惟以永年。惟德惟义，时乃大训。'古者制民恒产而迪以庠序，申以孝弟，无有贫富，各正其德而厚其生，是之曰王道。奢丽而弗以禁，是纵诸恶也；贫乏而弗以援，是弃之弗纳于善也。民是以[1]日入于辟而弗永其天年。夫制民之产，未之能议也。议为之兆，自诸君子始。惟尔诸生，无先于食而后其学；惟司其事者，无以利疢于义。上下一于德义，以光嘉绩，庶以训于四方。

---

1 "以"，原本脱，据《东廓邹先生集》卷四补。

南浦记

陈卓

出安江门桥西望，树木菀然，外濠之水穿林，而东夹岸亭馆鳞次数里，泛舟最胜地也。度桥数武，道右委巷，蹀磴而下，人家如住邨落间。旗亭横津口，游舫蚁集，伎舆酒罍，日纵横岸侧。稍折而南，双扉小径，张逸人居也。左冈阜，右雉堞，小亭临流，杂种垂杨花竹。亭前水益广阔，近岸荷芰，远浦菰苇，露叶风花，盈盈极望，绿杨云叠，城郭半翳，台榭楼船，翠微隐约，至风软歌声，霜清弦诵，又如共广席也。南顾里仁桥，行人如越溪涧。逸人卜筑斯地，考之耆献，为郡南浦，或曰象府治研池也。

自逸人居而后，南浦名著。逸人爱读书，嗜饮酒，与徐宗道、强惟良、阎汝哲、陈卓、韩默、何明彝、高霞、阮玉铉为文酒之社，每花之晨、月之夕，必分韵酬和，剧饮烂醉，其篇什出，必传诵遍。一时四方骚人墨客，挟艺来游，非角技南浦名弗章；篋轴、屏幛、葳[1]铭、碑记，非南浦诸子文翰则不贵。篙工闻命楫南浦，不问而之逸人家，宾从寻诸子游屐，不问而之南浦也。逸人质明而兴，朝烟在水，清露在花，即拥书朗诵，蔬水裘葛，晏如也。客至，命觞辄饮，饮多不醉。客去鸟还，篝灯读书至宵分，或达曙。于凡莺鸣蛩语，菊秀兰苞，沙暖而鳞翔，雪净而山溪，风月之微清，林泉之幻况，变变化化，日易月新，惟逸人澄静领要矣。比邻池馆，亦皆人擅闲情。地当景聚，倚郭类墅，陆居拟舟，烟林云树，面面宜人。至含颖待绘，载酒选奇，舍南近寂，舍北近喧，一浦之胜，又逸人亭为最。亭容两几，顾西向然，领啸其中，至忘寒暑。逸人名为韩，字汉臣，别有传。

督抚总漕林公德政文

孙宗彝 高邮人。吏部文选司。

国家岁漕东南粟数百万，以实畿辅。七省里道，凡可由舳舻达王畿者，率以漕，古纳总、纳秸之遗意也。溯长淮而上，距北平二千余里，诸方输挽，鼓舶而至淮者，又不知其几千百里。令太急则病民，艘后期则病漕。病漕，

1　"葳"，当作"箴"。

实所以病天子之畿辅也。是以开兑有期,过淮有期,抵通仓有期,一修其令甲,惟大吏之唯命焉。大吏者何?淮部院督漕使者也。苟漕使者不考慎其人,或短绠汲深,折鼎覆𫗧,则虞其猥庸辀软,不能指顾集大事也。漕为病,或枭哮气健,鞭挝失节,朵颐赇贿,恣情敝法,则又虞其垢污损望,亦不能以不躅之威布令于群执事也,漕亦病。然则漕奚以不病?曰:漕使者得人焉止矣。

天子念漕事甚重,置漕臣,惴惴不能轻。一日,自扬之吴陵移抚臣北海林公,总七省漕政,人曰天子知公优于治漕,故移公漕,不知公之受知不于漕于抚也。先皇帝时,凤漕既并,不设抚者历十年。嗣后,以海壖多事,以宫保特简公,开府于扬之吴陵。公气貌伟硕,虞视凤观,威望宿著,朝右觇风采者气为奢慑,以故鏊弧之群立军门,不寒而栗。然襟度宏阔,洞天下事如观火,一部署诸务,辄咄嗟办之。其属吏之趋铃阁者受成而出,虽十百夫不能挠一锥,盖由公之长画预定,不可以二三乱也。公曰扰闾阎者莫若兵,趣设营房二千区,画界而处民,不分一椽栖甲士;公曰呼庚癸者莫若兵,请改运米给军饷,腾饱有具,道上不闻哗脱巾;公曰罢民走险,辄冒充旗籍,孥戮桑梓,风可长乎,悬重典以辑亡命,狂狷之族,一下令即衰止。凡此,皆公之抚政也。乃公之漕政,即于其治抚者,神明变化而制其宜矣。抚不病抚,漕亦不病漕,人不更人,治岂有更治哉?故曰天子移公于漕,公之受知而移治漕,诚不于漕于抚也。今漕得其人,七省之令行畿辅之气,实立朝之望益崇,视前之所为不得其人者为莛为楹,其相去何可计里道也?公之绩将书于朝,又纪公之事以载于志,盖以告后之治漕者,抑并以告后之治抚者。公讳起龙,字北海,福建福清人,登顺治丙戌进士。

抚台张公德政文

俞铎 泰州人。翰林院。

古之言大臣者,曰断断,曰休休,何其不以他枝闻以□□有容者重哉?盖一官一职之吏,类以毛发丝粟,翘然自鸣于当时,乃识者鄙其有才无望,可以为小臣,晋以大臣则不克胜,故秦虽杂霸,犹拊髀思黄发,知其以度量优者能为我子孙黎民褆麻造福,不可以百年亿年计近远也。是以戛戛乎思其人,不置嵩高之雅,曰"生仲山甫,保兹天子",又曰"四国于蕃,四方于宣",《诗》

言入典政，本出任句宣，皆古大臣属也。然《诗》备举山甫之职，即备举山甫之德，则大臣以德重不以才重，断可识矣。

我中丞张太公祖，由辽左从龙，奋登肮仕，朝廷稔公之垂绅端笏，养器于医间凌川者，久沉猷伟抱宏，裕于规时度务者，深古大臣柔嘉维则，古训是式，威仪是力，盖其人哉！盖其人哉！由是自领郡而京兆，自奉天而出抚，敬拜天子五十余城之寄长淮南，为公噢咻而濡沫者，邈乎灏哉！曾不知其极，乃胡以兆民颂曰："大中丞生我而不腏我，以生五十余城如一口也。"乃胡以衿士大夫颂曰："大中丞遇我有礼矣，又五十余城如一口也。"

噫！公之德溥而仁至，近今抚吾土者，中丞而外，实鲜其人，请即所部之缕缕颂者，列为状曰：浮饥逋赋，带徵则益困，中丞力请蠲不减，绘郑侠图也；督课农桑，职在良有司，中丞勤为吾民劝，不异卤卫文驾也；水毁木饥，二䆉苦不登，中丞广行赈恤，不啻起沟中脊也。兵不哗于市，民且和于伍，尣鍪贯甲，蔼蔼有仁风，惟中丞之赐；鸮音变于林，鸠眼化于野，萑苻薮泽，行行谋稼穑，惟中丞之赐；得一士若惊，接一贤若渴，拔秀良，培衿佩，弦诵满家，且蒸蒸日起也，亦惟中丞之赐。然则公之德溥而仁至，虽其出自性成，驺虞麟趾，可歌可咏，乃大臣之量、之体、之望，悉于是具矣。今日于蕃于宣，践抚臣之职，异日衮衣入相，保兹天子，行辅臣之事，公不诚山甫其人哉！再为赓《六月》之乱章，曰"侯谁在矣，张仲孝友"，中丞公不又其苗裔欤？《秦誓》断断、休休，杂伯之佐也，不足以券我公。公辽阳人，讳尚贤，号逊吾，康熙元年抚于扬部，士民德公深，欲志公于不朽，乃属治铎以志之文。

提督李公德政文

陈卓　江都人。右参政。

关之东，为今皇帝奋武揆文、祖宗发祥之地。李自数传而上，亦于其处从龙奋鳞翼而起，以军功世其家，前勋烂然，又姻于帝室，朝廷展亲酬庸，锡以铁券丹书，于以爱及苗裔。则是关东之李，其起家，殆若芒砀之樊英、春陵之邓、贾，以及淮甸之中山、开平，赫赫光于国史者。是今国家海宇混一，李之建高牙,秉大钺,丹轮朱谷,贵于军府者,星辉日煜,时时于金瓯之器策,建威销萠[1]之勋,吁,何其盛也!乃天子在安虑危,眷焉东南是顾,熟计维扬一郡,当水陆咽喉之冲,漕粟孔道,金钱窟宅,机牙氛孽易生其间,于是特置大帅提督营伍,以捍牧圉,屹然如金城之峙半壁[2],公输不敢设九攻也。阚焉如虓虎之凭峻隅行道,不敢问藜藿也。

先是,简少保杨公领其事,代之者为今李公。昔李广为汉飞将军,李愬为宋大节度,当时功驰露布,名勒戈镛,幕府书勋,天壤共敉。今公跃迹世胄,善读父书,五花八门蟠其胸,叱咤风云变其色,缓带轻裘,安其度一日?以光弼代汾阳军,壁[3]垒旌旗,焕然精整,长城保障,为带为砺,是真以飞将军为大节度者矣。或曰"师:贞丈人吉",为其能持重不失律也。乃公绾将符,如二陆在江夏时,老谋沉勇,即长年不能过公,盖少而习兵者欤?或曰古治军者一日鞭七人、贯三人耳,若是乎其用法峻也。乃公驭卒,如李牧守雁门时,与众同寝卧,不分异饮食,而军士愿得效一战,公盖贵而能下者欤?或曰持章甫适越,越人无所用,抱琴而之钟期可必赏音,以长戈大战与三寸柔翰不相谋也,乃公分藩镇,如严武入西蜀时折节子美,怜爱其才,而厚与之相结,公盖以大将军致揖客者欤?卓以三事异公之治阃,公亦甚轶乎当时之治阃者,乌得曰公之功有露布在?公之名有戈镛在?戋戋之言,是测海之蠡而撞钟之挺也,不足以通其条贯,发其音声,而不为之传。公姓李,讳显祖,关东人,塞白其敕赐云。

工部吴公修界首闸文

周渔 兴化人。内院编修。

按,水自九河既导,趋而南动,与淮会,二水辄张其势,以贾害于人。然善治水者,又能因之以成其利。其因之以成利者何也?区内之土,其坟然高者为丘陵,洼然下者为斥卤,非是族也,则可原可隰,可陌可阡,使天下之人得田之以为食,是故禹为司空治水者也。其在《书》,一则曰"暨稷",再则曰"暨稷",盖云水土平而人得耕,是稷粒我蒸民之功,从司空氏洒沉澹灾中出也。

---

1 "萠",当作"萌"。

2 "壁",原本作"璧",当作"壁"。

3 "壁",原本作"璧",当作"壁"。

百世而下，颂禹之无间者曰"尽力乎沟洫"，然则禹水之功，其在沟洫乎？因念秦邮之北，其地界高、宝分野，为界首，向以水不治，置墟莽中，涝则弃之冯夷水伯，而旱又无所引泉流以泽焦土，土之人鳃鳃忧之，惟不有其秋之为恤。自首吴公为天子司空大夫，饮冰受河臣之命，淮以南、江以北皆其所乘辇乘辐、无胫无毛、胼胝而营之地也。书公之绩不胜书，诵公之德不胜诵，区区界上，尺寸之壤耳，乌足壮司空大夫长缨之汲哉？然古人云饮一勺者可以知大海之全味，苏文忠之颂昌黎，则又有云文公之神，如掘地得泉，随地而有，不必其水专在是也。由是以论公之绩与德，亦何在不有也哉？护高堰如护婴儿，则功在距黄；决芒稻如涣烦郁，则功在导滞；修沿堤诸水门如消中饱，则功者析众流而杀其势。自是五险之不更为厉，几与禹九河之勋相上下。公之功，诚不易为颂矣。共波及区区之土者，公之余也。虽然，中堤一带直东为万亩之城，高、宝于兹实嗛嗛望哺、翘翘望岁，弃之冯夷水伯不仁，使之无所取泉流以为泽，不智不仁，且智不可以为德，于吾民而有其功，自我公有以报天子命而既隩既宅之余，服尔耕于其土者，不恃地之无弥漫而恃公之堤防，不恃天之有甘雨而恃公之疏凿，且熙熙穰穰歌污邪焉？土之人德我公深，于是征其言以寿诸石。吴公名炜，字粲叟，顺天人。

工部吴公修复芒稻河闸碑记

郑为光 广陵人。翰林御史。

考古史云：河自禹凿之后，无水患者七百七十余年，锡圭告成，河洛兴叹，厥功懋哉！子舆氏书又分南条注江、北条注海，是故论水于长淮以南者，发源嶓冢之墟，承其尾闾，然后汇趋于百谷王，不待大智若神禹可坐而辨也。按，扬州之水，有高、宝诸湖号为巨浸，又复伏秋霾霖辄苦涨溢，是则水之灌输于北者，只因地而浩灏，于南者又因天也。乡先达王文通公蒿目其鱼，上书当事，几至楮劳笔秃，大略谓淮扬为古泽国，淮自桐柏涉寿、颍，挟七十二溪之流，汇入于洪泽，而清口当其冲，如人之有喉项也；淮、泗交汇，黄复激射而下，泛滥于宝应之白马，洸瀁奔突，总潴于鼍社，周回数百里，如人之有胸腹也；濒注而南，则又高邮之珠湖，江都之赤岸、黄子，益壮其势，灏森潆环，吞天浴日，则人之肾肠如之。溯淮而计，为程四百五十里，其间受水之区，为州邑者七，南抵瓜、仪，方导流入江，实则来水如倒三峡，去水如泻罨盎，能驱淮、泗诸湖之浸一旦夕赴归墟哉！前贤熟察地势，开泾河、子婴，疏高、宝之上流，复凿金湾漕堤，引入水径入芒稻河，置彻底、通江闸二座，疏高、宝之下流，法至备矣。厥后闸底增高，水行平缓，全河壅遏，洞骇望洋，以致濒水之田，岁成瓯脱，漕堤一线，蚁穴屡穿，塞筑频仍，金钱糜万。一坏于盐珰之纵私贩，再坏于奸货之便假道，三坏于闸外旷土占夺为田者，利其水不泄而岁入丰也。计非当事，不受旁挠，不避众怒，毅然为之而疾督其成期，以通变宜民而克复旧制，此实难。壬寅秋，会大中丞梅麓朱公允邵埭人士之请，采集舆论，下其事于督河司空大夫縻叟吴公。公曰："丛奸民之口而免数百万百姓之鱼事，孰便？谢众人之阻而全七州邑，二十余年汨沉之田事孰便？兴一时之畚筑而省几十万缗，公私之帑事孰便？且赴闸之流驶若竹箭吸舟之说，足以挠椎，将何以诓之？沿堤水门胪列可数，石颓砾咽，旁泄无路，将何以杀之？"公筹此至悉而趋若役，且不敢先朝食也。一受檄，公即预定法程，刻期兴事，凡鸠工它具，以迄董成，悉咄嗟间办之。公又日履河干，宣谕上德，晓以役民，非得已之故，是以鼖鼓不鸣，大工用眇商，曰月河开而湍激可避也；公便吾盐农，曰污莱除而犁𨍏可施也；公便吾稼民，曰稽天不害至家庐舍可保聚也。公便吾干，止噫嘻之一役也，吴公之为德兹土，岂眇末哉？爰报命于大中丞，大中丞坐而观成，嘉其能行己之指画而垂永利于无穷也，遂入告天子。邵埭人士请谋诸石，以勒其功，光生斯土，得庇二公之宇，不但吾乡，又通公之建议，今喜落成，厥功不在禹下，吾将永诵之。是为记。

扬州府太守雷公德政文

季振宜　泰兴人。湖广道御史。

广陵例古封建，幅员延袤半千里而止，视前古所志辖二属邑者为赊，隶方州十六者今为隘，岂曰鞭长不及，乃戞戞称难理哉？谙于时势之论者则曰，扬之土有未易治者五而里道之广挟不与：扬自隋天子龙舟远幸，金粉丽于粆[1]楼，歌吹殷于萤苑，余风莫殄，熏骨欲醉，民气难掖而古也，是为易贫之国；扬

非燕非赵，不姬不姜，乃杜梦偏在扬州，蛾眉动漂浮梗，帷房弄姿，横分异地，罢俗难植而贞也，是为导靡之国；且襟者江，带者海，鲸波夕吹，鼍宫昼鼓，徐孙之帆亦祝长风而挂矣，此则国难御侮；且主者民，客者兵，健儿奋袂，市肆沸羹，留处之毒将飞而择肉矣，此则国难靖众；况地当兵燹之余，户日疮痍，陇亩瓯脱，十群邑逋，维正者几积数万缗矣，藩檄下如雨，巧妇炊莫给，仰屋攒眉，部罚又至，则此国之官若民惴惴矻矻，忧若难以终日。噫吁，扬时势至今果难治，非饰说也！

虽然，扬难治矣，在朝廷量其地以置吏之宜于兹土者，则俗难刓犀革以铅刀钝不入，理乱丝而棼之冗莫辑，急更张于前轸弦将绝。于是举其难治之疆，畀太守雷公以治。公三韩起家，绍前大夫扬历之绪，遂许天子以驰驱。是公官扬于今日，为其甚难，不为其或易也。识公者曰：公官此无难，督输般以削墨，何忧乎血其指？授丝桐于子期，何忧乎胶其柱？谈虓虎于懦人之前则色变，贲育、庆忌攘臂，而仍视若鼪鼯矣。公筮仕，领大州于东山，上治状于政府者，绩署曰最。则公之治吾扬也，即移其治山以东者理淮以南，扬其有幸乎？五寒暑于兹，一者惩三风十愆之训，教易贫之国以俭，民气可古；一者惩男子由路左、女子由路右之治，挽导靡之国以良，罢俗可贞；一者江海之间卖刀买犊，释甲归农，骎骎有其化矣，将何侮可御？一者环甲之士二卯不啖，一笠不攫，闾里无暴呼矣，将何众可靖？一者仰以给公家，俛以纾吾民，咄嗟以辨逋赋也。人忧坐不暖席者，公能久于其官。猗欤，公治扬，信不难也。然公治扬，正不止是。昔欧阳永叔知贡举，能拔眉阳二苏，千古传为盛事。公校扬士者再，所拔置冠军即隽于乡，一时称得人，此则近今二千石所未有也。古者天子时迈，太史采风诗，守若土者登献其山川图籍，是以国有史，郡县有志，重典也。扬志失增修者逾一甲子，又鼎革后剞劂湮漫，遍简残断，公锐然出锱新之，遹有成书，尤官此者所未尝过而问。然则光晦冥之照，传空谷之音，将舍公何属焉？至其郡嘉禾有莠，力而剪之，拔蕥也；飞鸿在野，鸠而安之，抱婴也；巡河而视，畚插具举，便民也。此但公之才力所波及者尔，吾扬固不能一日不赖我三韩雷公也。

宜居樾荫下，为太守之治人，因考之旧云，子孙于其父母，于其祖父母，惟恐其美善不彰，于人而恶，然重愧于心我三韩公，于是乎有记。公讳应元，字天卿，由荫生。辽东自在州人。

游铁佛寺记

宗元鼎

铁佛寺在堡城东，本杨行密故宅，南唐时以其宅为寺，宋建隆间僧铸铁佛，寺因以名。殿后双柏，俱宋时所植，取其皮焚之，香如沉木。韩魏公曾会寮友于此，赋诗云："寺立隋家废苑边，登高还此会寮贤。凭阑莫赋悲秋事，手捻黄花送酒船。"又云："谁言秋色不如春，及到重阳景自新。随分笙歌行乐处，菊花萸子更宜人。"

余少时春游，必过其地，二十年来，名迹丘墟，回念昔游，依稀似梦。仲夏三日，登高寻旧，方丈铁佛犹存，而中殿已毁，见僧房门径，修竹悠然，庭前杂植木瓜、蜡梅、桃杏、梧桐、桂花之属，盖渐次修茸而有志重兴者。余叹曰："是僧可谓不坠先志，能副山灵之寄托矣。"寺右有某宅茔，榆柏千株，黄鹂数百鸣于其上，圆转清和可爱。江都坟木尽伐樵薪，而此独依然如故，亦某氏之幸也。余坐卧僧房，若与故人遇而不忍去，为之感古寺之遗踪，咏昔贤之诗句。夫士生有寻幽之兴者，每遇佳山水及名贤题咏，辄为之俯仰流连，其山林动我情耶？抑中怀所向与之相遇而不可移耶？昔雍门子周对孟尝鼓琴，而孟尝为之沾衿，其此意乎？

宝应学田记

汪道昆

国初，县诸生额二十，一切廪县中。彼业已治博士家言，非代耕无以糊其口。食而后教，斯教之所由兴。与其后增附弟子员，无虑什倍以上，然皆不及廪，仅复其身。大都士斌斌日益加，而廪有制不可越。故造士务广，遵祖务共，两者皆是也。县中岁献士，一以廪先后为差，比及三岁宾兴，无论廪，能者进矣。今天子申饬功令，广厉学官，则以廪者不必皆良。程督日至，乃今莫不廪廪务先事，以当上心。

夫廪不必皆良，固也。即良矣，其余不必皆无良。不必皆良，则食浮于人；不必皆无良，则人浮于食。将欲称物平施，其无遗虑乎哉？夫群之学校则同，而廪不廪异。廪不廪则异，而复其身则同。故士既籍而复其身，政以相授，廪者之不逮耳。复其身而家给之，犹之食于人者也。其间肥硗异地，丰凶异岁，勤惰异农,藉第令无年,即廪者犹将不给,勿问其余矣。古之王者,家中国而子兆民,凡在夫家,犹然务恤其艰厄。士则子之隽也,胡为独后于细民?然则为之授田以待凶,真良有司事。

比岁淮河水溢,转徙而东,襄及广陵,宝应为甚。岁镯租发粟,曾无及于嗷嗷。上即位初,县大夫始入境,日孳孳问疾苦,画便宜,辑流亡,足里户,程物力,缮堤防。明年,罢民洋洋焉有起色,顾诸士之涸犹鲋也,安得升斗而活之!会经牧地近郊,故无水患,召民开垦,岁税百缗,请以是为诸生资,直小而未遍耳。四顾境内皆水,不啻望洋,独八[1]浅田一区,若杯浮水上,按籍罚金百二十,请市之,岁征三百鼬有奇,储学舍。于是诸贫士来告,食受粒,焚受膏,婚受禽,当大事受具。履亩有籍,征租有程,岁出有经,岁入有会,士享实惠且速,视廪者、复者为犹贤。

余出淮南,所部亟称县大夫治行第一。至则诸士效劳,因得学田事益详。其言曰:邑人不天,艰食久矣。诸士闵焉望岁,岁益大祲。即匏系学宫,廪犹亡廪,复犹亡复也,又焉得食?纵有司不忘濡沫,安敢徼惠西江之水[2]邪?不自意得李令君授常稔之田,以赒不赡。自今以往,将飨其赐于无穷,请勒石记之,庶后事可师也。余方奉诏归省,亟谢不遑。顾诸士之德县大夫,则以向其利矣。

余闻县大夫长者,其政缓催科而急抚字,终不以殿最渝其初。彼直以稍食诎而均之,彼直以子之隽而亟保之,非树德已也。夫既廪称事,群工且然。高皇帝之廪诸生,良以食有功耳。其君用之,则安富尊荣;其子弟从之,则孝弟忠信,比其功足食也。后世波流弟[3]靡,旅以素餐,卒之所养,或非所须,焉避科察?宝应为淮海下邑,故以符瑞得[4]名。乃今所宝非贤乎?宜必有应者,近若朱氏,后先照乘,蔚为国华,顾涂趣而功终不[5],惜也。瘠土之民劳而义,赤地之获勤而登。假令侵于物而穰于人,隋侯、和氏出矣。尔诸士抱不素餐

---

1 "八",原本误作"人",据《太函集》卷七四《宝应县学田记》改。

2 "水",原本误作"外",据《太函集》卷七四《宝应县学田记》改。

3 "弟",原本误作"茅",据《太函集》卷七四《宝应县学田记》改。

4 "得",原本误作"德",据《太函集》卷七四《宝应县学田记》改。

5 "终不",《太函集》卷七四《宝应县学田记》作"不终"。

之义,其在斯乎?惟士为有恒心,不则凡民等耳。诸士非有待而兴者,愿毋忘县大夫。县大夫闻而避席曰:"涞之为是举也,则官守在。苟可以为诸士地,恶乎,不用吾请,司马公先将我心,请以是誓诸士。"县大夫举隆庆五年进士,雩都人。

扬州太守王公去思碑记

高昭 御史,宝应人。

皇上以天神协应,复正大宝,神谟圣断,启自宸衷,乃宵旰励精,一新丕绪。于是,简拔才俊,不次超迁,用臻熙皞,共享太平。乃以知扬州府王公政绩恢著,擢升江西右布政使,遣使赍符,往莅厥任。宠命贲及天光,日华焜耀川岳,士庶为之忻忭,草木以之增辉。公既戒途,其寮寀部属莫不瞻恋歆羡,而黎元耄倪率皆挽藉辕辙,号泣载道,如赤子之失慈母,至不可前。于是,耆民李顺等与阖郡人士介乡贡进士孙君蕃,不远数百里来,征余为文,镌诸贞石,署曰"去思",用垂不朽。

公神观简重,颖敏精粹,学贯经济。登戊辰进士第,自庶吉士禁林,擢评大理,迁寺副。有能声,遂升守维扬,为景泰岁之甲戌也。甫自视政,同寅协恭,苞苴泯迹,抚字千里,视民如伤。公而无私,恕能及物。周知百度而应变无遗,供亿征输而庶务毕举。昧爽临事,秉烛告休。盘根错节,郯批窾折,宜宽而宽,则眚灾诖误,在所必贷;宜猛而猛,则暴横酷虐,在所必诛;两造具备而缁素立判,发奸摘伏而情伪无隐,人称神明焉。公可谓廉仁公恕,才干勤能,宽猛适宜而明察果断者矣。尤留心学校而科第得人,一洗宿弊而法无轻侮。刿路当冲要,前此中官朝使往来旁午,略无虚日,月费巨万,殆不可支。公贤名素著,既无征需,亦大加褒美。而去岁值旱涝,祷即辄应;螟疬大作,则扑捕有方,医疗有法。加以忧勤,赈以粟谷,故疹不为灾,赖其全活者众。不数年间,政通人和,百废具举,善政伟绩,著声远迩,达于渊衷。故不待课荐而趣被褒加,宜乎在任而民戴之,既去思之。

嗟夫,思岂易言哉!本乎德,形诸政,君子化其风而轨其贤,小人饫其仁而怀其惠,缔维民心,固永世弗忘也。彼甘棠堕泪之在人心者,岂独古哉?虽然,治及一郡思之。今去为江西。江西,大邦也[1],其治教宜不止是,则一邦将思之。器大而声闳,膏沃而光煜,将必升闻于上,负鼎鼐而施霖雨,所及益博,则天下将共思之矣。至于勋列彝常,名垂竹帛,百世之下,又岂拟丙魏、龚黄,由守令方伯而至宰辅与公相方驾者乎?书之,一以彰圣天子图治用贤之盛,一以昭吾民怀戴德政之深,其有裨于治道也大矣,庶几观风秉笔者有采焉。公名恕,字宗贯,陕右三原世族云。

扬州太守蒋公遗爱祠记

叶相 江都人,刑部侍郎。

嘉靖戊戌春,扬州太守蒋公遗爱祠成。公昔守扬,再逾年,升转去。德在民,民怀弗已,乃作是祠。

夫守系千里休戚,一郡之民赖焉。扬为郡,俗靡民劳。守贤,功易以集而誉流;不贤,易虐民有忧。正德间,公以名御史出守荆,移官于扬。初至,岁饥,即请漕米万石用活民。嚣讼,公谕遣之,不务深文株连,曰:"毋滋为其困苦。"衙子弟欲取堂幅纸为文,公曰:"毋以启吏入之渐。"出数钱,别市纸以供。时闻大驾将南,诸路敛收山岭。公一切简省,曰:"临时利害,瑶有命。"诸僚更欲尽赋民免征之粮,以供案成,公裂之,曰:"民胡可欺?"比至扈跸,诸悍武、权珰百需,公不听。当道欲敛夫直馈,公亦不听。怒系公于舍,公愤卧欲绝,竟不听。珰欲刷民室女,公曰:"惟蒋有女,但远不可必得。若扬女,不可刷。"珰欲夺民舍以拓官店,公曰:"民已安居,不可夺。"及诸求胥冈有得,恨系公于舟,不得食者三日,复驱公扈舟以行。公至徐,乘一驴抵临清乃返。一郡卒赖以全。及官转,夫妇觅一轻舸,载原携至二衣橐便行。

嗟乎!扬大郡,守胡求弗得?公至,幅纸不私,一夫不敛,比及雷震山压之秋,而死生利害又一切为民,以身当之而不悔。传称古循良固多,其能治行养民也若公,真诚纯德出于天,而爱我民痛心切骨如赤子者,几人哉!我扬昭旸恭爱,尝有庙,谢、韩、范、欧亦尝有祠。然诸贤时可为而处其易,公则逢事

---

1 自"大邦也"至下篇《扬州太守蒋公遗爱祠记》之"公亦不听,怒",原本误作"六十五"页,实为"六十四"页,而原本"六十四"页当为"六十五"页。

变而当其难。礼:能捍御大灾患,祀;有奇节完德,功在人,祀。公实兼而有之,祠以百世,孰不可? 祠在郡城南大道之旁,堂楹门楔宏丽,而肖公之像于中,我民日往来,不知其几,过必式,式必拜,拜则颂,而思休有光矣。然凡我在位,亦出入所必经,旦暮所共见,不有意于思齐乎? 思公为人而考其履,思公行政而效其施,加之民而民被其福,是亦公尔矣。安知民异日之爱我,不犹今日之爱公乎? 若乃见而不知贤,贤而不知效法,顾自弃,则公之罪人也,有余恶哉! 公名瑶,字粹卿,归安人,今官太子少保、工部尚书,朝野方倚重,若贸地、购材、鸠工、倡众以成是祠者,义官乡耆诸姓名具列碑之阴。相既为记其事,复作诗,遗我人,俾歌以永思。其词曰:

于休公仁,曰甫曰申。天锡厥德,惠我扬民。扬为要区,物疗民庸。谁其父母,薄宽我诛。惟公之治,在公尽瘁。哀我颠连,绥我髦稚。恩勤劬劬,化黠旋通。弗私片纸,弗敛一夫。漕米万石,我民胥活。赋有特蠲,野无疲役。大驾南来,力竭天回。孰刷我女,孰括我财? 我民奠居,朝夺我庐。三日弗食,我击[1]聿苏。蹇驴遑遑,臣节惟良。我民期怙,铁之也钢。有新厥祠,有穹厥碑。秩秩岩岩,报祀孔宜。祠当辕廛,尚启后贤。我扬蒙福,岁岁年年。公寿罔齐,公誉弗替。陵谷可移,公祠百世。

李襄敏公祠堂碑记

陈尧 通州人,刑部侍郎。

扬州旧无开府。扬州有开府,自丰城克斋李公始。在嘉靖时,倭彝毒扰东南,衷延淮扬诸郡,所违任弗效。朝议以扬州为南北襟喉要地,特设开府,重臣督治之。于是,世宗皇帝用廷臣荐,以旄节起公于家,授玺书,提督军务兼巡抚凤阳等处。公闻命,星驰至镇,贼船不敢泊近。明年,纠众数万入寇,公帅诸将登坛誓师,一拟死报国恩,跃马先驱,为将士倡。歼之丁堰,歼之西亭,歼之马逻、庙湾、七星港。贼又至,歼之仲庄,歼之锅团,歼之刘家庄、白驹场,尽歼之唐家渎。前后八[2]奏捷,斩贼首四千七百四十九级,燔溺死者无

---

1 "击",疑当作"系"。
2 "八",原本误作"公",据《万历扬州府志》卷二七《文苑志下》改。

算，江南北晏然。淮扬父老为建祠俎豆之，言言翼翼，相望四千里间不绝。

先是，扬之宝应无城。贼猝至，卤掠焚刈之，惨极矣。至是，议城宝应。顾疮痍凋残，扶痛呻楚，仅存视息。公怜愍之，罢征徭，停储偫，发粟大赈，遂出公帑，征诸道徒庸及一切材物，创宝应城。城成，而贼复至，羽檄旁午于道。城中父老子弟按堵据睥，恃以无恐，则皆举手加额，语曰："李公活我！李公活我！"于是，建公生祠于西门之内，伏腊手香拜祠下。盖建祠之十又五年，而雩都李源甫以辛未进士来令宝应，谒李公祠，访问李公福宝应状，亟命修饬之。寻请于督学御史谢公，得立祀典，用春秋祭。李令复走书币，属余为之碑。余家海上，同受李公长城保障之庇，安得以不文辞？碑曰：

李公名遂，号克斋，江西丰城人。嘉靖丙戌进士，负间世才。当提督操江时，有日本人附贼舟。公捕得之，诧且忓曰："异日之忧也。"即奏改教场，修战舰，创鸟铳、连弩，募通、泰水兵。不及十年，而倭寇果内犯，人士啧啧称"李中丞真圣人"。迨公开府扬州，提兵躬战，所向风靡，贼无一得脱者，筑京观而旋铙歌，鼓吹声沸海波。议者谓：我明文臣，南征武功第一，比于广宁伯、望海埚之捷，尤为过之。使是时非公，则鲸鲵鼓气深入，目无淮扬，又安得有宝应？所谓有功于民，能捍大患者，非耶？晋南少司马值五营军士，戕杀大臣，上下惶惧。公单骑驰入，定变故呼吸间，寻计擒元恶，且伏辜。及总兵枢，坐戢池河之变，旋罢振成营，烈烈著敉宁功，又所谓以劳定国者矣。夫有功于民，能捍大患，及以劳定国，有一于此，皆得祀，矧皆有之哉？《诗》曰："文武吉甫，万邦为宪。"公之谓乎？公之神常往来，故所提兵处，英英不泯，余乃敬为辞三章，令祭者歌而侑神焉。其辞曰：

日升兮扶桑，芜生兮大离。吹参差兮镗鼓，望灵旗兮云中。前飞廉兮后丰隆，驾文螭兮骖虬龙，雨冥冥兮凄风。凄风起兮奈何？心怦怦兮如波。右迎神。

蕙殽兮椒浆，瑶席兮琼芳。灵总总兮若来，芬煜煜兮满堂。修髯兮巍额，发皓兮肝赤。展良觌兮难屡，结幽兰兮太息。桂为栋兮辛夷楣，灵于此兮栖迟。右降神。

日忽忽兮将暮，灵不留兮森远。举在帝兮左右，璆锵鸣兮容与。欻而逝兮何之？横四海兮慨慷。弯大弓兮抚长剑，扫昏霾兮殪挽抢。与日月兮光齐，惠而民兮万祀为期。右送神。

扬州文峰塔记

王世贞

有介胄之士曰杨天祥者,尝游江南大帅军中,其拳勇超出流辈远甚,而恂恂若不能言者。至于负节概,信然诺,则儒生所不及也。余以唐叔达故知之,既乃得其本末。则少尝为僧少林寺,从师披剃,命名曰镇存。托钵维扬,至南关之外福国庵结夏。有感于阿育王事,发希有想,拟创宝塔。今大中丞邵公时以御史按其地,闻而嘉之,给帖化募。维扬故多名商、估客,睹天祥距跃曲踊,伎击剑舞之状,若猿猱鬼神而骇焉,争出其资,以佐木石、砖甓之费,可三千金,不三载而塔成。御史榜之曰"文峰塔",盖取于堪舆家言,为一方科甲助也。天祥后忽蓄发,仍故姓名,有妻子,然犹不能忘情于兹塔,而再拜乞余记之。余居恒慨诸郡县吾夫子十亩之宫往往残剥,旁风上雨,有司相顾,束手而策无所出。计其费不过千金,或半之耳,然不能从四民募一镮石粟。其人过之,漫然而不小置念。岂因果之说胜,而名教之用屈邪?天祥既用其说,以一念而成此胜果,不宜旋舍而从俗。既已从俗,必其心之悔之,不宜复以此塔求余记也。苟以余记成其名,则所不住色而行布施者,又何说邪?天祥于是乎两堕矣。夫是塔之费三千金,可以三十吾学宫,然而未有能损一镮石粟。及塔成,而借堪舆家言,以为科甲助,然则为吾儒者亦两堕也。余不能辨,第以语天祥异日谶宿憬,而礼诵于兹塔之下,其去西方尚当不远也哉?塔既成,其檐角宝瓶、木[1]铃,则今住持僧任之。僧名亦镇存,固不偶也。

深柳堂记

阮玉铉

扬郡城西北三里许有蜀岭,古隋炀帝行宫故址。环岭寺宇,若观音、铁佛、禅智、栖灵、兴教、惠照、法海七刹,相望如星错,珠联踞胜。西唯栖灵,旁为天下第五泉;东唯禅智,上有江北第一泉。志载,蜀僧汲涧瓢落,后游扬,从岭

1　"木",《弇州续稿》卷六五《扬州文峰塔记》作"朱"。

井获遗瓢,斯岭名蜀,殆仙境云。西寺前为古道,排衙种柳,余祖手泽也。道旁有柳数千头,杂以松、楸、槐、榆、丛箬、萝蔓,仆难更计。中有平地五亩,屏北嘉树十数围,若笋班羽箑不紊,其条叶扶疏蠹上,沉潀天高,红绿斑驳,飒飒无边而下,殊助人骚屑之思。树后修竹亩,过平地半,行人呼为"万竿烟雨"。余乐此,构堂三间。高则倍丈,广又倍,高深廊矮。栏虽不雕,饰而丹垩,亦具堂中。几榻皆竹,三面纸屏。读史有疑,辄书其上,以待高贤相析。西一堂,南牖弘开,北窗洞启,春夏读书,帷幌变绿,阴风从寒玉来,切切萧萧,忘其身之在炎伏也。东室止南窗,外扇六,内扇二,外疏以承冬阳,内密仍加绉幔,以辟夜寒,秋冬或斜阳晚映,或灯火青荧,令人坐卧不倦。西室内,复道度一室,别院小榭,护名花数本,室中无长物,琴一,炉一,法帖一,暇时调气,瞑目其中。或问:三者有取乎?曰:琴不谱曲,心声也;炉不然烟,心香也;帖不临摹,心画也。斯室为养心外,客不到也。堂前有五丈地,不植花树,蹲怪石数百,磊磊落落,任绣以细草苔花。石隅豢鹤一骑,空庭如洗,伴彼霜天晓唳,月夜孤踪,亦甚澹也哉! 落成,颜曰"深柳堂"。

　　堂东北折,石砌台,高半仞。台有轩,岿然四达。面西述楼,平山诸胜在几席间。轩背即垂杨古道,三春开轩,远瞩翠浪弥天,走马步春,时女往来道上,香风喧笑声度墙内,依稀似语。绿杨深锁,不知谁家之院? 院南数武为炮山,河岸夹芙蕖,纤曲十里,若高心耕依绿亭、阎含卿二分明月庵、杜禹洲水月居、徐幼穆菊圃、田书有万卷楼、郑超宗影园,进艇,镇日可周。而西北之景为甲长桥烟寺,定水遥岑,酷似元人画笔。扬故繁华,画船笙女,四时不辍于此,每亭午舣舟,骚客名士踏软缆堤头、寻玉钩斜者,未尝不过深柳堂问津焉。斯亦足添主人之诗料哉!

　　主人为谁? 江都阮玉铉也。凡此者二十年,所曾念老僧云:"君受此清旷之乐,上帝忌乎? 恐长安马头尘眯君目也。"余愀然曰:"献玉疑璞,跧伏此堂二十年,上帝忌余久矣。"居何明不纲,四郊多垒,家大人命余曰:"国事旁午,郡西气索,故园杨柳,不堪向战场摇落耳。"余遂先放鹤归海上,梁饮光、杨方振作招鹤诗,有"蓬莱不见当年侣,还向芸窗插架书"之句。次伐木除竹。未几,为甲申三月十九日国变,镇兵南下,樵苏蹂躏殆尽。嗟乎! 荫我祖父孙,弃彼豺狼虎,柳负主人乎? 主人负柳乎? 老僧所云"上帝忌"我者,当在斯矣。今顺治辛卯九月，年丰人和，宜缉旧址而瓦砾成堆，麕鼯为穴。梦有时到醒则嘁嘘，身有时经足为踟躅。抚今思昔，知几之哲，我固云然，未免有情，谁能遣此？作《深柳堂记》。

扬郡丞翁公德政碑

郑为光

公丞吾郡三年，而扬大治，以奏绩称最，擢粤西桂林郡守。扬人愿借寇公一年而不可得，相与伐石纪政，为志去思。余虽家居，职在采风，况父母之邦而颂祷公者，匪伊朝夕耶？余闻公先世为周先王庶子，食采翁山，遂以为氏。其族著于钱塘，后徙三韩。高、曾之间多鼎贵者，王父司运天津，有廉能声。太公博学类茂先，饬行冥冥，生公。年少，性敏魁奇忠信，筮士武林别驾，其输将宽窭民糗粮，裕士卒，大师往来，先期而逆礼之，役夫罢奔命，饮食而生全之，异政不胜书焉。及晋秩，莅吾扬。扬自海鲸拦入内地，风鹤频惊，疮痍未复。公爱民如子，唯饮此乡水耳，俸钱不足，宁时时问诸质库，何廉也！牍纸生毛，车门外可罗雀，胥吏盥手而待署，何慎也！戴星出入，时控一骑，驰驱道左，咨询疾苦，何勤也！公于当官可无悖矣。督造战舰，暑不张盖，挥汗如雨。诘奸御暴，崔苻绝徼，遥制盐徒，选较运丁，以执公而足国，公于报政可无忝矣。逃人散处民间者法无赦，公先期告戒，临事调护，民无离罗之患。至他境械以过扬者，恒入城取诸肆物如寄，公则立驱诸境外，使无哗。又奸民悍仆，投充入伍，欲得所雠而甘心焉，号诸公必严惩，终不令得强食。或有逋负，为捐橐以偿。群小嗣是，胆夺而气阻数者，民之大患也，而公能除之。岁饥，煮糜以赈涂莩。城圮助筑，以卫土著，严及管键。而异言异服讥禁及博奕，而游民、惰民儆。数者，民之大利也，而公能兴之。至于泮宫，公惟其涂暨茨，不日以成文昌专祠，不惜分俸以资丹腹，则公之爱及士也。圜墙疏滞，罪疑惟轻，好生之德，下逮耕牛，则公之仁及物也。夫公之治不一，政美不胜书，有如此者，吾侪小人固有厚望焉。盖以汉二千石有治理效，不辄迁以玺书勉励，增秩赐金，或爵至关内侯，官得其才，位必久居，如我公，固望其居之久也。君子则曰否，昔黄次公治颍，力行教化，得吏民心，治为天下第一，征守京兆、北海，未邑东海尹，翁归，皆以治郡高等，入为大司农、右扶风，如我公者，又安能久居于此哉？若之何以公守粤，岂以粤僻处遐远，类昔渤海必得循良，而后民可卖剑买犊耶？然揆辅一席久虚，待公指目，进秉国钧，前驱至扬过化之地，公必首询利弊而入告焉。扬民莫不举手加额曰：愿世世子孙毋忘我翁公已。公讳应兆，字惟鱼，三韩人。

重修如皋县城池德政碑

盛治

皋邑滨海，民疲地瘠，牧其土者敝敝，称难治焉。侯至而百废蹶兴，不逾年，即跻疮痍者于春台衽席之上。公余，见皋之雉堞卑圮，可手而扪也，虑无以御投石；见皋之河腹龟坼，可飞而渡也，虑无以绝饮马，锐然谋，始曰："城不筑而高，池不浚而深，繄匪守土者之责而谁责哉？"遂洗其装橐，以为鸠工费，而工倏成，且工成而民不知役也。皋之民德之，皋之绅若士又均德之，请伐丰石以纪其事，而问记于不敏治。噫嘻！治之德侯，犹之皋之民、皋之绅若士也，爰记之，乃抑又思曰：守人土者能内绥其民人，然后能外捍其牧圉，使入人之疆，愁叹之声且怆于耳，仳傿之形且怆于目，蚩蚩纭纭者不可以终日，即言言者墉，汤汤者流，吾未必其隼不集而鞭不投也。筑且凿，其何德之？乃皋之人起而歌侯者，曰民苦里解久矣，侯毅然为请命，宿弊一旦厘正而积困苏，一徭役。而释担者桃，代僵者李，惫不可支矣，侯彻底澄其图册而偏累杜。征额、征羡，杼柚不其空乎？侯则不以私橐贮公帑金。饥木穰骸骨，其可炊乎？侯则急以官粟续民膏。三沙失业者，肃肃之羽，劬劳于野，几以载鬼之疑罹于法，侯力辨其枉而流离者全。荒岁逋赋者，五月新丝，二月新谷，几以租吏之呼剜之肉，侯亟上其书而惟正者免。且当事分甲士以守皋邑，名为皋设卫，然聚口而食编，户将不堪，侯简袯襫而干橹之，乃辞其兵而兵者，存其民而兵者，于是烦费不作。皋之泮璧鞠茂草有日，非所以广厉文教激昂士风也，侯一新以丹垩，而登贤书者接踵，于是学校日兴。至于圜土昼昏，侯照以玉烛。奸民择肉，侯坐以重典。噫嘻！侯之为德于皋渥矣！宜皋之士歌农颂，贾祝商谣，其蚩蚩纭纭者，德侯之如是至也！此即不城不池，东皋一片土不将屹然为磐石哉？或曰衮衣麑裘，孔子且不遽洽于鲁公，孙侨为众人母犹俟三年，然后来舆人之诵侯之骤孚于皋若此，则皋人之歌侯者，其为侯之实录也为无疑。

不敏治敢书之石，以告后之牧兹土者。侯讳承先，字宪卿，豫章人，辽东籍，文正公其先世云。

江都集礼序

潘徽 字伯彦，吴郡人。隋扬州博士。

序曰：礼之为用至矣。大与天地同节，明与日月齐照，源开三本，体合四端。巢居穴处之前，即萌其理，龟文鸟迹以后，稍显其事。虽情随简易，意存[1]玉帛，而夏造殷因，可得知也。至如秩宗三礼之职，司徒五礼之官，邦国以和，人神惟敬，道德仁义，非此莫成，进退俯仰，去兹安适！若玺印涂，犹防止水，岂直譬彼耕耨，均斯粉泽而已哉！自世属坑焚，时移汉、魏，叔孙通之硕解，高堂隆之博识，专门者雾集，制作者风驰，节文颇脩[2]，枝条至[3]起。皇帝负扆垂旒，辨方正位，纂勋、华之历象，缀文、武之宪章。车书之所会通，触境斯应，云雨之所沾润，无思不归[4]。东探不[5]匮之符，西蠹羽陵之策，鸣銮太室，偃旧灵台，乐修[6]五常，礼兼八代。上柱国、太尉、扬州总官[7]、晋王握珪璋之宝，履神明之德，隆化赞杰，藏用显仁。地居周、邵，业冠河、楚，允文允武，多材[8]多艺。戎衣而笼关塞，朝服而扫江湖，收杞梓之材，辟康庄之馆。加以佃渔六学，网罗百世，继稷下之绝轨，弘泗上之沦风，赜无隐而不探，事有难而必综。至于采标绿错，华垂丹篆，刑名长短，儒墨是非，书圃翰林之域，理窟谈丛之内，谒者所求之余，侍医所校之逸，莫不澄泾辨渭，拾珠弃蚌[9]。以为质文递改，损益不同，《明堂》《曲礼》之记，南宫、东观之说，郑、王、徐、贺之答，崔、谯、何、庾之论，简牒虽盈，菁华盖鲜。乃以宣条暇日，听讼余晨，娱情窥宝之乡，凝相观涛之岸，总

---

1 “存”，《隋书》卷七六《潘徽传》作“非”。
2 “脩”，《隋书》卷七六《潘徽传》作“备”。
3 “至”，《隋书》卷七六《潘徽传》作“互”。
4 “归”，《隋书》卷七六《潘徽传》作“韪”。
5 “不”，《隋书》卷七六《潘徽传》作“石”。
6 “修”，《隋书》卷七六《潘徽传》作“备”。
7 “官”，《隋书》卷七六《潘徽传》作“管”。
8 “材”，《隋书》卷七六《潘徽传》作“才”。
9 “蚌”，原本误作“蛙”，据《隋书》卷七六《潘徽传》改。

括油素,躬披缃缥,芟芜刈楚,振领提纲,去其繁杂,撮其指要,勒成一家,名曰《江都集礼》。凡十二帙,一百二十卷,取方月数,用比星周,军国之义存焉,人伦之纪备矣。昔者龟、蒙令后,睢、涣名藩,诚复出警入跸,拟乘舆之制度,建旗载旗,用天子之礼乐。求诸述作,未闻兹典。方可韬之颍水,副彼名山,见刻石之非工,嗤悬金之已陋。是知《沛王通论》,不独擅于前修,《宁朔新书》,更追惭于往册。徽幸栖仁岳,忝游圣海,谬承恩奖,敢叙该博之致云。

饯副大使李藏用移军广陵序

李白

夫功未足以盖世,威不可以震主。必挟此者,持之安归?所以彭越[1]醢于前,韩信诛于后。况权位不及于此者,虚生危疑,而潜包祸心,小拒王命。是以谋臣将啖以节钺,诱而烹之,亦由借洪涛于奔鲸,绘生人于哮虎。呼吸江海,横流百川。左萦右拂,十有余郡。国计未及,谁当其锋。我副使李公,勇冠三军,众无一旅。横倚天之剑,挥驻日之戈。吟啸四顾,熊罴雨集。蒙轮扛鼎之士[2],杖干将而星罗。上可以决天云,下可以绝地维。翕振虎旅,赫张王师。退如山立,进若电逝。转战百胜,僵尸盈川。水膏于沧溟,陆血于原野。一扫瓦解,洗清全[3]吴。可谓万里长城,横断楚塞。不然,五岭之北,尽饵于修蛇,势盘地蹙,不可图也。而功大用小,天高路远[4]。社稷虽定于刘章[5],封侯未施于李广。使慨慷[6]之士,长吁青云。且移军广陵,恭挹后命。组练照云,楼船乘风。萧鼓沸而三山动,旌旗扬而九天转。良牧出祖,列将登筵。歌酣易水之风,气振武安之瓦。海口夜色,云帆中流。席阑赋诗,以壮三军之事。白也笔已老矣,序何能为!

---

1 "越",原本误作"起",据《李太白集》卷二七、《嘉靖惟扬志》卷三三改。
2 "扛鼎之士",原本误作"江鼎之上",据《李太白集》卷二七改。
3 "全",原本误作"金",据《李太白集》卷二七改。
4 "远",《李太白集》作"遐"。
5 "章",原本误作"璋",据《李太白集》卷二七改。
6 "慨慷",《李太白集》卷二七作"慷慨"。

扬州集序

秦观 字少游,高邮人。国史院编修。

《扬州集》者,大夫鲜于公领州事之二年,始命教授马君希孟采诸家之集而次之,又搜访于境内简编碑板亡缺之余。凡得古律诗泊[1]箴赋,合二百二篇,勒为三卷,号《扬州集》云。按《禹贡》曰:淮海惟扬州,彭蠡既潴,三江既入,震泽底定。而《周礼·职方氏》亦称:东南曰扬州,其山镇曰会稽,其泽薮曰具区,江曰三江,浸曰五湖。则三代以前所谓扬州者,西北剧淮,东南距海,江湖之间尽其地。自汉以来,既置刺史,于是称扬州者往往指其刺史所治而已。盖西汉刺史无常治,东汉治历阳,或徙寿春,又徙曲阿。魏亦治寿春,或徙合肥;吴治建业。西晋、后魏、后周皆因魏,东晋、宋、齐、梁、陈皆因吴,惟宋尝以建业为王畿,而东扬州为扬州。东扬州者,会稽也。隋以后皆治广陵。繇是言之,凡称扬州者,东汉指历阳,或寿春,或曲阿、合肥;自魏至周,指寿春或合肥。江左自吴至陈,指建业或会稽。隋唐五代,乃指广陵。广陵在二汉时,尝为吴国、江都国、广陵郡,宋为南兖州,北齐为东广州,后周为吴州,唐初亦为邗州。其为扬州,自隋始也。繇是言之,凡称吴国、江都、广陵、南兖、东广、吴州、邗州者,皆今之扬州也。

此集之作,自魏文帝诗已下,在当时虽非扬州,而实今之广陵者,皆取之;其非广陵而当时为扬州者,皆不复取。至扬子云《箴》本约《禹贡》为辞,则广陵自在其中,固不得而不录也。既成,公又属观推表废兴迁徙之迹而究其端,使夫人览之者有考焉。

广陵十先生传序

李攀龙

人才之生,虽地气使然哉,曷尝不由应运而兴者乎?应运而兴,则地气与会,人才相感以劝其成;相感以劝其成,然后阏之不为沮,挫之不为变也。我世宗肃皇帝,以圣文神武治天下者且五十年。乃广陵有先生十人,洪、永之际,于斯为盛矣。储公之黜如皋令,与王公之讯萧敬,景伯时、赵叔鸣之忤

---

1 "泊",原本误作"选",据《淮海集》卷三九《扬州集序》改。

逆瑾也；朱升之之救顾开封，与蒋子云之谏南狩也；曾公之谲谲于辽左，与桑子木之倾于骸骨之疏，宗子相之祭杨太仆也。所不罹者，朱子价一人而已。奈何十人而九阏之、九挫之乎？肃皇帝惩宦者煽乱，而制奸臣之命，斯运之所由起也。余往见欧君，矫矫自史才而致意乎作者，有鉴裁矣。善乎！传所谓广陵在汉时，吴王好文辞，而大山、小山之作，奋自淮南，彬彬哉！明兴二百年，广陵多文学之士，乃今始有宗臣云。今勿论其所得，即自储[1]公已力图复古，推毂献吉、景明辈，而伯时、子云、叔鸣、升之亦各以声艺翱翔李、何间矣。子相后出，相劝而成者乎！翩翩孔璋之流也。世方病文学之士无吏事，登埤而守福州者谁与？永安之捷，与海防二三策，岂一语不相合也？而况马政军饷，绥夷导河，如储、王以下诸公，所至有绩者乎？故阏之不为沮，挫之不为变，进则谋国家，退则著文辞。自童生而授经术之业，有如十先生，广陵得以称文献之邦矣，何？应运而兴，而河套之议，卒挠于谗，而不得以复国家二百年之疆圉。设令子木之奏行，而严氏者与三尚书并罢，岂有俨主之祸也？岂广陵地气微不能与运会，而适至是乎？传言储受知尹恭简[2]，朱纳交边庭实，二公皆余里人；叔鸣按察副史，曾公都御史，又皆在山东；子价，余同年进士，而子相则传所谓昔者吾友也。十人而得其六，是传也，以征文献则足矣，其斯实录云。

法海寺转轮塔告枯骨文 并铭。顺治十三年奉旨敕旌。

赵有成

吾扬所建普同塔院，若天宁寺、福田庵、善庆庵，皆为僧尼涅盘焚化之所，而四郊枯骨不与焉。余读书西郊法海山寺，每闲行野眺，感青冢之垒垒，悯白骨之森森，因思城隍一变，谁传青石之碑？陵谷数迁，孰辨黄金之碣？雷塘路上，烟雨处处伤心，玉勾斜边，霜风种种惨目。无棺无圹，花朝罕见飞钱，不树不封，寒食谁为插柏？怨留山鸟啼红，愁带陇云飞白，虽爇香界道，难引幽魂，即载酒属车，宁消阴气。爰建敛骨之藏名曰转输，特奉接引之佛式效普，同植

---

1 "储"，原本误作"诸"，据《欧虞部集》卷首载李攀龙《广陵十先生传序》改。
2 "尹恭简"，原本脱"简"字。

以松柏,守以僧人,敢谓及枯之有泽,庶随火化以归空云尔。灰炼藏中,乃复为文以告之曰:

嗟尔亡者,生自何代殁于何年？铭志湮灭,姓氏不传。功名显晦,性质愚贤。孰是子孙？谁其祖先？士耶民耶？僧焉俗焉？骨暴山阳,委积如霜。既不分男妇之质,又焉知同异之乡？齐生死于寿夭,悟兴衰夫沧桑。所恨蚁结而为穴,苔长而□□。犬彘作食,鹰鹯为粮。追思昔年之壮胜,宁知今日荒凉。乾坤变化,今古茫茫。呜呼！尔其共赴有情之烈焰,同证无上之空王乎？郡三山,主人因作碑而铭其藏曰:幽不易测,明则有终。惟形必朽,恃性乃通。金体暴露,须识主翁。物分贵贱,道无异同。永镇蜀冈,千古钦崇。